CSSCI来源集刊

现代中国文化与文学

43

MODERN CHINESE
CULTURE AND LITERATURE

李怡 毛迅 主编

四川大学文学与新闻学院
四川大学大文学研究学派培育项目　主办

巴蜀书社

图书在版编目(CIP)数据

现代中国文化与文学.43/李怡,毛迅主编.—成都:巴蜀书社,2022.11

ISBN 978-7-5531-1817-8

Ⅰ.①现… Ⅱ.①李…②毛… Ⅲ.①中华文化-文化研究-现代-丛刊②中国文学-现代文学-文学研究-丛刊 Ⅳ.①G122-55②I206.6-55

中国版本图书馆 CIP 数据核字(2022)第 201296 号

现代中国文化与文学(43)

李怡　毛迅　主编

责任编辑	李　蓓
出　版	巴蜀书社
	四川省成都市锦江区三色路 238 号新华之星 A 座 36 楼
	邮编 610023　总编室电话:(028)86361843
网　址	www.bsbook.com
发　行	巴蜀书社
	发行科电话:(028)86361852
经　销	新华书店
印　刷	成都蜀通印务有限责任公司　(028)64715762
照　排	成都完美科技有限责任公司
版　次	2022 年 12 月第 1 版
印　次	2022 年 12 月第 1 次印刷
成品尺寸	185mm×260mm
印　张	28
字　数	700 千
书　号	ISBN 978-7-5531-1817-8
定　价	78.00 元

本书如有印装质量问题,请与工厂调换

——目 录——

闻一多专题研究

大文学视野

文学档案

民国文学研究

共和国文学研究

学人·著述

—— Contents ——

Feature Articles

A Special Study on "Overseas Yan'an Studies"

A Special Study on Guo Moruo

A Special Study on Wen Yiduo

The View of Great Literature

Literary Files

Literary Study of the Republic of China

Literary Study of the People's Republic of China

Writings · Summarization

李金发系列论（四）：李金发诗的意象象征体系

骆寒超

李金发的诗写得并不那么精致，其艺术上的晦涩与粗疏为世人所诟病，却能给人新鲜感，有余味可品。这靠的是什么魔法？我认为这缘于他有一个意象象征体系始终贯穿在诗歌创作中。这个体系贯穿的重要性，还和李金发作为象征派诗人的身份认同有着根本性的关系。在学术界对李金发的研究中，每每一论及他的这个身份，就搬出波特莱尔、魏尔伦、马拉美，把他们诗中的片言只语和李金发诗中的某些词句作比照，拿他们的某些言论来对李金发的一些说法进行参证，然后以颇为渊博的知识来为李金发作出象征派诗人的定位，至于其在创作中究竟如何体现出象征主义的特质，却吝而不言，让人大有不得要领之感。这是令人遗憾的。所以，我认为，李金发诗歌艺术中其他方面的得与失可以暂且放一放，意象象征体系却非得马上来谈不可，因为这不但涉及诗人诗歌艺术的核心，还涉及其象征派诗人身份的认定。

把意象和象征合在一起来统称李金发，说他是一个意象象征体系的拥有者，而不单称他为象征体系的拥有者，是出于如下考虑：李金发有一个认识，即总是把意象和象征"连在一起来进行理解"——这是孙玉石教授在考察这位诗人的诗歌审美观时发现的。孙玉石还对这场发现作了这样的深挖："在他的审美视点中，自觉地将'象征'引入'意象'创造的范围，建立了一种意象与象征的同一性的理念。"① 这深挖的价值很有启示性，我也想就此再发挥几句。在我看来，意象既然可以和象征"连在一起"，更可以和诗歌语言、意境连在一起来理解。谁都会懂得，意象在诗歌中无法独立存在，它需要载体——语言的物质外壳来显现；而接受者对意象作具体而真切的体验，是会使意象转化为意境的——如同固体的煤转化为煤气一样，而意象之所以能和象征

---

① 孙玉石：《中国现代诗学丛论》，北京大学出版社 2010 年版，第 450 页。

建立起同一性关系，凭借的则是意象通过自身转化为意境，再通过意境的感兴氛围烘染才得以有象征的领悟。由此说来，李金发的这一场意象象征追求，其实还可以扩展为"语言→意象→意境→象征"的递进式同一性关系。而这样一来，也就形成一个意象象征体系了。唯其如此，才使我们有理由这样说，李金发所标榜的象征不只属于艺术表现手法的单纯象征，他所拥有的象征主义诗观也不只是如同波特莱尔所谓的那样——诗只是一场对心物契合的"象征的森林"的追求，而是从语言到意象、从意象到意境、从意境到象征的一个递进式呈现的意象象征体系。李金发的诗歌创作对此是有充分体现的。

那么，李金发的诗中是如何体现出来的呢？我们将从如下四个方面展开论述：白话的语言变革、语言的意象实呈、意象的意境延伸以及意境的象征升华。

一、白话的语言变革

李金发的处女作是《下午》，写于 1920 年，是新诗破土而出第三个年头上的事儿。诗中有这样的抒写："击破沉寂的唯有枝头的春莺/啼不上两声，隔树的同僚/亦一齐歌唱了，赞叹这妩媚的春光……吁，艳冶的春与荡漾之微波，/带来荒岛之暖气/温我们冰冷的心，/与既污损如污泥之灵魂……"诗歌显示出诗人从一开始写诗就十分重视意象抒情。这就必然会引出一个问题——如何恰如其分地以诗家语来承载意象，也就是说，意象语言化这事儿要提到议事日程上来了。而这时，新诗恰恰也正处在为自己的白话诗家语太贫乏连声叫苦中。

新诗的全称是白话新体诗，白话成了新诗的显著标志，而新诗坛也约定俗成地认为新诗的语言就是胡适所提出的白话。这个提法对不对呢？将作为人际文字交流的基本用语，其中也包括新诗文本的文字交流所取的基本用语，从文言改为白话，完全是对的，但把情思意绪载体的诗家语，也就是诗性语言作文言、白话之分，并规定新诗所采用的诗家语为白话，就不对了！诗性语言是用来物化情思意绪的，是为主体的直觉感发或逻辑演绎得以具现而服务的，所以它只有直觉语言与逻辑语言之分，而和文言、白话之分不搭界。之所以竟让白话在新诗中喧宾夺主，问题出在胡适身上。是他，把人际文字交流用语的白话误植在新诗的诗家语上，结果，在新诗草创后不久，就有人为新诗的诗性语言诗味不多叫起苦来。傅斯年在《怎样做白话文》① 中就说，写新诗所使用的白话"是浑身赤条条的"，"非常干枯"，"少的余味"，并且"异常的贫

---

① 胡适编选：《中国新文学大系·建设理论集》，上海良友图书印刷公司 1935 年版，第 217 页。

——就是字太少了"。俞平伯在《社会上对于新诗的各种心理观》① 中也说"总感到用现今白话做诗的苦痛"，白话"缺乏美术的培养"，"雅字太少"。那么，该怎么办呢？傅斯年在上述引文中提出"补救这条缺陷须得随时造词"。但说说容易做起来难！如何把"雅字"造出来？目标不明确，也没有具体方法，乱成了一片。几个新诗的始作俑者意见分歧不小。胡适、刘半农等主张非讲语法规范不可，他们的学生俞平伯、康白情则反对讲语法规范。这一场争论倒是件大好事，让新诗坛因此有了点眉目，确立起如下的认识：新诗的诗家语不在于文白之争，而在于讲不讲语法修辞规范。这样一来，新思路争出来了：诗家语——或者说诗性语言可分为两大体系，即讲语法修辞规范的逻辑语言体系和反语法修辞规范的直觉语言体系。当然，在新诗草创后期、成长初期，还没有明确诗性语言有这样的两大体系之分——这一点，要到后来，由林庚等明确提出来，最后由叶维廉等正式确立。实际上，在新诗的草创后期、成长初期，已经有人通过创作实践，从讲语法修辞规范与不讲语法修辞规范这两个角度出发，自发地探求着新诗的语言建设，而他们的终极目标是明确的——为了意象能更好地抒情。所以，这实际上是一场意象语言化探求。

李金发较早通过创作实践，自发地为闯出一条意象语言化新路而探求着直觉语言。可以说，他是在变革新诗诗性语言上较早显示实绩的一个。上面我们曾提及李金发那首写于 1920 年的处女作《下午》，可以说它已在作新诗语言变革的探求了。这场探求的突破口就是反语法修辞规范。这首诗为表现流莺啼春而这样写道："击破沉寂的唯有枝头的春莺，/啼不上两声，隔树的同僚/亦一齐歌唱了，赞叹这妩媚的风光。"在这里，"春莺"啼鸣，和隔树的其他鸟一齐鸣叫都属正常，但它怎么能发出"击破"这一行为动作？这是违反修辞规范的。诗中还有一处说："春光清扫了污气郁结的心，是清扫了污泥的灵魂。""污泥"怎么会有"灵魂"呢？这也是违背修辞规范的。再来看《月下》一诗！它表现了月下景色——"浸在清澈里"的透明了的大地。诗中这样写：

吁！这平原，

细流，

秃树。

短墙，

---

① 胡适编选：《中国新文学大系·建设理论集》，上海良友图书印刷公司 1935 年版，第 350 页。

　　　　无恙的天涯，

　　　　芦苇。

　　这两节六行诗，竟然用了六个可以充当主语的光秃秃的名词，其余谓、宾、定、状诸成分全被省略了。这是违反语法规范的。再提一提第二节的第二行，"天涯"怎么竟像人一样会有"无恙"与否的健康状态？这种修饰关系既违反语法也违反修辞的规范。这些诗家语从白话的角度看，都有点反常，但此反常却合道，凸显出了意象的表现，特别是其暗示式的表现，有了"美术的培养"。不妨看看胡适那首差不多与《月下》同一时期写作的《我的儿子》！胡适这样写道："我实在不要儿子，/儿子自然来了。/无后主义的招牌，/于今挂不起来了。"这样的言说，可真是浑身赤条条，没点儿余味可品。这反映出胡适诗中的意象枯干，诗家语功夫不到家。

　　可见，李金发以反语法修辞规范为突破口来变革新诗语言是找准了方向的。这使他在探求意象语言化方面，走上了一条可以源源不断地构词造句以达到丰盈意象表现的新巧之路。

　　语言是情思意绪的物化形态，说得更实际一点，语言是感发情思意绪的意象之物化形态。情思意绪的形成有两条途径：一条来自主体对意象的知觉，另一条则来自主体对意象的直觉。这使李金发在创作意象语言时，也分为知觉型构词造句和直觉型构词造句两类。而他在创作实践中对这两类构词造句都作了认真的探求，显示出其建基于白话用语基础上的新诗语言变革实绩。

　　先来看知觉型构词造句。

　　中国新诗是接受了西方诗歌的影响而发生的。西方重理性分析，所以在诗性语言的选择上也偏重理性分析性能。这一点影响了李金发，使他纵使立足于反语法修辞规范，也会显露出知觉型的构词造句。也就是说，这是一种全由理性指派的有意为之的造语行为。我们可以举出这一类的构词例子，如"心轮"（《夜之歌》）、"时间大道"（《给蜂鸣》）、"衰老的裙裾"（《弃妇》）、"原始的梦想"（《她》）、"华彩之意识"（《她》）、"残废的灵魂"（《我的……》）、"记忆之深谷"（《她》）等等。我们还可以举出一些这一类的造句例子，如"一切'理想'将成为自己之花冠"（《她》）、"我欲将你/装饰在我诗句里"（《灰色的明哲》）、"酒杯更孤寂了我们"（《Eriha》）、"向回忆去找寻食料"（《在天的星儿全熄了》）、"在你心头的休息/是我所期望的天国"（《絮语》）、"'虚无'指挥着他，/将心灵挂在枝头"（《回音》）、"在淡死的灰里/可寻出当年的火焰"（《在淡死的灰里》）等等。这种构词造句完全出自主体对外在世界的知觉联想，凭联想把诸种本来并不相干的事物拉扯在一起，建立起某种逻辑关联，以期达到似虚似实、可以意会的隐喻目的，所形成的是一个虚拟地展示不言自明意图的印证意象，而这种意象的语言化显示途径就是反语法修辞规范。唯其使用的是这种以反语法修辞规范为表征的非常态表达，也就必然会引起接受者的荒诞式陌生感，产生强刺激，强迫接受者向一条预定思路上走，从而达到知解的目的，而所有这一切又都是有意为之的理性在起作用。以这种诗家语来表现的印证意象也就必然浑身装着分析演绎乃至抽象提纯的知觉联想机制。所以，这样的意象语言化可以使主体源源不断地制造出一批巧言。这是一批不乏机智感的巧言。在李金发的诗中时可碰到这些夹带着印证意象的巧言。对此，我们可以从上面所举的实例中挑选几个来作些分析。如《她》中有"华彩之意识"这个词语，用在"你华彩的意识，生活在热烈里"这个句子中。这个"意识"作为抽象的精神性存在，怎么能有色彩感并"热烈"地"生活"呢？显然，这违反了修辞规范。但这样的表达能把"你时髦的意识正被人吹捧"那种土气的直说变得宛转而曲折有致、文雅有味，却又含有淡淡的揶揄，并以富有"美术的培养"的诗性语言把"意识"这个意象生动地凸显出来。又如《回音》中的诗句：

> "虚无"指挥着他，
> 将心灵挂在枝头。

"虚无"之能"指挥"人，"心灵"之能"挂在"枝头，均是违反语法修辞规范的。而这是"人生在世不称意，明朝散发弄扁舟"的精神性提纯表现，而且把李白的诗意作了更进一层的表达：人生不过是大虚无，那就让精神放达于四海吧！如此言说，也就把虚无者的心灵活动作了更有声有色的意象造型。

再来看直觉型构词造句。

直觉出于主体对外物强烈而真切的体验，不强调经验性的分析演绎，只求兴会之所得，凭此来构词造句，其违反语法修辞规范是必然的，不过这场违反之举不出于有意为之的理性指派。所以，若以这样的诗家语来物化意象的话，其功能也必然会偏于兴发感动而不重印证。也就是说，直觉型构词造句所创出来的，会是一些感兴意象。我们也可以举一些这方面的例子。就构词而言，有"死草"（《夜之歌》）、"褴褛之魂"（《慰藉》）、"瘦的乡思"（《瘦的乡思》）、"漂泊之年岁"（《故乡》）、"心灵的回声"（《远方》）、"粉红之记忆"（《夜之来》）、"沉寂之芳香"（《燕羽剪断新愁》）等等。再就造句而言，有"弃妇之殷忧堆积在动作上"（《弃妇》）、"微雨……溅湿我的心"（《琴的哀》）、"我的灵魂是荒野的钟声"（《我的……》）、"眼里装满欲焚之火焰"（《红鞋人》）、"她是一切烦闷之外的钟声，/每在记忆之深谷里唤我迷梦"（《她》）、"燕羽剪断新愁"（《燕羽剪断新愁》）、"窗外之夜色染蓝了旅客之心"（《寒夜之幻觉》）等等。这种构词造句完全出于主体对外在世界的直觉幻想。也就是说，主体凭幻想把一些直觉到的事物近于潜意识地拉扯在一起，建立起某种感兴的关联，以求得似真似幻、如入梦境般可以兴会的象征目的，由此形成一个幻异地展示飘忽心境的感兴意象。鉴于这是一种以反语法修辞规范为表征的超常情表达，也就必然会引起接受者的陌生感，产生强刺激，达到诱惑接受者向一条潜隐方向走的感悟目的。而所有这一切又都是恍兮惚兮的感受在起作用，其结果是以诗家语来表现的感兴意象饱含着兴发感动的审美敏感机制。所以，这样的意象语言化，可以使主体源源不断地制造出一批雅言。我们在李金发的诗中更能见到一批不乏神异感的雅言！提醒一句：这可全是夹带着感兴意象的雅言。我们可以从上面所举的实例中挑出几个来作分析。如"粉红的记忆"这个词语，"记忆"是抽象的精神现象，哪有色彩可言？主体凭直觉感受到它是"粉红"色的，就违反修辞规范而构成了"粉红的记忆"这个词语。"粉红"给人以青春的艳丽感觉，拿它去修饰"记忆"，就把具有青春艳丽感的"记忆"这个意象凸显了出来。又如《我的……》中有这样的诗行：

> 我的心是荒野的寺钟，
> 明白春之踪迹。

在这里，"心"成了"寺钟"声，而且是"荒野"里的"寺钟"声！这"寺钟"声还能明白"春之踪迹"。这些都是违反语法修辞规范的。不过，这样的造句来自直觉想象，自有其幻感的合理性。"寺钟"声显然喻示着向宇宙远行的梵天意绪，"寺钟"声出现在"荒野"则喻示只有超然物外之心才能明白生命之"春"由盛而衰之踪迹。这就用反修辞规范的语言把"我"的精神境界拟喻而成的意象包装并凸显出来了。

李金发的意象语言化追求不仅使他能以反常、合道的诗性语言变革策略，生动地物化出一批审美意象，还使他能以反语法修辞规范为突破口，进入新诗语言变革的新天地，源源不断地进行具有现代色彩的构词造句，制作出一批颇具"美术的培养"的巧言、雅言。

二、语言的意象实呈

如果说上一节我们探讨的是李金发诗中的意象语言化以及由此引发的新诗语言变

革的问题，那么，这一节我们打算反过来，探讨李金发诗中的语言意象化引发的新诗意象建构的问题。值得指出的是，李金发通过这一场诗家语新创似乎已悟及了新诗意象建构的新途径。所以，探讨李金发在诗歌创作中如何建构意象虽是这一节的重心，却是从他变奏白话开始的——这是我们选择的一个特定契入角度。

上一节中，我们笼统地指出：李金发在诗歌创作实践中进行了一场以反语法修辞规范为突破口的诗歌语言变革，却没有指明这语言就是作为新诗形态标志的白话，而所谓的语言变革其实是指白话变奏。至于对李金发诗中语言的意象实呈作探讨，其实也就是让白话变奏。既然要让白话变奏，就一定要搞清楚"白话"在诗歌两大语言体系中究竟扮演了怎样的角色。

白话扮演了怎样的角色呢？

在我看来，白话在新诗草创后期和成长初期扮演的是大范围中属于逻辑语言体系的角色，唯求表达得明明白白，所以循规蹈矩，严守语法规范。诚如朱自清在《论白话》一文中所说，这种已"升了格叫做'国语'"、用作文字的白话，是"在中文里掺进西方的语法"。由于要求严守语法来写新诗，也就颇闹出些笑话来。朱自清在此文中就举了个例子："流弊所及，写出'三株们的红们的牡丹花们'一类句子。"可是，具有讽喻意味的是，朱自清一边批评白话那种严守语法之流弊——"那自然不行"①，另一边自己用白话写新诗也走上了这条路。如《满月的光》一诗中也来了这么一套"严守腔"："好一片茫茫的月光，／静悄悄躺在地上，／枯树们的疏影／荡漾出他们伶俐的模样。"在这里，第一行中用以修饰"月光"的定语"茫茫的"，为表示其所有格，非在"茫茫"之后加"的"不可——其实可省略，加了"的"反而拖泥带水；第三行为表示"枯树"是复数，就硬性在其后加上"们"——如同"三株们"、"牡丹花们"一样，显示其严守语法；第四行中的"他们"可省，因为第三行已点明"荡漾"出模样来的是"枯树们的疏影"，这样多此一举使这一行诗也显得拖泥带水，同时也再次反映出为把事情说得明明白白而严守语法之流弊。连批评此类流弊者也染上了此类病症，可见白话严守语法之流弊已普泛化到深入本能的地步了。由此说来，白话在新诗中所扮演的这样一个角色，必须驱逐，而办法就是大力提倡新诗的诗性语言必须反语法修辞规范。而这一股改造白话、使其变奏的潜流，竟然也冲击到远在塞纳河边浪游、开始写作新诗的李金发。

李金发几乎是百年新诗中最早一个有意识地采用反语法修辞规范、使用变奏的白话来写新诗的人。在1920-1921年之交，胡适刚出版了《尝试集》不久，正陶醉于用严守语法规范的白话尝试写新诗而获得一些赞词的喜悦中时，李金发却写了《下午》、

---

① 朱自清：《朱自清选集》（第一卷），河北教育出版社1989年版，第356页。

《景》等作。在《景》中，他这样写晚霞光中的"景"：

> 地面上除既谢的海棠外，
> 万物都喜悦地受温爱的鲜红，
> 草茎上的雨珠，
> 经了折光，变成闪耀。

在这里，"万物"变"鲜红"，"雨珠"变"闪耀"，形容词的"鲜红"转成了名词，作宾语，而动词的"闪耀"也转成名词，作宾语。这种词性转化就是违反白话语法规范的。在《下午》中，李金发写下了"夕阳在枝头留恋，/喷泉在地里呜咽"。"夕阳"变得会"留恋"，"喷泉"变得会"呜咽"，都有了人情味。这可能吗？在《景》中，他写下了"月的余光还在枝头踯躅"、"新长的嫩叶在枝端站着"。月光能"踯躅"，嫩叶能"站"吗？这也不可能。这些全是违反修辞规范的，表明李金发从一开始写新诗起，就与严守语法修辞规范的白话无缘。他要让白话发生变奏。

这种白话的变奏，笼统点说是出于反语法修辞规范，具体、深入一点说则是通过两大着眼点来达到的。一个是着眼于修饰关系上的反语法修辞规范，另一个是着眼于谓语与主、宾关系上的反语法修辞规范。李金发对二者一样看重。不妨先从着眼于修饰关系上的反语法修辞关系来看。我们可以举出李金发诗中的一些例子，如"瘦的乡思"（《瘦的乡思》）、"心灵之回声"（《远方》）、"衰老之裙裾"（《弃妇》）、"老弱之希望"（《远地的歌》）、"无家可归之灵"（《不相识之神》）、"紧握着'现在'之喉"（《夜雨孤坐听乐》）、"起居在燕子之翼尖"（《我求静寂……》）等等。这些词语的修饰关系都是违反修辞规范的。"乡思"不是人，怎么会有胖瘦之分，无非隐喻乡思过甚而使人也消瘦了。人怎么可能在"燕子之翼尖"生活，无非是说燕子有翼，总是不断在飞而成了漂泊之候鸟，以此来隐喻一个人存在于不安定的生态中。再从着眼于谓语与主、宾关系上的反语法修辞关系看。我们也可以举出例子，如"幽怨，深沉着心窝"（《月夜》）、"巴黎枯瘦了"（《寒夜之幻觉》）、"忧戚填塞在胸腔里"（《给蜂鸣》）、"微雨……溅湿我的心"（《琴之哀》）、"我之期望/沸腾在心头"（《夜之歌》）等等。在这里，"巴黎"怎么像人一样会瘦下去？人的期望怎么会像锅中的油，火一烧就沸腾起来？"微雨"怎么"溅湿"得了"心"？这种谓语与主语、宾语的关系完全违背了语法修辞规范。有意思的是，在李金发的诗中还时可见到上述两大着眼点共存在一个诗句中，显示出特别繁复的反语法修辞规范之特色。如《弃妇》："弃妇之殷忧堆积在行动上。"这里的"殷忧堆积"，其主谓关系违反语法修辞规范；

而"在行动上"作"堆积"也不可能，因此介宾结构对谓语的修饰也违反了语法修辞规范。又如《夜雨孤坐听乐》："我将枕着夜雨之叮咛。"这里所"枕着"的竟是"叮咛"，这当然不可能，谓宾关系违反了语法修辞规范；而"夜雨"又怎能"叮咛"，可见"微雨的叮咛"这一修饰关系也违反了语法修辞规范。特别值得一提的是《"过秦楼"》一诗中的这几行：

> 在你的年岁里，
> 可以找到为你眼泪
> 淹死的（那）颗心。

要在"年岁"里"找到"那颗"心"，怎么可能呢？谓语与主、宾的关系违反了语法修辞规范。而那颗"心"又是"为你眼泪淹死的"，则更荒唐，它们间的修饰关系也违反了语法修辞规范。这种白话就变奏得特别繁复。

我们说了那么多有关李金发以反语法修辞规范为标志的白话变奏的情况，为的是借此来深入了解这位诗人审美意象的构筑特点。可以这样说，李金发诗中的意象呈示，既然靠的是白话变奏的语言，那么从他所理解的白话变奏规律中，不就能概括出其意象的构筑特色了吗？是的，我们得按这条思路去探求。这就使我们首先得提出：李金发采用的诗性语言，其特征既然是反语法修辞规范，那么以反语法修辞规范的白话变奏作为物化形态的意象实呈，也就必然使意象构筑显示出拟人化的特点来。也就是说，他的审美意象构成主要是拟喻化的，情思、事象都以拟人的方法呈示为意象。这样的意象不仅更具体，更贴近生活，而且能凸显出其隐喻甚至象征的功能。这样一来，意象的审美作用扩大了，还能强有力地激活想象与联想，再通过它们充分挥发意象内在的意蕴，从而显出更深广的作用。所以，李金发比百年新诗中任何一个新诗语言变革者的变革步子都跨得要早，他这一场以反语法修辞规范为突破口的白话变奏，可以说，为新诗的意象构筑闯出了一条新路。所谓的新，反映在三个方面：一、不只作客体存在事物直观反射的意象提升；二、追求事象或抽象情思的虚拟化意象造型；三、这样构筑起来的意象具有隐喻甚至象征的功能。由此说来，李金发探求新诗语言——白话变奏的意象实呈，功莫大焉！

我们在前面曾论及李金发的诗性语言有知觉型和直觉型两类，既如此，那么由变奏了的白话物化而成的拟喻意象，也该同知觉与直觉有必然关联，从而分成两类拟喻意象，即可以分为由知觉类构词造句物化成的印证拟喻意象和由直觉类构词造句物化成的感兴拟喻意象两类。

现在我们就对李金发这两类意象的构筑分别作出考察。

先看印证类拟喻意象的构筑。

所谓拟喻意象，是指景色事物、情思意绪通过拟人化手法而具有人的行为动作和感觉意识——这一类虚拟意象而言的。至于印证意象，则是指通过人化来图解事理或情思的那类意象。所以，这是一场知觉印证追求，借此凸显和深入理悟事理或情思。我们把"图解"说成理性印证追求，是想说这类拟喻意象所具有的美学功能是刺激知觉，激活理性联想，而不重直觉刺激和兴发感动功能的激活。所以印证类拟喻意象的构筑出于主体有意为之的荒诞行为，目的就是欲以极端陌生化的效果来刺激接受者理性分析的联想，使意象能随这一类联想的逻辑推演而通向经验知觉深处，从而具有对喻示对象的深刻理悟。鉴于这类意象比拟的目的只是在喻示关系中求"知"的深刻，而并不过多顾及其自身兴发感动的强弱，所以，在语言的意象实呈中，其诗性语言也就更强调追求非常态的荒诞性，而荒诞来自人际交流中的怪异反常，因此主体在言语活动中也就会更致力于反修辞规范。这种以反修辞关系为主要标志的印证类拟喻意象，也就会显示其独特的审美合理性，获得反常却又合道的那种深刻。其结果是使主体怀有一种奇特的心态——在情思交流中爱作反修辞规范的机智性言说，以期使拟喻意象的构筑更荒诞，从而使审美印证的效果更佳。这可是百年新诗中语言意象化的一条可珍视的经验。新诗草创后期和成长初期，为情思作图解的小诗并不鲜见。如小诗《理想》："我拥有理想，／开出花朵；／投入奋斗，／结成果实了。"这就是两个印证意象所组合成的一场印证类拟喻意象的构筑：抽象的"理想"能开花，"奋斗"能结果，在现实中不可能，拟喻而已！用的人多了，也就成了套话，但这条意象构筑的思路还是可取的。所以，后来就有了七月诗派的绿原所作的《信仰》这样的小诗："信仰是火药，／纪律是弹壳，／生命是一道红槽。／健康的肉体是／一把不折的枪托。"这个文本的意象构筑和上面那首《理想》一样，都是凭依反修辞规范的直觉语言作拟喻化的意象呈示，对献身信仰的情思作了一场生动印证。其语言因为少见，所以很新鲜，但作为诗性语言的意象实呈，和《理想》一脉相承，都是可取的。似乎谁也没注意到这种印证类拟喻意象构筑思路是谁开拓出来的，我也不敢说李金发是开拓者，不过，说他是开创者之一，总还是可以的。李金发正是以极度变奏了的白话来写诗，从而构筑出一批印证类拟喻意象，并显得成绩卓著。这里可以举一些例子："一切'理想'将为自己之花冠"（《她》）、"一切擎着信仰之人们，／都动摇那无根之灵魂"（《英雄之歌》）、"我紧握着'现在'之喉，／勿使呜咽出迷醉之呓语吧"（《夜雨孤坐听》）、"……如愿终究成为朋友，／它将束装前来，潮汐涨落处"（《新秋》）、"愿以后灵魂不再呼饥渴"（《Salutation》）等等。特别是《诗人》中有这样一例语言意象化呈示，很值得一谈。

> 那多欲的生物，
>
> 时在危机上建设胜利。

"生物"竟敢在"危机"上搞一场建设，已反常得不可思议，并且还要去建设"胜利"，更有点匪夷所思了。不过，这样构筑起来的意象，倒也因其拟喻得近乎荒诞的性能而特别有力地喻示出一个看准时机、冒险出击者的个性特征。应该说，这是印证类拟喻意象的成功构筑。

值得指出的是，李金发并非理智型诗人，因此也不擅长作有意为之的荒诞表现，所以，在他的诗中，印证类拟喻意象的构筑并不算多。

再看感兴类拟喻意象的构筑。

感兴类拟喻意象，是指通过人化来烘染事物或情思的那类意象。所以，这个意象构筑具有直觉感发的性质，且能借此而凸显、深入感悟事理和情思的特性。我们把烘染看成一种直觉感兴追求，是想说这类拟喻意象所具有的美学功能是刺激直觉、激活感兴联想而不重知觉刺激和分析领悟功能的激活。所以，感兴类拟喻意象的构筑出于主体超验所得的魔幻行为，目的是以极端梦幻化的效果来诱发天马行空的想象，使意象能随这一类想象感应而生的对等原则直通感觉体验的深处，从而具有对喻示对象的深入感悟。鉴于这类意象比拟的目的，是在喻示关系中求"感"的深沉，并不太顾及对象图解的强弱，所以在语言意象化的实呈中，其诗性语言也就更强调追求超常限的魔幻性，而入魔的虚幻来自人际交流中关系奇特的变形，因此主体在言语活动中也就偏重于反语法规范。这种以反语法规范为主要特色的感兴类拟喻意象也就会显出另样的审美合理性，获得反常而又合道的那种深沉。这个结果使主体也怀有另一种奇特的心态——在情思交流中作反语法规范、富于情感色彩的言说，以期使拟喻意象的构筑更魔幻，从而使审美感兴的频率更高。这当然也是百年新诗中一条语言意象化的可贵经验，且比印证类拟喻意象更受新诗人欢迎。在新诗草创后期和成长初期，这一类意象构筑已广为采用。郭沫若的《瓶·第十二首》这样写道："默默地步入了中庭，／一痕的新月瓜破黄昏。／／还不是燕子飞来时候，／旧巢无主孕满了春愁。"全诗共两节，第一节以瓜破黄昏的"新月"——这个拟喻意象实呈了"一痕的新月瓜破黄昏"那种反语法规范的变奏白话。第二节以孕满春愁的"旧巢"——这个拟喻意象实呈了"旧巢无主孕满了春愁"那种反修辞规范的变奏白话。值得指出的是，这全是以主体的直觉感兴达到的。这两个以同一类直觉感兴体现的同一种出于"日暮客愁新"的伤感心境，以"黄昏"、"旧巢"实呈的变奏白话词语并列组合在一起，也就按对等原则而互为烘染，使整个文本笼罩在一片感兴氛围之中，凸显出郭沫若构筑的拟喻意象具有浓郁的感兴特质。李金发也一样，竭尽可能地作着感兴类拟喻意象的构筑。不妨举一些他诗中的句子，如"看，秋梦展翼去了，／空存这萎靡之魂"（《时之表现》）、"残叶溅／血在我们／脚上"（《有感》）、"车轮的闹声，／撕碎一切沉寂"（《里昂车中》）、"每向你心河之两岸徘徊，／但见月光在浪头嬉笑"（《多少疾苦的呻吟……》）、"漂泊之年岁，／带去我们之嬉笑，痛哭，／独余剩这伤痕"（《故乡》）、"窗外之夜色，染蓝了孤客之心"（《寒夜之幻觉》）等等。特别是《夜之歌》中这两节：

> 我已破之心轮，
> 永转动在泥污下。
>
> 不可辨之辙迹，
> 唯温暖之影长印着。

这里的"心轮"是对反语法修辞规范的变奏白话的意象化实呈——一个拟喻意象，而它的流动扩展了拟喻领域："心轮"已破且转动于污泥下，可见行进艰难困苦，但辙迹上却印着来自心头的"温爱之影"，这就喻示"温爱之影"的拥有者不论在何种艰难的情况下也总会在主体的心头鼓励他前进。所以，从"心轮"转动的情状可以发现，主体的心境由于在直觉中把握到了一股兴发感动的潜力，才得以构筑出这个拟喻意象，也才使这个拟喻意象能凭着感兴的氛围烘染而强化其喻示功能。由此看来，这属于感兴类拟喻意象的成功构筑。

鉴于李金发是一个情感型诗人，他特别擅长作直觉超验式的魔幻表现，所以他的诗中更多是对感兴类拟喻意象的构筑。

三、意象的意境延伸

为考察李金发诗中意象向意境的延伸，我们得先来明确何谓意境以及意境如何生成的问题。

意境来自兴发感动，是接受者对意象具体而真切的体验之所得。所以，我们不能说意象和意境是一回事，前者是具体而有形的，后者则是抽象而无形的。但既然要谈意境，就非得从意象——特别是意象的兴发感动功能谈起不可。而我们还得进一步指出：意象及其兴发感动功能是心物感应的具现，因此，意境的生成还得追溯到心物感应这个源头。

中外诗学理论家历来有一个共识，即把心物感应看成诗歌创作极其重要的质素，并把这类感应分成两类基型：一类是以物及心的心物感应，另一类则是以心及物的心物感应。叶嘉莹就对此作过明确的区分。她在论及"比"与"兴"之意识活动时，就提出了"由心及物"与"由物及心"两种心物交感的类型。在她看来，"由物及心"是一种"兴"的感发，而"由心及物"则是一种"比"的感发。在《中国古典诗歌中形象与情意之关系例说》中，她说："首先就'心'与'物'之间相互作用之孰先孰后的差别而言，一般说来，'兴'的作用大多是'物'的触引在先，而'心'的情意之感发在后；而'比'的作用则大多是已有'心'的情意在先，而借'比'为物来表达则在后。这是'比'与'兴'的第一点不同之处。其次再求其相互间感发作用之性质而言，则'兴'的感发大多由于感兴的直觉的触引，而不必有理性的思索安排，而'比'的感发则大多含有理性的思索安排。前者的感发多是自然的、无意的，后者的感发则多是人为的、有意的。这是'比'和'兴'的第二点不同之处。"[1] 这里虽是谈比兴之类别，但对理解心物感应的实际内涵很有用，可以让我们明确如下两点：一、兴发感动的确可以通过由物及心与由心及物两类心物感应的基型来显示；二、由物及心的感发是自然天成的，由心及物的感发则含有理性安排。这两类心物感应，我们平常称之为感发活动，其实也就是兴发感动功能的发挥，意境也就随之开始生成了。既然心物感应有两类基型，那么，其兴发感动功能的发挥途径也就有两条途径。一条是由物及心类意象通过感性直觉引发的氛围感染之路，另一条是由心及物类意象通过理性直觉引发的情调感染之路。立足于由物及心的意象构筑，往往导致物我契合，也就成了精神性的、物我两忘的氛围感染。在氛围感染中，意象流动进一步激活想象，既扩大了意象而成意象组合体，也扩展了物我契合而加浓氛围感染，于是就有了意象向意境的延伸。这是一种由境提纯出意来的意境，它纯粹出于自然流露。我们不妨说，它是属于超验灵境式的意境。立足于由心及物的意象构筑，则往往导致物我交感，也就形成了神经性的物即是我的情调感染。在情调感染中，意象流动进一步激活了联想，同样既扩大了意象而成意象组合体，也扩展了物我交感而加浓了情调感染，于是就有了意象向意境的延伸。这是一种由意具现成境而来的意境，它受某种程度的理性遥控。我们不妨说，它是属于经验心境式的意境。值得指出的是，一般的诗歌佳作都显示为意象向意境的延伸，不是由物及心的意象所延伸出来的氛围感染类意境，就是由心及物的意象延伸出来的情调感染类意境。

---

① 叶嘉莹：《迦陵论诗丛稿》，北京大学出版社 2008 年版，第 22 页。

李金发的诗大都显示为意象组合体向意境的延伸，并且还显示出氛围感染型意境和情调感染型意境兼重的延伸特色。

在前两节对李金发诗作的意象象征体系的考察中，我们始终关注一点：诗人的创作艺术具有感性和理性并重的特色。为了意象语言化，他在致力于白话变奏时，既作直觉型构词造句，又作知觉型构词造句；为了语言意象化，他在致力于意象新构时，既作感兴意象造型，又作印证意象造型。这样做其实都可以归入心物感应范畴而和由物及心、由心及物这两条感应路径相结合，并使他诗中为意象所导引出来的意境是与之相呼应的两类延伸，即偏于感性氛围型意境和偏于理性情调型意境。

我们分头来考察。

先看由物及心那类意象的意境延伸。

对这方面作考察，与索绪尔在《普通语言学》中提出的横组合轴上的对等原则脱不了干系。所谓对等原则，是指诗性语言中词语与词语、句与句的组合不按邻接的语法关系来进行，而是按感兴语意相似、心理感受相应合的词语与句子之间在横轴语链上组合起来的关系而言。而这样的组合原则就称为对等原则。索绪尔作了这样的言说："诗的作用是把对等原则从选择过程带入组合过程，对等原则成为语序的构成手段。"[1] 他还作了具体的阐述："在普通语言中，相邻的语言成分是由语法结构连接的，而在诗性语言中，语法限制就不再适用了，不相邻的语言成了可以通过对等原则组合起来。"[2] 这些说法好像纯粹是对诗性语言而说的，其实不然。同一般语言的功能原理一样，诗性语言其实也是意象的物质外壳——载体，所以，词语、句子在横轴上组合，实质是意象脱去任何关联的一场并列组合。我们也可以这样说，词语、句子在横轴上的组合所凭依的原则其实就是意象并列组合所凭依的原则，即那个对等原则。在我国的古典诗歌中有很多这方面的例子，如马致远的《天净沙·秋》中有"枯藤老树昏鸦，小桥流水人家"。这其实只是六个光秃秃的、无任何关联的主语并列而成的组合，同时也是六个意象的并列组合。它们一样是以对等原则作为组合依据的。温庭筠著名的一联诗"鸡声茅店月，人迹板桥霜"，其词语的并列组合和意象的并列组合都以对等原则为依据。"枯藤老树昏鸦"这三个意象都散发出深秋的气息，是可以对等而不作任何关联的组合。"人迹板桥霜"也是三个意象的并列组合。它们之所以能组合，就因为这些意象所散发出来的都是冬日清晨旷野具有的肃杀、冷寂气氛，这就是对等原则的体现。李金发当年虽还不知道有对等原则的说法，但关于这种事物的审美选择与搭配的奥妙，他还是本能地把握住了。因此，他的诗中颇多意象对等的组合。前面

---

[1] 转引自高友工、梅祖麟：《唐诗的魅力》，上海古籍出版社 1990 年版，第 120-121 页。
[2] 转引自高友工、梅祖麟：《唐诗的魅力》，上海古籍出版社 1990 年版，第 122 页。

我们曾提及的《月夜》一诗，动人地表现了一个晶莹剔透的世界。诗中写到月光使"空间的沉寂"全浸沉在一片"清澈"里时，用了这样两个诗节来与之组接："吁！这平原，/细流，/秃树。//短墙，无恙的天涯，/芦苇。"诗人在这里用了六个意象，它们散发着既清澈又空旷的相似韵味，所以是对等的，组合在一起就能互为烘染而由物及心地把氛围激发出来，从而使接受者在精神体验中把握到一种特别能显示出清旷美来的意境。而这两节诗其实只是语言成分被省略到只剩下六个光秃秃主语的并置，也是六个无任何外在关联可言的意象的并列，一切全靠对等原则作用下的氛围营造和互为烘染。

类似的例子在李金发诗中很多。如《一无所有》中写了主体的一次特殊感受——"这是生命与情爱呼吸的交织，/呵，这是我笔儿哀吟的时光"，不用直接抒情的言辞，而用了一串与主体的抒情无外在关联的并列意象来表达："锄稻田的领着牲口，/最小的咩咩地跟在后方，/归鸦衔着小枝，/呼的一二声欲在黑夜来时示其威武，/黄叶缘此一日之训练，/四肢更形较冷，/山谷最爱的紫黛，/亦暂变成灰暗。游玩与劳作的人悉去了，/流泉只弄自娱之单调，/若明月能给他一片反照，/幽草定临歧洒泪……"这些情景散乱地拼在一起，却由内在感兴意味的对等在相互烘染中引发出一层氛围，促使主体在氛围感染中借这些情景化意象而由物及心，延伸出一片静默悠远而和谐的意境美。又如《调寄海西头》的第一节："俊俏的诗句撞闯着我欲破的心房，/他羡慕和风的/五月是/蛮野的歌声，/哄嚷在长林里，哄嚷在海浪归来处，/这春色呼唤出来的远海，/亲密了葡萄之新蕊，/麦苗之秀，野鸟歌声之夜以继时。"这同样是一串按对等原则组合成的、由物及心的意象组合体所延伸出来的、具有意境美的表现。最可称颂的是《夜雨孤坐听乐》中由在夜雨声中听唱片激发出来的一串由物及心的意象组合体向意境的延伸，十分不同凡响。诗这样写道：

唱片啊，你总合着急促人生的一切，
悲欢离合之音调，
我于是爱人的劝勉，智者的自述，
我望见弃妇之蓬头垢面，
手紧握着肩巾在寒风之下，
等候舟子归来之少妇，
徘徊于远海飘来的破桅之侧；
怀春的少女折枝插在如丝的卷发，
大城中的浪子，拥着掘金娘子而自满。

这个诗行群并列了四个意象：漂泊在寒风中的弃妇；徘徊在海滩的断桅破船边的渔妇；心惊肉跳地等候、折残花插在鬓边的怀春少女无言的幽思；浪迹大城的荡子拥娟妇而自甘沉沦。这是一串绝望人生的感兴表现，而正因为感兴内涵的相似，也就有了出于对等原则的组合。于是，由物及心的这一串对等组合的意象，也就营造出一种氛围，而接受者能在这种氛围中体味到悲凉而阴郁的生存意境。

李金发这些由物及心类意象凭对等原则的组合所延伸出来的意境，是自然而然呈示的兴发感动的产物，少有理性掺入，人工痕迹不多。

再看由心及物那类意象的意境延伸。

由心及物的意象构筑和组合与由物及心那类区别颇大。由物及心的意象及其组合体出于本然，据此而延伸出来的氛围浑然天成，朦胧幽渺。由心及物的意象及其组合体却出于人为，因为这是由"心"来指派"物"的，凭人的意志左右的"物"必然有不同程度的变形，而据此延伸出来的氛围意境也就会受理性制约，显得秩序井然、清明透彻。故由心及物的意象及其组合体都是有意为之的产物，多数显示为拟喻化，延伸出来的是理性直觉能把握的、立足于经验联想的情调意境。在古典诗歌中，宋诗较偏重于这方面的追求。朱熹的《观书有感（其一）》这样写道："半亩方塘一鉴开，天光云影共徘徊。问渠那得清如许？为有源头活水来。"这里的意象选择及其组合的设计完全是有意为之，虽非拟喻，但由于题目设定是"观书有感"，就使文本的喻示具有明显的定向性，即人之清明的认识、智慧来自源源不断的知识积累——"观书"所得之"源头活水"。在这里，一个有意设计出来的意象组合体，凭其搭配有机，宛如一幅形神毕具的图画，自有一脉情调透现出清朗淡远、于平常中生遐思的意境美。而这些全是经验范围的感兴之所得。李金发在这方面的追求颇为卖力，如他那首写情爱的诗《叮咛》，对于"你"在人生行旅中怯懦而不思进取，就用了这样一行诗——"常梦见你停留在夜色之海里"。这行诗中的意象选择与搭配虽停留在喻本与喻体间的有机喻示和意境延伸的扩展，但还注意到让这场意境延伸置于梦幻化的背景——"夜色之海"中。并且，李金发觉得这场意境延伸还不能充分体现由心及物，又采用了拟喻化意象来强化意境的延伸。李金发在《温柔·四》中为表达"我"对小恋人"你"的百依百顺，甚至收敛了自己全部的男子气，用了这样一个意象组合体："你低微的声息，/叫喊在我荒凉的心里，/我，一切之臣服者，/折毁了盾与矛。"这是一个构筑得颇为繁复的拟喻意象组合体，而这一串由心及物的拟喻意象激活的经验联想所感兴出来的情调心境，是萦纡难散的。唯其如此，才使接受者体悟到这一涉及情爱的意境更加郁勃。

值得指出的是，李金发虽然在主观上一样重视诗中两大类意象向意境的延伸，但在其艺术实践中，由心及物的拟喻意象所延伸的意境比由物及心的对等意象所延伸的意境则更有艺术魅力。这是因为李金发赋予了前者以四类凸显。我们不妨举一些实例来看看。一、他在由心及物类拟喻意象的意境延伸中，首先凸显了情韵美，如《迟我行道》中有"……盛夏从芦苇中归来，/饱带稻草之香"，《里昂车中》有"车轮的闹声，撕碎一切沉寂"。这里的"盛夏"能"饱带"稻草之"香"，"闹声"能"撕碎"一切"沉寂"，当然是一场拟喻意象的构成。自然景象的拟喻化呈示，且着眼于一种或欣喜、或凄厉的情调表现，就显出了意境延伸中的情韵美。二、他也在由心及物类拟喻意象的意境延伸中凸显出理趣美。如《燕羽剪断新愁》中有"燕羽剪断新愁"，《朕之秋》中有"我的孩童时光，为鸟声唤了去"。这里的"燕羽"能"剪"，且能把"新愁"剪断；"鸟声"能"唤"，且能把"孩童时光"都唤走。它们所构成的当然都是拟喻意象，喻示燕呢声中人的春愁会消解，而童年的美好是属于鸟语花香的自然世界的。这些都合于人的生存法则——内藏着理意，这样的拟喻意象所延伸出来的意境让人感受到对理趣美的凸显。三、他更在由心及物类拟喻意象的意境延伸中凸显智慧美。如《时之表现》中有"我们之 Saouvenire（回忆），/在荒郊寻觅归路"，《Spleens》中有"在艰苦之时间大道上，/我们欲探求真实"。在这里，"回忆"竟能寻觅"归路"，也竟然有"时间大道"让人走在上面去作"探求"。它们所构成的当然是拟喻意象。其所喻示的，前者显然是说人的回忆从来是寂寞而苍凉的，后者显然是说一切的真实只有花时间不断求索才能获得。这些全是生活经验的提纯、灵觉的开光，向意境的延伸便凸显出智慧美。四、特别值得珍视的是，李金发还在由心及物类拟喻意象向意境延伸中凸显出上述三类美共融的综合美。如《寒夜之幻觉》中有"窗外之夜色，染蓝了孤客之心"。在这里，"夜色"能"染蓝""孤客"的"心"，构成了一个拟喻意象。由此感发出来的情调心境在孤客心里萦纡难散，显出了情韵美。而"蓝"是具有旷远凄清之感的色彩，由它去染孤苦之心，倍添了孤客之孤寂感。这是心理学知识的意象具现，给人以理趣美。这场"染蓝"是"夜色"所为，让人因而悟到"日暮客愁新"，又增添了一层智慧美。由此看来，这个拟喻意象所延伸出来的意境凸显出了一种综合美。我还想特别提一提李金发在《即去年在白尔曼尼》一诗中写下的诗行群：

且咬这面包，
对天光坐下，
听星斗的远行，
他们为世界的时钟。

这个诗行群构成了博大的拟喻意象。试想，在天光之下边啃面包边看浩瀚天宇的星斗运行，是何等情韵悠远！天宇中显现出来的景象是宇宙运行律按方位在推动星斗运行，因此，这场无声的运行实系绝对时间在律动的表现。遐想至此，乃有理趣顿生。于是，主体猛然觉察到运行着的星斗就是"世界的时钟"——这可是想象飞跃中的灵思开光，从而大有所悟。如此说来，这场拟喻意象的意境延伸所凸显出来的乃是情韵、理趣、智慧这三者的综合之美了。

李金发诗中由物及心和由心及物两类意象的延伸，使他的抒情因此具有了璀璨缤纷、情思深远的意境之美。

四、意境的象征升华

我们前面曾提及，在意象向意境作延伸时，李金发的艺术实践表明了他自身的一个特点，即更偏重由心及物的拟喻意象所延伸的意境。这种特点当然同他视内在真实高于一切的美学观有着必然的关系。因此，在他笔下，那些由心及物的拟喻意象所延伸的意境更凸显出情韵美、理趣美和智慧美，且进一步形成递进式的综合美。而旨归为智慧美的这类意境则能以其特强的情调萦纤力促使直觉想象飞跃，促使智慧开光而有所顿悟。这种心灵的顿悟，也就标志着象征得以形成。正如查尔斯·查德威克在《象征主义》一书中所说，象征是一种像弥尔顿那样把撒旦的溃败军团说成"飘落到瓦陆布罗萨溪谷里的秋叶"的比较，是用具体可感的意象表达抽象的思想和情感[1]。欲在这种比较中使表达的目的得以实现，需要一个条件，即或强或弱地受到旨归在智慧开光的意境感染。李金发诗中由物及心的意象所延伸的意境以情韵美、理趣美为目的，不重智慧美，所以这一类意象延伸出来的意境提升为象征者不多。纵然间或有象征的提升，也因为这类意境感兴有余而提升象征之力不足，使象征往往降格为寓言化的比拟。而这是李金发不屑于追求的。他的诗中大多是从由心及物的意象、由心及物再由物及心的意象或由物及心再由心及物的意象所延伸的意境来提升象征的。在这方面，李金发诗中的例子颇多。这里就举三首诗来作意境提升为象征的论析。

先看《秋》。这个文本的一开头就说："到我枯瘦的园里来。"这里不说"到我家"园里而说"到我"园里来，可见这"枯瘦的园"并不是实体，而是一个隐喻，喻示"我"这个生命体。这个生命体虽不免"枯瘦"了一点，却还是有青春年代的俊逸风采的，不仅"树荫遮断了溪流"，而且"长翅的蜻蜓点着水，/如剑的菖蒲在清泉之前路"。可是，这情景只不过"勾留片刻"，就要起变化了，即已临到"斜阳送落叶上

---

[1] 转引自柳扬编译：《花非花——象征主义诗学》，旅游教育出版社 1991 年版，第 2 页。

道"的时分。说得更明白点，这"园林"已从春夏而入秋，繁茂也全化为"落叶"而远去。这种由盛入衰的情景是令人伤感的，"几使长眠的浅草亦下泪了"。这种变化因何而生呢？是"情爱之神"的所为，是她"欲收拾大地一切果实和香花"而落得的结局——也就是说，是因为情爱已耗尽了自己的青春生命和理想。以上种种显然是由心及物的表现，客观存在的景物、事件全凭主体的"心"的需要而信手拈来，随意拼贴成"枯瘦的园"这个拟喻意象组合体，来喻示"我"这个生命体由春温而入秋肃的变异情境。而作为萦纡难散的情调化心境表现，这里所烘染出来的是一片感伤而阴郁的意境。这意境由于是从"斜阳送落叶上道"这样的拟喻意象中发散出来的，则自有一种时不我待而迟暮将临的生命觉识——一场智慧开光式顿悟在情调心境的萦纡中终于被摇醒，紧随而来的是飞跃，从而扩大了由心及物的幅度，推出了如下的诗节：

> 更远的有雁儿成队，
>
> 牧童领着羊儿，犬儿，
>
> （他饮其血，寝其皮）
>
> 他们的步音在沙上错杂呢。

在这里，"雁儿"将告别栖居的这片土地而远去，牧童及其羊儿、犬儿结成一体的众生也在绿草变荒漠的大地上撒一串杂沓的"步音"而远去。这一意境由个体境遇向众生境遇的蔓延，使主体对"我枯瘦的园"作为生命体的隐喻有了智慧的顿悟、象征的提升：在生命的季节远行中，众生万物都一样，必然会从春温而入秋肃，从繁茂而入衰残。于是"我枯瘦的园"这个由心及物的意象流动，也就变成了生命远行必然律的象征。附带值得一提的是，这是由心及物的、超越相对时空的意象象征表现。

再看《迟我行道》。这首被台湾学者杨允达说成"锦绣其表，败絮其中"的诗，在我看来却是极成功的象征诗。关于它的外层内涵，我们已在前面结合文本构成有了较详细的解读，认为这是一首决心摆脱旧传统、寻求人生新境界而无畏奋进、彻声讴歌的诗。但它在恍兮惚兮的表达中让我们透过外层深入内里，还能顿悟到一些象征内涵。所以，我们得考察一下其意象、意境和象征之间的流变轨迹。这轨迹是从由心及物的意象组合开始的。第一、二节表达了主体的一个意念——以田园文化为标志的旧文化传统必须被超越，纵使它有某种吸引人的魅惑力。"我"和"你"在探求中都不能像"新月让池塘深睡去"那样被迷醉，沉湎而不能自拔，必须尽一切可能"仍是疾步着，／拂过清晨之雾，午后之斜晖"。从这个意念——"心"出发，主体去摆布第一、二节中的一些景象、事件，把它们有意为之地连接起来，拟喻地——当然也是变形地组合成一个有机的意象组合体。这个具有一定感兴意味的意象组合体，一方面延伸出一层有情韵之美的意境，另一方面又会由物及心——从这个意象组合体感兴出一个坚定的意念，即在艰难的寻求中确立起与"临歧的坏人"——旧传统的推行者势不两立、拼搏到底的决心。诗的最后说"我"杀了"真理的从犯"，又设问道：弄得"血儿溅满草茎"，是"用谁的名义"干的？这就使意象组合体的流变又推进了一层，从由心及物又推向由物及心。这里凭的是超越旧传统、探求新潮流这一属于由物而及"心"的坚定意念。至此，一串拟喻意象延伸出一层综合了情韵与智慧的意境美，而由心及物复又由物及心的意象——意境向心旋转运行的内在节奏，也就激发出一层情调心境，并借其萦纡荡动而使意境突兀提升为对生存格局的全新顿悟——一个高级象征悄然而生。这个象征是什么？那就是：生命之旅的目标只能是星光下"远海的呼啸"——不断要求人去超越的前方。

再来看《弃妇》。在李金发的几百首新诗中，《弃妇》无疑是最有代表性的一首——是他那些象征主义诗歌中最有代表性的一个文本。要考察这首诗，首先要引用一下黑格尔在《美学》中的一个说法。黑格尔说创作是"力求转化自然事物为精神事物和转化精神事物为感兴事物的双重努力"①。这句话用在李金发这首诗上非常合适，因为《弃妇》就是具有从由物及心再到由心及物这样的"双重"性意象象征的文本。从外象着眼，这首诗除了枝节处有意象的幻化表现，总体上还是抒写了"弃妇"孤苦无依、夜无所栖、流落荒野的人生遭遇。但从文本构成上看，则让人感到这是从现实人生实况提升为生命生态象征的抒写。要让人认同这个说法，就非得从文本构成中意象—意境流动的轨迹作出考察不可。全诗分两个单元：第一、二节属第一单元，第三、四节属第二单元。在第一单元里，"弃妇"以第一人称身份出场，自述被遗弃于黑夜荒野的遭遇，抒发了自身哀诉无门的悲凉。在这个单元里，此类表现是由物及心的一串意象组合体来徐徐展开的。唯其如此，这类意象组合体总是拟喻化的。这里说"我"眼前的长发隔断一切"羞恶之疾视"，是可以的，但说还隔断了"鲜血之急流"、"枯骨之沉睡"，就不可能了。这里说"黑夜与蚊虫联步徐来"，还可以，但说它们如"荒野狂风怒号"，使"游牧人"为之"战栗"般在我"耳后狂呼"，就夸张过度了。这里说"我"在空谷里和上帝之灵往返，当然不可能；说"我"的"哀戚"深印在"游蜂之脑"，或与红叶一起随山泉而冲下悬崖远去，更不可能。"物"作这样的变形，当然是"物"被心摆布的结果。这一串拟喻意象的流动有情韵与理趣的综合之美（"我的哀戚唯游蜂之脑能深印"就有理趣），延伸出一片由外向内的凄冷孤寂的意境。再看第二单元。这一单元的两节诗由主体对已转化为第三人称身份的"弃妇"的内心

---

① ［德］黑格尔：《美学》（第二卷），朱光潜译，商务印书馆1997年版，第28页。

生活作客观抒写，即随手拿一些景象、事件来印证她的情思、意绪，拼贴成一串拟喻意象组合体来作喻示。于是，作为"弃妇"的"殷忧"的一个方面——被遗弃后既漫长又茫然的未来带来的"时间的烦闷"，是难以"化成灰烬的"。如能化成灰烬而"从烟囱里飞去"，且"长染在游鸦之羽"，那该多好！那就可以让"时间之烦闷"和"游鸦"同"栖止于海啸之石上，/静听舟子之歌"，超然于物外而不再烦闷了。可是"夕阳之火"不能把"时间之灰烬"化成灰烬，她因此也不能消解凄苦的心绪。唯一可能的出路只能是让"衰老的裙裾"徜徉在坟堆里，与阴魂为伴。这个"弃妇"的心愿所及的现实如何？诗篇最后推出了一个由心及物的特写镜头：

> 永无热泪，
> 点滴在草地，
> 为世界之装饰。

是的，连泪也没有了，这个装饰世界的角色也不用她扮演了。至此，从由物及心到由心及物的双重意象组合体的流动，显示出情韵、理趣与智慧的综合美，延伸出一片从阴郁到彻底大虚无的意境。也是在这第二单元中，"弃妇"的遭"弃"被推向更深的层次。于是，上引最后三行，作为由心及物的意象表现，和第一单元结束处作为由物及心那两行（即"或与山泉长泻在悬崖，/然后随红叶而俱去"）相呼应。近于复沓式的呼应激发出一层特别浓重的情调心境，萦纡难散，也使意象延伸出来的大虚无意境提升为一种蓦然有所领悟的象征，使接受者通过这个文本构成中"意象→意境→象征"的流变轨迹而顿悟到"弃妇"的生态喻示乃是人生大虚无——一场探求人生终极价值的人事象征。

我们已对李金发诗的三首代表作作了文本构成的分析，对其象征艺术的生成作了解剖麻雀式的探讨。那么，这位象征派诗人的象征艺术究竟有哪些特色呢？这是更需要关注并值得来谈谈的。我概括为三点，略述于下：

首先，李金发诗中的象征追求不偏于表现手法，而重在喻示意义。中西诗歌对象征的追求，其重心定位不同。中国诗歌中的象征被看成一种表现技巧，如比兴一类手法。周作人在为刘半农所作《扬鞭集》写的序文中就说，诗的"写法"中"所谓'兴'最有意思，用新名词来讲或可以说是象征"。因此，他认为"象征是诗的最新的写法，但也是最旧，在中国也'古已有之'……"[1] 西方则把象征看成诗歌把握真实世界的原则，大大扩展了视阈，认为自然（即大千世界）是一座象征的森林，人行其

---

[1]　杨匡汉、刘福春编：《中国现代诗论》（上篇），花城出版社 1985 年版，第 129 页。

间，心灵可以与之相互应和。因此，以客观物象、事象表现主观情调心境，才是诗应该追求的。这也就意味着诗是一种以客观作为主观象征的艺术。当然，李金发诗中把象征等同于比兴来追求的情况也不是没有。他的诗中意象特别丰盈，其中颇有些富于象征意味的意象组合体，其实就是比兴。这类例子不少。如"在淡死的灰里，/可寻出当年的火星"（《在淡死的灰里……》）、"那黑地间白的短褂，/于我是号召生命前行的旗旌"（《青春没有欺骗过我们》）、"长林中满贮着我心灵失路之叫喊，/与野鹿之追随"（《给 X》）、"他们岩石似的心房，/既生满苔痕"（《永不回来》）等等。特别如《断句》写道：

> 我梦想远海之舟子，
> 随落霞兴叹。

可见，这个意象组合体是对浪迹天涯者作了生态象征，但其感兴功能又极强，能使接受者在一片生存旷茫、生命短暂的感伤情境中把握到象征意蕴，所以也就显示出以兴为象征的追求特色来。不过，从文本总体构成来看，李金发对诗歌象征艺术的追求重在喻示意义，或者说，他更关注诗歌对真实世界的把握幅度，而幅度的扩展是要靠象征达到的。这方面，我们可以从《秋》在这方面所作的追求见出。这首诗写"我"和众生都会像繁茂的园林随季节入秋而"枯瘦"那样，也会随年岁的流逝而告别青春。所以，诗中对"到我枯瘦的园里来"看景色的变化这一点写得很细，诸如第一节写了初入秋时园林成熟而收敛的景观，第二、三节写园林的繁茂及告别大地，表现得十分充分，颇显"兴"的功能，对生命体必然随时光流逝而变——所谓人生易老作了大量的感发。这里有借"兴"而显象征的追求！但李金发没有就此驻足，他还要扩展诗歌对真实世界的把握幅度。于是，又有了第四节：既然园林已从春温入秋肃，那么，雁儿结队远逝，牧羊人领着狗、赶着羊以错杂的"步音"去另择新径，也就成了必然。这样一来，意象组合体流动幅度的扩展，也就有了更显深厚意蕴的象征提升——由盛入衰乃是生命远行无可避免的必然规律。

其次，李金发诗中的象征事物不具有实质意义，只着眼于功能价值。用作象征物的物象、事象是否需要有实质意义，这是中西诗歌象征艺术的新课题。中国传统诗歌和西方象征主义诗歌在这方面是大不相同的。在中国传统诗歌中，象征事物（"象"）和被象征对象（"意"）要融为一体，所谓"象"与"意"互为依存，不可或缺，达到"意"出于"象"，"象"成于"意"。梅圣俞在《续金钟诗格》中说得更透彻："诗有内外意，内意欲尽其理，外意欲尽其象。"这样一来，象征物的"象"就要有实质意义。事情也的确如此。在传统诗歌中，我们确实可以见到这种浑然一体的情景。如白居易的《白云泉》："天平山上白云泉，云自无心水自闲。何必奔冲山下去，更添波浪向人间。"在超脱尘俗的情感抒唱中，诗人用白云与泉水在高山上悠然相处来作象征，"象"与"意"浑然一体，象征事物确有实质意义。但西方象征主义诗歌则不同，其象征事物只是用来象征地抒情的手段，只具有功能价值。让·莫莱亚斯在《象征主义宣言》中这样说："象征主义追求将思想包容在感觉形式之内，但感觉形式并非其目的……在象征主义艺术中，所有具体的东西不过是用来表示与原初思想奥秘联系的感觉表象。"① 可见，象征主义的象征事物只是指向某种神秘的形而上理念的手段。李金发毕竟是个以魏尔伦为名誉老师的西方象征主义信徒，在对象征事物具有实质意义还是仅仅为手段上，他站在西方象征主义一边，把象征事物看成功能性的手段。当然，在他的创作实践中也有象征事物具有实质意义的情况。如在《少年的情爱》中，为了表现对家乡的深情，李金发用了这样一个意象组合体来作感兴象征："沉寂的夜里，／水田的蛙声齐噪着，／渔人的火炬在远处蠕动，／我的梦魂遂流泪在石级里。"在这里，由"夜"、"水田"、"蛙声"、"渔人的火炬"充当的象征事物以及它们所组合成的意象群，动人地表现了南国春夜里田野如画般的情景。其中的感发性象征——乡愁，极具实质意义，而不单单作为功能手段。但李金发在这方面的实例极少，仅把象征事象看作功能手段的例子却随处可见。如《断句》中象征性地表现主体在社会生态中不稳定的情绪，用了这么一个意象组合体："呵……野鸥与微波游戏，／礁石向激流狂呼！"这就把一忽儿平和悠然、一忽儿拼搏激荡的，对立统一的精神个体性象征了出来，而野鸥与微波的游戏、礁石向急流狂呼的象征物显然无任何实质意义。又如《我求静寂……》中象征性地表现一个漂泊者的漂泊人生，用了这么两行诗："不必去寻求他的居住，／他起居在燕子之翼尖。"我们前面已分析过这两行诗所具现的意象组合暗喻得极巧妙：燕子是候鸟，禽类中的漂泊者，靠翅膀长途飞行，说"他"起居在燕子翼光便真切地象征出了"他"的漂泊人生。但燕子及其"翼尖"对"他"的漂泊人生有何实质意义呢？仅仅是用作象征的功能手段而已！又如《即去年在日尔曼尼》中这两行诗：

> 他怀抱着海的幽怨，
> 舟子临礁的狂呼。

这里无非是说"他"有无边的"幽怨"和宿命的绝望，主体用无际的"海"来拟

---

① ［法］让·莫莱亚斯：《象征主义宣言》，转引自柳扬编译：《花非花——象征主义诗学》，旅游教育出版社 1991 年版，第 5 页。

喻"幽怨"之无边，虽生动，却并不鲜见。而"舟子临礁的狂呼"，就新奇得令人惊心动魄了。这个意象竟浮雕般凸显出"他"心里的绝望，其象征的诗力不可谓不强，象征的意蕴不可谓不深邃。但舟子临礁之狂呼作为象征物有什么实质意义就难说了。特别值得一提的是《迟我行道》。这首诗对超越旧传统、追求新潮流而奋不顾身的精神意志作了象征表现，采用的象征物可谓五花八门，没有统一成有机整体。纵使如此，象征物的象征诗力并未削减，主体用了这么一串意象喻示旧传统的陈腐："远处的风唤起橡林的呻吟，/林涧之泉滴的单调。/但此地日光，嘻笑着在平原，/如老妇谈说远地的风光，/低声带着羡慕。"这能说没有象征诗力吗？但这些象征物没有一点儿实质意义。为喻示摆脱田园文明的诱惑而去寻觅新潮流，诗中用了这么一串意象："……纵使夏从芦苇中归来/饱带稻草之香，/但我们仍是疾步着，/拂过清晨之雾，午后之斜晖。"这也颇有象征诗力，但作为象征物，同样没有实质性意义。为喻示"我们"历尽千难万险，新潮流终于在望，诗中用了这么一串意象："白马带我们深夜逃遁，/——呵，黑鸦之群你无味地呼唤了——/直到有星光之岩石下，/可望见远海的呼啸！"此处象征诗力更强，但象征物更无一丁点实质意义，只不过是感兴对等的功能性手段而已。

象与意并未浑然一体，象征物对被象征的对象而言无任何实质意义，只有功能手段的价值。这样的象征艺术就会使象征类型有所新变，从立足于以物及心的本体象征转向立足于以心及物的主观象征。李金发所追求的，基本上是立足于由心及物的主观象征诗。

说李金发所写的诗"基本上"是主观象征诗，是否意味着他也写有本体象征诗？是的，只不过他的本体象征诗写得很少。在中国传统诗歌中，主观象征诗不多。李商隐写了《锦瑟》、《无题》等近于主观象征的诗，就有人发出"可怜无人作郑笺"之叹。我们的传统是写本体象征诗。上文提及的朱熹《观书有感》、白居易《白云泉》就属于这一类型。我们甚至可以说屈原的《离骚》是世界诗歌史上最早的一首本体象征诗，而抒情主人公上天入地求真、求善、求美的那一场场超越相对时空的生命追求，使这个文本还具有超验本体象征的意味。李金发不是个缺乏旧学修养之人。诚如黄参岛在《微雨及其作者》一文中所说，他"一向是精研国学"[①] 的，平时耳濡目染，对传统诗歌并不陌生，所以多少也写过一些本体象征诗，如《幻想》一诗就属于《白云泉》一类具有相对时空的本体象征表现。特别令人振奋的是那首《海底侧影》，似乎有《离骚》那样在绝对时空中作超验本体象征运思的特色。可李金发毕竟受西方象征主义诗歌的影响太深，因此其所作象征诗大多还是归入主观象征类。主观象征突出地表现为由心及物而使"物"——客体存在事物任随"心"去摆布，哪一段情思需要用

---

① 转引自张大明：《中国象征主义百年史》，河南大学出版社 2007 年版，第 136 页。

化为意象的"物"去印证，就在意象贮藏库中挑选其中某一合适者嵌入，另一段情思又有这种需要，也这样作"物"的挑选、嵌入。如此一来，文本中"物"与"物"之间不存在联想逻辑关系，只是无机的拼合，这就造成文本中的意象关系美其名曰"跨跳"，其实不过是散乱破碎的一片。不过，由于整个文本中欲被象征的情思在运思过程中就已确立了一条内在贯通的线索，所以外象即便散乱破碎，内在却能感兴地呼应，反而显示出象征的多姿多彩、脉络分明、气韵生动、流转自如。这是主观象征的优越之处。李金发的主观象征诗就具有这种特色。《夜之歌》是个典型例子。这首诗抒写了一场因深秋郊游引起的失恋之痛，并借此对恋爱到底是怎么回事作了象征性反思。文本的第一至十三节写的是"我"失恋的痛苦，由"心"（失恋的痛苦）及物，用好多串意象组合体来印证。从第十四节到十八节结束，则以"我"之失恋事件为实例，由物及心，对恋爱作了象征性的反思——什么"海誓山盟"、"一齐老死于沟壑"，都是些让"灵魂儿"遮住"可怖之岩穴"的谎言。所以，这是一场由心及物又由物及心的主观象征。整个文本由一串串作印证之用的意象组合体拼合而成，如对秋郊散步引来心境不适，用"死草"的"悲愤纠缠在膝下"来印证；粉红之"记忆"使人厌恶，用"道旁朽兽，发出奇臭"来印证；"我"的灵魂陷入进沉湎中，用"我已破之心轮，／永转动在泥污下"来印证……"死草"也好，"朽兽"、"心轮"也好，互相毫不搭界，像拼盘一样拼在一起，五花八门，多姿多彩，把每一段情思都感兴、印证得很热闹，又有一条情思运行线贯穿其中。这是化整为零的象征，自有主体运思的随意，对追求象征的艺术者来说是一种方便。上面已较详细地谈及李金发的代表作《弃妇》，它的象征艺术追求走的也是众多意象组合体互不搭界的拼贴之路。不过，与《夜之歌》不同，《弃妇》中还有一个抒情主人公自始至终在深夜的坟堆中活动的场景框住了整个文本，使一串串互不搭界的意象组合体因嵌入这个框架而自动顺框架脉络作有机组合，从而有迹可循。这样的主观象征，也就能使这一类型的象征所引起的晦涩淡化一点，也使《弃妇》的象征在一定程度上具有向本体象征靠的趋向。可以说，它是主观象征的变奏。

李金发的意象象征艺术的确具有体系性。这不只是意象的问题，也不只是象征的问题。他诗中的意象前及语言，后及意境，又靠意境提升为象征，真是环环相扣，层层递进，徐徐展开。所以，我们可以说，从象征艺术的要求去衡量李金发，说他是一个相当成熟的象征主义者，还是确切的。

（作者单位：浙江大学）

从"延安学"到"域外延安学"

——兼作主持人语

周维东

1982 年，贺敬之在回延安的过程中，提出了建构"延安学"的构想，认为"西北有个'敦煌学'，是不是也应当有一个'延安学'"①？在贺敬之的鼓励下，郭必选、周蓉生、高杰、朱鸿召等学者开始了对"延安学"的呼吁和实践。在"延安学"的构想中，党在延安时期形成的"延安精神"是核心要素，囊括了地域文化、党史学、文艺学、政治学等学科。在多年的实践下，"延安学"的声名虽没有"敦煌学"那般响亮，但其中的理念和方法在不同学科的研究中得到了落实——在不同学科关于延安精神、历史的研究中，打破学科壁垒、在融会贯通中把握具体问题，已经成为研究者的自觉。

在"延安学"建构中，域外"汉学"和"中国学"是重要的参照，其中跨学科和综合研究的方法是最重要的参照点②。这种看法应该说是敏锐的。在海外关于"红色中国"的研究中，确实采用了综合研究的手法，譬如斯诺的《红星照耀中国》、韩丁的《翻身》、马克·赛尔登的《革命中的中国：延安道路》、裴宜理的《华北的叛乱者与革命者》、周锡瑞的《意外的圣地：陕甘革命的起源》等作品，都是将地域文化、

---

① 贺敬之：《继承 发扬 革新 创造——答〈延安文艺研究〉主编记者问》，《光明日报》1984 年 12 月 28 日。

② 参见郭必选《"延安学"初探》（《延安大学学报》1991 年第 1 期）、周蓉生《应当开展"延安学"的研究》（《理论导刊》1991 年第 3 期）等成果。郭必选认为"延安学在国外已成为一门有影响的学科，它是作为'中国学'的一个分支而出现的，目前拥有相当可观的研究机构和研究人员，也发表了不少研究成果"（《"延安学"初探》）。这种认识是敏锐的，因为海外"中国学"、"汉学"的传统，很多研究都打破了单一学科的界限，呈现出综合开放的研究格局，成果也更为整体和宏阔，为国内"延安学"的建构提供了借鉴价值。

党史（革命史）和文艺史结合起来论述，还发明出如"延安道路"、"党的人类学"①等概念。但如此看待域外"汉学"和"中国学"研究的价值，并没有将其对于"延安学"建构的互鉴价值充分体现出来。

首先，"延安学"的价值需要在与"域外延安学"的互鉴中才能充分呈现出来。"延安学"以"延安精神"为核心，这个依据并不能作为学科存在的学理支撑。在红色革命的过程中，官方认可的"红色革命精神"一共有12个，且多数以地域作为命名方式，如"井冈山精神"、"西柏坡精神"、"大别山精神"等，如此是否可以建构类似的"井冈山学"、"西柏坡学"、"大别山学"？当然，有更多的理由可以说明"延安学"的独特性，但都难以说明它的唯一性。然而，如果加入"域外延安学"的角度，情况就发生了变化。域外关于"延安问题"的书写和研究，是海外"红色中国"形象建构的起点，是中国革命、中国道路和中国式现代化为海外认知和接受的起点②，其意义不同凡响。"红色中国"并不完全等同于世界范围内的共产主义运动，它包括对于中国道路选择、中国式现代化方式的全面理解，因为这个原因，"延安学"虽以红色革命精神为依托，但在世界文化中的意义超越了其他精神载体，具有不可取代的价值和意义。

其次，"域外延安学"是"延安学"不可分割的一部分。至2022年，《在延安文艺座谈会上的讲话》（以下简称"《讲话》"）已经80周年了。关于《讲话》的内涵和意义，经过无数次的阐释，已经与《讲话》文本一起成为"《讲话》精神"的一部分。这也是"延安学"的一般特征。今天的"延安学"既包含相关历史，也包含关于历史的阐释，它们共同构成接受视野中的"延安学"本体。在此结构中，"域外延安学"所包含的特殊视角和经验，可以让"延安学"超越单一国别或立场视域，在世界和人类文明的高度获得关照。从学界关于《讲话》在苏俄、欧美、东亚、非洲、拉美地区传播和影响的研究，可以看到《讲话》在国内研究中未曾被注意到的精神价值，

---

① 在周锡瑞著、石岩译《意外的圣地：陕甘革命的起源》（香港中文大学出版社2021年）的前言中，周锡瑞谈道："我曾就陕北农村调查写过几篇论文，其中，我试图理解共产革命过程中的乡村社会变迁。一个显而易见的结论是共产党在其中所起的关键作用，但是这样的结论过于简单化，无助于理解由中国社会背景、个人利益与政治意图组成的政党如何形成有力的军政团体。……在研究和撰写这几篇文章的过程中，我提出了'党的人类学'，以了解党是如何在不同层次上协调运作的。"

② 蔡丰喆：《经典的知识再生产：西方对斯诺"红色中国"书写的认知及其知识系谱》，《新闻与传播研究》2021年第8期。

如东亚视野中的"彻底的自由人"①、非洲视野中的"民族解放"② 等话题。这丰富了《讲话》的思想内涵，理应成为"延安学"关照的现象。

最后，"域外延安学"所体现的历史、知识谱系是"延安学"研究需要关注和对话的对象。"域外延安学"是海外"红色中国"认知的起点，它所体现出的历史脉络和知识谱系，成为海外"中国形象"建构的内在机理，是学术界值得关注的重要内容。当前的中国问题研究中，国内研究成果和海外中国形象的反差是突出问题，症结正是缺少"对话"的意识和机制。国内研究不了解海外认识中国问题的基本情况，不了解海外产生不同认识的原因和机理，自然也无法有效影响海外接受者。对于"域外延安学"研究中存在的史实错误和有意歪曲，需要国内研究者用准确的史实来以正视听，但关键还是要建构关于"延安学"研究的科学体系，并能让海外研究者接受，进而形成理性对话的机制。在此方面，国内研究较为欠缺的是，对于"域外延安学"所形成的知识谱系研究不够。如果不能充分关注其方法论和知识背景，建构具有主导性的自主知识体系无异于痴人说梦。

基于此，"域外延安学"的研究对象和内容也浮现了出来。"域外延安学"的研究对象包括：（一）域外作家关于延安时期历史的书写和研究。域外作家关于延安历史的书写包括新闻报道、田野调查报告、纪实文学、回忆录和文艺创作等。它们不仅记录了延安时期的历史面貌，还包含了对于"红色中国"的理解。特别是对于西方社会而言，它们是精英阶层了解中国的一手资料。对于延安时期历史的研究，主要包括关于延安时期政治、经济、军事及文艺的理论研究成果。之所以将其与"书写"分开，主要体现了它们的"后视"视角和"客观"立场。所谓"后视"，即不是在延安历史发生过程中的认知，而是将延安历史作为一个整体来理解；所谓"客观"，即体现它们的学术立场，尽管所有的研究都难以做到完全客观，但学术立场至少提供了一种科学认知的预设。（二）延安时期重要著作的域外传播。具体来说，即哪些作品被译介到域外。译介的选择、方式及其评论包含了认知的态度和水平。在延安文艺作品外译的历史中，我们很容易看到时段和地区的差别，从中不难看出所在地区和国家对于延安文艺的态度和认知视野，也不难看出他们对于中国的兴趣点和误解点。（三）受延

---

① 竹内好在《鲁迅与毛泽东》中，将鲁迅和毛泽东文学思想的内核概括为"彻底的自由人"，认为"他们都是彻底的自由人。作为自由人打造自己的过程，就是他们成为民族历史人物的真正面貌。毛的文学论，之所以打动了不是'党组织的人'的我，是因为那不是'奴隶主'的。他不仅对于中共，对于我来说也是真理——普遍的真理"。（见靳丛林、胡婷婷：《鲁迅与毛泽东——从竹内好的视角看》附录，《新文学史料》2016 年第 3 期。）

② 蒋晖：《"普遍的启蒙"与革命：〈讲话〉和非洲左翼文学运动》，《现代中文学刊》2022 年第 3 期。

安精神影响的域外作家创作。受延安精神影响的域外作家创作，包括理论创作和文艺创作等多个方面，是关于延安文艺的逆向影响研究。延安文艺在欧洲、非洲、亚洲和拉美地区都产生过较为深入的影响，一些国家在制度、道路选择上借鉴了"中国模式"，一些理论家和文艺家的精神创造也受到延安精神的影响。通过对这些内容的研究，我们可以更深刻地领悟延安文艺最有生命力的部分。

结合"域外延安学"研究的现状，相关研究中有几个重点问题需要关注：首先是"域外延安学"发展的历史脉络。国内学界对于"域外延安学"研究成果的关注，主要是以具体研究问题或国别展开，如《赵树理研究资料》、《周立波研究资料》、《丁玲研究在国外》、《艾青专集》、《孙犁研究专集》、《日本学者中国文学研究译丛》、《国外中国文学研究论丛》、《前苏联学者论中国现代文学》、《中国解放区文学俄文版序跋集》、《中国新文学 20 世纪域外传播与研究》、《二十世纪国外中国文学研究》、《中国新文学俄苏传播与研究史稿》等。这种关注的形式缘于部分研究者的自觉，但因为聚焦具体问题，并没有将"域外延安学"与域外中国认知结合起来，也没有注意到"延安学"的整体性，因此，已有的文献搜集成果并没有反映出"域外延安学"的历史脉络。如果要呈现这方面的效果，"时间"和"区域"是不可缺少的两个脉络。时间轴纵向体现了"域外延安学"发展的起伏：何时出现关注的高峰，何时相对沉寂；何时认同的声音比较高，何时反思的声音比较多，以及这些现象出现的原因是什么。区域则在横向上反映"域外延安学"发展的情况：哪些地区相对关注度高，哪些地区关注度低，以及背后的原因是什么。如果说"域外延安学"是海外"红色中国"形象建构和认知的起点，这些问题就具有了超越单一研究领域的意义。

其次是"域外延安学"的知识谱系。所谓"知识谱系"，具体来说是知识背景和方法论。这个问题之所以重要，是因为"域外延安学"的参与者多数都是专业人士，如新闻记者、翻译家、学者等，他们对延安历史的认知，除了我们通常认为的意识形态因素外，其所受的专业训练也会对认知结果产生影响，且更为深远。一些域外延安学著作，如《西行漫记》、《华北前线》、《人民之战》、《中国震撼世界》、《革命中的中国：延安道路》、《十里店》、《翻身》等，之所以能够产生较大的影响，最核心的还是它们所建构的延安叙事体现了严格的专业性。它们也奠定了海外认识现代中国的方法论基础。当下很多反映中国问题的海外畅销书，不难从中看到某些相似的影子。就这个问题而言，国内学界的研究还处于笼统认知的阶段，仅将之简单视为海外中国学的普遍问题。这里当然有一致之处，但更加精细化显然具有必要性。

最后是"延安学"的域外影响。这里的影响，主要是指延安时期重要思想在海外引发的理论和文艺创造。近年来，蒋晖和魏然关于《讲话》在非洲和拉美的影响研究

《〈在延安文艺座谈会上的讲话〉的边疆学研究：在非洲的故事》①、《在笔与枪之间：〈讲话〉在阿根廷的阅读与挪用》②，在学界受到关注。关注的原因，除了这两个区域在国内海外中国学研究中关注较少外，两篇论文都注意到《讲话》产生的实际影响，特别是对于本地区文艺发展的直接影响。这种影响在很多延安思想传播地都或大或小地产生过，只是过去的研究多注意到"接受"的层面，忽略了"影响"的存在。当然，考察域外影响的目的不是为了自我标榜，最重要的还是研究影响出现的根源，以及产生的效果。只有如此，才能看到延安精神的生命力。

专栏的三篇文章，体现了"域外延安学"研究的三个层面。喻宛婷的论文《从"形象二元论"到"历史断裂论"——美国汉学脉络中的中国现代木刻运动研究》重在考察"知识谱系"，通过美国汉学和国内学界关于现代木刻认知的比较，发掘在相似认知结论下不同的认知逻辑。赵心竹的论文《俄罗斯对延安文艺的相关研究——基于〈中国精神文化大典〉分析》重在考察"接受"的情况。辞典编纂是知识整理的行为，俄罗斯《中国精神文化大典》的崇高地位包含了俄罗斯接受中国文化的基本状态，其中关于延安文艺的辞条值得关注。韩江华、黄丽娜的论文《〈在延安文艺座谈会上的讲话〉在泰国的传播与影响》重在考察"域外影响"，不仅关注了《讲话》进入泰国的路径，还考察了对泰国文艺创作、文学史编纂和文艺批评的影响。三位研究者长期从事所在区域、语系的文艺问题研究，在他们的成果中，除了精彩的理论分析，很多国内学界了解甚少的"硬知识"也是值得关注的看点。

（作者单位：四川大学文学与新闻学院）

---

① 刘卓编：《"延安文艺"研究读本》，上海书店出版社 2018 年版。
② 《文艺理论与批评》2019 年第 3 期。

俄罗斯对延安文艺的相关研究

——基于《中国精神文化大典》分析

赵心竹

近年来，俄罗斯各界对中国的精神文化，即古典哲学、文学、语言文字、艺术等方面的兴趣空前高涨。俄罗斯汉学家认为这是由于中俄两国关系愈发密切，商业与文化交流活动逐渐频繁所致。俄罗斯在辞书编撰、术语学研究等方面一直有着优良的学术传统，以俄罗斯汉学研究重镇原俄罗斯科学院远东研究所（现已更名为俄罗斯科学院中国与现代亚洲研究所）为例，近年来陆续推进了多个在世界学界声望颇高的汉学研究项目，如编纂六卷本《中国精神文化大典》（Духовная культура Китая：энциклопедия，2006-2010），与中国台湾学者合作撰写四卷本《俄罗斯汉学——口述历史》（Российское китаеведение-устная история，2014-2020），推出十卷本《中国历史：古代至21世纪初》（История Китая с древнейших времен до начала XXI века），以及自2013年起持续推进《俄罗斯汉学档案》（архив российской китаистики）编写与出版工作，意在整理与总结俄罗斯300多年的汉学研究经验。其中，《中国精神文化大典》是俄罗斯及西方汉学界第一本对中国古代至现代文明进行全面阐释的大型工具书，充分体现了俄罗斯一代优秀汉学家的严谨治学态度与学术使命感，编者团队陆续获得了中俄两国国家领导人授予的多种奖励和荣誉。

撰写《中国精神文化大典》的想法最初是由原俄罗斯科学院远东研究所所长 И.Л. 季塔连科提出的，由他出任全书主编，编委会的成员则是数十名来自莫斯科、圣彼得堡、新西伯利亚、乌兰乌德和符拉迪沃斯托克的顶尖汉学家。与传统的参考书和大词典不同，《中国精神文化大典》是一本百科全书，目的是让俄罗斯读者全面了解中华文明本身及其在东亚和世界文学中的作用。远东研究所编委会认为，瞬息万变的中国很大程度上正决定着人类与世界文化未来的发展方向，中国能在屡次世界性经济危机中幸存下来就是一个很好的例子。

2006 年，"东方文学"出版社出版了大典的第一卷《哲学》，随后以一年一卷的速度直至 2010 年出齐了全书，包括第二卷《神话·宗教》（2007）、第三卷《文学·语言和文字》（2008）、第四卷《历史思想·政治与法律文化》（2009）、第五卷《科学·技术·军事思想·卫生·教育》（2009）、第六卷《艺术》（2010）。从筹备到出版，该书的编纂工作持续了十多年，各分卷都紧扣中国精神文化，从不同方面对中国古典与现代文化进行全面诠释，并逐一对相关术语、代表人物与文本进行详细解读。具有象征意义的是，出版的第一年恰逢中俄两国关系史上的一个重要阶段，即在中国举办"俄罗斯年"（2006）和在俄罗斯举办"中国年"（2007）。当时，《中国精神文化大典》的第一卷也正式在第十三届北京国际书展上展出。2012 年 10 月，刘亚丁教授代表四川大学当代俄罗斯研究中心申报的"俄罗斯《中国精神文化大典》中文翻译工程"获准立项为国家社科基金重大招标项目①。

对中国学界而言，《中国精神文化大典》提供了新的启发与参照，是俄罗斯学界对处于全面复兴阶段的中国文化给予的正面回应②。近年来，中国学者愈发注意到《中国精神文化大典》这批在海外汉学界颇具影响力的研究著述的学术价值，重视海外汉学成果对于国内人文学科建设与研究的推进意义和影响。但目前多数中国学者对《中国精神文化大典》中关于中国传统文化及古代经典著作的部分颇为关注，相对忽略了其对现代中国文艺、历史与社会等方面的研究内容。

《中国精神文化大典》编写结构清晰，针对每一范畴的研究均分为概论与具体词条解释两部分。如今，该书已问世 10 余年，已成为俄罗斯学者研究中国社科领域及"中国经验"的最权威的参考书与工具书之一。根据俄罗斯学术数据库搜索平台（eli-brary. ru，cyberleninka. ru，disserrat. com 等）的相关数据显示，每年评论或引用《中国精神文化大典》的学术论文达数千篇。圣彼得堡大学公报多次发表《中国精神文化大典》书评，俄罗斯学者普遍认为"全书所有栏目及文章都是经过严格的文献考证，见解深刻，研究令人信服。《大典》是关于中华文明的百科全书，不仅是具有分析性质的参考读物，也是 300 年俄罗斯汉学成果的理论概括。书中论文部分不仅是对中国的

---

① 刘亚丁：《俄罗斯〈中国精神文化大典〉：翻译与思考》，《俄罗斯文艺》2013 年第 3 期，第 67 页。

② 刘亚丁：《中国传统文化的创造性转换：俄罗斯〈中国精神文化大典〉价值平议》，《四川大学学报》（哲学社会科学版）2016 年第 2 期。

专题研究，更将中国与欧洲、印度、阿拉伯等国进行了横向比较"①。

针对延安文艺座谈会及同时期作家与艺术家，《中国精神文化大典》编写团队中的索罗金（В. Ф. Сорокин）、热洛霍夫采夫（А. Н. Желоховцев）、罗季奥诺夫（А. А. Родионов）等 9 位汉学家负责了相关版块，并进行了简要评论。在第三卷《文学·语言和文字》和第六卷《艺术》中，除具体词条外，共收录了汉学家的 4 篇概述论文，分别为 "中国新时期文学" 一章中的《新文学（1917-1949）：战争年代文学（1937-1949）》（Новая литература（1917 - 1949）: Литература военных лет（1937 - 1949）在部分 "Литература нового китая"）、《中国文学研究在俄罗斯：新文学与现代文学研究》（Китайская литература в россии Изучение новой и современной литературы）、《战时艺术》（Боевые искусства）、《俄罗斯汉学中国艺术研究》（Изучения китайского искусства в России）。

一、《中国精神文化大典》所列延安文艺作家与艺术家

第三卷《文学·语言和文字》中，古典文学作家与现当代作家的比例相当。第六卷《艺术》中以古典艺术家居多，对于现当代艺术家的介绍则相对较少。《中国精神文化大典》共收录延安文艺作家、艺术家 12 位：毛泽东、艾青、丁玲、周立波、刘白羽、赵树理、欧阳山、萧三、萧军、周而复、田间、冼星海。此外，该书还对同时代作家、文学团体、文学流派进行了词条梳理，谈及其与延安文艺作家、艺术家们的相关交往与联系，如中国左翼作家联盟、鲁迅、郁达夫、郭沫若、巴金、老舍、萧红、沈从文、钱钟书、张爱玲、王蒙、艾芜、田汉等。

毛泽东

在《中国精神文化大典》的具体词条解释中，俄罗斯学者分别讲述了毛泽东的文学与艺术造诣，未涉及延安时期毛泽东的文艺思想。

热洛霍夫采夫在第三卷《文学·语言和文字》中概述了毛泽东作为一位文学家的创作成果，别罗泽洛娃（В. Г. Белозёрова）则在第六卷《艺术》中高度赞扬了作为书法家的毛泽东的艺术成就②。热洛霍夫采夫称中国政治家毛泽东擅长创作旧体诗词，

---

① И. Г. Румынская, Н. А. Самойлов. Рецензия на книгу: Духовная культура Китая: энциклопедия: в 5 т. Вестник Санкт-Петербургского университета. Востоковедение и африканистика, 2011. с. 121-122.

② В. Г. Белозёрова. Мао Цзэ-дун // Духовная культура Китая: энциклопедия / Гл. ред. М. Л. Титаренко; Ин-т Дальнего Востока. — М.: Вост. лит., 2006 - . Т. 6 (дополнительный). Искусство / ред. М. Л. Титаренко и др. — 2010. с. 357.

在 1923 年发表了自己的第一首诗作，但刊出时间较晚，直至 1957 年《诗刊》创刊号发表《毛主席诗词十八首》。随即，苏联汉学家费德林（Н. Федоренко）、艾德林（Л. Эйдлина）、马尔沙克（С. Маршак）、苏里科夫（А. Сурков）、阿谢耶夫（Н. Асеев）、戈卢别夫（И. Голубев）和巴斯马诺（М. Басманов）等人便投入到诗词俄译与诗集编辑的工作中。1957 年 9 月，苏联《真理》报社出版了俄文本《毛泽东诗词十八首》平装本。热洛霍夫采夫称，1957 年以后，毛泽东在中国共发表了 40 多首诗。继毛泽东之后，陈毅、董必武、朱德等其他政治家所作诗歌均被列入中国学校的教科书①。

艾青

索罗金在第三卷《文学·语言和文字》中讲述了诗人艾青的生平，强调了艾青的教育经历和文学天赋。索罗金介绍道，初中毕业后的艾青就读于浙江杭州美术学院，1929 年前往法国继续接受教育，1932 年回国后加入左翼作家联盟，但很快被捕入狱。在狱中的三年，他认真学习诗歌创作。他的诗歌创作受到 20 世纪初法国文学的影响，其中饱含了对祖国和人民的热爱以及对精神自由的强烈渴望。1941 年，艾青抵达延安解放区，加入中国共产党，继续以笔为戈、以纸为戎，加入到反对日本侵略的抗战队伍中。1942 年，他发表文章，呼吁作家应得到应有的尊重，受到官方媒体的批评。在之后的几年里，他主要从事教学等方面的工作②。可以看出，索罗金对于延安时期诗人艾青的心态转变并未述清始末。

丁玲

索罗金在编写丁玲的相关内容时参考了大量文献资料，如巴拉诺娃（Л. В. Баранова）的《中国作家丁玲的生活与创作路径（1904-1986）》（1996）、列别杰娃（Н. А. Лебедева）的《20 世纪中国作家冲破儒家思想束缚的命运和创造力（丁玲与萧红）》（1993）和《丁玲的三种人生》（1989）、艾德林的《关于我们同时代的中国文学》（1955）、季托夫（А. С. Титов）的《来自坚定的队伍（纪念丁玲）》（1987）、费德林的《中国文学》（1956）以及部分欧美学者的相关著作。在汉学家索罗金眼中，作家丁玲以大胆的判断和敏锐的洞察力为标志，致力于青年的精神追求和

① А. Н. Желоховцев. Мао Цзэ-дун. Духовная культура Китая: энциклопедия / Гл. ред. М. Л. Титаренко; Ин-т Дальнего Востока. - М.: Вост. лит., 2006 - . Т. 3. Литература. Язык и письменность / ред. М. Л. Титаренко и др. - 2008. с. 357.

② В. Ф. Сорокин. Ай Цин. Духовная культура Китая: энциклопедия / Гл. ред. М. Л. Титаренко; Ин-т Дальнего Востока. - М.: Вост. лит., 2006 - . Т. 3. Литература. Язык и письменность / ред. М. Л. Титаренко и др. - 2008. с. 205.

女性解放主题文学创作，社会题材也一直是她书写的重点。早年创作的《梦珂》（1927-1928）和《莎菲女士的日记》（1930），为丁玲博取了中国读者的广泛关注。1952 年，丁玲创作的关于土地改革和农民生活变化的长篇小说《太阳照在桑干河上》（1948）获得苏联斯大林文学奖。中华人民共和国成立后，丁玲主持中央文学研究所，作为文学评论家继续为党中央工作；1956 年开始着手创作《在严寒的日子里》，但未能完稿①。

周立波

热洛霍夫采夫在第三卷《文学·语言和文字》中重点介绍了周立波的创作历程与文学成就，对于其生平经历着墨无多。在热洛霍夫采夫看来，周立波的创作多以农村题材为主，如《钢铁喷涌》（1958）、《乡村巨变》（1959），凭借《暴风骤雨》对东北土地改革的出色书写于 1951 年获得斯大林文学奖。实际上，热洛霍夫采夫未提及，周立波曾两次获得斯大林奖一等奖和三等奖，分别授予其作为文学顾问参与创作的彩色电影《解放了的中国》和长篇小说《暴风骤雨》。周立波曾任湖南省文联主席，三次当选全国人大代表。

热洛霍夫采夫还注意到周立波与俄罗斯文学之间的联系。周立波曾翻译普希金的中篇小说《杜勃罗夫斯基》和肖洛霍夫的《未开垦的处女地》。肖洛霍夫是周立波心中最伟大的作家，周立波对其极为尊重，希望能够像肖洛霍夫一样对细节和环境的描写都极尽真实②。

刘白羽

热洛霍夫采夫还介绍了作家刘白羽。除中国出版的关于刘白羽生平和作品介绍的图书外，热洛霍夫采夫还参照了本国汉学家与翻译家的前期研究成果，其中有波兹德涅娃（Л. Позднеева）在《刘白羽：故事和散文》（1950）前言中的相关论述，伊万科（С. Иванько）等人翻译的《刘白羽·不远处的黎明》（1951），斯米尔诺娃（В. Смирнова）翻译的《永不熄灭的火焰：刘白羽中篇小说集》（1959）以及巴拉索夫（Н. Балашов）与里夫廷（Б. Рифтин）合著的《刘白羽的创作史·人民民主国家的作家》（1959，卷三）等。

---

① В. Ф. Сорокин. Дин Лин // Духовная культура Китая：энциклопедия / Гл. ред. М. Л. Титаренко；Ин-т Дальнего Востока. М.：Вост. лит., 2006. Т. 3. Литература. Язык и письменность / ред. М. Л. Титаренко и др. - 2008. с. 293-294.

② А. Н. Желоховцев. Чжоу Ли бо // Духовная культура Китая：энциклопедия/ Гл. ред. М. Л. Титаренко；Ин-т Дальнего Востока. М.：Вост. лит., 2006. Т. 3. Литература. Язык и письменность / ред. М. Л. Титаренко и др. - 2008. с. 557.

热洛霍夫采夫称刘白羽为中国最著名、成果最卓著的军事题材作家。他讲述了刘白羽的生平大事件与创作成就，提及他奔赴延安，书写反映抗战真实情况的作品；在朝鲜战争其间，两次上前线；随后又走访亚非拉多个国家，创作了一系列游记。20 世纪 70 年代，刘白羽为中国的毛泽东、朱德、周恩来等领导人撰写了人物传记。1950 年，刘白羽作为中国代表团的成员之一来到莫斯科，参与了《中国人民的胜利》电影剧本的创作。他是工作团队中第一个中国人，也因此被授予斯大林文学奖①。

赵树理

在第三卷《文学·语言和文字》中，热洛霍夫采夫评价赵树理是农民语言和心理学方面的专家，还对作家波折的人生经历加以介绍。热洛霍夫采夫介绍说，作家赵树理出身贫苦的农民家庭，1925 年进入师范学院学习，开始进行散文与诗歌创作；1926 年被国民党当局监禁，获释后，在一所乡村学校教书；1930 年尝试写作，首次发表短篇小说；1937 年入党后，在解放区参与媒体宣传工作；1943 年，使其名声大噪的短篇小说《小二黑结婚》问世。20 世纪 40-50 年代是赵树理创作的高峰期，他创作了大量与农民、土改相关的作品，为普及文艺运动做出了相应贡献，是践行以"为人民服务"为宗旨的文艺创作典范。热洛霍夫采夫称："小说《李家庄的变迁》（1946）和《三里湾》（1958）是中国现代文学的里程碑。"1949-1974 年间，赵树理共有 10 部作品在俄罗斯被翻译并出版②。

欧阳山

罗季奥诺夫在编写作家"欧阳山"的词条时，对欧阳山的生活经历与创作历程进行了详细描述。罗季奥诺夫认为作家欧阳山还有另外一个身份，即社会活动家。婴儿时期的作家因原生家庭过于贫困，不幸被家人卖给了别人。1922-1926 年，少年时期的作家在广东教育学院学习，1927 年开始在中山大学旁听课程，尤其喜欢鲁迅的讲座。欧阳山一直积极参与罢工运动，并投身革命。1924 年，他在上海出版了第一部短篇小说《那一夜》。之后，诗集《坟歌》和中篇小说《玫瑰残了》在香港出版。1926 年，他创办《广州文学》，并担任主编。1928-1937 年，欧阳山在抗日战争爆发前共出版 6 部长篇小说、2 部中篇小说、11 部短篇小说和散文，其中《单眼虎》的写作语言

① А. Н. Желоховцев. Лю Бай-юй // Духовная культура Китая: энциклопедия/ Гл. ред. М. Л. Титаренко; Ин-т Дальнего Востока. - М.: Вост. лит., 2006 - . Т. 3. Литература. Язык и письменность / ред. М. Л. Титаренко и др. - 2008. с. 343-344.

② А. Н. Желоховцев. Чжао Шу-ли // Духовная культура Китая: энциклопедия / Гл. ред. М. Л. Титаренко; Ин-т Дальнего Востока. М.: Вост. лит., 2006. Т. 3. Литература. Язык и письменность / ред. М. Л. Титаренко и др. - 2008. с. 556.

是粤语。罗季奥诺夫分析道，欧阳山在 20 世纪 20 年代的作品主题通常是年轻知识分子的爱情以及他们在社会上寻求属于自己一席之地的过程中所遭遇的不幸。20 世纪 30 年代，欧阳山将书写的重心放在普通人的艰辛生活上，通过创作进行社会批评。1933 年，欧阳山加入左翼作家联盟。从抗日战争爆发至 1940 年，欧阳山积极从事爱国主义工作，在广州、长沙与重庆等地开展抗日文化活动。1941 年，他移居延安。1942 年 5 月，毛泽东《在延安文艺座谈会上的讲话》对欧阳山的创作产生了明显的影响。自此，他开始探索语言大众化，此后的作品语言具有很浓的地方色彩，进一步贴近群众。座谈会之后创作的《高干大》也成为欧阳山最出色的长篇小说，小说的故事背景是 1941-1943 年的陕甘宁边区①。

萧三

据索罗金介绍，萧三是在俄罗斯出名最早的延安文艺作家，"直到 1930 年代末，我们几乎唯一所知道的诗人便是生活在苏联的埃米·萧（萧三），他代表中国参加了国际左翼文学运动"②。

扎维多夫斯卡娅（Е. А. Завидовская）在词条"萧三"中的介绍十分详细，可见俄罗斯汉学界对萧三的熟悉程度。当时，萧三的诗还从俄文被翻译成乌克兰文、格鲁吉亚文③。《中国精神文化大典》提到，萧三 1896 年出生于湖南的一个教师家庭，从师范学校毕业后留校任教三年；1920 年赴法国学习和工作，1922 年加入共产党，同年来到莫斯科，在莫斯科东方学院任教；1923 年将《国际歌》从俄文翻译为中文；1928 -1939 年间，他在苏联参与编辑工作，在《国际文学》杂志上发表关于中国文学的文章④。萧三的第一部诗集《诗》（1932）和散文集《湘笛集》（1940）陆续在苏联出版。扎维多夫斯卡娅还重点提及萧三为俄苏文学译介所付出的努力：翻译了普希金的作品，撰写了《高尔基的美学观点》一书，向中国读者介绍马雅可夫斯基的诗歌。萧三也很热衷于创作传记、特写，还创作了关于中国人民反抗日本侵略斗争、关于劳动

① А. А. Родионов. Оуян Шань // Духовная культура Китая: энциклопедия / Гл. ред. М. Л. Титаренко; Ин-т Дальнего Востока. М.: Вост. лит., 2006. Т. 3. Литература. Язык и письменность / ред. М. Л. Титаренко и др. – 2008. с. 377.

② В. Ф. Сорокин. Изучение новой и современной китайской литературы в России. Духовная культура Китая: энциклопедия: в 5 т. / Гл. ред. М. Л. Титаренко; Ин-т Дальнего Востока. – М.: Вост. лит., 2006-. Т. 3. Литература. Язык и письменность / ред. М. Л. Титаренко и др. –2008. с. 193.

③ Л. Е. Черкасский.?? Сорок поэтов. Китайская лирика 20-40-х годов. Пер. с кит., статьи об авторах и предисл. Л. Черкасского. М., Главная редакция восточной литературы издательства " Наука", М., 1978. с. 42.

④ 包括《中国无产阶级文学运动》、《中国革命文学》等。

人民、关于中苏人民友谊的诗歌，如《和平之路》（1952）、《友谊之路》（1959）等①。

萧军

列别杰娃（Лебедева Н. А.）是第三卷《文学·语言和文字》中"萧军"词条的编写者。这位汉学家对萧军的介绍是所有延安文艺作家词条中最长的，介绍得十分详尽，除创作特色外，还谈及作家的情感经历。生于辽宁省的萧军原名刘鸿霖，曾用笔名"三郎"，年轻时便参军，1931 年到哈尔滨后正式投身文学创作，是《国际协报》的常驻作家，许多人称其是位颇有前途的作家；1932 年与作家萧红结识，组建家庭，二人合著《跋涉》，其中有 6 篇短篇小说由萧军执笔；1934 年，第一部小说《八月的乡村》创作完成，于 1935 年出版。列别杰娃称萧军在这部小说中的人物刻画（农民、士兵、前罪犯、知识分子）十分生动，反映了战斗部队英勇无畏的精神，也向世人展现了人是如何在战火中淬炼成钢的。鲁迅高度评价《八月的乡村》的文学性与思想性，说这部小说遵循了俄罗斯作家法捷耶夫的创作路线。抗战期间，萧军两次前往延安，1942 年 5 月参加了延安文艺座谈会并发言②。

周而复

自 20 世纪 50 年代起，周而复的创作便陆续被译介到俄罗斯。其中流传较广的是 1960 年由莫斯科外国文学出版社推出的《上海的早晨》，译者是斯拉布诺娃（B. Слабнова）。

在第三卷《文学·语言和文字》中，学者罗季奥诺娃（О. П. Родионова）对周而复的人生经历与文学成就做了细致分析。周而复个人的第一本诗集《夜行集》于 1936 年出版。1933-1938 年间，周而复就读于上海光华大学英国文学系，毕业后奔赴延安，1938-1944 年在解放区参与当地文化协会的相关工作。1944 年，周而复去往重庆。1945 年抗日战争结束后，他以新华社和《新华日报》特派员的身份走访多地。1946 年，他被派往香港做文化工作。《晋察冀行》（1946）、《高原短曲》（1947）等作品反映了解放区的生活和社会变革。长篇小说《白求恩大夫》书写了加拿大国际共产主义医生的命运，后被改编成电影。中华人民共和国成立后，对上海生活的细致观察促使作家完成了长篇小说《上海的早晨》的写作。小说的第一部于 1958 年问世，其余

① Е. А. Завидовская. Дин Лин // Духовная культура Китая: энциклопедия / Гл. ред. М. Л. Титаренко; Ин-т Дальнего Востока. М.: Вост. лит., 2006. Т. 3. Литература. Язык и письменность / ред. М. Л. Титаренко и др. – 2008. с. 430.

② Н. А. Лебедева. Сяоцзюнь// Духовная культура Китая: энциклопедия/ Гл. ред. М. Л. Титаренко; Ин-т Дальнего Востока. М.: Вост. лит., 2006. Т. 3. Литература. Язык и письменность / ред. М. Л. Титаренко и др. – 2008. с. 435.

部分分别于 1962 年、1979 年和 1980 年出版。1987 年，周而复创作了长篇小说《长征万里图》，全书共 6 卷，受到中共中央宣传部的嘉奖。罗季奥诺娃认为《上海的早晨》反映了 1949-1956 年间上海资产阶级的生活方式和观念的改变过程，揭示了国家改革的方式和工业的发展，是当时中国社会现实的完整写照。为完成写作，周而复搜集了丰富的民俗材料①。

田间

索罗金称，抗日战争激发了作家田间的写作才能，他是马雅科夫斯基的中国追随者，是战斗诗人，是"时代的鼓手"。索罗金介绍道，中国左翼作家联盟成员田间的著作从 1933 年开始出版，主要围绕农民参与反抗斗争这一主题。田间本人长期在延安解放区参与农业改革，是中国新诗的先驱者之一。索罗金强调田间诗歌的大众化，其诗作简短明快、朗朗上口，所作"街头诗歌"、"传单诗歌"中的诗句好似充满活力的一句句呼吁，是针对群众而特意采取的写作形式。20 世纪 50 年代，田间对中国所有重大事件都做出了回应②。

冼星海

对于冼星海，热洛霍夫采夫在《中国精神文化大典》第六卷《艺术》的词条中只是进行了简短的生平介绍，提供了总结性评价：冼星海一生共创作 250 多首音乐作品，以小提琴曲与钢琴曲为主。俄罗斯的编者主要参考了《中国大百科全书》（音乐·舞蹈卷）的相关内容，着重提及冼星海生平的重要事件，如 1938-1940 年间担任鲁迅艺术学院音乐系主任；1940 年 5 月前往莫斯科，相继完成了《民族解放交响乐》、《神圣之战》等乐曲；1944 年在莫斯科的医院完成了《中国狂想曲》的创作③。

《中国精神文化大典》中针对延安文艺的相关评介是全书中国现当代文艺研究的重要组成部分。在进行具体作家、艺术家的词条编写与选择时，基于历年来俄罗斯汉学界尤其是苏联时期的相关研究积累，该书选择了在俄罗斯已有一定学术研究基础，

① О. П. Родионова. Чжоу Эр-фу? // Духовная культура Китая: энциклопедия / Гл. ред. М. Л. Титаренко; Ин-т Дальнего Востока. М.: Вост. лит., 2006. Т. 3. Литература. Язык и письменность / ред. М. Л. Титаренко и др. – 2008. с. 559.

② В. Ф. Сорокин. Духовная культура Китая: энциклопедия / Гл. ред. М. Л. Титаренко; Ин-т Дальнего Востока. – М.: Вост. лит., 2006 – Т. 3. Литература. Язык и письменность / ред. М. Л. Титаренко и др. – 2008. с. 450.

③ А. Н. Желоховцев. Сянь Синхай? // Духовная культура Китая: энциклопедия / Гл. ред. М. Л. Титаренко; Ин-т Дальнего Востока. – М.: Вост. лит., 2006 – . Т. 6 (дополнительный). Искусство / ред. М. Л. Титаренко и др. –2010. с. 357.

在当年中苏文化交往中做出了相应贡献的、俄罗斯读者相对熟悉的中国作家与艺术家，将其编入词条列表之中。全书词条的顺序按照俄语译名的首字母排序。令中国学者稍感意外的是，《中国精神文化大典》中俄罗斯汉学家对萧军、萧三的介绍与评论的篇幅超过了周立波、丁玲和赵树理，原因可能是萧军、萧三都曾致力于俄罗斯文学的翻译与宣传，如萧三推崇苏联作家法捷耶夫的创作理念，萧三的诗是同时代作家中最早传入俄罗斯的，他本人也多年从事俄罗斯文学的汉译工作。当然，词条长度不均与具体词条编写者的语言与写作习惯也不无关系。

撰写《中国精神文化大典》的俄罗斯汉学家在评介延安文艺作家和艺术家的生平与创作细节时，恐仍有误。如在介绍作家赵树理时，所述作家曾入狱的时间与事件始末并不完全准确，而小说《三里湾》的出版时间实际上是 1955 年。但书中这种考证失误仅是极少数。毋庸置疑，《中国精神文化大典》虽未收录全部延安文艺作家与艺术家，但相较于此前西方汉学界对于中国现代文学的概述，对延安文艺的相关介绍已较为全面，达到了新的高度。

可以说，《中国精神文化大典》从总体上介绍了延安文艺时期中国作家及艺术家的创作成就，以及俄罗斯汉学家对于新中国文艺发展的相关研究。我们从中可以发现并总结俄罗斯汉学界对于延安文学、战时文学以及中国现代作家的普遍看法与关注重心，开拓我国学者的研究思路，并及时总结中华文化走出去过程中所产生的积极影响与常见误区。

二、《中国精神文化大典》对延安文艺的概述类评介

第三卷《文学·语言和文字》中收录了两篇汉学家索罗金涉及延安文艺研究的学术论文，分别为《中国新时期文学：战争年代文学（1937-1949）》与《中国文学研究在俄罗斯：新文学与现代文学研究》。后文重点介绍了费德林、彼得洛夫与马尔科娃等人关于延安文艺作家的研究成果，并进行了学术反思。

在第六卷《艺术》收录的题为《音乐、舞蹈、戏剧、马戏与电影》的论文中，作者科布泽夫和谢洛夫针对延安文艺时期以《白毛女》为代表的中国民族歌剧与芭蕾舞剧进行了评介，称当时中国境内最常见的剧目主题是军事与革命，特别是"红色妇女"题材最为常见，当时的剧目主要担负着革命宣传的作用。俄学者认为中国现代艺术发展得很快，如中国最早是在 20 世纪 20 年代开始接触欧洲古典芭蕾舞，而 30 年后，在中华人民共和国成立之初，经过一代中国艺术工作者的不懈努力，在部分俄罗斯艺术家与舞蹈教师的助力下，中国便成立了第一个国家艺术剧院——中国歌剧舞剧

院。其创建历史可追溯到延安鲁迅艺术学院。

从 1919 年五四运动一直到抗日战争期间，苏联和中国的知识分子交流十分密切，两国文艺作品的互译互鉴一时间达到高峰，成功搭建了中俄文明对话平台，创造了中俄文艺界交流与互相学习的有利条件。中国方面的参与者有作家与政治家鲁迅、瞿秋白、茅盾、郭沫若、老舍、艾青、萧三，以及中国马克思主义哲学家杨献珍、京剧大艺术家梅兰芳等人。俄罗斯方面有作家高尔基、马雅科夫斯基、尼古拉·奥斯特洛夫斯基、法捷耶夫，著名汉学家瓦西里·阿列克谢耶夫、谢尔盖·季赫文斯基、尼古拉·费德林、尼古拉·康拉德，汉学家与记者弗拉基米尔·罗戈夫，汉学家与外交官亚历山大·帕纽什金、亚历山大·彼得洛夫等俄罗斯文化界的杰出代表①。

索罗金在《中国精神文化大典》中表示，俄罗斯汉学界对中国现代文学与革命主题作品的研究始于 20 世纪 40 年代末，当时《列宁格勒大学学报》、《旗帜》杂志与《俄罗斯科学院公报》刊载了费什曼、费德林与艾德林等人对于中国新文学发展与中国文学解放战线建立的评论文章。费德林所著《现代中国文学概论》（Очерки современной китайской литературы，1953）是俄罗斯第一部关于中国新时期文学的论著。

费德林是俄罗斯学界东方学研究的资深专家，学术成果主要集中于中国、日本的文学研究，一生出版、发表了与中国文学与艺术史相关的 30 多部专著和约 300 篇论文。除古典文学外，费德林较早注意到中国现代文学的发展活力。1939 年，费德林被派往中国，之后将学术重心转移到活跃于中华人民共和国成立前后这一时期的中国现代作家的研究上②。在费德林开启科研之路的初期，正值俄罗斯汉学文献与史料最少的时期，甚至当他 31 岁完成关于屈原著作的博士论文后进行答辩时，苏联科学院东方研究所学术委员会对其准确性存疑，只因当时俄罗斯境内尚没有相关出版物与文献资料。

索罗金在《中国精神文化大典》中评价费德林的汉学研究功绩时表示，费德林在《现代中国文学概论》中高度肯定了 1942 年 5 月毛泽东《在延安文艺座谈会上的讲话》的纲领性意义，称其与马克思、列宁、斯大林的美学原则相符合，阐明了中国文艺工作与政治环境的相关性，为特殊时期中国新文学与艺术创作指明了前进方向，中国的革命文艺工作与其他革命工作达成了良好协作，明确了参与中国人民解放斗争的

① А. В. Виноградов и др. Основные направления и проблемы российского китаеведения. отв. ред. Н. Л. Мамаева. - Москва : Памятники ист. мысли，2014，с. 7.

② А. Н. Хохлов. Китаист Н. Т. Федоренко в начале творческого пути（неизвестные страницы биографии крупного востоковеда），Общество и государство в Китае，2012，с. 84.

创作立场，中国文学从此开始沿着社会主义现实主义的道路发展①。

费德林在《现代中国文学概论》中谈及多位延安文艺作家。在他看来，农村题材是中国现代文学的一个重要命题。他高度肯定了赵树理创作的艺术性与独特性，认为由于作家出生于农村，他的作品植根于民间文学的广袤土壤之中，更擅长以民间艺术形式来书写适合解放区读者群体阅读的主流思想读本，在人物设置、情节布局和语言刻画等方面都通俗易懂，"他的创作饱含了中国最广大人民的伟大智慧与纯真质朴"②。在分析诗人艾青时，费德林强调诗人早期作品受西方文艺流派影响，与其中后期革命主义现实主义文学创作风格存在较大差异，如艾青延安时期的创作思路就受到苏联诗人马雅科夫斯基文艺思想的启发；在革命时代，其革命意识逐步提升，积极参与文艺批评活动，对祖国与人民的热爱之情日渐浓厚，作品主题日益深刻③。

三年后，费德林在《现代中国文学概论》的基础上撰写了《中国文学·中国文学史概论》（Китайская литература. Очерки по истории китайской литературы，1956）一书，追溯了中国文学发展的各个历史阶段。索罗金称费德林着重阐释了中国历代作家对于受压迫人民的生存困境的刻画，而爱国主义自中国古典文学起便一直是中国诗人与小说家的书写主题，反映社会矛盾与人民疾苦是中国几千年忧国忧民的文人墨客共同的创作使命；丁玲等中国新文学代表作家正是继承了这种优秀的文学传统，在新的时代背景下找到了新的创作主题，如农村改造、工人阶级奋斗与成长史书写等。

从屈原、关汉卿到鲁迅、郭沫若、茅盾，费德林潜心整理与总结中国新旧文学的创作风格与全新写作主题，在中国现代文学领域内先后发表了多部研究专著，除索罗金在《中国精神文化大典》中提及的两部论著外，还有《与中国作家的相遇》（Встречи с китайскими писателями，1955）、《中国记录》（Китайские записи，1955）、《中国文学研究中的问题》（Проблемы исследования китайской литературы，1974）、《中国文学遗产与现代性》（Китайское литературное наследие и современность，1981）、《中文页面》（Китайские страницы，1988），为当代俄罗斯汉学界的中国现代文学研究打下了坚实的基础。

自20世纪40年代延安文艺座谈会召开与解放区文艺运动开展以来，中共对苏联的文学经验做了一定程度上的学习效仿与本土化改造。与此同时，俄罗斯学界自20世

---

① К. И. Голыгина. В·Ф·Сорокин：Изучение китайской литературы в России. М.：Издательска я фирма《Восточнаялитература》РАН，2004，с. 33.

② Н. Т. Федоренко. Китайская литература. Очерки по истории китайской литературы，Гослитиздат. 1956，с. 616.

③ Н. Т. Федоренко. Китайская литература. Очерки по истории китайской литературы，Гослитиздат. 1956，с. 658.

纪50年代起也一度出现了介绍中国解放区作家长篇小说、短篇小说、特写与诗集的盛况，其中的热门作家有丁玲、赵树理、艾青、周立波。1951年，丁玲的《太阳照在桑干河上》、周立波的《暴风骤雨》、贺敬之和丁毅的歌剧《白毛女》获得斯大林文学奖后，更是在俄罗斯掀起了讨论热潮。俄国学者对上述作品的翻译工作也全面展开，译本通常附有译者本人对于作家的介绍与评论。1954年，彼得洛夫的《艾青》问世，作者对诗人艾青的生平与创作特色进行了简要介绍。1958年，马尔科娃出版了《1937-1945年间民族解放战争时期的中国新诗》，称中国新诗诞生于1919年五四运动时期，在抗日战争爆发后得到迅速发展，以揭示反动阴谋、表达个人愤慨为主线的中国革命诗歌创作在短时间内达到了一定高度①。这两本论著标志着俄罗斯汉学针对中国诗人与剧作家的译介与研究工作进入了专人专题研究阶段。

在索罗金看来，俄罗斯汉学家这一阶段的译介主要集中在中国新文学的思想观点、中国文学与革命运动之间的联系以及中国作家的革命美学思想，俄苏文学对中国作家创作的影响也是这一时期俄罗斯汉学家的关注重点。

索罗金认为，苏联时期的汉学家似乎受到意识形态的影响，对于中国新文学的评论具有一定的局限性，评价基本都是正面的，似乎很难找到周立波、赵树理等中国作家的创作缺点，最严重的批评话语也仅仅是称该作品"行文冗长"、"结构松散"；多反复强调党的领导及其对作家写作的积极影响，甚至大篇幅引用苏联官方出版物与政治家的相关讲话内容，紧随中国政界与学界的观点来调整译介选择与自身的喜恶。当然，这也与当时中苏双方在革命美学上高度契合有关②。总之，苏联时期针对延安文艺作家未能形成一个良性的文学批评氛围。

俄罗斯汉学界对延安文艺的研究从未停止。俄罗斯汉学家多将《在延安文艺座谈会上的讲话》视为毛泽东的政治观点，认为毛泽东将文艺视为中国当时革命机器的一个有机零件，意在培养文艺作品成为团结民心和打击反动势力的有力武器，以形成一道隐形的、牢不可破的文艺战线，为革命工作提供更多的有效协助，共同完成中国民族解放运动的最高任务。仅少数俄罗斯学者认为毛泽东不仅是从政治角度看问题，要统一文艺工作者的政治立场与工作态度，《在延安文艺座谈会上的讲话》本身也是一套成熟的艺术理论，继承、发扬了马列主义文艺理论，是毛泽东第一次集中阐述自己

---

① С. Д. Маркова. Китайская поэзия в период национально-освободительной войны 1937-1945 гг. - М.: Из-во Восточной литературы, 1958, с. 140.

② В. Ф. Сорокин. Изучение новой и современной китайской литературы в России. Духовная культура Китая: энциклопедия: в 5 т. / Гл. ред. М. Л. Титаренко; Ин-т Дальнего Востока. - М.: Вост. лит., 2006 - . Т. 3. Литература. Язык и письменность / ред. М. Л. Титаренко и др. - 2008. с. 193-202.

的美学观点——反对"为文艺而文艺"的美学主张，提出文艺工作要深入群众内部，文艺作品要贴近生活与人民。

此外，索罗金在《中国精神文化大典》中也指出了俄罗斯汉学界存在的研究困境：一是研究队伍老化、人才流失严重，新加入的年轻科研人员数量较少；二是由于中俄交流曾出现空档期致使引入俄罗斯的中国资料与文献数量不多，这无疑加重了俄罗斯汉学家撰写有关中国的概述类著作的难度。在文章的最后，索罗金表达了自己对于未来汉学界的期待。他相信将来对于中国新文学与作家的研究主题会进一步扩大，也会对苏联时期的中国现代文学的相关评论有新的批判性审视。

正如索罗金所期待的那般，俄罗斯新一代汉学研究者正以《中国精神文化大典》为基础，继续开展针对中国文学与艺术领域的深入研究。俄罗斯高校众多相关专业的教材也参照《中国精神文化大典》的内容对中国新文学及上述延安文艺作家加以介绍，并在教学过程中广泛使用①，如 2012 年俄罗斯阿穆尔国立大学汉学教研室莱梅什科（Ю. Г. Лемешко）等人编写的教材《中国现代文学》。

（作者单位：四川大学文学与新闻学院）

---

① И. Г. Румынская, Н. А. Самойлов. Рецензия на книгу: Духовная культура Китая: энциклопедия: в 5 т. Вестник Санкт - Петербургского университета. Востоковедение и африканистика, 2011. с. 124.

《在延安文艺座谈会上的讲话》在泰国的传播与影响

韩江华　黄丽娜

第二次世界大战结束后，经历了长期战乱之苦的泰国民众渴望过上和平安定的生活。但是，事与愿违，此时的泰国在军政府的独裁统治下，经济凋敝，社会政治动荡不安①。糟糕的社会现实让泰国民众感到彷徨与苦闷。而此时的独裁统治者为了维护自己的统治，拒绝社会改革，实行高压政策，并大肆鼓吹"相信领袖，国家才能避免灾难"，企图通过塑造"领袖权威"来巩固自己的独裁专政②。同时，独裁统治集团在文学领域鼓动保守作家们大量创作"幻想美好未来"、"幻想完美生活"的文学作品以麻痹读者，意图使读者产生一种意识错觉，通过陶醉于充满幻想的文学作品所虚构的幻界而暂时在精神上逃离现实的困苦。这一文艺思潮被后来的泰国文艺批评界称为"废水文学"或"幻想文学"。"废水文学"是独裁统治者们刻意为身处水深火热之中的泰国底层民众精心准备的"精神鸦片"。它充斥着娱乐消遣性，迎合了当时底层民众为消解心中的彷徨和苦闷而甘愿选择自我麻痹以逃离现实痛苦的心理需求。"废水文学"的大行其道反映了当时泰国社会政治的持续恶化和百姓生活的困顿。

面对社会的动荡、民生的凋敝，泰国进步文人们开始探索泰国化的"师夷长技以自强"的自救之路。进步文人们放眼看世界，大量引进国外进步文学作品和文艺理论，以期唤起民众的觉醒，促使他们积极参与社会改良。一大批曾在西方或中国留学并接受了马克思主义相关思想的文人，开始向泰国介绍当时在世界各国方兴未艾的左翼文

---

① ［泰］纳隆·蓬皮斯：《泰国历史之泰国政治史》（ประวัติศาสตร์ชาติไทย ประวัติศาสตร์การเมืองไทย），泰国诗纳卡琳威洛大学出版社 1980 年版，第 2–37 页。（泰文版，笔者译）

② ［泰］查纳维塔·嘎佘塔士瑞：《泰国政治史：1923–1957》（ประวัติศาสตร์การเมืองไทย：2463–2557），泰国法政大学出版社 2001 年版，第 465–477 页。（泰文版，笔者译）

学作品及其文艺理论。其中，中国共产党领导下的进步作家群体创造的革命进步文学作品和文艺理论倍受泰国进步文人的推崇。

1943年10月19日，中国共产党主办的《解放日报》刊登了毛泽东的《在延安文艺座谈会上的讲话》这一具有划时代意义的文学理论著作。《在延安文艺座谈会上的讲话》发表后，不仅对中国文艺工作产生了深远形象，还被传播到世界各地，对世界文艺的发展产生了深远的影响。《在延安文艺座谈会上的讲话》公开发表后，很快便被一些精通中文的泰国作家介绍到泰国。由于精通中文的泰国作家不多，所以，一开始，《在延安文艺座谈会上的讲话》对泰国文艺界的影响很有限。1949年前后，西方文艺工作者将《在延安文艺座谈会上的讲话》翻译成了英文。不久后，英文版的《在延安文艺座谈会上的讲话》被精通英文的泰国作家引介到了泰国，进一步扩大了《在延安文艺座谈会上的讲话》在泰国文艺界的影响。后来，阿砂尼·颜腊谆（亦译作阿蓬尼·普拉差）将英译版的《在延安文艺座谈会上的讲话》翻译成泰文，介绍给了泰国左翼作家们。《在延安文艺座谈会上的讲话》在泰国的传播被推向了高潮，对泰国文学和文艺批评的发展产生了不可磨灭的影响。

本文将通过对泰国20世纪以来的相关文学和文艺史实的梳理，较为全面地归纳和总结《在延安文艺座谈会上的讲话》在泰国的传播情况和对泰国文学、文艺批评的发展产生的影响。本文所用的泰文文献资料全部来自泰国本土的原典著作，所有泰文文献的汉译皆为笔者自己所译。

一、中文版、英译版与泰译版：《在延安文艺座谈会上的讲话》在泰国传播的三条路线

1942年5月，中共中央在延安召开了文艺工作座谈会，毛主席在会上发表了重要讲话，后刊载于1943年10月19日的《解放日报》。这便是后来对中国乃至世界文艺发展影响至深的毛泽东的《在延安文艺座谈会上的讲话》。《在延安文艺座谈会上的讲话》一经发表便陆续传播到了世界各地。《在延安文艺座谈会上的讲话》最早是由泰华作家们和曾在中国留学或工作的泰国作家们传播到了泰国。其中，泰国作家乌栋·西苏皖在这一传播过程当中起了非常重要的作用。他于1939年跟随一位中国朋友来到中国参加抗日战争。在此期间，他学习并接受了马克思主义和社会主义思想理论。20世纪40年代初，乌栋·西苏皖来到了中国的革命圣地延安，参与了中国共产党的大量外交工作。后来，他亲身参加了中共中央于1942年在延安召开的文艺工作座谈会，深

刻地领悟了《在延安文艺座谈会上的讲话》的精髓。1944 年，乌栋·西苏皖携妻子回到泰国，供职于进步报刊《大众报》。乌栋·西苏皖回国后结识了很多泰国进步作家，并积极向他们介绍"文艺为人民"的延安文艺精神。

由于这一时期在泰国传播的《在延安文艺座谈会上的讲话》版本是汉语原版的，所以它的接受者主要是泰华作家群体和一些通晓汉语的泰国作家，对泰国文坛产生的影响非常有限。

到了 1949 年前后，西方文艺工作者先后翻译了多个英文版本的《在延安文艺座谈会上的讲话》。这些英文版的《在延安文艺座谈会上的讲话》一经面世后，便很快被泰国进步文人引介到了泰国。由于泰国进步文人群体大都受过高等教育，甚至有很大一部分人曾在西方留学，有着较高的英文水平。英文版的《在延安文艺座谈会上的讲话》传到泰国后，扩大了其受众群体，大量精通英语的作家通过阅读英文版的《在延安文艺座谈会上的讲话》，学习并接受了其精神。

后来，在 1949 年 12 月至 1950 年 2 月期间，阿砂尼·颇腊谆将英译版的《在延安文艺座谈会上的讲话》翻译成了泰文版本，连续刊登在《文学书信》杂志上。泰文版《在延安文艺座谈会上的讲话》的面世，使所有泰国进步作家得以阅读和学习其精神。《在延安文艺座谈会上的讲话》在泰国的传播被推向了高潮，也为泰国文坛的变革带来了新的文艺理论和创作理念，成了影响泰国 20 世纪文坛创作和文艺批评转向的重要理论支撑。

1974 年 6 月，泰国法政大学举办了"中国大陆"展览会，会上特意展出了《在延安文艺座谈会上的讲话》的单行本。直到今天，毛泽东的《在延安文艺座谈会上的讲话》仍然在泰国保持着较高的影响力，仍然是文艺工作者们学习的经典理论著作之一。

二、《在延安文艺座谈会上的讲话》对泰国文艺界的影响

《在延安文艺座谈会上的讲话》对泰国文艺界的影响主要体现在以下三个方面：促进了泰国"为人生"文学思潮的发展；促成了泰国文学史研究和编纂的历史唯物主义转向；促成了泰国文艺批评的"人民"立场转向。

（一）促进了泰国"为人生"文学思潮的发展

《在延安文艺座谈会上的讲话》泰译本对当时泰国文艺的发展产生了很大的影响，为泰国左翼作家创作"为人生"的文艺作品提供了理论指导。"为人生"文学的健将阿砂尼·颇腊谆以这一理论为指导，对泰国古代文学作品的阶级服务对象进行了评价，

指出泰国自古以来的文学创作便是为了维护统治阶级对百姓的压迫和剥削，是为贵族阶级，诸如国王、王室成员、大臣等，服务的①。同时，阿砂尼·颇腊谆还进一步指出，泰国传统文学创作对民众反抗压迫和剥削的行为是持否定和诋毁立场的；泰国古典文学已然成为了泰国统治阶级推行和维护其剥削统治的阶级工具；统治者通过文学宣传其政见，使文学成为了他们驯服百姓的政治宣传工具②。这一文学批评为泰国"为人生"文学思潮的发展奠定了理论和思想基础。

乌栋·西苏皖曾长期生活在延安，深受延安文艺精神的影响。他在20世纪50年代发表了《从社会看文学，从文学看社会》一文，提出了"文艺为人生"的口号，并建议"作家应该秉持和坚守'文艺为人生'的创作理念，用自己的作品去感染和鼓舞群众，团结群众，去启迪民智，促使民众的觉醒，并团结他们共同去揭露社会的不公与黑暗，作家应以文学作品为工具，去指引大家争取民主与自由，反对压迫与歧视"③。乌栋·西苏皖这种深受《在延安文艺座谈会上的讲话》影响的文艺理论观点在当时的泰国文坛引发了激烈论争。右翼文人对其文艺观点持否定态度，认为其文艺思想是在传播社会主义思想，反对当时泰国统治者主张的民主主义思想，是与当时的泰国主流思潮和文化背道而驰的。而左翼文人们则支持和接受乌栋·西苏皖的文艺观点，积极投身于"为人生"文艺作品的创作。

自此，毛泽东的《在延安文艺座谈会上的讲话》成了泰国"为人生"文学思潮的理论基础，以工、农等劳动人民为核心的创作理念深入人心。泰国文学创作风格为之一变，作家们开始关注工农大众的生活，将他们的生活作为文学创作的题材，并深刻地揭示了工农大众遭受的苦难和不公。这开创了泰国文学史上史无前例的文艺与工农大众相结合的创作热潮，为泰国文学创作引入了"新主人翁"，促使泰国文学发展出现了再一次的大调整。

此后，泰国文学出现了很多以工农为主人翁的文艺作品。其中，苏达·谷腊玛萝鹤哒、塞尼·韶瓦篷、古腊普·塞巴拉迪等作家的作品最具代表性。苏达·谷腊玛萝鹤哒的小说《拉亚》、《蓝色雪》、《红色血》等的主人翁都是农村男孩，小说主要展现了这些农村青年反对贪污腐败、反抗官方恶势力的斗争过程。当然，《拉亚》等作为

---

① ［泰］阿砂尼·颇腊谆：《阿砂尼·颇腊谆文集》（บทความของอัศนี พลจชน），泰国萨满褚恩出版社1997年版，第20-26页。（泰文版，笔者译）

② ［泰］阿砂尼·颇腊谆：《阿砂尼·颇腊谆文集》（บทความของอัศนี พลจชน），泰国萨满褚恩出版社1997年版，第45-76页。（泰文版，笔者译）

③ ［泰］汶忠·班哲信（按：乌栋·西苏皖之笔名）：《从社会看文学，从文学看社会》（การมองวรรณกรรมจากสังคมการมองสังคมจากวรรณกรรม），载《艺术、文学与人生》（ศิลปะ วรรณกรรม และชีวิต），泰国法政大学妇女联合出版社1974年版，第58-72页。（泰文版，笔者译）

"为人生"文学草创期的作品，由于作者过于强调自己的政治观点，并急于向当时的泰国民众指明政治和经济上的道路（即自由经济之路，或叫合作主义）以解决剥削问题，使作品缺少了应有的艺术丰富性。但是，其社会启蒙性仍是不可忽视的。正如栾文华的评价所言，"虽然这部作品从总的倾向上看只是作者政治观点、政治主张的一种图解，在艺术上没有多少值得称道的东西，但去掉那些宣传气味，有些人物的塑造对认识泰国社会还是有一定价值的"①。

与此不同的是，塞尼·韶瓦篷的代表作《魔鬼》以农村青年为主人翁，被泰国文坛公认为描写泰国无产阶级的起点之作，是泰国第一部通过象征与隐喻来含蓄表达作者思想和创作意图的典范之作②。《魔鬼》通过象征与隐喻完美地将文艺审美和作者的政治立场融为一体。在作品中，作者用魔鬼来象征和隐喻各类新事物、新现象，如用魔鬼来隐喻坚持正义、反对放高利贷、为社会带来进步思想的男主人翁。作者通过反复强调魔鬼代表的是"进步思想"这一观点，透露出其政治立场：必须反对并摒弃传统落后的人生观、价值观等思想，改变封建社会"吃人"的制度，唯有如此，才能真正解决当时泰国社会的各种问题，让大众憧憬未来，重拾信心，并通过自己的奋斗过上美好生活③。

这一时期的"为人生"文学作品突破了泰国传统的创作模式，彰显了泰国新文学的特色。作家们关注、描写工农大众的生活，使文学成了为工农大众服务的工具。作家们通过文学作品宣传改造社会的思想，促进了民众的觉醒，实现了"艺术为人生"的创作目的。其中，《魔鬼》被泰国学界称作一部思想和艺术都已达到登峰造极之境的现代经典小说④。

在毛泽东《在延安文艺座谈会上的讲话》精神的影响下，大量泰国左翼作家投身于"为人生"文学思潮，并组建了自己的组织——"作家联合会"。左翼作家们聚集于"作家联合会"，广泛而深入地讨论了"作家的社会责任与义务"、"政治小说是否会给文艺审美带来毁灭"、"艺术与猥亵"等尖锐的论题。被泰国文坛称作"为人生"文学先锋的古腊普·塞巴拉迪曾在作家联合会的会议上提出"相对于生产其它产品的生产者，作家需要对社会承担特别的责任，因为普通产品，诸如桌椅板凳，不能使人

---

① 栾文华：《泰国文学史》，社会科学文献出版社1998年版，第321页。

② ［泰］崔森·布恩呷岳仫：《小说与泰国社会》（นวนิยายกับสังคมไทย），泰国朱拉隆功大学出版社1999年版，第95-145页。（泰文版，笔者译）

③ ［泰］崔森·布恩呷岳仫：《小说与泰国社会》（นวนิยายกับสังคมไทย），泰国朱拉隆功大学出版社1999年版，第107-145页。（泰文版，笔者译）

④ ［泰］汶忠·班哲信（按：乌栋·西苏皖之笔名）：《文学批评》（การวิจารณ์วรรณกรรม），泰国法政大学妇女联合会出版社1995年版，第72-87页。（泰文版，笔者译）

成为好人或坏人，但是文学作品能做到这一点"①。苏达·谷腊玛萝鹤哒也曾在作家联合会的会议上指出"文学作品是印刷出来供全国人民阅读的，我们作为作者，要为读者负责，做到真正的为社会，为读者服务"②。在政治与文学关系问题上，作家联合会的成员们都赞成作家在自己的作品中表达政治立场和政治观念。乌栋·西苏皖在《从社会看文学，从文学看社会》一文中，运用历史辩证唯物主义的文艺观对古腊普·塞巴拉迪的小说进行了评论，并将古腊普·塞巴拉迪的《一幅画》中的女主人翁吉拉蒂与鲁迅《阿Q正传》中的阿Q进行了对比分析，指出吉拉蒂身上也存在着严重的"精神胜利法"③。

作家联合会的主要成员都曾仔细学习过毛泽东的《在延安文艺座谈会上的讲话》，并大量阅读了中国进步作家的作品。这些作家们很清楚，要推动"为人生"文学思潮的发展，应先有理论构架和指导，然后才能更好地进行文学创作。为此，这些作家开始深入学习毛泽东的《在延安文艺座谈会上的讲话》中关于文学的表达形式、文学的创作内容、文学的服务对象、作者的社会责任等论述。他们在学习和深入领会了《在延安文艺座谈会上的讲话》的精神后，开启了他们自己"为人生"的"人民文学"的创作之路。同时，这些作家还大量吸收中国新文学的思想，开阔了创作视野，为泰国文坛带来大量新的进步文学作品。毛泽东的《在延安文艺座谈会上的讲话》使泰国左翼作家们在理论和思想方面更加成熟，更加清楚了新文学应有的内容和形式，为泰国文学创作开辟了新的世界。

接受美学认为，"读者在接受和阅读文学作品时，是按照自己的世界观、人生观和价值观以及思想意识形态和人生经验去阅读和接受作品的"④。毛泽东的《在延安文艺座谈会上的讲话》恰如其分地切合了泰国左翼作家们的接受心理。其精神犹如黑暗中的一束光明，为作家们指明了创作方向。在当时的泰国，独裁统治者通过构建和宣扬领袖权威，成功地使大量民众相信集权专政能为泰国社会带来安宁和发展。但随着时

---

① ［泰］崔森·布恩呷岳仫：《小说与泰国社会》（นวนิยายกับสังคมไทย），泰国朱拉隆功大学出版社1999年版，第145页。（泰文版，笔者译）

② ［泰］崔森·布恩呷岳仫：《小说与泰国社会》（นวนิยายกับสังคมไทย），泰国朱拉隆功大学出版社1999年版，第95页。（泰文版，笔者译）

③ ［泰］汶忠·班哲信（按：乌栋·西苏皖之笔名）：《从社会看文学，从文学看社会》（การมองวรรณกรรมจากสังคมการมองสังคมจากวรรณกรรม），载《艺术、文学与人生》（ศิลปะ วรรณกรรม และชีวิต），泰国法政大学妇女联合出版社1974年版，第58-72页。（泰文版，笔者译）

④ ［美］R. C. 霍拉勃：《接受理论》，载周宁、金元浦译：《接受美学与接受理论》，辽宁人民出版社1987年版，第335页。（此书将 H. R. 姚斯的《走向接受美学》与 R. C. 霍拉勃的《接受理论》二书合在一起，页码连排。《走向接受美学》据美国明尼苏达大学出版社1983年英文版译出，《接受理论》据英国麦逊联合出版公司1984年版译出。）

间的发展，大批激进文人和进步作家发现集权专政不仅没能给泰国社会带来安宁和发展，反而使社会动荡、分裂，甚至到了民不聊生的地步。在经历了长期反思后，他们决定为泰国社会寻找新的出路，吸收和借鉴新的思想来推动泰国社会的变革。而此时的《在延安文艺座谈会上的讲话》及其他大量的中国进步文学作品为他们带来了新的"审美距离"。《在延安文艺座谈会上的讲话》精神以及中国进步文学作品中所展现出来的哲理和社会主义思想开拓了他们的文学视野，进而形成了新的"期待视域"①。1957 年，泰国"为人生"文学代表作家伊萨拉·阿曼达古率团对中国进行了访问考察，与中国作家们进行了广泛而深入的交流学习。后来，她发表了《等待未来的和谐世纪》，通过描写和展现工厂中的劳资纠纷矛盾等，充分体现出了其阶级分析视角。另一位作家西拉·沙塔巴纳瓦的作品《这片土地属于谁》从阶级批判的视角，揭示了当时泰国底层民众的困苦不是来源于贫穷，而是来源于官员的欺压盘剥，对泰国底层民众的遭遇进行了细致的现实主义描写，深刻揭露了泰国民主制度的弱点与不公，为泰国文坛留下了一部不朽的经典之作。

（二）促成了泰国文学史研究和编纂的历史唯物主义转向

泰国文学史研究起步较晚，直到 1947 年才产生第一部关于泰国文学史的著作《泰国文学概况》（由奈达玛拉·纳蒙岱编写）。这一时期的泰国文学史主要采用编年体的形式，介绍各个时期的文学作品的特点和艺术成就等。但编写者们忽视了文学与社会历史发展的关系，未能阐明泰国文学的发展与社会历史、经济、文化、政治、族群等之间的关系。

直到《在延安文艺座谈会上的讲话》被引介到泰国后，这一状况才开始发生变化。阿砂尼·颇腊谆受到《在延安文艺座谈会上的讲话》精神的影响，开始从历史辩证唯物主义的视角审视泰国文学的发展史。他在《被忽视的泰国文学史》一文中，从阶级斗争的立场探究泰国文学史的发展变迁，把泰国文学史的发展划分为原始社会时期的文学史、奴隶社会时期的文学史、封建社会时期的文学史、半封建半殖民地时期的文学史，并根据阶级属性把每个时期的文学作品划分为贵族（统治阶级）文学和劳苦大众文学②。这是泰国文学史研究首次将研究重点从文学本身转移到文学与社会阶级斗争和政治斗争的关系上。阿砂尼·颇腊谆还首次在泰国提出了文学是阶级斗争的

---

① ［泰］汶忠·班哲信（按：乌栋·西苏皖之笔名）：《文学批评》（การวิจารณ์วรรณกรรม），泰国法政大学妇女联合会出版社 1995 年版，第 96–99 页。（泰文版，笔者译）

② ［泰］阿砂尼·颇腊谆：《被忽视的泰国文学史》（ประวัติศาสตร์วรรณกรรมไทยที่ถูกมองข้าม），载《阿砂尼·颇腊谆文集》（บทความของอัศนี พลจันท），泰国萨满褚恩出版社 1997 年版，第 47–56 页。（泰文版，笔者译）

武器，是为阶级斗争服务的①。

泰国另一位"为人生"文学健将吉特·普密斯克也深受《在延安文艺座谈会上的讲话》精神的影响，十分推崇鲁迅的作品和文艺思想。他在《文艺为人生：真意何在》一文中，运用历史辩证唯物主义的观点审视泰国文学的发展，认为文艺与社会阶级发展密切相关，泰国的大多数文艺作品都是为统治阶级服务的②。吉特·普密斯克还重点探讨了泰国各个时代的文学作品对当时的社会政治产生的影响，并重点阐述了"为人生"文学思潮起源于统治阶级与劳苦大众的阶级斗争的观点③。吉特·普密斯克始终强调文学要服从和服务于政治，文学应成为百姓斗争的重要部分，应成为改变社会的力量。吉特·普密斯克还站在马克思主义的阶级立场上强调对文学作品的分析必须要将其放到它所产生的历史环境当中，要充分认识和领悟"文学是阶级斗争的产物"这一观点；文学创作应始终站在人民的立场，坚定地与人民的敌人，诸如"封建主义"、"专制主义"、"霸权主义"等，作斗争④。

以阿砂尼·颇腊谆、吉特·普密斯克为代表的一批深受《在延安文艺座谈会上的讲话》精神影响的文学史研究者通过自身的研究实践改变了泰国传统的、陈旧的文学史研究思路，促使泰国文学史研究和编纂实现了历史唯物主义转向，为后继者提供了崭新的研究思路和研究范式。后来，崔森·布恩呷岳仫沿用这一研究范式，从泰国社会政治、文化等的发展变化视角研究泰国小说的发展变迁史，指出泰国社会政治、文化的变迁会直接影响泰国小说的创作取向，而这些小说又会反过来影响，甚至左右泰国社会政治、文化的发展方向⑤。

受《在延安文艺座谈会上的讲话》精神影响而实现历史唯物主义转向的泰国文学史研究，突破了传统的陈旧框架，开始重点关注文学与社会政治变迁的关系，探讨文学的社会性和政治性，以及文学创作"为谁服务"的问题。这一历史唯物主义转向促使文学成了改变泰国社会的重要力量之一。

---

① ［泰］阿砂尼·颇腊谆：《阿砂尼·颇腊谆文集》（บทความของอัสนี พละชน），泰国萨满褚恩出版社1997年版，第3-6页。（泰文版，笔者译）

② ［泰］甘恩·萨瑞呷：《吉特·普密斯克传记》（ชีวประวัติของ จิตร ภูมิศักดิ์），泰国洒日卡出版社1996年版，第131-142页。（泰文版，笔者译）

③ ［泰］吉特·普密斯克：《萨克迪纳时期的文学批评》（การวิพากษ์วรรณกรรมในสมัยศักดินา），泰国自由出版社1973版，第35-28页。（泰文版，笔者译）

④ ［泰］吉特·普密斯克：《泰国封建主义的真面目》（โฉมหน้าที่แท้จริงของศักดินาไทย），泰国自由出版社1973版，第121-145页。（泰文版，笔者译）

⑤ ［泰］崔森·布恩呷岳仫：《小说与泰国社会》（นวนิยายกับสังคมไทย），泰国朱拉隆功大学出版社1999年版，第85-136页。（泰文版，笔者译）

（三）促成了泰国文艺批评的"人民"立场转向

泰国文艺批评虽然是伴随着泰国文学的产生而产生的，但是由于泰国从素可泰王朝时期开始便笃信南传上座部佛教，认为公开批评文艺作品是对作者的不尊重，因此，泰国的文艺批评在数百年间都是只存在于创作者之间或者师生之间的一种内部的、不公开的文学活动，未从事文学创作或教学的人是无法接触到文艺批评的①。受这一传统习俗的影响，在很长一段时期内，泰国文艺批评都未能发展为一门独立的学科。直到曼谷王朝拉玛五世（1868-1910 年）引进西学，推动改革，泰国文学批评才逐渐发展为一门独立的学科。

1932 年民主革命后，泰国文艺界大量引进国外的文艺理论和优秀文学作品。此时，深受马克思主义创作理论影响的国际左翼文学也传到了泰国，并促进了泰国左翼作家群体的诞生。在共运思潮和左翼文学思潮的影响下，泰国文坛开始出现分化，形成了"文艺为文艺"的保守派和"文艺为人生"的进步派。两派之间围绕"读者与作者关系问题"、"文学创作与文学批评之间的关系问题"产生了激烈的冲突和论争②。

1949 年，《在延安文艺座谈会上的讲话》被左翼作家阿砂尼·颇腊谆译介到泰国文坛后，在泰国文坛产生了轰动性影响。受《在延安文艺座谈会上的讲话》精神的影响，马克思主义文学批评的"人民"立场逐渐占据了泰国文学批评的主流地位。阿砂尼·颇腊谆在《文学书信》杂志上开辟了《不值得思考的创作》和《从文学作品中获得的启示》两个专栏，专门向读者介绍和阐释《在延安文艺座谈会上的讲话》中的文艺批评理论以及"为人生"文艺思潮的文学理念，并阐述了如何运用这些理论和理念去从事文学批评。他曾谈道："优秀的作品要有意义，有创意，坚守伦理道德，实事求是，不胡言乱语。它至少要提出新的见解，能引导和推动社会变革，并且不会产生任何负面效应。"③

阿砂尼·颇腊谆坚持《在延安文艺座谈会上的讲话》所倡导的"从群众中来，到群众中去"的创作理念，一再告诫同仁，"作为作家，创作必须要体现真实的现实生活。作家要多与百姓交流，尽可能与百姓共同生活，真正融入到在贫苦中挣扎的民众的生活中去，以体验和寻求生活的真谛。作家要与劳苦大众并肩战斗，为那些饱受沧

---

① ［泰］汶忠·班哲信（按：乌栋·西苏皖之笔名）：《文学批评》（การวิจารณ์วรรณกรรม），泰国法政大学妇女联合会出版社 1995 年版，第 2-4 页。（泰文版，笔者译）

② 栾文华：《泰国现代文学史》，社会科学文献出版社 2014 年版，第 137-138 页。

③ ［泰］阿砂尼·颇腊谆：《从文学作品中获得的启示》（การเปิดเผยที่ได้รับจากวรรณกรรม），《文学书信》（นิตยสารจดหมายวรรณกรรม）1951 年第 08 期。（泰文版，笔者译）

桑之苦的草根劳苦大众创造出既富有生活气息，又能感人肺腑的经典作品"①。

这一时期的左翼文学批评家们放弃了泰国传统的"唯美文学"批评取向，开始运用马克思文艺批评理论来解析泰国古典文学。他们站在"人民"立场上，去探讨这些作品内容是否反映了现实生活，是否对社会产生了进步性影响，是否引起了读者大众的共鸣等等。这一文艺批评的"人民"立场转向反映了时代的要求和泰国社会的变迁，对从事泰国古代文艺批评的传统学派形成了巨大的挑战。阿砂尼·颇腊谆运用马克思文艺批评理论，站在"人民"的立场上指出："泰国的古典文学创作内容主要来自对上流社会的描写，都是为王室、贵族等统治阶级服务的，其主要宗旨在于维护和巩固王权统治。那些文学作品大都在劝说百姓服从统治者，忍受剥削和压迫，安心做奴隶。这种向百姓灌输'愚民'的政治和宗教思想，否定自由和个性解放的文学作品毫无社会价值可言，只是一种封建统治者用于奴役百姓的精神工具，是社会与民族发展的阻碍。"②阿砂尼·颇腊谆运用马克思主义文学批评理论，彻底地否定了将《帕罗长诗》推崇为泰国经典作品的观点③。《帕罗长诗》因其优美的文辞和凄婉动人的情感描写被泰国历代作家所推崇，并被曼谷王朝六世王时期的"文学俱乐部"推崇为"律律体"诗歌的典范④。但阿砂尼·颇腊谆站在文学批评的"人民"立场上指出："《帕罗长诗》中大量情色内容的描写意在迎合统治者的情欲享受和麻痹百姓的意识，对社会的进步毫无价值和意义可言。"⑤阿砂尼·颇腊谆这一否定既有文学权威观点的论断为泰国文学批评带来了一股清流。当然，这也引起了保守派文学评论者的激烈批判和抗议。但这种批评和抗议却在客观上扩大了阿砂尼·颇腊谆观点的社会影响度。大批的左翼文学批评家受此影响，纷纷加入"新文艺批评"的行列，运用马克思主义文艺理论对泰国古典文学作品的审美取向、艺术价值、情欲表达等问题进行了系统的批判。其中最具代表性的文章便是维他·斯瓦斯雅努恩在当时的《个体》杂志上发表的《艺术与色情》，汶忠·班哲信在《个体》杂志上发表的《艺术或情色》⑥。

---

① ［泰］尹塔腊·岳缇：《文学概念》（แนวคิดวรรณกรรม），泰国学生中心出版社 1974 年版，第 53 页。（泰文版，笔者译）

② ［泰］阿砂尼·颇腊谆：《阿砂尼·颇腊谆文集》（บทความของอัศนี พละชน），泰国萨满褚恩出版社 1997 年版，第 35–76 页。（泰文版，笔者译）

③ ［泰］阿砂尼·颇腊谆：《阿砂尼·颇腊谆文集》（บทความของอัศนี พละชน），泰国萨满褚恩出版社 1997 年版，第 81–85 页。（泰文版，笔者译）

④ 栾文华：《泰国文学史》，社会科学文献出版社 1998 年版，第 12–13 页。

⑤ ［泰］阿砂尼·颇腊谆：《阿砂尼·颇腊谆文集》（บทความของอัศนี พละชน），泰国萨满褚恩出版社 1997 年版，第 98 页。（泰文版，笔者译）

⑥ ［泰］汶忠·班哲信（按：乌栋·西苏皖之笔名）：《文学批评》（การวิจารณ์วรรณกรรม），泰国法政大学妇女联合会出版社 1995 年版，第 67–92 页。（泰文版，笔者译）

《在延安文艺座谈会上的讲话》所倡导的"人民"立场的文学批评理念不仅深刻地影响了泰国左翼文学批评家对泰国古典文学的重新审视和评价，还深刻地影响了他们对泰国现代小说的批评。以阿砂尼·颇腊谆和乌栋·西苏皖（笔名：汶忠·班哲信）为代表的左翼文学批评家们主张用马克思主义文学批评理论来评论泰国现代小说，强调要区分作品的形式和内容，并指出内容重于形式，批评重点应放在作品的内容上①。乌栋·西苏皖在这一理念的指引下对古腊普·塞巴拉迪的小说《画面背后》、《后会有期》所作的评论被左翼文学批评家视为典范。乌栋·西苏皖指出，这两部作品都再现了当时泰国社会的阶级斗争，也证明了文学作品的创作不能离开当时的社会环境，需要与当时的社会状况等密切相连②。乌栋·西苏皖在对《画面背后》的评论中写道："女主人翁吉拉蒂的爱情悲剧是泰国贵族阶层走向没落的象征。作为贵族阶层代表的吉拉蒂与作为资产阶级代表的情人无法公开恋情，有情人终难成眷属的悲剧体现出，在阶级分明的社会里，不同阶级之间的爱情终将只能是一场悲剧……该作品的社会价值在于通过阶级社会中女人的悲惨命运巧妙地暗示了历史变革中新制度必将取代旧制度的历史必然性。"③而在对《后会有期》的评价中，乌栋·西苏皖则指出，作者通过对现实的真实再现唤醒了读者的社会意识，使读者去反观社会并意识到社会现实中的各类问题④。同时，他还向作者提出了将主人翁改为农民子弟以更加真实地展现底层民众生活的建议。古腊普·塞巴拉迪在创作《向前看》时接受了乌栋·西苏皖的建议，将该小说的主人翁设定为来自偏远的穷困乡村的农家子弟。

泰国左翼文学批评家们在《在延安文艺座谈会上的讲话》的影响和启迪下所倡导和坚持的文艺批评的"人民"立场对 20 世纪中后期的泰国文学批评产生了重大影响。他们始终强调文学创作应深刻认识到民众的思想与社会制度之间的关系，文学创作应切合时代发展的需要，文学作品应该为社会的改革和进步提供思路和方向⑤。这一文学创作和批评理念成了 20 世纪中后期泰国文坛的主流理念。

---

① ［泰］汶忠·班哲信（按：乌栋·西苏皖之笔名）：《文学批评》（การวิจารณ์วรรณกรรม），泰国法政大学妇女联合会出版社 1995 年版，第 101–104 页。（泰文版，笔者译）

② ［泰］汶忠·班哲信（按：乌栋·西苏皖之笔名）：《文学批评》（การวิจารณ์วรรณกรรม），泰国法政大学妇女联合会出版社 1995 年版，第 14 页。（泰文版，笔者译）

③ ［泰］汶忠·班哲信（按：乌栋·西苏皖之笔名）：《文学批评》（การวิจารณ์วรรณกรรม），泰国法政大学妇女联合会出版社 1995 年版，第 14 页。（泰文版，笔者译）

④ ［泰］汶忠·班哲信（按：乌栋·西苏皖之笔名）：《文学批评》（การวิจารณ์วรรณกรรม），泰国法政大学妇女联合会出版社 1995 年版，第 15–16 页。（泰文版，笔者译）

⑤ ［泰］塞尼·韶瓦篷：《现实主义与浪漫主义》（ความสมจริงและโรแมนติก），泰国清迈大学出版社 1998 年版，第 32–38 页。（泰文版，笔者译）

三、结语

《在延安文艺座谈会上的讲话》指明了革命文艺的重要性，并对"五四"以来的中国革命文艺经验进行了系统的回顾和总结，对中国革命文艺中一系列长期争论的问题进行了详细的阐述，确立了马克思主义的文艺路线。最后，《在延安文艺座谈会上的讲话》在结论部分阐明了文艺为谁服务、如何服务、党的文艺工作与党的政治工作之间的关系、党的文艺工作和非党的文艺工作的关系、文艺批评、文艺界的整风等问题。

毛泽东的《在延安文艺座谈会上的讲话》是 20 世纪重要的马克思主义经典文学理论著作，它不仅属于中国，更属于世界。在《在延安文艺座谈会上的讲话》发表以来的 80 年里，它为世界各国的文艺工作者指明了文艺创作和文艺批评的方向和价值取向。

泰国文坛虽历世纪变迁，各种文学流派和文学理论层出不穷，但有一点是永恒的，那便是泰国进步文学创作及其文学批评被深深地打上了《在延安文艺座谈会上的讲话》的理论精神和艺术价值取向的烙印。对泰国文坛来说，这是深入骨髓的、不可磨灭的印记。在新的世纪，随着在构建人类命运共同体的话语体系下中泰两国文明互鉴的不断深入，《在延安文艺座谈会上的讲话》必将继续在泰国文坛发挥积极的影响力，为泰国文学及文艺批评的发展发挥理论指引作用。

（作者单位：韩江华，四川大学文学与新闻学院；黄丽娜，广西民族大学民族学与社会学学院）

从"形象二元论"到"历史断裂论"①

——美国汉学脉络中的中国现代木刻运动研究

喻宛婷

早在 1945 年，中国现代木刻运动就以书籍形式被系统地介绍到了美国。不过，在 20 世纪 70 年代之前，西方学术界对于 20 世纪中国艺术整体兴致索然，认为其或是传统守旧的，或是对西方的苍白模仿。20 世纪 70 年代，这样的研究态度有了"令人震惊"的改变——通过与中国香港和台湾的新艺术运动的接触，西方开始将中国现代艺术看作一个受重视的研究课题，而美国处在这个态度转变的前列②。

经过几十年的发展，美国汉学界已经积累了一批中国现代木刻运动研究的代表性成果。这些成果中既有对史料较为丰富的介绍，也有对作品的讨论和分析，普遍认识到现代木刻在当时中国社会的特殊功能——是艺术作品，更是重要的大众传播媒介，发挥了时代所需要的记录现状、评论时事以及宣传社会理想的多重功能。木刻艺术的语言革新服务于针对大众的革命宣传的目的，实现了艺术形式创新与社会功能的统一。

美国汉学界对木刻作品的讨论主要在两个层面进行："作品如何传播"——艺术语言层；"作品传播什么"——艺术话语层。

在艺术语言层，美国汉学界与中国学界一样，将新兴木刻纳入世界艺术，尤其是世界版画的发展源流之中进行分析，指出了新兴木刻对中西视觉语言的传承和改造及其背后的审美差异的原因——新兴木刻以现实主义为主导美学观，先通过对西方艺术语言的学习，体现出先锋艺术的反叛和社会抱负，后又出于向农民群体进行宣传的目

① 本文系教育部人文社会科学研究青年项目"中国当代电影中'农民老父亲'形象研究"（17YJC760110）的阶段性研究成果。

② Michael Sullivan：*Art and Artists of Twentieth-Century China*. Berkeley：University of California Press，1996：28.

的，吸收了以年画为代表的本土视觉传统。

但在艺术话语层，美国汉学研究则普遍体现出一种认识论上的传承——认为新兴木刻塑造了两种基本的形象模式，即"控诉非解放区的黑暗凄惨生活"和"歌颂解放区的光明幸福生活"。这个二元论的认知框架强调的是形象的两种话语模式，而非地理分界，与"国统区—解放区"的地理区分方式相关，但是并不等同。这种形象二元论最早从 1949 年史沫特莱（Agnes Smedley）的文章中开始显现，不同研究成果虽基于不同的学科背景——文学、汉学或艺术史，有不同的讨论侧重点，但大体上未脱离该二元认知框架，体现出知识谱系上的连续性。1996 年洪长泰的文章和 2017 年张少倩的文章是该形象二元论的突出代表，并以此构建文章论述的基本框架。

之后，部分研究将"形象二元论"进一步发展为"历史断裂论"，认为木刻运动以 1937 年日军全面侵华为时间点断裂为两段。"断裂论"强调两段历史中的区别，弱化联系，而且肯定前一段的艺术成就，忽视后期的艺术成就，与中国学界的观点对比鲜明。在"二元论"和"断裂论"的叙述框架下，简化和极化既体现在被挑选出的木刻案例中，也体现于该叙述体系本身。

一、"形象二元论"：一种传承的阐释模式

中国现代木刻实践最早是由作家和记者介绍到美国的。1945 年，美国《生活》杂志发表了题为"Woodcuts Help Fight China's Battles"的中国木刻特辑。同年，美国作家赛珍珠（Pearl S. Buck）从重庆中国木刻研究会通过国际宣传处送到美国展览的 180 幅木刻作品中挑选出 82 幅组成的作品集《从木刻看中国》（China in Black and White）出版。这是在西方出版的第一本关于中国现代木刻的书籍。赛珍珠以第一人称视角和文学式语言为本书作了一篇简短的序言，指出新兴木刻在战争和中国现代艺术与传统断裂的大背景下，重新融合了西方艺术和中国本土木刻传统，体现出城市精英知识分子对农村和农民的再认识和认可①。赛珍珠虽然指出了新兴木刻中的记录成分和创作成分，但未进一步对木刻作品进行任何分类。她在书中的每幅作品下均加了生动而诗意的注释。不过，这些内容主要依靠其本人旅居中国时的经验和印象推断而来，部分曲解了图画内容和作者的创作意旨，尤以对延安版画家古元的木刻《冬学》、《选民登记》的注解为甚②。

1949 年，美国记者、作家史沫特莱（Agnes Smedley）写作的短文"Chinese Wood-

---

① Pearl S. Buck: *China in Black and White. An Album of Wartime Woodcuts*, Asian Press, 1945: 11.

② 王炜编：《世纪刻痕：王琦、王炜艺术对话录》，湖南美术出版社 2015 年版，第 63 页。

cuts 1935-49"以更加客观和严谨的文风介绍了新兴木刻的发展过程。文章虽短，但信息量较大，介绍了新兴木刻运动的主要发展历程以及包含鲁迅、李桦在内的核心人物。这篇文章将新兴木刻分为两类进行介绍，即南方以现实主义风格为主导的国统区艺术和北方的解放区艺术。后者以"更为有力"的艺术语言描绘了新兴民主政权及社会各阶层的联合①。在此，史沫特莱的介绍已经体现出对"两种形象"的区别认知，但用词较为含糊，未对两种形象给予明确定义，更未进行理论化的阐释。因此，遗留下一些问题：解放区木刻的"有力"是在何种意义上而言？为何比国统区的现实主义风格"更为有力"？两种形象之间有何内在关联？

| 1945年美国《生活》杂志的中国木刻特辑 | 1945年《从木刻看中国》封面 | 《从木刻看中国》内页 |

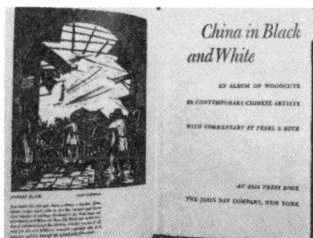

这些问题在梁庄·艾伦（Ellen Johnston Laing）1988年的文章"Woodcuts in Twen-tieth-Century China"中尚未得到很好的回答。文中对木刻运动的梳理时间线从20世纪30年代延伸到20世纪60年代，并提及两类形象的不同：国统区木刻突出表现战争的恐怖和生活的凄苦，解放区木刻则发展出新年画的标准风格②。在这个论述中，前者聚焦作品主题，后者聚焦形式，并未在同一层面对二者进行充分比较。

直到1996年洪长泰的文章"Two Images of Socialism：Woodcuts in Chinese Communist Politics"中，史沫特莱的文章所遗留的问题才得到清晰的回答。洪长泰认为左翼思想引领下的现代木刻运动刻画了"两种社会主义形象"：严厉抨击帝国主义和国民党政府的形象，以及赞扬共产党领导下的解放区光明前景的形象。标题中的"社会主义的两种形象"指的是"两种社会主义话语模式"，而非图像表征模式。两种话语模式并非分置并列，而是有内在的因果联系——因为有国统区的种种苦难，所以要追求社会主义的幸福生活。在此，洪长泰清晰地建立起了形象二元论叙述，并指出两种形象话语内部的一致性。地理界线只是讨论的相关因素之一，并非划分标准。

相对于一般艺术史学家对现实主义作品的形式风格的特别关注，作为汉学家的洪长泰乃是透过图像文本关注背后讲故事的艺术家们，尤其是艺术家、作品与"共产党

---

① Agnes Smedley：Chinese Woodcuts 1935-49. *The Massachusetts Review*，1984 Volume 25 Issue 4：553.

② Ellen Johnston Laing：Woodcuts in Twentieth-Century China. *The Winking Owl：Art in the People's Republic of China*，University of California Press，1988：17-18.

政治研究之间的密切关系"，即图像的政治性①。在文章开篇，洪长泰指出，在世界版画（石版、木刻、铜版）的源流中，艺术家基本是时代的"可靠记录者"。但文章后半部分的分析却显示出，这个"可靠记录"并非一成不变，而是有着丰富的内在纹理和变化的张力。

这一点尤其体现在他对古元的作品的分析上。洪长泰指出，古元呈现的并非农村的现实生活，而是"浪漫化"的村庄，是艺术家心中认为的共产主义农村应有的模样，即"深信的乌托邦中的典型"。他用"平和的劝说"、"平静然而激动的注解"来描述古元的作品；对古元本人，则引用艾青的赞誉——"边区生活的歌手"来形容②。这些词语"劝说"、"注解"、"歌手"突出的均是记录现实之上的创作成分。在此，图像更多被看作乌托邦式的艺术想象，而非对现实的纯粹的记录。洪长泰更关注背后讲故事之人的主观意图，即艺术家的"内心挣扎和接触世界的努力"③。洪长泰由此详述了赛珍珠所感受到的作品创作成分，也指出了史沫特莱文章中的解放区木刻之"力"的来源——清晰而强烈的社会愿景。正如他在另一篇对音乐的研究中所指出的，他的讨论对象是作品透露的"社会主义象征意象和新社会愿景"，作品文本层面的内容仅仅是表现的手段而已，所有手段最后指向的是作品中的"政治话语形式"④。洪长泰的研究凸显了形象话语，也以此二元形象为文章的基本结构。

与洪长泰的文章极为相似的，还有张少情于 2017 年发表的文章"Dark and Bright Art：Woodcuts in the Aftermath of War"。标题中的"dark"、"bright"指的并非视觉语言上的明暗，而是隐喻地指图像表达的内容⑤。该文聚焦从 1945 年底到 1946 年底这一段更短的时间范畴，但是从文章的建构到内部的逻辑完全沿用了二元形象的叙述模式，且同样分别以李桦和古元的作品作为两种形象的代表。

二、"历史断裂论"："二元论"的发展形式

之后的部分研究进一步发展了"形象二元论"，以"断裂"为关键词将全面抗战

---

① Chang-Tai Hung：The Politics of Songs：Myths and Symbols in the Chinese Communist War Music，1937-1949. *Modern Asian Studies*，1996 Volume 30 Issue 4：916.

② Chang-Tai Hung：Two Images of Socialism：Woodcuts in Chinese Communist Politics. *Comparative Studies in Society and History*，1997 Volume 39 Issue 1：47-48.

③ Chang-Tai Hung：The Politics of Songs：Myths and Symbols in the Chinese Communist War Music，1937-1949. *Modern Asian Studies*，1996 Volume30 Issue 4：912.

④ Ibid. 925.

⑤ Shaoqian Zhang：Dark and Bright Art：Woodcuts in the Aftermath of War. *Art in Print*，2017 Volume 6 Issue 5：20-23.

前后的木刻运动历史断然分开。"断裂论"是建立在对二元形象的认知基础之上的，因此是"形象二元论"的发展和升级形式。但二者的不同之处在于，"形象二元论"对早期木刻运动和抗战时期的木刻运动进行了贯穿和综合的论述，指明了抗战前后木刻实践之间的历史传承和两种形象之间的逻辑联系；而"断裂论"凸显的是两段历史间的不同，弱化、忽视了其中的联系和继承关系。

这样的叙述在苏立文（Michael Sullivan）1996 年出版的著作《20 世纪中国的艺术和艺术家》中已有显现。苏立文是较早研究中国现代艺术的美国学者，曾于 1959 年出版了西方第一部关于 20 世纪中国艺术的著作。1996 年，苏立文对该书进行了扩充并重新出版。书籍在"1900-1937 年"和"1937-1949 年"两个部分中分开论述了木刻运动的两段历史。除了章节形式，历史分期观还体现在更深一层的评论话语上。作者充分描述并肯定了 1937 年以前的木刻实践，但对抗战时期延安木刻实践的介绍颇为简略，尤其对 1942 年延安文艺座谈会之后木刻艺术家们向民间转向的努力，只用一句话一笔带过——提到了古元采用门神形式描绘农民模范，但未加评论。在有关延安艺术的简短内容中，作者表现出深深的质疑态度。虽然作者在前言中已经以谦虚和谨慎的态度，指出本书不是权威性的研究，而是"仅仅作为来自一位 50 年以上的观察者的个人见解"①，但不得不说，其部分论点在细究之下确实没有充分的说服力。

作者对《在延安文艺座谈会上的讲话》（以下简称"《讲话》"）持批判态度，认为它"是一种马克思列宁主义与中国社会传统道德说教的某些因素的混合物"②，要求文学家和艺术家避免"现实主义（realism）、伤感主义（sentimentalism）和冷嘲热讽（satire）"③。对这三个词语的引用，作者并未标明出处，也没有《讲话》中的原文可以对应。有意思的是，该书的中文翻译版将这三个词翻译成"'人性论'、'暴露文学'和'冷嘲热讽'"，既改变了前两个词的词义，也给每个词增加了单独的引号④——因为改后的三个词是从《讲话》中的三个段落中提炼出来的。可能翻译者意识到苏立文的提法与原文不符，便按照自己的理解进行了改写，以便更熟悉《讲话》的中国读者阅读。苏立文认为《讲话》使艺术家们的独立创作受限，"为后来几十年

---

① Michael Sullivan：*Art and Artists of Twentieth-Century China*. Berkeley：University of California Press，1996：28.

② Ibid. 102. 该观点指出《讲话》和传统道德说教之间的相似，颇让人困惑，但因其并未明确"某些因素"是怎样的因素，因此在此不展开讨论。

③ Ibid.

④ ［英］迈克尔·苏立文著，陈卫和、钱岗南译：《20 世纪中国艺术与艺术家（上）》，上海人民出版社 2013 年版，第 186 页。

的艺术投下长期的阴影"①。这与中国学界的观点针锋相对。

苏立文指出，木刻艺术家们在 1942 年的态度是"感到恼火……便沉默不语"②。这种对创作者的推断因为无法被验证，在艺术史研究中应当被更谨慎地处理，尤其是当他们还"沉默不语"时。因此，这种推断难以产生说服力，其表述的更多是作者本人的解读倾向。作者还反驳了木刻运动主要由共产党领导的观点，指出"国统区比……解放区涌现出更多更有成就的木刻家（大部分是职业艺术家和教师）。其中只有少数是地下党员"③。所举出的例证是中华全国木刻界抗敌协会和中国木刻研究会都在重庆成立。但事实上，国统区的木刻家都是左翼的，包括作者所列举的"自由中国"展览计划的主要倡导者郑野夫、王琦和刘铁华。后两位还在延安接受过教育。因此，这样的例证并不能支撑其"国统区木刻不由共产党领导"的论点。相反，中国学界认为，解放区和国统区木刻都直接或间接受到共产党的领导，服务于民族解放、争取和平与民主的时代浪潮④。与此相似，安雅兰和沈揆一在 The Art of Modern China 中也指出，抗日战争爆发后，木刻艺术家在全国范围内的非官方联系依然紧密⑤。国统区和解放区木刻艺术家群体之间的关系显然比苏立文所理解的要近得多。

可见，苏立文的叙述虽然同样体现出对"两种形象"的区别认知，却不再是"两种社会主义形象"——解放区之外的木刻是进步的，但不再是"社会主义"的。他将"形象二元论"中作为"前因"和"后果"的两种形象完全区别认知，给出更为两极的评价。

作者对两段历史的不同态度，导致了对同一创作者的评价前后矛盾。他指出，李桦作为共产党版画艺术家之先锋，其于 1932 年创立的广州现代版画会是"新艺术的强有力的传播中心之一"，紧接着又提到"李桦……像许多革命者一样是一切现代艺术形式的激烈反对者"⑥。如果李桦反对一切现代艺术形式，又如何推广在西方现代艺术观念影响下产生的新艺术呢？

苏立文虽然并没有直接提到"断裂"一词，但已然对早期新兴木刻运动历史和延安木刻的历史进行了断然分离的认知。而沈揆一于 2004 年发表的文章"The Modernist

---

① Michael Sullivan：*Art and Artists of Twentieth - Century China*. Berkeley：University of California Press，1996：102.

② Ibid.

③ Ibid. 103.

④ 黄宗贤：《在救亡的旗帜下——抗战时期解放区与国统区的美术交流》，《美术》2002 年第 6 期，第 9-11 页。

⑤ Julia F. Andrews and Kuiyi Shen. *The Art of Modern China*. University of California Press，2012：136-137.

⑥ Michael Sullivan：*Art and Artists of Twentieth - Century China*. Berkeley：University of California Press，1996：104-105.

Woodcut Movement in 1930s China"直接提出了"断裂论"。他指出,中国现代木刻的历史以 1937 年日军全面侵华为时间点,出现了"关键的历时性断裂"①。在 1937 年之前,虽然一部分版画作品显示出左翼倾向,但以多面的现代性为主导趋势;而之后的作品在风格上虽稍有不同,但在目的和意识形态上极大程度地实现了统一,总体上更趋向现实主义风格而且"更易读"②。

此外,沈揆一还和安雅兰(Andrews Julia)合著了两本著作 A Century in Crisis: Modernity and Tradition in the Art of Twentieth-Century China(1998) 和 The Art of Modern China(2012),梳理了新兴木刻运动的历史。两书的内容在整体上偏重史料介绍,但仍有少量对作品的评论,阐述了解放区木刻与国统区木刻在艺术语言与主题上的不同,内含二元论。前者指出解放区木刻发展出本土的农民式风格,而国统区木刻技艺更为精湛,呈现出更为复杂的图像③。该书同样以李桦的作品为国统区木刻的代表,指出其"二战"后的作品与 30 年代的现代主义实验颇为不同,更突出自然主义和易读性,重复表现相似的图像形式④。后者进一步强调了延安木刻相较于其他地区的不同特点:延安艺术在艺术观念上强调大众化的目标,"完全抛弃了为艺术而艺术的观念",继而发展出一种在风格和主题上与中国其他地区"完全不同"的"毛泽东式的文化样式"⑤。但是,将大众化的目标看作延安木刻的突出特点并不太准确。自 20 世纪初康有为和蔡元培发出对现代艺术和公共艺术的呼吁,经过鲁迅和丰子恺对便于大规模复制的版画艺术的推广,艺术大众性和公共性的观念已在全国范围内逐步发展起来。唐小兵就以"公共艺术"概念来理解 1937 年以前的新兴木刻⑥。战争时期,全国范围内的左翼木刻艺术家作为一个松散的群体,都以动员社会力量、参与社会运动为目标,在题材内容上和当时人们关注的问题保持一致。在重庆民主运动中,木刻界与解放区一样,都处于文艺战线前列⑦。如 1945 年的西南联大学生惨案发生后,王琦就创作了木刻组画《民主血》来发声⑧。只是因为分处城市和农村地区,传播对象不同,作品

---

① Kuiyi Shen: The Modernist Woodcut Movement in 1930s China. *Shanghai Modern: 1919-1945*. Hatje Cantz, 2004: 264.

② Ibid. 264-265.

③ Julia F. Andrews and Kuiyi Shen: *A Century in Crisis*. New York: Guggenheim Museum Publications, 1998: 224.

④ Ibid. 223.

⑤ Julia F. Andrews and Kuiyi Shen: *The Art of Modern China*. University of California Press, 2012: 133.

⑥ Xiao-bing Tang: *Origins of the Chinese Avant-Garde: The Modern Woodcut Movement*. Berkeley, Los Angeles and London: University of California Press, 2008: 217.

⑦ 黄宗贤:《在救亡的旗帜下——抗战时期解放区与国统区的美术交流》,《美术》2002 年第 6 期,第 9-11 页。

⑧ 王炜编:《世纪刻痕:王琦、王炜艺术对话录》,湖南美术出版社 2015 年版,第 71 页。

进行了视觉语言上的不同更新。因此，本书所强调的"毛泽东式的文化样式"在风格和主题上的"完全不同"应只限于艺术语言层——延安地区因向农村视觉传统靠拢，而发展出新年画风格。安雅兰和沈揆一作为艺术史背景的学者，专注点偏重作品的表现形式，而非背后的话语逻辑。在艺术话语层，延安及延安以外地区的新兴木刻都是在宣传抗战和共产主义左翼思想。该书没有强调该话语层面上的一致性，和"形象二元论"相比，更加凸显了形象之间的不同。

"历时性断裂"观在唐小兵、常羽辰的写作中更为突出。两位作者基于"断裂论"来组建其写作的结构。2006 年，唐小兵的著作 *Origins of the Chinese Avant-Garde：The Modern Woodcut Movement* 在主体部分对木刻运动的梳理只到 1936 年鲁迅逝世为止。在前言中，作者简要阐述了对此后共产党人的木刻实践的看法。他指出，抗战爆发后，木刻运动从城市中心地带转移到不同的偏远地区，进入了一个新时期；此后数十年里，因参与共和国的建立，木刻不再是处于边缘的先锋艺术，其主题、形式、与其他艺术的关系以及艺术家的社会角色均经历了重大变化。他将 20 世纪后半叶的木刻看作先锋木刻的"来世（afterlives）"[1]。因此，本书以抗战全面爆发为时间点，将木刻运动历时性地分为了先锋与非先锋两个时期。

同样强调历史断裂的还有纽约艺术家常羽辰于 2016 年发表的文章"From New Woodcut to the No Name Group Author（s）"。该文章基本上跳过了从 1936 年鲁迅逝世以后到 20 世纪 60 年代之间的木刻运动历史，只是简略地宣称这一时期的木刻由反抗工具变成统治工具，因描述光明的新生活，成为"模式化的宣传"，终结了运动早期"表现主义实验"的历史[2]。这样的表述将抗战前后的两段木刻发展历史分离开，甚至形成对立，与中国学界的观点形成鲜明对比。

三、简化和极化："二元论"与"断裂论"叙述的建立

为了建立某种有关历史的叙述，需要删除不太符合该叙述主干的枝杈。

以洪长泰的文章为例。为了清晰地建构出两种形象话语模式，并呈现出对比，文章选择李桦和古元的作品作为两种形象的代表。在讨论李桦的作品时，文章侧重于李桦在战时国统区使用粗线条的木刻作品，忽视了李桦其他风格的作品。而在讨论古元

---

① Xiao-bing Tang：*Origins of the Chinese Avant-Garde：The Modern Woodcut Movement Berkeley*，Los Angeles and London：University of California Press，2008：5-6.

② Yuchen Chang：From New Woodcut to the No Name Group：Resistance，Medium and Message in 20th-Century China. *Art in Print*，2016 Volume 6 Issue1：10-14.

的作品时，文章混淆了其在"黑古元"和"白古元"时期的创作——开篇叙述的、获得徐悲鸿盛赞的应是"黑古元"时期的作品，而古元向农村转向并获得毛泽东推崇的是"白古元"时期的作品。

这样的现象显示出论文在例证选择中的极化倾向——一种建立叙述时的常见倾向。"极化"一词见于洪长泰的另一篇文章《歌曲的政治》。他在文中提出"所有宣传都涉及简化和定型两个过程，前者是还原论，后者是极化论"①。该表述同样可以用来描述木刻。对于作为大众传播媒介的新兴木刻而言，极化是增强大众传播效果的需要。内容越突出，越刺激感官，越有利于传播，传播效应越强。洪长泰注意到了这一点，指出李桦和古元的作品分别呈现了国统区的苦难与共产主义社会的美好景象。这种对比式景象是一种"此与彼"的叙事策略，一种极化的策略，目的是突出共产主义的美好未来。

洪长泰还以"极化"为评判作品的标准。他重点评论了李桦的《疏散》，认为作品在反映现实、激发情绪上极化得不够，"过于整齐有序，无法引起观者的任何强烈情绪，缺乏与战争的致命性影响相关联的混乱与暴力"②。而古元渗透了乌托邦式理想的作品，似乎又极化过度了。洪长泰批评古元乌托邦式的艺术想象回避了一个基本的问题——"在如此混乱和痛苦的年代，这些天堂般的景象是如何出现的？"③ 苏立文表达了相似的观点。他论及重庆战时展览中反映难民苦难的作品获得了观众深深的同情时，话锋一转，提到"如果在延安，这类题材可能被认为是'消极'的，延安只承认国统区有苦难存在"④。苏立文的表述是无法验证的关于创作主体的推论。洪长泰的判断更侧重于文本提供的客观信息，但仍然内含着一对矛盾——同样是被认为不够贴近现实，李桦的作品极化不足，而古元的作品极化过度。也就是说，是否极化得当，并不以图像贴近现实的尺度为评判标准，而是以激发了受众怎样的情感为标准。

可以说，汉学家们普遍表示出对延安风格的怀疑。例如，洪长泰在文中质疑了古元作品的影响力，所提供的例证是1938年的抗日宣传工作团所搜集的农民反馈——作品"受国外影响较重"、"太欧化"⑤。古元的创作在1942-1943年间，经历了从西化

① Chang-Tai Hung：The Politics of Songs：Myths and Symbols in the Chinese Communist War Music，1937-1949. *Modern Asian Studies*，1996 Volume 30 Issue 4：908.

② Chang-Tai Hung：Two Images of Socialism：Woodcuts in Chinese Communist Politics. *Comparative Studies in Society and History*，1997 Volume39 Issue1：43.

③ Ibid. 48.

④ Michael Sullivan：*Art and Artists of Twentieth-Century China*. Berkeley：University of California Press，1996：104.

⑤ Chang-Tai Hung：Two Images of Socialism：Woodcuts in Chinese Communist Politics. *Comparative Studies in Society and History*，1997 Volume39 Issue1：52-53.

风格向本土民间风格的转向，即从"黑古元"时期到"白古元"时期的过渡①。如果古元的作品确被收录在这一次工作团举办的展览中（文中并未明确交代），那么只能是"黑古元"时期的作品。这一时期的作品确有"太欧化"等问题。而完成创作转型之后的古元作品恰恰是大众化和民族化的。1938年的农民们的评价只能支持对"黑古元"时期作品影响力的质疑，并不符合"白古元"时期作品的情况，也不能被用于笼统地回答"古元作品是否有影响力"这个问题。而"白古元"时期结合年画和门神画的形式而创作的作品，正如文章随后谈到的，属于共产主义年画，在农民中间很受欢迎，"很快就卖光了，而且不够卖"②。

而其他研究的质疑集中在延安木刻的艺术表现力和艺术价值上。如唐小兵认为延安木刻远离了先锋艺术；安雅兰和沈揆一则认为，相较于其他地区以批判现实为主题、更为复杂和深刻的木刻作品，延安木刻以一种极为简单的"轮廓风格"进行创作，在描写共产党军队和机构的美德上甚至也表现力不足③。

这些普遍的质疑展现出"二元论"和"断裂论"在叙述框架建立过程中的极化，很难获得中国学界的认可。

中国学界虽然常以国统区和解放区的地理划分方式介绍木刻运动，但是，地理划分方式与二元形象论常融合在一起。如湖南美术出版社选编的《明朗的天：1937—1949解放区木刻版画集》和《寒凝大地：1930—1949国统区木刻版画集》，在书名中就定义了这两种形象，也体现出"此与彼"的叙述策略。虽然同样是运用二元形象论叙述，但中国学界与美国汉学界的研究仍存在一些普遍的不同之处：

1. 对木刻运动的历史分期认识不同。这首先体现在对运动的命名上。美国汉学界多用"现代木刻"一词囊括抗战前和抗战后的木刻，如安雅兰和沈揆一1998年的文章"The Modern Woodcut Movement"④ 从20世纪10年代蔡元培对公共艺术的推动一直梳理到1949年。更早一点，梁庄·艾伦于1988年对现代木刻的梳理⑤延续到了20世纪60年代。中国学界则更多使用"新兴木刻运动"概念。该概念的外延在不同的研究中

---

① 路杨：《经验、情理与真实——再论古元延安木刻的风格"转变"》，《中国当代文学研究》2021年第6期，第16页。

② Chang-Tai Hung：Two Images of Socialism：Woodcuts in Chinese Communist Politics. *Comparative Studies in Society and History*，1997 Volume39 Issue1：56.

③ Julia F. Andrews and Kuiyi Shen：*A Century in Crisis*. New York：Guggenheim Museum Publications，1998：224；Julia F. Andrews and Kuiyi Shen：*The Art of Modern China*，University of California Press，2012：133.

④ Ibid. 213-225.

⑤ Ellen Johnston Laing：Woodcuts in Twentieth-Century China. *The Winking Owl：Art in the People's Republic of China*，University of California Press，1988：7-18.

又略有不同。《新兴版画五十年》一书用"新兴木刻"一词囊括了抗战前和抗战后的木刻。而另一部分成果，如吴继金的文章《抗战时期延安与重庆木刻特点之比较》，则以 1937 年为分界，将抗战爆发前的木刻实践称为"新兴木刻运动"，将抗战爆发后的木刻称为"抗战木刻/抗战时期木刻"，认为延安木刻和重庆木刻都继承了新兴木刻的革命精神①。不过，无论如何，在中国学界的历史分期观中，"新兴木刻"与"抗战木刻"之间是前后继承关系，分别为萌芽期/童年期（1931-1937）和成长期（1937-1949）②。这样的历史分期观体现出发展的视角，认为抗战前后的木刻历史是线性发展的、连贯的，内在精神一致，不存在突出的转折或断裂。

2. 针对抗战木刻，中国学界强调解放区和国统区木刻创作的内在联结，指出在抗日战争和解放战争的不同阶段，国统区和解放区的木刻工作者都或直接、或间接地处在中国共产党的领导下③。重庆和延安的美术界一直有动态的互动和交流，以周恩来为首的中央南方局人士不仅直接领导、参与了国统区进步的文化运动，而且还十分重视重庆和延安两地的美术交流，为这一时期国内众多木刻展览交流活动的举办提供了必要条件④。因此，两个区域的木刻创作者始终战斗在一起，从未分离过，在精神上保持了一致，都发挥了重要作用⑤。

3. 关于如何看待以"白古元"为代表的延安风格这一问题，中国学界与美国汉学界分歧较大。中国学界普遍更为推崇延安模式，指出了国统区创作的不足。如黄宗贤认为，国统区木刻家的不足在于很难和人民结合，相当一部分人有一种不健康的寂寞感。他把那些试图表现艺术家对生命的深度情感体验的有"奇特趣味"的作品，称为"寂寞的知识分子的自白"。与此相比，以古元为代表的延安木刻家"温暖有人间的气息"，与其说在创造艺术，不如说是"为生活而艺术"⑥。

4. 中国学界的研究呈现为更为多元的状态，在战前和战时都有少量木刻描绘自然景观、现代工厂、生活场景和普通人性，不能被简单划归于二元形象模式中。沈揆一

① 参见力群、王琦等编：《中国新兴版画 50 年》，上海人民美术出版社 1981 年版；吴继金：《抗战时期延安与重庆木刻特点之比较》，《艺术生活》（福州大学厦门工艺美术学院学报）2014 年第 6 期，第 65-69 页。

② 王炜编：《世纪刻痕：王琦、王炜艺术对话录》，湖南美术出版社 2015 年版，第 88 页。

③ 李树声：《现代社会的魂魄——试论国统区的木刻版画艺术》，《美术》2001 年第 9 期，第 30-37 页。

④ 黄宗贤：《在救亡的旗帜下——抗战时期解放区与国统区的美术交流》，《美术》2002 年第 6 期，第 9-11 页。

⑤ 王炜编：《世纪刻痕：王琦、王炜艺术对话录》，湖南美术出版社 2015 年版，第 88 页。

⑥ 黄宗贤：《在救亡的旗帜下——抗战时期解放区与国统区的美术交流》，《美术》2002 年第 6 期，第 9-11 页。

的文章提到了早期木刻中呈现的多元的现代性①，但未展开分析。唐小兵在梳理史料时提到了描述人性和生活场景的作品，如1928年徐迅雷的《吻》、1933年段干青的《豢养》、1934年陈烟桥的《去上班》、1935年梁云翔的《青鸟》和胡其藻的《粉色的梦》②，但也未对作品呈现的形象及背后的话语逻辑进行分析。这些多元化的个体创作更多成为中国学界的研究主题。例如，有学者研究了在木刻运动早期，有"中国比亚兹莱"之称的叶灵凤模仿意味浓厚的创作。虽然叶灵凤被认为是"右翼"文艺家，曾遭到鲁迅的猛烈批判，但他的设计常被选为上海左翼刊物的插图，也说明二者在摧毁旧制度的先锋态度上是相通的③。还有学者关注了沦陷区的王青芳对古代人像和宗教神像的再创作、解放区的刘岘以花卉为主题的创作《百花齐放》，以及黄新波对"二战"后香港都市文化的反映④。此外，中国学界涉及新兴木刻研究的以美术史学者居多，更为关注图像特征，如王青芳的"木刻诗存"、"标语画"图像建构、"拼合"构图空间等。

| 1928年
徐迅雷《吻》 | 1933年
段干青《豢养》 | 1935年
梁云翔《青鸟》 | 1935年
胡其藻《粉色的梦》 |

四、总结

美国对中国现代木刻运动的介绍和讨论从最早的作家和记者群体延伸到汉学界。这些研究与中国学界的研究之间达成了一些共识。二者普遍将现代木刻运动放在世界

---

① Kuiyi Shen：The Modernist Woodcut Movement in 1930s China. *Shanghai Modern*：*1919 – 1945*. Hatje Cantz, 2004：264.

② Xiao-bing Tang：*Origins of the Chinese Avant –Garde*：*The Modern Woodcut Movement*. Berkeley, Los Angeles and London：University of California Press, 2008：86, 157, 173, 182, 190.

③ 韩雪岩：《比亚兹莱在上海：1921～1930年美术现代性的中国面孔》，《艺术设计研究》2010年第2期，第91页。

④ 参见艾姝：《王青芳"木刻诗存"的"推"陈出新》，《艺术品》2018年第11期，第38-47页；艾姝：《刘岘插图〈百花齐放〉与"木刻民族形式"的争鸣》，《文艺研究》2022年第6期，第134-151页；李公明：《"高贵的人道精神"与黄新波的左翼木刻艺术——以黄新波在香港时期（1945-49年）的版画创作为中心》，《文艺理论与批评》2018年第5期，第139-160页。

美术史的范围内进行讨论，同时意识到现实主义艺术在当时被看作解决中国诸多问题的手段之一。现代木刻的图像符号系统是中西结合的产物，兼具政治性和艺术性，对传播效果的考量一定程度上重于对艺术性的考量。知识分子在该运动中起到主导作用。相对于作为民间工艺的传统年画，共产党人的新年画是一种精英艺术、主流艺术，由受过正规教育的精英创作，以自上而下的政治传播为使命，只是吸收了民间艺术的表现形式。

美国汉学界也意识到，采取"两种话语模式"以及在艺术语言上向农村文化靠拢，也并非现代木刻所特有。这一时期的共产党人创作的歌曲、文学等其他艺术同样采取了这样的发展策略。这一点与列宁领导的布尔什维克鄙视木刻版画，提出要用廉价方式生产的经典艺术作品取而代之的态度，完全不同，但与中国共产党以依靠和动员农民为基本革命力量的方针一致。

值得注意的是，美国汉学界在讨论延安木刻在形式语言上的风格转向时，更为强调民族的视角，或者采用较为模糊的"大众"一词，而更为核心的"阶级"概念往往被忽视①。如洪长泰在文中指出木刻图像的"民族性"为政治性服务，民族化服务于争取农民支持和处理农村问题的目的，点出了阶级审美差异的因素②。但文章结尾仍以"实际的民族主义考虑已经优先于从西方引入的抽象的马克思主义理想"作总结③，又回到民族主义的关键词。而事实上，相对于民族的视角，阶级的视角更有解释效力——向处于社会底层的农民群体的语言靠拢，以发动农村群体的革命力量。采用汉族还是某个少数民族的视觉语言，并非其中关键。

此外，在现代木刻运动的历史分期、国统区和解放区创作之间的关系、对延安风格的评价方面，中国学界与美国汉学界，尤其是其中隐含了"历史断裂论"研究，呈现出认识上的巨大差异，以及背后的学术话语之不同。后者已经超出了艺术史研究本身的范畴。

（作者单位：四川大学文学与新闻学院）

---

① 只是在一篇未正式发表的学生论文中，指出这样的视觉语言转向是为了与底层阶级产生更多联系，使用了阶级的视角。参见 Elliott Jenkins：*The Modern Woodcut Movement and Aiweiwei：Chinese Traditions Reinterpreted for Social and Political Messages*. 2014：6. https：//www. academia. edu/29200661/. pdf.（2022 年 11 月 6 日访问）但在正式发表的研究中并未出现此类表述，而是更强调民族的风格。

② Chang-Tai Hung：Two Images of Socialism：Woodcuts in Chinese Communist Politics. *Comparative Studies in Society and History*，1997 Volume39 Issue 1：51.

③ Ibid. 57.

文艺与政治结缘①

——论郭沫若的抗战文艺观及史剧创作实践

李文平　熊　文

文艺与政治有着难以分割的复杂联系，"现代文学一方面不能不是民族国家的产物；另一方面，又不能不是替民族国家生产主导意识形态的重要基地"②，而在中国现代文学大家中，郭沫若或许是介入现实政治最直接也最深入的一位，其在战时的独特地位和特殊身份要求其涉足文坛政界，肩负双重责任，游走在文艺与政治之间，周旋于复杂的社会环境之中，将个人命运与时代风云紧密相连。构建抗战文艺观也便成了郭沫若理清两者之间的关系、指导文艺活动、推进抗战建国、彰显自身价值的必由之路。从文学政治学和民族国家建制的视角重新审视郭沫若战时个人身份塑造、文艺理论调整、文学创作实践，有利于深入理解郭沫若在抗日战争时期的文学活动与政治抉择，进一步认识郭沫若如何参与大后方文艺建构，引领战时文学创作，从而巩固抗日民族统一战线，推动抗战建国任务。

一、思想与时代互动：郭沫若抗战文艺观的形成条件

正如竹内好所言，"文学诞生的本源之场，总要被政治所包围"，"迎合政治或白眼看政治的，都不是文学"③。文艺与政治在中国文学史上从来无法界限分明，它们都

---

① 本文为教育部人文社科规划项目"现代文学大家与大后方文学的整体建构"（17XJA751002）的阶段性成果。

② 刘禾：《文本、批评与民族国家文学》，唐小兵编：《再解读：大众文艺与意识形态》，北京大学出版社2007年版，第3页。

③ ［日］竹内好：《近代的超克》，三联书店2005年版，第135页。

从现实出发指向未来。文学理论本就是具有政治性的，"现代文学理论的历史乃是我们时代的政治和意识形态的历史的一部分"①，文学理论与创作作为重要的精神生产领域，和政治的联系极为紧密，故而对郭沫若抗战文艺观及其史剧创作的探寻不可避免地会涉及其对于文艺与政治关系的理解。从文学政治学的理论出发去阐释文艺与政治的关联，有利于我们以全新的视角探讨郭沫若文艺观的形成原因，其个人的身份调整与观念重塑又为其抗战文艺观的形成提供了养料。

（一）理论基础与时代语境

文学政治学的观念为我们探讨郭沫若文艺观的转变与形成提供了依据。学者魏朝勇试图打破以往的二元对立或文学从属于政治的观点，重建文学与政治的关联。他认为文学从来无法与现实生活泾渭分明，无论是陶渊明的"桃花源"还是柏拉图的"理想国"，孔子的"天下大同"还是梁启超的《新中国未来记》，其创作都如钱谷融先生所言，以"改善人生、把人类生活提升到至善至美的境界的那种热切的向往和崇高的理想"②为推动力，出发点便是以人为本、为人生的。而政治作为人类的创造物，同样包含了对美好生活的想象，"冀望世俗社会中'美好生活'的设计与奋斗"③，"承诺人们可以选择和替换通往未来的路径"④，因人而存在，为改善人的生活、实现人的价值而运转。于是，对于美好生活的想象成了文学与政治的共通处与勾连点，相同的价值追寻成了两者结合的基础。无论是孔子基于"礼崩乐坏"而提出的"大同"想象，还是柏拉图于雅典城邦衰弱之时构建的理想国，这些生发于对政治秩序或现实生活的不满的想象，是对政治状况的重估，也是对未来出路的探寻。当文艺与政治拥有了相似的目标和追求，文艺可以想象政治，政治也可以依托文艺而开展活动。正如李泽厚所言，以思想文化运动的方式推进的新文化运动从始至终都"明确包含着或暗中潜藏着政治的因素与要素"，"指向国家、社会和群体的改造和进步"⑤。从这个意义上讲，"文艺为政治服务"也就不再是对于政治的单向从属，而是基于想象"美好生活"的殊途同归，文艺也因与现实政治有着共同的追求而得以与政治联结，在作家的主观能动作用下超越政策与制度意义上的政治，参与民族国家创建并推进美好生活的构筑。

故而文学政治学在审美与政治的双重维度的指导下讨论文学与政治的关系，提出

① ［英］伊格尔顿：《二十世纪西方文学理论》，北京大学出版社 2007 年版，第 196 页。
② 钱谷融：《当代文艺问题十讲》，复旦大学出版社 2004 年版，第 89 页。
③ 魏朝勇：《民国时期文学的政治想象》，华夏出版社 2005 年版，第 18 页。
④ ［英］弗兰克·富里迪：《恐惧的政治》，江苏人民出版社 2007 年版，第 13 页。
⑤ 李泽厚：《中国现代思想史论》，安徽文艺出版社 1994 年版，第 15 页。

"想象论"，为文学与政治的自由联结提供依据和可能，力图打破文学为政治服务的片面从属论，认为文学与政治的关系实际上是由文学通过自身的独特方式想象政治而形成的。这种想象是一种体现了作家心理、审美和价值判断的创造活动，主体成为了联系文学与政治的中介，文学的政治性也因为主体的独特性而具有了不同的特点，并非是千篇一律的教条标语，而是关于政治的主体创造。"作为一种文化现象的政治活动，更侧重于伦理原则的'元政治'而非侧重于实际利益的'权力政治'。前者属于体现人内心愿望的全民政治，注重的是社会'如何组织'的问题；后者属于表现为各种运作机构的党派政治，关心的是国家'谁来统治'的问题。前者作为伦理政治主要考虑政治的正义性，而后者作为一种当下政治的核心是形形色色的权力关系。"① 我们会发现，与文艺相关涉的"政治"更多应体现为一种政治理念，而非具体的方针政策。当理念落实为政策，不可避免地会因权力的介入和个体的参与而带来偏离与质疑。如若文艺以具体的政策为圭臬去观照生活，所获取的绝非生活的本真，而是被政策化的假象，以至走向公式化与概念化的泥潭。

纵观 20 世纪中国文学的发展历程，新文学中对个性自由的张扬与对理想社会的期待并驾齐驱，对国民精神的铸造最终指向对民族国家建制的诉求。"相当一部分'新青年'在 20 年代中期实现了向政治、政党的转向"②，创造社同仁们在宣扬艺术独立性的同时也重视其社会使命，而并非与政治分庭抗礼。郭沫若同样将文艺与社会、政治、革命联系到一起，写道："我们是革命家，同时也是艺术家。我们要做自己的艺术的殉教者，同时也正是人类社会的改造者。"③ 1925 年，郭沫若在提出"艺术本身上是无所谓目的"的同时，也承认文艺具有"统一人类的感情和提高个人的精神，使生活美化"的使命，认为艺术家"要生一种救国救民的自觉"④。他将文艺家视为革命思潮的滥觞，期望作家"有笔的时候提笔，有枪的时候提枪"⑤。在他的论述中，文艺并非脱离于政治，文艺家有望成为革命的领路人，文艺家与革命家的身份界限被打破，正如其昔日与宗白华的通信中描述的"球形天才"，自由出入于不同的场域。无论是文艺家还是政治家，都只是其身份的一种面相。他转换自如，迅速承担起不同角色所对应的责任与要求，积极地介入现实。个体小我的张扬推动了群体大我的完成，而最终目的却是理想的民族国家的建立。文艺与政治在共同的理想追求下得以联结，创造社的转向早已埋下伏笔。

① 徐岱：《基础诗学》，浙江大学出版社 2005 年版，第 358 页。
② 程凯：《革命的张力》，北京大学出版社 2014 年版，第 7 页。
③ 郭沫若：《艺术家与革命家》，《创造周报》第 18 号，1923 年 9 月 9 日。
④ 郭沫若：《文艺之社会使命》，《民国日报·文学》周刊第 3 期，1925 年 5 月 18 日。
⑤ 郭沫若：《英雄树》，《创造月刊》第 1 卷 18 期，1928 年 1 月。

（二）身份转变与观念重塑

抗战时期，代表国家意志的重庆国民政府成为了爱国知识分子的重要选择，对于即使远处海外书斋也始终关注着国内政局、始终怀有入世激情的郭沫若而言更是如此，但以何种方式参与抗战却让他纠结犹疑，即使郁达夫在信中言明"委员长有所借重"①，被迫远走日本的艰难苦痛还历历在目，身份的焦虑也在其回忆录中显现。他多次提到一支红色的派克笔。这支在流亡时也不愿丢弃的笔，仿佛是其深陷大革命失败的幻灭时下意识的选择，促使他步入清苦书斋，在学术世界中找寻自我。而十年后"又到投笔请缨时"，"别妇抛雏"的郭沫若却将这支最爱的笔抛在了日本，"决心和笔断绝关系"，"但是，缨呢？如果有地方可以请，该不会是以备吊颈用的吧"。归国后的他体会到了于立忱的绝命词所言"如此家园，如此社会，如此自身，无能为力矣"的感伤迷惘，种种矛盾纠葛在其诗歌与回忆录中尽显，但无论如何，他已"深切地感觉着文艺的功利性了"②。

"投笔"后不知向何处请"缨"的郭沫若收到了友人赠予的黑色派克笔，这似乎也暗示了其毕竟无法脱离文艺家的身份。他仍念念不忘那支记载着昔日革命岁月的红色笔，却有意抛在了日本，又不愿辜负友人的一番心意。如此复杂的情感正应和了其此时的心境。民族国家危机的历史语境要求全体国民一致对外抗敌救亡，个人的自由选择必然也会受到影响和限制。灵魂深处对自由创造、英雄主义的追求，加之强烈的爱国激情与入世精神，注定使郭沫若不会仅满足于文章报国。正如他在《羽书集》序言中所言，在那样天翻地覆的时代，不可能有做学问的静谧心境。相比诗人学者，他更愿意成为一位"实际家"，他认为"实际家能够领导民众，组织民众"，而"诗人，其进步者如屈原，竟只能感受着民众的气势而呼号，在实践上则在时代的边际上彷徨"③。在归国后与蒋介石的首次会面中，他们互相试探对方的态度，最终心照不宣地"冰释前嫌"。蒋介石并未将郭沫若摆在"一切会议你不必出席，你只消一面做文章，一面研究你的学问"④的学者位置，而是给予重任；郭沫若虽百般推辞还是任职第三厅，走上了亦文亦政的道路。那支并不合意的"笔"已然不得不拿在手中成为一支为抗战服务的"枪"了。

战争影响着社会生活的方方面面，无论是国民革命还是抗日战争，郭沫若都奔赴前线，亲身见证战火硝烟，并与不少军官将领有着密切的交往。归国不久，他便受张

① 郁达夫：《致郭沫若》，《郁达夫全集》（第六卷），浙江大学出版社 2007 年版，第 271 页。
② 郭沫若：《由日本回来了》，《宇宙风》第 47 期，1937 年 8 月。
③ 郭沫若：《屈原时代》，《文学》月刊第 6 卷第 2 期，1936 年 6 月。
④ 郭沫若：《在轰炸中来去》，《申报》1937 年 10 月 19 日。

发奎、陈诚的邀请去前线视察劳军，对战争的想象与强烈的爱国激情在触及前线土地的那一刻融汇成了真真切切参与时代浪潮的兴奋感，也由此对战争有了更深刻的认识。灵感喷发的他"忽忽写就"《到浦东去来》、《前线归来》、《抗战与觉悟》等记行散文①，也创作了不少的政论时文，并以讲演和座谈的方式公开对战局进行分析讨论，并对国民政府的抗战方针和言论进行回应与宣传，提出了"立体战争"的观点，指出现代战争要求集中全国的力量，需要"国家社会的一切设施的战时机构化"，并进一步指出此时的文艺应脱离党派意识的影响，"在国家之前没有党派，在民族之前没有个人"，"凡是抗敌救亡的都是我们的战友"，团结一致，一切为了抗战的胜利。在《文化人当前的急务》中，他再一次强调"立体战争"的观点，并由此说明文化人在战争中具有和前线士兵一样的地位与责任，要使文化的力量成为"推动后方民众的飞机头"②。这无疑是用战争思维去指导文艺，将文艺作为抗战工作的一部分，文艺的战斗性特征也就不言自明了。而在郭沫若看来，反侵略的战争与人类的创造精神合拍，是具有进步性的，而文艺亦是一种创造，两者自然而然能够因为共同的目标而联结，文艺也就具有了战斗性。文学也因此具有了"政治自觉"，主动运用多种方式、不同形式去想象政治、描写政治、表现政治、融合政治。

二、文艺与抗战协调：郭沫若抗战文艺观的主要内涵

任何一种文艺观都需要处理文艺与自我、生活、社会等要素之间的关系，从而实现对文艺的本质、功用、创作等问题的阐释。对这些问题的战时思考也构成了郭沫若抗战文艺观的主要内涵。

（一）文艺的本质论

作为对文学艺术现象的概括和总结的文艺观念首先必须要解决的问题便是文艺的本质是什么。随着对现实的把握日益深刻，郭沫若在抗战时期对于文艺本质的认识也日益完善。他不仅延续了"革命文学"时期对文艺功利性的重视，并认为文艺的社会功用的实现与文艺的审美追求的坚守息息相关。

郭沫若绝非全然的政治家，骨子里也是浪漫的诗人、文学家。他进入政治的方式亦受到"想象"的影响。《女神》便以奇特的想象与夸张表现了其对于旧世界的憎恨和新世界的向往。他将经历"五四"洗礼的中国想象成年轻的女郎，而自己则是她的

---

① 郭沫若：《抗战与觉悟》，抗战出版社 1938 年版，第 57—66 页。
② 郭沫若：《文化人当前的急务》，《羽书集》，孟夏书店 1941 年版，第 159 页。

情郎，反复呼唤着"新鲜"、"华美"、"芬芳"的新生活的出现①。20 世纪 20 年代中期，他更是言明文艺可以划分为昨日、今日、明日的文艺，并认为今日的文艺"只有在它能促进社会革命之实现上承认它存在的可能"，只有在革命实现之后才能迎来"超脱时代性和局部性"的"明日的文艺"，而作家在这个过渡时代"是只能做个产婆的事业的"，无法成为"纯粹的文学家"②。昔日的文学梦在黑暗的现实面前屡遭碰壁，倘若文艺家只在华美的象牙塔内吟咏自己的情绪而忽略时代的浪潮、革命的风云，文学创作终将陷入空洞、虚无、无病呻吟的境地，又如何实现郭沫若等人的理想与初衷呢？唯有在理想社会达成之后才能导向理想状态的文学，文艺家参与现实政治的最终目的不只是为了人类美好的未来，也是为了文艺本身的发展，只有实现了社会理想才能实现文艺理想，故而在通往"明日的文艺"的道路上，"文学和革命是一致的"③。文艺反映政治也就具有了合理性。

而强调功利性的文艺如何保证艺术质量呢？大众化并不意味着不要艺术性，艺术家的自我表现和文艺的功利性都是郭沫若所不愿放弃的。他要求文学的语言要"简洁，和谐，熨帖，自然"，追求语言的"色彩，声调，感触"，要考虑到创作的目的是"供人看"的④，抗战文艺不仅要利于斗争，更要"提高文艺作品的质量"⑤。正是基于这样的眼光，郭沫若才会将标语口号诗视为诗的一种，认为只是在策略上当受批判，甚至认为标语口号诗的创作也并不容易，需要具有极强的意识与极具鼓动性的语言。这样的观点显然是从文艺的社会功用出发去构筑文艺的审美标准，却也将作为诗体的标语口号诗与作为宣传策略的口号剥离开来。故而在《"民族形式"商兑》一文中，郭沫若一分为二地看待文艺与宣传，指出"民间形式的利用，始终是教育问题，宣传问题，那和文艺创造的本身是另外一回事"⑥。这无疑为其自身的创作实践留下了坚守艺术审美追求的缝隙。

（二）文艺的功能论

郭沫若认为抗战文艺的主要功能是宣传，而宣传当切于人生。在全面抗战时期，宣传动员已然成了文艺的职责所在。而"为人生"是郭沫若在抗战时期反复强调的观念。他指出："无论任何艺术，没有不是为人生的，问题只是在所为的人生是为极大多

---

① 郭沫若：《凤凰涅槃》，《女神》，泰东书局 1920 年版，第 65 页。
② 郭沫若：《孤鸿——致成仿吾的一封信》，《创造月刊》第 1 卷第 2 期，1926 年。
③ 郭沫若：《革命与文学》，《创造月刊》第 1 卷第 3 期，1926 年 5 月。
④ 郭沫若：《略论文学的语言》，《文坛》第 2 卷第 1 期，1943 年 4 月。
⑤ 郭沫若：《新文艺的使命》，《新华日报》1943 年 3 月 27 日。
⑥ 郭沫若：《"民族形式"商兑》，《大公报》1940 年 6 月 9 日。

数人，还是极少数人；更进是为极短暂的目前，还是极为长久的永远。"① 而这一论断似乎也可以一分为二地看待：一是对当下人生的重视，要求文艺服务于抗战现实、宣传动员的需要；二是对未来人生的期许，引导文艺反映民族精神、促进民族国家建制进程。抗战建国的纲领恰好与这两种"人生"的构想一致，立足当下，指向未来。

文艺想象政治是以当下现实为出发点的。抗战时期，文艺家们以宣传抗战为己任，用文学艺术作品推动抗战动员，服务民族抗战，通过自己的体验和反思或直接、或间接地介入现实。文艺的宣传作用是郭沫若战时文艺理论所强调的重心。此时的郭沫若极为重视文艺对于抗战的宣传与促进作用。他强调民众的力量，试图用文艺教育大众，调动国家民族意识，唤醒国民的反抗精神。郭沫若在战时拟定的《宣传要领》更是指明了宣传工作的条件、内容、原则、技巧等，强调宣传即是教育，要利用一切手段和工具向民众讲述民族的优越性、政府的政策与精神、抗战必胜的事实、军民间可歌可泣的故事、有利于增进民族自信心的历史故事等，从而达到全民抗战的目标，还格外言明了宣传工作者的自我教育、不断研究是工作开展的关键②。在他看来，人的精神活动关涉智、情、意三个方面，精神动员的目标要落实在意的活动上，使民众具有民族国家观念和为抗战服务的意识，实现的途径不外"由智以达意与由情以达意的两种"，而人的智力是有差异的，情感却是老弱无殊的，故而由情以达意更为便捷，"文艺是诉诸情感的最有效的工具"，郭沫若期望作者"由形象以表现理论的纲领，读者则因感发而生出实践的步骤"③。戏剧这一形式在郭沫若看来是近似于建筑的空间艺术，是一切艺术综合而成的立体结晶，对于形象化地传递情感与观念无疑有着得天独厚的优势。故而，戏剧成了郭沫若战时文艺创作的重心。面对深受传统文化影响的群众，"以古鉴今"并为群众所喜闻乐见的历史剧创作达到了高潮。

（三）文艺的创作论

全面抗战时期，郭沫若在建构呼应时代需求的文艺本质论、功能论的同时，也形成了自己的文艺创作论。

首先，抗战时期的郭沫若重新定义了现实主义。郭沫若认为，战时文艺可做适当权变和妥协，以适应民族国家战争的特殊历史环境。如此权变同样体现在他对浪漫主义与现实主义的态度上。郭沫若对现实主义重新进行了解释，认为"所谓现实主义并不是说要写现在眼前的实境实事"，"抱着一支笔做镜头"，不管不顾碰着东西就描写，

---

① 郭沫若：《今天的创作道路》，《创作月刊》第 1 卷第 1 期，1942 年 3 月。
② 王锦厚：《"宣传战重于军事战"——〈政工通讯〉及郭沫若佚文〈宣传要领〉介绍》，《郭沫若学刊》2019 年第 4 期，第 30—32 页。
③ 郭沫若：《发挥大无畏的精神》，《羽书集》，孟夏书店 1941 年版，第 160 页。

而是与虚无主义相对。"作家以积极的进步的世界观来处理一切的对象，所处理出的成果都有积极的社会价值，那便是我们现在所要求的现实主义。"① 现实主义的评判标准是作家主观意识的积极与否，这实际上回到了其 20 年前的观点，即认为文艺是主观的、表现的。现实主义不再是与浪漫主义相对立的存在，二者之间仅仅存在着创作手法上的区别，只要反映抗战这一最大现实便可称为现实主义的文艺。而浪漫主义如果离开了现实生活，便会成为"空洞的夸张"。他视新浪漫主义为新现实主义的一种，区别仅仅在于前者对主观情调的表现更为重视②。文艺作品在全民抗战的感召下成了一种政治化的宣传载体。民族意识、国家意识以一种更为形象、更能激发人情感共鸣的方式传递出去，成了文艺应尽的义务。而郭沫若的战时戏剧便是文艺的功利性与艺术性相结合的典范，其历史剧中既有极具浪漫主义激情的自白，也有对与现实相呼应的政治斗争、人民生活场景的细致描写，是其战时文艺审美理想的极佳实践成果。《雷电颂》中充满浪漫色彩的抒情自白，在郭沫若看来仍是切近现实的体现，"现实与否，不是题材问题，最重要的，是作品的主题，作者的存心"③。

其次，郭沫若对作品的民族形式极为重视。郭沫若对于民族形式的问题早有关注，也一直重视艺术与民众的联系，早在 1923 年便指出"艺术和民众密不可分"，"要把艺术救回交还民众，艺术不该为特权阶级独占"④。面对抗战时期关于"民族形式"的论争，郭沫若在《"民族形式"商兑》中明确指出，"民族形式的中心源泉，毫无可议的是现实生活"，并呼吁广大文艺工作者"深入现实"，采用民众的语言并加以陶冶，"用以写民众的生活、要求、使命"，从而创作出具有真正民族形式的文艺作品⑤。故而，他选择历史剧作为抗战时期创作的重心，强调对民族古代精神的"发掘"与"发展"，试图以民间形式不"高深"、不"卓越"、让大众感到"亲切"的特点，去承载"抗敌理论"，进行"大众的动员"⑥。运用民族形式的最终目的是为了服务于抗战宣传的现实任务，这一形式也成了沟通文艺与政治的纽带，使文艺更有效地为政治助力。而郭沫若在提倡、推崇民间文艺的同时，"也不想走到另一极端，以为除旧有形式之外，一切都不是人民喜闻乐见的，'五四'以来的新文艺运动毫无价值"。这体现出郭沫若在历史大变动前的冷静思考与清醒认识。郭沫若的文艺观虽有功利性质，却并不狭隘自闭，他呼唤全新的艺术形式在中国本土生根发芽，长成极具民族特色的参

① 郭沫若：《我的自述》，《质文》月刊第 2 卷第 1 期，1936 年 10 月。
② 郭沫若：《诗作谈》，《现世界》创刊号，1936 年 8 月。
③ 郭沫若：《抗战八年的历史剧》，《新华日报》1946 年 5 月 22 日。
④ 郭沫若：《文艺上的节产》，《创造周报》第十九号，1923 年 9 月。
⑤ 郭沫若：《"民族形式"商兑》，《大公报》1940 年 6 月 9 日。
⑥ 郭沫若：《抗战与文化》，《自由中国》1938 年第 3 期。

天大树①。

其三，郭沫若对文艺家的创作意识与生活体验极为强调。郭沫若对于文艺家的创作"意识"极为重视。他认为包含思想、方法、立场的意识是判断文艺优劣好坏的关键。在他看来，做诗如做人，"要是真正的人才有真正的诗"，"没技巧的战士在战线上传出来的话"比"有技巧的诗人在书斋中咏出来的诗"更为动人②。在特殊时期，只要是对抗战有益的创作便是值得肯定的，标语口号也未尝不可。对于创作的"意识"的重视也给文艺家提出了相应的要求。战争中作家的写作无比艰难，他们肩负知识分子的使命，有着强烈的反映战争的欲望，但往往难以创作出高质量的抗战文学作品。"抗战文艺，谈何容易"③，视野的局限与战争经历的缺失决定了作家的创作水平参差不齐。文艺家的确需要体验和感触生活，但文艺家始终无法真正做到全然以人民大众为创作的标准，这一矛盾在本质上仍是文艺与政治的矛盾。文艺与政治虽在抗战时期有了共同的理想与追求，但文艺家的主观感受与感情却有着其自身的印记，这也使创作具有了独特性。在肯定文艺最终指向社会生活从而服务现实的同时，社会生活与文艺之间的独特关联方式也不容忽略，其中不可或缺的便是创作主体的情感活动。故而，郭沫若反复强调文艺家要参与到具体工作中去，到前线后方、广阔的天地中去，只有这样才能更好地获取资料、题材，激发大无畏的精神，用正确的"意识"书写出时代呼声和民族精神。但我们仍可从其论述中窥见文化人的精英意识与启蒙立场。郭沫若在《文化人当前的急务》一文中指出中国的战时教育存在着普及不够和民众文化水平低的普遍问题，要求"文化工作的水准不用说要切实的放低，所有一切通俗的旧有的表现形式，无论是文字上的演技上的，凡是可以利用的东西，都应该尽量的利用，先要去迁就一下才行"④。可见，郭沫若此时对文艺功利性的反复强调更多是一种抗战状态下以动员民众为目的的"迁就"、"放低"，是特殊时期的权宜之计，而对文艺之美的追寻却是刻在其骨血之中无法泯灭的存在。

三、情感与政治交融：郭沫若抗战文艺观的史剧创作实践

抗战时期，戏剧成为宣传的利器，是抗战文艺中最具影响力的艺术形式之一。这

---

① 郭沫若：《文艺工作展望》，《群众》周刊第 12 卷第 9 期，1946 年 9 月 22 日。

② 郭沫若：《七请》，《质文》月刊第 4 期，1935 年 12 月。

③ 老舍：《我怎样写〈火葬〉》，《老舍生活与创作自述》，人民文学出版社 1982 年版，第 83 页。

④ 郭沫若：《文化人当前的急务》，《羽书集》，孟夏书店 1941 年版，第 159 页。

一特殊体裁立足于当下，回望过去，并展望未来，将历史真实与作家的艺术创造相融合，把过去和现在、古人和今人联系起来，引导观众反思历史、想象未来，极具现实作用。以《屈原》为代表的六部历史剧是郭沫若这一时期创作最灿烂的结晶，也是其在多重身份指导下将其抗战文艺观付诸实践、服务于现实战斗、回应时代问题的产物。

（一）历史真实与艺术创造的结合

面对深受传统文化影响的群众，"以古鉴今"并为群众所喜闻乐见的历史剧创作在全面抗战时期达到了高潮。这一独特的戏剧样式用"旧瓶装新酒"，以现代话剧的样式叙述古代历史，颠覆了"五四"时期文艺界一度存在的新旧不能两立的观念，也不可避免地遭遇了传统与现代、政治与艺术、史实与虚构、艺术真实与历史真实等矛盾冲突。这使历史剧的创作争议不断。

1943 年，在完成了《棠棣之花》、《屈原》、《虎符》三部历史剧创作之后，郭沫若形成了《历史·史剧·现实》这篇极具总结意义的论作，明确指出了历史研究和史剧创作的联系与区别，即"史学家是发掘历史精神，史剧家是发展历史精神"[1]。史学显然具有科学的理性与务实，以发掘与把握时代精神为目的，并回望过去以映照现实。而"发展"一词则彰显了史剧作为艺术形式对于未来的贡献、对于人生的促进。作为推动历史发展的进步精神，时代精神本就具有复杂性。人们在发掘它的时候往往会受到时代、思想、科学水平等条件的制约，以至于存在认识上的差异，只有在深入"发掘"时代精神的基础上大力"发展"才能给读者或观众逼真感和信服力。故而，郭沫若亦强调"优秀的史剧家必须得是优秀的史学家，反过来说，便不必正确"[2]。短短数年，从"不一定是考古学家"到"必须得是优秀的史学家"的转变显示出郭沫若史剧理论的发展，对于史剧创作过程中历史研究所起的作用也越来越重视，将文艺与政治结合得越来越圆融，并以具体的创作实践身体力行。

郭沫若在《历史·史剧·现实》一文中概括性地指出："历史研究是'实事求是'，史剧创作是'失事求似'。"[3]"实事求是"是指要按照科学的态度分析史料，对历史做出公正的评价，纠正史书的偏见与错误，以现代人的眼光重新评价历史事实。而所谓"失事求似"便是截取零碎的史实附着于历史人物的骨架上，使人物完整真实，以达到古今相通的历史精神之体现与发展，近乎庄子的"得意忘言"。无论是"实事求是"还是"失事求似"，立足点都是"事"，只不过前者更注重已然的事实，后者则着眼于有应然倾向性的事实。而本该指代历史本初状态的历史事实，也存在无

---

① 郭沫若：《历史·史剧·现实》，《戏剧月报》第 1 卷第 3 期，1943 年 4 月。
② 郭沫若：《历史·史剧·现实》，《戏剧月报》第 1 卷第 3 期，1943 年 4 月。
③ 郭沫若：《历史·史剧·现实》，《戏剧月报》第 1 卷第 3 期，1943 年 4 月。

法解决的悖论——现存的历史是史学家书写后的历史，这已然是渗入了个人偏好的建构。而文学家根据历史文献所做出的关于历史的文学作品，也就成为了建构之建构，是加以想象、虚构的艺术建构之产物。故而，历史材料亦无法与历史事实完全等同，而历史剧所达到的只能是艺术的真实。郭沫若也指出，"历史的研究是力求其真实而不怕伤乎零碎，愈零碎才愈逼近真实"，"历史并非绝对真实"①。历史剧创作不可避免地成为一种创造之创造、建构之建构。历史研究是不断发掘和接近真实的过程，而文学家通过对史学家搁笔之处的再创造实现过去与现在的双向对话。

相较于创作《棠棣之花》后认为历史剧作家不一定是考古学家，1943 年的郭沫若却认为"优秀的史剧家必须得是优秀的史学家"。对考据研究的强调不仅是郭沫若对于历史与历史剧认识得越来越深刻的结果，更是其在国民党文化管制日渐强化的情况下所做出的调整，与其从负责宣传工作的第三厅到着重学术研究的文工会的经历亦密不可分。严苛的审查制度之下，话剧题材由表现现实的新旧剧目转向了以古鉴今的历史剧。郭沫若亦在短短一年半之内创作了六部历史剧。他挪用史实，创造史事，用旧的文化探讨新的时代，回应抗战要求，主张集合反对分裂，弘扬爱国斗争精神，并由"失事求似"趋向"实事求是"。我们发现，随着时间的推进，郭沫若关于其历史剧作的考据文章越写越多，甚至对细微之处反复求证。譬如《孔雀胆》虽是作者将民间故事与史料中并不完备的细枝末节之记载相结合虚构而成的，却极尽研究、考据之能事，"写虽然只费了五天，但是改却费了二十天以上"②。《郭沫若全集》中收录的相关文章便有八篇之多，仅仅是关于史地情形的调查文章，便比剧作本身多了五倍的字数。郭沫若在特殊时期以文艺为武器去呼应抗战这一最大的政治，无论是"失事求似"还是"实事求是"，都是其适应政治环境所做出的权变。这看似失去历史的客观性，实际上却用时代精神提取了历史的精髓与血肉，立足于抗战时期的社会现实，以历史加以映照，时代性与政治性尽显笔端。郭沫若以极具感染力的历史剧作鼓舞人们同仇敌忾、共同抗敌，又对投降派和反动派阻挠抗战、破坏团结的行为进行了尖锐的批判，显示出其在抗战中后期对于抗战建国的坚持和民族国家建制的努力。

（二）个人情怀与家国意识的彰显

正如有的评论家所言，"抗战时期的总体时代精神无疑已从'五四'时期的世界主义转向了民族主义"③。抗战文学无论是形式还是内容都显现出对民族国家的重视，

———————————

① 郭沫若：《历史·史剧·现实》，《戏剧月报》第 1 卷第 3 期，1943 年 4 月
② 郭沫若：《〈孔雀胆〉的润色》，《新华日报》1942 年 2 月 11 日。
③ 袁盛勇：《民族——现代性："民族形式"论争中延安文学观念的现代性呈现》，《文艺理论与批评》2005 年第 4 期。

历史剧本就是民族艺术中的一种独特形式。郭沫若将个人情感与民族国家意识相融合，将抗战建国的要求融入历史剧创作之中，通过史剧创作回应时代要求，展现自身理想，引起了无数观众的共鸣。

文艺家肩负着记录与叙述民族历史，从而构筑民族国家历史形象的使命。民族国家建制亦是抗战时期文人志士的共同追求，如何在战乱时局之下塑造全新的民族国家形象是文艺家和政治家们反复思考的问题。郭沫若同样满怀家国情怀与忧患意识，渴求着抗战的胜利和国家的健全。这样的愿景不仅在其演说、杂文中反复显现，更贯穿于其历史剧创作之中。在他笔下，不仅有着对民族国家的想象，更有着理想化的国民典范：聂政姐弟为了打破枷锁、争取解放，甘愿牺牲自己的性命；高渐离以"为民除害"为己任，为改变民不聊生的社会现实而视死如归；夏完淳在敌众我寡的形势下激扬其强烈的民族意识，彰显了读书人的气节。正如陈白尘将一切历史与历史人物视作教训，认为史剧家对于历史人物的选择需要以其是否对时代有益为标准①，郭沫若的抗战历史剧不仅是"新正气歌"，更是"英雄美人为国为民的悲壮之歌"。其笔下的"英雄"和"美人"身上既具有令人倾慕的品质，也体现出现代性、民族性的因素和浓烈的家国情怀。郭沫若笔下的"英雄"并非只有一个个极具斗争精神的历史名人，也可以是默默无名的士兵文士、老幼妇孺。郭沫若笔下的"美人"形象更是极具魅力，融入了艺术家对美的追求和现代女性的精神气质，绝非传统意义上的"佳人"。她们大多为"英雄"所吸引、折服，"作为一个话语标志和反传统的主体符号，是在现代革命的语境中被建构出来的"②，与英雄人物之间形成"启蒙与被启蒙"的对话场域。这样的设置不仅展现了"英雄"对于作为国家组成部分的人的强大感召力、影响力，也使戏剧充满了诗意与美，救亡和启蒙的双重任务得以联结。

分析其历史剧中的人物，我们会发现，郭沫若的历史剧中都存在着一个或多个抒情主人公，或多或少显现出其自身的理想与追求。20 世纪 20 年代，郭沫若在创作诗剧《湘累》时便自比屈原，将自己的感受借屈原之口抒发出来，也承认《聂嫈》中盲叟展现的正义的声音与激昂的情绪都倾注了他自身的情绪。抗战时期的历史剧更是将时代需要与自身追求相结合，进行题材选择和人物塑造。他笔下的人物都具有以仁政来完成大一统的政治理想、追求至善至美的道德理想、甘愿舍生取义而无畏牺牲的生死观。他们忧国忧民，崇尚气节与正义，以一己之力影响民族国家的兴亡。屈原是郭沫若表现自我气质的最显著的人物，也是郭沫若一贯推崇备至的典范。除此之外，郭沫若也利用历史的间隙，"造"了一些关键人物，这些人物身上亦体现出郭沫若的浪

---

① 陈白尘：《历史与现实——〈大渡河〉代序》，《戏剧月报》第 1 卷第 4 期，1943 年 4 月。
② 刘剑梅：《革命加情爱》，台北秀威资讯科技股份有限公司 2014 年版，第 165 页。

漫主义激情与理想追求。婵娟被郭沫若赋予了屈赋的高洁与芬芳，她毫不掩饰对恶的厌弃和对善的向往，爱得忠贞纯洁，恨得透骨彻底。她对屈原的爱与爱国之情联结在一起，根源于"先生是楚国的栋梁，是顶天立地的柱石"。她的感情随着屈原的感情而波动，仿佛是屈原的分身与投影，丰富了屈原的形象。而《虎符》中魏太妃的性格则像月色一般干净皎洁，同样具有诗化的特征。她的舍生取义并非伴随着慷慨陈词，而是诗意地融入无言的景色、清亮的月光，从容赴死。郭沫若也并不是直接将人物作为自身的化身，而是把握住人物的精神，找到历史人物与自己的共同点，再加以阐释与表现。正面人物都是在情、智、意三方面高度发展融合的性格形象，无论是政治情感的显现还是诗意浪漫的追求都在郭沫若的笔端涌现，诗人、战士、学者的复杂气质在其笔下的人物身上突显出来。

现代知识分子的特质决定了他们无法脱离与政治权力的纠葛，关键在于如何介入政治、参与政治。郭沫若不断在实践中弥合社会身份与自我意识之间的裂隙，他的思想转变并非以往研究所显现的放弃个性投入时代主流的否定性蜕变，而是一种变与常的交织。他绝非全然遵循历史的抽象理念，而是将自我视作能动的主体，参与到历史的建构之中。他的历史剧便是其个体能动性的丰富显现。在郭沫若看来，文学与政治或许本就不是最终的目的，对社会、民族、国家美好未来的追求才是他的期望。故而，其文艺创作和政治活动无不体现着他对社会、民族发展的思考，他的"文学"亦成了一种"政治"。沉浸在文学艺术世界的郭沫若和奔走于现实政治世界中的郭沫若奇妙地结合在一起。一方面，他展现其身为政治家的战斗精神和工作热情，以自身的文化活动与创作实践影响并带动一大批有识之士投身抗战救亡的热潮，创造性地开展文化宣传工作；另一方面，他在艺术世界中坚持自己的独立判断和喜好，并且有意使二者调和圆融，服务于抗战建国的现实需求。他的抗战文艺观及其史剧创作实践，不仅表现出了对处于全面抗战时期的中国文艺发展道路的理性思考，而且也完成了对于自身文学理想的坚守。正如克罗齐所言，"一切历史都是当代史"[1]。重提郭沫若的意义亦在于其对于当下知识分子的参考价值。郭沫若以屈原等古人的精神品质唤醒民族精神与爱国情感，又用自身的人生经历为后世提供了文艺与政治战时结合的典型范例。

（作者单位：重庆师范大学文学院　重庆市巴蜀小学校）

---

① ［意］克罗齐：《历史学的理论与实际》，商务印书馆 1982 年版，第 6 页。

论郭沫若早期观念中的“净化”①

崔文骏

在发表于 1923 年的《中国文化之传统精神》②（以下简称“《精神》”）中，郭沫若用“自己之净化”和“自己之充实”归纳以孔子思想为代表的中国“传统精神”之内核，并将其作为“传统”的当下价值之中心。在作于一年后的《伟大的精神生活者王阳明》中，他又将王阳明的精神概括为“净化自己”和“扩大自己”③。新文化运动前后，类似“扩充”自我的呼声并不少见，如陈独秀就曾表明“我们个体的生命，乃是无空间、时间区别的全体生命大流中的一滴”，并在“无我”和“自我扩大”④ 间倡导后者。“净化”自我的呼吁则较为特别。郭沫若的阐释中，“净化”意味着对本能欲望的节制，与“克己”思想有关。他认为“克己”是孔子和歌德的共同点，以此将自己在中西文化中崇拜的人物联结起来。自李贽之后，儒家思想内部已逐渐衍生出肯定欲望的一脉，新文化运动的主将更是将儒家带有禁欲色彩的社会制度和伦理道德观念斥为统治者巩固权力、压迫平民的工具。此时表彰“净化”无疑带有逆潮流而行的意味。郭沫若从踏入文坛即持有的“尊孔”倾向已得到学界充分关注，研

---

① 本文系教育部人文社会科学研究青年项目“周氏兄弟早期阅读史研究（1898–1918）”（22YJC751007）、河南省哲学社会科学规划项目“鲁迅早期阅读书目整理与研究（1898–1918）”（2022CWX042）的阶段性成果。

② 本文为郭沫若应邀用日文写成，原名《芽生の二叶》，发表于 1923 年 1 月 1 日、2 日大阪《朝日新闻》，由成仿吾节译主要部分，以《中国文化之传统精神》为题刊于 1923 年 5 月 20 日《创造周报》第 2 号。郭沫若后将此文收入《文艺论集》。成仿吾略去未译的部分由章弘译出，见蔡震：《关于郭沫若的〈芽生的嫩叶〉一文》，《郭沫若学刊》2008 年第 3 期。按：此文中所涉日语文本转引自 1978 年《飓风》整理本，标题与大阪《朝日新闻》有出入。原文“淨化”与汉语“净化”词义基本相同。

③ 郭沫若：《伟大的精神生活者王阳明》，《文艺论集》，光华书局 1925 年版，第 68 页。

④ 陈独秀：《自杀论》，《新青年》1920 年第七卷第二号。

究者对他与"反传统"的"五四"主流"离"中之"合"①，以及对孔子的"有意曲解"做出了深入辨析。但是，"净化"的被强调显示，郭沫若并非如学者所说，"淡化"了孔子"克己"②的特征，而是相当重视。为何要突出"净化"的地位？传统思想又如何借"净化"之名被重新发明？郭沫若早期的传统论述多充满感情色彩而不具备严谨、规范的形式，但这并不意味着他的思想演进无逻辑可寻。追踪青年郭沫若留日时期的生命经历和阅读背景，将勾勒出一条汇通中国与西方、古典与现代的精神轨迹。与此同时，在已被充分讨论的主情主义、自我之肯定、艺术直觉之强调和"动"的哲学之外，对"净化"的探究提供了认识郭沫若早期思想世界中与之相辅相成的另一面的可能。透视伦理观念和创作观念的相互交错，将进一步打开中国"浪漫主义"文学主体生成的诠释空间。

一、"心中贼"与"镇静剂"

1920 年 5 月，郭沫若、田汉、宗白华的通信集《三叶集》由亚东图书馆出版，书首三人各撰有序言。田汉在序中阐述了成书过程、书名含义，宗白华把通信的主题归结为现实层面的"婚姻问题"，郭沫若则用《浮士德》节译代替序言。

> 两个心儿，唉！在我胸中居住在，
>
> 人心相同道心分开：
>
> 人心耽溺在欢乐之中，
>
> 固执着这尘浊的世界；
>
> 道心猛烈地超脱凡尘，
>
> 想飞到个更高的灵之地带。
>
> 唉！太空中若果有精灵在这天地之间主宰，
>
> 请从那金色的霞彩中下临，
>
> 把我引到个新鲜的，
>
> 绚烂的生命里去来③！

---

① 参见杨华丽：《郭沫若"五四"时期尊孔崇儒的特质》，《中国现代文学研究丛刊》2016 年第 4 期。

② 魏建：《论郭沫若"五四"时期对孔子的"曲解"》，《文史哲》1995 年第 1 期。

③ 田寿昌、宗白华、郭沫若：《三叶集》，亚东图书馆 1920 年版，（郭序）第 1 页。

"人心"、"道心"之冲突及走向"新鲜"生命之难，是郭沫若眼中《三叶集》通信主题的象征，实际上也代表了他长期的精神困境。本节开头，歌德的原文为"两个灵魂"之意，二"心"译法是郭沫若的发挥。这一点曾为学者指出①，但未分析其背景。"人心"、"道心"出自《尚书》中的"虞廷十六字"（"人心惟危，道心惟微，惟精惟一，允执厥中"），从解读史看，是宋儒赋予了"人心"基于"物质实体"而产生的"情感欲念"、"道心"基于"先验"的本性而生的"道德意识"之内涵，从而奠定了将二者之对立作为修身原则的解读路径②。在宋儒的理学概念与《浮士德》的呼应中，"道心"属于"更高"地带，有正面价值；"固执"且"耽溺"的"人心"则是需要时时警惕的对象。尽管阳明学和宋儒之主流持有不同的修养方法论，却接续了对"人欲"的否定，故有"破山中贼易，破心中贼难"③之说。郭沫若所盛赞的王阳明之"努力征服'心中贼'的气魄"④，正可视作驯服"人心"、呈现"道心"的路径。

郭沫若与"心中贼"的缠斗，早在《三叶集》时期之前就已开始。1915年从东京一高预科毕业进入冈山九高，23岁的他同时面对弱国国民的自卑、久居异国的孤寂、因听障加重的课业压力和"失意的结婚之悲苦"，进入了"最彷徨不定而且最危险"⑤的时刻，且"差一步便可以跨过疯狂的门阈"⑥。他不仅"患上剧度的神经衰弱症"，面临严重的心悸和睡眠问题，还"悲观到了尽头，屡屡想自杀"。此年9月，他购买并阅读《王文成公全集》，同时开始在每天清晨和晚上静坐30分钟，给这次精神危机带来了转折：不仅两周内身体症状显著改善，还从精神上"彻悟了一个奇异的世界"。以王阳明为中介，郭沫若重新认识了自己爱读的庄子，还"被导引到"孔门哲学和"近世初期欧洲大陆唯心派诸哲学家"，"尤其是斯皮诺若"⑦（即斯宾诺莎）。由于日本高等学校"拿很高级的文字来做读物"⑧的德语教学法，让郭沫若对唯心哲学原著的系统阅读成为可能；而从幼年开始培养的旧学功底，又为他对中西哲学的综合准备

① ［斯洛伐克］玛丽安·高利克：《从歌德、尼采到里尔克 中德跨文化交流研究》，刘燕等译，福建教育出版社2017年版，第42页。

② 参见刘力耘：《试论宋代儒家经典解释的性理化过程——以"虞廷十六字"为例》，《中国经学》2017年第1期。

③ 王阳明：《王阳明全集》，上海古籍出版社1992年版，第168页。

④ 郭沫若：《伟大的精神生活者王阳明》，《文艺论集》，光华书局1925年版，第68页。

⑤ 郭沫若：《太戈儿来华的我见》，《创造周报》1922年10月第二十三号。

⑥ 郭沫若：《我的作诗的经过》，《质文》1936年第二卷第二号。

⑦ 郭沫若：《伟大的精神生活者王阳明》，《文艺论集》，光华书局1925年版，第70页。

⑧ 郭沫若：《我怎样开始了文艺生活》，《文艺生活》（海外版）1948年第6期。

了条件。正是"八面玲珑的形而上的庄严世界"①的发现，重塑了郭沫若的世界观，也为"道心"的自觉打下了基础。

1916 年下半年，郭沫若陷入与安娜的恋情，使"人心"和"道心"的对立更加凸显。热恋使他做诗的热情"认真地发生了出来"②，却也让已在家乡有婚姻且"自行破坏"了"童贞"③的他深陷自责，这构成了《三叶集》中他倾吐最多的情感。在致宗白华的一封信中，他首先讨论了"诗"与"灵感"的关系，并肯定了"诗人人格"之培养的意义，随即却转入自我剖析，袒露自己以《寻死》、《夜哭》为题的旧诗，并将自己贬为"比 Goldsmith 还堕落，比 Heine 还懊恼，比 Baudelaire 还颓废"的"坏了的人"④。学界多关注信中的诗学主张，却鲜少发现在《少年中国》围绕"诗人人格"的讨论积极构筑关于中国青年的未来想象⑤之同时，郭沫若却在"我自己底人格"和"诗人人格"之间划出一条唯有"如 phoenix 般，采集些香木来，把我现有的形骸烧毁了去"⑥的再生才能跨越的鸿沟，甚至一度决定"今后要努力造'人'，不敢乱做诗了"⑦。有岛武郎所改写的《圣经·旧约》中参孙（Somson）与大利拉（Delilah）的故事曾给郭沫若带来深刻共鸣，在致田汉信中他复述了参孙如何在慈母帮助下"洁化净化"污秽的、陷于"肉欲"的灵魂并完成救赎的经历，并将自己的行为也视为"Somson 的自作孽"⑧。有意味的是，在详细阐释"自我净化"的《精神》中，郭沫若也曾将孔子的体魄之强健比作参孙，足见这个故事影响之深。

刘奎曾援引柄谷行人的"自白"理论来分析郭沫若通信中的"忏悔"，揭示其如何成为一种构筑新文学家身份认同的心理机制⑨。"忏悔"固然有一定的缓释作用，但"是肯定我一切的本能来执着这个世界"还是"否定我一切的本能去追求那个世界"⑩的困扰无法因自我谴责消失。世界观层面的"道心"作为律令的存在所带来的压力毕竟难以解除。伴随文学成就的逐渐确立，郭沫若至 1924 年仍在给成仿吾的信中抒发

① 郭沫若：《伟大的精神生活者王阳明》，《文艺论集》，光华书局 1925 年版，第 70 页。
② 郭沫若：《我的作诗的经过》，《质文》1936 年第二卷第二号。
③ 田寿昌、宗白华、郭沫若：《三叶集》，亚东图书馆 1920 年版，第 42 页。
④ 田寿昌、宗白华、郭沫若：《三叶集》，亚东图书馆 1920 年版，第 9 页。
⑤ 参见牛菡：《"诗人人格"的创造与分裂》，《现代中国文化与文学》（38），巴蜀书社 2021 年版。
⑥ 田寿昌、宗白华、郭沫若：《三叶集》，亚东图书馆 1920 年版，第 11 页。
⑦ 田寿昌、宗白华、郭沫若：《三叶集》，亚东图书馆 1920 年版，第 49 页。
⑧ 田寿昌、宗白华、郭沫若：《三叶集》，亚东图书馆 1920 年版，第 115 页。
⑨ 刘奎：《"忏悔"意识与郭沫若的身份认同》，《海南师范大学学报》（社会科学版）2012 年第 8 期。
⑩ 郭沫若：《太戈儿来华的我见》，《创造周报》1922 年 10 月第二十三号。

"失却了路标"之感:"我们倦怠,我们怀疑,我们都缺少执行的勇气。我们都是些中国的'罕牟雷特'。"① 在同一封信中,他透露自己曾有"温习"王阳明全集并做长篇研究的打算,却终因稿费原因未能完成。在应对浮士德式困境的过程中,王阳明是郭沫若曾长期倚仗的精神资源。

在接触阳明学的同时,郭沫若在高等学校阅读作为教材的歌德自传《创作与本事》(即《诗与真》),其中歌德与斯宾诺莎的相遇令他印象深刻。在致宗白华信中,他凭记忆说出书中与斯宾诺莎相关段落所在的章节,并强调后者如何带给歌德"慰安"②。从自传原文看,歌德是将斯宾诺莎的《伦理学》作为"教育自己的特异的个性的教材"来阅读的,并且从中受到"决定性的影响","得到一服我的热情的镇静剂",感到"一个感觉的世界和道德的世界的广大无际的远景豁然展现在我的面前"③。宗白华在介绍歌德人生观时也强调斯宾诺莎的意义在于"使他紊乱烦恼的心灵得以入于清明","以大宇宙中永恒谐和的秩序整理内心的秩序"④,这与王阳明对郭沫若所起的作用类似。王阳明和歌德作为"中介"深化了郭沫若对斯宾诺莎的兴趣。除《伦理学》外,他还曾"直接间接"地读了《论神学与政治》(即《神学政治学论》)和《理智之世界改造》(即《知性改进论》)⑤。学界在分析郭沫若与斯宾诺莎思想关系时,往往仅聚焦于泛神论及对情感的重视,对认识论和伦理观则避而不谈,而正是关涉"道心"的后两个方面,决定着"镇静剂"的效力。找寻"慰安"的郭沫若在中西哲学的融汇中重新走向"传统精神",提出了"净化自己"的观念。

二、"克己"作为"天行"

在新诗创作高峰期,郭沫若同时怀抱中国古代思想之研究热情。用日语写成《精神》前,他于1921年即酝酿《我国思想史上之澎湃城》的写作。尽管这部计划中的长篇作品只完成了"导言"至"上之三"部分,留下的大纲却可供一探郭沫若对于上古思想史的基本认知。"澎湃城"即庞贝,象征我国被后来之"君国专制"埋没的传统之"自由思想"。郭沫若将思想上的三代以前、三代和春秋战国时期分别判定为"滥觞时代"、"第一次黑暗时代"和"第一次再生时代"⑥。这一划分被《精神》继

① 郭沫若:《孤鸿》,《创造月刊》1926年第一卷第二期。
② 田寿昌、宗白华、郭沫若:《三叶集》,亚东图书馆1920年版,第17页。
③ [德]歌德:《歌德自传》,刘思慕译,上海三联书店1998年版,第670-671页。
④ 宗白华:《歌德之人生启示》,《宗白华全集》(第2卷),安徽教育出版社2008年版,第7页。
⑤ 郭沫若:《创造十年》,现代书局1932年版,第77页。
⑥ 郭沫若:《我国思想史上之澎湃城》,《学艺》1921年第三卷第一号。

承并进一步阐发：三代前"素朴的本体观与原始的自然神教"被认为"与希腊哲学之起源相似"，而三代人格神的确立和他律的伦理观对此前的"自由"精神构成了冲击。以老子、孔子为代表的思想家，则"如太阳一般"重塑了"自由"精神。论述孔子思想时，郭沫若部分采信了《易传》记载，这出于他之前形成的对《易传》作者和成书过程的判断①。正是《易传》中的"神无方而易无体"和"一阴一阳谓之神"，让他有充分的理由认为孔子并非"全然没有形而上的知识"。而这里的"无方"的"神"并非三代的人格神，而是代表"本体即神"之观念，从而与斯宾诺莎的哲学联系起来，导向孔子是"泛神论"②者的结论。

既然孔子成了反叛人格神权威、确立自律伦理的"泛神论"者，"崇拜孔子"也便不再是新文化运动中陈独秀批判的"粪秽里寻找香水"③，探索和继承孔子精神反而成了一种激进行动。孔子节制欲望的人生哲学未被当作人性的禁锢，而是被诠释为"自由"的必要条件。《精神》中用相当的篇幅论述"净化自己"，其中心正是孔子的"决不许人类一切的本能，毫无节制，任情放纵"。郭沫若认为《论语》中的"克己复礼"是孔子"仁道"的"根本义"，并引用歌德的"能克己者，能由拘束万物之力脱出"作为"克己"与"自由"关系的明证④。

郭沫若并非将孔子与歌德"克己"观念相比附的第一人。1898年出版的《论语》英译中，辜鸿铭即在"克己复礼"的注释中强调"克己"（self-renunciation）即歌德的"Entsagen"（意近"节制"，后来冯至将其译为"断念"并重新阐释）⑤。不过，辜鸿铭仅止于证明中西哲学取向一致，郭沫若则赋予了"克己"新的意义。他指出"人类执着于官能的假象世界，为种种欲望所乱时，真理之光是决不能看见的"⑥，从而引出"真理"的认识问题。这极有可能来自斯宾诺莎和歌德的启发。"官能"与"真理"关系问题在西方哲学史上占有重要地位，而斯宾诺莎的认识论则起到过划时代的作用。19世纪英国数学家、哲学家卡尔·皮尔逊的《自由思想的伦理》在总结此命题观念史时，用专章讨论关于"克己"（renunciation）的思想谱系，并指出斯宾诺莎的关键贡献在于指出认识真理必须"借助理智的劳动"而非"先验的神秘事物"——唯有"抛弃我们的激情"、"拥有能力以依照理智的秩序以整理或联系肉体的

---

① 此时的郭沫若认为《易传》并非孔子所作，其中的"子曰"多后人附会，但也不乏孔子的"精萃之言"（见《我国思想史上之澎湃城》），但郭沫若并没有提供判断这些引语究竟哪些是孔子真言的标准。

② 郭沫若：《中国文化之传统精神》，《创造周报》1923年5月第二号。

③ 独秀：《国学》，《前锋》1924年第一卷第三期。

④ 郭沫若：《中华文化之传统精神》，《创造周报》1923年5月第二号。

⑤ 辜鸿铭：《辜鸿铭文集》（下），海南出版社1996年版，第431页。

⑥ 郭沫若：《中华文化之传统精神》，《创造周报》1923年5月第二号。

感触"才意味着"从奴役状态中重生",获得"人"的自由。作者还强调,在这方面歌德对斯宾诺莎有"最充分的接受"①。显然,哲学阅读中获得的灵感支持着郭沫若建构克制欲望、"净化"自我的合法性。他把《大学》中的"格物"解释为"取正当的方法,调节官能的欲望",这是典型的王阳明式理解②。尽管郭沫若宣称要恢复被后世儒家的曲解遮蔽的"传统精神"之真相,实际上却选择性地吸收了不少理学与心学观点,足见思想的"澎湃城"之寻觅并非仅是遗址的发掘,而更像是一次"以西释中"的自主建造。

"净化"论述中被用于和孔子比附的,还包括与歌德思想亦有深刻联系的康德。《精神》指出,"克己复礼"的"礼"即"吾人本性内存的道德律","如借康德的话来说明,便是指'良心之最高命令'"③。胡适也曾指出儒家思想与康德伦理观的相似性,但他用来比附康德"道德律令"的是孔子"恕"的思想④。"礼"毕竟有其客观的历史语境、具体形式和现实指涉,就与历史原貌的相符而言,胡适的比附显然比郭沫若更具说服力;但后者的做法恰恰直接构筑了"克己"和"道德"的关系,让伦理挣脱"他律"的枷锁,从而将孔门思想彻底抽象成有普适性的道德哲学。

斯宾诺莎、康德的伦理观均以格言形式体现在歌德的诗作中,郭沫若对此十分熟悉。田汉 1920 年曾翻译日本盐釜天飙的《歌德诗中所表现的思想》(文中歌德原诗为郭沫若译),道德观念是其论述重点之一:

> 立于正道,批判善恶,举实践躬行之实,廓清人生之混浊而拯救之,于严肃之中,寓温柔敦厚之意,以之爱自己爱他人——这都是人生一世应履行的约束……斯宾挪莎所谓"进于明知性全其活动之状态时,就有吾人所谓道德者存夫其间"的理由,就全在这点,所谓道德的根本者,在于我们的心力泼剌旺盛的时候,在我们的心不受外界的制约,而自奋自发充分活动的状态。……他(歌德)的抒情诗,是他基于自己精神内所宿的真理依醇化的妙用而发挥出来的。(着重号系原文所有)⑤

---

① [英]卡尔·皮尔逊:《自由思想的伦理》,李醒民译,商务印书馆 2016 年版,第 101、100、107 页。

② "格物"的解释在古代经历了不同的阶段。王阳明反对朱熹等人把"格物"理解为穷"外物"中的"理",把"格"训为"正","意所在之事谓之物","格物"即"正其不正以归于正"、"去其心之不正,以全其本体之正"。这一论述在同时代和后世均曾引发争议。

③ 郭沫若:《中华文化之传统精神》,《创造周报》1923 年 5 月第二号。

④ 胡适:《藏晖室札记》,《新青年》1917 年第三卷第五号。

⑤ 田汉译:《歌德诗中所表现的思想——SHOKAMA 氏〈歌德诗的研究〉之一章》,《少年中国》1920 年第一卷第九期。

靠"内部"真理约束而非受外力制约的人，才具备真正的主体性，故能够接近"道德"的本质。这是从歌德诗歌中提取的思想原理。郭沫若在1921年致父母信中谈新诗时曾将"净化"、"醇化"连用，田汉译文中"醇化的妙用"亦可与作为"传统精神"的"净化"遥相呼应。歌德靠"醇化"做诗，而郭沫若认为孔子的"实际生活"也是"一篇优美的诗"。他赞许孔子"三月不知肉味"的音乐鉴赏力，并表彰孔子"取正当的方法音乐地调节本能的冲动与官能的享乐"①。尽管儒家思想中不乏对音乐的分析和评价，却并未在其功能和人"本能"之调节间建立直接联系，这一思路更像对亚里士多德《政治学》中有关音乐作用的"净化"说之移用。"净化"作为亚里士多德影响最深远的诗学概念之一，不仅用于形容音乐，也是悲剧定义的重要构成。从德文书籍中获得了不少古希腊哲学知识的郭沫若认为，中国文化和希腊文化同属"入世"一脉，其"净化"论说亦处于两者的交叉地带。尽管他认为人的"欲望"是认知真理和建构伦理的阻碍，却认为其仅需"调节"而不需彻底消除。这也为"诗"（或文艺）的存在留下了空间。

在《精神》的末尾，郭沫若指出自我的"净化"和"充实"都是"天行"，但"天能自然而然，吾人便要多大的努力"，这种"努力"的意志即是"勇"②。"天行"应置于心学的语境中理解。王阳明曾说"人心是天渊无所不赅，原是一个天。只为私欲障碍，则天之本体失了"③，可见"天"不是凌驾于"人"之上的权威，而是人通过"勇"的精神可以接近的境地。这也符合"泛神论"的世界观对人格神观念的启蒙式改造。但二者并非等同关系，郭沫若认为孔子和斯宾诺莎的"泛神"思想的区别在于孔子认为"本体"在"无意识地进化"④。一旦"泛神论"与强调"生生"之"易"的世界观结合，"净化"本能的行动就摆脱了枯干的道学气味，而与生命的充实与扩张结合起来。从"净化"说背后的思想脉络可以看出，郭沫若在精神危机中求助的中西思想看似与人性解放逻辑背道而驰，却没有沦为消极的清规戒律。这些思想的统合映射于孔子"传统"的再发明之上，释放了"克己"的行动中能够凝聚的磅礴生命力。

三、"球形地发展"

同时展开思想史研究和新诗创作的郭沫若，对"诗人"和"哲学家"身份的异同

---

① 郭沫若：《中华文化之传统精神》，《创造周报》1923年5月第二号。
② 郭沫若：《中华文化之传统精神》，《创造周报》1923年5月第二号。
③ 王阳明：《王阳明全集》，上海古籍出版社1992年版，第95页。
④ 郭沫若：《中华文化之传统精神》，《创造周报》1923年5月第二号。

有自觉思考。他曾向宗白华谈到"诗人与哲学家底共通点是在同以宇宙全体为对象，以透视万事万物底核心为天职"。尽管"诗人是感情底宠儿，哲学家是理智底干家子"，但"诗人虽是感情底宠儿，他也有他的理智，也有他的宇宙观和人生观的"①。"理智"和"感情"固然对立，却并不意味着"感情"能够脱离"理智"而存在，因而二者的探究都是了解"诗人"的途径，二者的修养和磨炼都是成为"诗人"的必由之路。这段分析的语境正是有关歌德的讨论。紧随"诗人"之"理智"的强调，郭沫若表达了对宗白华计划中的歌德"人生观"与"宇宙观"研究的强烈期待。在同一封信中，歌德和孔子同被他视作"球形地发展"的典范，其含义为"将他所具有的一切的天才，同时向四方八面，立体地发展了去"②。不难看出，歌德身上"理智"和"感情"作用的同时发挥对郭沫若构成了巨大的吸引力。

歌德"球形地发展"的启示很大程度上来自斯宾诺莎，如其在给郭沫若留下深刻印象的段落中所述：

> 斯宾诺莎的调和一切的宁静的意境，与我的兴奋激昂的努力相对比，他的数学的方法是我的诗的思考和创作方法的对照，他的整然有序的处理方法，虽有人认为施于道德上的问题的论究便不适宜，而我却正以此而成为他的热心的门徒……思想与心情，知性与感觉，以不可抗拒的亲和力来互相探求，借此，极相异的性质的结合也可以实现了③。

曾作为"镇静剂"被需要的斯宾诺莎哲学，最终将歌德引向了全新境界，甚至助力了"诗"的创作。当郭沫若将歌德的描述跨时空地用于孔子，"球形地发展"实际上已被提升到原理性存在，既关涉"真理"追寻，也牵连着"浪漫"的核心。青年郭沫若曾这样解释自己思想史写作的动机："人类乃哲学的动物，恒为智识欲所驱使以开拓其智识上之疆土，不求之于未知，即求之于既往，而浪曼 Romantic 性成者，更欲统括一切而认识之，此人性之必然的趋势。"④ 郭沫若和其他创造社作家往往被视为"浪漫主义"在新文学中的旗手和开创者，但此处"浪漫"的用法却突破了文学的界限。它不是被理解为文艺风格的一种类型，而是包罗人性发展的各个方面，可以自然导向用哲学方式认知世界的冲动。"传统精神"及其蕴含的世界观、宇宙观和人生哲学对

① 田寿昌、宗白华、郭沫若：《三叶集》，亚东图书馆1920年版，第16页。
② 田寿昌、宗白华、郭沫若：《三叶集》，亚东图书馆1920年版，第12页。
③ ［德］歌德：《歌德自传》，刘思慕译，上海三联书店1998年版，第671页。
④ 郭沫若：《我国思想史上之澎湃城》，《学艺》1921年第三卷第一号。

20世纪中国浪漫诗人的意义，可以在"球形"原理之下得到重新评估。被指认为孔子思想的"净化"作为朝向"真理"的精神努力，不仅将人引向"自由"，还被吸收进"浪漫"精神的营造之中。

"球形地发展"对郭沫若还有另一现实意义，即文学及其曾经的主业——医学的关系。1922年从日本九州大学毕业后，郭沫若一度决定继续在医学领域深造。他形象地把二者形容为两个"姑娘"的诱惑："科学姑娘和文学姑娘……这几年来叫我彷徨无定地在黄海上渡来渡去。文学搅厌倦了，又想去亲近一下医学，医学刚好达到了一个接吻的目的，又要被文学拖回来了。"①尽管最终放弃了医学，他却并没有把两位"姑娘"完全对立，而是肯定了学医对创作的帮助。他将医学研究视作对"意志的薄弱"和"性格的偏颇"的"纠正与锻炼"，并在其中培养"缜密的客观性"。"近年来对于客观的世界也渐觉得能够保持静观的态度"，被视为"锻炼"的成效。而"锻炼客观性的结果，也还是归于培养主观"②，显示出郭沫若创作观念之复杂构成：诚如既往研究者共同注意到的，"天才"的意义此时为他所崇奉，创作过程的非功利性也是被强调的原则；但被突出的"主观"又绝非随意，而需要主体的"意志"来不断"培养"，得不到节制的"主观性"甚至可能危害创作本身。所以，在1920年与《新的小说》杂志撰稿人陈建雷论诗的信中，他才会指出"创作家所当讲究事，只在修养自己的精神人格"③。在他看来，创作者内心的清澈是关键的——"诗人的心境譬如一湾清澄的海水，没有风的时候便静止着如像一张明镜"④，而让心灵达致这一境界的过程实际上就是"修养"的核心。王阳明认为"去得人欲"、接近"天理"的"心""如明镜然，全体莹彻，略无纤尘染着"⑤，也昭示着郭沫若眼中"诗心"和自我"净化"的可能关联。"动态与静观只是一片玻璃的两面"⑥，"传统精神"中的"净化"与"充实"亦相辅相成，它们都能够孕育勇敢和"崇高"的德性，滋养新文学理想主体的诞生。

郭沫若的新诗是许多年轻作者的诗歌启蒙，其诗学观念影响深远。朱自清为《中国新文学大系·诗集》撰写导言时，曾指出其诗中"有两样东西""都是我们传统里没有的：——不但诗里没有——泛神论，与二十世纪的动的和反抗的精神"⑦。值得玩

①　郭沫若：《新时代·序》，载屠格涅夫：《新时代》，郭沫若译，商务印书馆1925年版，第1页。

②　郭沫若：《论国内的评坛及我对于创作上的态度》，《时事新报·学灯》1922年8月4日。

③　郭沫若：《论诗》，《新的小说》1920年第2卷第1期。

④　田寿昌、宗白华、郭沫若：《三叶集》，亚东图书馆1920年版，第7页。

⑤　王阳明：《王阳明全集》，上海古籍出版社1992年版，第23页。

⑥　郭沫若：《太戈儿来华的我见》，《创造周报》1922年10月第二十三号。

⑦　朱自清：《导言》，《中国新文学大系·诗集》（影印本），上海文艺出版社2003年版，第5页。

味的是，这"两样东西"按照《精神》的观点却都在中国的传统之中。在科学、伦理与艺术之间，在传统与现代之间，青年郭沫若努力弥合其中可能存在的矛盾，这一做法也昭示出"时代精神"的典型特征。处于古今交接之际的中国文学青年接受大量启蒙时代之后的西方非理性思潮影响，但精神上仍携带了大量理性时代乃至传统时代的印记。郭沫若曾认为"好古的倾向"是"对于真理的一种潜意识的追慕，我们正当善于爱护这种追慕的感情，极力阐发我们固有的精神"①。"创造社丛书"作者之一的朱谦之融合《周易》、阳明心学和柏格森哲学的"革命哲学"，与郭沫若的主张形成呼应，虽然倾向上"好古"却并不看重思想资源的辨析，凸显着原创精神。创造社等团体以各种刊物为阵地展开"人格"讨论，伦理观照及个体社会价值实现始终是讨论的主题。整体观之，尽管新文化运动中的知识分子对孔子"克己"主张的态度存在分殊，但在人格修养层面大多或多或少、有意无意间对儒家资源有所借鉴，忧国忧民的士大夫传统仍常常显现其面影。"传统"之积极一面经改造后为"浪漫"的文学青年提供了伦理层面的路标。

对在民族危机中成长的浪漫诗人而言，"球形地发展"既是先哲的教诲，又是客观环境和历史发展的要求。"球形"无棱角的平滑表面背后，蕴含着种种跨越二元对立的理想——郭沫若一方面"崇拜孔子"，一方面又对以第一次世界大战后的梁启超为代表的唱衰科学文明、鼓吹东方特殊性的保守主义思潮嗤之以鼻，坚持引入西方近代文化的社会意义。他积极吸收叔本华、柏格森的学说，却未压抑理性的价值。创造社的"浪漫主义"也没有真正变成对放任本能的生活方式之赞颂，相关叙事往往伴随着自省，这也符合"净化"的内在逻辑，彰显着面对现实的责任担当。同时展开思想史写作、科学研究和新诗创作的郭沫若不断探索着融汇"主观"与"客观"、"理性"与"感性"的可能，直到抗战时期，古为今用的历史剧写作和批判性质的思想研究仍然并行，"球形地发展"仍在继续，尽管世界观之转折已经发生。

余 论

与蜕变有关的比喻是郭沫若喜用的意象。收入《女神》的《浴海》一诗中，他说自己洗尽"尘垢秕糠"之后"如今变了个脱了壳的蝉虫"②；1947 年为《少年时代》作序时又将自己喻为"脱皮"的"出水的蜻蜓"，"脱了五十多年，一直都是没有脱干

---

① 郭沫若：《国家的与超国家的》，《创造周报》1922 年 10 月第二十四号。
② 郭沫若：《浴海》，《时事新报·学灯》1919 年 10 月 24 日。

净"①。毫无疑问，郭沫若最重要的一次蜕变是 1924 年前后对马克思主义的接受。1925 年，他写下《马克斯进文庙》一文，以小说笔法虚构了马克思与孔子及其弟子的对话，揭示了二者间的相似性。如研究者所言，小说的阐释多有牵强之处，这与反驳马克思主义不适用于中国之论调的写作目的有关。但在某种意义上，孔子与马克思的比附正接续了此前与希腊哲学、欧洲早期唯心哲学不乏强制阐释色彩的比附方式。在马克思之前，歌德和斯宾诺莎早已成为"文庙"的"座上宾"。此时，郭沫若对中国传统思想的认知转换并不彻底，对孔子和王阳明还没有摆脱充满感性色彩的崇敬而进入基于唯物史观的批判式研究阶段。他自陈"当初原想做一篇论文"，"做来做去只做成了那样一篇文章，这是我所不曾预料的"②，也显示出其思想悬而未定的含混状态。这一状态直至再次赴日并写作《中国古代社会研究》时才告一段落。

对于由唯心论转向马克思主义的过程，郭沫若曾以"中国革命运动逐步高涨，把我向上看的眼睛拉到向下看"③ 形容之。马克思主义著述的阅读、政治事件的感知以及卢齐战祸的实地调研，让他关注的重点从"人格"是否（如何）纯净、"精神"是否（如何）崇高逐步转移至中国社会群众的具体命运。在某种意义上，这种转变也是从"向内看"转为"向外看"的过程——即意识到通过"净化"在人性内部找到的"先验"伦理可以带来平静，却不能真的导向"自由"，后者只能靠社会的变革来实现。浪漫诗歌与唯心哲学中的"真理"固然纯粹，却无力真正应对正在发生、必须面对的苦难。1925 年为所译屠格涅夫以俄国革命为背景的小说《新时代》作序时，郭沫若看到了自己与书中涅暑大诺夫的相似性，并宣称自己在翻译完成后"把我心中的涅暑大诺夫'枪毙'了"④。至此，作为欲望化身扰乱"真理"认知的"心中贼"，变成了沉浸于文学世界、缺乏投入实践勇气和彻底革命信仰的"涅暑大诺夫"。这是郭沫若的自我告别，也是另一意义上一次决绝的"净化"。

（作者单位：南京大学中国新文学研究中心）

---

① 郭沫若：《少年时代·序》，《沫若文集》（第 6 卷），人民文学出版社 1958 年版，第 1 页。

② 沫若：《讨论〈马克斯进文庙〉》，《洪水》1926 年第 1 卷第 9 期。

③ 郭沫若：《雅言与自力——告我爱读〈查拉图司屈拉〉的友人》（1958 年版附记），《沫若文集》（第 10 卷），人民文学出版社 1958 年版，第 75 页。

④ 郭沫若：《新时代·序》，载屠格涅夫：《新时代》，郭沫若译，商务印书馆 1925 年版，第 1 页。

郭沫若致吴一峰信真迹的辨识与论证

朱丛迁

郭沫若是杰出的诗人和书法家，与文艺界的人士翰墨书信往来甚多。由于郭沫若书翰具有极高的收藏价值和市场价值，一些逐利之士便热衷于造假，于是坊间流传着不少郭沫若书信和书法作品的伪作。郭沫若在中国现当代文学史上有着崇高的地位，辨识和论证其作品的原真性，不仅事关文化市场的严肃性，而且也是维护和确认现代文化史料以及文化名人墨迹的真实性问题，必须认真对待。

一、郭沫若信函与基本事实辨证

郭沫若致吴一峰的手书信札①，赫然在网络上有一文字内容基本相同、书写风格大致相当的拍卖件。这两件信札中必有一假，需要进行学术的辨识与确证。

这封信的内容是：

> 一峰先生：
>
> 两次承过访，均失迓，恕罪。大画已题罢，奉上，乞查收。赠章刻石均妙，多谢！
>
> 郭沫若

所署日期为"七、十二"，而网络上挂拍件则署"九、十四"，这是两件信函在文字上最重要的差异。

---

① 傅天虹汉语新诗藏馆收藏，编号为 2020005。

经过辨识、分析，并请教书法专家，我倾向于确认傅天虹汉语新诗藏馆所藏本（后文略作"馆藏本"）为原本，而网络拍卖的纸本（后文略作"网拍本"）应为赝品，系刻意伪造的"商品"。

傅天虹汉语新诗藏馆藏本（馆藏本）

此信的收件人是吴一峰。吴一峰（1907.6—1998.1）先生是著名画家、书法家、篆刻家，名立，字一峰，以字行，别号大走客，浙江平湖人。他早年在上海，在余天遂指导下学习书法，在翁子勤、朱天梵指导下学习篆刻；1923 年 9 月考入上海美术专科学校西画系学习，后改入中国画系，1928 年 7 月从上海美专中国画系毕业；出版有《吴一峰蜀游画集》、《吴一峰国画选》等。抗战时期创作的《夔门风雨》入选在英国伦敦举办的画展，并为英国博物馆收藏，刊于《中国与不列颠》一书。

从郭沫若的书信内容不难看到他们两人这一段时间的交集。吴一峰去郭沫若住处访问，两次都未遇。吴一峰携美术作品一幅，请郭沫若题字，同时奉上为郭沫若镌刻的印章一方。郭沫若题好画，写此信，连同画作一并寄上。

说网拍本为赝品，最直接的证据乃是时间署注的破绽。一般来说，伪造的、仿照的作品都会刻意在署注的细节上与原件一致，署注时间不一致显然容易露出破绽。如果说馆藏本是根据网拍本仿造的，则不可能将网拍本的时间标注九月十四日改为七月十二日。假如网拍本是原本，明明标注了一个时间是九月十四日，那么"仿造"的馆藏本还硬生生地造一个完全不同的日期，这符合逻辑吗？因此，仅此就可以判断，馆藏本是伪造的可能性大为降低。

当然，也可以反过来分析：按照前文的逻辑，网拍本也可以以时间标注不同于馆藏本为依据，反证自己不是仿制品。但网拍的照片传达了另一个证据，加大了网拍本造假的可能性。网拍本的网络照片联袂着郭沫若寄吴一峰信的信封，信封上的邮戳是 1946 年①9 月 14 日。信封的书写与网拍本书信的书写风格基本一致。信封与书信相互印证，更有造假不得的邮戳为铁证，其日期的真实性以及网拍本的书信真实性似乎都能得到证明。

网络拍卖品（网拍本）

---

① 邮戳署为三十五年，为民国纪年。

其实，这样通过信封证实的做法反而更加露出了作假的破绽，甚至"坐实"了网拍本为赝品的事实。

先从日期讨论。从郭沫若的资料中，查不到写此信以及收到吴一峰印章、为吴一峰画作题字的具体日期。从网拍本以及相"配套"的信封邮戳提供的日期看，这日期是 1946 年 9 月 14 日。显然，这日期的依据应该是这信封的邮戳。但如果这信封是真实的物件，则带有这个日期邮戳的信封是否就是这封信所属的，仍值得怀疑。

根据书信文字，郭沫若此次所寄的信应包含吴一峰请他题字的画作，那么，所需要的信封应该是较大的，而不是像现在照片中看到的那样，是最小的那种信封。现在看到的这个信封是只能用来寄一两张信纸的小型信封，根本不能用于随寄画幅。画作即便是能够折叠，从爱护角度来说一般也不能折叠层次过多。用于寄画作的信封一般应用较普通信纸整张更大一些的信封。所以，这信封即使不是伪造物，也断然不是寄这封信所用的。

其次，郭沫若处理吴一峰的这封信和画作，并非紧急事务，一般不可能在 9 月 14 日当天题好字，写好信，到邮局发送，当天即行寄出。以郭沫若的繁忙程度，以及此事的时间要求，应该是前一天甚至前数天题字，写信，然后着人或自己到邮局寄送，抑或通过办事人员由公务从邮局寄出。如果是后一种途径，也不可能是当天发出，除非在上面特别注明是急件，但显然这幅画作的题字不可能纳入急办事务之中。这说明什么呢？说明网拍本信件是根据这个信封仿造的，特别是那个日期，乃是根据这个邮戳改动的。至于这个信封，上书寄送"南京国民政府军事委员会政治部吴一峰先生"，也大可怀疑，因为吴一峰并无在军事委员会任职的记录。

总之，网拍本所附信封存在许多问题，网拍本根据所附信封的邮戳，将郭沫若信件标示为与邮戳相同的日期，做成当天急寄的急件，反而更显出破绽。

如果说网拍本 9 月 14 日的日期标署并不能确认，则馆藏本的 7 月 12 日也无从证明。无从证明的日期往往才是真实的日期。查《吴一峰艺术年谱》①，1942 年 2 月有为郭沫若治印，以及郭沫若为所绘工笔重彩《剑门行旅图》题诗的记载，这件事应该是吻合于此番信函讨论的内容，但时间相差数月。不过，从 2 月份开始有为郭沫若治印的想法，蹉跎至 4-5 月份做好，并在 5-6 月份造访郭沫若，以图请他当面题画，然后郭沫若 7 月 12 日写回信，这样的日程推测应该说是可以接受的。

更重要的是，根据郭沫若信中所述，吴一峰显然在其回信之前，已经有过至少两次登门造访，只是都未得见面，这样的情形一般表明那期间两个人都居住在同一城市。

---

① 刘欣、吴嘉陵著：《吴一峰艺术年谱》，文物出版社 2007 年版。又见 https：//baike. baidu. com/item/%E5%90%B4%E4%B8%80%E5%B3%B0/5158055fr＝aladdin#2__28。

而网拍本认定的 1946 年 9 月 14 日及之前的一些日子，郭沫若居住在上海，时或往返于南京、上海之间，但吴一峰肯定不住在上海。1946 年 4 月以后，吴一峰以《徐霞客游记》为向导，只身独步，由昆明沿滇缅公路西行，一路风餐露宿，结伴马帮，探点苍之胜，寄玉龙之奇，泛澜沧、渡怒江，历时八个月。吴一峰沿途考察，写生绘图，获得大量有关滇西奇异的自然风光、名胜古迹、民风民俗的珍贵资料，满载而归。这表明，郭沫若写此信言吴一峰在不长的时间内至少两次造访郭沫若寓所，肯定不会是在 1946 年 9 月 14 日。网拍本所署日期与信函表现的郭吴交往的实际可能性绝难吻合。

根据吴一峰年谱记载，以及郭沫若书信所呈现的郭吴交往情形，馆藏本所署的 7 月 12 日应该是指 1942 年。那时候郭沫若、吴一峰皆住在重庆，但重庆山城，地幅甚广，交通不便，又是战时，即便同城，见面亦不易；郭沫若那时正忙着《屈原》的演出与宣传，常与剧团到北碚等地演出，吴一峰两次造访都没遇到，郭沫若题画之后付邮寄达，应在情理之中。因此，馆藏本所署 7 月 12 日，没有什么直接的依据，反而是可信的；而网拍本根据一个不知道什么来历的信封以及上面的邮戳，改成（1946 年）9 月 14 日，刻意作伪的痕迹特别明显。

二、书艺辨识与分析

其实，这两封一真一伪的书信中的书法艺术一加比较，便高下立现，真伪立判。

首先，馆藏本全信书法流利，笔法圆润，一气呵成，成熟老辣，显然不是怯生生的仿制品所能比附；而网拍本笔法拘谨、生硬，虽然尽可能显现书法艺术的力度，但终究失了圆润和顺畅，许多字的字体拙涩，明显属于仿造字迹。

其次，由于网拍本是仿造，书法不仅充满匠气，而且有明显的错笔误划，殊失郭沫若才子风范。谨比较数字即可见端倪。

书信正文中的"两"字，郭沫若宗苏东坡书法，以《寒食帖》中的十字字头开端，清雅灵动。这样体现在馆藏本中，显得非常自如潇洒，而网拍本想模拟此字，但不能驾驭，遂将十字头起笔漫漶为丁字头起笔，行状有些像，但精气神和才子气消散殆尽，成为一个名副其实的丑字。

"过访"的"过"字也是如此。馆藏本的"过"字，郭沫若仿虞世南体，将内部幻化为"为"，潇洒别致。而网拍本的制作者认识那是一个"过"字，就按"过"字的繁体描摹演绎，拘谨乏味，导致又一丑字出现。"大画"的"画"字，在馆藏本中笔墨轻盈，字形圆润，但在网拍本中，被仿制得粗糙而拘谨，有俗不可耐之态。

由于仿制者文化水平的限制，对于信中的有些字没有辨识能力，即可能不认识其所描画的究竟是什么字，因而过于依赖、仿照字的形状，便依样画葫芦。这样画出来的结果可想而知，真是惨不忍睹。如信中"失迓"的"迓"，仿制者可能根本不能辨识，也许不懂这个字，就出问题了。馆藏本显示，郭沫若在书写此字内部的"牙"末笔一撇时，为草书快捷方便的原则，顺"牙"字竖钩之势将钩提上补成撇，这一撇因为反向递送，因而需采用虚墨。网拍本制作者显然不知道这"迓"字内部是一个"牙"字，更不知道这字的"末笔"应该是一撇，在依照馆藏本的样子进行摹写时，将此字内部"牙"的末笔写成浓墨，反提，这样不仅处理的蠢笨难看，而且也不成其为字。

全文最大的一个字是"妙"字。馆藏本的此字在全信中最精神，也最醒目，笔墨圆熟晓畅，圆润轻松，圆转自然，圆融美妙，充分体现出书写者的审美修养和艺术天分。此字处于中位，气场极强，在空间上有驾驭全信之势。但网拍本在艰难的摹写中仅将此字处理得棱角分明，追求其具有的力量感，但棱边宛如刀削，末笔显得极为夸张，使整个书信的书法布局失去了和谐温和之美。

经过这样的分析和辨识，我们可以清楚地指出，馆藏本的郭沫若致吴一峰信是郭沫若原件真迹，而网拍本则是水平不甚高明的仿造本。仿造本的制作原则是求似重于求美，故而网拍本在总体上所体现的书法美与原件真本相距甚远。

从文件的品相分析，馆藏本破损明显，特别是左侧，撕损较多，连信笺上的原印标注都无法识别，历史的沧桑感赫然凸显。其为真迹，应无疑问。而网拍本纸张完整，毫无破损，毫无撕痕，品相簇新，而且信笺全无印务标注，显然是伪造的新品。郭沫若是著名文人，即便在战时，所用信笺也应有印务标注，即用于注明印制单位，这便是馆藏本左侧破损处依稀有难以辨别的红色文字的原因。经过仔细辨认，左下角破损的红色标记字应为"嘉原斋"，这应该是类似于北京荣宝斋的重庆某个文品商行的印笺。

这个隐约难辨的"嘉原斋"更能说明馆藏本系真迹而不可能是赝品。如果仿造弄假，对于无法识别的细节部分一定要避开，就像网拍本将这样的细节完全抹杀一样。

郭沫若是中国现代著名诗人、学者和书法家，他的书信和书法都极为珍贵，真迹很少会在网络上挂拍。而越是难以出现真品和珍品的文化市场、网络市场，在利益的驱动下，越可能会出现鱼目混珠的仿制品。在这样的情形下，学术界越有责任辨清文化名人真迹，还文化史和文化市场一个公道。

（作者单位：澳门科技大学）

郭沫若的几篇序诗

蔡 震

郭沫若是诗人，所以他的诗歌作品集多以诗作序，这不足为奇。但他也有一些为文章作品集（包括他自己的以及其他人的）所作的序，是以诗歌形式撰写的，可谓不走寻常路。其中几篇序诗或为集外佚诗，或为一种独有形式。

"狂歌"为序

郭沫若最早以诗为他人著作撰写序文，是为朱谦之的《革命哲学》一书写序，诗题为《宇宙革命底狂歌》，收入上海泰东图书局1921年9月初版《革命哲学》（《创造社丛书》第二种）。

朱谦之就读于北京大学，参加过五四运动，1920年因散发革命传单遭军阀当局逮捕入狱，出狱后撰写了《革命哲学》一书，表达了一种虚无主义的理想追求。毛泽东在陕北与斯诺谈话时，曾说："我常常和来看我的一个名叫朱谦之的学生讨论无政府主义和它在中国的前景。在那个时候，我赞同许多无政府主义的主张。"① 由于在现实斗争中受挫，朱谦之于1921年从北京南下，准备到杭州的寺院研习佛教。他途经上海时逗留，联系出版《革命哲学》的事情。他先联系了商务印书馆，未果，之后又联系了泰东图书局。7月中旬的一天，郑振铎、李石岑陪同他造访了泰东图书局编辑部，泰东的老板赵南公当即答应出版《革命哲学》，并让他与当时也在场的郭沫若洽谈出版事宜②。

---

① ［美］埃德加·斯诺：《西行漫记》，生活·读书·新知三联书店1979年版，第128页。
② 林甘泉、蔡震主编：《郭沫若年谱长编》（第1卷），中国社会科学出版社2017年版，第187页。

郭沫若那时正住在泰东，为泰东图书局编纂《女神》，"改窜"《西厢》等。他后来这样记述与朱谦之相识的情景："南公没说二句话便答应了下来，回过头请他们和我商议。到这时候，谦之才知道了我是郭沫若，他从椅子上一跳而起，跳到我的面前，一双手把我的手抓着。'——沫若，啊，你是沫若！'"①

事情商议得很顺利。知道郭沫若住在泰东编辑部，朱谦之也把行李搬来同住，等待《革命哲学》的出版。二人似乎颇投契，郭沫若应允为《革命哲学》作序。7月下旬，朱谦之曾去无锡，旅途中还不忘给郭沫若写信，告以无锡风景有希腊风味。8月中旬，他们又一起去商务印书馆拜访胡适（郭沫若、郁达夫等人与胡适此前刚刚握手言和）②。8月23日，郭沫若写成了这首《宇宙革命底狂歌》。诗是自由体，写道：

> 宇宙中何等的一大革命哟！
> 新陈代谢都是革命底过程，
> 暑往寒来都是革命底表现，
> 风霆雷雨都是革命底先锋，
> 朝霞晚红都是革命底旗纛，
> 海水永远奏着革命底欢歌，
> 火山永远举着革命底烽火，
> 革命哟！革命哟！革命哟！
> 从无极以到如今，
> 革命哟！革命哟！革命哟！
> 日夕不息的永恒革命底潮流哟！
>
> 伟大的暗示——黄河！扬子江！
> 我渡过血涛滔滔的黄海，
> 你们吐出浑身底血液来
> 把海水都已染红了！
> 黄河扬子江上的居民哟：
> 那来千钧的重力把你们的眼睑压闭了？
> 这么明目张胆的，伟大的暗示

① 郭沫若：《创造十年》，上海现代书局 1932 年版，第 133–134 页。
② 1921 年 8 月 12 日胡适日记载："到编辑所，朱谦之与郭沫若来谈。"见曹伯言整理：《胡适日记全编》，安徽教育出版社 2001 年版。

你们不会体验吗？

你们是些无机体么？

你们是那河畔上的沙石么？

你们是只好被澎湃着的潮流淘泻的么？

快在这血河中添一点血哟！

快在这血海中添一点血哟！

教那血涛滔滔的黄海

把全球底海水和盘染红！

革命底精神便是全宇宙底本体了！

宇宙只是一个动！

宇宙只是一颗心！

心是一个炸弹哟！

他的炸药便是这股真情！

这便是革命底精神！

只消我们一掷！

请看这个庞然的宇宙

迸出鲜红的火云！

掷哟！掷哟！掷哟！

把我们这砂上建筑的楼台打破了罢！

二〇，八、二三，于上海

诗末所署写作时间有误，应该是 1921 年 8 月 23 日。因为郭沫若初识朱谦之是在 1921 年 7 月，创造社成立则在 1921 年 6 月。

《宇宙革命底狂歌》是典型的《女神》风格，当然这是指第二辑那些诗篇的抒情风格而言，也就是郭沫若所说的"惠特曼式"的风格——"崇尚豪放、粗暴，要算是我最可纪念的一段时期"。不过，《女神》这时已经出版（1921 年 8 月 5 日）。郭沫若在《女神》之后的几部诗集，都不是这种抒情风格了。或许这就是《宇宙革命底狂歌》最终成了一篇集外佚诗的原因。

以手迹别开生面

1937 年 7 月，抗日战争全面爆发，郭沫若从日本秘密归国，投身于全民抗战的滚滚洪波之中。郭沫若先是拿起手中的笔，以文章报国。短短一个多月时间，他就撰写并发表了《我们为什么抗战》、《抗战与觉悟》、《全面抗战的再认识》、《不要怕死》等10余篇文章。10月，上海大时代出版社即将12篇文章辑录成《抗战与觉悟》一书，作为"抗战小文库"之一，初版刊行。当月，该书又一次再版印行。郭沫若自己为该书题写了书名，并作《代序》。

这篇《代序》颇有意思，是以两首旧体诗组成的，且以手迹形式排版。第一首《黄海舟中》标出篇题，第二首《归国抒怀（用鲁迅韵）》则将篇题书写于落款处，郭沫若亦仅在此诗落款手迹后署名，这样就使两首诗的手迹成为一个整体。两首诗的写作时间，手迹都署为7月27日。

为什么以这样的形式为《抗战与觉悟》作序？这大概与郭沫若此时的处境和心态不无关系。郭沫若归国是得到国民党当局允诺并协助才成行的。他7月27日抵达上海，7月30日国民党中央执委会撤销了对他的通缉令，8月6日国民政府亦取消了对他的通缉令，但之后，他却被当局冷落在沪上。他参与各种社会活动、从事抗战宣传活动，都是以个人身份，包括去前线，也是受北伐时期旧友（张发奎、陈诚等）相邀。直至9月19日，郭沫若才接到陈诚转来的"最高当局电"，命往南京觐见。9月24日，他在南京受到蒋介石的接见。蒋介石希望郭沫若"留在南京"，"多多做些文章"，并说要给他一个"相当职务"。显然，这都是一些客套话。郭沫若看出了这一点，遂表示："文章我一定做，但名义我不敢接受。"这种客客气气的冷落，当然不是郭沫若归国时所期待的。文章报国，也需要一个更有力的方式及合适的社会身份。或者正是基于此，郭沫若需要一抒胸臆。

《抗战与觉悟》收录的是郭沫若归国后为宣传抗战、鼓舞民气所撰写的文章，而"四十六年余一死，鸿毛泰岱早安排"、"欣将残骨埋诸夏，哭吐精诚赋此诗"的诗句，则是以诗明志。以其为序，心中的那"一片真诚"便无需赘言了。这篇《代序》在郭沫若撰写的所有序言中可谓绝无仅有。

《黄海舟中》曾于1937年8月10日以手迹形式发表于上海《光明》半月刊第三卷第五号，后作为《归国杂吟》第三首收入《沫若文集》，诗中"此来拼得一家哭"一句改作"此来拼得全家哭"。

《归国抒怀（用鲁迅韵）》于1937年8月3日发表于上海《立报·言林》，复刊载于8月7日成都《新民报·百花潭》，篇题作《归国志感》，手迹亦发表于上海《光明》半月刊第三卷第五号。该篇后作为《归国杂吟》第二首收入《沫若文集》。《归国抒怀（用鲁迅韵）》的创作时间有几种不同说法，其中郭沫若自己就有两个不同说法。一个是"7月27日"，《抗战与觉悟》一书的《代序》即取这一时间。而收入

《抗战与觉悟》的《由日本回来了》一文则这样写道："想起了二十四日那一天，预想到回到了上海的那首七律"，"这是用的鲁迅的韵"，"原诗大有唐人风韵，哀切动人，可称绝唱。我的和作是不成气候的，名实相符的效颦而已。但写的时候，自己确有一片真诚"，"细细考虑起来，真的登了岸后，这诗恐怕是做不出来的"。手迹所署时间，应系书写时间。故最新记述郭沫若生平活动的《郭沫若年谱长编》记该诗创作时间为1937 年 7 月 24 日。

为几部印谱作序

郭沫若精于古文字研究，擅书法。他的古文字研究著述，多以手写影印的形式出版。但郭沫若不治金石篆刻。不过，他与一些书画篆刻家多有交往，像钱瘦铁、周铁衡等。他也时有为篆刻印谱题诗、作序之事。

1959 年 9 月，郭沫若为一本即将出版的印谱《瞿秋白笔名印谱》题写了一首诗：

> 名可屡移头可断，
> 心凝坚铁血凝霜。
> 今日东风吹永昼，
> 秋阳皭皭似春阳。

题瞿秋白笔名印谱

这是郭沫若的一首集外佚诗。《瞿秋白笔名印谱》是为纪念中华人民共和国建国十周年和瞿秋白诞辰六十周年而出版的。郭沫若题诗的前页上印有"中华人民共和国建国十周年，温州方去疾杭州吴朴堂绍兴单孝天合作此册，谨以纪念瞿秋白同志六十诞辰"的字样。印谱为线装宣纸本，由沈尹默、康生题签，郭沫若题写序诗，唐弢作序文，上海人民美术出版社于 1959 年 11 月印行第一版。

方去疾、吴朴堂和单孝天是 20 世纪 60 年代前后活跃在印坛的三位篆刻名家，被誉为海上印坛的"三驾马车"。他们有各自的风格，也都正处在印章创作的上佳时期，合作这样一本印谱，又有名家题签、题诗、作序，实为印坛佳话。

在《瞿秋白笔名印谱》之后，方去疾、吴朴堂、单孝天三人又合作刻印、出版过两本印谱，它们也都与郭沫若有一份诗文缘。

20 世纪 60 年代，声援拉丁美洲人民的反帝爱国斗争，特别是声援古巴反对美帝国主义的斗争，是国际政治领域的重要活动。那时，有一个人人都熟悉的口号："要古巴不要美国佬！"在这种政治情势下，方去疾、吴朴堂、单孝天三人合作刻印了一本《古巴谚语印谱》，1964 年 10 月由北京朝花美术出版社出版。这本印谱取材于当时报刊上刊登的古巴谚语三十条，刻印而成。郭沫若为印谱作诗序，以手迹形式载于该印谱。诗序写道：

> 方去疾、吴朴堂、单孝天三位同志，以古巴谚语三十条，刻印四十七颗。余即集其谚语为诗以序之。
>
> 一九六三年四月七日　郭沫若

一

不用猎枪，
赶不走豺狼，
风吹日晒的脸，
不怕灼热的阳光。

二

知道为什么打仗，
全身便充满了力量。
战胜敌人的重要一着，
就是抓住他刚抬起的那条腿不放。

三

宁愿站着死，
不能跪着生。
渔网遮不住阳光，
谎言骗不过众人。

四

谎言不管怎样装饰，
也掩不住真实。
海鸥不怕风雨，
勇士何惧流血！

五

谁隐瞒真实，
谁就是欺骗自己。

不经过失败的挫折，
你找不出真理。

六

本领是从困难学会的。
长的路程，路必崎岖。
最遥远的道路
都从近处开始。

七

有志者会有千方百计，
无志者感到千难万难。
崎岖路上的石块
磨不破脚底的老茧。

八

有经验的渔民，
在暴风雨中总能想出办法。
狮子并不像人们所讲的
那样可怕。

九

吃饭是为了活着，
活着不是为了吃饭。
谁怕豺狼，
谁就不敢上山。

十

眼泪汪汪不如握紧拳头，
人怕的不是死，而是枷锁。
真正的幸福是用血汗
创造出来的劳动成果。

十一

要想击破锁链，
不要怕击痛自己的指头。
自由是靠自己争取，

不能靠着祈求。

十二

吠叫的狗不是厉害的狗，
沉睡的虾只能被急流卷走。
手指脏了，应该洗净，
割去是蠢到了尽头。

十三

一只脚不能同时踏两条船，
一张嘴不能同时说两面话。
阴险的邻居有时
比凶恶的敌人更可怕。

十四

集古巴谚语为诗深受感动，
此中的教育意义十分深浓。
还有一条可不能够忘记，
那就是：睡着的鸟容易射中。

郭沫若的这篇诗文，与其20世纪20年代写过的那些《曼衍言》在形式上颇为相似，作为诗序，则可谓出人意表。在其为诗、为序的写作中，还不曾见到过。

方去疾、吴朴堂、单孝天三人作这本《古巴谚语印谱》，显然是力图以金石篆刻这种传统的艺术形式来为现实斗争服务，要古为今用。郭沫若是赞同这种做法的。事实上，在这本印谱之前，方去疾等三人还合作刻印过一本《养猪印谱》，郭沫若亦为之作有一篇"诗序"。但《养猪印谱》的出版颇费周折，真正出版印行，已是几十年后了。

那是1960年10月上旬的一个早晨，郭沫若收到了一本名曰《养猪印谱》的稿本。印谱稿本是编纂者魏绍昌寄来的，想请郭沫若为印谱题签、作序。郭沫若翻阅印谱后颇感兴趣，当即作了一首诗为序，并为该印谱题签。《序诗》（据手迹）这样写道：

猪为六畜之首，十二辰应该倒个头。猪是多产作家，试问何处不如马牛羊？哪项不及鸡与狗？专攻虽小劣，博涉实多优。猪之为用大矣哉，浑身都是宝，浑身都是肉。不问鬃毛骨血，不问肺腑皮油。不问脑舌肠胃，不问胎盘眼球。杂草为粮产万珍，粪溺使五谷丰收。以猪为纲，保钢保粮。猪肉一吨可换钢五吨，猪身是座炼钢厂。换取一部拖拉机，只用猪鬃十二箱，猪身是座机械厂。换取化肥十二吨，只用一桶猪肠，猪身是座化肥厂。发展工农业，多多靠在猪身上。一人一猪，一亩一猪，公养为主私为辅，百子千孙寿猪母。自繁自养开猪源，宁乡垛山皆可取。献君一卷书，此乃养猪经，非是区区一印谱。养猪高潮掀上天，要使天上牵牛也牵猪。人民公社无限好，共产主义有前途。猪多肥多，粮多钢多，不亦乐乎！不亦乐乎！

　　一九六〇年十月八日晨，接阅《养猪印谱》，信笔书此，以粪其首。郭沫若

　　然而，该印谱在出版环节遇到阻滞，一直未能付印。或许是不满于出版受阻之事，郭沫若在一年后撰写的一篇读书札记中提到了此《序诗》。"前年有印人辑成《养猪印谱》，分社论篇、语录篇、良种篇、宝藏篇，会萃养猪号召，分刻印章一百颗而拓制成谱。索余为序，余因题诗一章。新诗人中有见余诗序者，颇嫌不太庄重，实则我乃以极端庄重之态度出之。"哪位新诗人见到了尚未出版的印谱《序诗》，又是如何得以见到的呢？不得而知。

　　郭沫若的这则读书札记就是 1962 年 2 月起在《人民日报》连载的《读随园诗话札记》之第七十则《讼堂养猪》。袁枚的《随园诗话》中记有他在乾隆年间路过缙云县，"见县官讼堂养猪，为之一笑"之事。郭沫若拎出这一则《诗话》，显然是欲借题发挥，所以他还于札记文末附录了《养猪印谱·序诗》。但附录于《讼堂养猪》的《序诗》，在原稿的基础上有所删改。何故要做删改呢？是因为他人的评说，还是另有原因？

　　比对一下删改的文字，共有 12 处字、词、句以及 3 处标点改动。《讼堂养猪》附录的《序诗》中，改变文意的有："鬃毛骨血"改为"蹄毛骨血"；"肺腑皮油"改为"脏腑皮油"；"脑舌肠胃"改为"脑舌鼻耳"；"保钢保粮"改为"保土保粮"；"一人一猪"改为"一户一猪"；"公养为主私为辅"改为"农家户户莫踌躇"；"人民公社无限好"改为"人民公社基础好"；"共产主义有前途"改为"大同世界在前途"；此外，增写了"大用之用般般有"一句。这样直观比对，似乎郭沫若只是在斟酌如何遣词用字，但联系当事人事后的回忆，文字的改动应该事出有因。

　　据印谱编纂者魏绍昌说，《养猪印谱》当初曾在上海博物馆公开展览，得到了金石界人士的好评，但"《养猪印谱》的内容是提倡养猪要以公养为主公私并举的"，"在当时却受到干扰和破坏，有人大唱养猪要以私养为主的反调，这样《养猪印谱》便不准出版而被打入冷宫了"。另一位当事人方去疾也曾在给一位朋友的信中说"由

于某些人认为郭老《序诗》'公养为主私为辅'一语，是犯了原则性错误，以至未能出版"。

当事人的回忆，或者未必准确，但看郭沫若附录于《读随园诗话札记》的文本中修改的一些文句，确实能够印证他们所说的印谱未能出版的原因，虽然郭沫若对有些文字的改动的确是在斟酌用语。

其实，郭沫若《序诗》中的诗句，多据印谱的文字撰写，而印谱的文字多取自当时的口号、语录、社论等。"公养为主私为辅"一句，就化用自单孝天刻的一方印文"发展养猪业必须公养为主公私并举"。而这则印文，出自当时报纸的一篇社论。"一人一猪，一亩一猪"句，亦是如此，出自印谱中一方印文"为实现一人一口猪一亩一口猪而奋斗"。这也是当年报纸社论中的文字。

郭沫若的身份非一般作者可比，由他作序的印谱尚被这样对待，当时出版界的政治生态环境可见一斑。

"文化大革命"结束后的 1977 年 5 月，《养猪印谱》的出版又提上了日程。魏绍昌听说出版有望，即致信郭沫若，请他对印谱重加审阅。数日后，郭沫若的秘书王廷芳函告魏绍昌说，郭沫若因病住院，医嘱近日不能看东西。7 月，王廷芳再次复信，转告郭沫若意见道："《养猪印谱》得以出版，很好，不必加以改动，《序诗》照原版刊印即可，因现在手抖，就不另写字了。"

这期间，方去疾还曾托往香港任职的友人将印谱带去香港，看能否有机会在香港出版。但友人因工作之故，忘记了此事，且将印谱稿遗失了。好在当初钤拓的印谱尚余一册。

可是这一次，印谱仍然未能出版。据说上海出版局的某些人认为，该印谱的内容只谈养猪，没有谈到农、林、牧、副、渔，同时纸张亦比较紧张，似不合适出版，并以此为由，作了退稿处理。

一波三折，直至 2015 年 1 月，印谱方由上海文化出版社出版。此时距离印谱编纂成书，郭沫若为之作序，已经过去半个多世纪了。郭沫若撰写的《序诗》仍以原版排印。

事实上，在《养猪印谱》出版之前，人们一直未见郭沫若所作《序诗》的原文。于是，整理郭沫若集外佚诗者，即将《读随园诗话札记》附录的文本摘抄出来单另成篇，且另定篇题以为辑录。不过，整理者或许没有注意到《读随园诗话札记》后来曾有北京古籍出版社 2003 年 1 月印行的郭沫若手稿本。该手稿本中附录于《讼堂养猪》的《养猪印谱·序诗》，文字与前者又略有不同。

另外，在郭沫若纪念馆保存的手稿资料中，还有一份誊写该诗的抄录稿，冠以篇题《猪为六畜之首 ——题〈养猪印谱〉》。这份抄录稿是分诗行誊写的，文字上删去"专攻虽小劣，博涉实多优"一句，改"保钢保粮"作"肥田保粮"，显然是斟酌词句后的修改。文末所署时间亦为"1960年10月8日"。这应该是郭沫若准备随后拿去单独发表用的文本。但该诗终未发表，大概还是与《养猪印谱》一书迟迟不能出版之事有关。

《养猪印谱》的《诗序》，以作者手迹而言，有三个文本；以印刷文字见于出版物的，亦有两个文本。那么，作为郭沫若集外的一首佚诗，怎样订定它的文本及诗题呢？

我以为，既然《养猪印谱》已经正式出版，郭沫若所作《序诗》也得以按最初的手迹原文印行，那就采用这个手迹文本为最好。其实，如果不是《养猪印谱》一书一直未能出版，也就未必会有该《序诗》后来在文本上的删改，或许也不会有《讼堂养猪》附录文字的撰写。至于该诗的篇题，在《养猪印谱》中作《序诗》，而作为一首佚诗，以之为题似有不妥，故不妨采用誊录稿的篇题：《猪为六畜之首 ——题〈养猪印谱〉》。

现在来看郭沫若为《养猪印谱》写的《序诗》，其实它就是一段史实的记录，包括其文本陆续改动的那些情况，都真实地反映了20世纪60年代前后社会生产、生活的某些场景。

（作者单位：中国社会科学院郭沫若纪念馆）

"郭沫若文学百年——纪念《女神》出版一百周年" 国际学术研讨会综述

赵鑫鑫

2021 年 11 月 27 日，由国际郭沫若学会、山东师范大学联合主办的"郭沫若文学百年——纪念《女神》出版一百周年"国际学术研讨会以"腾讯会议"的方式于线上召开。来自中国社会科学院、四川大学、厦门大学、澳门大学、山东师范大学、日本国士馆大学、美国布兰迪斯大学、美国维拉诺瓦大学的海内外数十名学者参与了本次会议。本次会议全程由魏建（山东师范大学）主持。

会议伊始，藤田梨那（日本国士馆大学）致开幕词，藤田梨那向全体与会者表示欢迎，认为在全球疫情肆虐之时，人们相聚云端召开学术会议，即表明了人们战胜疫情的信心与勇气，指出诗集"《女神》至今仍不时地拨动着我们的心弦，呼唤我们的注目，要求我们揭开她仍未曾揭开的奥秘"。

李怡（四川大学）汇报的题目是《骚动的"松"与"梅"——留日郭沫若的自然视野》。李怡强调，最开始读郭沫若的诗歌时感觉有些异样，"松"和"梅"在同样娴熟于新、旧两种诗体的郭沫若的笔下，出现了非常有意思的变异，且一直思考"变异"背后的动因，但长久以来没有确切答案。在日本福冈开会时，李怡实地考察了生长于海边松原上的松树，获得了一些新的感受——九州北侧松原上的松树奇形怪状，遒劲有力，仿佛奔跑着的、激烈运动的人。这与九州岛经太平洋的台风吹拂，植物在搏斗中生长，呈现出独特的动感有一定关系。但这只是问题的一面。

我们可以通过诗人眼中的景物来反观诗人的内心。漫长的诗歌史中形成了很多自然与人相互对话的关系。植物在中国诗歌中频繁出现，最多的是梅兰竹菊"四君子"、松竹梅"岁寒三友"等，由此可见其对于诗人生活的重要性。李怡曾借助数据库统计，发现这类意象在诗歌中所占比重相当大。"松"、"梅"等意象与人的思想境界相关联，可以表达文人的追求与自我期许。但《女神》中描述的"松"和"梅"，与传统诗歌带给我们的感受并不相同，如《夜步十里松原》中的"战栗感"与《梅花树下醉歌》中的"亢奋"等。

柄谷行人在《日本现代文学的起源》一书中表明，"风景"的发现与内在主体精神变化相关联。郭沫若身居异域，对世界与自我的认知产生了变化，因此发现了一系列"风景"。王富仁曾在《他创造了一个新的审美世界》一文中论述郭沫若对于海洋的发现。

郭沫若如何发现了自己，发现了自己的什么？这可以从很多角度概括，最主要的是大正时期的物质生活状态对于个人欲望的刺激、对于自我的解放；与之相伴的还有一种自由的文化交流、精神创作在一时之间所造成的内在自我的"迷离"之感。竹村民郎在《大正文化：帝国日本的乌托邦时代》一书中强调，日本在日俄战争胜利以后，获得了西方列强的承认，工商业得到了很大的发展。伊藤虎丸也对比过鲁迅留日的"明治时期"与郭沫若留日的"大正时期"的差异。物质化、都市化、蒸蒸日上、蓬勃发展的时代以及大众消费社会的形成等景象，进入了郭沫若等留日青年的视野中，对他们的刺激很大。郭沫若在《创造十年》里对于博多湾、抱洋阁等的描写表明他已重新看待自我，看待一个新兴的世界，而个人的欲望也因此得到释放，不再会像中国古代文人那样在清幽的世界里品味松竹梅。而郭沫若在致宗白华的信以及同时期的其他文字中也表现出了躁动不安、无法沉静下来的情绪。因此，过去看起来很平静的植物，在郭沫若的笔下则出现了"神经纤维的战栗"与"梅花树下"的呐喊。

蔡震（中国社会科学院）在评议过程中，肯定了李怡论文的选题——"松"与"梅"作为思考《女神》的切入点很好。伴随《女神》的创作、发表，对于《女神》的研究时间漫长、成果众多，但长久以来泛泛而谈、结论空疏，后人很难出新意。李怡通过探讨两种诗歌意象，论述了艺术表达方式的转变以及诗意、诗境的创造，走进了诗人郭沫若的精神世界，且由此深入了大正时期的日本社会。蔡震追问，为什么郭沫若这样的诗人、《女神》这样的诗歌没有在当时国内的新文坛产生——因为只有像郭沫若这样有异国经历的文学青年才能创作出《女神》这样的诗歌。依据这样的研究思路，对于《女神》中其他的诗歌意象也会有新的发现，比如雪（《雪朝》）、月亮（《新月与白云》）等。李怡的论文，对于后人深入研究《女神》有很大的启发。

王璞（美国布兰迪斯大学）汇报的题目是《〈女神〉中的两相结合》。《女神》中的诸多作品已早早成为了文学史上的经典。在闻一多关于《女神》的评论文章中，《笔立山头展望》一诗是《女神》所代表的"时代精神"、"动的世纪"以及"新文化"、"现代性"的核心例证。这首创作于1920年的诗歌的首要意义就是表达出了郭沫若《女神》爆发期写作的抒情站位,郭沫若所采取和构成的正是个人与"风景"之间的强烈关系。在欧洲浪漫派的文艺传统之中,主体在崇高风景面前的站位给予了诗歌主权者特殊的、有力的态势,融掌控感和敬畏感于一体。

郭沫若的诗歌对日本九州海岸线的绘制,同样也是一个非常重要的诗歌动向。主体与"风景"的对立在动感中慢慢崩解,化入现代性内部的欢庆。在浪漫主义的传统中,"崇高风景"一般源于大自然。但在《笔立山头展望》这首诗里,郭沫若的"风景"却来自工业化时代对大自然的改造。青年诗人郭沫若把现代工业的动态视为大自然活力的更高进展,把蒸汽机时代交通运输的核心意象"烟囱"——一种工业化的崇高——比喻为玫瑰花,这是一种典型的、带有中国传统美的自然感觉。自然和工业之间的类比,在这里表达出了对现代生产方式的一种狂喜的认同。

大正时期,日本完成了工业化,进入资本主义的高速发展期。所以,郭沫若和其他创造社早期成员在伊藤虎丸的研究中也被视为大正青年的一部分。郭沫若所展望的也不仅仅是自然的盛景,而是繁忙的现代贸易之海。到了全诗的结尾,诗人把蒸汽机船的浓烟比作20世纪的名花——不仅仅是黑牡丹;又把席卷东亚、全球的工业力量和美感,命名为近代文明的"严母"。这里的"严",当然是指现代文明的严厉,它代表了雄壮的历史必然进程;另一方面,又指母亲,母体与母题孕育着生命力和人自我更新的能量。《女神》对力的礼赞非常著名,对"永恒之女性"的崇拜也是《女神》中重要的母题,二者在此合二为一。

在诗人的想象中,近代文明正是雌雄同体的理想型,是"两性结合"、"雌雄同体"的典范。"两性结合"并不仅是《女神》中爱情诗的情爱表达,从《女神之再生》到《凤凰涅槃》都有以女性为人类更新之机的线索。但郭沫若的"永恒之女性"已经是一个两性结合体,代表着文化政治动机与文明想象,也可以说是《女神》所抱有的现代人类理想。

在19世纪法国的空想社会主义中,雌雄同体的人性范型就是乌托邦想象的重要意旨。"圣西门"时代的各类社会主义者都在构想新的社会,构想两性合体的新人类,他们把"亚当"和"夏娃"这两个名字结合起来命名这一教义,即"亚当·夏娃主义",又命名这种理想型为"母父"。从"空想社会主义"传统到郭沫若,从自然和人生之间的婚礼以及两性之间的结合,表现出一种现代的、人性典范的冲动。

"两性结合"成就理想人类社会的意象,最终在郭沫若对歌德《浮士德》的翻译中完成了政治隐喻。在关于《浮士德》的简论中,郭沫若对浮士德的灵魂最终得救这一结局进行了"中国革命式"的解读。在郭沫若看来,浮士德所代表的资产阶级的个人进步主义是男性的，而"永恒之女性"代表了人民民主。进步的个人和人民民主的结合，也是两性的结合，而这才是中国浮士德的大结局，是中年郭沫若所深切展望的中国革命的展开方式。

周海林（美国维拉诺瓦大学）表示，阅读王璞的论文感到很惬意，在"学者、老师、翻译家"等身份之外，最欣赏王璞的诗人身份。"两性结合"、"雌雄同体"的概念非常独到，也足以为人所信服，这一概念未见于中国国内学界。相较于中国人的"慈母"，"严母"也是日本文化中的概念。因此，可以说，除了西方，郭沫若还有受日本文化影响的可能。而郭沫若对现代化"狂喜式的认同"（王璞语），则和当时的未来主义，或者立体主义，也有一些联系。

女性作为《女神》中的母体或者母题，已为很多人所认同，而王璞的女性"凝聚着生产力和人的自我更新的能量"这一说法，如果不用"雌雄同体"、"两性合体"来解释，将会比较乏力。歌德的"永恒之女性，引我等向上"中的"我等"即包含了男女两性。单说"女性"，男性则成为"第二性"，那么用"雌雄同体"来解释则比较通透。王璞又提到圣西门及乌托邦等历史，强调母亲与基督概念的结合。"基督是男是女"的问题一直在争论。女性在西方文学中是圆满、和美的象征，也是一种真善美和完美的象征，无论是在但丁还是在歌德的笔下。

周海林最后指出，郭沫若并未言明创作《女神》时是否想到了"雌雄同体"，这还有待更深的挖掘；而"两性合体"作为人类社会的意象，也与郭沫若当初的婚姻不幸有关，由此也可以说《女神》为从婚姻制度来研究社会变革提供了新的视角——期待王璞能够由此展开新的研究工作。

李斌（中国社会科学院）汇报的题目是《〈女神〉及郭沫若五四时期诗学观的哲学基础与时代背景》，意图探究郭沫若"诗不是做出来的，是写出来的"这个诗学观念的来源。郭沫若曾反复强调这一诗学观念。许多诗评家在评价《女神》时，都认为"做"出来的诗会更好，而郭沫若反驳了这类批评，坚持认为诗是"写"出来的。那么，郭沫若为什么要坚持这个观念，这个观念的成因又是什么呢？

郭沫若在《三叶集》中将"做"定义为"矫揉造作"，而"写"则是自然流露。有关新、旧诗之间的区别，郭沫若的看法也不同于胡适、周作人——所谓"新"、"旧"，只是时间差异，而"写"的却是"生趣"与"情怀"。"写"强调的是诗人情感的自然流露，尊重诗人个性，将价值设定在了此岸、人的身上，而非彼岸、神之处。和茅盾创作《子夜》不同，郭沫若认为"写诗"不是科学理性的计算和规划。

郭沫若对于"我"的强调，与阳明心学、日本大正时期思潮以及"五四"时代精神相关，但最重要的哲学基础是"泛神论"。"泛神论"也是郭沫若诗歌和诗论的哲学基础。而此前在讨论泛神论时，对于斯宾诺莎"神是唯一的"这一观念的讨论还不够深入。郭沫若认为"自然"、"自我"、"古人"、"今人"与一切"写"出来的诗歌都蕴涵着同一的"神"，因此，尊重"我"即是尊重"神"。

但郭沫若在接受斯宾诺莎的《伦理学》时也有所取舍。斯宾诺莎批判不受控制的情感，认为是邪恶的，但郭沫若在诸如《天狗》等诗中所表现出来的巨大的情感力量与斯宾诺莎《伦理学》中"克制情感"的主张相悖。郭沫若对于情感的推崇与柏格森的《创造进化论》有关。在与宗白华的通信中，郭沫若曾谈到自己对于《创造进化论》的阅读，而李斌在阅读了这本书后也有了自己新的体会。柏格森"生之哲学"中的"生"指的是生命的有机物，使生命生生不息、绵延不止；而科学这种基于过去、关于无机物的科学运算的方法，则对生命无效。这是一种与科学、理性、启蒙对话的哲学思路。郭沫若在柏格森的基础上进一步提出"生命与文学本为一体"、"生命的本质在创造与运动"等说法，故而诗歌的"自然流露"便是对生命的尊重，更接近生命的真实。

柏格森的《生命进化论》由张东荪翻译，在《时事新报》连载。宗白华是《时事新报·学灯》的编辑，郭沫若的诗歌也在《学灯》刊发。因此，我们可以将"五四"时期的郭沫若看作以《时事新报》为平台的文化圈中的一员。这个文化圈以梁启超、张东荪为首，主张"玄学"，与《新青年》主张"科学"处于对立的位置（彭小妍称之为"反启蒙"）。但郭沫若在"科玄论战"时，对于"玄学派"也有所批判，指出了"科学"的重要。因此，廖久明称郭沫若为"横站"。郭沫若推崇孔子、歌德这样的"球形天才"，认为科学与艺术并不相悖。

李斌认为，最近的研究过于强调郭沫若"诗人"、"文学家"等身份，郭沫若本人是超越"浪漫"、"主情"、"诗人"等概念的，而"写"也仅止于诗歌领域，在科学等其他领域，郭沫若依然倡导"做"这一思路。

朱寿桐（澳门大学）肯定了李斌的论文写作，表彰李斌超越了"文学研究者"。从哲学基础和历史背景来论证《女神》的创作理念和郭沫若的世界观，一直是郭沫若研究的难点所在，前辈学者曾多次尝试，但由于时代的限制、知识结构的制约等，依然未能攻克。对于郭沫若的哲学研究，还仅停留于知识叙述的层面，未能达到思想阐发的高度。李斌的研究把郭沫若的哲学理念纳入文学研究之中，这种学术诉求与努力值得嘉许。从郭沫若的"泛神论"、"创化论"等哲学观出发，我们便可以理解《抱儿浴博多湾》一诗的诗情。朱寿桐建议，除了斯宾诺莎、布鲁诺外，再将尼采的哲学引入对郭沫若的研究中，且要联系"我手写我口"、"话怎么说，诗怎么做"等诗学思路，在对比中突出郭沫若诗学的独特性。最终，朱寿桐以"我便是我"（《天狗》）总结了郭沫若大于"诗人、浪漫、惟情"这一题旨。

刘奎（厦门大学）汇报的题目是《〈女神〉、情热与时代的共振》。刘奎关注的问题是，《女神》除了作为文学史上新诗的起点之外，是否有能力回应当下青年"去抒情化"的问题？我们可以将《女神》放回到时代脉络之中，探讨其所蕴含的情感结构。在文学史上，《女神》引导青年抒情，成了一代人的典范，影响着青年们走向革命。

《女神·序诗》后半段中的"振动数"、"燃烧点"等话语构成了强大的召唤结构，早于布莱希特的"间离"理论，为青年提供了远景的想象。这种召唤结构通过模拟、扩充等方式，不仅实现了新文学的再生产，也形成了新的行动方式。

田汉在《与沫若在诗歌上的关系》一文中认为，"情热"是诗歌最宝贵的要素。郭沫若诗歌的意义不仅仅在于青春的写作方式，更重要的是诗歌内含的情感方面的力量。

《女神》在整体上有着更新的诉求，具有交响乐式的抒情结构，混杂了多种抒情模式，表现出情感的复调。《女神》内含的思想资源非常广博，使其成了20世纪多声部情感交响曲。《女神》以一种共时的、混杂的方式接受了这些思想资源，而并非其原初脉络的延伸。

《女神》对西方浪漫主义、现代主义和世纪末文学的接受是去脉络化的，一方面带来了情感模式和抒情方式的杂糅，但另一方面，也从立足于民族问题的整体视野，相应地汲取、抵抗西方文化资源。诗作中体现出了"五百年"的长时段视野，核心是泛神论，生命、宇宙、神等"一切的一"形成了贯通的、同构的整体。

孟超在《向一个前驱者的祝颂》一文中，从情感教育的角度肯定了郭沫若的文学创作。《三叶集》提供了包含着新的抒情方式与情感内容的青年模仿的范本。如果说歌德因《少年维特之烦恼》而被视为"成长"小说的鼻祖，那么，郭沫若的《女神》则是情感"成长"的诗歌。

"五四"时期，《女神》所体现出的"主情主义"并非个例，在当时的时代潮流中出现了一批诸如《三叶集》、《沉沦》等文学创作。《女神》面对20世纪的时代问题，体现出新的时代精神。郭沫若自身对于19世纪、20世纪的文艺有着总体上的判断。《女神》具有世界史的眼光，关注多个领域，试图从整体上解决中国乃至世界的问题。《女神》也瞩目于现代人的发展，反思现代理性人的局限，希求人类能够获得情感与理性的全面发展。

拜泽尔在《浪漫的律令》一书中追问浪漫主义者：如何将现代性的根本价值保存在整体论思想中，如何在构建社群的同时又能兼顾个人的权利。而郭沫若则关注人的内面，即融合理性与情感的内宇宙，与外宇宙同构的、有机的联系。其诗歌中所体现出的复调结构既可能是作者无法绝对掌控题材的产物，又可能是作者试图综合处理多重思想或情感的方式。

魏建（山东师范大学）肯定了刘奎鲜明的问题意识——《女神》如何能够引动当下青年；赞赏《女神》的"召唤结构"这一说法，认为非常有新意；此前，人们对于抒情方式的研究常常过于单一，而刘奎充分挖掘了其中的混杂；《女神》对外来文学的接受也是"去脉络化"的，在抒情方式上体现为杂糅的特征；将《女神》与《三叶集》、《少年维特之烦恼》、《沉沦》、《革命哲学》等作品相关联，展现了"五四"时期的"主情"特色。

魏建建议刘奎在接下来的修改过程中，要增强论文与前沿成果的对话，将"召唤结构"这一说法论述得更为充分，并深入阐明《女神》所谈的时代问题如何成为情感的起点。对于刘奎"主情代替启蒙"的说法，魏建认为，"五四"除了思想启蒙之外，还有情感上的启蒙，因为传统中国人在思想与情感这两个方面受着双重的压抑。

梁仪（四川大学）提问：如何看待郭沫若留日时期对于阳明心学的接受？这与日本阳明心学有何关系，对于《女神》的创作又有何影响？

李斌从两方面回应了这个问题。第一，在李斌看来，当前对于郭沫若与阳明心学的关系的考察还不够。阳明心学在大正时期如何被日本人接受和转化？郭沫若在日本读到《王阳明全集》的机缘是什么？因为相关材料的欠缺，以及日语不够熟练，对这些问题也未能展开考察。第二，李斌曾写文章解读郭沫若的《蜜桑索罗普之夜歌》一诗，认为郭沫若在写作这首诗时曾受到阳明心学的影响，王阳明的生死观对于郭沫若的触动很大。当然，有关郭沫若与阳明心学之间的关系还涉及很多方面。

何俊（西南交通大学）关注的是郭沫若与德国文学之间的关联，以及如何看待顾斌认为《女神》"代表了20世纪中国文学、乃至于世界文学"这一说法。

王璞认为，郭沫若从创作《女神之再生》到1947年翻译完《浮士德》，这个完整的周期暗合了中国新民主主义革命的30年，其间关联耐人寻味。"永恒之女性"与启蒙、革命、现代化、女性解放等诸多命题相关联。而1947年，郭沫若受到反法西斯战争史实的影响，对于德国文化有了新的体认与理解。不仅仅是郭沫若，同时期的诗人冯至也开始重新研究《浮士德》。而在世界范围内，人们对于德国文化也有了新的认知，比如卢卡奇写作了《歌德及其时代》。而在这个漫长的过程中，德国文化已然内在于中国的现代性，中国已不仅仅是简单地受其影响。顾斌认为《女神》是20世纪中国的预言诗，预示了革命、暴力与颠覆性。这体现了以顾斌为代表的德国人对于革命与暴力等现代性问题的反思，体现了德国文化传统以及基督教文化传统内部深刻的敏感。王璞认为顾彬的洞见非常重要，但在政治上却无法认同。

关于郭沫若诗歌中的"黑牡丹"，李怡回想起自己小时候美术课上画得最多的两种题材，一是北京天安门，二是冒着黑烟的烟囱。郭沫若诗歌中的"严母"体现了"雌雄同体"的文化想象，而"十七年"文学作品中的女英雄一般也都是"去性别化"的。这种文化图景的转换可以体现半个多世纪以来中国人精神史的变迁。尽管郭沫若超越了诗人、超越了浪漫，一生中不断变化，但他依旧是个诗人。郭沫若既是诗人，又不仅仅是诗人。

宋宁（山东师范大学）提问：《女神》第一辑中的诗剧与召唤结构有什么关系？"剧"与"诗"两种形式在"召唤结构"方面有何种区别？

刘奎认为，诗剧展演与模拟观看的形式本身就是一种召唤结构，这是戏剧不同于诗歌的沉浸式抒情。根据布莱希特的"间离"理论，舞台监督让观众从沉浸与抒情中惊醒，明白新的时代任务是什么。而诗剧与诗歌不同，有着自身的独特性。郭沫若的诗剧创作与对瓦格纳、莎士比亚、《神曲》的接受相关。诗剧本身又与抒情诗具有关联性。

对于本次学术研讨会，藤田梨那总结了如下几个特征：

1. 李怡和王璞的报告，都涉及《女神》中的诗歌与"'风景'的发现"之间的关联。与中国传统诗歌中景物的物态化、借景生情决然不同，郭沫若笔下的松和梅有着意志化、以情喻物的能动性，体现出了现代的自我意识。这对于我们思考郭沫若如何将古典诗歌资源"现代化"有很大的启示。

2.《女神》的创作的确与日本大正时期的工业发展有关联。岩佐昌暲教授曾做过调查，门司原本只是一个渔港，后在大正时期急速发展、蒸蒸日上，成了重要的贸易港口。郭沫若诗歌与日本大正时期工业发展有何关系，这个问题还有很大的拓展空间。研究《女神》，一定要联系郭沫若的生活环境以及所处的历史背景，去探讨郭沫若的精神历程。

3. 李斌、刘奎都研究了郭沫若的诗歌与西方哲学之间的关联，而这方面依然还有很大的探讨空间。除此以外，郭沫若诗歌与心理学之间的关系还可以探讨。

4. 郭沫若的文学创作与疾病之间的关系，同样有待研究。藤田梨那有感于当前疫情肆虐，曾多次为中日两国的高校、科研单位做关于"文学与疾病"的学术汇报。郭沫若留日期间，霍乱、结核病横行。郁达夫的小说对此也多有描写。

5. 藤田梨那展示了郭沫若在1956年写给日本三木清的信件以及1982年日本报纸《中国新闻》的相关报道，启发大家多多留意郭沫若与日本友人之间的交往、为中日两国邦交所做的贡献。

最后，藤田梨那指出，今后可以从如下方向开展研究：挖掘史料、书信、字迹、郭沫若在日期间的藏书；重新估价郭沫若的文学创作在历史上的意义；加深对郭沫若史学研究、文字学研究的探讨。

魏建在闭幕词中祝贺大会圆满成功，致谢参会人员，并提醒大家除了关注《女神》的正面意义外，还要去思考《女神》的短板与局限——《女神》在今天为何没能像戴望舒、徐志摩、闻一多的诗歌那样被广泛传播。

（作者单位：山东师范大学文学院）

闻一多与中国"士"文化精神①

黄　健

1946 年 7 月 15 日，云南昆明，云南大学召开追悼李公朴先生大会，由闻一多主持。在李公朴夫人发言后，闻一多拍案而起，满腔悲愤地发表演讲，大声说道："正义是杀不完的，因为真理永远存在！……我们不怕死，我们有牺牲的精神！我们随时像李先生一样，前脚跨出大门，后脚就不准备再跨进大门！"②会后，他又参加了记者招待会，回答了记者提问。然而，在回家途中，他便遭到特务暗杀。一颗罪恶的子弹向他飞来，他倒在了血泊之中。

这不是电影片段，而是真实的历史影像。集诗人、学者、斗士于一身的闻一多教授，用鲜血和生命践行了他的誓言，谱写了他理想人格的赞歌。从精神品格维度来看，闻一多的道义之举，洋溢着一种人间正气的道义，闪烁着中华精神文化传统的光芒，是中国"士"文化传统的现代延续与体现。余英时曾指出："中国史上的'士'，大致相当于今天所谓的'知识分子'，但两者之间又不尽相同……无可争辩的，文化和思想的传承与创新自始至终都是士的中心任务。"③所谓"士"，一般指的是以读书人，大致相当于（但不等同于）现在通常所说的知识人，或知识分子为主体的阶层。在中华文化语境中，"士"是文化传承、创造和传播的主体，且更多是精神文化传统的坚守者以及传承与传播的主体。人类在创造物质文化的同时，也产生了相应的精神文化。这当中就包括人的价值观、人生观和世界观，乃至宇宙观念。其中，人生理想、人格

①　本文系 2019 年国家社会科学基金重大课题"鲁迅的文化选择对百年中国新文学的影响研究"（19ZDA267）的阶段性成果。

②　闻一多：《最后一次演讲》，《闻一多全集》，生活·读书·新知三联书店 1982 年版，第 581 页。

③　余英时：《士与中国文化》，上海人民出版社 1987 年版，第 1 页。

理想、道德品格、心理素养、精神面貌、行为哲学、审美观念等，都属于精神文化范畴。精神文化是人的精神品格特征，孕育了人的精神家园，决定了人的精神状态、精神生活、精神本质，体现着人的本质属性和力量。中华精神文化是中华文化的重要形态，而"士"文化是中华精神文化的重要内容。受中华文化规约，"士"文化所表现出来的，往往就是中华民族的精神品格、价值观念、人生理想和人格风范等精神意识形态。从古到今，这是贯穿在中华文化、中华精神文化中的一条红线，尤其是"士"的阶层，表现得更为突出，更为鲜明。无疑，从这个维度来说，闻一多的道义之举，显示的就是这种鲜明的中华精神文化，特别是"士"文化的价值特征。

一

闻一多出身书香门第，从小接受中华文化传统的教育，有着良好的中华文化素养。他的道义之举来所体现出来的，就是贯穿其精神血脉的中国"士"文化传统和精神。

在中华文化语境中，"士"文化推崇讲风骨、重操守、坚守道义。《论语》中记载："子贡问曰：'何如斯可谓之士矣？'子曰：'行己有耻，使于四方，不辱君命，可谓士矣。'曰：'敢问其次。'曰：'宗族称孝焉，乡党称弟焉。'曰：'敢问其次。'曰：'言必信，行必果，硁硁然小人哉！抑亦可以为次矣。'曰：'今之从政者何如？'子曰：'噫！斗筲之人，何足算也？'"①显然，孔子，或者说儒家所指的"士"，用今天的话来说，就是那些推崇高尚的人格、讲究做人原则、服务社会、奉献人生、坚持真理、维护正义的文化人。"士"原本是指专志道业而真正有学问的人士。老子称之为"古之善为士者，微妙玄通"。《说文解字》对"士"的解释是："士，事也。数始于一，终于十，从十一。孔子曰：'推十合一为士。'"简言之，传统的"士"是以家国之公共事业为己任的人士，也即是人们常说的以天下为己任的人士。其特点是推崇个体必须有社会公共事务之担当，以维护道统，构建秩序，讲究公平，坚持正义之道。《论语·泰伯》曰："士不可以不弘毅，任重而道远。仁以为己任，不亦重乎？死而后已，不亦远乎？"②说的就是"士"总是以仁为己任，弘扬坚毅的精神，具有宽广、坚韧的品质，肩负重任，在漫漫征途中实现"仁"的理想。纵观中华文化的发展历史，"士"的弘毅精神，既是一种坚持道义之举的坚毅品格，也是一种光大中华文化的人格风范。

闻一多有着深厚的中华文化情怀。1935 年撰写《悼玮德》一文时，他认为"士"

---

① 朱熹集注：《论语·子路》，中华书局 2006 年版，第 120 页。
② 朱熹集注：《论语·泰伯》，中华书局 2006 年版，第 66 页。

的所作所为都当坚持"中国本位文化的风度"。他指出："玮德的标格，我无以名之，最好借用一个时髦的话语来称它为'中国本位文化'的风度。"接着，他又以文学艺术为例，指出："谈到文学艺术，则无论新到什么程度，总不能没有一个民族的本位精神存在其中。"尤其是在"国家的躯体残毁到这样，国家的灵魂又在悠久的文化的末路中喘息着"的年代①，坚守和弘扬中华文化本位风度和精神，在闻一多看来，这是"士"的使命所在，是"士"要坚守的道义。在抗战时期大后方的昆明，闻一多以全民抗战为例，指出："抗战是我们自己要求的，为抵抗敌人的侵略而流血流汗，我们甘心情愿。……我们明白了，于是从一个民族的自卫战争中，孕育出一个民族自救的运动来了。民主运动是民族战争的更高一级的发展，更高的发展是由于更深的体念和更深的觉悟。"②在他心中，无论如何艰难困苦，一个民族都不能丢掉本族的文化精神，这是一个民族之精魂所在，一国之灵魂所系，一个民族文化的精神要义所为。对于"士"来说，任何时候都不能放弃对民族文化精神的传承与弘扬，只有不懈的坚持和坚守，方能在民族危亡之际，抵御外敌，克服困难，完成弘扬民族文化和民族复兴的伟业。

中华文化所推崇的"士"，多是那些捍卫国家和民族利益而有浩荡之气的文化人士，其形成的精神文化特点，就是恪守"仁"之道、以天下为己任的弘毅精神。对个人、个体而言，坚守的是人之为人的德性，以养面对天地、面对列祖列宗的人之为人的"浩然正气"。对国家、民族而言，坚持的是民族大义和社会正义，以培育"士"战胜一切艰难困苦的精神力量。所以，在中华文化史上，倡导"养天地正气，法古今完人"，一直都是"士"的人生追求和道德理想。如孔子主张"志士仁人，无求生以害仁，有杀身以成仁"③；孟子主张"士"在生死存亡关头，当"舍生而取义"④。只有这样，"士"方能立于天地之间，"其为气也，至大至刚以直，养而无害，则塞于天地之间。其为气也，配义与道；无是，馁也。是集义所生者，非义袭而取之也。行有不慊于心，则馁矣"⑤。从小受中华文化的影响、熏陶，闻一多对这种"士"的精神是十分推崇的。他在论律诗时解释"中国"一词，就指出"我国地大物博，独据一洲。在形势上东南环海，西北枕山，成一天然单位；在物产上，动植矿产备具，不须仰给于人而自瞻饱。故吾人尝存满足观念；吾人之人生观则为保守主义，盖自谓生活低享乐，吾已尽有十分，无可复求者矣。我国又尝自称'中国'，以为天下文化尽在

---

① 闻一多：《悼玮德》，《晨报》1935 年 6 月 11 日。
② 闻一多：《昆明的文艺青年与民主运动》，《今日文艺》1946 年上半年刊。
③ 朱熹集注：《论语·卫灵公》，中华书局 2006 年版，第 142 页。
④ 孟子：《孟子·告子》，吉林文史出版社 2007 年版，第 145 页。
⑤ 孟子：《孟子·公孙丑》，吉林文史出版社 2007 年版，第 33 页。

于此；四境之外，无美无善，不足论也”①，并认为中国律诗的诞生和演化，与中华文化、中华精神文化有着紧密的关联。在他看来，中华文化孕育了中华之“士”的精神，形成了“士”文化传统。在青岛的山东大学和后来的西南联大讲唐诗时，他就十分注重结合“士”的精神来进行讲述。他认为，中国诗歌史上有三个伟大的诗人，分别是庄子、阮籍和陈子昂。他指出，中国人在文化上永远留着庄子的烙印，以逍遥的方式展示人的自由本质。而在论述魏晋时期的阮籍时，闻一多认为阮籍身上始终洋溢着“士”的精神，不拘礼法，不阿谀奉承，坚守“士”的操守。同样，在论述唐代诗人陈子昂时，闻一多也十分注重从“士”的角度来予以评述。他赞同清代诗人陈沆对陈子昂的评价，认为陈沆说陈子昂乃“心迹终始，日月争光矣”，是“千古卓见”，不只是因为陈子昂平反，而是高扬了“士”的理想。也因此，陈子昂的诗“古今独步，几乎众口一词，无人否认”②，体现出了“士”的操守和精神。

中华文化之“道”的精神，流淌在“士”的精神血液里。余英时在分析孔子论“道”的特点时曾指出，“士”的精神文化信念，就是“强调知识分子所当考虑的乃是‘道’的得失而不是个人的利害”③。“士”谋“道”轻“利”，不计物质利益，如孔子所说的“不义而富且贵，于我如浮云”，而是胸怀大志，矢志不渝，执着追求精神信念，恪守“道”的原则。这已成为文化人的一种精神标识。从“士”的文化传统上来看，闻一多的道义之举，可以说，与中国“士”文化精神有着内在的联系。同时，他又赋予了“士”的精神文化以现代的价值内涵。

二

受中华文化传统规约，“士”文化奉行儒家的“孝、悌、忠、信、礼、义、廉、耻”之主张，即将所谓的“八德”作为“士”观人、律己的标准，也作为“士”的理想人格。许倬云在论述“士”与中国文化的关系时指出：“中国文明体系中，有一批胸存普世关怀的士或儒生，在朝在野，用进退藏，这批儒生、士大夫遂成为中国社会上长期存在的知识分子，为中国文化的传承与开展而尽力。”④正因为“士”是中国精神文化的传道者，所以，“士”无论是对自身，还是对他人的人格操守的要求都非

---

① 闻一多：《律诗底研究》，转引自季镇淮主编：《闻一多研究四十年》，清华大学出版社1988年版，第55页。

② 孙党伯、袁謇正主编：《闻一多全集》（第6卷），湖北人民出版社1993年版，第40页。

③ 余英时：《士与中国文化》，上海人民出版社1987年版，第37页。

④ 许倬云：《中国文化的发展过程》，贵州人民出版社2009年版，第18页。

常高。因此，在中华文化价值体系中，特别是在中国精神文化价值体系中，"士"大多是指那些有傲骨、气节和操守的文化人士。而那些虽读书作文，却厚颜无耻、阿谀献媚的文人，则不能被称为"士"，而常被称为"士林败类"。从精神品格上来说，"士"的理想人格所奉行的多是"富贵不能淫，贫贱不能移，威武不能屈"①的大丈夫气概，多坚持"至大至刚"的浩然正气。

闻一多秉持"士"的文化精神和理想人格传统，如同他远古的先辈同乡屈原一般，将理想人格作为自己人生的精神向度，并认真予以践行。他曾高度评价唐朝大诗人杜甫，称他为"中国有史以来第一个大诗人，四千年文化史中最庄严、最瑰丽、最永久的一道光彩"②。在他看来，杜甫之所以能够在诗歌创作上取得卓越成就，与他所坚持的理想人格有关。或者说，追求和坚持理想人格，也是杜甫诗歌创作的鲜明特色。他的忧国忧民、他对民间疾苦的关心、他的人格操守等等，都融入了他的诗歌创作之中，使他在盛世唐朝也能够深刻地体悟到民间的疾苦，看到时代将会出现由盛而衰的势头，进而在"穷年忧黎元，叹息肠内热"中，将其人格操守、社会责任感、使命感和担当精神，都十分鲜明地表现出来。闻一多充分注意到了杜甫诗歌创作的这个特点。在深入的研究中，他进一步发现了杜甫的人格操守对其诗歌创作的影响，所以，才对杜甫作出如此高的评价。事实上，闻一多在自己的诗歌创作中，也自觉地以杜甫为榜样，凸显其对理想人格的追求。仅以他的《红烛》为例，就可以看出这一点。

创作于1923年的《红烛》，是闻一多第一部诗集《红烛》的序诗，也是其诗歌代表作。他选择"红烛"这一意象，将自己对理想人格的追求和企盼、为人生奉献的情操等精神元素赋予其中，再集中展示。诗歌引唐朝著名诗人李商隐诗句"蜡炬成灰泪始干"为开篇，以"红"为"烛"的鲜明标识，在"是谁制的蜡——给你躯体？／是谁点的火——点着灵魂？／为何更须烧蜡成灰，／然后才放光出？"的叩问中，审视内心，剖析自我，既歌颂"红烛"牺牲自己、点亮光明的可贵精神品格，也表达自己对以这种精神品格为内核的理想人格的赞美与向往："红烛啊！／你心火发光之期，／正是泪流开始之日"，"请将你的脂膏，／不息的流向人间，／放出慰藉底花儿，／结成快乐的果子"，"你流一滴泪，灰一分心。／灰心流泪你的果，／创造光明你的因。／红烛啊！／'莫问收获，但问耕耘。'"闻一多将"红烛"形象关联自我，关联理想人格，意在向世人表明，自己一生都要把"红烛"精神作为自己的理想人格和人生宗旨，一生都将努力地去践行它，完善它。事实上，他最终以自己的鲜血和生命完成了对以"红烛"精神为内核的理想人格的完美诠释，并为这首诗作了最好的脚注，赋予了这

① 孟子：《孟子·滕文公》，吉林文史出版社 2007 年版，第 72 页。

② 闻一多：《唐诗杂论》，武汉大学出版社 2008 年版，第 119 页。

首诗以特殊的意义——成为他形塑理想人格的一种精神向度。

　　理想人格是人生的一种价值尺度。以先贤屈原的人格意义而言，他留给后世的不仅仅是他的诗歌，更在于他是"士"的人格范式的奠定者，是理想人格精神源流的开创者。从这个意义上来说，屈原在文化史上的价值和意义，应大于他在诗歌史或文学史上的贡献和地位，而这也正是中华民族在过端午节时，为什么要以赛龙舟和包粽子的方式来纪念他的原因。尽管民俗学家对端午节的起源，对赛龙舟和包粽子的民俗考证有种种不同的说法，但依然不能抹杀人们向屈原的理想人格及其高尚性表达崇敬的情感和精神向往。作为学者，闻一多当然要比一般人更了解屈原。从《西南联大诗词课》等西南联大通识课程所收录的闻一多编写的讲义内容来看，他在给学生讲述屈原缘何成为人民热爱与崇敬的对象时，就说过屈原的主要成就不是他的文采，而是他对理想人格的践行。虽然在学术见解、认识观念上，闻一多的屈原研究，其观点前后有些变化，如他一开始称屈原是"吟着美人香草的爱国诗人"①，后来又说"真正的屈原，汉人还能看得清楚。班固说，屈原露才扬己，竞乎危国群小之间，以离谗贼，然数责怀王，怨恶椒兰，愁神苦思，强非其人，忿怼不容，沉江而死，亦贬絜狂狷景行之士。这才是《离骚》的作者，但去后世所谓忠君爱国的屈原是多么辽远，说屈原是爱国而自杀的，说他的死是尸谏，不简直是梦呓嘛"②，再后来又指出屈原是"人民的诗人"③ 等，但这些都不妨碍他对屈原精神品格和坚持理想人格的认定与崇敬。因为屈原身上始终都有"士"的精神展现，而那正是他理想人格的写照，也是他为后世所尊敬、所效法的根本原因所在。

　　如果说人的肉身，或人的现世性，是"有限"的，也无绝对的意义，那么，在闻一多看来，肉身要获得生命意义的建构，就必须要在"有限"中去寻找"无限"，即要在生命的实践中，不懈地寻找"无限"的生命意义，以充分地支持"有限"的人生，并将理想人格作为生命价值的重要内涵。只有这样，才能使人生最终超越"有限"而获得"无限"，超越相对而获得生命的绝对意义，让精神永远定格在理想人格所规定的高度上，实现生命的价值完满和自由超越。正如他在《最后一次演讲》中所说以及后来所践行的那样，他相信"真理永存"，且做好了"后脚就不准备再跨进大门"的牺牲的准备。这些都说明他持守的人生观和价值观充分地展示出他的理想人格。不论是"士可杀，不可辱"，还是"众人之诺诺，不如一士之谔谔"，"士"的意义，

　　① 闻一多：《长城之下哀歌》，《大江季刊》1925 年第 1 期。

　　② 闻一多：《读骚杂记》，《益世报·文学副刊》1935 年 4 月 3 日。

　　③ 闻一多：《人民的诗人——屈原》，《闻一多全集》，生活·读书·新知三联书店 1982 年版，第 259 页。

最终都落在理想人格层面上，体现出"士"以天下为怀、忧以天下的价值理念。源自心灵真诚和坚持人性善美的理想人格，其精神法则始终建立在人性公正、公平和正义的意义层面上。它永远高于肉身生命，高于物质财富，高于现世生活，即便于世无补，也始终值得以生命为代价去坚守，去践行，去发扬光大。它服从于自我心灵的需要，满足于自我心灵的需求，也是人活着的最终价值和意义所在。所以，无论是屈原，还是闻一多，追求"士"的理想人格，这才是他们对于后世的意义所在，对于中国文化史、中国精神文化史的意义所在。

<h2 style="text-align:center">三</h2>

传承文化，或者说传道，是"士"的使命，是"士"要从事的主要工作。孔子曾说"士志于道"，意思很明确，就是指"士"始终以传道为使命，为工作的主要内容。如果从职业的角度来说，"士"的工作大概是今天所说的"做学问"，即对历史、文化等典籍文献进行整理和学术研究，从中梳理出"经国大业"之"道"，以服务天下、服务苍生。

闻一多选择的职业是大学教师，从事教书和学术研究。从《闻一多全集》所收录的学术著作和文章来看，闻一多一生著述丰富，涉及历史、文化、文学等多个领域，对神话、周易、楚辞、诗经、诸子散文、唐诗等方面展开深入研究，功底深厚，见解独到，在中国历史、文化史、文学史、学术史等多个领域颇有建树，颇有影响。据《闻一多传》①记载，闻一多到武汉大学任教后，决心结合中国历史和文化的特点，致力于中国古典文学的研究，并以此作为他的志向和职业。该传记详细地再现了闻一多当年专心从事学术研究工作的情形，展示了他当年为撰写《楚辞校补》、《唐诗杂论》、《古典新义》等研究中国古典文学和文化的著作所花的功夫。闻一多到武大任教后，先是从唐诗开始，再上溯至汉魏六朝的诗歌，再到《楚辞》以及远古经典，一路艰辛，一部部"校补"著述赫然而出，然后，又写了《古典新义》这部具有独到学术见解的著作。该传记描述了他写《唐诗杂论》的情形——目不窥园，足不下楼，兀兀穷年，废寝忘食，沥尽心血，一个又一个大的四方竹纸本子写满了密密麻麻的小楷，如群蚁排衙，经过几年的辛苦，终将研究心得凝结而成《唐诗杂论》。又据梁实秋的回忆，闻一多到武大任教后，不再写原先那种泛论式的文章，而做起了以考证、考据为主的研究工作，如杜甫年谱的考证工作。他的《少陵先生年谱会笺》的第一部分，就发表在武大《文哲季刊》上。后来，《新月》杂志又发表了其《杜甫》一文的未完稿。

---

① 参见闻黎明：《闻一多传》（增订本），人民出版社 2016 年版，第 20-40 页。

梁实秋认为，闻一多的这种改变，表明他不再用以前那种时评式，或诗人那种即兴式的方式来论述历史和文化、文学，评论历史人物，评价诗人，而是代之以严谨的考证、考据方式，进行严肃、严谨的系统研究，以体现学术研究的严肃性和客观公正性①。事实上，收入闻一多《神话与诗》中的各篇文章，尤其是最为后人所称道的《伏羲考》，就体现出了其学术研究工作的严肃态度和严谨精神。从学术研究上来说，虽然他的考证所得出的结论并非绝对正确，也并未成为定论，如他最用力、也最受争议的《伏羲考》，然而，学术研究的态度、方法以及认识观念，均为学界所认可，并深感敬佩。王瑶曾说，闻一多虽"醉心于训诂考据之学"，但"这些只是他治学的准备和途径，他与清代朴学家根本不同，他的视野要开阔得多"②。闻一多的学术研究，善于结合中国历史和文化的特点，从训诂和史料考证、考据方面着手，分别从《诗经》、《楚辞》、《周易》、《庄子》等涉及历史源头和文化根性的经典文献中探求远古社会的生活境况，展示远古先人的生活理念和生活方式，给后人以诸多的启示。而闻一多选择研究神话，如写作《高唐神女传说》和《伏羲考》等，也是为了探求中华民族的文化起源，力图勾勒出演化的图谱，发现蕴含其中的规律特征。

闻一多的学术研究工作，既是纯学术性的，也灌注了他的理想人格精神，蕴涵着他的人生观、世界观和价值观。朱自清在为他的著作写序时就明确指出："他是一个斗士。但是他又是一个诗人和学者。这三重人格集合在他身上，因时期的不同而或隐或现。……学者的时期最长，斗士的时期最短，然而他始终不失为一个诗人，而在诗人和学者的时期，他也始终不失为一个斗士。"③三重身份、三重人格集于一身，不能任意分割。这三重元素统一在他身上，使他将学术研究既作为一种职业、一项研究工作，更将其作为一种志业，作为终生的事业。他的人格，他的观念，他的理想，全都蕴涵其中，成为他的职业标识和精神写照。

马克斯·韦伯在论及将学术作为一种志业时指出："无论是谁，只要他是一名正直的教师，他的首要职责就是教会他的学生承认'令人不舒服的'事实，我是指那些相对于他们的党派观点而言不舒服的事实。"对于纯学术研究来说，为探寻研究对象的特性和规律特征，研究者必须尽量排除主观的事先认定，遵循客观规律，发现真理，探索真理，也就是马克斯·韦伯所说的那种抛弃"党派"观点的"不舒服的事实"。然而，马克斯·韦伯同时又指出："在实践方面，一个人基于对价值问题的考虑，可以采取这样或那样的立场。……如果有人采取了如此这般的立场，那么根据科学的经验，

---

① 梁实秋：《谈闻一多》，台北传记文学出版社 1987 年版，第 79 页。
② 王瑶：《念闻一多先生》，《中国现代文学研究丛刊》1987 年第 1 期。
③ 朱自清：《唐诗杂论·序》，闻一多：《唐诗杂论》，武汉大学出版社 2008 年版，第 1 页。

他要想在实践中贯彻自己的信念，必须也采取如此这般的手段。"①这也就是说，即便是在纯学术研究中，为探寻客观真理而排除主观事先认定，也不可能完全排除人的价值观及其带来的信念。因为在马克斯·韦伯看来，价值毕竟是"多元性"的，会渗透到学术研究中，相应的价值会引导学术研究朝着客观事实、规律和真理的方向行进。显然，从这个维度来看闻一多所从事的学术研究工作，就不难发现，他在将学术作为志业时，同样也寄寓了他的精神信念，在尊重历史的客观事实基础上也考虑了相关的价值问题。譬如他对"伏羲"所作的考证，透过细致、扎实的材料运用和分析论证，在还原客观事实的基础上，表明了他正本清源的价值理念，以及探寻华夏民族文化源头的价值理想。又譬如他对杜甫的研究，在厘清杜甫的生平事迹和创作情形的基础上，还原了杜甫的真实形象，并运用诗人的想象和语言予以具体描述，说杜甫从 20 多岁时"便开始了他的飘流的生活"，中年之后则"快意的游览，便象羽翮初满的雏凤，乘着灵风，踏着彩云，往濛濛的长空飞去……"② 显然，撇开其表述语言的特点不论，我们可以看到他对杜甫诗人生活的一种钦佩。所以，即便闻一多一度宣称要在"故纸堆内讨生活"，他对中国历史和文化、文学的研究，还是基于其价值认定的。他曾在《论振兴国学》一文中指出："吾国汉唐之际，文章彪炳，而郅治跻于咸五登三之盛。晋宋以还，文风不振，国势披靡。洎乎晚近，日趋而伪，亦日趋而微。维新之士，醉心狄鞮，么么古学。学校之有国文一科，只如告朔之饩羊耳。致有心之士，三五晨星，欲作中流之柱，而亦以杯水车薪，多寡殊势，卒莫可如何焉。呜呼！痛孰甚哉！痛孰甚哉！"③可见，闻一多把学术作为志业时，依然有着鲜明的价值理想。而这也恰恰是他对中国"士"文化传统的一种继承和弘扬。

一个以学术为志业的人，除了要有强烈的探索精神外，还要具备热情、责任感和判断力等精神品质。从闻一多的学术研究来看，他是完全具备这些精神品质的。尽管他曾自嘲是在"故纸堆内讨生活"，然而，这既是他的职业兴趣所在，也是他以此为志业的精神品质所在。因为选择以此为终身的志业，对现代知识分子来说，无论是传道授业解惑，还是从事纯学术研究，都意味着要摆脱各种精神的束缚，以自由的精神去发现真理，探寻真理，传播真理，进而使真理发扬光大。陈寅恪在《王静安先生纪念碑记》一文中指出："先生之著述或有时而不章，先生之学说或有时而可商，唯此独立之精神，自由之思想，历千万祀，与天壤同久，共三光而永光。"④学者的学术建

---

① ［德］马克斯·韦伯：《学术与政治》，冯克利译，外文出版社 1997 年版，第 26、31 页。
② 闻一多：《杜甫》，《新月》1928 年第 1 卷第 6 期。
③ 闻一多：《论振兴国学》，《清华周刊》1916 年 5 月第 77 期。
④ 陈寅恪：《陈寅恪全集》（下卷），台北里仁书局 1979 年版，第 1439 页。

树，或许会有不同的评定，甚至会被否定，被超越，但在追求真理、探索真理、坚持真理的过程中所展示出来的"独立之精神，自由之思想"，则永远值得后人敬佩并弘扬。这才是真正的"士"的精神，"士"的品格，"士"的文化传统。王国维是这样，闻一多也是这样，古往今来真正的学者、真正的"士"，都是这样。正是从这个特定的维度上来考察和审视，可以说，闻一多是现代中国的一位真正的"士"，一位继承和弘扬中国"士"文化传统、精神的现代之士。

（作者单位：浙江大学文学院）

蹇先艾与闻一多：诗歌创作交往及影响考论①

颜同林

闻一多在 20 世纪 20 年代尝试新诗格律化的时候，来自贵州的蹇先艾是他的一个跟随者，也是一个诗歌圈子里的同道。经知心诗友刘梦苇介绍，蹇先艾与闻一多得以认识，随后在京城一个小的诗歌圈子里探讨诗艺，有着较为一致的诗学趣味和追求。后来两人又机缘巧合地参与了晨报副刊《诗镌》的筹划、创办、选录稿件等事务，在新诗的"格律化"、"三美"诗学主张上也有共同的追求。研究两人之间的人际交往，以及闻一多对蹇先艾诗歌创作、文学道路的影响，对于认识新诗史上早期的诗人群体有着特殊的意义！

一、蹇先艾与闻一多的人生活动轨迹和交集

蹇先艾 1906 年出生于四川越西县，其父当时任越西知县。蹇先艾的老家在贵州遵义，祖上是当地一个封建大家族，家族中多人在四川各地任官，属于典型的官僚地主家庭。1919 年年底，赋闲在家的父亲携蹇先艾北上，将他托付给任职于北洋政府司法部的同父异母的蹇先艾二哥一家。不幸的是，蹇先艾父母在此后不到一年时间内相继去世，这对蹇先艾的打击很大。少年蹇先艾逐渐对文学感兴趣，尝试着练习写作，结伴组成文学社团，并参加校内外文艺活动。对于走上文学道路，蹇先艾自述完全得力于读北师大附中时三位朋友朱大枏、李健吾、程鹤西的勉励，写诗则是朱大枏督促的

---

① 本文系贵州师范大学哲学社会科学重大科研项目培育项目"方言与中国现当代文学的语言形态"的研究成果。

结果①。

1921 年 9 月，蹇先艾考入北师大附中，1922 年 12 月与同班同学李健吾、朱大枬等成立曦社，1923 年春创办不定期刊物《爝火》。此外，他还加入了赵景深、焦菊隐、于赓虞等人在天津创办的绿波社。1919 年至 1937 年间，蹇先艾居留北京，活跃在当时的文学圈子里。

在文学创作上，蹇先艾于 1927 年出版了小说集《朝雾》。1928 年至 1937 年是蹇先艾小说创作的高光时刻，先后出版了 6 部小说集。至于诗歌创作方面，1923 年至 1930 年间，蹇先艾在《晨报副刊》、《文学旬刊》、《现代评论》、《小说月报》等众多刊物上发表了新诗五六十首。1933 年，应北新书局李小峰之约，蹇先艾准备将 37 首已发表的诗作汇编成册出版，诗集的名称为《孤独者之歌》。最终，蹇先艾自己认为这是"炒冷饭"，而且自己的新诗创作已取得了不少成绩，便轻率地放弃了出书，留下了遗憾。

"七七事变"以后，北京被日本军队占领。1937 年 9 月底，蹇先艾逃离北平，辗转回到遵义，后来基本就在贵州省生活。中华人民共和国成立后，蹇先艾一直居住、生活在贵阳。可以说，1930 年之后，蹇先艾便自动告别了诗歌创作，也基本告别了诗坛。

对比蹇先艾，闻一多的人生经历和诗歌创作有很大的不同。闻一多是湖北浠水人，1899 年出生于当地的一个封建地主家庭，1912 年至 1922 年在清华学校读书，喜欢文学、美术、戏剧等，在诗歌方面既写旧诗也写新诗，最早于 1920 年 7 月在《清华周刊》发表了第一首新诗《西岸》。此后半年左右时间里，闻一多在同一刊物发表了 6 首新诗，同时开始写新诗评论，在诗坛的影响更大也更早一些。闻一多 1922 年 7 月自清华学校毕业后赴美留学，在美国主攻美术三年，对文学也感兴趣。留美期间，闻一多经郭沫若介绍，于 1923 年 9 月在上海泰东图书局出版了诗集《红烛》，所录作品多是在清华学校读书期间所写的新诗。1925 年 5 月，闻一多回国担任北京艺术专科学校教务长，工作之余仍热衷于参加文学活动和新诗创作。譬如和志同道合的青年诗友们一起创办晨报副刊《诗镌》，后来又参加了新月社，编辑过《新月》刊物等。1927 年大革命之后，闻一多离开北京，辗转于武汉、南京、青岛等地工作。1932 年秋，闻一多回到母校清华大学任教，直到 1937 年"七七事变"后离开北京。1938 年初，他参加了西南联大师生组成的"湘黔滇旅行团"，途经湖南、贵州、云南三省，其间在贵州地域盘桓达一月之久，与贵州的风土人情、山川景物、民族特色等有了更多近距离

---

① 蹇先艾：《我对于文学是怎样发生兴趣的》，《蹇先艾文集》（第三卷），贵州人民出版社 2004 年版，第 268-271 页。

的接触。当时，蹇先艾定居贵阳，可惜没能见面。1938年暑假，闻一多来贵阳讲课，两人才有缘见面。1944年，闻一多在大后方昆明参加了中国民主同盟，1946年7月15日因参加中国民主同盟的活动而惨遭国民党特务枪杀。

在诗歌创作上，闻一多和蹇先艾一样，数量并不太多，但闻一多的成就和水平非蹇氏可比。闻一多于1923年出版了诗集《红烛》，又于1928年出版了诗集《死水》，在诗歌创作与诗论写作两个方面都有精品力作问世，曾一度引领诗坛的潮流。1930年后，闻一多的诗歌创作大为减少，因为要在大学任教，转而从事古典文学研究，走上了一条书斋型学者之路。他于1931年1月在《诗刊》发表长诗《奇迹》后，基本上就没有再写诗了。无论在新诗创作的数量、质量上，还是在诗论和诗学建树上，蹇先艾都不能与闻一多相提并论。

以上是蹇先艾和闻一多不同的人生轨迹。两人在北京因为诗歌结缘，有不少交往，颇值得聚焦和回溯。蹇先艾和闻一多相识，是在闻一多从美国留学归国回到北京之后。闻一多留美归国，在北京谋取职业，找的第一份工作是北京国立艺术专科学校的教职。清华学校十年的求学经历，留学欧美三年的求学背景，在诗歌创作上勇于创新的个性化追求，让闻一多很快成为诗坛的重要人物。同样出身于清华的朱湘，曾与闻一多关系亲密，后来不欢而散。在朱湘眼中，一群热爱诗歌的小伙伴中，"闻君是被视为老大哥的"①。蹇先艾1946年的忆念文章中同样这样评价，还提及徐志摩，说两位都是"老大哥"。蹇先艾在认识闻一多之前，早已开始了诗歌写作，对闻一多的诗歌、诗论以及相关情况已有不少耳闻。他们之间联系的桥梁是诗歌。早在1921年至1922年间，因为有一位堂兄与闻一多是清华学校的同学，蹇先艾通过堂兄之口对闻一多其人略有知晓。蹇先艾还看过清华文学社出版的小册子，读过闻一多和梁实秋的《〈冬夜〉〈草儿〉的评论》、闻一多1923年评论郭沫若《女神》的两篇重要诗歌论文，看过闻一多1923年出版的第一部诗集《红烛》。未曾谋面前，蹇先艾对闻一多神交已久。闻一多在年龄上年长蹇先艾几岁，在诗作、诗论上也先行一步，成就更为显赫。蹇先艾作为一个追随者，是不言自明的。

1926年初，蹇先艾和闻一多有了面对面的直接交往。蹇先艾因为喜欢写诗，又是北平大学法学院的在校大学生，和爱写诗的学生群体的接触自然很多。当时在北平有一个诗歌创作的小圈子，以年轻人居多，比如刘梦苇、沈从文、朱湘、饶孟侃、孙大雨等。蹇先艾最早在报刊上读了刘梦苇的诗而十分敬佩，后来刘梦苇在一篇论文中也称赞了蹇先艾的诗，两人先有了文字之交，彼此都有良好的印象。两人于1925年12

---

① 朱湘：《闻君一多的诗》，许毓峰等编：《闻一多研究资料》，北岳文艺出版社1986年版，第527页。

月因沈从文请客吃饭而在东城见面相识，从此便成为无话不谈的亲密诗友。蹇先艾在文章中这样回忆，相识当天，"那夜我和你谈的话也不少，大半是关于诗一方面的，中间你有许多主张都同我的理想相合"，"以后我们时常通信谈诗，有时我也到你那里去读你的新作。你对于诗歌的努力和热心，是我从来在朋友中没有看见过的，我尤其感谢你介绍一多子沉孟侃诸君和我相识，因之我创作新诗的兴致比从前更浓了几倍"①。蹇先艾因刘梦苇而认识了闻一多，自然多了向闻一多当面请教的机会。闻一多租住在北京西城西京畿道，是蹇先艾堂哥原来租住过的房子，蹇先艾还曾在此住过一段时间。蹇先艾住在西城麻豆腐作坊。两处只相距一条街，花五分钟便可到达，串门、聚会实在方便得很。

蹇先艾和闻一多进一步走近，还因为一件事，即《诗镌》的创办。这为他们一起谈诗论艺创造了有利条件。据蹇先艾回忆，1925 年冬至翌年初，在刘梦苇的提议下，一群年轻诗人准备筹办一个诗刊，因为条件不成熟，就准备借报纸的副刊办一个周刊。这便是晨报副刊《诗镌》的由来。诗友们推荐蹇先艾和闻一多同主编《晨报》副刊的徐志摩联系。原因是蹇先艾的叔父和徐志摩的父亲是好朋友，两家有交往，蹇先艾早就认识徐志摩；闻一多和徐志摩也认识，也说得上话。熟人出面自然方便许多，经闻一多、蹇先艾与徐志摩面商后，徐志摩爽快地答应了。此事一下子便得以落实，后来一共出版了 11 期《诗镌》，时间跨度是从 1926 年 4 月 1 日到 6 月 10 日。《诗镌》出版的时间虽然不长，期数也不多，但《诗镌》在新诗史上的影响力不可替代，不可低估。

蹇先艾和闻一多认识后，在办诗刊的过程中不断增进感情，成了诗歌圈子里"嘤其鸣矣，求其友声"的诗友。但从后续情况来看，两人虽有一些私交但并不十分密切。《诗镌》停刊以后，蹇先艾搬到了舍饭寺的新居，离闻一多的住处远了不少，来往大为减少。1927 年后，闻一多离开北京，先后在武汉、南京、青岛等地工作，1932 年秋又回到清华大学当教师。遗憾的是，这一时期两人都基本上远离了诗歌，便中断了联系。从 1932 年到 1937 年的五年时间，两人都在北京，但没有见面或联系的记录，可见两人并不亲近，没有成为真正无话不谈的密友。两人虽然曾有相同的爱好，也有共同处事的经历，但交情并不深厚。蹇先艾偶尔会关注闻一多的诗歌。1928 年闻一多在上海新月书店出版《死水》，蹇先艾第一时间托上海的朋友寄来一本拜读。抗日战争全面爆发后，蹇先艾于 1938 年回到贵州，在贵阳、遵义两地教书糊口；闻一多则是西南联大的教授，并参加了"湘黔滇旅行团"，对贵州这片土地有了更多的认知。闻一多 1938 年两次经过贵阳：第一次是参加"湘黔滇旅行团"，从 1938 年 3 月中旬至 4 月

---

① 蹇先艾：《吊一位薄命诗人》，《晨报副刊》1926 年 8 月 27 日。

中旬，差不多有一个月的时间在贵州境内，在贵阳待了几天，其清华学校的老同学吴泽霖接待了闻一多等人，还带他们去游览了黔灵山、甲秀楼等当地名胜；第二次是当年暑假的 8 月份，闻一多因故在贵阳待了一个月，据蹇先艾回忆，两人曾相逢畅谈（蹇先艾自己的文章有矛盾，并不统一）。蹇先艾后来也想去昆明看望闻一多等朋友，但限于条件没有成行。1946 年，闻一多被国民党特务杀害，蹇先艾第一时间写文章进行了回忆和悼念。

总之，蹇先艾和闻一多曾有一段激扬文字的美好时光，在诗歌圈子里交往较多，拥有共同的诗歌理想和趣味，值得我们认真梳理和辨析。

二、蹇先艾与闻一多在诗歌创作上的交往

相比于人际关系的交集，作为青年诗人的蹇先艾和闻一多，在诗歌艺术上的交往当更为重要。蹇先艾和闻一多在诗歌创作上的交往，体现在以下三个阶段中。

第一个阶段是两人认识之初，即 1926 年上半年。因为同在北京，又共处一个谈诗论艺的小圈子，两人得以交流。相处模式主要是蹇先艾向闻一多学习，闻一多作为"老大哥"，事实上，也给了蹇先艾较多指导和帮助。闻一多、徐志摩在诗歌上成就更大，蹇先艾更多是模仿和借鉴二人。闻一多在诗歌上的成就，已远远超过了同龄人——1923 年出版《红烛》，后在重要刊物《现代评论》、《大江季刊》上发表了众多优秀的诗作，引起国内文坛的关注和好评。以清华学校的同学、留学欧美的知识分子为主，在闻一多周围已集聚了一批年轻诗人，如被称为"清华四子"的朱湘、孙大雨、杨世恩等。他们聚在闻一多的身边，一起交流诗艺。朱大枏、蹇先艾等一批新诗爱好者，也加入进来，围绕在他们身旁。蹇先艾回忆道："在我学写新诗那两年，我还得到过闻一多和徐志摩的指点，两位名诗人分别把《红烛》和《志摩的诗》赠送我，我把它们作为我写诗的范本。……我对英诗原来一窍不通，在闻、徐的辅导下，才读了拜伦、雪莱、济慈等人的诗选。"①

第二个阶段是《诗镌》副刊时期。这一报纸副刊最初拟采取轮流主编的制度，事实上并没有完全这样做。第一、二期由徐志摩编辑，第三、四期由闻一多编辑，第五期由饶孟侃编辑，后面数期仍然由徐志摩主事。闻一多"预料《诗刊》之刊行已为新

---

① 蹇先艾：《我与新诗——"五四"琐忆之三》，宋贤邦、王华介编：《蹇先艾、廖公弦研究合集》，贵州人民出版社 1985 年版，第 98 页。

诗辟一第二纪元"①，蹇先艾则记忆道："在《诗镌》同人中，我和朱大枬的年龄最小，都是二十岁；学诗刚刚发蒙，写出的东西只能说是小小的萌芽。我们两个都是以学生自居的，实际上我也是正在大学读书的学生。我们既把一多当作益友，又把他当作良师。《诗镌》同人对一多都相当敬爱，在创作技巧上或多或少地也受了他一些影响，连年事稍长，写诗像行云流水的徐志摩，也不例外。"② 在《诗镌》选录稿件的聚会上，在审阅稿件和取舍时，闻一多对蹇先艾等诗友的习作既要求很严，又以巨大的热情给予鼓励。蹇先艾的回忆中有这样的画面：闻一多在审读诗稿的会上，或直言判断哪一首是好诗，或鼓励诗友们不要怕失败，写得不好的暂不发表，拿回去推敲一番再说……可见，闻一多在创办《诗镌》时所起的作用是主要的、引领性的。在总共11 期《诗镌》上，蹇先艾发表了诗作《回去！》（1 期）、《江上》（3 期），《寄韵》（4期）、《老槐吟》（5 期）、《一片红叶》（6 期）、《春晓》（9 期）、《雨晨游龙潭》（11期）。《诗镌》阶段是蹇先艾认真写诗的时期，并且贯穿了这一副刊的始终。蹇先艾和徐志摩的关系也较为密切。关于践行新诗格律化主张、认真推敲诗的音节，蹇先艾算得上是一名同道中人。遗憾的是，蹇先艾尝试走新诗格律化道路，认同闻一多的诗歌"三美"主张但并不坚决，始终有所怀疑，最终还是没有走通。1930 年后，蹇先艾放弃了写诗。事后，他自己有一个夫子自道："归纳起来，我不再写新诗的原因有三：一是我发觉我根本没有写诗的才能；二是摸索了几年，我决定不了写新诗到底应当采取什么体裁，也就是说，并没有找到途径；三是'五四'中期和我一起写诗的师友已经凋谢殆尽了。"③

第三个阶段是蹇先艾 1945 年主编《贵州日报》的《新垒》副刊时期。《贵州日报》聘请在贵州大学中文系工作的蹇先艾主持副刊，但副刊初办时来稿太少，好稿尤其缺乏。蹇先艾想起在大后方重庆、昆明的文朋诗友，先后发出大量信件去求援。茅盾、巴金、沈从文、李健吾、沙汀、艾芜、端木蕻良、熊佛西、李广田、陈敬容、彭燕郊、靳以等人都在《新垒》副刊发表过作品，都是蹇先艾去信约的稿。可惜《新垒》副刊没有刊出过闻一多本人的文章。在《新垒》副刊上，主编蹇先艾以"赵休宁"的笔名写了一组以"叹逝"为副题的系列文章，主题是怀人忆旧。此组文章一共十篇，分别回忆了徐志摩、朱湘、朱大枬、石评梅、胡也频、庐隐、刘梦苇、闻一多、

---

① 闻一多：《致梁实秋、熊佛西》，《闻一多全集》（第 12 卷），湖北人民出版社 1993 年版，第 233 页。

② 蹇先艾：《忆闻一多同志》，许毓峰等编：《闻一多研究资料》，北岳文艺出版社 1986 年版，第 177–178 页。

③ 蹇先艾：《我与新诗——"五四"琐忆之三》，宋贤邦、王华介编：《蹇先艾、廖公弦研究合集》，贵州人民出版社 1985 年版，第 100 页。

夏丏尊等人。这些人都是已去世的文坛故人，以蹇先艾20世纪20年代在北京从事诗歌创作的小伙伴为主。这些史料文字，虽曾公开发表，但大多已消失在故纸堆中，相当于当代文学中的私人性史料。其中，《记诗人闻一多——叹逝之九》① 一文发表于1946年7月29日，离闻一多遇害不到半个月就第一时间写完并刊发出来，应该是比较早的悼念闻一多的作品。"由于话语立场的私人化，这些私人性文学史料中的许多文字表达的只是叙述者的一己之见，并不可避免地打上特定时代的烙印。"② 蹇先艾的回忆文章，虽然是"叙述者的一己之见"，但真实、生动，也因没有过滤而具有特殊的史料价值。可资比较的有外国友人罗伯特·白英对闻一多的回忆和评价。他称闻一多是"伟大的学者"、"最受欢迎的教授"、"觉醒的中国"的探索者③。罗伯特·白英与西南联大期间的闻一多来往甚密，这一评价也自有其价值。而蹇先艾的文章显然带有一定的时空距离，两者不可同日而语。蹇先艾在《记诗人闻一多——叹逝之九》一文中，从闻一多被刺身亡开始写起，回忆了以前一起共事的场景，又将闻一多的诗歌创作分为三个时期并逐一分析了每个时期的特色和局限，对闻一多的形象、个性、追求也有所涉及。文中提及闻一多的日常形象——"不大修边幅，头发蓄得很长，永远穿着一件破旧的长衫，有时套上一件油渍的青色马褂"。文中还有对诗歌创作及作品的评价："他是《诗刊》最有力的分子，大家常常称道他的杰作《死水》与《春光》"，"非常注重格律，尤刻意于文字的雕琢"；"不过我们常常也这样批评说'一多的诗是成熟了，但是太重意□，且锤炼过甚，恐怕不能多产。这是一条窄路'"；"作品写得真少，然而写得真认真"；"最有名的，也最令人感动的是那首《发现》"。蹇先艾将闻一多的诗歌创作分为红烛时期、爱国诗时期和死水时期。闻一多于1946年7月15日在昆明被杀害，居于贵阳的蹇先艾在7月17日就写下此文，对反动当局的愤恨溢于言表——"唉！一多死得是多么地可惜！□□□凶手刺杀一位文人，又是多么地愚笨与可笑啊！"

值得补充的是，1979年蹇先艾写了《忆闻一多同志》一文，纪念闻一多诞辰八十周年，此文后来收入三联书店出版的《闻一多纪念文集》。比较两篇纪念文章，区别还是很明显的。在《记诗人闻一多——叹逝之九》中，作者对闻一多既有赞扬也有贬抑，有点类似周作人对林纾及其翻译小说的矛盾评价，即两人之间存在"微妙的关

① 蹇先艾（发表时署笔名赵休宁）：《记诗人闻一多——叹逝之九》，《贵州日报·新垒》1946年7月29日。

② 吴秀明主编：《中国当代文学史料问题研究》，中国社会科学出版社2016年版，第83页。

③ 汪云霞：《论罗伯特·白英的闻一多书写》，《江汉论坛》2021年第11期。

系"，有"矛盾评价和摇摆反复"①的特点。《忆闻一多同志》中，贬抑的语气则完全消失了。"并不是所有历史的书写都是真实的、无所怀疑的。从专业角度看都会存在对人物评价、事实厘定的不同意见的争论"，"历史的书写容易表现为历史书写者的话语权"②。诚然，即使是同一位历史的书写者，也会因为时代、背景、语境、地位等不同而有所歧异，"话语权"的表现方式也不会雷同。

总之，从文字之交开始，以文字之交结束，两人在诗歌创作上的交集算得上是坦诚相待、不分彼此。

三、格律与语言：两人诗学上的多维比较

20世纪20年代中期，闻一多、徐志摩因为主张新诗格律化，引领了诗坛一时之潮流。蹇先艾耳濡目染，也努力尝试着新格律诗的创作，并遵循闻一多提出的音乐美、建筑美、绘画美这一主张，在自己的创作中认真探索。在新诗格律化的道路上，蹇先艾更多肯定了刘梦苇的功绩。刘梦苇作为新诗形式主义的先行者，很长一段时间以来都没有得到新诗史的充分肯定，但在当时的小圈子内却获得了很多人的肯定。这一评价也包括蹇先艾对刘梦苇的看法。蹇先艾的经历和刘梦苇相似，都失去父母成了孤儿，两人是知音也是密友，关系十分融洽。于蹇先艾而言，与刘梦苇的亲近程度还在闻一多之上。刘梦苇因病去世很早，诗集《孤鸿》也阴差阳错地没有出版，在新格律诗方面还没有充分展开便萎谢了。在诗歌内容方面，蹇先艾反复书写的是孤独者之歌，虽然也写民众疾苦，写百姓悲苦命运，写人生无常，但侧重于个人的爱情、青春、愁苦之类，整个基调"偏重于个人忧郁、感伤情绪的抒发"③。在刘梦苇的诗歌中，我们不难发现这种类似现象。

蹇先艾的诗歌作品语言较为单一，变化不大。相比之下，闻一多的诗歌语言变化丰富，且有理论支撑，经历了"四原素"语言阶段、"杂语"式语言阶段和"鼓点"式语言阶段④。

比较蹇先艾和闻一多诗歌的格律和语言，必须在以上背景下进行整体观照，方能有所收获。

---

① 管新福：《赞扬与贬抑：周作人对林纾及其翻译小说的矛盾评价》，《贵州师范大学学报》（社会科学版）2021年第5期。

② 陈先达：《历史与历史的书写》，《贵州师范大学学报》（社会科学版）2021年第3期。

③ 王刚、曾祥铣：《黔北20世纪文学史》，贵州教育出版社2001年版，第31页。

④ 肖学周：《试论闻一多的诗学语言观念及其发展轨迹》，《文学评论》2013年第1期。

（一）重视新诗的外在形式、格调。蹇先艾在创作新诗时，对外在形式、建筑美及格律化均比较看重。仅以《晨报副刊·诗镌》为例，此副刊一共出版 11 期。徐志摩在草拟的发刊词——《诗刊弁言》中就大胆宣称"要把创格的新诗当作一件认真事情做"。闻一多还在副刊上发表了《诗的格律》，提出"三美"主张并反复尝试。《诗镌》停刊后，徐志摩总结称"同人中最卖力气的要首推饶孟侃和闻一多两位"。在《诗镌》刊行的前后，蹇先艾的诗作基本也是如此，个别诗作像闻一多的《死水》一样，整整齐齐，完全是豆腐干式的诗作。譬如代表作品《孤独者之歌》一共五节，每节四句，押韵，整齐；《回去!》一共六节，每节四句，每行字数基本相同，偶句押韵；《江上》一共六节，押韵方式是 AABB 形式；《寄韵》一共四节，每节六行，每一节都是参差排列，整体上对仗工整，讲究押韵。而《老槐吟》、《一片红叶》、《春晓》、《雨晨游龙潭》等一大批诗作，基本上都是以格律化的模式出现。

（二）重视诗的音乐性。这可以从两个方面来展开。第一，结合闻一多的音乐美，集中在音节的种种试验上。饶孟侃也有《新诗的音节》、《再论新诗的音节》等文，可见当时的风气。在蹇先艾看来，理想的新诗除了要有想象、情感之外，"第三应当看诗的表现方面格调好不好，音节调协不调协，可不可以拿在口里高声诵吟？用字是臻于美丽的境界与否？用字对诗比小说还要重要"①。第二，在《诗镌》刊行之时，遵循口语为上的原则也较为典型，包括方言入诗的尝试。方言入诗包括土白入诗、土音入韵等。"与'戏剧独白'往往伴随的'土白入诗'，也活化了新诗的语言，提供了一条锤炼口语节奏的路径。"②《诗镌》上曾刊出饶孟侃的诗话，题目是《新诗话·土白入诗》，主张土白入诗，认为土白诗大有前途，号召大家来尝试。而且，饶孟侃认为新诗的语言用土白去写是最难的，举了徐志摩的硖石土白诗《一条金色的光痕》、闻一多的北平土白诗《天安门》为例。也许是受圈中诗友的影响，蹇先艾也用遵义土白来写新诗。《回去!》这首诗的题目下注明为遵义土白，算是蹇先艾的跟风之作。《回去!》一诗一共六节，每节四行，夹杂了很多土白词汇。比如第一、二节诗中，便标注了八个方言词汇的"注释"，形成了一种副文本现象。

（三）其他诗歌创作方面。蹇先艾和闻一多的交往时间并不太长，虽受到了不少影响与启示，但似乎并不具有持续性。蹇先艾的诗歌创作长达数年，公开发表的诗作也不少，但一直有所游离。从诗歌创作主要倾向来看，蹇先艾在形式上还是主张走较为灵活的道路，并没有严格遵循豆腐干式的"建筑美"风格；在"音乐美"方面，虽

---

① 蹇先艾：《文艺的欣赏谈》，《晨报副刊》1927 年 5 月 28 日。

② 姜涛：《被历史的钢针碰响："三一八"、闻一多与〈诗镌〉的创立》，《华中师范大学学报》（人文社会科学版）2022 年第 3 期。

也讲究押韵，但押韵方式较多，并不拘泥于某一固定格式。形象地说，蹇先艾对刘梦苇、徐志摩的诗歌格律化主张要亲近一些，对闻一多严谨的格律化主张则有所疏离。仅以刘梦苇对蹇先艾的影响而言，蹇先艾的记忆深处仍是读了刘梦苇公开发表的诗作如《吻之三部曲》、《铁道行》等的美好印象，而在诗歌理想、诗学主张上也有很多相合之处。刘梦苇去世20年之后，蹇先艾在其回忆文章中仍然十分推崇刘梦苇的诗，认为刘梦苇在诗歌上的天才"远在当时诗刊的那班朋友之上"，并认为"闻一多太雕琢"①。我们由此可见蹇先艾的诗学判断与优劣比较。研究马克思主义原著的学者认为，理解马克思主义"自然历史"概念，需要将"马克思主义经典文本与'历史唯物主义活的实践'有机统筹，赋予马克思主义理论以具体的史料和现实的情境"②，这样才能真正发挥出马克思主义的理论威力。同理，回到文学历史的情境，回到具体的文本，在20世纪40年代的蹇先艾心目中，竟是这样一幅与后来的语境下有很大不同的历史画面。这一历史画面不只是人际交往，不只是褒贬不一的判断，而是接近原生态的一种客观存在。

结　语

平行比较蹇先艾与闻一多的人生经历和诗歌创作，显然是站在蹇先艾这一角度来立论。闻一多是《红烛》、《死水》的作者，在新诗史上的名声和成就明显超过蹇先艾，其高度不是后者所能达到的。闻一多的诗歌以爱国著称，诗歌内容厚重，"三美"主张一以贯之，诗歌风格鲜明。蹇先艾的诗歌蕴藏着小我的哀怨，是个人化的私语，在内容与形式上也有不太吻合之处。不过，在人生经历和诗歌创作上，他们两人有不少交集，其交往、情怀都值得我们认真地记上一笔。特别是记录两人交往的原始史料，也提供了某种不一样的声音，值得参照和思考。

（作者单位：贵州师范大学文学·教育与文化传播研究中心）

---

① 蹇先艾（发表时署笔名赵休宁）：《孤鸿刘梦苇——叹逝之七》，《贵州日报·新垒》1945年10月2日。

② 包大为、田重：《马克思的自然历史概念：文本厘定与当代意涵》，《贵州师范大学学报》（社会科学版）2022年第4期。

本色是诗人 ①

——闻一多庄屈阐释及其实践

刘保昌

闻一多留美期间曾经写信给好友,自称为"一个孤苦伶仃的东方老憨"。这位出生于湖北浠水的著名诗人、学者、斗士,这位人格中烙上了鲜明的楚文化徽号的"文化爱国者"②,终其匆匆47载的人生历程,对庄屈的阐释贯穿始终,并在其诗学实践与人生发展中互为镜鉴,相互成就。郭沫若以闻一多的《人民的诗人——屈原》一文作为重要依据,将闻一多从庄子到屈原的文化转向,视为断裂式的突然转折、从个人主义到集体主义的凌空飞跃,却没有对其他也许更为重要的文献比如《屈原问题——敬质孙次舟先生》等给予足够的关注。朱自清注意到了闻一多诗人、学者、斗士"三重人格集合在他身上,因时期的不同而或隐或现"的融通性,却没有凸显其三重人格的主色调,没有揭橥出其人生三阶段发展演变的内在理据。本文力图从闻一多的庄屈阐释及其人生实践的角度,探索闻一多人生道路选择、诗歌创作与学术创造的文化脉络,以就正于方家。

一、诗人本色

闻一多终其一生,不失诗人本色。

如所周知,闻一多的人生历程大致可以分为三期。按照朱自清著名的说法,闻一

---

① 本文系国家社会科学基金项目"地域文化视野中的两湖现代文学研究"(14BZW112)的成果之一。

② 刘保昌:《闻一多的文化爱国祈向》,陆耀东、李少云、陈国恩主编:《2004年闻一多国际学术研讨会论文选》,武汉大学出版社2005年版。

多的诗人时期大约 4 年，从 1925 年加入《北平晨报》诗刊开始，到 1929 年担任青岛大学教授为止；学者时期大约 15 年，从 1929 年担任教授开始，到 1944 年担任西南联大教授为止；斗士时期大约 2 年，从参加西南联合大学"五四"历史晚会开始，到 1946 年被反动特务暗杀为止。三个时期中，以学者时期最长。诗人、学者、斗士构成闻一多的人格底色，"这三重人格集合在他身上，因时期的不同而或隐或现"①，而诗人本色则贯彻始终。

诗人时期的闻一多，当然不失诗人本色，其诗集《红烛》、《死水》为中国文学史贡献了许多不朽的名篇。闻一多的诗作，充满力量感，有备受压抑的冲动，但我们从其更具私密性的书信文字中不难发现其通向"斗士"的秘径。闻一多曾经在写给臧克家的信中说："我只觉得自己是座没有爆发的火山，火烧得我痛，却始终没有能力（就是技巧）炸开那禁锢我的地壳，放射出光和热来。只有少数跟我很久的朋友（如梦家）才知道我有火，并且就在《死水》里感觉出我的火来。"②《死水》写道："这是一沟绝望的死水，/这里断不是美的所在，/不如让给丑恶来开垦，/看他造出个什么世界。"这团被压抑的斗士的烈火，隐藏在"绝望的死水"的最深层，隐藏在《静夜》里"辽阔的边境"之中——"静夜！我不能，不能受你的贿赂。/谁希罕你这墙内方尺的和平！/我的世界还有更辽阔的边境。/这四墙既隔不断战争的喧嚣，/你有什么方法禁止我的心跳？"这是唯美的、新月派诗人的火气。

学者时期的闻一多所研究的对象也多为诗人、诗歌。如《歌与诗》、《人民的诗人——屈原》、《什么是九歌》、《怎样读九歌》、《诗经新义》、《诗经通义》、《诗新台鸿字说》、《离骚解诂》、《天问释天》、《楚辞校补》、《类书与诗》、《宫体诗的自赎》、《孟浩然》、《贾岛》、《杜甫》、《英译李太白诗》、《时代的鼓手》、《诗的格律》、《艾青和田间》等俱为学术史上的名篇，同时也是中国诗歌研究史中的力作。此外，闻一多的学术研究论文在形式上"并不规范"，多采用诗性文体，惯常使用诗意化的笔调。如《说舞》起首描写澳洲的"科罗泼利舞"："灌木林中一块清理过的地面上，中间烧着野火，在满月的清辉下吐着熊熊的赤焰。现在舞人们还隐身在黑暗的丛林中从事化装。野火的那边，聚集着一群充当乐队的妇女。忽然林中发出一种坼裂声。紧跟着一阵沙沙的摩擦声——舞人们上场了。闯入火光圈里来的是三十个男子，一个个脸上涂着白垩，两眼描着圈环，身上和四肢画着些长的条纹。此外，脚踝上还系着成束的树

---

① 朱自清：《朱序》，《闻一多全集》（第 1 卷），生活·读书·新知三联书店 1982 年版，第 13 页。

② 闻一多：《给臧克家先生》（1943 年 11 月 25 日），《闻一多全集》（第 3 卷），生活·读书·新知三联书店 1982 年版，第 638 页。

叶，腰间围着兽皮裙。这时那些妇女已经面对面排成一个马蹄形。她们完全是裸着的。"① 即便是对"舞"作科学的定义时，闻一多也采用诗意的笔法——"舞是生命情调最直接，最强烈，最尖锐，最单纯而又最充足的表现。生命的机能是动，而舞便是节奏的动，或更准确点，有节奏的移易地点的动，所以它直是生命机能的表演。但只有在原始舞里才看得出舞的真面目，因为它是真正全体生命机能的总动员，它是一切艺术中最大综合性的艺术"②。《杜甫》写道："最好是等八月来，枣子熟了，弟妹们只顾要枣子吃；枣子诚然好吃，但是当哥哥的，尤其筋强力壮的哥哥，最得意的，不是吃枣子，是在那给弟妹们不断的供应枣子的任务。用竹篙子打枣子还算本领。哥哥有本领上树，不信他可以试给他们看看。上树要上到最高的枝子，又得不让枣刺轧伤了手，脚得站稳了，还不许踩断了树枝，然后躲在绿叶里，一把把的洒下来；金黄的，朱砂的，红黄参半的枣子，花花刺刺的洒将下来，得让孩子们抢都抢不赢"，"最有趣的，是在树顶上站直了，往下一望，离天近离地远，一切都在脚下，呼吸也轻快了，他忍不住大笑一声，那笑里有妙不可言的胜利的庄严和愉快。便是游戏，一个人的地位也要站得超越一点，才不愧是杜甫"③。这种酣畅淋漓的诗性表达，岂是那些循规蹈矩、墨守成规的书斋腐儒所能为之？在此意义上，闻一多的研究成果可以称为"诗人学术"。

闻一多经过十多年钻研故纸堆的学者生涯后，智性的冷静依然无法掩盖诗人的激情与斗士的锋芒。他在写给臧克家的信中说"你们做诗的人老是这样窄狭，一口咬定世上除了诗什么也不存在。有比历史更伟大的诗篇吗？我不能想像一个人不能在历史（现代也在内，因为它是历史的延长）里看出诗来，而还能懂诗"，"你不知道我在故纸堆中所做的工作是什么，它的目的何在"，"因为经过十余年故纸堆中的生活，我有了把握，看清了我们这民族，这文化的病症，我敢于开方了。方单的形式是什么——一部文学史（诗的史），或一首诗（史的诗），我不知道，也许什么也不是"，又说你"当我是一个蠹鱼，不晓得我是杀蠹的芸香"④。朱自清说这个时期的闻一多"学者中藏着诗人，也藏着斗士"⑤，是恰如其分的。

---

① 闻一多：《说舞》，《闻一多全集》（第1卷），生活·读书·新知三联书店1982年版，第193页。

② 闻一多：《说舞》，《闻一多全集》（第1卷），生活·读书·新知三联书店1982年版，第195页。

③ 闻一多：《杜甫》，《新月》第1卷第6期，1928年8月10日。

④ 闻一多：《给臧克家先生》（1943年11月25日），《闻一多全集》（第3卷），生活·读书·新知三联书店1982年版，第638页。

⑤ 朱自清：《朱序》，《闻一多全集》（第1卷），生活·读书·新知三联书店1982年版，第14页。

据《联大八年·事略》记载，"闻先生自从美国归国任教后，二十余年，从不过问政治。到抗战后期，因为目睹国内政治腐化，贪污遍地，物价暴涨，民不聊生，蹙然忧之。民国三十二年秋天，闻先生的一位在教导团从军的侄儿，经过昆明时，历历为先生陈述军队中的腐化，黑暗龌龊，先生大受刺激，于是闭门不出，深思七日，考虑其今后的人生态度，应该像过去一样埋头书斋不问世事，抑应该走出书斋，仗义执言。深思了七天以后，他觉得他不只应该作个研究学问的读书人，而且更应该以一个国民的身份去关心政治，于是他不时应联大学生自治会之邀，出席讲演时事及政局问题"①。表面看来，这是受黑暗现实的刺激，是深思七日后的理性选择，其实仍是诗人精神历史发展的必然规律。

我们注意到，闻一多以诗人、学者身份投入现实政治斗争，走的仍然是"诗人论政"、"学者论政"的路子，而殊少纵横捭阖、诡道阴谋的"韬略"。最后一次演讲后遭遇暗杀是他"求仁得仁"的结果，"美丽的毁灭"② 冲动从诗人时期即已萌芽滋长。如《死》描写诗人沉沦于爱情时"向死的冲动"："让我淹死在你眼睛底汪波里！/让我烧死在你心房底熔炉里！/让我醉死在你音乐底琼醪里！/让我闷死在你呼吸底馥郁里！""不然，就让你的尊严羞死我！/让你的酷冷冻死我！/让你那无情的牙齿咬死我！/让你那寡恩的毒剑螯死我！"《红烛》渴望借由燃烧"躯体"达到"点着灵魂"的目的；《李白之死》、《剑匣》、《火柴》、《烂果》、《梦者》反复书写死亡的魅惑；《也许》、《忘掉她》、《我要回来》想象死亡的宁静，长眠大地可以听到"蚯蚓翻泥"、"小草吸水"的声音。《奇迹》歌颂"刹那的永恒"，"让雷来劈我，火山来烧，全地狱翻起来/扑我"，而"罡风/吹不熄灵魂的灯，愿这蜕壳化成灰烬/不碍事，因为那，那便是我的一刹那/一刹那的永恒"。在《文艺与爱国——纪念三月十八》一文中，闻一多同意德林克瓦特的说法，"爱国精神在文学里，可以说是与四季之无穷感兴，与美的逝灭，与死的逼近，与对妇人的爱，是一种同等重要的题目"，在爱国精神的激荡下，文艺家们产生剧烈的"同情心"，"也许有时仅仅一点文字上的表现还不够，那便非现身说法不可了。所以陆游一个七十衰翁要'泪洒龙床请北征'，拜伦要战死在疆场上了。所以拜伦最完美，最伟大的一首诗，也便是这一死"③。《论文艺的民主问题》则说："在大变革的时期，一定需要大牺牲，不能顾忌太多。"④ 这种冲动激锐的政治实践方式、"现身说法"不惜殒身的决绝、以死写就最伟大诗篇的价值衡量标准，

① 闻一多：《联大八年·事略》，《闻一多全集》（第1卷），生活·读书·新知三联书店1982年版，第26页。

② 孔庆东：《美丽的毁灭——闻一多的死亡意识》，《江汉论坛》1999年第12期。

③ 闻一多：《文艺与爱国——纪念三月十八》，《晨报副刊》1926年4月1日。

④ 闻一多：《论文艺的民主问题》，《文汇报》1946年3月24日。

毫无疑问正是诗人的理性选择和诗意化的人生实现方式，因此，闻一多称得上是"诗人斗士"。

二、庄屈一体

庄子和屈原的作品，同为楚文化的重要组成部分。庄子生于宋国，游于楚国，因此，王国维在《静庵文集·国朝汉学派戴阮二家之哲学说》"老庄之徒生于南方"句注中开宗明义云："庄子楚人，虽生于宋而钓于濮水，陆德明《经典释文》曰'陈地水也'，此时陈已为楚灭，则亦楚地也，故楚王欲以为相。"斯时派出驷马高车欲请庄子入朝为相的楚王，就是楚威王，但为庄子婉拒，"宁游戏污渎之中自快，无为有国者所羁，终身不仕，以快吾志焉"（《史记·老子韩非列传》）；一入太庙，即为牺牲，庄子"宁其生而曳尾于涂中"（《庄子·秋水》）。庄子生当楚宣王、威王之世，楚国尚有攻灭越国的重大胜利，社会层面尚有意气风发的豪迈，亦有放浪江湖纵身大化的优容空间。而屈原则成长于楚怀王、顷襄王之时，国势日衰，在与秦国的军事、外交斗争中屡屡败北，社会风气腐败奢靡，暮气沉沉，末世气氛浓郁，民众慌慌。闻一多从庄子到屈原的转向，并非飞跃，"道行之而成"，乃是其人生发展的必然阶段。庄屈的共性在于对人生的挚烈深情，而屈原的"行义"胜于"文采"，愿意为和平民主牺牲个人，这一点为闻一多所激赏。

英国艺术史家苏立文曾说："如果前 223 年获胜的不是来自西方的凶猛的秦国，而是这些相对来说文化程度更高、更开化的人们（笔者注：指楚国人）的话，中国文化的轨迹将会发生何等变化！"[1] 闻一多不仅赞美庄子汪洋恣肆的文采，而且同情他高远博大的道家思想。他在《庄子》中说："有大智慧的都会认识道的存在，信仰道的实有，却不像庄子那样热忱的爱慕它。在这里，庄子是从哲学又跨进了一步，到了文学的封域。他那婴儿哭着要捉月亮似的天真，那神秘的怅惘，圣睿的憧憬，无边际的企慕，无涯岸的艳羡，便使他成为最真实的诗人。"[2] 闻一多特别强调庄子伟大的真情，"庄子的著述，与其说是哲学，毋宁说是客中思家的哀呼，他运用思想，与其说是寻求真理，毋宁说是瞻望故乡，咀嚼旧梦。他说'厄言日出，和以天倪，因以曼衍，所以穷年'，一种客中百无聊赖的情绪完全流露了。他这思念故乡的病意，根本是一种浪漫的态度，诗的情趣。并且因为他钟情之处，'大有径庭，不近人情'，太超忽，太神

---

① ［英］迈克尔·苏立文：《中国艺术史》，徐坚译，上海人民出版社 2014 年版，第 65—66 页。

② 闻一多：《庄子》，《新月》第 2 卷第 9 期，1929 年 11 月 10 日。

秘，广大无边，几乎令人捉摸不住，所以浪漫的态度中又充满了不可逼视的庄严。是诗便少不了那一个哀艳的'情'字。《三百篇》是劳人思妇的情；屈宋是仁人志士的情；庄子的情可难说了，只超人才载得住他那种神圣的客愁。所以庄子是开辟以来最古怪最伟大的一个情种"①。闻一多谈到阅读庄子时从"愉快"到"惊异"再到"乐不可支"的感受："读《庄子》的人，定知道那是多层的愉快。你正在惊异那思想的奇警，在那踌躇的当儿，忽然又发觉一件事，你问那精微奥妙的思想何以竟有那样凑巧的曲达圆妙的辞句来表现它，你更惊异；再定神一看，又不知道那是思想那是文字了，竟许什么也不是，而是经过化合作用的第三种东西，于是你尤其惊异。这应接不暇的惊异，使你加倍地愉快，乐不可支。这境界，无论如何，在庄子以前，绝对找不到，以后，遇着的机会确实也不多。"②"文中之支离疏，画中的达摩，是中国艺术里最特色的两个产品。正如达摩是画中有诗，文中也常有一种'清丑入图画，视之如古铜古玉'（龚自珍《书金伶》）的人物，都代表中国艺术中极高古，极纯粹的境地；而文学中这种境界的开创者，则推庄子。"③ 闻一多诗集《死水》中众多包含"以丑为美"价值及趣味的诗作，来源正在于此。

"中华民族的创造才能，历来受到《庄子》思维模式的激发，受到儒家思维模式的束缚，这个历史事实发人深省。"④ 庄子想象雄奇，王国维在《静庵文集续编·屈子文学之精神》中叹为观止道："南人想象力之伟大丰富，胜于北人远甚。彼等巧于比类，而善于滑稽。故言大则有若北冥之鱼，语小则有若蜗角之国，语久则大椿冥灵，语短则蟪蛄朝菌；至于襄城之野，七圣皆迷；汾水之阳，四子独往。此种想象，决不能于北方文学中发见之。"闻一多对庄子的欣赏与沉醉，受庄子不羁的想象与伟大的深情所影响。而闻一多致力于现代文化的开拓与建设，致力于新诗格律化的实践与创造，同样是庄子思维模式在悠久的文化传统中发生着遥远而重要的作用。

闻一多关于屈原的专题论述，主要有《人民的诗人——屈原》与《屈原问题——敬质孙次舟先生》等篇什。《人民的诗人——屈原》分析了"屈原成为人民的屈原"的四个重要原因：一是屈原虽然是楚国的同姓贵族，却"早被打落下来，变成一个作为宫廷弄臣的卑贱的伶官"，这样在身份上"屈原便是属于广大人民群众的"；二是"屈原最主要的作品《离骚》的形式，是人民的艺术形式"，其较"次要的作品《九歌》，是民歌"；三是"在内容上，《离骚》无情地暴露了统治阶层的罪行，严正地宣

---

① 闻一多：《庄子》，《新月》第 2 卷第 9 期，1929 年 11 月 10 日。
② 闻一多：《庄子》，《新月》第 2 卷第 9 期，1929 年 11 月 10 日。
③ 闻一多：《庄子》，《新月》第 2 卷第 9 期，1929 年 11 月 10 日。
④ 张正明：《楚文化史》，上海人民出版社 1987 年版，第 249 页。

判了他们的罪状"，"用人民的形式，喊出了人民的愤怒"；四是"屈原的死，更把那反抗情绪提高到爆炸的边沿，只等秦国的大军一来，就用溃退和叛变方式，来向他们万恶的统治者，实行报复性的反击。历史决定了暴风雨的时代必然要来到。屈原一再的给这时代执行了'催生'的任务"。这四个条件，缺一不可，使屈原真正成为"人民的诗人"。与历史上的其他诗人相比，"尽管陶渊明歌颂过农村，农民不要他，李太白歌颂过酒肆，小市民不要他，因为他们既不属于人民，也不是为着人民的。杜甫是真心为着人民的，然而人民听不懂他的话。屈原虽没有写人民的生活，诉人民的痛苦，然而实质的等于领导了一次人民革命，替人民报了一次仇。屈原是中国历史上唯一有充分条件称为人民诗人的人"①。

更为详尽的分析则见于《屈原问题——敬质孙次舟先生》。闻一多开篇即断言："除一部分尚未达到奴隶社会阶段的原始民族外，全人类的历史便是一部奴隶解放史。"奴隶解放的序列，先是农业奴隶，次则工商业奴隶，最后才是"那贴紧的围绕着主人身边，给主人充厮役，听差遣，供玩弄和当清客"的"内廷帮闲奴隶"，这批奴隶"失去自由太久了，便也失去了对自由的欲望"。历史的辩证法在于，"奴隶制度不仅产生了文学艺术，还产生了'人'"。作为"内廷帮闲"、"文学弄臣"的屈原，"最突出的品性"是他的"孤高与激烈"；这个文化奴隶、宫廷优伶在忘我的演出中，将"个人的身世，国家的命运，变成哀怨和愤怒，火浆似的喷向听众，炙灼着，燃烧着千百人的心"；这个"反抗的奴隶居然挣脱枷锁，变成了人"！闻一多说："我们当怎样估计过去的每一个伟大的艺术家呢？高尔基指示我们说，应该从两方面来着眼，一方面是作为'他自己的时代之子'，一方面就是作为'一个为争取人类解放而具有全世界历史意义的斗争的参加者'。我们要注意，在思想上，存在着两个屈原，一个是'竭忠尽智，以事其君'的集体精神的屈原，一个是'露才扬己，怨怼沉江'的个人精神的屈原。在前一方面，屈原是'他自己的时代之子'，在后一方面，他是'一个为争取人类解放……的斗争的参加者'。他的时代不允许他除了个人搏斗的形式外任何斗争的形式，而在这种斗争形式的最后阶段中，除了怀沙自沉，他也不可能有更凶猛的武器，然而他确乎斗争过了，他是'一个为争取人类解放而具有全世界历史意义的斗争的参加者'。如果我也是个'屈原崇拜者'，我是特别从这一方面上着眼来崇拜他的。"②

---

① 闻一多：《人民的诗人——屈原》，《闻一多全集》（第1卷），生活·读书·新知三联书店1982年版，第259–261页。

② 闻一多：《屈原问题——敬质孙次舟先生》，《闻一多全集》（第1卷），生活·读书·新知三联书店1982年版，第258页。

从奴隶到人，从深情到抗争，从集体精神到个人精神，从文学弄臣到怨怼沉江……在这几组对立的词语中，闻一多显然更加重视后者，即更加重视屈原的个人反抗、个人成长、个人解放、个人搏斗的伟大历史意义。在此背景下，抽象的"人民的诗人"的冠冕，显然遮挡不住其庄子式的深情与个人精神。清人龚自珍在《最录李白集》中说："庄屈实二，不可以并，并之以为心，自白始。"李太白有效地打通了横亘于庄屈之间的文化壁垒，深挚的情感和张扬的个性就是一条畅通的隧道。庄屈一体，推陈出新，闻一多岂肯落后于他推崇备至的盛唐李太白。

三、民族文化现代化

作为打通中西熟谙古典的现代学人，闻一多擅长揭示民族文化的病症，开出的药方就是大胆地"受"。

闻一多在《女神之时代精神》[1] 中肯定郭沫若新诗创作的"今时"性——现代精神，同时又在《女神之地方色彩》[2] 中不吝严辞批评其缺乏"此地"性——本土传统。兼容本土与现代，在中外古今的时空交融中创造现代文化，一直是闻一多的文化创造方向。

闻一多花费了很长时间从事考据工作，收获了巨大的成功，如《诗新台鸿字说解》释《诗经·邶风·新台篇》"鱼网之设，鸿则离之"的"鸿"为"虾蟆"或者"蟾蜍"；《天问释天》释"顾兔"为"蟾蜍的别名"，俱为不凡的学术发现与观念创新。闻一多的考据工作"承继了清代朴学大师们的考据方法，而益之以近代人的科学的细密[3]。当然，由于历史条件的限制，特别是考古发掘工作的滞后，他的部分研究成果也有可以商榷之处，比如《龙凤》宣称"原始楚人也当是一个龙图腾的族团"，这个结论就与后来的考古发现不符。目前学术界普遍认为楚人的图腾是凤。此为小瑕，不足掩瑜。

闻一多擅长从本土传统文化中汲取养分，以资于现代化的新创造。《诗的格律》倡扬新诗创作的"三美"原则——"音乐美"（音节）、"绘画美"（词藻）、"建筑美"（节的匀称和句的均齐），顺便表达了对于文化传统的礼敬："近来似乎有不少的人对于节的匀称和句的均齐表示怀疑，以为这是复古的象征。做古人的真倒霉，尤其

---

① 闻一多：《女神之时代精神》，《创造周报》第 4 号，1923 年 6 月 3 日。

② 闻一多：《女神之地方色彩》，《创造周报》第 5 号，1923 年 6 月 10 日。

③ 郭沫若：《郭序》，《闻一多全集》（第 1 卷），生活·读书·新知三联书店 1982 年版，第 3 页。

做中华民国的古人！你想这事怪不怪？做孔子的如今不但'圣人''夫子'的徽号闹掉了，连他自己的名号也都给褫夺了，如今只有人叫他作'老二'；但是耶稣依然是耶稣基督，苏格拉提依然是苏格拉提。你做诗摹仿十四行体是可以的，但是你得十二分的小心，不要把它做得像律诗了。我真不知道律诗为什么这样可恶，这样卑贱！"①将民族文化传统弃之如敝屣，这是现代化进程中不少国人"心急"的操作。闻一多对此显然并不同意，他十分重视传统文化的现代性价值。

但同时，闻一多又十分警惕沉渣泛起的复古、死水无波的守旧。《复古的空气》说："我得强调的声明，民族主义我们是要的，而且深信是我们复兴的根本。但民族主义不该是文化的闭关主义。我甚至相信正因我们要民族主义，才不应该复古。老实说，民族主义是西洋的产物，我们的所谓'古'里，并没有这东西。谈谈孔学，做做歪诗，结果只有把今天这点民族主义的萌芽整个毁掉完事。其实一个民族的'古'是在他们的血液里，像中国这样一个有悠久历史的民族，要取消它的'古'的成分，并不太容易。难的倒是怎样学习新的。"②他反对闭关主义，主张大胆地开放接受现代文明因素，实现民族真正的复兴。

这样一来，借鉴与创造、外来与本土、传统与现代、继承与扬弃，就立体综合地交融在了一起，闻一多始终能够把握住文化创造的方向。闻一多在《楚辞校补·引言》中自陈其精研古籍、深入考据的"三个课题"乃在于"说明背景"、"诠释词义"、"校正文字"，但"为情势所迫"，"一时不能够全部完成"，乃采取"权变的办法"，"只好将最下层，也是最基层的第三项——校正文字的工作，先行结束，而尽量将第二项——诠释词义的部分容纳在这里"。考据工作的硕果，除了《楚辞校补》之外，还有《周易义证类纂》、《诗经新义》、《诗经通义》、《庄子内篇校释》、《离骚解诂》等。正是因为具有贯通古今的文化史视野和"说明背景"的考据学祈向，闻一多的考据工作迥异于当时的考据学家，不同于那些"旧式的或新式的卫道者"，"他虽然在古代文献里游泳，但他不是作为鱼而游泳，而是作为鱼雷而游泳的。他是为了要批判历史而研究历史，为了要扬弃古代而钻进古代里去刳它的肠肚的。他有目的地钻了进去，没有忘失目的地又钻了出来，这是那些古籍中的鱼们所根本不能想望的事"③。

---

① 闻一多：《诗的格律》，《晨报副刊》1926 年 5 月 13 日。

② 闻一多：《复古的空气》，《闻一多全集》（第 3 卷），生活·读书·新知三联书店 1982 年版，第 461 页。

③ 郭沫若：《郭序》，《闻一多全集》（第 1 卷），生活·读书·新知三联书店 1982 年版，第 5 页。

郭沫若说"他搞中文是为了'里应外合'来完成'思想革命'"①，可谓知人之论。

《女神之地方色彩》批评当时以郭沫若《女神》为代表的新诗创作缺乏"本地的色彩"的缺陷："我总以为新诗径直是'新'的，不但新于中国固有的诗，而且新于西方固有的诗；换言之，它不要作纯粹的本地诗，但还要保存本地的色彩，它不要做纯粹的外洋诗，但又尽量的吸收外洋诗的长处；他要做中西艺术结婚后产生的宁馨儿。我以为诗同一切的艺术应是时代的经线，同地方纬线所编织成的一匹锦，因为艺术不管它是生活的批评也好，是生命的表现也好，总是从生命产生出来的，而生命又不过时间与空间两个东西底势力所遗下的脚印罢了。"② 闻一多主张在新诗写作中，"今时"与"此地"最好能够无间地结合，"《女神》底作者对于中国，只看见他的坏处，看不见他的好处。他并不是不爱中国，而他确是不爱中国的文化。我个人同《女神》底作者底态度不同之处是在：我爱中国固因他是我的祖国，而尤因他是有他那种可敬爱的文化的国家"，"爱祖国是情绪底事，爱文化是理智底事"，"东方的文化是绝对的美的是韵雅的。东方的文化而且又是人类所有的最彻底的文化"③。在饱含深情地讴歌本土传统文化的同时，闻一多也不忘记从社会、政治层面对其进行深刻的批判。如《关于儒·道·土匪》就将儒家、道家、墨家径直称为"偷儿"、"骗子"、"土匪"，"捣乱分子墨家被打下去了"，剩下的儒家与道家"本来不是绝对不相容的"，更何况"一个儒家做了几任'官'，捞得肥肥的，然后撒开腿就跑，跑到一所别墅或山庄里，变成一个什么居士，便是道家了"，所以"讲起穷凶极恶的程度来，土匪不如偷儿，偷儿不如骗子，那便是说墨不如儒，儒不如道"④。文化传统是一回事，社会、政治传统又是一回事，文化上的深情留恋，无法代替社会、政治层面的深恶痛绝。

闻一多的现代文化视野又时时超越于"今时"、"此地"。他在写给臧克家的信中说："我始终没有忘记除了我们的今天外，还有那二千年前的昨天，这角落外还有整个世界。"⑤ 在《文学的历史动向》中，他指出中国文化的未来发展方向就是"世界文化"——"四个文化（笔者注，指中国文化、印度文化、以色列文化、希腊文化），在悠久的年代里，起先是沿着各自的路线，分途发展，不相闻问。然后，慢慢的随着

---

① 郭沫若：《郭序》，《闻一多全集》（第 1 卷），生活·读书·新知三联书店 1982 年版，第 6 页。

② 闻一多：《女神之地方色彩》，《创造周报》第 5 号，1923 年 6 月 10 日。

③ 闻一多：《女神之地方色彩》，《创造周报》第 5 号，1923 年 6 月 10 日。

④ 闻一多：《关于儒·道·土匪》，《闻一多全集》（第 3 卷），生活·读书·新知三联书店 1982 年版，第 472-473 页。

⑤ 闻一多：《给臧克家先生》（1943 年 11 月 25 日），《闻一多全集》（第 3 卷），生活·读书·新知三联书店 1982 年版，第 638 页。

文化势力的扩张，一个个的胳臂碰上了胳膊，于是吃惊，点头，招手，交谈，日子久了，也就交换了观念思想与习惯。最后，四个文化慢慢的都起着变化，互相吸收，融合，以至总有那么一天，四个的个别性渐渐消失，于是文化只有一个世界的文化。这是人类历史发展的必然路线，谁都不能改变，也不必改变"①。在闻一多看来，身处浩浩荡荡的"世界文化"历史潮流之中，经由一度佛教、二度基督教的影响，小说戏剧已然成为世界文学的文类主流，中国新诗的发展方向就应该"尽量采取小说戏剧的态度，利用小说戏剧的技巧，才能获得广大的读众"②。他建议将大学课程体系设计中的中国文学系与外国语文系改为文学系与语言学系，以此破除"中西对立，文语不分"的观念壁垒，这正是在文化接受姿态上勇于"受"的具体表现。在中西古今文化之间融合创新，为我所用，为时所用，面向世界，面向未来，这就是闻一多为中国文化现代化建设开拓的路径。

（作者单位：湖北省社会科学院）

---

① 闻一多：《文学的历史动向》，《闻一多全集》（第 1 卷），生活·读书·新知三联书店 1982 年版，第 201 页。

② 闻一多：《文学的历史动向》，《闻一多全集》（第 1 卷），生活·读书·新知三联书店 1982 年版，第 205 页。

闻一多留美书信中若干人事考述

沈瑞欣　陈建军

湖北人民出版社 2021 年版《闻一多全集》（17 卷本）所收闻一多书信计 215 封，其中 67 封为赴美留学期间所写，所占比重不可谓不大。这 67 封书信，第一封写于 1922 年 7 月 29 日出洋途中，最后一封写于 1925 年 4 月 24 日归国前夕，基本反映了青年闻一多的性情与思想、求学经历与社会交往，以及身处中西文明冲突中的苦闷与希望。由于书信特有的真实性、原创性与针对性，对闻一多留美书信的解读有助于建构血肉丰满的作家形象，厘清其生活行踪与思想轨迹，从而以文学的外部研究带动文学的内部研究。然而，在描绘自己和别人时大都缺乏完整性，乃是书信的"天然缺陷"。留美期间，闻一多的通信对象多为父母兄弟、同窗旧友，彼此都有深入了解，写起信来兴之所至，时地人事往往语焉不详。另一方面，这些书信时隔久远，况有中美文化壁垒，若非掌握通信双方情况及所叙事件的来龙去脉，极易望文生义，理解得不够全面深刻。因此，对闻一多留美书信中的人事进行考述实属必要。将国内外报刊与闻一多书信对照梳理，挖掘书信中未提及的细节，可以在一定程度上还原历史现场，为作家、作品研究提供背景资料，同时或可对已版闻一多年谱、传记中的不详、不确之处加以补充和订正。

一、乘麦金雷总统号赴美

1922 年 7 月 29 日，赴美途中的闻一多致信吴景超、顾毓琇、翟毅夫、梁实秋："我在这海上漂浮的六国饭店里笼着，物质的供奉奢华极了（这个公司底船比'中国''南京'等号底船价贵多了，因为他的设备更讲究）。"① 据《闻一多年谱长编》1922

---

① 《闻一多全集》，湖北人民出版社 2020 年版，第 6302 页。文中所引闻一多书信、《闻一多年谱长编》均摘自该版本，再次引用仅著录书名和页码。

年 7 月 3 日的记录，闻一多所乘航船是"麦金雷总统号"，但在 1922 年 7 月 16 日的记录中，闻一多"乘 Key Stone State 号海轮离沪赴美"①。对于航船名称的前后不一，《闻一多年谱长编》未作解释。该航船如何奢华，以至于令渴求清静旅程的闻一多大失所望，后人也不得而知。

经考证，闻一多所乘航船应为麦金雷总统号（President McKinley）。《大陆报》1922 年 7 月 16 日消息提到，麦金雷总统号于当日启程，预计 8 月 1 日抵达西雅图②。同年 8 月 25 日，《大陆报》的另一则简讯披露："29 名庚子赔款学生于 8 月 1 日乘麦金雷总统号抵达西雅图。"（Twenty-nine Boxer indemnity students arrived in Seattle on the President McKinley on August 1.③）麦金雷总统号的目的地、乘客信息、出发和抵达日期，都可与《闻一多年谱长编》中的相关记载一一对应。

至于 Key Stone State 号之说，也并非空穴来风。1921 年至 1922 年间，《大陆报》和《字林西报》时常通报一艘名为"Keystone State"（"Key Stone State"疑为"Keystone State"之误）的远洋渡轮的行踪。但到了 1922 年 5 月 8 日之后，有关 Keystone State 的消息却绝迹了。事实上，Keystone State 于 1922 年 6 月 9 日更名为麦金雷总统号④。闻一多登船日期为 1922 年 7 月 16 日，恰在 Keystone State 更名之后，若说其所乘航船为 Key Stone State 号，与当时的情况并不相符。

而麦金雷总统号的奢华确如闻一多所言。美国轮船公司 The Admiral Line 在 1922 年前后发行过一本宣传册，重点展示了麦金雷总统号等五艘渡轮的优越条件：美国殖民地风格的装潢，明亮的灯光，阅读灯、电热器、保温瓶、电风扇、淋浴器、剃须灯、开放式壁炉等现代化设施应有尽有，客厅、餐厅、写字间、阅览室、社交厅、浴室、衣帽间、茶室、吸烟室等生活空间一应俱全。宣传册称，渡轮的雅致环境"几乎让旅行者相信自己不是在乘船，而是在一座移动的宫殿里尽享奢华"（practically convince the traveler that he is not on a steamship but rather enjoying the luxuries of a moving palace⑤）。无怪乎闻一多要慨叹船上的设备讲究，因为扰攘的社交生活而烦闷不已了。

翻检 1922 年 8 月的英文报道，不仅可以得出闻一多乘麦金雷总统号赴美的结论，还可以约略窥见其抵美当日行程、同船旅伴的身份信息。闻一多所在清华留学生团抵

---

① 《闻一多全集》，湖北人民出版社 2020 年版，第 6908 页。

② "Two Mail Boats Arrive Today, One Departing President McKinley's Sailing Time Advanced—Mails Close at 10 This Morning." *The China Press*, 16 Jul. 1922, p. 1.

③ "News Brevities." *The China Press*, 25 Aug. 1922, p. 4.

④ "USS J. Franklin Bell（AP-34/APA-16）." *World War Ⅱ Troop Ships*, http：//ww2troopships. com/ships/j/jfranklinbell_ USN/default. htm.

⑤ "To American Mail Line." *Maritime Timetable Images*, http：//www. timetableimages. com/maritime/images/aolb. htm.

达西雅图的消息，多家媒体都作了简要报道，如《犹他新闻》①、《奥克兰论坛报》②、《盐湖电讯报》③ 等。《维多利亚每日时报》在报道中专门介绍了黄卓繁、霍启芳、廖芸皋、何浩若、赵连芳、陈之长、陈念宗、陈崇武、钱宗堡、费培杰、时昭泽、时昭涵、孙超恒、许复七、孟宪民、罗隆基、沈有乾、孙增庆、董大西、邹维渭、吴泽霖共 21 名留学生即将就读的美国学校和专业④。对于清华留学生团在西雅图登岸后的安排，《大陆报》亦有交代："华盛顿大学中国学生会在码头迎接他们，并在上海咖啡馆设宴为他们接风。"（They were met at the dock by the Chinese Students Club of the University of Washington, and entertained during their stay at a banquet at the Shanghai Cafe.⑤）这些报道多少反映了当时的美国社会对中国留学生，特别是依靠庚子赔款留美的学生颇为关注。而华盛顿大学中国学生会为清华留学生团接风一节，《闻一多年谱长编》中未提及，似可为当日记录提供补充。

二、往芝加哥西北车站迎接闻亦传

闻一多是 1921 级清华毕业生，却因声援北京八校的索薪斗争、参与"同情罢考"而遭到留级一年、推迟出洋的处分，与 1922 级的堂兄闻亦传同年赴美。本来，1921 级留级同学可以与 1922 级毕业生同行，但他们坚持单独启程，表示自己仍是 1921 级学生⑥。于是，闻一多先一步到美国，并在不久后写信告诉父母自己打算去车站迎接闻亦传："八哥已自旧金山来电，称已抵岸，计明早可到支城。我明日赴站迎接，他约可留此一夜即首途往麻省。"⑦ 此信根据家属存原始抄件的复印件刊印，信后落款未见日期，《闻一多全集》书信卷以注释形式标明"此信写于 8 月"⑧。而在《闻一多年谱长编》中，闻一多迎接闻亦传的日期是 1922 年 9 月 17 日："是日，清华一九二二级毕业生到美后，由旧金山抵芝加哥。闻亦传即同批到达，他在旧金山便给先生拍一电报，

① "Chinese Students Arrive for Study." *Deseret News*, 2 Aug. 1922, p. 1.

② "Chinese Students Arrive." *Oakland Tribune*, 2 Aug. 1922, p. 4.

③ "29 Chinese Students Arrive Here to Attend American Universities." *Salt Lake Telegram*, 2 Aug. 1922, p. 2.

④ "Peking Students Arrive to Study in U. S. Colleges Tsing Hua Graduates Arrived To-day From Orient Will Study Modern Ideas in Professions and Sciences." *The Victoria Daily Times*, 1 Aug. 1922, p. 1.

⑤ "News Brevities." *The China Press*, 25 Aug. 1922, p. 4.

⑥ 《闻一多全集》，湖北人民出版社 2020 年版，第 6908 页。

⑦ 《闻一多全集》，湖北人民出版社 2020 年版，第 6313 页。

⑧ 《闻一多全集》，湖北人民出版社 2020 年版，第 6313 页。

是日先生到车站迎接，次日送闻亦传赴波士顿麻省理工学院。"① 闻一多写信的日期是在迎接闻亦传前一日，但 8 月与 9 月 17 日之间的间隔远不止一日，可见其中必有错讹。

闻亦传的赴美行程，中美报刊均有记载。《清华周刊》1922 年 4 月 21 日第 244 期消息称"本年毕业同学赴美之期，已定为八月十三号，乘中国邮船公司之'南京号'自上海起程云"②。根据"南京号"按图索骥，可以找到美国媒体对 1922 级清华毕业生抵美的报道。1922 年 9 月 13 日，《旧金山观察报》披露包括清华留学生团在内的 160 名中国青年乘"南京号"客轮赴美留学，于 9 月 12 日抵达，他们"将在旧金山逗留到周四晚上"（will be in San Francisco until Thursday evening③）。《汉福德前哨报》则在 9 月 14 日对这些中国留学生进行了跟踪报道，称他们"今日离开旧金山，乘坐欧弗兰高级快车前往芝加哥"（left San Francisco today on the Overland Limited for Chicago④）。9 月 17 日，《芝加哥论坛报》报告了中国留学生"将于今天上午 10 时乘欧弗兰高级快车抵达芝加哥西北车站，接受芝加哥中华基督教青年会的款待"（arrive in Chicago this morning at 10 o'clock at the Northwestern station on the Overland limited to be the guests of the Chicago Y. M. C. A.⑤）。

由上述报道可以推知闻亦传放洋以后的大致轨迹：他于 1922 年 8 月 13 日登上南京号客轮，9 月 12 日抵达旧金山，9 月 14 日晚乘欧弗兰高级快车前往芝加哥，9 月 17 日上午 10 时抵达芝加哥西北车站。因此，闻亦传发电报给闻一多的时间在 9 月 12 日至 14 日之间，闻一多给父母写信的时间则为 9 月 16 日。将清这一时间线，便能坐实《闻一多年谱长编》中的相关记载，并进一步明确闻一多迎接闻亦传的具体时间、地点及当天的活动安排。芝加哥中华基督教青年会设宴款待 1922 级清华毕业生，是以往闻一多研究资料中未曾提及的。闻一多既然在第二天送闻亦传赴波士顿，那么 9 月 17 日全天当与闻亦传共度，两人很可能一同参加了芝加哥中华基督教青年会的宴会。

三、"两件死底消息"

来到美国不过月余，闻一多就因为两个噩耗而精神上起了大震荡。1922 年 9 月 24 日，闻一多在致吴景超的书信中写道："昨接沈有乾从 Stanford 寄来中国报纸——旧金山

---

① 《闻一多全集》，湖北人民出版社 2020 年版，第 6023 页。

② 《放洋日期》，《清华周刊》1922 年 4 月 21 日第 244 期。

③ "160 Chinese Here to Enter College; Six Girls in Party." *The San Francisco Examiner*, 13 Sept. 1922, p. 8.

④ "Young China Seeks More Knowledge." *The Hanford Sentinel*, 14 Sept. 1922, p. 1.

⑤ "Chinese Students Will Be Guests Today of Y. M. C. A." *Chicago Tribune*, 17 Sept. 1922, p. 3.

出版的——一片，中载 Colorado School of Mines 有中国学生王某因汽车失事毙命，其友孟某某受重伤。我们即疑为王朝梅与孟宪民，当即电询监督处。今早得回电称毙命者果为王朝梅，但未提及孟宪民，只言常叙受轻伤。景超！方来底噩耗你是早知道了的。"①

方来和王朝梅皆为 1921 级清华毕业生，曾与闻一多同窗数载。关于"方来底噩耗"的前因后果，《清华周刊》1922 年 9 月 23 日第 251 期是这样交代的："辛酉级同学方来君，为人诚笃好学。不幸于八月二十三日，以肺痨症，竟在美与世长逝。"② 而"汽车失事"的详情则载于《奥克兰论坛报》③、《林肯之星》④、《长滩电讯及长滩每日新闻》⑤ 等美国报纸。这些报纸所发布的报道为同一篇，现将其翻译如下：

> 9 月 16 日，丹佛——王朝梅（C. N. Wang），24 岁，科罗拉多矿业学院的中国学生，今天晚些时候在这一带当场死亡，其乘坐的摩托车挎斗在高速行驶时撞上了一辆汽车。
>
> 与王同行的另外两名中国学生分别为 22 岁的孟宪民（Clarence Meng）和 22 岁的常叙（Marshall Shang），都受了重伤。
>
> 肇事司机 W. B. 麦库斯克（W. B. McCissick）已被逮捕。

报道证实了闻一多提到的车祸确有其事，车祸的细节也由此得以丰富。早在留学之前，闻一多就担忧过美国的滚滚车流。赴美之后，他很快发现自己的担忧不无道理。1922 年 8 月 14 日，他致信吴景超、翟毅夫、顾毓琇、梁实秋："在清华时，实秋同我谈话，常愁到了美国，有一天定碾死在汽车轮下。我现在很欢喜地告诉他，我还能写信证明现在我还没有碾死。但是将来死不死我可不敢保险。"⑥ 尽管闻一多的抱怨颇有几分调侃的意味，但初抵美国的他确实对当地街头的熙来攘往、声光色电极不适应。不难想象，此次车祸的消息加重了他去国怀乡的忧思。

方来和王朝梅的噩耗带给闻一多的不仅是乡愁，还有形而上的思考。这种思考清晰地反映在他的诗作中，正如他在信中亲口承认的那样，"想家比较地还是小事，这两件死底消息令我想到更大的问题——生与死底意义——宇宙底大谜题"，"我的诗里的

---

① 《闻一多全集》，湖北人民出版社 2020 年版，第 6336 页。

② 《留美同学消息　死别何堪》，《清华周刊》1922 年 9 月 23 日第 251 期。

③ "Chinese Youth Dies in Crash of Cycle." *Oakland Tribune*, 17 Sept. 1922, p. 31.

④ "Chinese Student Killed in Crash with Automobile." *The Lincoln Star*, 17 Sept. 1922, p. 1.

⑤ "Chinamen in Auto Smash One is Killed, Two Companions Injured." *The Long Beach Telegram and The Long Beach Daily*, 17 Sept. 1922, p. 3.

⑥ 《闻一多全集》，湖北人民出版社 2020 年版，第 6314 页。

themes have involved a bigger and higher problem than merely personal love affairs"①。1922年9月29日，离闻一多感叹"两件死底消息"不到一周，他在写给梁实秋、吴景超的信后附上了8首经过反复修改的诗，诗中不乏死亡意象与生命意识，如《红烛》中自焚的痛楚、对精神不死的礼赞，《深夜底泪》中"腐烂的骷髅"、"宇宙底生命之酒"。有论者认为，从闻一多的书信可以看出，在创作《红烛》前后，他就将现实生活中的疾病和死亡升华为对生与死的意义的普遍性思考，以死亡意象来构建作品的神秘美②。虽然，《深夜底泪》、《美与爱》、《幻中之邂逅》、《春之首章》、《春之末章》5首诗此前已在《清华周刊》发表过，余下的《红烛》、《游戏之祸》、《春寒》也不全是新作，但闻一多特意选取这类诗修改、投寄，多少证明了他在听说方来和王朝梅的死讯后对超越于小情小爱的"生与死底意义"更为关注。

四、与罗艾尔共进晚餐

尽管闻一多以"东方老憨"③自居，表示"讲来讲去我不喜欢美国"④，但对于美国文学，他并没有一味排斥、闭目塞听，而是尽量吸收其长处，创作新诗时也以"做中西艺术结婚后产生的宁馨儿"⑤为宗旨。芝加哥是美国新诗运动的大本营，他借着在芝加哥艺术学院（School of the Art Institute of Chicago）读书的地利，积极结交当地文人，了解美国文学发展的新动向。闻一多曾与名噪一时的美国诗人罗艾尔（Amy Lowell，闻一多又译为卢威尔，今通译罗厄尔、洛威尔）共进晚餐，并对此津津乐道。在1923年2月15日写给梁实秋的书信中，他不无兴奋地说："今早一位 Mrs. Bush 写信来请我到 The Arts Club 同 Amy Lowell 等晚餐，并听伊读伊的诗。Amy Lowell 在此邦是首屈一指的女诗人。"⑥ 1923年3月8日，他又在给家人的书信中提及此事道："前两星期我曾参与此城之文艺学会，又会见此邦的一位大诗人卢威尔。这位诗人曾翻译过一本中国诗，他不懂中文，他译中诗，同林琴南译西洋小说一样，与别人共作。"⑦

此次会晤的时间，按《闻一多年谱长编》的说法是1923年2月15日晚⑧，但从

---

① 《闻一多全集》，湖北人民出版社2020年版，第6336页。
② 孙玉石：《论闻一多对新诗神秘美的构建》，《荆州师范学院学报》1999年第6期。
③ 《闻一多全集》，湖北人民出版社2020年版，第6316页。
④ 《闻一多全集》，湖北人民出版社2020年版，第6365页。
⑤ 闻一多：《女神之地方色彩》，《创造周报》1923年第5号。
⑥ 《闻一多全集》，湖北人民出版社2020年版，第6386页。
⑦ 《闻一多全集》，湖北人民出版社2020年版，第6389-6390页。
⑧ 《闻一多全集》，湖北人民出版社2020年版，第6949页。

美国当地报道来看，应为 1923 年 2 月 17 日晚。《芝加哥论坛报》1923 年 2 月 17 日消息称："今晚文艺学会将为爱米·罗艾尔小姐举办晚宴，之后罗艾尔小姐将朗诵她的诗歌。由哈丽特·孟禄小姐担任主席的文学委员会负责活动安排。"（Tonight the Arts club is having a dinner for Miss Amy Lowell, after which Miss Lowell will give a reading of her poems. The literature committee of which Miss Harriet Monroe is chairman, is in charge of arrangements.①）同样内容的预告也见于该报纸 2 月 13 日②、2 月 17 日③的另外两条消息。这些预告中的人物、地点和活动安排均与闻一多信中的论述吻合。

反观 1923 年 2 月 15 日，罗艾尔所出席的则是位于印第安纳波利斯的一场活动，活动内容也与闻一多信中所述不符。《印第安纳波利斯时报》当日新闻提到："今晚罗艾尔小姐将在'神殿之门'里的当代俱乐部发表演说。"（Miss Lowell will address the Contemporary Club at the Propylaeum tonight.④）这座名为"神殿之门"的建筑位于印第安纳波利斯北特拉华街 1410 号⑤，与闻一多所在的芝加哥相去甚远，当代俱乐部和文艺学会亦非同一组织。创立于 1890 年的当代俱乐部为男女知识分子搭建了平等讨论时事的平台，并邀请各行各业的杰出人士分享自己的独特经历和观点⑥。而文艺学会成立于 1915 年，旨在为芝加哥带来"正在生成的 20 世纪艺术"，策划了大量有关当代文学、戏剧、舞蹈和建筑的项目和讲座，当时许多重要艺术家的首次个人展览皆由文艺学会承办。1923 年 3 月，该组织举办了美国首次大型毕加索作品展⑦。闻一多在芝加哥受到的艺术熏陶，可能也与文艺学会相关。

罗艾尔出席文艺学会的晚宴并非偶然。作为继埃兹拉·庞德之后的意象派领袖，她致力于唤醒大众对诗歌的热情，经常在全美举行巡回演讲。哥伦比亚《州报》1923 年 2 月 18 日报道称，罗艾尔近期要举行 6 次演讲和读诗会，足迹遍布纽约一带、斯普林菲尔德、俄亥俄、印第安纳波利斯、芝加哥、密尔沃基、圣保罗和奥马哈⑧，其社会影响力可见一斑。罗艾尔本人的诗歌创作也颇受时人关注，她的诗集《剑刃与罂粟

① "Arts Club to Give Dramatic Program Friday Evening." *Chicago Tribune*, 17 Feb. 1923, p. 13.

② "Society Dons Garb of Louis XVI. Period for Bal Poudre Tonight." *Chicago Tribune*, 13 Feb. 1923, p. 21.

③ "Lectures This Week." *Chicago Tribune*, 17 Feb. 1923, p. 7.

④ "Genius' Reward Is Sleep Woman Poet Slumbers Throughout Cold Morning." *The Indianapolis Times*, 15 Feb. 1923, Home Edition.

⑤ "1410 N. Delaware St., Schmidt-Schaf House (now Propylaeum), 1893." *Indiana Memory*, https：//indianamemory. contentdm. oclc. org/digital/collection/HT/id/348/.

⑥ "Club History." *Contemporary Club of Indianapolis*, https：//contemporaryclubindy. org/club-history/.

⑦ Liesl Olson：*Chicago Renaissance*：*Literature and Art in the Midwest Metropolis*, Yale University Press, p. 112-123.

⑧ "A Cautionary Word." *The State*, 18 Feb. 1923, p. 29.

籽》（*Sword Blades and Poppy Seed*）曾在 1914 年引发轰动，诗作《几点钟》（*What's O'Clock*）被授予 1926 年普利策诗歌奖。

闻一多刚到美国不久，即注意到了罗艾尔。在 1922 年 8 月 27 日写给朋友的英文书信中，他对罗艾尔推崇备至，称胡适的"八不主义"脱胎于她所领导的意象派的主张①。胡适对意象派主张的借鉴，学界多有论证。事实上，这些主张正出自罗艾尔为 1915 年版《一些意象派诗人》（*Some Imagist Poets：An Anthology*）所作的序言。闻一多对罗艾尔的推重，一方面是因为她呈现意象、追求凝练的诗歌主张及创作实践可以为"过分模糊、稀薄、贫瘠"（too shadowy, too thin, too bony）的白话诗提供范本②，另一方面则是因为她酷爱中国古典文学。罗艾尔不仅热衷于在诗中营造中国传统意象，运用中式比喻和习语，还与人合译了汉诗集《松花笺》（*Fir-Flower Tablets：Poems From the Chinese*），本就对中国古诗兴趣浓厚的闻一多见此不免生出他乡遇故知的亲切感。1925 年，闻一多听说罗艾尔逝世，在《京报副刊》第 5 期发表悼文《美国著名女诗人罗艾尔逝世》，对其作出了高度评价："她的死是美国文学界的大损失。她死了，中国文学与文化失了一个最有力的同情者。"③

值得注意的是，在罗艾尔的晚宴上，闻一多可能同时见到了此次活动的负责人孟禄（今通译门罗或蒙若）。此前，闻一多一直对结识孟禄心向往之，曾在书信中两次提到自己已从浦西夫人（即 Mrs. Bush）处拿到介绍信，打算过几日去拜访孟禄④。但闻一多与孟禄的会面，书信和《闻一多年谱长编》中并无记载，铃木义昭的《闻一多之书信——英文篇》也表示"闻一多是否与 Miss Harriet Monroe 相见不是很确定"⑤。《芝加哥论坛报》称"由哈丽特·孟禄小姐担任主席的文学委员会负责活动安排"，或可为闻一多与孟禄的会面提供佐证。

闻一多对孟禄的兴趣，很大程度上与她的编辑身份有关。1912 年 9 月，孟禄创办了开拓性刊物《诗》（*Poetry：A Magazine of Verse*，今通译《诗刊》），美国新诗运动由此拉开了帷幕。作为这一时期美国诗坛的风向标，《诗》引领潮流、提携新秀，桑德堡、庞德、T. S. 艾略特、弗罗斯特、D. H. 劳伦斯、海明威等知名文人都曾在《诗》上发表诗作或批评文章。闻一多认为《诗》的作用不亚于中国的《新青年》，甚至贡献更大，《诗》的诞生"相当于美国诗坛里的文艺复兴"⑥。他时常给国内诗友邮寄

---

① 《闻一多全集》，湖北人民出版社 2020 年版，第 6914-6915 页。

② 《闻一多全集》，湖北人民出版社 2020 年版，第 6317-6318 页。

③ 闻一多：《美国著名女诗人罗艾尔逝世》，《京报副刊》1925 年 7 月 1 日第 195 号。

④ 《闻一多全集》，湖北人民出版社 2020 年版，第 6348-6349、6351-6352 页。

⑤ ［日］铃木义昭：《闻一多之书信——英文篇》，《2004 年闻一多国际学术研讨会论文选》，第 390 页。

⑥ ［日］铃木义昭：《闻一多青年时的一封英文信》，《闻一多诞辰 110 周年纪念暨国际学术研讨会论文集》，武汉大学出版社 2011 年版，第 370 页。

《诗》，并于 1923 年 9 月 29 日写信告知吴景超、梁实秋，希望清华文学社所办杂志的体裁、功用都与《诗》相同①。因此，当长期担任《诗》副主编的女诗人海德夫人（即 Eunice Tietjens，今通译尤妮斯·娣简丝）对闻一多的《玄思》表示赏识，提出要将他的诗作送给孟禄，请她选登在《诗》上时，闻一多十分振奋，在 1922 年 12 月 2日、12 月 4 日分别致信父母和吴景超报告此事②。翻阅 1922 年至 1925 年间的《诗》，虽然并未发现闻一多的诗作，但他到美国不久后就能结交核心文化圈的文人，并且得到著名刊物副主编认可，足以说明他对美国文学的最新动态和流行趋势颇有研究。

五、"孙君"投湖自尽

1923 年 5 月 7 日，闻一多在写给家人的书信中又提到了一桩"死底消息"："前不久此地有个山东的学生，姓孙的，因功课作不好，丧气投湖自尽。遗书即谓明知自杀之非，但自观脑经薄弱，学无所成，将来定无益于社会，不若死之为愈也。此事闻之者孰不酸心！然我诚希望在此中国学生多有如孙君若是之血性者，中国庶有望也。"③同年 5 月 15 日，闻一多写信向梁实秋表达了对这名学生的敬佩："前不久此地有位孙君因学不得志，投湖自尽。这位烈士知生之无益，有死之决心，而果然死了。要死就死，我佩服。我佩服。我佩服，我要讲无数千万个'佩服'。"④

"孙君"的死讯刊载于《比尤特采矿者》⑤、《时事新报（上海）》⑥ 等报纸，其中以《大瀑布论坛报》1923 年 5 月 2 日报道信息最全。现将全文翻译如下：

中国学生自杀

5 月 1 日，芝加哥——芝加哥大学政治经济系学生 Yu Sun Tsung 的尸体周二晚被警方从杰克逊公园的泻湖带走，警方认为尸体已在水中泡了大约三周。

在这个年轻死者的衣袋里发现了 T. S. Shoa 的名字和地址。Shoa 是芝加哥大学医学院的学生，他表示："我认为他自杀的原因是无法掌握美国人的行事方式。"

死者两个月前从加利福尼亚大学来到此地。他的家乡是中国山东济南。校方

① 《闻一多全集》，湖北人民出版社 2020 年版，第 6338 页。
② 《闻一多全集》，湖北人民出版社 2020 年版，第 6367、6369 页。
③ 《闻一多全集》，湖北人民出版社 2020 年版，第 6401 页。
④ 《闻一多全集》，湖北人民出版社 2020 年版，第 6403 页。
⑤ "Chinese Student Supposed Suicide." *The Butte Miner*, 2 May 1923, p. 1.
⑥ 《中国留美学界近事》，《时事新报》（上海）1923 年 5 月 13 日第 5 版。

对他的失踪毫不知情①。

由报道可知，自杀的学生是山东济南人，1923 年 3 月从加利福尼亚大学转学至芝加哥大学政治经济系，约于 4 月上旬投湖自尽。该生的籍贯、留学城市、自杀经过都与闻一多的叙述相应，证实了确有其人。唯有新闻中披露的死者姓名 Yu Sun Tsung 与闻一多笔下的"孙君"不符。考虑到中国人姓在前名在后，美国人则相反，孙君的全名可能音同 Sun Tsung yu，被美国媒体误以为最后一个 yu 字是姓，Sun Tsung 为其名。

从王朝梅、方来逝世到孙君自杀，闻一多的反应虽不尽相同，但都折射出其一以贯之的死亡观。1922 年 4 月 4 日，闻一多尚未出洋，就在《清华周刊》上发表了新诗《死》，诗中"死是我对你唯一的要求，死是我对你无上的贡献"② 等句表达了诗人愿为爱与美献出全部生命的冲动与快乐。在得知王朝梅、方来死讯后不久，他修改完成了《红烛》，《死》中昂扬赴死的激情至此转化为更加深沉的哲思，从原本令人绝望的死亡中提炼出生命不朽的价值。1922 年 12 月 4 日，他写信告诉吴景超自己近来身体衰弱，"时时觉死神伸出削瘦的手爪在我的喉咙上比画，不知那一天就要卡死我了"，在尝过这般"畏死的滋味"后，他不甘心还未创造、享乐便一命归西，承认自己是"生命之肯定者"③。而听到"孙君"自杀后，他则对其"知生之无益，有死之决心"感佩不已。闻一多早年的死亡观在不同阶段虽有细微的差别，但都以向死而不厌生的浪漫精神为核心：生命要建立在自我实现、救赎世人的基础上，死亡是生命的完成和延伸。因此，他为"孙君"慷慨赴死叫好，也就不足为怪了。

六、参加麦城夏令会

1923 年 9 月 1 日，闻一多致信闻家骃，称自己 9 月 3 日将随浦薛凤赴麦城夏令会："当俟赴麦城夏令会晤景超，再作道理，此间暑期学校已毕，诸友皆先后离芝赴麦。八哥明日偕努生前往。我后日搭逖生汽车同行。夏令会期约长一周，会后又有新清华学会成立会，故在麦须勾留旬余也。"④ 此信当天没有寄出。9 月 12 日，闻一多在信后补记："此信乃往麦城前所写，置桌上，忘却付邮，归时始发现，则已过两星期矣。"⑤

---

① "Chinese Student Commits Suicide." *Great Falls Tribune*, 2 May 1923, p. 1.
② 一多：《死》，《清华周刊》1922 年 4 月 4 日双四节特刊。
③ 《闻一多全集》，湖北人民出版社 2020 年版，第 6369 页。
④ 《闻一多全集》，湖北人民出版社 2020 年版，第 6410 页。
⑤ 《闻一多全集》，湖北人民出版社 2020 年版，第 6411 页。

麦城夏令会即美国中部中国留美同学年会，亦称留美中国学生夏令营、留美中国学生联合会年会。1923 年，该夏令会已办到了第 14 届，于 9 月 4 日至 11 日在麦迪逊市召开。闻一多 9 月 3 日赴麦迪逊，9 月 12 日回住处，全程参加夏令会的概率极大。

《闻一多年谱长编》并未直言闻一多参加了此次夏令会，只在 1923 年 9 月 4 日的记录中简单交代了年会主席、参加人数、讨论话题和会上的活动。关于夏令会期间的日程，有明确记载的仅 1923 年 9 月 9 日的美国中部清华同学重聚会，会议自下午一时开始，由闻一多担任书记，当晚七时半清华毕业生在麦迪逊爬克旅馆（Park Hotel）举行俱乐会。所有活动信息均引自吴景超发表于《清华周刊》1923 年 10 月 19 日第 290 期的《西雅图—麦城—明城》、李迪俊发表于《清华周刊》1923 年 11 月 30 日第 296 期的《威斯康辛大学消息》两篇文章①。

尽管《闻一多年谱长编》对麦城夏令会的记载稍显笼统，但幸而此次活动在当地关注度颇高，《新闻记录》、《领导者电讯》、《威斯康星周报》、《首府时报》等美国媒体对其进行了全程报道（见表 1），活动的全貌得以大致复原。以下是麦城夏令会期间的相关英文报道，通过梳理这些英文报道，并结合《闻一多年谱长编》中的信息，可进一步得出麦城夏令会日程表（见表 2）。

表 1　有关麦城夏令会的英文报道清单

序号	报道日期	报刊出处	报道题目
1	8 月 22 日	News-Record, Page 4	Capitol Notes
2	8 月 22 日	Wisconsin State Journal, Page 2	Chinese Students to Convene Here
3	8 月 23 日	Leader-Telegram, Page 18	Chinese Students from All Over U. S. to Meet
4	9 月 4 日	The Oshkosh Northwestern, Page 4	Conference of Chinese Students
5	9 月 4 日	Wisconsin State Journal, Page 5	Chinese Meet Here Reconstruction Problems of China to Be Taken Up
6	9 月 4 日	News-Record, Page 5	Chinese Students Hold Conference
7	9 月 5 日	Leader-Telegram, Page 12	400 Chinese Students Attend Madison Meeting
8	9 月 5 日	The Capital Times, Page 2	Chinese Take "Movies" Of Meeting Here Every Phase of Convention to Be Recorded by Camera
9	9 月 6 日	The Capital Times, Page 1	Chinese Oration Will Be Given Here Tonight
10	9 月 6 日	The Capital Times, Page 5	Delegates To Chinese Meet Entertained President and Miss Anna Birge Hosts at Reception
11	9 月 8 日	Leader-Telegram, Page 12	Chinese Students to Hold Bazaar at U. W.
12	9 月 11 日	The Capital Times, Page 5	Madison Girl Leads Chinese Students' Prom

---

① 《闻一多全集》，湖北人民出版社 2020 年版，第 6964、6965 页。

表 2　麦城夏令会日程表

时间	活　　　　动
9 月 4 日	下午：夏令会在拉丁区开幕，会议登记工作在校基督教青年会展开 晚上：校长和安娜小姐举办招待会
9 月 5 日	上午：群众大会 下午：各项运动和游戏预赛 晚上：中国留学生在莱思罗普音乐厅举办"中国之夜"庆典
9 月 6 日	上午：8:30 召开群众大会，随后举行论坛会议 下午：举行野餐会 晚上：7:30 举行会议（含中文演讲），会后有中国女留学生主持的招待会（中国集市从上午 9:00 开放至下午 5:00）
9 月 7 日	上午：举行专业会议，10:45 拍摄会议照片 下午：举行田径运动会预赛 晚上：校方举办招待会（中国集市从上午 9:00 开放至下午 5:00）
9 月 8 日	中国集市全天开放
9 月 9 日	下午：1:00 召开美国中部清华同学重聚会 晚上：7:30 清华毕业生在爬克旅馆举行俱乐会
9 月 10 日	晚上：在比弗大楼的卡梅奥室举行年度宴会，随后在莱思罗普会客厅举行舞会
9 月 11 日	上午：告别早餐

　　需要指出的是，闻一多不一定参加了麦城夏令会的所有活动，仅 9 月 9 日参加美国中部清华同学重聚会一事是确凿无疑的。但置身于如此丰富多彩的社交生活中，他或许受到了感染。夏令会期间的活动安排亦可为闻一多年谱和传记的编写增添背景资料。

七、转学至科罗拉多学院

　　麦城夏令会结束后不久，闻一多转学至科罗拉多学院（Colorado College）。此次转学看似事发突然，但对闻一多而言也许是蓄谋已久。早在 1923 年 5 月 29 日，闻一多即写信告诉梁实秋："想陪你上 Colorado 住个一年半载，也不错。"[①] 从 1923 年 9 月 12 日写给闻家驷的书信可以看出，闻一多的"蓄谋"此时落地为切实的计划："现拟往科泉与实秋同居。科泉离此需一日之旅行。我行期约在一星期后。科泉有美术学校或

———

① 《闻一多全集》，湖北人民出版社 2020 年版，第 6405 页。

不及芝校，然与实秋同居讨论文学，酬唱之乐，当远胜于拘守芝城也。"① 及至1923年9月24日再次致信闻家骃时，闻一多已宣布自己在珂泉（即科泉）安顿下来了②。

科罗拉多学院1923年的中国留学生注册情况得到了多家美国报纸的关注，包括《前哨日报》③、《卡斯珀每日论坛报》④ 等，其中报道最详细的当属《科罗拉多学院之虎》（*The Colorado College Tiger*）。《科罗拉多学院之虎》是科罗拉多学院的学生报纸，创刊于1899年4月11日，每年7、8月停更。对于国内研究者而言，该报纸最出名的事迹是在1924年3月21日刊登了梁实秋《一个支那人的回答》（*Reply from a "Chinee"*）、闻一多《另一个支那人的回答》（*Another "Chinee" Answering*），两首诗皆用英文写成，回击了美国学生在上一期报纸中对中国人的挑衅。而在同一卷报纸上，即《科罗拉多学院之虎》第26卷（1923年9月至1924年6月卷），还刊登了一篇关于该校中国留学生的介绍性文章，以往的闻一多研究资料少有提及。这篇文章发表于1923年10月2日，现将其翻译如下：

科罗拉多学院的七名中国学生组成本市迄今最大的东方俱乐部

今年有七名中国学生就读于科罗拉多学院。四人读大四，两人读大三，还有一人修读专项课程。其中六人来自北京大学，他们在那里完成了低年级课程。第七人来自芝加哥大学。他们都是科罗拉多学院今年的新生，对学院和珂泉颇为满意。

陈肇彰（Donan Chen）、王国华（K. H. Weng）、曹明辉（M. H. Chao）、梁实秋（C. H. Liang）读大四，熊苏敏（Sumian Shung）和何浩若（R. H. Huo）读大三。从芝加哥大学转学来的学生是闻一多（T. Wen），**他正在修读专项课程**。

他们七人在东戴尔街同住，校园里经常能看到他们形影不离。再也找不到七个比他们更勤奋的学生了。当他们自己的国家被革命和土匪搞得四分五裂，没有人知道未来会是怎么一副模样，这七个学生正在接受西方教育，将所学知识带回给他们的人民⑤。

文中用加粗字体标明闻一多正在科罗拉多学院修读专项课程，并介绍了其他中国

① 《闻一多全集》，湖北人民出版社2020年版，第6411页。
② 《闻一多全集》，湖北人民出版社2020年版，第6412页。
③ "Six New Students from the City are at C. C." *The Daily Sentinel*, 21 Sept. 1923, p. 5.
④ "Chinese Student Colony at C. C." *Casper Daily Tribune*, 9 Oct. 1923, p. 11
⑤ "Seven Chinese Students at Colorado College Make Largest Oriental Club City Ever Had." *The Colorado College Tiger*, 2 Oct. 1923.

留学生的情况。闻一多之前就读于芝加哥艺术学院，但这篇文章称他由芝加哥大学转学至此，疑为误写。文章配有 7 名中国留学生的合影，图注写道："科罗拉多学院的中国学生七人组，照片拍摄于校园，从左到右依次为：闻一多、陈肇彰、熊苏敏、曹明辉、梁实秋、何浩若和王国华。"①

闻一多在科罗拉多学院度过了一个学年。1924 年 6 月 14 日，他写信向家人报告"我亦得毕业证书"，但具体何时毕业，《闻一多年谱长编》没有给出确切日期，仅称其毕业于 1924 年 6 月上旬②。从其他校友毕业的新闻中，可知闻一多于 1924 年 6 月 11 日参加毕业典礼。《科林斯堡科罗拉多人报》在 1924 年 6 月 13 日发布了一则简讯："科林斯堡的玛丽·艾琳·麦克莱兰德小姐在周三科罗拉多学院的毕业典礼上获得了文学学士学位。"（Miss Mary Irene McClelland of Fort Collins was granted the degree of A. B. at Colorado college at commencement Wednesday.③）1924 年 6 月 13 日是周五，毕业典礼既然在周三，则应为 6 月 11 日。

八、筹备英文古装剧《杨贵妃》与《琵琶记》

1924 年秋，闻一多转学至纽约艺术学生联盟（Art Students League of New York），并入住万国公寓（International House），结识了就读于哥伦比亚大学戏剧专业的余上沅、赵太侔、熊佛西等人。闻一多对戏剧的兴趣由来已久，早在 1913 年 11 月 15 日，他就参加了清华全校戏剧比赛，担任独幕剧《革命军》的编剧，并饰演革命党人。这是闻一多首次试水戏剧活动，此后他便格外青睐这门艺术。也正因为如此，与新友切磋戏剧艺术后，闻一多被勾起了戏兴，于中秋节后参与排演了洪深所编的《牛郎织女》。后来，闻一多又与友人筹备了两个剧目：一为余上沅所编的《杨贵妃》（又名《长恨歌》、《此恨绵绵》），一为高明著、顾毓琇编选的《琵琶记》。这两个剧目都被译成英文搬上美国舞台，引起了当地观众的热烈反响。

在一封大约写于 1924 年 10 月的书信中，闻一多向梁实秋描述了《杨贵妃》筹备工作之烦难："眼看排演的日期马上就要到了，五幕戏只练了一幕。化装布景的图案虽是画得了，但还没有动手制造"，"Costume plates 本拟请一个姓杨的（在中国英美烟公司画广告的）画，后来他神气起来了，说一笔也不能改。我就比他更神气，要求当局

① "Seven Chinese Students at Colorado College Make Largest Oriental Club City Ever Had." *The Colorado College Tiger*, 2 Oct. 1923.

② 《闻一多全集》，湖北人民出版社 2020 年版，第 6982 页

③ "Personals." *Fort Collins Coloradoan*, 13 Jun. 1924, p. 3.

人把他开除了。如今 art department 的只我一人包揽"①。信中明确指出了《杨贵妃》的化装布景全出自闻一多之手。

闻一多设计的服装和舞台背景，从相关报道中可略窥一二。1925 年 1 月 11 日，《时报图画周刊》（后改称《图画时报》）刊出了杨贵妃与宫娥的剧照，配文称"右图为中国留美女学生于去年十二月六日在纽约表演白话剧'长恨歌'，哄动一时。此为杨贵妃与宫娥之摄影。自左至右：雷霞蓓女士、梅瑞霞女士、黄倩仪女士、潘景芝女士、吴鲁西女士（左萄 寄）"②。1925 年 4 月 28 日，《申报》刊出了剧中御园一幕的照片，并附有说明文字："美国纽约城之大同同乐会、为各国留学生所组织、每年终、举行同乐会表演戏剧、客岁举行在腊月十六日晚、中国学生表演'长恨歌'故事、上图系一御园布景、殊精雅、右立饰宦官者为李希白君、饰唐明皇者为黄仁霖君、饰杨贵妃者为黄倩仪女士、左立饰高力士者为熊祖同君、所着服装、因彼处无从购办、故均自制、惟恒苦不能尽如人意、故式样间未有尽符合者、此无可如何事也、外人对中国剧、素多蔑视、而此次竟得观众热烈之欢迎、竞赞为东方艺术之佳构、图中演员、不穿靴面着皮鞋、想亦艰难于购办之故、然宽袍博带间、乃闻囊囊革履之声、当时厥状想可嚎也、（窥豹）" 1925 年 5 月 3 日，《图画时报》亦报道了此剧演出情况，配图为御园一幕的剧照，文字内容与《申报》所刊内容大致相同③。无论是剧照中的衣冠华盖，还是"御园布景、殊精雅"、"所着服装、因彼处无从购买、故均自制"等文字介绍，都展现出了闻一多的功夫与创意。

负责《杨贵妃》舞美设计的原本不只闻一多一人，还有杨左匋，即闻一多信中的"姓杨的（在中国英美烟公司画广告的）"。杨左匋曾绘制中国动画史上有据可考的首部动画短片《暂停》，被其外甥费孝通称作"中国第一位动画专家"④。同时，他也是首位进入迪士尼工作的华人动画艺术家，参与了《白雪公主和七个小矮人》、《木偶奇遇记》、《小飞象》等动画片的制作⑤。《申报》1924 年 7 月 30 日消息称，主管英美烟公司影片部的杨左匋将于当年 8 月 10 日赴美学习音乐和美术⑥。有学者考证，杨左匋抵美后很快进入布雷工作室当动画师，晚间在纽约艺术学生联盟学习绘画和油画，其

---

①《闻一多全集》，湖北人民出版社 2020 年版，第 6424 页。

② 左萄寄：《东西崇尚之我国古剧"长恨歌"》，《时报图画周刊》1925 年 1 月 11 日第 233 期。

③《留美学生表演之中国古剧》，《申报》1925 年 4 月 28 日第 7 版。

④ 费孝通、方李莉：《早年生活与文化熏陶——费孝通访谈录》，《民族艺术》2002 年第 3 期。

⑤ 曾润、殷福军：《中国首位动画专家杨左匋生卒年考》，《电影艺术》2014 年第 6 期。

⑥《美术家杨左匋定期赴美》，《申报》1924 年 7 月 30 日第 14 版。

通信地址为纽约万国公寓①。杨左匋的姓氏、专业、原工作单位皆符合闻一多的描述，当时他所就读的学校、所栖身的公寓也与闻一多相同，可见闻一多笔下"姓杨的"确为杨左匋。此外，自 1920 年 6 月《时报图画周刊》创刊以来，杨左匋常为其提供画作，而该报纸 1925 年 1 月 11 日所刊《杨贵妃》剧照的供稿人恰为"左萄"，考虑到杨左匋与《杨贵妃》的渊源，"左萄"极有可能是他在"左匋"、"左陶"、"佐陶"之外的又一笔名。

《杨贵妃》的相关报道披露了其服装布景、演员姓名、观众反响，对于考证此次公演的确切日期亦有所助益。《闻一多年谱长编》含糊地交代，《杨贵妃》大约于 1924 年 12 月上演，而《时报图画周刊》给出的公演日期是 1924 年 12 月 6 日，《申报》给出的"腊月十六日"按公历来看是 1925 年 1 月 10 日。若报道无误，《杨贵妃》可能进行了两场公演。《红烛：我的父亲闻一多》、《闻一多画传》两部传记分别称《杨贵妃》的公演时间为 1924 年秋、1924 年 12 月，所配插图却是《申报》刊登的 1925 年 1 月演出中的御园一幕，似乎与事实有些出入。

随着《杨贵妃》大获成功的消息传到波士顿，当地中国学生将《琵琶记》的编演提上了议程，并恳请闻一多负责服装布景。彼时，闻一多因筹备孙中山追悼会抽不开身，遂在写给梁实秋的信中远程安排《琵琶记》的布景事宜②，并将为《杨贵妃》准备的部分戏服借给《琵琶记》剧组。演出前，闻一多还亲赴波士顿为演员化妆。《琵琶记》的公演引起了美国媒体的关注。1925 年 3 月 28 日，颇有影响的《基督教箴言报》报道了此次演出，文中特别提到闻一多独具匠心的布景，并将男主角扮演者梁实秋的小像作为新闻配图。现将该报道翻译如下：

中国学生在波士顿美术剧院（Boston Fine Arts Theater）上演戏剧
韦尔斯利学院、波士顿大学、哈佛大学和麻省理工学院四校学生
将 14 世纪戏剧改编成英文搬上舞台

四名就读于韦尔斯利学院和波士顿大学的年轻中国女性，以及六名来自哈佛大学和麻省理工学院的中国青年，今晚将在美术剧院上演 14 世纪高明所创作的一部中国戏剧的英文改编版。此次演出是大波士顿地区各高校的中国学生为美国朋友安排的娱乐节目。

这部剧写于 1340 年，由哈佛大学的梁实秋（C. H. Liang）翻译，并做了一些改动，以便在西方舞台上表演。翻译尽可能地保持了故事的古风。这部名为《琵

---

① 曾润、殷福军：《中国首位动画专家杨左匋生卒年考》，《电影艺术》2014 年第 6 期。
② 《闻一多全集》，湖北人民出版社 2020 年版，第 6434-6435 页。

琶记》（Pi-Pa Chi）的戏剧讲述了一个旅行的故事——一个年轻妻子为寻找赶考的丈夫在山野跋涉。

中国生活一瞥

女主人公的丈夫离家后杳无音讯，她独力侍奉的公婆也猝然离世，向丈夫的朋友和邻居请求接济，却遭到对方羞辱，于是她开启了孤独旅程，穿越乡村、城镇，走入深山，一路上靠弹琵琶（一种古老的中国乐器）糊口。故事的主线中穿插着种种次要事件，让观众得以一瞥中国人的家庭生活与社会习俗。

尽管此次演出由新英格兰音乐学院戏剧系的克莱顿·吉尔伯特（Clayton Gilbert）指导，但主要的工作还是由中国学生完成的。为了准备演出服装，他们收罗了中国的华丽刺绣和金蓝色、紫红色、翠绿色、黄绿色、象牙色的长袍。闻一多（Ito Wen）仔细地按照中国古代戏院古香古色的风格设计了舞台布景。

学生们享受排演过程

参加排演的学生们发现自己面临的问题与任何一群年轻的美国业余爱好者所面临的问题大致相同，他们试图演出本·琼森的《燃杵骑士》那样的效果。很明显，他们以丰富的幽默感来解决问题，再添上一些戏剧技巧。《琵琶记》讲述的故事中有些元素很容易在如今的中国山区生活中找到，但这些表演者似乎已经找到了一种有趣的平衡：既提供了轻松的、充满中国风味的晚间娱乐活动，同时，每一幕戏都不失知识性和准确性。

这部剧的绘画价值非比寻常。用金线绣着五爪龙的华丽曳地长袍，中国传说中神秘而令人崇敬的雅致卷轴和牌匾，装点着柔软丝绸、羊绒的漂亮鸟儿和松树——对于不常见到此等服装布景的西方人来说，一定是件赏心乐事。

新英格兰音乐学院的黄倩鸿（Grace Wong）小姐是当晚主持人。哈佛大学的沈宗濂（F. Lien Shen）负责统筹工作，并致欢迎辞，他还在《琵琶记》里出演了一个角色。

郭博士发言

中国南京东南大学前校长郭秉文（P. W. Kuo）博士目前正好在波士顿，他将作简短发言。活动主办方还演奏了各式各样的中国乐器。

《琵琶记》演员阵容如下：蔡，一个不得不离开父母妻子赶考的书生，由哈佛大学的梁实秋扮演；蔡夫人由韦尔斯利学院的谢文秋（Grace A. Zia）扮演；蔡的父亲由麻省理工学院的彭开煦（K. H. Peng）扮演；蔡的母亲由韦尔斯利学院的王国秀（K. S. Wong）扮演；邻居张某，由麻省理工学院的徐宗涑（T. S. Hsu）扮演；牛丞相由麻省理工学院的顾毓琇（Y. S. Koo）扮演；丞相之女由韦尔斯利学院的冰心（W. Y. Hsieh）扮演；使女由波士顿大学的 Miss Doris Chén 扮演；和尚由麻省理工学院的高长庚（C. K. Kao）扮演；第一个疯子由麻省理工学院的 S. M. Li 扮演；第二个疯子由哈佛大学的沈宗濂扮演；知府由麻省理工学院的曾昭抡（C. L. Tseng）扮演①。

报道全方位展示了《琵琶记》公演的时间、地点、经过、筹备情况、演员阵容，与《闻一多年谱长编》的部分论述形成互证，并对其中不够详尽的地方加以补足。《闻一多年谱长编》1925 年 3 月 29 日记录引用顾毓琇《百龄自述》，介绍了剧中蔡中郎、赵五娘、宰相之女、宰相、邻人张老先生、疯子的扮演者，这些扮演者连同《闻一多年谱长编》中未曾提及的彭开煦、高长庚、曾昭抡等人，皆出现于《基督教箴言报》的报道中。《闻一多年谱长编》提到闻一多所绘龙袍、屏风为演出增色不少，亦可与报道中对《琵琶记》服装布景、绘画价值的称许遥相呼应。

与此同时，通过对报道的细读，不难发现《闻一多年谱长编》中相关记录所存在的谬误。《闻一多年谱长编》称演出时间为 1925 年 3 月 29 日晚，《琵琶记》英文名为 Fine Arts Thealer，但《基督教箴言报》明确指出演出时间为 1925 年 3 月 28 日晚，《琵琶记》被译作 "Pi-Pa Chi"，Fine Arts Theater 则是其上演地点波士顿美术剧院的英文原名。而《闻一多年谱长编》提到致开会词的 "王倩鸿"（Grace Wong），实为 "黄倩鸿" 之误。黄倩鸿系外交官黄佐廷之女，彼时就读于波士顿新英格兰音乐学院，其三姐黄倩仪（Dorothy Wong）曾在闻一多筹备的《杨贵妃》中扮演女主角。

综观闻一多三载留美生涯，所历人事数不胜数。文中选取的人事或关乎中国学生在异乡的境遇，或关乎美国的文化环境，或关乎花样繁多的社交活动，力求从个体情感、外来经验、文化接触等多个角度切入，以点带面，重塑闻一多留美期间经历的文学事件与文学场域，还原其生命经验与留美诗作的发生过程。通过对这些人事的考察，或可将闻一多书信中的历史现场清理出一片天地，同时也指出流行说法中一些有待商榷之处。

（作者单位：武汉大学文学院）

---

① "Chinese Students to Present Boston Fine Arts Theater Play." *The Christian Science Monitor*, 28 Mar. 1925, p. 3.

底层转型：晚清民国川西县域文人的兴起及其活动①

陈海龙

1885 年（清光绪十一年），《申报》等多家著名报刊纷纷登载了一则关于四川匪患的震撼新闻②。位于成都平原西部边缘的大邑县，作为事件发生地，由此在现代传媒历史上留下第一个印记。十余年后，1904 年（光绪三十年）的《教育世界》刊登"本国学事"言："四川大邑县傅椿萱、陈九韶两君，捐款七百金。将城南文昌宫蝉联之三刹修葺，创立义务高等小学。"③ 方志之外，现在可考的最早记录大邑故实的这两篇文献生动地记述了清末川西的乱局和变局——在一个社会秩序濒临破产的僻远县域，社会的动荡伴随着新式教育的创立，旧有秩序的暮色之中隐约响起时代变革的新声。作为引领此种变革的重要力量，晚清民国新式文人群体在地方的兴起及其文学活动，深刻影响到地方历史的变迁，同时也为我们重审现代文学与文化的发展脉络呈现了一个基层县域的路径参考。

近来，以四川大学李怡教授为代表的一批学者从发生学角度重勘中国现代文学发展的地方轨辙，在此基础上凝练出"地方路径"这一颇具挑战性和创造力的理论范畴，认为"地方路径"的提出，是"还原'地方'作为历史主体性的意义，名为'地方'，实则深究全局性的民族文化精神嬗变的来源和基础，可谓是以'地方'为方法，以民族文化整体为目的"④。与现代文学研究者同道，新兴的文学人类学基于文学作为

---

① 本文系教育部人文社科基地十三五规划重大项目"西南多民族生死观与民俗考察研究"（17JJD730002）、四川省社会科学研究"十四五"规划 2021 年度课题"川西坝子非遗传承与乡村振兴的跨学科研究"（SC21EZD022）的研究成果。

② 《大邑匪警》，《申报》1885 年 12 月 14 日。

③ 《教育世界》，上海六马路教育世界社 1904 年版，第 93 页。

④ 李怡：《从地方文学、区域文学到地方路径——对"地方路径"研究若干质疑的回应》，《探索与争鸣》2022 年第 1 期。

人类"存在及其意义的言说"① 的学术观照，同样将理论视野聚焦到地方。不同的是，相较于现代文学领域对以成都、武汉为代表的"都市地方"的考察，文学人类学的地方研究可能走得更加具体而深入。文学人类学的"地方"可以是一个村落、一个族群地带，也可以是一个文学领域极少关注却十分必要的研究单位——县域。

现代文学批评视野和人类学经验方法的并置，提示我们在通往"现代中国"的诸种路径中，不仅应该从京沪之外的"都市地方"钩沉出有别于典范文学史叙事的地方经验，同时更应注意到在现代中国的底层空间更为基础、更为乡土、也更易忽略的文学与文化转型。新式文人在县域的兴起及其活动正是这一"底层转型"得以发生的现实基础。正是基于这一认知，本文着重讨论两个方面的问题，一是晚清民国新式文人在基层兴起的历史背景和现实根源，二是底层文人的基本构成及其文学活动。笔者希望通过对近代以来川西大邑的个案探询，初步揭示现代中国文学与文化底层转型的具体情形及其对现代文学研究的特殊启示。

一、晚清变局、《乡土志》与新式文人在县域的兴起

开篇两则新闻发生之时，正是帝制中国急剧衰亡之际。甲午战败与庚子国变引发的维新变法和清末新政先后上演。虽因诸种原因两者皆不能成功，但在西方的坚船利炮和现代文明的双重慑服之下，一种朝向西方、未来、现代化的变革思潮正愈发热烈并不断被付诸实践。这一变革社会的理想要得以落实，在当时，其思想资源往往求诸域外，其社会资源则常常指向国家之下的形色地方，尤其是对州县士庶的发动构成了当时社会革新思想之一大主潮。其中代表，如梁启超"开民智、开绅智、开官智"的主张，认为必使"州县之风气，同时并开，民智同时并启，人才同时并成，如万毫齐力，万马齐鸣，三年之间，议论悉变，庶几有济"②。梁氏的论述代表了晚清社会的一种主流观点，即把州县风气之转移、民智之开启、人才之培养作为推广新学、变革社会的关键。

1901 年（光绪二十七年），清末新政中对于教育的革新，特别是其中关于推行乡土教育的内容，一定意义上正是此种通过教育以求再造底层民众、继而推进一地一国之发展变革的政治落实。清末新政废除科举，以新学取代旧学。这里的新学实则西学，即西方社会政治学说和自然科学。清廷以之作为开启民智、推进时务的基础。但在全国推行西学的同时，清廷却特别推出乡土教育，敕令各府厅州县编纂"乡土志"以为

---

① 徐新建：《表述问题：文学人类学的起点和核心》，《西南民族大学学报》（人文社会科学版）2011 年第 1 期。

② 梁启超：《论湖南应办之事》，《梁启超文集》，北京燕山出版社 2009 年版，第 43–51 页。

初等小学堂课本，"于历史则讲乡土之大端故事，及本地古先名人之事实；于地理则讲乡土之道里建置，及本地先贤之祠庙、遗迹等类；于格致则讲乡土之植物、动物、矿物，凡关于日用所必需者，使知其作用及名称"①。以"乡土志"为载体的乡土教育，在清末时局困顿、新学碾压旧学的特殊形势下应运而生，并随着大批乡土志的编纂及于全国②。在川西大邑，乡土志的编纂始于 1905 年（光绪三十一年）清廷颁布《例目》之后。和大多数乡土志一样，《大邑县乡土志》实际上也是对一项政治任务的落实。区别在于，《大邑县乡土志》虽亦为蒙童教学所准备，但编修刻意于"补邑乘之缺而有益于将来"，因此在历史沿革、职官政绩、人物列传上记载尤详，特别对于四川兵事着墨甚多，而物产商贸等则较为简略，与其他诸种乡土志着重乡土物什颇有区别，也反映了当时编纂者对川省时事的认识和对乡土教育的理解。当下，我们难以考证《大邑县乡土志》在清末初等教育中的实施情况，但其时之文人表述对于我们认识新式文人在县域基层的兴起却颇有助益。

> 呜呼！三代而下，学术之日流于伪也……方今泰东西各国，崇尚实学，农工商医各设实业学校，声光化电每多专门名家，奇技异能之士莫不出所学以抒爱国之热忱，所以国势愈强而学术亦蒸蒸日上。我支那为文明最古之国，相形见绌，瞠乎其后，然后叹实学之不可不讲也……谕旨檄郡县修乡土志，将就乡土编课，授为蒙童读本。噫！是殆我中国讲求实学之权舆欤？夫理莫切于浅近，物必始于细微。积点而成线，积线而成面，积面而成体，胥是道也。将欲使民爱国，必使其爱种；欲使其爱种，必使其爱乡。乡者，种之至亲而国之所积者也……知一乡以知一国，知一国以知天下，而学术乃日隆矣。知爱乡而知爱种，知爱种而知爱国，而国势乃日强矣。而今而后，吾民将起而为日新之民，吾国亦将起而为日新之国矣③。

作为《大邑县乡土志》前序，文章将乡土志的编纂放在极为重要的位置加以论述，以其为中国探索实学之肇端。其内在逻辑，在于论者对"乡—种—国—天下"互动关系的理解——"乡者，种之至亲而国之所积者也"。乡土是国家的组成，国家由

---

① 《乡土志例目》，转引自田雨：《清学部颁〈乡土志例目〉》，《社会科学战线》1985 年第 4 期。

② 据学者统计，晚清各地《乡土志》编纂达 467 种之多，尤其是 1905-1908 年间，乡土志编修形成热潮，有年份可考之乡土志达 364 种，约战总数十有八。流风所及，民国时期虽形势大变，但乡土志编纂却并未停止，整个民国新修乡土志约有 214 种，其数量不可谓不多。参阅巴兆祥：《论近代乡土志的几个问题》，《安徽史学》2006 年第 6 期。

③ 《大邑县新修乡土志序》，《大邑县乡土志》，光绪三十一年（1905）抄本，第 1-3 页。

乡土而累积，要引起国民爱国爱种之心，必须从认识乡土、热爱乡土开始，所谓"知一乡以知一国，知一国以知天下，而学术乃日隆矣。知爱乡而知爱种，知爱种而知爱国，而国势乃日强矣"。前一句提出对乡土智识（知）的要求，后一句则强调与乡土情感之联系（爱）。无论学术还是国势，其根本皆系于对作为其根基的乡土的经营，而乡土再造的实质是以"实学"为基础，通过乡土教育养成爱乡爱国的"日新之民"，继而由此"日新之民"去缔造一个"日新之国"。

大邑乡土志所提出的再造国家的思路，以及"爱国必爱种"、"爱种必爱乡"的内在逻辑，固非大邑一地创见①，而是晚清内外局势影响之下文化心态与社会实践的一种普遍的"乡土转向"——"县域转向"。这种转向正如梁启超所论，试图重新回到州县底层的起点，从底层开始重塑爱国爱种的认同，从地方开始探寻实业兴国的可能。因而，此一转向事实上是内忧外患之下新兴的民族（种）国家（国）意识的变形表达，同时也是这种现代民族国家意识在以大邑为代表的县域基层的一次具体落实。如何落实？即以区别于旧学的新的教育，尤其是乡土教育，召唤"日新之民"，再以其日新之力缔造一个"日新之国"。这个将为未来民族国家理想负责的"日新之民"，显然已经不是普通的"民众"，而是热心桑梓、胸怀国家、熟稔于现代文明并能开启民智、扭转时风的"新民"——他区别于传统帝国体制中的士绅，同时也绝不仅是声光化电专门名家，而是承担着乡土和国族双重使命的新型文人知识分子。他们位于传统与现代、城市与乡村、地方与国家之间，作为被历史所期望的"新民"，承担着超越实学、远为重大的社会使命。正是在此意义上，文学在全国上下对于"实学"的尊崇中别开一枝，成为众多新型文人知识分子不由自主选用的思想武器。以文学的方式来启蒙民众、表达理念、影响社会，成为大批新式文人知识分子的共同追求，而这也是他们成其为"文人"的根本原因：文学定义文人，反之，文人亦在新的历史条件下重新界说着文学的内涵、边界和意义。

以上也解释了为什么清末梁启超重提"绅权"，虽别开生面却招致诸多批评②。在一个新的时代来临之际，社会革新的重任似乎必然要落在更具开创性的新人身上。梁启超寄望于对士绅旧传统的发明以开辟一种新局面，正如先秦贵族、六朝门阀的命运一样，注定不能成功。所以，以晚清乡土教育为象征和发端，传统士绅在地方的逐渐衰落和新的文人群体的兴起正是 20 世纪上半叶一道汹涌的暗潮。古老的士绅最终在"打到土豪劣绅"等政治运动中淡出历史，而新的文人知识分子却从新文化运动以后

---

① 冯仰操：《再造地方：清末民初文人的地方实践与文学书写》，《江苏社会科学》2019 年第 3 期。

② 吴晗：《论绅权》，《皇权与绅权》，华东师范大学出版社 2015 年版，第 36—41 页。

在民族国家的精神谱系中愈益逼近中心。这些新的文人群体在国家层面正是如雷贯耳的鲁迅、老舍、茅盾、曹禺，在以成都为代表的"都市地方"可能是我们未必——深究过的李劼人、叶伯和、吴芳吉、吴虞等①，而对于"僻在西陲"的川西大邑，则是我们绝少留意过的白东、芝生、赵镫权、阿猫、镜梨、君定、幼欣、陶译、离奇、白菲……在文学成就上，前后或有差距，但作为同样承担历史使命的新式文人，遍及全国各个县域的底层文人知识分子正是推动底层社会现代转型、推动底层文学与文化更新发展的根本性力量，而对他们的研究，事实上，还未及真正展开。

二、县域文人的来源及类型

新式文人在地方的兴起，原因是多方面的。其中，晚清以来现代文学观念的引入以及特殊历史情境下以文学"改良群治"之观念的普遍流行，为新式文人在地方的产生奠定了基础。也就是说，一方面，文学观念的变革，如新的白话文学的产生、西方文学四分法的引入等，为新式文人及其群体的形成提供了文学内部的需求和支撑，构成了"新"的文学意涵；另一方面，新的文学观念的引入服务于晚清民国一以贯之的"文学兴国"② 理想，文学作为改良社会、塑建国家、再造国民的利器，其革命性和创造力被极为放大，这也就赋予新文学的从业者——新式文人以"新"的政治特质。

在县域底层，新式学生是新兴文人群体中最重要的组成部分。这里所说的新式学生既包括本乡本土培养的新式学生，也包括大量旅外深造的大中学生，后者对于地方文人群体的形成尤为重要。民国时期，大批受新式教育成长起来的大邑青年学人进入全国乃至国外各级各类学校深造，他们中的相当部分熟稔于现代文明，热心桑梓而又专注文学，形成了一个以大邑为中心的、相当活跃的新式文人群体。其中代表，如邛大蒲旅沪同学会，由大邑及邻近县域求学上海的青年学人组成。据其出版刊物附录会员统计，大邑籍学人事实上占到该会的九成以上。在其于1934年创办的社团刊物《鹤声》中，编者写道："因为本刊乃是四川邛崃、大邑、蒲江三县旅沪同学会出版的刊物，她目前的任务，也就是要想促进邛大蒲三县的社会教育文化，而对它负责的人些，又都是邛大蒲三县旅沪的青年同学。质言之，它乃是为贡献于桑梓而产生的含有乡土观念成分的一种刊物"，"在这整个社会基础发生动摇的时候，地方一切事业，皆趋颓废与不振，我们的'鹤声'虽不如警钟之响可以醒人，但切望吾乡人士，有以响应，

① 李怡：《成都与中国现代文学发生的地方路径问题》，《文学评论》2020年第4期。
② 徐新建：《"文学"词变：现代中国的新文学创建》，《文艺理论研究》2019年第3期。

齐声共鸣，以期逐渐促进地方的改革"①。

图1　1934年四川邛大蒲旅沪同学会出版刊物《鹤声》　　图2　1939年《大邑县旅省学友会会刊》　　图3　1946年大邑文人主办刊物《平云月刊》

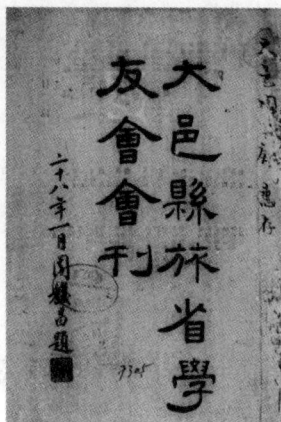

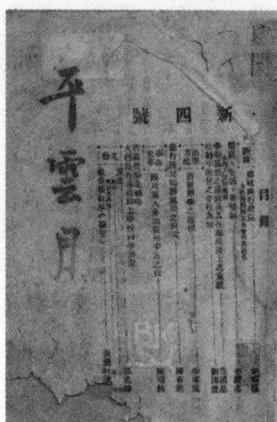

旅沪同学会及《鹤声》杂志是大邑旅外青年及其创作的一个缩影。除此之外，大邑旅省（成都）学友会、旅日（日本）同学会等皆有稳定的组织和会社刊物，尤其是旅省学友会在抗战前后几次重组，先后创办《大邑县旅省学友会会刊》等数种在地方上有重大影响的刊物，积极参与大邑文化的整理和革新，其团队亦构成民国时期大邑地方文人的骨干力量，其中不少人一直活跃到中华人民共和国成立以后，如杨履中、李骏名等。

旅外学生往来城乡，其行动在地方社会思想文化的变革中发挥了重要作用，但本土学生，不管是在校学子抑或毕业学生，他们以在地的、当下的经验参与到地方文学、文化建设的具体实践中，同样构成了新式文人的组成部分。1933年夏，大邑女子中学第一批毕业生走出校园，并宣告该校校外同学会成立。当时的女校毕业生在成立同学会时宣称："对于社会贡献的计划是：一方面每年出一次会刊；一方面办贫民学校。"后一目标虽因经费问题最终搁浅，但会刊历经波折却最终面世，为我们了解民国县域本土学人、尤其女性文人的思想留下了珍贵记录。虽仅是中学毕业生，但大邑女中学人却以非凡的气魄关注着人类社会的发展和地方的命运前途。在《会刊》中，这些青年学人开篇即论"我对大邑教育的希望"和"中国妇女问题"，展示出不逊于任何其他群体的卓越胸怀和见识。更重要的是，这些在地青年不仅仅用文字表达理念，而且积极参与到地方的教育和改造中，如致力于推进县内女性教育和贫民教育等，发挥了不可替代的巨大作用。

---

① 《鹤声》，四川邛大蒲旅沪同学会，1934年，第1页。

除受新式教育成长起来的青年群体以外，大邑文人中亦有相当部分是由传统士绅转变而来。他们对于社会的进步和文学的转型往往持一种开明态度，对于青年的事业亦表示宽容和支持。他们延续了传统士绅的地方精神，奖掖后进，鼓励新学，也以自身亦古亦今的创作实践参与到地方文学和文化的改造之中，甚至在某些时候，他们的支持和鼓动成为地方事业持续革新的重要动力，对县域底层的现代转型发挥了积极影响。

以平云月刊社的文人群体为例。这个成立于 1943 年的文学社团，由大邑旅居成都的数十位同乡组成，成员尤以学界为多。在《平云月刊》"新一号"《本社成立大会纪要》中，编者交代了创办社团和期刊的旨趣，即"以建立公正舆论，促进地方自治为主。而发皇民德、转移风会，与联系乡情、砥砺学术两端，亦为本刊之重要使命"①。平云诸人的首要目标在于以刊物影响社会舆论和风气，而归根结底在于促进地方的自治。在这一恢宏使命之下，青年文人固然不乏改造地方的热情，但真正要形成影响，还需争取更多社会的支持和参与。这也就有了平云月刊社成立之时，大邑旅蓉群贤毕至，新老学人济济一堂共商地方之前途与社团之未来的热闹情景。作为社团的主要赞助者，大邑籍军政要员、时任四川省政府委员的冷寅东在成立大会上提出的首要问题是"新老之团结"。辞曰："尝见各地方社会情形，每有新旧不能融洽，老少之间，发生无谓纠纷，致使地方之力量分散，殊觉可惜。大邑位置偏僻，一切落后，集所有人力，以谋建设，尚感不敷，最望老年与少年朋友，均能精诚一致，共谋地方福利。"②

代际的交流融合作为一项需要郑重以待的大问题被提出，其中当然有大邑"二刘之战"这一新近历史所造成地方阴霾的影响。同时，地方建设任务之重大，加之县域本身力量之微薄，都要求更加深入地处理代际之间的团结与协作。而之所以这种团结的问题不在乡镇、城乡、宗族、性别之间，专在代际之间，根本上就在于新旧变革的特殊历史时期，代际不仅是年龄问题，更意味着传统和现代、旧式与新式、因循与革新等二元结构的对立与调和。作为对上述课题的回应，平云月刊社的青年学人在当时极力保持与地方耆旧的良好关系，不仅邀请李光普、魏廷鹤等地方贤达在社团成立大会上作专门致词，同时推选冷寅东、萧福阶等 35 位县内名士任社团董事，"负责指导本社社务"。具体到刊物编纂上，检阅 13 期目录，其中绝大部分为地方现代治理与新式理念观点的时新表达，文学作品亦以现代诗歌、散文、小说为主流，但仍不乏传统文人及其著作的身影，如《也是楼诗草》就曾先后登载数期。这些作品均反映了民国时期在县域文学与文化的现实层面，新旧之间、代际之间既分离又合作的具体经验。而那些被纳入新的制度框架的旧式文人，不管主动还是被动，均毫无疑问地在此过程

---

① 《本社成立大会纪要》，《平云月刊》，平云月刊社 1935 年版，第 23 页。
② 《本社成立大会纪要》，《平云月刊》，平云月刊社 1935 年版，第 23 页。

中经历了个人层面的新旧融合和转换，他们也将以自身特有的历史经验参与到新的地域理想的构筑之中，成为现代基层文人群体不可或缺的一分子。

三、县域文人文学活动及其影响

虽然新文学的发起者对新旧文人和文学辨之甚急，但传统向现代的转型并不是一方对另一方的彻底抹杀，也并不总像文学史书写那般层次分明、清晰可证。尤其是在底层社会，接受新式理念观点的社会条件远没有京沪等大都会成熟，新理念、新价值的传播更多是一个逐渐酝酿的过程：旧文学与新文学、旧文人与新文人之间相互影响，相互塑造，从而不断为乡土文学与文化增添新的内容，同时也使乡土社会的本色得以延续。所以，文学与文化的转型以层累交融的方式在乡土基层演进，传统和现代都是相对的概念，唯有总体社会价值观念和审美趣尚的日积月累、因时而变，由此带来"新旧"的相对差异和暂时区分。

晚清民国新式文人群体的兴起，受到传统士绅的影响，甚至部分直接由士绅转换而来，但新式文人因为与科举仕进之途的脱离，加之新式教育体系的影响，在社会结构中与国家和乡土之关系都更为疏远。他们热切地关注地方，亦深挚地为国家忧虑，但和传统士绅相比，事实上他们仅能在少数方面发挥自己的影响力。对于这一现象，余英时称其为"中国知识分子的边缘化"①，杨念群称其在群体存在方式上呈现"一种游根无垠的状态"，是"思想的流浪者和反叛传统的新型边缘人（new marginal man）"②，许纪霖则把这一现象概括为"知识分子的游士化"③。这种现象从大邑文人对于本地官商名士的暧昧态度中也不难看出。不同的是，虽然现代文人在总体层面处于一种边缘状态，但在乡土基层，新式文人作为地方面向现代的一道窗口，甚至是最重要的窗口，其与乡土基层之关系事实上要远为复杂而具体。在大邑，其活动和影响力的发挥主要集中在以下方面。

一是以文学干预地方政治之运作。现代文学的创生与一代知识分子寻求政治上的革新之道关系密切。在县域基层，文人对于政治的热情常常以造福桑梓的名义进行表达，他们自身也十分积极地参与对地方政治的批评和建设之中。检阅大邑刊物，文人知识分子对县域政治之致思不胜枚举。如《平云月刊》"新三号"开篇即论《大邑县政前途》。作者郭元骐从大邑作为农业社会之本质，结合抗战以来民生凋敝的时情，提

---

① 余英时：《中国知识分子的边缘化》，《二十一世纪》（香港）1991 年第 6 期。
② 杨念群：《戊戌知识分子改变中国的漠视》，《二十一世纪》（香港）1991 年第 6 期。
③ 许纪霖：《重建社会重心：近代中国的"知识人社会"》，《学术月刊》2006 年第 11 期。

出休养生息以求民生复苏的主张。作者在文末以相当颓丧的态度描绘了自己对于县域事业的愿景："总而言之，余对吾邑将来，无大希望，只愿其盗息匪清，闾阎安靖，市尘无扰，公路上车马畅通，斜江里夏秋行船，春无旱旱，秋无狂潦，年董丰收，家有副业，一县财政清白，收支可稽，社会风气澄清，弦歌日盛，则当年鲁之风俗，齐之富足，并可为吾邑人之所共享了。"① 其用心之良苦，尤足感人。

不仅如此，现存文献中大愚所撰《大邑团结建设之路》、胡瑞昌《故乡杂感》等，均致力于以文学方式影响地方之政治、经济、社会发展。总体看来，底层文人群体对地方政治的最终理想在于推进地方自治。以地方自治来增进民生福祉和地方权益，其理论背景归根于孙中山对"地方自治"、"均权理论"及"建国程序论"的论述，服务于国家从军政到训政再到宪政的总体规划②。大邑文人关于地方自治的论述，另如谭金荣所著《怎样完成地方自治》等，均是这种国家总体方针主导下生发的地方回应。这种政治的上下互动赋予地方文人以参与国家基层治理的空间，使他们自科举失落以后的政治身份和价值能够在一定程度上得到重新彰显，而以文学的方式参与对地方治理的热烈讨论，正是底层文人参与地方治理、试图影响地方政治的一种具体尝试。

二是通过教育、结社和传媒影响社会之风气和舆论。关于新式教育、文人结社和现代传媒技术的出现对于社会变革的重要性，梁启超、谭嗣同等人早在 19 世纪末已有论述。许纪霖在《近代中国知识分子的公共交往（1895—1949）》中认为，学校、报纸和结社从功能上来说，既是现代中国的公共网络，也是中国特殊的公共领域。而这一公共领域的特殊性就在于，它们从一开始就是以新式文人知识分子为核心的③。事实上，对上述公共领域的占据和运用，不仅都市文人如此，在县域基层，乡土文人同样极具创造性地运用此类手段以对县域之社会和风气施加影响，对学校、社团和传媒的操纵也是基层文人生活最为活跃的部分。

现代教育理念的实施构筑起一个从中央蔓延到地方的理念、机构、人才网络，经营学校和教育学生作为传统儒生的志业，在新的历史阶段很自然地转移到从科举制度中脱离出来的新式文人身上。大邑文人冷融的《大邑县立鹤鸣小学校创办纪念碑序》详述了一个乡镇小学的发展始末。作者在文中提到"（鹤鸣乡）地灵葱郁而文化未开始，有清之季，镇中学人甚少。非无美茂英时之士，实地方僻远，人力不足以伸之也"。有感于此，冷融联系族兄乡党筹建鹤鸣小学，虽为私立，但"融不欲以其出于私人捐助与就地筹集而自私，故名曰县立第三小学"。经数年经营，学校规模不断扩

---

① 郭元骐：《大邑县政前途》，《平云月刊》，平云月刊社 1936 年版，第 1-3 页。
② 陈天林：《民国时期的"地方自治"理念及其初步实践》，《中国政法大学学报》2010 年第 1 期。
③ 许纪霖：《近代中国知识分子的公共交往（1895-1949）》，上海人民出版社 2008 年版，第 9 页。

大，"今者学舍讲堂连曼数十椽，学科设备稍不后于川中各名小学。十余年间毕业学生多专攻有成，散处教育政军各界。向也闭塞固围，今有疏通充廓，虽瓮牗绳户之子弟、中人以下之资，皆得识字读书之所。进之则培育英贤以经纬家国，退之亦俾此乡后生小子脱蔬笋而为文明乡人，乐其成也"①。基层文人通过学校建设，推行自身造福乡邦、服务社会之理想，由此对地方大批平民子弟产生影响，从而实现转移风气、"文明乡人"的目的。除了冷融，在大邑，李吉人、刘灼先、牟秉年、冷熏南、傅春宫等，或筹措经费兴办学校，或捐资助学扶持寒士，或执教乡中传道授业，均以不同形式参与到地方教育实践中，对于推进地方社会文化之现代转型发挥了极大作用。

结社作为中国文人的古老传统，经明清两代而愈发炽热。晚清民国时期，因为社会形势更加复杂，无论是上层精英会社抑或民间秘密团体，均呈井喷之势。大邑是川西民间结社最活跃的地方之一，其文人会社的组织与活动也格外兴盛。史料可考，民国大邑相关文人社团达十数个之多。

民国大邑相关文人会社及刊物

序号	社团名	大致活跃时间	主办刊物	活跃人数
1	邛大蒲地方自治促进会	1931-1934		
2	青年学友互助会	1931-1934		十余人
3	大邑县立女子初级中学校外同学会	1933-?	《大邑县立女子初级中学校外同学会会刊》	数十人
4	邛大蒲旅沪同学会	1934-?	《鹤声》	执委会、编委会、捐委会共计17人；名誉会员、会员总共38人，其中大邑籍29人
5	大邑县旅省学友会	1939-?	《大邑县旅省学友会会刊》	执委会、编委会共23人，会员百余人
6	青年学会	1940-1948		
7	平云月刊社	1943-1949	《平云月刊》《平云通讯》	百余人
8	新新乡青年文化促进会	1945	《大邑新新乡青年文化促进会会刊》	41人
9	朝鹤学会	1947-1950		十余人
10	斜江学会	1947-1951	《斜江导报》	
11	龙溪学术研究会	1948-1949		数十人
12	墨生学会	1950		五十余人

① 冷融：《大邑县立鹤鸣小学校创办纪念碑序》，《平云通讯》第六期，平云通讯月刊社1935年版，第21-22页。

　　文人社团的大规模组织和文学刊物的大量发行，造成了文人群体之间的密切互动，同时，亦把文人群体和社会大众区隔开来。社团和刊物在此意义上是平台和阵地，是鼓舞民众、教育民众的媒介，同时亦是文人群体与普通民众的社会边界。边界以内是专属于文人的领地，政治、诗歌、乡土、人生等都是其关键词，而边界以外则更多是零碎而繁复的百姓故事，是有待变革的颓丧地方。这也就是《平云月刊》所交代的主旨——"以建立公正舆论，促进地方自治为主。而发皇民德、转移风会，与联系乡情、砥砺学术两端，亦为本刊之重要使命"①。通过对社团和刊物的经营，文人群体得以形成稳定的身份认同，得以长久有力地在各种社会阶层中发挥其影响，也得以经营地方的事业和实现个体的价值。

　　县域文人活动的另一个重要方面是对地方文化的诠释和重塑。对地方的解释对任何身处其中的人而言都是一种生存的本能。在传统中国，民间的解释固然有其合法性和生命力，尤其是在采诗观风的古老传统之下，民间的言说甚至可能产生远超地方的影响。但是，随着中央集权与官僚制度在明清以来愈益成熟，对地方文化的最终解释权常常通过方志编纂等官方行为而被限缩于官僚士绅之中，文化解释权的专门化正是封建社会晚期意识形态领域的一个突出现象。随着现代文人对传统官僚士绅的置换，地方文化活动的组织、地方文化历史的诠释，也渐渐过渡为现代文人的专门事业。这一现象强化了基层文人的文化功能，亦赋予其更多社会的使命和权力。

　　大邑文人对地方文化的诠释和重塑体现为两个方面：一是通过营务乡贤祠等地方关键文化活动，塑造地方文化典范，彰显地方人文精神；二是通过对地方社会历史的钩沉索隐、对地方山川自然的文化读解，重新表述地方文化历史和人文生境，从而参与到基层人文空间的塑建和改造中。在民国地方刊物中，刊发了大量与地方人文历史、山川物产相关的论说文章，如《平云通讯》第三期的《民国以前大邑学术史略》、第六期的《大邑乡土杂什》、《平云月刊》新一号的《大邑天马冢存疑记》等。这些文章纷纷聚焦地域文化景观与县域人文历史，以极大的热情挖掘地方文化传统和自然山川之美，在赋予地方以人文精蕴的同时，也人文地建构起对县域自然和文化的在地认同。另外，通过对乡贤耆老的旌表和宣传，如对地方前贤汪屏山、耆旧李吉人、名宦冷杰生等的不断宣扬和建构，也把这种被政治鼓荡下、由地方自治而引发的日益炽热的县籍情绪进一步通过地方典范人物事迹而不断强化并落实到县域文化生活的具体细节上。

　　县域文人活动的另一方面是对现代学术的引入。在地方文献中，除了文学、时评、政论等文章类型之外，还有一批特别值得关注的现代学术论著，如《大邑经济调查》、《制度经济学派提要》、《伊壁鸠鲁士与杨朱学说之比较》、《亚当史密斯价值论的研究》

_____

　　① 《本社成立大会纪要》，《平云月刊》，平云月刊社 1935 年版，第 23 页。

等。这些地方学人的著作不仅关注县域社会经济现实，亦着眼国家的发展和建设，同时对西方理论和研究方法亦多有发明，对古典知识传统和政治变革亦有相当深刻的理解。这些都显示了新的学术范式在地方社会的落地生根，也代表了现代知识制度之下地方文人多角度探索乡土地方现代性的一种有益尝试。在这一尝试中，地方的意义不仅专属于它自身，而在理论和实践两个层面与超越地方的更为宏阔的世界构成一个普遍的学术共同体。地方文人用新的理论话语和研究方法来理解地方、分析地方、发展地方，由此也把地方纳入全球性的知识话语体系之中，成为人类总体社会文化经验的一个独树一帜的提供者，当然，亦是受益者。

结　语

中国文学与文化的现代转型是一段异常复杂的变革历程，其中不仅涉及中西、古今、内外（中心与地方）①、文野（大传统与小传统）②，同时也关联"上下"。在对百余年中国文学的诸种观察路径中，"上下"的研究思路或被转换为"中心/地方"的讨论而落脚于对京沪之外其他区域文学中心的重现，或被收拢为对"官方（学界）/民间"文学互动历史的还原③，可以说，对中国文学与文化百年历史的整体理解，仍然有待更加具体深入的个案发掘和上下贯通的综合省察。而这个上下贯通的研究思路，不仅要求我们对梁启超、"小说界革命"、新文化运动、鲁迅等顶层历史及其叙事进行辨析，同时也应注意对次中心城市、地域性文人知识分子、文学发展的地方路径等有所考察。此外，在这个文学"中间层"之下，尤其有待深入开掘却常常为我们所忽略的，是文学的基底层——以县域为代表的底层文人及其文学实践。基底层、中间层、表顶层共同构成了中国文学发展演化的整体空间，不同文学层次之间的冲突、交融和相互影响正是一个完整的中国现代文学与文化转型历史中，最值得深究的部分。

本文在晚清民国的历史脉络中关注一个川西县域基层文人群体的兴起及其活动，以此为个案，对中国文学与文化底层转型的发生进行了初步说明。晚清以来，国家前途的困局、地方的濒临破产以及制度层面科举废除对文人仕进之途的终结和新式教育的推行普及，都引发了旧式文人的转型和新式文人的兴起。对于这一趋势，有学者认

---

① 李怡：《"地方路径"如何通达"现代中国"》，《当代文坛》2020 年第 1 期。

② 叶舒宪：《文化文本的 N 级编码论——从"大传统"到"小传统"的整体解读方略》，《百色学院学报》2013 年第 1 期。

③ 徐新建：《民歌与国学：民国早期"歌谣运动"的回顾与思考》，巴蜀书社 2006 年版。

为是文人"边缘化"的延续①，有学者则指出这意味着一个新的"知识人社会"的产生②。通过对川西大邑的个案考察，我们看到，新的文人群体虽然在现代制度之下有脱离地方的趋势，但事实上他们中的相当部分在组织、论述和活动等方面主要还是围绕乡土家园而展开。基层文人通过对地方政治的参与，通过运作学校、社团和现代传媒，乃至通过对地方文化事业的影响和对地方学术的重构，深刻影响到中国基层社会的现代转型，同时也树立起县域中国文人知识分子的特殊地位。在一定程度上，这些底层文人确实构成了一个知识人社会的地方根基，但更重要的是，这个知识人社会并不是自我封闭的小众社群，相反，他们时刻关切着地方的前途和国家的命运。上述对文学、政治、文化、教育、传媒、学术等方面的热切投入，正是他们借以实践自身理念、发挥地方影响的主要方式。可以说，在自我定位上自觉接续亦自觉超越于士绅传统，主动在国家、地方、大众的上下结构中占据关键位置，并以此界定自身的身份和认同，正是这个知识人社会得以成立的根本原因。

归根结底，地方文人所勠力探索的道路，是在晚清民国的地方困局之中引入并建构种种新的社会制度和文化精神，其最终目的指向地方自治和国家建设。正如《大邑县乡土志》所言，"而今而后，吾民将起而为日新之民，吾国亦将起而为日新之国矣"。大历史与大变局引发了社会方方面面的剧烈变革，新式文人群体的兴起以"新"相号召，他们以切实的行动力图在变革的世界中完成自我的蜕变和国家的重塑，而其出发点和解穴处却不仅是自我和国家，更多还是聚焦于广阔的乡土、切实的地方。县域中国正是这一群体实践人文理想的具体场域，在以文学方式改造国民、再造地方、重塑中国这一点上，鲁迅、茅盾等人如此，置身于川西县域的底层文人亦然。

（作者单位：四川大学文学与新闻学院）

---

① 余英时：《中国知识分子的边缘化》，《二十一世纪》（香港）1991 年第 6 期。
② 许纪霖：《重建社会重心：近代中国的"知识人社会"》，《学术月刊》2006 年第 11 期。

空间的表意①

——现代文学中"公馆"叙事的多元特征

汤　晶

公馆是中国现代文学中的一个独特叙事空间，它不仅是故事展开的"设置场景"，而且是承担叙事功能、凸显文学"现代性"的有机叙事要素。当我们以吴公馆之名来指代《子夜》的全部故事，以周公馆来指称《雷雨》，不说《家》而说高公馆时，公馆空间则与文学文本有了暗合和叠蕴。文本侧重的是故事内容的全部，空间侧重的是容纳故事内容的场所。转换研究视角而将公馆作为文学研究的原点和重点时，空间的表意便被凸显，从公馆这一空间去反观现代文学叙事，则呈现出三个方面的特征：首先，在公馆叙事文本中，文学语言倾注在空间的营造和描摹上，其空间感的充盈和膨胀带来了极大的视觉张力；其次，公馆内部空间直接参与文学叙事，空间的逻辑遵循并配合叙事的逻辑，成为叙事的重要线索；再者，从空间的象征意义来看，公馆中凝结着特殊的社会意识与文化身份，公馆最高权威的崩溃造成公馆从整体走向分裂的结局，公馆叙事具有悲剧的美学底蕴。现代文学中"公馆"叙事的多元特征也启发着空间美学与文学互动的深入探讨，空间对文本情节的设置和推进构成的象征和隐喻，拓展了现代文学空间诗学的研究。

一、视觉语言形成的空间张力

以文学语言的方式构建文学空间，并在传达空间观念的同时，作用于读者的阅读

---

① 本文系国家社会科学基金重大项目"京津冀文脉谱系与'大京派'文学建构研究"（18ZDA281）的阶段性研究成果。

感受，尤其作用于读者视觉上的想象力，使文学语言与视觉语言之间形成沟通和转换，这是现代文学公馆空间的首要特征。视觉表现是指作家在文字叙事中强化对人感官的直接作用，读者在阅读公馆叙事的文本时，能够直观而强烈地感受到文字背后呈现出的画面，获得充盈的、丰满的、甚至膨胀的视觉感受，作家以扩充空间和强化空间的存在感来增强叙事的容量，配合叙事的逻辑。美国文学批评家约瑟夫·弗兰克在《现代小说中的空间形式》中认为空间同时间一样具有展开情节的作用①，公馆中的意象群与公馆整体则象征了视觉充盈和物质发达的近现代中国社会。由于文本的环境与人物命运、小说的主旨意蕴之间形成了互文甚至同构关系，因而作家对公馆的整体形象和内部状貌的刻画尤为突出。例如《子夜》中吴公馆里的"五光十色的灯、花梨木百宝橱、花棚、游廊"，《沉香屑·第一炉香》中的"景泰蓝、铁栏杆、百级台阶"，《雷雨》周公馆中的"壁龛、帷幔、铁纱门、右边炉、钟、鲜花盆、油画、圈椅"。作家花费大量篇幅营造出不同的现代公馆的模样，其内部状貌的繁复可见一斑。进一步而言，公馆叙事文本从阅读体验中凸显的视觉性，还体现在几乎每一处公馆都有一个极富象征意味的关键形象。例如姜公馆中的"月亮"，白公馆中的"老钟和胡琴"，吴公馆中"金碧辉煌的电灯"，周公馆中"要灭不灭的蜡烛和永远关闭的窗户"。这些多次被强调和刻画的物象构成了公馆叙事的诸要素，用以承担经验世界和想象世界的投射。公馆叙事中对文字的视觉表现力的强调，一定程度上彰显了现代城市社会的生态。如果说中国现代文学中的乡土文学创作，呈现了几千年中华文明的沉滞和稳定，甚至还留下了一种现代式的乡愁，那么，公馆叙事应属现代以来才有的城市文学叙述的内容，公馆成为现代城市的象征，是城市发展的回应以及城市人群所见所闻的直观投射。

但视觉上的丰盈感并不只存在于公馆叙事文本中，关键性和代表性的物象也不只是公馆叙事所独有，那么，公馆叙事的视觉表达在此之外的独特之处在哪里呢？其一，公馆叙事与新感觉派凸显小说视觉表现的差异在于，前者的视觉语言在于"空间"，后者的视觉语言在于"景观"。公馆叙事文本大多是以视觉化的感受回扣文本所要讨论的严肃命题——追问个人的命运、传统与现代嬗变的艰难，而非仅为展现而展现，非现代社会或传统社会的绘画式描绘，恰到好处的公馆状貌与文本内容之间达成了和谐互促的作用。其二，公馆叙事中凸显的视觉性与形成意象群的地域文学作品的差异在于，公馆叙事是一个更为封闭的空间，人物的行动和故事的发生均在有限的空间内，这种视觉性是浓缩的，公馆内部的充实和丰满甚至与公馆之外的世界形成了一定的对

---

① 参见［美］约瑟夫·弗兰克等著，秦林芳编译：《现代小说中的空间形式》，北京大学出版社 1991 年版。弗兰克提出，空间形式是一种文学补充物，20 世纪的作家大多表现出了对时间和顺序的弃绝、对空间和结构的偏爱。

比。公馆叙事的视觉表现力在于以有限的空间浓缩和汇聚了最具有象征意味的物象，而非发挥物象可变幻的灵动性和无限的意蕴，尽管它所具有的象征性有很大的解读余地。

从一定意义上来看，公馆叙事的视觉表现力与其本身具有的消费性、物质感紧密相关。中国社会现代化的进程是从物质方面开始更新的，"物质感"实为中国社会现代性最为直接的表现方式。物质先行的社会更新方式，也体现在文学表达中。现代文学中的公馆能够最为直观地体现出一种交错、嫁接和共存的文化形式。作为读者，能够在居所建筑中，直观感受到中西文化的并存与碰撞。就如同《死水微澜》中的郝公馆，主人郝达三是一个不懂新学的人，"平平静静，安安闲闲，照着自祖父传下来的老规矩，有条不紊地，很舒服地过将下去"，"生活方式虽然率由旧章，而到底在物质上，却掺进来不少的新奇东西"①，例如保险洋灯、合家欢大照片、八音琴、钟表、五色磨花的玻璃窗、大穿衣镜等。郝公馆中西洋东西很不少，公馆似新实旧。这样赤裸裸的现代的物质感在《子夜》、《家》、《第一炉香》、《金锁记》中更是明显。这体现了西方文化在进入中国之后，物质层面最先、最方便与直接地渗透到中国社会日常之中。

透过公馆叙事中视觉化展现近现代社会的物质状貌，进一步追问，作家匠心独运一座公馆中的人物命运和世事沉浮，究竟有何深意和独特之处？物质上的新旧共存与文化心理上的新旧冲突，是公馆叙事最为重要的表现所在，这其中暗含着中国现代化进程中一种复杂纠葛的文化选择，一种只可附其皮毛、不得动其筋骨的坚固心理防线。正如《死水微澜》中，曾经的邓幺姑是生活在乡下的，嫁到天回镇的兴顺号便成了蔡大嫂，最后改嫁给顾天成，顾天成的女儿被卖到了成都的郝公馆……小说呈现了西南社会从乡下到乡镇到城市的概貌，都是死水一潭。古老中国与现代西洋的事物可以并存在同一所公馆中，产生的效用无外乎强化公馆的显赫与尊崇，乃是物质财富的彰显与加持。公馆叙事文本的视觉性凸显还来自中西各种器物表象共存、实质冲突所带来的光怪陆离之感，背后隐藏的冲突造成了客观表象的不和谐，甚至给人分裂的暗示与象征。生活在文化拼贴环境中的人，也常常受到除西方物质文化之外的侵扰和波动，公馆中潜藏着多种生活方式和思维习惯的差异——新旧冲突、价值观念和选择上的矛盾都汇聚在公馆之内。

二、空间成为叙事的符码

早在 18 世纪，德国戏剧家莱辛在《拉奥孔》中对比诗与绘画这两门艺术时，就

---

① 李劼人：《死水微澜》，长江文艺出版社 2017 年版，第 170 页。

曾用两者在时空上的特质加以区分①。在中国的文化传统中，更加注重历史的品质，其实就是看重时间的意义，而对空间形态、空间变革则相对不那么重视。文学也拥抱了这样一种历史的思维方式，更在意时间流动对故事发展的引导。其实，空间也是一种表达时间丰富性的方式，当时间被限定在一个具体、短暂的范围内时，变化和多样性更有赖于从空间上体现。现代文学中的公馆叙事一定程度上就具有浓缩时空的象征意义。

对于持续而稳定的叙事环境而言，根据时间流动来设置情节是常见的叙事方式，历时的叙事脉络给人清晰的纵深感。然而面对急剧变化的中国现代社会，时间脉络的短暂与冲突的齐聚爆发，使得共时性的叙事方式更加必要。同一时间，不同空间中的冲突、变化，更能多方面展现短暂而拥挤的时代叙事背景。福柯曾说："我们必须批判好几个世代以来对空间的低估……空间被当成了死寂的、固着的、非辩证的、僵滞的；相反的，时间则被认为是富饶的、多产的、有生命的、辩证的。"② 作为历史感更强的民族，关注现代文学中公馆叙事的空间话语，是看待现代社会的另一个重要角度，公馆是现代文学中无法忽视的一个空间。公馆空间与文学文本的融合感越发明显，强于时间的线性流动对故事文本的牵引。对于中国传统文学而言，时间与文学的流变、叙事线索的延展、人物形象和性格的转型等息息相关，而空间更常作为"舞台"和"背景"存在。现代文学中以公馆为叙事空间的文本，则不以时间为故事发展的主要线索和人物塑造的重要参照。作家在看重故事本身的同时，更看重故事发生的场域。这些作家无一不将中国现代社会的时代背景浓缩到可以处理的空间之中，历史和权力在空间中运作和发挥规训作用，从而形成公馆叙事的独特景象。同样，读者在阅读此类小说时，往往会忽略时间线性的流逝与故事情节推进之间的关系，更多看到人物在不同的空间场所发生的一系列不同的际遇。人生的时间、社会历史的时间被不同的空间切分和演绎，不同的空间场景成为展开叙事线索、推动主体活动的重要因素。

现代公馆叙事浓缩时空的表现有二：一是时间的概念在本文中较为隐性，很难看到清晰、明确的时间变换；二是现代公馆叙事的故事发生时间较短，有些甚至让人意识不到这是在一天、一月之内发生的事情。

从第一点来看，公馆叙事文本中，大多在故事的开篇交代故事时间，但并不会按

---

① 参见［德］莱辛：《拉奥孔》，朱光潜译，商务印书馆 2013 年版。莱辛在书中比较了"拉奥孔"（特洛伊之战中，特洛伊城祭祀拉奥孔因告诫同胞把希腊人留下的木马搬进城中是危险的而触怒雅典娜，被其派出的巨蟒缠住的故事）这个题材在古典雕刻和古典诗中的不同处理，提出"诗是时间的艺术，绘画是空间的艺术"。

② ［法］米歇尔·福柯：《地理学问题》，载夏铸九、王志弘编译：《空间的文化形式与社会理论读本》，明文书局股份有限公司 1993 年版，第 392 页。

照时间的推进来演变故事内容。如《子夜》从吴老太爷来到上海进入吴公馆写到吴荪甫失败逃离吴公馆，兼并工厂、公债投机、工人罢工、家乡变乱以及军政商界的各种斡旋均不按照时间次序进行叙述，有些故事内容虽有前后，但实质上是同时并举、多点发生的。《子夜》将这些故事放进吴公馆的小客厅、书房、后花园等不同空间进行叙述，空间的转换带来了吴荪甫角色的变换和小说情节的共生。例如给吴荪甫致命一击的公债投机，吴荪甫历经了与杜竹斋的细思密谋、独自一人的揣度不安和与赵伯韬博弈决战的过程，小说则多次刻画吴荪甫在吴公馆小客厅的情绪历程和决策变化。

从第二点来看，通观公馆叙事文本，时间的概念被弱化还在于文本叙事的时间往往过于集中和短暂。《子夜》汇聚了上海洋场的众多风云际会，甚至在掩卷之后，我们油然生发出对吴荪甫一生的唏嘘。回过头来看，《子夜》中的吴公馆从富丽堂皇到人去楼空，也不过是三个月之内的变迁。再如《雷雨》，尽管剧本以闭环的叙事结构，层层向往昔推进，回到十年前夏天的一日，在这一天周公馆里所有人物的命运都被颠覆了，周公馆的日常生活轰然倒塌。与其说剧本中从郁热的早晨到午后再到晚上十点多，最后结尾于半夜两点钟这样的时间点让人印象深刻，不如说封闭、压抑和神秘的周公馆里永远不开窗户的客厅、周朴园的书房、繁漪漓走下的楼梯让人印象深刻。公馆中的空间与文本叙事的发展紧密联系在了一起。

现代文学中的公馆叙事文本，虽未略去时间的概念，但可以清晰地看到空间对人物行为的影响、在人物塑造过程中空间意识形态的反作用，这些都让公馆给读者留下了充盈、丰满的印象。甚至对一些将叙事主要放置在公馆之中的文本来说，公馆成了小说的另一代名词。巴赫金提出过小说的"时空体"概念："文学中已经艺术地把握了时间关系和空间关系相互间的重要联系，我们将称之为时空体……在文学中的艺术时空体里，空间和时间标志融合在一个被认识了的具体的整体中。时间在这里浓缩、凝聚，变成艺术上可见的东西；空间则趋向紧张，被卷入时间、情节、历史的运动之中。时间的标志要展现在空间里，而空间则要通过时间来理解和衡量。"① 可以看到，现代小说就是要不断提升空间的容量、质量和空间的话语地位。公馆叙事是公馆空间逐渐显现，并发挥重要作用的体现。对于公馆叙事文本来说，空间的权力和作用更加彰显。在故事文本拥有强烈冲突的叙事特点下，时间被浓缩到空间的物象之中，悠久漫长的时间变成了白公馆里悠扬的胡琴和老式的时钟。周朴园作为老一代留学生经历的前半生时间，浓缩到了周公馆的壁龛与紫檀长几上。线性的时间流动在文本中被弱化和模糊化，但时间并未消失，而是转换为空间中的具象，用空间中的物象来代指人

---

① ［苏］巴赫金：《长篇小说的时间形式和时空体形式——历史诗学概述》，钱中文主编：《巴赫金全集》（第3卷），石河北教育出版社2009年版，第269—270页。

生的时间和历史的时间。而巴赫金所言的"空间趋向紧张"，一方面是指空间里膨胀的物象充斥其中，另一方面是指时间、情节和历史的脉络也浓缩进了空间。由此，公馆叙事中公馆的话语权被叠加上了多重意义，显得尤为重要。

要追问的是，在现代文学公馆叙事的文本中，为何公馆占据的空间、为文本提供的故事场所变得尤为重要？为何空间的话语权增强为公馆叙事的重要特征？这不仅是现代文学叙述话语方式的一种转换，也是日常书写、日常经验进入文学的要求，更因为现代化社会进程带来的空间感受与空间焦虑的凸显。

首先，对于创作新文学的作家来说，如何认知中国现代社会、表现中国现代社会状貌和精神变化，是"为人生"、"为现实"的文学创作不得不思量的重要命题。故事文本的冲突和对抗是在较短时间内发生的，以时间的变换来展现这一特点，时间存在的短暂性、甚至是瞬间性不足以支撑全部故事的展开。1945 年，美国学者约瑟夫·弗兰克就提出了小说空间形式的理论。他认为"现代小说通过并置、主题重复、多重故事、夸大反讽等手段中断叙事的时间顺序，打破线性叙事结构而呈现强烈空间化特点，读者也必须将小说作为一个整体通过反应、参照等空间化思维才能对作品有深入理解和把握，这不仅解决了传统叙事理论对现代小说阐释方面的危机和缺陷，也催生了一门新的叙事领域——空间叙事学"①。公馆叙事应是空间叙事中的一种中国声音。公馆叙事文本中各个情节在时间上的同时并举，在短时间内的急剧变化，都使转换空间场域比交代时间流动更加符合叙事的要求。

其次，中国现代作家对日常生活经验的重视促进和深化了对日常生活空间的关注和书写。"'住宅'的概念涵盖了容纳个体或家庭的'外部'建筑形式，也包含了展示日常生活经验和私密体验的'内部'空间形式。"② 公馆作为住宅空间与现代城市文化的结合体，具有中国现代文化的历史特色，包含着作家复杂的创作动机。因而，公馆在叙事过程中的地位自然更高、篇幅更多。正因为现代社会是一个生成空间差异并且显著呈现空间差异的时期，所以进一步带来了生活空间与文学空间有意识的融合与影响。现代城市经验凝固成为空间的形式，吴公馆就是其中的显著代表。不仅吴公馆本身体现着西式审美追求，吴公馆中的林佩珊、范博文、张素素等一众青年男女也完全浸润在都市洋场的生活中。他们去外国百货公司买高级化妆品，女子出门必喷名贵香水、穿西式洋装等方方面面已经是现代物质生活的样态。吴公馆的存在远比一句

① ［美］约瑟夫·弗兰克等：《现代小说中的空间形式》，秦林芳编译，北京大学出版社 1991 年版，第 36 页。

② 张一玮：《对现代文学中住宅空间及其经验的三种文学批评思路》，《西华大学学报（哲学社会科学版）》2016 年第 2 期。

"20 世纪 30 年代上海都市"更能带给人直观而真切的城市化感受。

打破传统社会结构后，日常经验最先呈现出现代社会的"现代性"，人们逐渐从时间的焦虑中暂时抽出身来，进入对空间的敏感与思索，中国现代作家对此有敏锐的感受。时间的长短已经不是中国作家着重关注和主要展现的方面，中国传统文人那种对变动不居的社会、有限的个人生命、痛苦的人生遭际与沉浮的忧虑和深思，已经逐渐变化了。中国现代作家转而投身于光怪陆离、日新月异的现代社会，注视着风起云涌的时代下面中国人精神的根深蒂固、波澜不惊。这不仅仅是公馆文学所要表达的，也是中国现代作家关注地域、城乡的原因。正是在这样的变化下，公馆叙事文本才会给人一种审美上紧凑但又疏离的感觉。公馆中的一切表象都显得充实和丰盈，但公馆中的人又不仅仅是依附公馆的物质来生存，他们还塑造公馆，把传统、固定、有限的视野和思维方式也放进了公馆中，形成了一种不和谐的共存景象。公馆叙事文本中空间性的凸显，既是其呈现出的显著特征，又是对小说叙述方式转换的一种印证。作为历史符码和城市特质的集合体，作为现代社会一部分人的日常生活空间，公馆有着超越文本内容的文化意蕴。

三、权力退场与整体性缺失

公馆本身形成了一个权力场域，但公馆中又有着不可调和的矛盾与历史选择的分歧，空间在形式上的整体性与内部精神的分裂，使得权威崩溃和公馆的整体崩塌成为必然，这带来了公馆叙事的悲剧结尾。这是近现代社会更新和转型的必然，其中蕴含了作家对传统伦理、道德、日常生活方式和审美追求的全方位反映和思考。

通观中国现代文学中的公馆叙事文本，公馆这一形象和文本叙事内容之间，形成了作家对中国文化传统、民族审美心理的隐性表达。在这些文本中，大多体现了传统权力的退场与现代文化尚未完整形成而造成的整体性缺失。除去公馆在外在形式上中西结合、土洋混杂、新旧人物共存造成的异质感和难以统一协调的杂糅感，更为重要的是，在公馆这一空间中，权力的消退、整体性的缺失才是文化叠错、悲剧结局的根本原因。

公馆叙事中对"公馆"这一家庭居室空间的发现和极大开发，体现出都市文明之下传统生活的不合时宜和诡异扭曲的特点，错位和变异来自公馆内部权力的瓦解。权力的退场具有两层含义：一方面，是指公馆中出现了一个权威所在，但往往是否定的、被推翻的或者最终失败的；另一方面，是指公馆最终的结局和权威的命运相同，具有多义性与象征性的公馆最终会被变卖和摧毁，公馆里的人和公馆空间最终会分离。

公馆是权力和身份的聚合场，与其所有者往往是彼此象征和衬托的关系。在中国社会中，权力的产生有两个最直接和明显的方式：一是依凭宗法血缘，在长幼亲疏中产生权力；二是经济、政治、军事等地位产生权力。现代文学中的公馆中的权力核心，大多是这二者的叠加。例如高公馆中三代人建立起高老太爷的权威性；吴公馆中民族工业巨头的资本建立起吴荪甫的绝对地位；白公馆中白流苏的母亲并无实质权力，白公馆的大小事被男性长辈主导。周公馆中的周朴园、郝公馆中的郝达三、姜公馆中的姜老太太、梁公馆中葛薇龙的姑母梁太太……总之，公馆中必有一个核心和话语权的掌控者、决事者。随着公馆权威的崩溃，与公馆权威形成同构和象征关系的公馆本身，其命运也逃不过人去楼空、树倒猢狲散的收尾。公馆本身具有的多义性、象征性，也逐渐淡化和消失。从公馆叙事的结局也可以看到，无论这个权威是封建大家长还是资本力量，权力最终还是显性或隐性地消亡了。战争时期，为了躲避战祸，高公馆里只剩下觉新一房人和琴一家人；姜公馆被分了家，曹七巧搬出了姜公馆；姚公馆被变卖给姚国栋；曾公馆的一部分也租给了研究人类学的学者袁任敢一家。在失去稳固的维护者后，公馆实质上已四分五裂，最后被新的主人取代，或就此倾颓。

现代作家在公馆叙事中既有对传统深刻的认识与坚持革新的反叛姿态，在面对外来文化涌入、自身传统动摇的情况下，也难免惶惑和失措的精神游弋。这种文化应急姿态，展现了处于古今、中西之争中的现代中国的复杂面影。因此，中国现代文学中的公馆叙事，难以给人统一的步调、和谐的氛围和主调明显的感受，难以形成类似沈从文的湘西世界、芦焚的果园城、废名的禅意桃园、汪曾祺的高邮风情等和谐、一致的审美步调和意蕴。现代文学公馆叙事与"作家的后花园"、"运河叙事"、"现代文学的教堂空间"等最为显著的差异就是在一栋完好无损的日常居所空间，包含了最为破碎、纠葛的冲突，用表面最大的完整性容纳着从个人到家族以至都市政商各个阶层间激烈的角逐和较量，用最体面的完整写出了多重的四分五裂。

公馆的整体性缺失来自思想认同上的四分五裂。如果说以往公馆权威的存在维系了表面上公馆的整体性，使之仍旧呈现出较为完整的面貌和统一的风格，那么，在公馆权威失去效用的过程中，公馆的整体性就彻底崩溃了。这种整体性的缺失体现在两个方面：一是公馆内部的思想出现极大的分化，甚至对立；二是公馆本身与外在现实环境出现偏差，造成作家在书写公馆时，暗含着对文明形式的追问和忧思。前者是从"破"的角度来看造成缺失的原因，后者是从"立"的方面来看作家所持的惶惑和矛盾的心态。二者都造成了公馆最终在形式上呈现出中西文化的嫁接，在思想上四分五裂，在发展上最终走向灭亡。

整体性的缺失表现为公馆内部势力的角逐、思想的分化所带来的巨大冲突和矛盾，是人际之间和自我内部呈现出的巨大分歧、转向。在白公馆的叙事中，白流苏的反复归家—离家实现了从夫家到娘家再到夫家的转换。在这个过程中，白流苏自身的成长、对爱情的猜疑与不信任、对婚姻的渴望成为她内心最大的纠葛。白公馆对于白流苏而言，只是暂时歇脚以寻谋婚姻的寄身之所。在白公馆内部，庞大的家族脉系对白流苏施加着生存的压力。正是人际间的利益冲突迫使白公馆空有一副整体的面貌，实则充满疏离感。白流苏与范柳原之间意外的爱情结果，使得白流苏最终得以逃离白公馆，但白流苏逃避不了的是乱世之下，女性如浮萍一般的命运。白流苏在一个个公馆辗转，女性的爱情与婚姻成为她获得生存保障的希冀。白公馆最大的象征意义在于，用家的属性透视了女性难以在家中获得的保障与安全，而家的存在使得女性徘徊在难以独立的边缘。而在高公馆中，年轻一代的思想与老旧一派的权威存在巨大的冲突，这些不和谐的声音和不屈服的力量分化了公馆的整体性，动摇了公馆的权威，所有对旧家族的负面情感最终冲垮了大家族的根基。高公馆内部的价值共识、利益同体和情感共通已然出现了巨大分歧乃至冲突。高家三兄弟的命运悲剧、爱情悲剧和愤然出走加速了高公馆的覆灭，高家家族的衰颓和高家"新青年"、"新女性"的成长是相互作用的两个方面，原本的家庭秩序和伦理纲常逐渐被新青年的个性和独立所取代。

从现代文学中的公馆叙事可以看到现代作家更新文化的诉求——对传统矛盾纠结的态度，对西方文明无法全然适应的迷茫。公馆叙事生成于中国近现代社会的文化语境，传统生活方式和组织结构逐渐被破坏，西方审美和文化正逐渐渗透，中西之间文明的较量和选择再一次呈现在公馆叙事的文本中。"世界虽然不小，但彷徨的人种，是终竟寻不出位置的。"① 鲁迅的这句话，或许能成为公馆叙事最终难以回避悲剧结局的注脚。

文学中的住宅空间，呈现了一定时代人的精神状态，反映了他们如何生活、如何生存、如何在精神世界中挣扎和妥协。从叙事安排上，现代文学中公馆的空间形态与文本情节配合，立体的空间转换与线性的时间流动共同构成文本的发展轨迹。从创作心理与文化背景上看，文化首先是一个自足的整体，但现代文学面临的不是一个自足的整体，企图建构文化的整体是现代文学特殊的使命。因此，书写公馆的现代作家，无法忽视日常建筑空间中弥漫的文化认同危机和迷离的身份意识，这些心灵上的摆动和摇曳，成为现代公馆独特的精神气质。

（作者单位：北京师范大学文学院）

---

① 鲁迅：《热风 随感录五十四》，《鲁迅全集》（第 1 卷），人民文学出版社 2005 年版，第361 页。

语际书写中的女性革命者叙事：
杨刚的他语书写和文学自译①

段　峰　古文菲

在 20 世纪中国现代文学史上，关于杨刚（1905-1957）的研究并不多，这或许是因为她的多重身份冲淡了她在文学创作上的成就和影响。除文学创作外，杨刚还是一位在新闻界举足轻重的人物，曾担任《大公报》两个副刊《文艺》和《学生界》的主编。同时，她积极从事革命运动，是 20 世纪早期坚定的无产阶级革命者之一。杨刚进入本研究的视野，和她的文学创作和文学翻译有关。这是一个长期以来被研究者所忽视的领域，即她的他语写作和文学自译。杨刚曾将自己收录在埃德加·斯诺（Edgar Snow）编选的中国现代短篇小说选集《活的中国》（*Living China：Modern Chinese Short Stories*）中的英文小说 *Fragment from a Lost Diary*（《日记拾遗》）自译为中文短篇小说《肉刑》。20 世纪 30 年代，杨刚用英文创作了自传体短篇小说《童年》和《狱中》；20 世纪 40 年代，杨刚在美国游历期间用英文创作了自传体长篇小说《挑战》。*Fragment from a Lost Diary* 的题目为杨刚自拟，而另外的作品则没有名字，也从来没有出版发行过。杨刚的他语写作，除 *Fragment from a Lost Diary* 因入选斯诺的《活的中国》而为人所知晓外，她的其他英文创作一直默默无闻。即使是 *Fragment from a Lost Diary*，杨刚也冠以"Shih Ming"（失名）的名字，意即无名。这更导致了杨刚的他语写作远离研究者的视线。作为一位杰出的文学家、翻译家、新闻工作者，以及中国共产党的杰出战士，杨刚为我们展示的主要是以母语为媒介的思想和才华，并为众人所称道。然而，她的他语书写和文学自译则一直游移在我们视线之外，其意义和价值还

① 本文系 2018 年国家社科基金项目"作为语际书写和文化建构的 20 世纪中国文学自译研究"（18BZW127）的阶段性成果。

亟待我们去挖掘和认知。"《日记拾遗》、《挑战》和《一个年轻的共产党员的自传》一样，都从女性和中国革命者的双重身份出发，通过自我告白的方式，再现了作者的自我形态以及与周遭世界的联系，同时也还原了作者自我精神人格的形成历史。"① 研究杨刚的他语书写和文学自译，则能更加深入地走进杨刚的内心，感受一个真实的杨刚。她的他语书写和文学自译突破了单一语言的障碍，以他语读者为对象，延伸了表现的空间，向他语读者传递了她所代表的国家、主义、思想和文化的信息。

萧乾在回忆协助斯诺编选《活的中国》时曾说："译稿快齐了时，斯诺提出要杨刚写一篇自传体小说放进去。他了解到杨刚出身豪门，很早背叛了自己的阶级，倾向革命，认为她是极有代表性的中国新女性。杨刚后来直接用英文写了两篇，意思是任他选一篇。文章是由我交斯诺的。后来他采用的一篇是《一部遗失了的日记片断》，描写一对革命夫妇被国民党抓进监狱的情景。杨刚让我向斯诺提出个条件，就是不用真名——她署的是'失名'，并且要求替她保密，可能是为了她个人的安全。"② 据萧乾负责编选的《杨刚文集》中的杨刚年表显示，写作 *Fragment from a Lost Diary* 的时间为1933 年。1935 年，杨刚将短篇小说自译改写为题为《肉刑》的中文小说，在《国闻周报》第 12 卷第 14 期上发表。其短篇小说《殉》、《爱香》亦先后发表于《国闻周报》。

《日记拾遗》为日记式小说，由五则日期连贯的日记构成。小说就是一位处在极度痛苦和矛盾中的女革命者的内心独白。五卅纪念日即将来临，怀孕且卧病在床的女主人公忍受着身体上的痛苦，心中又记挂着为工作和生计在外奔波的丈夫的安危，并为自己由于身体原因耽误革命工作而难过。她反复痛苦纠结于这样一个重大的选择：是否为了更好地工作而打掉胎儿？工作的重要性和作母亲的渴望形成激烈的冲突，她必须在其中做出选择。最终，丈夫被捕的消息和梦见丈夫惨遭敌人折磨的场景使她下定决心打掉胎儿。小说中，女主人公对新生命表现出强烈的渴望——"然而我真爱这个小生命，尽管痛苦不堪，我还是巴望这桩奇妙的事情会发生，渴望那个小娃娃从我的肢体里诞生到世上来。我需要它，犹如一个真正的诗人需要创造不朽的伟大篇章一样"③，但同时她又明白，"这一时期我们的一切计划必须万无一失，这要比在我肚子里挣扎着的这个生命重要得多"④。女性从事革命会比男性承受更大的危险。小说中女性的性别与政治、身份与使命之间形成的矛盾对立，伴随着女主人公先后吞下三颗药丸打掉胎儿而被推向极端，表现了女性革命者的英雄气概，也同时展现了女性革命者

---

① 倪婷婷编著：《中国现当代作家外语创作论》，上海人民出版社 2020 年版，第 293 页。

② 萧乾：《斯诺与中国新文艺运动——记〈活的中国〉》，《新文学史料》1978 年第 1 期。

③ 杨刚：《日记拾遗》，文洁若译，《新文学史料》1978 年第 1 期。

④ 杨刚：《日记拾遗》，文洁若译，《新文学史料》1978 年第 1 期。

所遭受的生存和精神的绝境。

斯诺在编选《活的中国》时，原则上是挑选中文的短篇小说来加以翻译。他说："我想了解中国知识分子真正是怎样看自己，他们用中文写作时是怎样谈和怎样写的。……这是专门写给中国读者看的，欣赏的，而不是抱着取悦于外国读者的想法，为了投合外国读者的偏见，或者为了满足西方读者对于'异国情调'、'离奇古怪'和'传奇式'的欲求。"① 但杨刚提交的则是一篇英文短篇小说，这也打破了斯诺编选文集的规矩。然而，斯诺欣然接受了。这不由得让人想到杨刚短篇小说之于斯诺的重要性。斯诺在谈到为什么选编杨刚的这篇英文小说时也讲道："失名是一位中国女作家，为了不让人知道她的真名而使用的笔名。她出身于湖北望族，即中国一个上层旧式家庭。父亲是个有势力的地主，又是省政府的官员。失名所写的小说不甚为人所知，但她对中国最年轻有为的几个作家颇有影响。她大胆地运用迄今被中国文艺界视为禁区的社会题材，她的勇气显示出一种解放精神，势必使那些认为中国艺术不能以革命气概断然与过去决裂的人大为震惊。"② 中华人民共和国成立后，杨刚的小说也由于所展示的女革命者的正面形象受到称赞："杨刚同志的小说是朴素的，但是有一种深入人心直至撕裂人心的力量，例如被斯诺收入《活的中国》中的《肉刑》（原题《日记拾遗》）就是这样。"③ 斯诺要向西方世界传达现代中国与封建社会决裂、与帝国主义侵略战斗的新的形象，杨刚的出身背景、成长环境和她所从事的进步事业恰恰满足了斯诺的期待，所以，即使杨刚提交的是一篇英文小说，斯诺也欣然接受了。

发表在 1935 年 4 月 15 日《国闻周报》第 12 卷第 14 期的《肉刑》是英文《日记拾遗》的中文自译改写版。小说形式都是日记体。《日记拾遗》由 5 则日记组成，《肉刑》则为 6 则，多了最后 5 月 30 日的一则，记录了主人公被国民党反动派逮捕入狱，忍受着身体和精神上的双重折磨。其他的内容和情节则相同。从英文的《日记拾遗》到中文的《肉刑》，中文小说的题目直点主题，突出了内容的严酷性，即女革命者需要忍受怀孕和敌人用刑这双重的肉体痛苦。"《日记拾遗》写得酣畅醇熟，女主人公郁闷、孤独、忧虑、内疚、烦躁、矛盾、恐惧、愤懑甚至绝望的情绪表现得淋漓尽致，杨刚借此充分展示了那些非人的残酷中作为女人的细微感觉和作为革命者的沉重思考；而《肉刑》精炼简约，显得较为节制，作者更愿意显现的是受'肉刑'折磨的女性革命者的忍耐、坚贞和对黎明到来的信心。"④ 英文小说中传达的是更复杂多元的人物性

---

① ［美］埃德加·斯诺：《〈活的中国〉编者序言》，文洁若译，《新文学史料》1978 年第 1 期。

② ［美］埃德加·斯诺编：《活的中国》，湖南人民出版 1983 年版，第 312 页。

③ 胡乔木：《序》，《杨刚文集》，人民文学出版社 1984 年版，第 3 页。

④ 倪婷婷编著：《中国现当代作家外语创作论》，上海人民出版社 2020 年版，第 299 页。

格形象，而中文小说则稍显单一，更符合确定的人物描写框架。这是英文版《日记拾遗》和中文版《肉刑》的最大不同。书写语言不同的原因是接受对象不同。根据不同的接受对象调整书写内容和表现形式，杨刚作为一名自译者和双语作者，自然懂得这一点。以《日记拾遗》和《肉刑》的第一段为例：

英文：The heaviness of this long May day nearly suffocats me. Endless hunger, endless nausea, endless doubt and anxiety. I move from my side to my back and then to my side again. The wooden planks of my bed are harder than stone. Hard, hard. It is impossible to get any rest! It is impossible for one moment to relieve the constant throbbing pain in my body, however I turn and toss. I cannot read. Only writing-since there no one to talk with -seems to take my mind out of itself, as small idle occupations do.①

中文：刮风。青一起来就出去了。这漫长的五月日子，又该我自己一人伴着无尽的饥饿，呕吐和提心吊胆来挨受了。挨到了晚上，也许回来的是几个便衣侦探和宪兵带个两条胳膊被捆住的他。这事纵使今天不发生明天也依然会出现！我痛苦地在木板上翻来覆去，想使那刻刻翻腾要呕吐的胃肠比较安适一些；同时，我也可以暂时逃掉那种抠心挖肝不住呕吐的活罪。但是办不到！凡有小孩病的人，定知我这是如何妄想②。

英文全部是女主人公内心痛楚和情绪的发泄，内容要简单得多，符合西方小说心理活动描写的规律，具有很强的带入感，能抓住读者的心。中文在情绪上则平缓得多，内容要复杂一些，既有女主人公怀孕的生理不适，也有对丈夫的挂念，担心他被敌人抓捕，为后续的叙述做好了铺垫。

关于《日记拾遗》的主人公原型，文洁若在译者按中写道："现据杨刚女儿郑光迪回忆，这篇小说写的是她父亲郑侃的十弟郑佩及其妻司徒平的经历。"③ 但"杨刚在写这个人物的苦难时，未必就不是在写她自己——一个女人，一个有着革命者和母亲双重身份的女人——同样苦难，女主人公的形象其实也叠合了杨刚自己的身影"④。杨刚将她自己的经历和感受投射到小说中的人物上，同样具有自传的性质。

后来发现的杨刚用英文创作的两篇短篇小说和一篇长篇小说则延续了《日记拾

---

① Shih Ming Fragments from A Lost Diary. Edgar Snow ed. *Living China-Modern Chinese Short Stories*. Reynal & Hitchcock, 1936. p. 302-318.

② 杨刚：《杨刚文集》，人民文学出版社 1984 年版，第 215-225 页。

③ 杨刚：《日记拾遗》，文洁若译，《新文学史料》1978 年第 1 期。

④ 倪婷婷编著：《中国现当代作家外语创作论》，上海人民出版社 2020 年版，第 334 页。

遗》的自传性质，均是深深打上了杨刚烙印的自传体小说。经译者文洁若解释，短篇小说《童年》和《狱中》的面世颇具传奇色彩——"1979 年萧乾访美时，曾负有顺便搜集杨刚资料的任务。当他听说原燕京大学教授包贵思（已殁）曾将其全部遗物捐赠哈佛大学时，即估计其中必有关于杨刚的资料。在印第安那大学菲立普·魏斯特教授的协助下，果然发现了杨刚生前致包贵思的英文书信若干封及杨刚用英文写的自传中《童年》及《狱中》两节，并承魏斯特教授把它复制下来，送给了他。这就是此稿的来历。原稿是用打字机打的，《狱中》一节，标题旁用钢笔注明写于一九三一年，不知是否出于杨刚本人的笔迹"①。

《童年》所记录的是杨刚童年时期的各个片段在脑海中的闪回：秀才兼医生的祖父，意志坚强的祖母，做官的父亲，心地善良的母亲，土匪的骚扰，被镇压的革命，以及恶作剧制服"无敌的"塾师等等。从她平静舒缓的回忆中可以感受到，她出生和成长的优越环境与她后来所从事的艰苦的革命工作形成的巨大反差，以及杨刚坚毅性格形成的缘由。《狱中》叙述了杨滨（杨刚学生时代的用名）在燕京大学读书期间参加示威游行而被国民党反动派抓捕入狱的事情。和《童年》一样，这也是一篇个人事件的闪回，用一种日记体裁的形式。小说包括被反动警察抓捕的经过、关进拘留所的见闻、狱友的遭遇、看守士兵的待遇与牢骚等等。同样，杨刚用平缓、波澜不惊的笔调讲述着她所经历的事件，将一个革命者为了事业坦然面对危险的精神表现得淋漓尽致。

1944 年至 1948 年，杨刚作为《大公报》记者驻美。在此期间，她用英文创作了长篇自传体小说《挑战》。离开美国前，她将打字原稿交给美国朋友奥尔加·菲尔德夫人（Olga Field）保管，1978 年菲尔德夫人病逝，她的丈夫于 1982 年清理物品时发现了此稿，并交给杨刚的女儿郑光迪。1987 年，《小说界》第 4 期出版了《挑战》的中文版本。1988 年，人民文学出版社出版了陈冠商译、卢豫东校的中文版本。《挑战》一直保存在菲尔德夫人处，一直未出版。卢豫东认为"从打字稿上可以看出，有一些用钢笔修改、补充的字迹，原稿中还有些重复或脱漏的字、句、段，最明显的，莫过于第四章尚未有标题，而其余各章都是有标题的；全稿的总体（书名）似乎也未确定，只是打着这么一行字：A NOVEL BY YANG GANG，可能是还未考虑成熟。因此，在我的推想中，这是个初稿或未定稿。显然，杨刚还来不及修正定稿，就于这年 8 月匆匆离美归国了，其后她为革命奔走，已无暇顾及此事了"②。

---

① 文洁若：《译者按》，杨刚：《一个年轻的中国共产党党员自传》，《新文学史料》1978 年第 1 期。

② 卢豫东：《校译后记》，杨刚：《挑战》，人民文学出版社 1984 年版，第 418 页。

如果《日记拾遗》、《童年》和《狱中》等自传体小说为我们展现的只是杨刚人生经历中的闪回片段，那么，《挑战》则以纵向全景的视角，为我们讲述了一个官宦之女如何与封建家庭决裂，投入到新生活中去的故事。"小说以女主人公黎品生和男主人公林宗元两个典型人物在大革命中的活动为主线，反映出这激荡时代的社会动态和形形色色的各种人物的形象，着重地体现了在革命洪流的冲击下年轻一代的觉醒。……小说抓紧了这条主线，从两方面来展开，一方面它以大量篇幅揭示了女主人公所出身的豪门望族的兴衰，另一方面则着重地展现男主人公所出身的贫农阶级所遭受到的屈辱和苦难。……通过这部作品，我们不但可以看到那激荡时代青年的思想变化，同时也可以看到其尖锐复杂的阶级斗争，从而反映了大革命时代的一个侧面。"①

杨刚的工作和生活圈子中，除了她的中国学友和战友外，还有与她有着较深友谊的外国朋友。如 1928 年在燕京大学上英国文学课时认识的包贵思（Crace M. Boynton），1933 年参与编译《活的中国》所认识的斯诺夫妇，1938 年在上海认识的项美丽（Emily Hahn），1944 年在桂林认识的班以安（Derek Bryan），1943 年在重庆认识的费正清（John King Fairbank），1944 年在波士顿认识的马蒂逊（F. O. Mathieson），以及为杨刚保管《挑战》文稿的奥尔加·菲尔德夫人。杨刚的英文书写都是应上述外国朋友的邀请或鼓励而作，说明外国人对杨刚的身世和她的革命工作很感兴趣。因为一个家境殷实的富家小姐愿抛弃荣华富贵，投身艰苦的工作，这种极大的反差成为了现代中国新青年运动的一种标志，引发了外国人强烈的阅读期待。而杨刚在清楚所要创作作品的阅读对象后，选择阅读者所熟悉的语言来创作，这对英文写作能力极强的杨刚而言就是自然而然的事了。对于翻译，杨刚自有她的看法。她在《评〈活的中国〉》一文中，首先肯定了选集的意义，然后指出了选集翻译中的较多错误，并对斯诺在翻译中的大胆删减提出异议——"他常嫌原文对话冗赘，行文无节，以致缺乏形式的完整。一个邻人的善意，我们是应当接受的，虽然我们仍不妨叫几句屈。有许多小说，特别如张天翼的一部分作品专以对话显出神韵和情调，并且最好这些对话还能标出音来才更完美合适。可是由于文字的隔阂，于我们其本身有作用和意味的对话，落到异国文字中竟如丢了家的孩子，过分受了轻视。说到冗长方面，我们是有这毛病的，但一例而诛，终嫌过酷"②。至此，我们就能理解杨刚为什么没有给斯诺提交一篇中文小说，而是量身定做了一篇英文短篇小说。对杨刚而言，面对外国读者，直接用他语书写，可以让她的作者意图直达读者内心；她对自己作品的思想和艺术感染力非常有信心，没有用自己的名字，而用"失名"，以阻断读者了解作者的念头从而单凭

---

① 卢豫东：《校译后记》，杨刚：《挑战》，人民文学出版社 1984 年版，第 422-424 页。

② 杨刚：《评〈活的中国〉》，《新文学史料》1978 年第 1 期。

作品去打动读者。杨刚的《日记拾遗》、《童年》、《狱中》和《挑战》都是非虚拟的自传体小说。杨刚在他语写作中如此袒露心扉，向外国读者呈现出一个更加立体多元，而非单一平面的女革命者的形象。这是杨刚的他语写作和中文写作不同的地方。

他语书写不仅能超越语言的隔阂，同时也能超越心理上的束缚、受母语的影响以及母语背后的文化政治等因素的束缚。自译者或双语写作者在母语中不能表达的东西可以通过他语书写来表达，当然前提是他语的政治文化环境适合这种表达。杨刚的英文书写都带有自传性质，而自传小说中对主人公的个性形成和情感经历等"日记"般的叙事所表现出的复杂内心，如恐惧、彷徨、失落等情绪，与杨刚中文创作中所展现的勇敢决断的形象有很大差异。我们从英文《日记拾遗》和中文《肉刑》之间的对比中也可以看出来。杨刚所经历的时代是一个风起云涌的大革命时代，作为精神指引的文学作品所表达的也是新青年们挣脱封建桎梏、不畏艰难、走向战场的革命英雄主义。杨刚的中文创作要书写的就是这种精神。一来环境不容许，二来她也不会向她的母语读者透露负面情绪，展现一个女革命者完全可以被人理解的另一面。而在英文书写中，面对陌生但又渴望了解自己的外国读者，杨刚就可以尽情释放自己，既传达革命者的刚毅，也展现女性与革命、身份与政治之间巨大的冲突给女性革命者所带来的痛苦。她在公开发表的《日记拾遗》中隐藏了自己的名字，以"失名"代之，这样就隐去了她的身份，英文读者也不会有先入为主的作者印象。短篇小说《童年》、《狱中》和长篇小说《挑战》尽管没有出版，但从翻译过来的中文来看，作者对自己童年生活和革命经历等的叙述都相当坦诚。自传体小说常常是作者的自我精神剖析，需要有将隐秘公布于世的勇气。他语书写常常能打破母语的压制，扩延作者的书写空间，展现不为母语世界所知的另一面。

杨刚的他语书写所表达的不光有现代中国革命女性的正面形象，她所叙述的女性面对革命与家庭做选择的痛苦、女性革命者所遭遇的精神和肉体的双重创伤和困境引起了女性知识分子的认同，从包贵思、菲尔德夫人帮助保管她的英文作品就可以看出这一点。可以说，杨刚所叙述的人物与事件，既有特定的中国特征，也具有普世的人类情感特点。杨刚深知能打动外国读者的唯有他们也熟悉且珍惜的那些情感，而女性的痛楚、彷徨、无助等心理描写，很容易获得共鸣，产生共情。遗憾的是，杨刚的他语书写除《日记拾遗》正式出版发行，其他的英语作品都没有在英语国家出版。可能只有与她过从甚密的外国朋友读过她的手稿，其他人都无法一睹真容。但随着《活的中国》出版，她的《日记拾遗》广受好评。海伦·斯诺曾经写道："我选择了萧乾和扬缤，准备把他们向外介绍，并坚持把他们的两个短篇小说（我和他们一起编辑的）编入《活的中国》，虽然两位作家都尚未出名。萧乾的那一篇是书中最受欢迎的，并被采用为电台广播作品，在某种程度上，使他在英国和美国得到公认。扬缤（笔名为石明、杨刚）的那篇小说，一九七三年重印，收在一个以她的小说题目为书名的集子①里。"②

杨刚是 20 世纪中国文学史上的一位重要人物，她的他语书写和文学自译理应作为重要的研究对象，以丰富其作家和翻译家的身份。她的自传体英文小说以个人经历和思考为表意符号，对 20 世纪早期现代中国文学在西方的传播，现代中国革命者形象在西方的展示，以及整个现代中国国家形象在西方的构建起到了重要作用。

20 世纪上半叶，同杨刚一样，将他语书写和文学自译作为文学创作和文学翻译实践的还有林语堂、张爱玲、萧乾、叶君健、熊式一等。文学自译中所涵盖的他语书写、母语翻译和母语书写、他语翻译两种形式，表明翻译和他语书写在文学自译中有着非常紧密的关系。翻译中具有他语书写的性质，而他语书写中同样具有翻译的性质。我们要讨论的他语写作的翻译性问题，则涵盖更广泛，指用他语写成的作品，但内容是发生在作者故国故乡的人和事。这种以故土文化为内容，充满故国情怀的跨语际写作成为 20 世纪文学写作的常见现象，尤其是在文化研究的学术话语中被称为处于"第三空间"的离散作家的跨语际文学实践，例如 20 世纪美籍华裔作家关于中国文化的英语写作。在自译者的作品中，这种他语书写的作品也数量可观，如林语堂所创作的《吾国与吾民》、《生活的艺术》、《孔子的智慧》等一批描写中国文化和社会的文学作品；萧乾的"英伦五书"除《吐丝者》为自译外，其他 4 本作品皆为用英文创作和选编的关于中国文化、社会和时政的作品。从将翻译作为一种跨文化交际行为的角度来看，使用非母语表现在母语系统生存的人与事本身就是一种翻译行为，这种翻译不是从文本到文本的语符之间的转换，而是从文化到文本之间的表达，文化被视为文本，是文化被文本化的过程。如何看待杨刚等一批现代作家以中国的人、事、物为描写对象的他语书写，实际上提出了一个现代中国文学中跨语际书写的问题，进而涉及中国作家他语书写作品的国别属性问题。杨刚的文学自译和他语书写跨越语际，突破了单语的限制，扩大了书写空间，让我们看到了一个不同于母语写作时的杨刚。她的他语书写和文学自译也为现代中国文学中的书写多样性提供了例证。

（作者单位：四川大学外国语学院）

---

① 内奥米·卡茨（Nami·Katz）与南西·米尔顿（Nancy·Milton）合编：《失落日记摘录》（*Fragment from A Lost Diary and Other Stories*：*Women of Asia*，*Africa*，*and LatinAmerica*），纽约兰德姆出版社 1973 年版。该书收集了有关亚洲、非洲、拉丁美洲妇女的短篇小说。

② ［美］海伦·斯诺：《我在中国的岁月——海伦·斯诺回忆录》，安危、杜夏译，中国新闻出版社 1986 年版，第 120 页。

"政治—情感"的纠葛与调适[①]
——论延安文学后期的"新方言意识"

尹 威

自中国近现代文学发生期始,"方言问题"一直都是现代文学整体建构过程中无可回避的必要课题,亦是考察近现代文学不同阶段内所面对的"国语文学的民族性诉求"[②] 的重要依据之一。战时形势的实际走向促使现代中国重新建构文学机理内外空间的中心,而新的文学文化中心的形成,同样带来了文学创作层面上的"语言问题"之新命题的生发。作为由无产阶级政党所统领的新文学文化中心的延安亦存在着上述的类似情形,"文学延安"的想象与创构,遂成了彼时这一新文学中心之地的重要且紧迫的任务。在进行民族抗战的特殊节点与特定语境下,"语言问题"显然已经不止于作家文学创作层面与文本内部的语体形式的选择问题,"书写语言"成为了认知延安、宣传延安、定位延安的重要路径,成了抵抗异族侵略、寻求民众抗战情感支持的书写形式,成了外来知识分子作家表达身份意识与寻求身份认同的媒介等。诸般"成为"面向的战时存在与映现,再次显示出"文学语言"除本体功能之外所能形成的社会功能内容,而延安文学整体进程中的"新方言意识"的生发、形成及其全然确立,为我们当下重新进入"文学延安"提供了一种阐释新径。

---

① 本文系国家社会科学基金重大项目"延安文艺与现代中国研究"(18ZDA280)、信阳市哲学社会科学规划项目"延安文学后期的'新方言意识'研究"(2022YS005)的研究成果。
② 赵黎明:《五四歌谣方言研究与"国语文学"的民族性诉求——以北大"歌谣研究会"及其〈歌谣〉周刊的活动为例》,《学术论坛》2005 年第 12 期。

一

我们知道，方言在近现代文学发展的过程中，虽一直作为"现代语言"变革的"参与者"与"在场者"而得以存在，但从其在近现代文学进程中所形成的已有谱系来看，延安文学之前出现的那些关于方言土语入文的诸多实验或实践活动，主要体现在智识阶层对方言语词内容进行的有关搜整、推介及文学创作层面上的入文书写等活动中，而这些活动事实上均未参与到一种基于严格意义上的整体化的文学形态的有机构建中。就文学创作方面来讲，它更多是作家在结合自身创作的不同探求下，所进行的对于方言土语入文的一种自觉化的个体选择。在此书写语境之下，方言土语入文主要呈现出的是一种涵括多区域地理空间的地方语言样貌①。若从方言入文功能的效应上来说，将显现出文学创作活动有所依赖的特定的地域性、参与近现代文学发生期的语言变革与助推现代白话文的行进、丰富近代以来文学语言体式的多样性等三个方面的内容，大体可视为晚清以降的方言入文实绩所带给其时文坛的书写效应。

延安的外来作家很难从既往的那些方言入文的情形及其个人的创作经验中找寻到相仿且匹配的书写经验，以进行有效的"借鉴"或"对接"。因为以往的方言入文情形几乎都是在作家个体或文学社团的不同诉求下的书写选择，与《在延安文艺座谈会上的讲话》（以下简称"《讲话》"）之后文学活动中的方言入文在背景、缘起、目的等方面均存在着根本性的区别。从创作个体的角度来讲，他们各自在方言土语的入文运用上体现出不同的自主性的书写意识；而就文学团体而言，譬如，左翼文学于20世纪30年代初根据社会新时势而拟定的创作纲领中倡议大众语言进入文学书写②，但对于方言入文的有关表述过于笼统；而在创作主体的层面上，所属社团的作家们整体上也缺少农村体验或经验作为其相应主题及语体下的创作活动的有力支撑，故更像是一种带有试验意味的"应景式"表达。若对照上述情形，可以见出延安文学书写层面上的方言入文的不同之处，它是由特定的入文目的、读者群体、意识形态主导下的价值取向等多方面因素综合决定的。尤其是在《讲话》过后③，延安文学后期方言入文的这种集约化的在场态势，显然已拥有了它此前从未抵达的对于自身"主体性"的建构高度，且在延安作家立基于此"高度"的"集体"书写努力下，成了文学语言中内

---

① 周振鹤、游汝杰：《方言与中国文化》，上海人民出版社1986年版，第7页。
② 陈廋竹：《左翼文艺运动史料》，南京大学出版社1980年版，第159–164页。
③ 此处指的是"延安文艺座谈会召开"的这一时间节点，而不是毛泽东《在延安文艺座谈会上的讲话》文件内容正式见刊的发表时间。

蕴的政治意识形态的显性部分。

那么,延安文学中这种方言集约人文的现象,对于方言人文这一文学活动的"主体性"的建构源于何处?或者说,这种方言"主体性"出现的触发点在哪里?我认为,延安文学时期"新方言意识"的生成与在此集约书写意识下的创作实绩是构筑这一内容的核心要素。这里所说的"新方言意识",其对照视域可从两个方面展开:一方面,相对于延安文学前期创作中的方言而言,这是一种自我文学形态下的内部视域对照;另一方面,在更为广延的意涵层面上,这是与新文学发生以来直至《讲话》这一时间段内的方言人文情形的对照,这种广义的视域对照是基于将"延安文学"作为近现代文学中的一个阶段性的文学形态。从上述对照视域可以见出,"新方言意识"的内涵大体上是指在延安文学时期的语言变革过程中生成的,知识分子作家在《讲话》之后所习得的以北方方言、更主要的是陕北方言土语为主体形式的文本语言内容。其面向的是以工农兵为总体的读者群体,可被视作延安知识分子作家文学语言书写意识得以根本转变的核心表征。更进一步地说,它是由《讲话》所引发的延安文艺政策及其内涵精神的透显,意味着对延安作家在这之后的文学创作方向与主题的一种权威性"预设"。在此背景下,必须对此做出回应的延安知识分子作家,急需在文学语言的自我表达层面上找寻到一套新的言说方式及相应的话语呈现形式。"新方言意识"正是于此般氛围与情势下,应时、应运、应需而生。这些方言运用在多文体、多文本中高频次出现,此处试举出几例:

(1)"你的儿子在家吗?""他……他……串门子去了。"①

(2)嘿,烧锅作饭,养儿抱蛋,公事不公事你婆姨家管他做啥②?

(3)啥排场嘛、红火嘛,都没啥。那白洋不要还卖牛干啥哩嘛③?

(4)解下道理就加油干,怎价还要把我劝④。

(5)窗户也呼搭呼搭地响。屋里是纺车嗡嗡和机子挺拍挺拍的合奏,人心里,是共同的幻想⑤。

(6)周大爷走近来,一看都是村上的老实人,他皱紧双眉,爽朗地说:"真

① 韦明:《母与子》,《延安文艺丛书小说卷》(上),湖南人民出版社 1984 年版,第 428 页。

② 袁静:《减租》,《延安文艺丛书秧歌剧卷》,湖南人民出版社 1984 年版,第 222 页。

③ 肖汀、方杰:《回娘家》,《延安文艺丛书秧歌剧卷》,湖南人民出版社 1984 年版,第 416 页。

④ 延安枣园文工团:《动员起来》,《延安文艺丛书秧歌剧卷》,湖南人民出版社 1984 版,第 128 页。

⑤ 孙犁:《芦花荡·碑》,《孙犁全集》(第一卷),人民文学出版社 2004 年版,第 121 页。

是虎狼当道，你们看，凶神们上山了，恶煞又偷出来捣鬼，叫咱好老百姓怎么过活？"①

如上，这些方言土语在文本中运用了涵盖歇后语、语气词、重叠词、特定词等地方语言的多种表现形式。它们在呈现农民生活情态、地方性风貌、社会习性等内容的"点—面"样貌方面，在"用活的语言来描写人民大众的实际生活，他们的苦乐和希望"② 的书写探索方面，可谓价值突显。在某种意义上，这般努力地择用地方语言入文，也为民族语言进入现代文学的书写视野提供了某种范式。除此之外，出现在秧歌剧中的诸如"二杆子"、"尔刻"、"婆姨"、"毛老子"、"碎娃"、"麻达"等方言词汇；小说中的"圪仰圪仰"、"上头"、"数历"、"执把"、"猴说"等词汇；诗歌中的"圪塔"、"咕吐"、"咋价"、"软不塌塌"等陕北地域语言的常用词汇，亦被作家们置入多种文体中。以上示例共同显示出"新方言意识"介入语体及文体的多样性特征。

"新方言意识"的内涵并非作家对自身先前已有的方言语素储备内容的表层化延展或借用，它的生成需要作家摒弃先前已具有的籍贯地的方言语汇积累及表达习惯。还应看到的是，延安文学中的方言集约入文不同于此前现代作家所采用的那种自觉以方言入文来表现不同的地域特征的情形，也不同于 20 世纪 30 年代初左翼文学倡扬大众化文学时对于"底层民众语言"的那种概念化的"书写鼓励"③。不同的原因在于：前者几乎不存在意识形态的引导介入，而主要侧重于作家个体对自我属地地方语言的择用入文；后者虽有一定意识形态的介入，但其预设读者群体事实上并没有那么清晰，而社团内部的创作成员对方言土语的认知、把握在某种程度上并不能很好地将自身创作经验与农村生命经验相对接。可以说，《讲话》后聚合而成的"新方言意识"指引下的延安作家的创作活动，力证了"文学是一个语言组织的独特模式，它通过特定的扰乱'传统'的意指模式，将某些意义生成的模式推到前景，以使我们察觉到存在于其中的意识形态"④ 的特定时代命题。

"从方言立场或地方形式的立场对新文学的历史提出挑战，是和实际的政治形势相关的。"⑤ 总的来说，"新方言意识"是由一种具有统摄性的文艺政策生发出的文学语

①　丁玲：《太阳照在桑干河上》，《丁玲全集》（第二卷），河北人民出版社 2001 年版，第 476 页。

②　沙汀：《民族形式问题》，《文艺战线》第一卷第五号，1939 年 11 月 16 日。

③　陈廋竹：《左翼文艺运动史料》，南京大学出版社 1980 年版，第 159-164 页。

④　[英] 特里·伊格尔顿：《批评与意识形态》，段吉方、穆宝清译，北京出版社 2021 年版，第 296 页。

⑤　汪晖：《汪晖自选集》，广西师范大学出版社 1997 年版，第 366 页。

言层面上的语体书写意识，是知识分子作家转换身份意识的文本形式载体。它不是作家自由、自觉地萌生出的书写意识及多文体实践，更确切地说，这种意识及其实际书写行为的发生是一种受规约的"陈述的集体装置"①。这种集约化的方言入文实绩，旨在建构一种新的文学书写层面上的语言表达范式，并借助这一书写表达的转变推进并最终达成知识分子思维模式的自我改造。这也是延安作家对《讲话》之后所生成的知识分子身份意识的一种认同诉求。此外，"新方言意识"下的整体创作实绩亦突显了方言土语在文学叙述中的价值功能。它的即时性价值诉求的书写功能主要体现在：一方面，用方言书写达成与"新的群众的时代"② 语境下的农民群体的共情；另一方面，显示自身对于延安文艺政策的服膺。这种新方言意识在诸如小说、秧歌剧、诗歌、民歌、地方戏等多文体中频繁出现，形成了一种带有特定时空属性的方言入文书写的"文学语言的农民化"氛围③，也促成了从文学书写到文艺表现的效应延展。

二

"新方言意识"并非延安文艺政策内容的"直接表达"，它的集约生成主要受作家们根据《讲话》的实际内容建构出的一种语体选择意识的影响，其首要目的即是为了符合延安文艺政策的内设要求。从以此方言书写意识为主导的整体创作实绩来看，可确定的是，这一语体书写意识几乎全然脱离了延安外来作家先前具有的"元语言"层面的个体性方言表述经验④——而在基于此的文学创作层面上的经验价值也是极其类似的，即要新习得一种以陕北区域内的方言土语内容为主体的地方语言的表达方式，进而再将新习得的这些地方语言内容置入相应的文学创作活动中。而在当时延安迫切需要建构一种新的文学图景诉求下，作家们在此选择过程中还要结合特定类型下的意识形态来对多重路径下的情感面向做出调试。以此来说，"新方言意识"，势必是一种意识形态与不同路径情感的共同作用下的生成物。

延安文学中的"情感路径"大致可从以下三个方面来理解。一是延安时期党的领导集团层面传递出的情感内容。以毛泽东为代表的党的领导集团在当时不只是文学建设的主导者与文学"应有之道"的绘制者，同时也是以"读者群体"的身份参与文艺

---

① [美] 罗纳德·博格：《德勒兹论文学》，石绘译，南京大学出版社 2022 年版，第 132 页。

② 周扬：《表现新的群众的时代——看了春节秧歌以后》，《解放日报》1944 年 3 月 21 日。

③ 沈文慧：《文学语言的农民化——延安文学语言变革初探》，《文艺理论与批评》2009 年第 5 期。

④ 李荣宝等：《语言经验对方言儿童元语言意识及其语言能力的影响研究》，《语言文字运用》2016 年第 1 期。

生产的组构部分。延安文学的生产机制里存在着一个特殊的场域，即作家（后来称为文艺工作者）、读者和文艺政策的制定者及掌控者，在一个某种程度上能够"直接对话"的文学生产空间里展开活动。在这种"对话"的文学生产空间内，情感总是不可避免地存在着"相互"的一面。由党的领导集团倡议召开的"座谈会"形式的文艺会议，在传输的形式上，不能说没有考虑"情感"与"政治"的平衡。二是作家的个体内在情感。投奔延安的外来作家，很快在"自由自在的天地里"将自己进行了"主人公"式的融入。他们不是"外人"，他们是抱着"文学救国"的知识分子使命感来到延安的。在这些外来的知识分子的心目中，"来到延安"是"流浪的孩子回到了母亲的怀抱"，延安具有了"家"的功能①。这些从全国各地投奔而来的作家对延安的向往，一方面是因为当时中国共产党的领导核心在延安，延安具备成为新的文化权力中心的前提；另一方面，延安对知识分子的积极吸纳，也使他们在情感上对延安有着美好的期待。如若联系知识分子自身的救国诉求，联系当时国统区与沦陷区的诸般情形，便不难想象出此种向往之情的热切程度。三是延安文艺政策的"服务对象"，即工农兵群众的情感。前两种"情感路径"最终的落脚点便在于此。在这一层面上，作家的情感路径是作为党的情感路径的引导对象而存在的。

延安知识分子作家深层次的情感转折是以《讲话》为大致基点，体现为从对"延安"的个体认同情感的自由汇聚到意识形态影响下的规约化情感认同。作为外来者，知识分子作家需要借助各自文学创作显示出的时代主题与思想内容，表达向党的思想靠拢的情感倾向。但是，具体到对延安整体生活的实际文学书写，知识分子对延安的"质疑型情感"得以"聚合"并在一些作家那里有了相应的表达——而将此情感思路称为一种带有知识分子作家使命感的"质疑之爱"，或许更为合适。然而，知识分子作家与政治意识形态之间的这种"情感"存在无疑是一把双刃剑。有利的一面是，作家们能够借助文学创作自由地表达出自身对于延安现实的"复杂"感受；不利的一面是，这种基于情感认同的表达，忽略了作为此时意识形态掌控者的党的领导团体对于文学生产的思路。知识分子的使命感显露在其文学创作实绩中，却与党对延安文学形态的认知出现了较大分歧。经《讲话》的洗礼，作家的创作情感基本失去了延安文学前期的"锐气"，之前作家周身的那种生活情感的亲近感变得不好捉摸起来。延安作家的个体情感，在这样的书写图景下，是被淹没的，或者说是一个被自动遮蔽起来的情感世界。

"新方言意识"的生成、应用与继而出现的创作实绩背后，突显的是延安文学深

---

① 钱理群：《世纪新路——现代作家篇》，生活·读书·新知三联书店 2014 年版，第 205 页。

层次的意识形态在文学形式层面上的一种表现，其实质上是对"党的文学"① 观念于现实文本形式层面上的适配，是对延安已然具有的"文艺权威话语的权化功能"② 的文本语体呈现。无产阶级意识在延安文学时期占据着主要地位，并在战时延安这块土壤上富有旺盛的生命力，借助"同一性"指向的方言入文书写的构建活动，可将上述"意识"进一步地渗透到延安社会的整个生活经验之中，并借此营建出延安所需的知识分子作家与工农兵紧密团结的情感氛围。但是，还应看到的是，当文学语言选择完全让步于某一政治意识形态时，只要能做到保证其对政治意识形态的"认同性"，则文学层面上的方言入文或许仅剩下实际的运用技巧了。基于此，可以得出这样的结论，《讲话》中对多方"情感"的介入与"阻隔"形成了新型意识形态下对作家书写方向的指定。同时，这也显示出，《讲话》之前，不是没有文学生产所应匹配的特定意识形态内容的存在，只是在 1941 年之前那种"中共与知识分子的甜蜜岁月"③ 的氛围下，知识分子作家们的文学创作还未触及、抵牾这一潜隐的意识形态。

方言土语作为文学语言构型与书写的一种语体样式，在"情感—政治"之间起到了链接及调和作用。从实质上来讲，它是以摒弃作家感受的个体性为最初切入口的，并以突显意识形态下文学建设的价值指向为表征，即"新方言意识"是对延安政治意识形态及多重情感面向的回应，"并不能直接成为延安文学意义构成的主导性语言"④。在延安文学语言变革的整个过程中，经过延安作家们的书写调试，情感、意识形态与方言语体之间最终显现出的是一种"三位一体"的文本效应。在更为深广的文学语言的建构设想层面上足可见出，方言集约入文的背后存在着一个构建"语言共同体"的总体化设想，方言在延安文学中发挥着打造尽可能同一的集体情感的时代价值。这一设想在文艺思想中的对照点便是"工农兵的语言"，也在众多延安作家的创作中得到了呼应。虽然在不同作家那里，方言入文的表现态势会有一定的相异之处，但个人的书写雄心在集体情感的营造面前不断碰壁，最终还是要让步于那些已经存在但还未显现出来的同一的集体情感的需求。若以历史为证，这种集体情感的营造正是《讲话》所显露的、延安后期文学所一直致力于创造的思想内核。

---

① 袁盛勇：《党的文学：后期延安文学观念的核心》，《中国现代文学研究丛刊》2005 年第 3 期。

② 文贵良：《功能与实践：20 世纪战争年代（1937—1948）文艺权威话语的一种描述》，《文艺理论研究》2007 年第 3 期。

③ 李书磊：《1942：走向民间》，山东教育出版社 1998 年版，第 174 页。

④ 袁盛勇：《论后期延安文学中的"语言"》，《学术月刊》2007 年第 5 期。

三

"真正的文学革命，都会在语言上反映出来，并归结于语言。"① 和近现代文学自发生期以来呈现出的多样化语貌、多地域文化特征及作为一种带有民族性的语体进而参与现代白话文建设、承载一定的启蒙民智设想的方言土语入文情状不同，延安文学后期的方言书写与集约入文情形，从某种意义上可视作对新文学以来已然逐渐成型的现代白话书写模式的一次"语言重组"，也可以说是外来延安作家在文学语言书写层面上的"降维"表达，即从以知识分子话语为主导的文学语言到以农民话语为主导的农民语言的转变。不过，这里需要注意的是，"降维"表达并非就定然意味着书写难度的下降。从作家群体对"新方言意识"下的书写转变的接受过程及不同的精神历程来看，其中的难度虽因人而异，但整体上作家们均经历了由语体转变带来的种种焦虑。在集约化方言入文的转变表征之下，这些作家在对创作语言的选择运用中有坎坷，甚或很艰难，更甚者则暂时告别了文学创作。《讲话》之后，延安文学中的这一语体形式入文运用，出现了一个"方言共同体"的建构时期，代表了延安文学时期"艺术群众化"② 追求的收获。而就方言土语近代以来的入文谱系视之，这是近现代文学史上不曾有过的现象，或许在之后的中国文学进程中也将不会再出现。

此处的"方言共同体"在内涵上包括以下几个方面：其一，"新方言意识"主导下形成的文学书写层面上的"方言共同体"，在陈述的集体装置上表现为"开口方言"，即典型的方言大多是通过人物"说话"来展现，而故事情节的展开仍是普通的白话文形式，形成了书写形式上"方言＋白话文"的显在共性；其二，"新方言意识"建立在特定地域民众的需求基础上，即以陕北农民所熟悉的方言内容作为择选对象，呈现了文学语言的地方"同一性"；其三，这其中存在着对农民话语的一种想象，体现为用方言来突显文学作品中的农民形象及其性格，其目的是为了使乡村社会里的文学受众能够对这些作品达成一种心理接受层面上的"言说共享"，从而达到文艺政策所要求的营建共情氛围的创作宣播。"方言共同体"更偏重于书写形式上的文本嵌入的"合理性"，在文本意蕴方面有着特殊的读者专指性。虽然其作为一种书写样式被广泛认同，但也应看到延安知识分子作家在"新方言意识"的书写现实层面上，普遍存在着不易调和的矛盾与窘境。这不只存在于作为创作者的作家身上，在延安民众对"新方言意识"下的创作实绩的阅读接受层面及中华人民共和国成立后其在当代文学

---

① 李洁非、杨劼：《形式实验场（下）》，《小说评论》2009 年第 2 期。
② 何其芳：《关于艺术群众化问题》，《群众》第九卷第十八期，1944 年 9 月 30 日。

进程中的处境等方面，同样有着相应的不同面向的显现。

对知识分子而言，换作是在别一时期，作家们或许可以选择以另辟蹊径的方式来处理这种矛盾与窘境，但此时的创作主体只能从自身去找一种匹配方式，而匹配只能借助于地方性经验的积累并将其放到创作中去。地方性经验不是一朝一夕就能想象出来的，也不是经过简单的认知就能获得的，需要一定时段内的系统化的浸入式体验才有可能生成。这些地方性经验所包含的内容，从微观上看，它是语言表达经验的学习和模仿，以及对语言背后的情感的揣摩及共情；从宏观上看，则是基于语言运用的农民世界的书写表达，包括习俗、心理、身份等构筑起乡村文化生态的诸多因素的呈现。作家们对地方性经验的认知及情感，无疑是复杂的，既需要去接近、呈现它，又没有办法进行完全匹配。延安作家在"新方言意识"指引下的方言土语的入文书写中，虽经他们的努力，在不同程度上克服了上述言及的"地方性经验"所涉及的诸多书写困难及由此引发的创作焦虑，亦构建了"有经有权"辩证视域下①的"方言共同体"在延安后期文学的存在样貌，然而，在从语言意识到文学意识的演进过程中，创作主体的心理机制的运转及建构需要经历的是一种多面且复杂的过程。这种"对标"意识形态及作为情感调试的方言入文书写，事实上对言语主体自身基于创作内容所生成的内在情感的系统化呈现是大为不利的。要想尽量向工农兵生活情状的书写靠拢，就很难避免对知识分子作家的个体情感的牺牲，也即要求知识分子的"自我"自此为"非在场"的。如作家丁玲并未因《太阳照在桑干河上》荣获了斯大林文艺奖金等诸般赞誉，而忽视初版本中方言土语书写的不足之处。后来，丁玲对小说中的方言一再修改②，正反映出她对自己当时用习得的方言所进行的书写颇有"不满"。丁玲对方言内容的反复整改，实质上是对"方言土语"在文本中所生发的"情感"面向的恰切表述的追求，也借此希望语体设置与思想情感在文本的整体层面上能够达到一种更为契合的效果③。

从读者接受的层面上来说，即使知识分子作家"尽量想法接近群众"④，再通过直接摄入，或经过一定的加工之后入文等方式，在文本中加进陕北方言土语，农民且其中绝大部分不具备任何文化知识的读者就能读得通、看得懂吗？事实上未必见得。这其中的原因在于，知识分子作家在"新方言意识"主导的书写实绩中所置入的传播意

① 李杨：《"赵树理方向"与〈讲话〉的历史辩证法》，《文学评论》2015 年第 4 期。
② 从初版本到校订本的修改与人文初印本到人文修改本的修改，是其中两次较为重要的修改。详见金宏宇：《中国现代长篇小说名著版本校评》，人民文学出版社 2001 年版，第 200-201 页。
③ 参见尹威：《外规与内转：丁玲延安时期的文学语言》，《现代中国文化与文学》2020 年第 2 期。
④ 刘锦满、王琳编：《柯仲平研究资料》，陕西人民出版社 1988 年版，第 34 页。

识、主体意识与对话意识，并不能在上述背景下得到工农群众的恰切对接。但至少可以肯定的是，这种方言人文的视觉显在性与文学主题的工农兵化一道，使农民群体认识到，知识分子作家在关注他们，知识分子作家的文学创作在反映他们的日常生活和精神世界，方言的表征意义在某种程度上大于文学实际上所应彰显出的以方言为书写语言的整体性的本体意义。这也说明了当时为何以"声音"为传播方式的文艺形式更有受众群体，尤其是作为"声音媒介"的方言土语在可以"读唱出来"的文学作品中的价值就更显著。

再者，"新方言意识"下出现的方言土语人文的诸多"经验"，既有源于延安文艺政策指引下的对于文学新图景建构的书写想象，也有作家自身在"新方言意识"生成、形成及确立等各个不同进程中所体验到的个体经验。诚然，这些书写经验的取得，不能完全剔除掉战时语境下延安那种特有的"政治—情感"内容对其产生的复杂与深刻影响。但是，一种新的文学语言现象的出现及由此引发的新的文本语体形态的流变，从根本上来讲，无法脱离文学创作对于语言设置的总体要求，亦无法脱离创作者在参与实际的文学活动过程中所显示出的主体意识。那就是，文学语体的择用需要符合相应主题及其创作主体对于文本语言的自我感知力，这其中基于文学创作活动的自身综合规律而生成的方言人文的书写经验内容同样是存在的。然而，这种双重经验在中华人民共和国成立后的当代文学的进程中，并未在文学创作活动中得到相应的实质性延续。虽然此后也出现了诸如"华南方言运动"这样的地域语言的讨论与实践活动，但从参与的作家们所倡导的创作理论内容来说，几乎又全都回到了对圈定区域内的地方语言样貌的呈现①。这与延安文学时期基于"意识形态—情感面向"的"互动共通"所创构出的"新方言意识"下的书写情形，存在着根本的不同。

这里有必要在"新方言意识"及由其构建的"方言共同体"的双重视域下，对赵树理文学语言的书写价值进行一番考察。从广义上来讲，"自成一体"的"赵树理式"的文学语言理应是延安文学所构建出的"方言共同体"的重要组构部分，尤其是在对文学语言书写"在地性"的呈现方面，更显现出赵树理的独特之处。以赵树理的文学语言为"方向"，也确可映射出延安外来作家在"新方言意识"下进行创作时的潜在焦虑心理的合理之处。在"方向"面前，作家们即使有"焦虑"，在当时的情势下可"对话"的渠道也是极少的，原因是只能"遵守"，而非"怀疑"。作为与赵树理相近时代的作家，玛拉沁夫谈及"赵树理方向"时的所言，或许更能说明问题——"我开始写作时，文学界都在学习赵树理，'赵树理方向'的口号提得正响亮，有谁不读赵

---

① 中华全国文艺协会香港分会方言文学研究所编：《方言文学》（第一辑），香港新民主出版社 1949 年版。

树理的作品呢？但是老赵笔下的那股纯正的山峁情味，跟我笔下的塞外旷野的韵调，很难糅合到一起"①。若回观延安外来作家对赵树理风格的"学习"情况，大概也会有这种窘况吧。简言之，即外来作家对农民世界书写"韵调"的处理很难跟赵树理的"山峁情味"相"糅合"。另外，赵树理的书写还存在语言蕴藉不足、语言构建的乡土世界缺少一些东西以及拟想读者与真实读者不一致等诸多问题②。这些虽说只是个体性的书写特征，但在文学传播过程中，或许会对"赵树理方向"设定下的"鉴读"及"模写"形成某些不利影响。

据实观之，"赵树理方向"所提供的更多是一种符合后期延安文学"通行"要求的文本"模板"，是作家创作思想应当呈现出的、基本的应有路向，而非一种能够达到蕴涵时代理想于文学创作内里的思想高度的言说设定。面对选择丁玲还是赵树理的作品参与苏联文艺奖金评选，最终还是在方言土语层面上作为习得派的丁玲的小说被送评，其主要的落脚点无疑是在"文学"上。这说明了在主题基本"类质"的情形下，目标文本的选择倾向于"文学气象"的大小，即能否呈现出"中国气派"③。而所谓的语言意识、情感向度及创作主体的价值诉求等与文学活动相关的诸多内容，在此等情形下，均归位于主流意识形态的实际需求。而这或许也能为我们思考"新方言意识"的功能"边界"问题提供一定的思路。

余 论

"新方言意识"的确立以及由其生成的延安文学后期的"方言共同体"的书写景观，是延安文学时期"建立整齐划一的具有高度纪律性的言说和写作秩序的运动"的直观体现④。这里面既包含着延安作家对于新文艺图景的"集体"想象，也是对延安文学时期中国共产党推动的文化领导权建构的一种强有力的呼应与支撑⑤。"新方言意识"的出现，同时也昭示了现代知识分子对于文学的"民间立场"的靠拢及认同，而以往所秉承的文学理想主义则在此时代背景下渐次走向了没落。作为其核心表达对象的延安新文学的想象图景，虽在当下也常被研究者作为中华人民共和国成立以后当代文学发展的"前史"来看待，但它的阶段性特征在某些方面确实也是显在的，尤其是

---

① 玛拉沁夫：《想念青春》，作家出版社 2003 年版，第 156 页。
② 王彬彬：《赵树理语言追求之得失》，《文学评论》2011 年第 4 期。
③ 柯仲平：《谈"中国气派"》，《新中华报》1939 年 2 月 7 日。
④ 李陀：《汪曾祺与现代汉语写作——兼谈毛文体》，《花城》1998 年第 5 期。
⑤ 参见尹威：《从文学图景的作家想象到话语空间的国家建构——多维视域下的延安文学方言人文现象探究》，《延安大学学报》（社会科学版）2018 年第 3 期。

从文学语言转变的实际情形视之。作为《讲话》之后迅速确立起来的、方言集约入文所力撑的文学主题对象的农民化书写，在中华人民共和国成立之后文学空间整体转向的新的时代课题面前，并未得以再延续或进一步深入，其"定格"于历史舞台的力度一如其速登历史前台的力度。

在延安文学的建构中，文学语言的时代功利性对于政治意识形态、个体/集体/政党等多重情感面向、文本主题内涵等诸种彼时影响到文学生产的关键要素的构联，为以"语言"的形式参与政治理念的推行，提供了一份现代文学前行脉络上的较为独特的书写"经验"。毋庸置疑的是，它对延安文学生产的深层多维影响，远超常规意义上的"语言"作为一种书写形式之于"文学"的基本面向的影响。故在这一层面上，"新方言意识"下的方言土语的集约入文书写实绩及在此过程中生成的独特的心理体验，对延安作家在当代文学视域中的创作的延宕性影响，也应当予以持续关注。

（作者单位：信阳师范学院文学院）

"三重接合"框架下新媒介文学的
技术载体、阅读场景与内容文本

张 杰

一、研究缘起与理论基础

随着移动通信、人工智能、大数据等互联网技术的普及，以平等开放、即时互动、融合共享为特征的"新媒介"推动中国文学转型升级，重新构建了中国当代文学的生态体系和审美格局，形成了以文字、影像和网络语言为载体，将图文、音视频、动漫等元素等关联在一起的新媒介文学。经过 20 多年的发展，中国的新媒介文学正凭借其全网生产、全时传播、全民阅读之势，逐渐从边缘迈向当代文学场的中心，成为中国现当代文学研究重要的领域和对象。

现有关于新媒介文学研究的成果，多聚焦于技术作用下的文学表现形式和样态，从主题类型、内容结构、文本形态、审美经验等方面围绕作品展开分析阐释，而对于作者/读者身份二合一的"用户"则观照不多，也缺少对文学阅读/消费的场景与环境的探讨。事实上，文学的"新"媒介化呈现，既是一种新的文学景观，更是一种新的媒介景观。本文拟引入媒介技术的"三重接合"（Triple Articulation）理论，将人们基于信息传播技术的文学实践放置在日常生活的社会语境之下，以便更好地考察深度媒介化的互联网时代新媒介文学的发展现状。

英语中的"articulation"主要是指说话、吐词、发音以及（思想感情的）表达等意思①，在汉语中有接合、联结、连结、勾连、耦合等多种含义。文学与文化研究领

① ［英］霍恩比：《牛津高阶英汉双解词典》（第 8 版），赵翠莲等译，商务印书馆 2015 年版，第 96 页。

域一般将其翻译为"接合"。学界普遍认为这一概念由后马克思主义的代表人物埃内斯托·拉克劳（Ernesto Laclau）明确提出，他注意到了语言与社会生活的"接合"，并在此基础上对社会生活内部的"接合"作出了解释①。英国当代文化研究中心（CCCS）主任斯图亚特·霍尔（Stuart Hall）的详细阐释使这一概念广泛流传。

法国语言学家安德列·马丁内（Andre Martinet）率先提出了"双重接合"（doublearticulation）理论，他认为自然语言的表意潜力来自音素（phonemic）与形态（morphological）这两个维度以及两者相互建构的意义之间的双重接合②。到了 20 世纪 90 年代，英国学者罗格·西尔弗斯通（Roger Silverstone）将其引入媒介研究领域，对当时信息传播技术的代表性媒介——电视（后来也包括电话、收音机、计算机等）与日常生活的关系进行考察。他认为，作为一个物品，电视接合了传播工具和家庭生活；作为一种媒介，电视通过节目的内容、结构等将家庭成员的私人空间和公共领域接合起来③。前者体现的是其物质含义，后者传达了文化的意义。此后，作为对这一概念的继承和发展，西尔弗斯通和哈登（Leslie Haddon）提出了"三重接合"，将技术物质、象征环境和个别的节目信息等囊括在内④。但同时，他们认为个别的文本/信息虽然存在，却"依附于象征层面的技术环境"，媒介内容本身不会对受众的理解产生太大的影响，因此并不是研究的重点。

而英国学者马伦·哈特曼（Maren Hartmann）在理论推进中将受众与文本的接合从"双重接合"中独立出来，肯定了媒介作为文本的价值，并呼吁将研究扩展到三重接合。在哈特曼 2006 年发表的《信息传播技术的三重接合：作为技术物体、象征环境和个别文本的媒介》⑤一文中，从标题即可看出，哈特曼把媒介分为物品、环境和文本，这是其"三重接合"的主要构想和立场。此后，科特伊斯（Cédric Courtois）等学者将这一理论运用于对青少年媒介消费情况的研究⑥，探讨了作为物品的媒介（电脑、

① 杨东篱：《接合理论与文化研究的演进》，《文艺理论研究》2021 年第 3 期。

② ［法］安德列·马丁内：《普通语言学纲要》，罗慎仪等译，国际文化出版社 1988 年版，第 7 页。

③ Silverstone, R. Television and Everyday Life, Routledge, 1994, pp. 83.

④ Silverstone, R. & Haddon, L. Design and the Domestication of Information and Communication Technologies：Technical Change and Everyday Life. In R. Silverstone, R & Mansell, R. (Eds.). Communication by Design：The Politics of Information and Communication Technologies. Oxford University Press. 1996, pp. 44-74.

⑤ Hartmann, M. The Triple Articulation of ICTs：Media as Technological Objects, Symbolic Environment and Individual Texts, Thomas Berker et al., The Domestication of Media and Technology, Open University Press, 2006, pp. 96-97.

⑥ Courtois, C., Mechant, P., Paulussen, S. & De Marez, L. The Triple Articulation of Media Technologies in Teenage Media Consumption. New Media & Society, 2012, 14（3），401-420.

电视等)、作为场景的媒介(卧室、客厅等)和作为文本的媒介(歌词、游戏等),分析其具体的接合情况。这弥补了过往的研究重视媒介文本和技术,而相对忽视媒介消费的社会和空间场景的不足,克服了把媒介技术与使用场景不加区分地杂糅在一起讨论的缺陷①。

近年来,随着大数据、云计算、物联网等技术的飞速发展,基于数字技术的新媒介创造了人与物、人与环境以及人与人之间的新关联,丰富和发展了"三重接合"的理论内涵,也为我们从媒介化视角观照新媒介文学提供了有效的理论支撑。

二、技术载体接合文学表现形式与设备装置

一般而言,文学研究的进路主要是沿着艾布拉姆斯(M. H. Abrams)所说的文学活动四要素——世界、作家、作品和读者——展开,研究分析各自的特点及相互之间的关系。单小曦在此基础上加入了"媒介"向度,提出了文学的"五要素"说。他认为媒介是文学活动得以现实发生的"关节点"。由于文学充分发挥其媒介性功能,联通了世界、作者、读者和文本,才使它们"成为活生生的文学要素",使其"成了文学活动"②。这就充分肯定了媒介对文学所产生的重要影响和作用。

新媒介文学的逻辑起点是媒介,即以媒介为基点来认识文学作品的物质基础和表意符号,这并不同于长期以来基于语言文字去认识文学的思维范式③。以媒介为研究起点,纵观文学发展史可以发现,承载文学作品的终端和技术——无论是语言还是文字及其承载物(莎草纸、布帛、纸张等),无论是雕版印刷还是活字印刷抑或其他——作为"物"的存在,它不但在文学的生成与传播过程中扮演了不可替代的角色,而且塑造了人们阅读的习惯,并在不同程度上推动着社会前进的脚步。数字技术和各种通信设备终端"强强联合"产生的新媒介,更以一种"本体性存在"影响着文学样态的变革,也颠覆了传统的文学价值。因此,将媒介视为新媒介文学研究的逻辑起点,自有其独特的价值和意义。

立足"媒介"探讨新媒介文学,首先是接合了文学作品与设备装置。前者涵盖了技术的多媒介性与文学表意策略之间的相互作用,体现在文本的生成与表现方面;后者侧重于文学作品传播与阅读必须依托的终端设备和装置,强调媒介的物质性和物理

---

① 冯强、马志浩:《科技物品、符号文本与空间场景的三重勾连:对一个鲁中村庄移动网络实践的民族志研究》,《国际新闻界》2019 年第 11 期。
② 单小曦:《媒介与文学——媒介文艺学引论》,商务印书馆 2015 年版,第 62 页。
③ 周才庶:《新媒介文学景观与文学的物质性》,《文艺理论研究》2022 年第 1 期。

属性。

一方面，新媒介文学将语言、文字、声音、图像、动画等不同的媒介表达元素整合在一起，实现了文学形态意义上的多媒介化（multi-media）。新媒介文学的文本以电子文学文本和网络文学文本为代表，同时也涵盖了影视文学、游戏文学、动漫文学等影像类文学的文本，后者的出现无疑极大地拓宽了文学的范畴。事实上，这并不是文学的疆界第一次被侵袭。早在19世纪末至20世纪初期，随着电影、电视、摄影等当时"新"媒介的流行，影像文本就已经打破了小说、散文、诗歌、戏剧等经典文学文本划定的范围。文字一度是评判文学基本类型的重要尺度，但以视听结合为主的影像文本强势介入后，文学早已变得不那么"纯粹"。此次数字新媒介文学携游戏文学、动漫文学、交互戏剧文学等更多文学种类而来，客观上是对"文学"概念的又一次拓展。

新媒介文学的文本特征首先体现为书写表达的口语化与生活化。与传统文学偏精英化的表达相比，新媒介文学的书写更接地气，它既不追求华丽的辞藻，也没有复杂的句式，更不会苛求格律、用典等。多数新媒介文学的作品可能缺乏隽永的风格与深邃的意蕴，却适应了普罗大众浅阅读的心理需求。快节奏的生活让他们很少有时间和精力去"咀嚼"优美的文字，"品尝"作者的巧思，而连续的"爆点"和瞬时的"爽感"才是判断作品是否值得阅读的标准。其次，文本写作主题与风格的类型化、大众化。以网络文学这种最具代表性的新媒介文学来说，当下最受欢迎的类型集中在奇幻、玄幻、武侠、仙侠、言情等方面，这虽然可能导致作品一定程度上的同质化，但这些类型化作品的畅销恰恰也反映出网民阅读的内容偏好——在阳春白雪和下里巴人之外，虚构时空的"异世界"文学也是大众喜好的作品类型。第三，文本呈现的多媒介与融合性。新媒介文学最突出的特点就是将文字、图像、音视频、动画甚至气味等元素有效整合在一起，打破抽象的文字符号造成的阅读和审美障碍，丰富的表现手段为文本的创意呈现提供了无限可能。以国内第一部多媒体小说《晃动的生活》为例。在这部被称为"网上的电影式的文学"作品中，作者根据情节和情感表达的需要，在文本的开头、结尾以及情节关节点叙述中，常常配以 flash 流动画面、主观色彩、歌声、箫声、音乐等，由此营造了一种"拟真"的情境①。这种方式后来也为越来越多的新媒介文学作品所采用。

另一方面，新媒介文学具有更适应人体功能需求的阅读终端。根据历次全国国民阅读调查的结果统计，网络在线阅读（以 PC 机/笔记本电脑/平板电脑等为主）、手机

---

① 冯勤：《从媒介交互性看当代小说叙事的"影像化"热潮》，《现代中国文化与文学》2017年第2期。

阅读、电子阅读器阅读等已经成为人们进行日常数字阅读的主要终端。2021 年，我国成年国民数字化阅读方式的接触率为 79.6%，其中 77.4% 的人进行过手机阅读，人均每天接触手机时长为 101.12 分钟①。虽然统计报告中的数字阅读不能等同于新媒介文学的阅读，但泛文学作品一定是用户阅读的主要内容之一。手机等设备的普及为新媒介文学的推广提供了必备的物质条件。同时，琳琅满目的阅读类应用（掌阅、豆瓣、得到等）和社会化媒体（social media）也是新媒介文学的重要创作和传播平台。这一点从博客文学、微博文学和微信文学的繁荣即可见一斑。事实上，新媒介文学作为一款"产品"，体现出"物质性和社会性共同孕育着人类的精神，物质材料唤醒精神活动并赋予其活性"②。而功能单一、联动率低的技术装置由于无法承载新媒介文学丰富的表现手法，因而不能有效地全面"唤醒"人类的精神活动。

作为国内成立最早、最具品牌力的文学类网站之一，"榕树下"拥有数量庞大的原创文学作品，不但推出了《成都今夜请将我遗忘》、《告别薇安》等享誉全网的原创文学作品，而且聚集了慕容雪村、宁财神、李寻欢等一批在华语文学界极具影响力的作家，曾一度是 70 后、80 后、90 后青年最喜欢的文学网站之一。"榕树下"致力于为读者带来高质量的原创作品，并一直为此而努力，但由于其阅读方式单一（以网页为主），无法满足用户移动化、社交化的阅读需求，因此近年来出现了用户大量流失的情况。相比之下，微信读书、喜马拉雅、京东读书等将阅读与社交、声音乃至购物等相结合的应用软件，由于更符合人们的多功能阅读需求，因而受到用户的普遍欢迎。值得注意的是，媒介技术的变迁是一个升级迭代的过程，随着 AR、VR 和元宇宙技术的发展，新媒介文学的样态将更为丰富多元，也必然促使装置设备不断更新换代，二者的相互促进正是与技术媒介接合的结果。

三、阅读场景接合移动化环境和沉浸式体验

广西师范大学出版社曾在几年前做过一个"死活读不下去书的排行榜"的问卷调查，结果显示国内古典文学"四大名著"和国外的《百年孤独》、《追忆似水年华》、《不能承受的生命之轻》等作品纷纷"榜上有名"。为什么这些经典的中外文学作品会成为现代社会人们"死活读不下去的书"？其中的原因当然是多方面的，但阅读场景

---

① 《第十九次全国国民阅读调查成果发布》，澎湃新闻，2022 年 4 月 23 日，https：//www.thepaper. cn/newsDetail_ forward_ 17765207，访问时间：2022 年 7 月 2 日。
② ［法］雷吉斯·德布雷：《媒介学引论》，刘文玲译，中国传媒大学出版社 2014 年版，第 159 页。

的变化也是一个不可忽视的重要因素。传统印刷的时代，人们多是在书房、教室、图书馆等地方阅读。相对固定的区域为人们辟出一片安静的时空环境，人们可以全神贯注地长时间读书、思考，形成自己的思想。而在深度媒介化（deep mediatization）的现代社会，人们阅读的场景与媒介被重度接合在一起，必然影响对文学作品的阅读与消费。

基特勒（Friedrich Kittler）认为"媒介决定了我们的境况"。作为当下最新媒介的互联网，在塑造环境的基本能力上，在某些方面已经类似于水、空气、土地等，它是人类的最新境况，开辟了信息交流的新场景。"交流"并非局限于人类之间的信息传递与消费，更意味着某个生命群体与其所处的环境之间的智力互动与思想共享；"场景"也不再局限于通常意义上的时空环境，而是"同时涵盖基于空间和基于行为与心理的环境氛围"。正如彭兰所指出的，"构成场景的基本要素包括空间与环境、用户实时状态、用户生活惯性、社交氛围等"①。其实，早在 2014 年，美国学者斯考伯（Robert Scoble）和伊斯雷尔（Shel Israel）就在《即将到来的场景时代》（*Age of Context: Mobile, Sensors, Data and the Future of Privacy*）一书中预言，互联网在未来的 25 年将进入一个崭新的时代——场景时代。他们将移动设备、传感器、定位系统、大数据和社交媒体等确定为场景的五种原力②。"场景五力"显示出技术已经激活了用户的场景需求，新媒介文学的生产（创作）、消费（阅读）和传播等必须将场景因素纳入其中。

一方面，移动设备的普及开辟了新媒介文学阅读的"移动化"新场景，培养了用户阅读的新习惯。信息技术的发展，特别是新冠肺炎疫情的持续蔓延使智能手机逐渐成为人们必备的"生活物品"。智能手机不但具有通讯联络、电子支付等功能，而且搭载的各种应用软件为人们随时随地进行阅读构建了全新的"技术场景"。移动阅读意味着阅读过程中的媒介、空间和用户的身体都处在一种相对动态的流动中，这完全不同于口传和印刷时代的阅读。据调查，通勤途中、马桶上和临睡前三大场景正在成为数字阅读用户的"第二书房"，这样的时空环境决定了人们很难进行长时间、聚精会神的阅读，一种以碎片化、快餐式为特点的"浅阅读"逐渐成为更多用户的阅读选择，由此而产生的是一种被称为"超级注意力"的阅读模式。"超级注意力擅长于应对迅速变化的环境和相互竞争的多焦点。"③ 移动阅读作为一种典型的多焦点阅读，用

---

① 彭兰：《场景：移动时代媒体的新要素》，《新闻记者》2015 年第 3 期。

② ［美］斯考伯、［美］伊斯雷尔：《即将到来的场景时代》，赵乾坤、周宝曜译，北京联合出版公司 2014 年版，第 3 页。

③ ［美］兰登·温纳：《自主性技术：作为政治思想主题的失控技术》，杨海燕译，北京大学出版社 2014 年版，第 86 页。

户需要随时根据场景的变化转换自己的注意力。如此一来，图文并茂、视听结合的新媒介文学形态就更符合人们移动阅读的需求。这也是诸如"懒人听书"、"起点读书"、"快看"等文学类 App 受到用户欢迎的原因之一。

与此同时，移动阅读除了调动用户的视觉、听觉外，还将其触觉、身体所处的位置、姿态等变化都纳入阅读过程中。这是对人的多重感官的整合协调。手机、电子阅读器等数字产品的尺寸、亮度、信号强弱等物质属性以及移动阅读的周边环境共同演化，最终构筑了移动阅读的后现代景观，从而创造了数字时代特有的、显在的"项目化"阅读实践和身体经验①。这种"实践和经验"所追求的未必是文本内容的终极意义，可能只是阅读的一种"后现代体验"：通勤途中避免和陌生人接触的尴尬，打发马桶上的无聊时光，抑或纯粹是临睡前享受身体和精神的放松。所以，与其说这是一种对知识的渴求，不如说它让人们获得了一种更好的生命体验。

另一方面，传感器、定位系统等技术和设备创设了新媒介文学阅读的沉浸式场景，提升了用户的阅读体验。传感器是一种检测装置系统，它被用于探测和收集环境中的变化，并将感受到的信息转化成电信号或其他相应的形式，这是实现阅读与万物互联的重要介质。智能手表、手环等就是一种基于传感器装置的设备，可以用于检测人们在阅读文学作品时的心跳、血压等身体状况。定位系统与场景的时空要素紧密相关，它以高精度、高效率、全天候、低成本而闻名，可以精准识别阅读用户所处的空间位置，将其行为、偏好与地理信息相关联。而大数据则可以做到对用户阅读的实时状态进行统计分析。这些新技术的使用影响了新媒介文学作品的创作，使其致力于为用户提供沉浸式体验的场景。

以苏绍连创作的数字动态诗《时代》为例。作品中的"时代广场"是由一个方格图案构成的，广场中间则是一个拖着影子行走的人。当读者点击鼠标时，随着影子的跳动，身后出现不同的文字，表达了对当下时代的复杂感受。该诗文字符号与图像符号相互激荡，文字中蕴含的间接形象与图像提供的直接影像相互补充，以丰富的数字化文本呈现着信息时代的文化主题：垃圾信息不断增值和物欲不断膨胀的时代驱赶了人的现实丰富性，使其仅剩下扁平的影子；只有被挤压成为了影子，人才觉察和醒悟，也才获得了诉说和表达感慨的身份②。这首诗运用了数字化的文本形式，设置了一个全新的阅读场景，让读者沉浸式地置"身"其中去阅读，从而获得更加丰富的体验。

---

① 曹国东、刘越飞：《能动的身体感：移动阅读中的感官书写与身体经验》，《出版发行研究》2022 年第 3 期。

② 单小曦：《从后现代主义到"数字现代主义"》，《浙江社会科学》2016 年第 6 期。

四、内容文本接合交互式创作与社交化传播

"文本"是哈特曼在推进"三重接合"理论时特别关注的一个因素。这里的文本强调的并非其多媒介的形式，而是如哈特曼所认为的，（这种接合）"不止是一种仪式，一种大体上的参与的感觉"，还包括读者个体对文本内容的再创造，"是一种个别传播的例子，个别节目，个别网站，文本信息等等"①。新媒介不但让文学领域的"读者"和传播学意义上的"受众"与作者/传者有了更便捷的交流平台、更强的参与感，而且赋予其文本创作的权力，成为积极的同人作者，生成了全新创作机制；同时，被赋权的用户还可以主动利用社会化媒体等软件分享文本，维系社交关系，聚合并深化虚拟空间的文学社群。

"接合"强调的就是一个创造关联的过程。新媒介文学文本的接合首先表现为让多用户集体参与的"交互式"创作成为可能。这一点在网络文学的"接龙小说"和"跑团小说"中体现得尤为明显。二者都是由多人参与持续性创作的一种新媒介文学文本，区别在于前者是作者和角色之间没有固定对应关系，不同的人都可以围绕角色进行创作，只需要保持情节连贯即可；后者的角色有专人"认领"，在写作过程中强调角色的延续，需要前后呼应，因此人物的风格和个性更为突出。

例如，作为"一部脱胎于网络论坛'跑团'活动，后来在商业文学网站连载的'群体穿越小说'"②，《临高启明》以其丰富的史料、严谨的考据、卓越的架构和优美的文笔被网友戏称为"工业文明简史"、"各行业百科全书"等。这部小说最先发布在 BBS 论坛上，后来随着关注度的持续提升和网友的热烈讨论，才出现了"众筹"的创作场面——用户以角色扮演的形式参与其中，最终有超过 500 个角色被认领。由于很多网友本身就在某一行业和领域具有专业的知识积累，客观上保证了"认领"后的角色创作具有较高的连续性和可信度。同时，用户们还经常以发"论坛互动帖"的方式，针对小说的设定、情节、人物和技术细节等方面的问题，进行深入探讨。这些帖子可长可短，经过筛选整理，就可以以人物对话的形式进入小说之中，成为小说塑造人物的重要方法③。后来，还有一些用户跳出小说的框架之外，围绕角色在其他的文

---

① 周潞鹭：《"接合"、"双重接合"与"三重接合"：文化研究关键概念的演进与辨析》，《人文杂志》2014 年第 4 期。

② 李强：《"集体智慧"的多重变奏——由〈临高启明〉看网文生产机制与意识形态之关系》，《文艺理论与批评》2018 年第 3 期。

③ 孙凯亮、李强：《集体如何智慧——〈临高启明〉的论坛文化与"同人转正"机制》，《中国文学批评》2018 年第 1 期。

学网站上发表衍生类作品，其中不少高质量的内容被重新"引入"小说；或者由牵头人"吹牛者"直接向相关的同人作者提出需求，由后者负责撰写相应的情节和故事。这种"同人转正"、"下订单"式的创作机制，既保证了角色和作品的连续性，也使小说的内容更为专业、细致。可以说，作为"集体智慧"的结晶，这是一部依靠网络文学的众多用户群策群力、通力合作才完成的"史诗"作品，其创作经历充分体现出新媒介文学作品的交互式创作特征。

如果说"交互"作为一种手段和模式，是新媒介文学的创作特征，那么"连接"则作为一种实践行为和效果，是其重要的功能特征。这里的连接，不仅关乎人（用户）与物（作品），而且关乎人与人（用户之间）、个体与集体（用户与社群）；其中不仅涉及文本的分享、传播与交流，而且打破了传统社会结构中人际传播、组织传播和大众传播的界限，重构了组织结构与权力关系，体现了新媒介文学的"媒介化"逻辑。它让文学与我们的日常生活交织在一起，成为一种具备形塑功能的结构性力量。

作为欧洲"媒介化学派"的基本主张，"媒介逻辑"蕴含于媒介化之中，即指社会各领域和人们生活的各方面自然而然地依据媒介逻辑进行呈现、互动与运行①。该理论的主要奠基者施蒂格·夏瓦（Stig Hjarvard）提出，存在"直接媒介化"和"间接媒介化"两种形式和类型②。根据这一划分，新媒介文学的直接媒介化就是作品在网络中生产、传播等。比如围绕"起点中文网"、"晋江文学城"等网络平台，不但汇集了大量的原创作品，而且聚集了众多的文学爱好者，他们或围绕作品发表看法、交换意见，或探讨新媒介文学的创作表达、未来发展等问题。间接媒介化是指用户在新媒介文学的消费、使用等方面受到媒介机制或逻辑的一种潜移默化的影响：一方面，数字技术的"一键分享"功能让文学文本得以便捷、快速地在不同个体和群体之间传播，这是一种知识的分享，也是一种情感的认同，通过优秀的作品引发个体的情感共鸣，关涉人与人之间行为的联系和情感的联结；另一方面，新媒介文学深化了社群的聚合，延伸了"媒介"的功能。传统印刷时代当然也有围绕作家、作品而成立的读书会、粉丝群等，但网络社会的社群维系与运营无疑更具广泛的参与性和更强大的号召力。前者体现为社群主体的全球性（世界各地的文学爱好者可以实现网上同步交流）和主题的多元性（网络中存在大量亚文化/另类文化的文学社群），后者则体现在用户对社会政治、经济等干预行为（各种"帝吧出征"事件即是明证）。可见，基于媒介

---

① 周翔、李镓：《网络社会中的"媒介化"问题：理论、实践与展望》，《国际新闻界》2017年第 4 期。

② ［丹麦］施蒂格·夏瓦：《文化与社会的媒介化》，刘君等译，复旦大学出版社 2018 年版，第 23 页。

逻辑的新媒介文学俨然已经成为融合社交关系、增强粉丝黏性、提高社群活性的重要介质。

结　语

数字时代以互联网为代表的媒介并非只是一种新的技术和工具，而是成了一种生态，一种新的"存在"，媒介化则成为我们观察、透视和解析文化与生活景观的新视角。因此，对新媒介文学的考察不应局限于技术背景下文学的形态样态、形式手法等，更需要从媒介化的视角进行整体观照。基于"三重接合"理论分析可以看到，新媒介文学涵盖了技术载体、阅读场景和内容文本等，进而将文学的表现形式与设备装置、阅读的移动化环境和沉浸式体验、文本的交互式创作和社交化传播等接合在一起。不管未来技术如何发展，文学形态如何变化，新媒介文学归根结底是为了更好地接合文学、文化与人学，为了持续改善"人的境况"而努力。

（作者单位：四川大学海外教育学院）

迟滞的现代性：抗战时期康定文艺社成立始末考述①

李国太

引　言

长期以来，中国文学的现代性都是一个热门话题，相关著述颇多，讨论逐渐深入。现代性之起点也从"五四"上溯到"晚清"，以王德威为代表的学者甚至提出"没有晚清，何来五四"的经典论题。王氏还曾著文指出，回答"中国文学现代性在哪里"的问题时，要跳出"五四"知识分子所设立的限制，重新思考以下问题：

> 有哪些现代文类、风格、主题以及人物是被我们认定为"现代"的中国文学论述所压抑、压制的？为什么这些革新仍然不被视为"现代"？"现代性"是在哪一个历史点上，摆脱了时间观念的枷锁，成为存有的批判精神；由一个瞬息即逝的时刻转化而成神秘性的存在；由一个不断出现的情境，以完成"历史"而抹杀了历史的变异？难道真的只能有一种现代性的模式，每一个国家都必须采用，才能堂而皇之地自称为"现代"②？

王德威的讨论无疑深化了中国现代文学之现代性的研究，他在检讨文学"现代

---

①　本文系四川师范大学中华文化与西南区域文明互动研究中心 2022 年年度项目"1950–1970 年代康藏文学表述中的中华民族共同体意识研究"（HDZX202205）、四川省社会科学研究"十三五"规划基地重大项目"晚清民国时期康藏文学表述与多民族国家形象塑造"（SC19EZD053–04）、四川省社会科学高水平研究团队项目"四川濒危活态文献保护研究"的研究成果。

②　王德威：《被压抑的现代性——晚清小说的重新评价》，《批评空间的开创：二十世纪中国文学研究》，东方出版中心 1998 年版，第 121 页。

性"概念和内涵的基础上，重新评估了晚清小说的文学史意义。不过，笔者以为，对中国文学之现代性起点和类型的探讨固然重要，但由于中国的地域和文化本身存在复杂性与多元性特征，文学同样存在"中心"与"边缘"的区分，因此，中国文学现代性的多点发生与渐次推进也同样值得关注。中国现代文学萌生在北京、上海等作为全国经济、文化中心的大城市，"萌生"后的发展却存在地域差异，从"边缘"思考中国文学"现代性"的铺展和延伸，自然是一个不应被忽略的话题。正是基于此，本文勾陈史料，梳理了康藏地区第一个文学社团——康定文艺社成立的背景、始末，并阐释其文学史意义，以回应中国文学现代性的多元发生。

一、康藏文学传统与抗战时期的文化环境

作为中国三大传统藏区之一，康藏地区就整体的文化形态而言，自吐蕃时代开始便已经接受汉、藏等多元文化的浸润，藏传佛教的影响尤为深远。但在 20 世纪之前，未亲历康藏者多将此地想象为"绝域边荒"，认为康藏乃无文化之蛮荒边地，但实际情况却并非如此。民国时期出生在西藏的刘曼卿就曾表示：

> 普通康人视知识为不甚需要，而亦不能谓为无文化，盖民间有极美妙之歌曲，喇嘛有极深玄之佛理，至于绘画塑像均精妙无伦，野蛮人不足以跻此也①。

康藏地区的传统文学形式，以经籍文学为主，但此种文学只能被有学识的喇嘛和统治群体习得。对于广大底层藏民而言，最熟悉的文学形式则是浸润在日常生活中的口头传统。藏民不仅在日常劳作中要唱歌，在"耍坝子"时要唱歌，在恋爱婚姻中要唱歌，而且在其他各种集体活动中也少不了歌谣。总之，虽然康藏地区有发达的宗教文化，且文字书写的历史也十分悠久，但对广大的普通民众而言，他们的文学生活与歌舞紧密相关。在日常生活中，在仪式行为中，多以歌舞传情，以歌舞表意。发达的歌舞文化，也成为晚清民国时期诸多外来者在表述康藏时必然留意的元素。正因为此，康藏被塑造为一个"歌舞的海洋"，康巴人也获得了"会说话就会唱歌，会走路就会跳舞"的赞誉②。

与之同时，康藏地区由于地处入藏要道，清代伊始的官吏、文人留下了为数不少的涉藏诗文，但他们多站在中原中心和儒家文化中心的立场记录和评价康藏的地理、

---

① 刘曼卿：《国民政府女密使赴藏纪实》，民族出版社 1998 年版，第 19 页。
② 甘孜州文化局编：《康巴风情》，1999 年，第 261 页。

族群与文化。后虽经清末赵尔丰川边改流，延续了数百年的土司制度寿终正寝，但由于随后川藏纠纷的发生和川边地区的军阀混战，康藏地区在政治上虽被各方关注，其经济和文化的发展依然滞后。当北京、上海等城市的知识分子大力提倡新文化、新文学之时，康藏地区依然"沉睡"在其传统的积习中，第一批本土的现代知识分子还不曾诞生。直到 20 世纪 20 年代末，以格桑泽仁、刘家驹为代表的康藏本土知识分子才在南京、北平等文化发达之区主办刊物、发表文章，将康藏之今貌介绍给国人，并成立"西康青年励志社"，致力于培养本土知识分子。这些来自康藏的知识分子在首善之区南京用白话文写下了一批表述康藏的诗文①，可谓康藏新文学的第一声春雷。随后，一批与康藏有关的刊物创刊，不仅发表了数量众多的实证性调查报告，而且还有各种题材的文学作品面世。

1937 年"七七事变"爆发，上海和南京相继陷落，国民政府首都西迁重庆。随着东部地区大量领土的沦陷，西南成为抗战大后方，肩负着赓续中华民族之命运的使命，西南边地的疆域、民族、文化引起了前所未有的关注。作为大后方之组成部分的康藏，在边疆开发和建设的浪潮中，也被置于聚光灯下。1939 年 1 月 1 日，筹备多年的西康省正式成立，康藏作为西康省雅属、康属、宁属三大构成部分之一，面积最为辽阔。康定作为西康之首府，其重要性也不言而喻。当时，由学者组成的各种考察团、旅行团深入康区考察，新闻记者和旅行者也履足康藏各地，进入康藏的"下江人"为数众多。以康定为例。1941 年，著名记者段公爽从重庆前往西康接手《西康国民日报》，在初到康定时，对康定人口有如下一段记载：

> 康定是一个小小的民族博览会。除了我们自家兄弟——汉人、康人、藏人、回人、俪人、蒙古人等人外，还有比国和法国的神甫及英国和美国的医生。全市人口的总数是一万零八百二十人。计汉人占百分之八十五，康藏人占百分之十一，这是去年十月的调查。其实我很怀疑这个调查的真确性，从市面上的态势看来，以常识推断，至少当有两万人②。

由于人口流动较大，因此虽然户籍统计仅 10820 人，但可能还有大量人口未在统计之列。因此，段公爽的观察和推断应该具有一定的可信度。1947 年抗战胜利后，南

---

① 1933 年 9 月在南京创刊的《康藏前锋》，虽旨在研究和介绍藏区的社会现实、历史沿革、宗教文化、风俗习惯等，但也辟有文艺栏目，刊发诗歌、散文、小说、戏剧等文学作品。这可以说是康藏历史上第一个刊发现代文艺作品的阵地。

② 段公爽：《入康记》，《滇康道上：滇康旅行记》，辽宁教育出版社 2013 年版，第 211 页。

京《社会日报》刊登了一则有关康定人口的消息，从侧面证实了此推测：

> 抗战方酣的时候，康定由于"下江人"的大量西来，市内人口由六千多增到七万以上，虽然扩充了新市区，但仍不免有房荒。胜利后，"下江人"陆续返回故乡，康定市人口又大量减少了，据最近警局方面的调查，居留康定的汉藏人口，总计不足一万二千，其中有公务员、学生、军警五千人，若再除去暂时居留康定的由各地来藏的商旅，康定市面的世居人民，人口数之少，自不难想见了！而且世居人民中很多是民国以来才落籍的①。

由此可见，抗战时期康定的外来人口大增。从 1942 年到 1946 年期间，康定人口由 2 万左右增长到 7 万左右。而据以上报道得知，康定原有人口仅 6 千余人。在这大量的外来人口中，也有部分文艺爱好者。与之同时，西康建省后也开始创办西康本土的报刊，其中影响较大的是《西康国民日报》。在此背景下，以康定为中心的康藏，开始有人呼吁"新文学"、"抗战文学"，关注康定文坛现状，于是，以《西康国民日报》副刊"拓声"为阵地，以一批康定青年为核心，成立了康藏地区的第一个现代文学社团"康定文艺社"。这些作家虽创作实绩有限，但毕竟开启了康藏新文学的一个新的篇章。其实早在 1935 年，《康藏前锋》第三卷第一期上便刊登了一则由张鸿逵拟定的《西康日报募捐启》：

> 同人等为输入边陲同胞新思想，新智识，以阐明于国内现状，世界大势，适应于二十世纪计；为披露康藏实况，唤醒全国人士，注意国防计，爰创办西康日报社一所。冀以新闻事业，做国防前锋。一方搜集康藏各种事实，最近情形贡献于国内当局，以作实施国防计划之参考；一方罗致外界各项消息，最新设施介绍于康藏民众，以为研究时势潮流之资料。内地与西徼声气既通，汉人与康藏之情感自洽。岂特同人之幸，抑亦国家之福②。

该公告对创办西康本土报刊之旨趣交代得较为清楚，即"冀以新闻事业，做国防前锋"。但遗憾的是，此设想在当时并不能马上实行，直到 1939 年 7 月 28 日，香港《大公报》才刊登了一引述自成都"中央社"同月 26 日的短讯，透露筹备多时的《西康国民日报》在国民党中宣部的领导下将于 9 月发行。该报作为西康省国民党省党部

---

① 佚名：《"下江人"归去来兮，康定市上人口稀》，《社会日报》1947 年 11 月 28 日。
② 张鸿逵：《西康日报募捐启》，《康藏前锋》1935 年第 1 期。

机关报，"主要内容是国内外要闻和地方新闻；1942 年春增出藏文报……1944 年该报同时出版汉藏同体报，前三版为汉文，第四版为藏文版"①。该报成为 20 世纪 40 年代康藏地区最重要的文艺阵地，抗战时期曾先后开设了"塞光"、"拓声"等文艺副刊，抗战胜利后又开设有"毛牛"、"百灵鸟"、"金川"等文艺副刊。人员和阵地都具备了，康藏新文学的启航即将开始。

二、艰难的起步：康定文艺社筹备始末

1940 年初，康藏地区发起了一场康定文坛的讨论。该讨论由阳俊明的《康定文坛的贫血病及诗歌的内容与形式》② 一文引起。该文"指出了文艺的本质以及现阶段抗战文艺应有的趋向，及康定文坛诗歌的内容形式的丑陋，并提示了一个基本的创作方法，这在荒芜的康定文坛上，算是个新的开始"③。阳文对康定文坛的批评十分尖刻，认为有人发表文义不通的作品，是试图将文艺作为"登龙"的工具，与当前的形势格格不入。因此，他提倡民族革命战争的大众文学与国防文学的原则，将文学写作与抗战建国大业联系起来。

随后的 1940 年 2 月 11 日，《西康国民日报》组织了一组文章，专门就康定文坛的发展、现状及存在的问题展开讨论，刊登了刘登云的《怎样治疗康定文坛的贫血症及诗歌形式》以及署名"解农"的《寂寞的空虚：康定文坛的贫血及诗歌的内容与形式读后感》两篇文章，拉开了有关康定文坛讨论的序幕。9 天后，阳俊明以"阳光"之名在《西康国民日报》上发表《再谈康定文坛（续）》，继续深化其讨论。这番讨论成为康定文艺社成立的先声。在讨论中，参与者们直抒胸臆，纷纷对当时康定文坛的现状发表了看法。刘登云在文章的开篇便说：

> 翻开国民日报底十五期文艺栏内，载着了杨俊明先生的一篇论作，整个的内容与暗示是表明他对康城文艺界人士及文艺作风的真诚供（贡）献，只可惜杨先生不能很显著的说明那（哪）些是贫血病原？与今后怎样改革办法的设施方针：没有依序的提及出来，只能引起人来探讨这个问题的开端罢了④。

① 李谢莉：《四川省少数民族文字报纸的历史与现状》，《西南民族大学学报》（人文社会科学版）2011 年第 3 期。
② 阳俊明：《康定文坛的贫血病及诗歌的内容与形式》，《西康国民日报》1940 年 1 月 18 日。
③ 解农：《寂寞的空虚：〈康定文坛的贫血及诗歌的内容与形式〉读后感》，《西康国民日报》1940 年 2 月 11 日。
④ 刘登云：《怎样治疗康定文坛的贫血症及诗歌形式》，《西康国民日报》1940 年 2 月 11 日。

很明显，他们对当时康定文坛的现状是不满的，认为存在贫血症的问题。刘登云还以诗歌为对象，讨论了诗歌贫血症的具体表现，除第一条是泛泛而论外，随后三条分别指出了当时康定地区的诗歌创作存在的问题：

> 投稿人的不加深虑，只为情感的一时流露，并且所写的稿件大部分都是（照别人底抄）……引用很古旧的字义来点缀所作的诗歌，多数都以文言……今后希望诸位，多写作些关于抗、建作品与国民生计问题来深印民间①。

第五条与第三条内容相似，呼吁诗歌创作要用白话文而少用文言文。从他稍显凌乱的表述中，大概可以推测主要问题是文言文的语言和贫乏的内容。

解农部分肯定了阳俊明关于康定文坛的观点，也认为"这个新生的婴儿，长的实在有些不大像话，尤其是新诗内容的空虚与形式的丑陋，有的简直好像是对新诗本身的一种讽刺"②。但他不认为造成如此局面的原因是创作者们态度不端，也不主张对作者横加指责，而提出应该对创作者给以鼓励，这才有益于康定文坛。同时，他明确表示，"文艺工作者如果只抱定一个争取民族独立自由解放的这一愿望来创作的话，无论他是之乎者也，鸳鸯蝴蝶，哥哥妹妹，的地了呢，都有他存在的价值的！"③ 可见，他是以内容和主题来评判作品好坏的，形式次之。

针对这些批评，阳俊明迅速作出了回应。1940 年 2 月 20 日，他以"阳光"之名刊发《再谈康定文坛》，主要探讨两个问题：病因何在；怎么治疗。全文层次清晰，逻辑严谨。在对康定文坛"病因"的诊断中，他列出了六点，分别是文学缺乏国家观念和抗敌情绪、作家生活不安定、写作者疏忽了目前的任务和写作的目的、作家缺乏现实生活的体验、文艺工作者缺乏健全的组织、文学创作没有稿费。每一点后面都有相应的说明，可谓十分具体。而对于"怎么治疗"，他给出了"编者要苦干、实干、硬干"、"成立文艺团体"、"注重指导工作"、"准备一点稿费"四条建议。他还提到成立文艺组织和团体的问题④。

这几篇文章发表后，讨论没有继续下去，因此，只能说是找出了病根，却没有引

---

① 刘登云：《怎样治疗康定文坛的贫血症及诗歌形式》，《西康国民日报》1940 年 2 月 11 日。

② 解农：《寂寞的空虚：〈康定文坛的贫血及诗歌的内容与形式〉读后感》，《西康国民日报》1940 年 2 月 11 日。

③ 解农：《寂寞的空虚：〈康定文坛的贫血及诗歌的内容与形式〉读后感》，《西康国民日报》1940 年 2 月 11 日。

④ 阳光：《再谈康定文坛》，《西康国民日报》1940 年 2 月 20 日。

起疗救的效果。其中，成立文艺组织和团体的建议，由于缺乏资料，虽难以复原其全过程，但相关筹备应该一直在进行中。1940 年 10 月 28 日，《西康国民日报》刊登了一篇署名为"近视"的短文《妄谈——祝康定文艺社》。全文如下：

> 西康需要一种文艺团体的组织，老早就有人在那里渴望着，今天总算如意以偿了——康定文艺社成立。
>
> 构成这个团体的基本份（分）子，有公务员、记者、教师、学生……这一批青年，我们敢相信，是建设西康文艺的生力军，因为他们是青年，有高热的情感、创造的努力、克服困难的气魄……
>
> 他们能够在集团中不断的学习，不断的改正，他们的进步，定可预卜的。
>
> 为了新西康文艺的建设，我们预祝他们前途光明①！

其实，这篇文章说康定文艺社已经成立了并不准确，因为这次会议仅仅是一次筹备会议。但从这篇文章中也可见出当时的参与者多是兼职从事文艺创作的青年们，人员构成十分复杂。由此可以推见，这样的一支文学创作队伍水平参差不齐，并且大部分人仅仅是从"爱好"文艺的角度出发，并未抱有"为人生的艺术"、"为艺术的艺术"的理想。虽然康定是当时西康省府所在地，但就其文化发展程度而言，还十分落后。因此，这些青年可能空有创作热情，却不具备相关的知识素养。加之作为一个松散的社会团体，并没有强有力的组织，也便注定其成效甚微。

在同一天的《西康国民日报》上还刊登了柱贤和巴人的文章，对康定文艺社筹备会现场作了报道，具有珍贵的史料价值。柱贤之文名曰《康定作者群中的一声炮：塞光作者座谈会速摄》。全文如下：

> 轻松、愉快、暖和……的空气，充满了国民日报编辑部那间狭小的办公室。
>
> ……
>
> 经过塞光副刊编辑阳堤君逐一的介绍后，这一群从不相识的青年，便热烈的攀谈起来。
>
> ……
>
> 几条凳子围住了一张长方形的办公桌，他们就在这样简单和不拘形式中，开始了他们热烈的谈论。
>
> "诸位同志：我们为了促进各位作者间相互的友情，为了使每一个作者都能在

---

① 近视：《妄谈——祝康定文艺社》，《西康国民日报》1940 年 10 月 28 日。

团体中去学习，求进步，和练习集体写作，所以才由本刊召集了一个作者座谈会，以期在这次座谈会中，征求各位的意见，组织一个合法的集团，实现我们的希望……"召集人阳堤君简略地作了如上的报告。

"好的！我们需要一个团体……"魏××君接着抢了过去。

"在西康——且就康定来说：各种职业都已经有了他们自身的团体，只有关于文化方面的现在却还没有人提及，姑无论我们本身力量是如何的不够，但为了环境和自身的需要，我们必马上成立一个文化团体！"××君怪有劲儿的说完这些话。

……

"现在，我们再进一步讨论这团体，要打个什么徽号？"作为主席阳堤君，提出了第二步应该讨论的主题。

……

经过了大家的决议，结果是采取了最后提出的"康定文艺社"这个名目。

之后，他们又推举了五位作者，负责筹备，更在这五位作者中，推举两位草拟简章，并决定在下周通过简章后便正式成立，正式征求社员①。

巴人的《垦荒开始了：康定作者，座谈会素描》也对会议现场作了详细描述②。两篇文章大致复原了筹备会现场，并且透露出了一些关键的信息，如康定文艺社的组织者实际上是《西康国民日报》文艺副刊"塞光"编辑部，由"塞光"的负责人阳堤召集，于国民日报编辑部举行了"康定文艺社"筹备大会。该文艺社是为了"促进各位作者间相互的友情，为了使每一个作者都能在团体中去学习，求进步，和练习集体写作，所以才由本刊召集了一个作者座谈会，以期在这次座谈会中，征求各位的意见，组织一个合法的集团，实现我们的希望"。其成员有公务员、记者、教师、学生等康定文化界的诸多人士。负责起草章程的是魏光大和董柱贤二人。这些人多已成为"无名者"，至于"阳堤"是否就是阳俊明，虽没有找到直接的材料，但同为一人的可能性很大。

1940年11月3日，参加筹备会的主要人员举行了第二次座谈会，"讨论康定文艺社组织章程草案，结果修正通过"，并决定由阳堤、周世明向政府申请许可证③。四天后的11月8日，柱贤在报刊上发表了他前一天写的一首热情洋溢的诗作——《献给康

---

① 柱贤：《康定作者群中的一声炮：塞光作者座谈会速摄》，《西康国民日报》1940年10月28日。

② 巴人：《垦荒开始了：康定作者座谈会素描》，《西康国民日报》1940年10月28日。

③ 佚名：《康定文艺社开第二次座谈会通过组织草案》，《西康国民日报》1940年11月4日。

定文艺工作者》：

> 你们——/①执着文化的利剑，/站在郭达山的，/最高峰/砍吧！/——肃清/周围的毒蛇/和猛兽！
>
> 拿出——/敢笑/敢骂/敢打/的精神/学习——/前线将士们/冲锋陷阵时的英勇/不畏缩/不顾盼/面对着/活生生的现实
>
> 用你们/锋利的笔尖/刺破/社会的黑暗面：/贪婪/欺诈/争夺/……/还有——/无耻汉奸的鬼脸！
>
> 向世界——/道出中华民族的伟大/残暴敌人的兽行/在前方——/转告后方的安定/在后方——/描绘前方的英勇/总之/望你们记取/为什么执着/这支秃笔②！

这首诗歌道出了他对康定文坛的期许，对文学应该表达什么也有了明确的态度。这或许正是对此前康定文坛诗歌创作存在问题的一种反拨。从落款"干特党部"可知，柱贤的身份乃国民党之公职人员。至此，万事俱备，只欠东风。

三、昙花一现：康定文艺社的成立及其解散

经过前后 50 天的筹备，康定文艺社终于在 1940 年 12 月 17 日成立。当日的《西康国民日报》刊登了《康定文艺社今日成立　假省党部礼堂》，次日又刊登了《康定文艺社成立大会速写》一文。至此，康定文艺社最终宣告成立。从 1940 年初发起有关康定文坛的现状讨论并提出成立文学组织和社团，到 1940 年 10 月 27 日在《西康国民日报》编辑部召开筹备会，再到 12 月 17 日康定文艺社正式成立，前后耗时近一年。整个活动都由该日报文艺副刊"塞光"编辑部主持，他们明确表示成立组织是为了康定文艺的健康发展。虽然从后续活动来看，其最终成就和影响并不理想，但都无法否认康定文艺社的成立是对全国性抗战文艺呼声的回应，它也是康藏地区的第一个现代文学社团。

在成立后的第三天，康定文艺社便刊登了《康定文艺社征求社友》的简讯。从"愿应征者请于每日午后四时至本报编辑部向阳堤君或李涛君接洽"可知，在阳堤之外，李涛也是文艺社的负责人之一。同时，简讯还表明，康定文艺社的成员并不限于

---

①　诗作原文分行排列，为了节省篇幅，引用时对其排版形式稍作调整。原文分行处，引文中用"/"标示。

②　柱贤：《献给康定文艺工作者》，《西康国民日报》1940 年 11 月 8 日。

康定，外县应征者也欢迎加入，但"外县"应该主要指西康省各县，尤其是康属的各县。基于当时各县文化、教育发展之实际情况，估计应征者寥寥。

不过，在成立初期，主持者和参与者们还是怀有较大热情的。12月20日，《西康国民日报》除刊登征求社友简讯外，还刊载了闻光写于12月17日康定文艺社成立当日的一首诗歌《提起你们的笔——献给康定文艺工作者》：

> 你们要写——在边民的前面，
> 你们再不能前瞻也不要后顾，
> 不要畏缩更不要犹豫，
> 热情是前进的车轮，
> 雄心是冲锋的锐器；
> 我们急需的是你们——作者，
> 急要唤醒的是他们——边民，
> 我们是含着微笑的捧读作品，
> 我们是正在惊心的力求解放！
> 幼稚算什么！何况是开拓工作！
> 摆动笔锋是你们，
> 虔诚的希冀是我们，
> 被唤醒的是他们①！

诗中出现了"我们"、"你们"、"他们"三个对象主体。其中的"我们"应该是站在西康省政府或国民党的立场而言，"你们"则是从事文学创作的青年，"他们"很明显指代"边民"，西康的"边民"主要是汉、藏、彝、回民族。所以，在闻光的观念里，康藏文学创作最重要的目标在于唤起边疆民族的"国民意识"。基于当时边民的文化程度，这无疑是一种理想，不太可能实现。而康定文艺社的作家们，在战时的边地面临各种生存的压力，也难以用心从事文艺创作。文艺社成立不到两个月，当初那些积极参与的青年便已经状态不佳。1941年1月23日，《西康国民日报》刊登了《康定青年作者近况》，颇能说明问题。

> 李涛：正加紧推行"康定文艺社"社务。
> 陈础：近来很消极，竟至消极到"不想吃饭"。

---

① 闻光：《提起你们的笔——献给康定文艺工作者》，《西康国民日报》1940年12月20日。

王梦天：回故乡（天全）后，被病魔纠缠着，但仍带病写作。

伶仃：已回汉源结婚，云不久将有一长篇小说投《塞光》。

寒星：已悄悄离康赴蓉。

柳星：近与"音乐"结了不解缘。

张象韦：生活甚苦，身体也很瘦弱，然仍努力写作。

柱贤：接西□动员□刊后，整理稿件甚忙。

璐影：近来愁眉不展，像有难言之恫，云最近将写一长篇小说。

闻尧：现正埋头自修。

洞庭：工作甚忙，大喊"吃不消"。

喻俊纶：只见稿，不见稿不见人。

白虹：在医函（寒）病，说话不很方便。

□英：不久将偕白虹离康返川，结婚①。

这些青年们病的病，走的走，留下的为生活所迫也无暇文学创作，只有少数人还在坚持文艺梦。虽预告伶仃、璐影都将有长篇作品问世，但后来均未面世。

这条消息刊发后，关于康定文艺社的活动便长期不曾在报刊上露面。直到 1941 年 9 月 19 日，《西康国民日报》才又出现了一则康定文艺社要开座谈会的消息：

> 此间康定文艺社成立迄今，已届年余，中因人事流动关系，致工作陷于停顿状态，现为加紧推动抗战文艺工作，并发扬边疆文艺起见，拟于周内召开座谈会，并欢迎文化界人士参加，通知于日内即可发出，届时当有一番盛况云。

"工作陷于停顿状态"一语或许是对康定文艺社成立一年以来之状况最真实的描述。从简讯中可知，组织者们欲再次推动康定文艺社的工作。但该消息发出后再无下文，这次座谈会是否如期召开，不得而知。康定文艺社也再未在刊物上出现。从此以后，作为康藏地区第一个现代文学社团的"康定文艺社"湮没于历史中。

纵观康定文艺社成立的始末及昙花一现的结局，有以下几点值得注意：

第一，康定文艺社的成立，与抗战时期大力提倡发展边疆文艺有关。随着边疆地区成为全国大后方基地，边疆的文化和文学也开始引起社会的广泛关注。当时除诞生了数量众多的边地游记外，也有人致力于边疆文学的创作，并且提出了"边疆文学"概念，出现了一批以边疆地区为题材而创作的诗歌、小说和散文。康藏作为西南边陲

---

① 佚名：《康定青年作者近况》，《西康国民日报》1941 年 1 月 23 日。

之组成部分，也先后迎来了多支考察队，有关游记在《旅行杂志》、《良友》等刊物上相继发表，为国人建构起一个逐渐清晰的康藏形象。康藏部分人士也意识到发展文艺事业的重要性，即外对国人了解康藏、内对边民启蒙教育都能发挥一定作用。在此背景下，康定文艺社在成立之初便有多方人士参与。

第二，《西康国民日报》是当时康定文艺工作者刊发作品的唯一的本地刊物，康定文艺社便由《西康国民日报》编辑部成员主持，以文艺副刊的作者们为主体。因此，康定文坛的创作情况及康定文艺社的命运都与该报紧密关联，但该报由国民党中宣部领导，是作为西康省国民党省党部机关报而存在的。这使该报具有浓厚的官方色彩，"文艺副刊"只是作为可有可无的佐料。在当时的条件下，该报本身也举步维艰。如1939年发表在《旅行杂志》9月号的一篇文章便提到，在《西康国民日报》成立前的1939年5月，康定"只西康新闻一家，每日出版的一张，只有常报四分之一大。用的是土纸，色黑，最大的毛病是印刷不良，全份难认一半，其余当可知了"①。而笔者寓目的《西康国民日报》同样存在纸张黄中泛黑，印刷质量极差，编校水平很低，文字脱漏、串行严重，甚至出现大量错别字等问题。1941年，该报还曾因为经费问题而短暂停刊，到当年"八·一三"四周年纪念日才又复刊②。作为康定文艺社依靠的平台，《西康国民日报》举步维艰，自然也为康定文艺社的解散埋下了伏笔。

第三，康定文艺社的成员构成十分驳杂，包括在康的公务员、记者、教师、学生等各色人等，而且均是在本职工作之余出于爱好而从事文学创作。当时康定文化发展的水平不高，文化教育机构很少，成员水平良莠不齐，这便决定了其文学作品不但数量有限，而且质量堪忧。加之，组织者也并非文坛名家，号召力有限。这一切致使康定文艺社成立后，其成员并未创作出好的作品，康定文坛的情况也没有什么改变，组织该团体的初衷也并未实现。

但无论其成绩如何，康定文艺社作为康藏地区第一个现代文学社团的地位是毋庸置疑的。我们今日来梳理康藏现代文学发展的历程时，不应该忽视它。

余　论

1949年，抗战的硝烟早已云散，康定的街头也恢复了其原有的面貌，变得冷清起来，但国内政治形势的风云突变又使"边城"阴云密布，冷清的背后或许即将迎来一场重大的变革。国民党在西康的统治岌岌可危，曾作为国民党在西康省的喉舌的《西

---

① 王清泉：《蓉康旅程——自成都赴康定》，《旅行杂志》1939年9月号。
② 段公爽：《入康记》，《滇康道上：滇康旅行记》，辽宁教育出版社2013年版，第150页。

康国民日报》也即将退出历史舞台。即便如此，其"文艺副刊"《金川》在一帮康藏青年的热情浇灌下，还艰难地维持着。时年24岁的康定籍作家张央，从重庆到无锡，再回到康藏高原的巴塘，一路坚持着自己的文学梦。此时，他又从巴塘回到生养他的康定，接手了《金川》，并"不断以诗和文揭露夜黑，迎接新中国的黎明"①。就是这位青年，当时提笔写下了对康藏文学的期盼：

> 边疆的文化是荒芜的，而我们西中国这一角落的文化更是贫弱得可怜，它是一株长在乱石堆中的小草，生存不易，成长更难！欲使这一角落的人不全是瞎子和聋子，欲使这儿文化开出美的花朵，希望大家共同来爱护它，使之成为打开人民智慧的窗口，成为人民唱出心声的歌喉。……因此希望社会人士不要忌病讳医，对文艺吹毛求疵。应协助拓荒者，使文化艺术的声音散播开去，让文艺种子遍地开花。拓荒乃艰辛之事，尤是在这贫瘠的土地上，荆棘丛丛，乱石累累，开拓者应先踩出路来，别怕脚被刺得血流，一直朝着理想的方向走去，路就会走出来的②。

康定文坛最重要的见证者张央先生业已作古，但作为开拓者的他，在中华人民共和国成立以后依然耕耘在康巴大地上，当年那朵柔弱的康藏高原文艺之花已茁壮成长为中国文学百花园中的一朵奇葩。21世纪以来，以四川甘孜藏族自治州的汉、藏、回、彝等各族作家为主体的"康巴作家群"异军突起，小说、诗歌、散文创作成果丰硕，且连获知名文学奖项。2012年，四川省作协和甘孜州委宣传部联合在成都举行"康巴作家群"作品研讨会和新作发布会，正式推出"康巴作家群"这一群体。2013年，"康巴作家群"作品研讨会在北京举行。作家出版社等中国数家大型出版社接连推出康巴作家新作。目前，"康巴作家群书系"已经先后推出5辑，"康巴作家群"也成为继20世纪一批西藏作家受拉美魔幻现实主义影响崛起于中国文坛之后，最引人关注的藏族聚居区的文学群落。70余年后的今天，当我们瞩目于"康巴作家群"时，是否还记得那群在抗战烽火中做着文学梦的青年们，以及早已隐没在历史深处的康藏地区的第一个现代文学社团——康定文艺社呢？

（作者单位：四川师范大学巴蜀文化研究中心、文学院）

---

① 张央：《康巴星云》，中国三峡出版社1997年版，第160页。
② 戴廷耀：《〈毛牛〉与〈百灵鸟〉——〈西康日报〉的两个副刊》，《新闻与传播研究》1986年第2期。

以笔为镜：天津南开学生演剧剧评考论(1915-1935)[①]

车晓宇　陈　军

在中国现代文学史与话剧史中，天津南开学校的学生演剧实践有着独特地位。南开新剧团不仅是较早意识到"戏剧育人"重要性的学校演剧团体之一，开拓了以京津为主要地域区块的北方话剧启蒙思潮；更拥有长达数十年的演出生命力，留下了相当体量的戏剧成果与理论资料。南开学生演剧的戏剧评论，以1915年南开新剧团正式演出为依托而萌芽，并以1935年西方改译剧成功演出为一完整段落。民初早期话剧演出常因缺乏影像资料的记录，导致演出研究滞后与演剧发展流变考察的缺失。而南开学生演剧时期报刊、校刊中的剧评剧论可以在一定程度上补足南开学生演剧研究在理论与实践上的空缺，并提供话剧剧场"接受端"的观众视角以供参考。

民国初年，话剧作为科普力度大、覆盖面积广的传播载体，裹挟着启蒙民众的社会重任，开启了话剧艺术形式的前期探索。剧评剧论亦成为具有相对话语权的演出反馈资料，在近现代话剧发展中尤为重要。早期剧人许啸天强调剧评之于戏剧的价值，认为"世界各国咸重剧学，而评剧尤与演剧、编剧并重"[②]。冯叔鸾提出"多所评论，拟述所得……用作提倡戏剧之先导，或亦研究艺术之方家所乐闻乎"[③] 的观点，肯定评论之于艺术实践的良性促进因素。亦有文人指出"评剧之为物，曰：评论戏剧也。然其趋向应若何，斯评剧者所当研究者也"[④]，再次侧重了剧评人对作品完成度的影响。对于南开学生演剧来说，其剧评跟随不同时段的演剧风格，经历了怎样的曲折嬗变？评论所映射出的演剧实践与实际问题，能否体现出中国话剧在现代性探索中的剧

---

① 本文系国家社会科学基金重大项目"中国话剧接受史"（18ZDA260）的阶段性成果。
② 啸天：《我之论剧》，《新剧杂志》1914年第1期。
③ 冯叔鸾：《〈俳优杂志〉刊行之旨趣》，《俳优杂志》1914年第1期。
④ 铜琶铁笛斋主：《评剧谈》，《先施乐园日报》1919年12月15日。

场发展轨迹？剧评与演出之间是否产生了观演互动趋势？早期剧评的个案研究对当代话剧的观演现状可以提供怎样的历史经验与启示？若要回答以上问题，须立足于历史语境，考察关于南开学生演剧的种种报道、剧评剧论，梳理演出评论各阶段的趋向特征与美学逻辑，以期以评论之笔为镜，为南开学生演剧立足于剧场实践的史实提供有力佐证、内容补充与当代启示。

一、直观叙事、感受先行的剧评开创期

张灏指出，梁启超在清末提出的"新民"概念需从两方面加以理解：当"新"被用作动词时，"新民"意味着"人的革新"；当"新"被用作形容词时，应解释为"新的公民"①。这两种意义上的"新民"诉求，在以辛亥革命为时间中轴的现代话剧语境中具体表现为：教育民众接受个人观念上的革新，引导民众成为更有公德、民德的公民。南开师友即在此基础上，开启了以"演剧新民"为前期目标的漫长实践。

南开新剧团成立之前，校内已有自编剧本的演剧实践，其目的在于以白话剧的形式反映时事，传播思想，启迪民智。1909 年演于严宅东院②的话剧《用非所学》，即校长张伯苓有感于清末局势，决心鞭策社会现实的自编、自导、自演之作。有报道称，"戏中主角竟由自幼读四书五经的张校长扮演，议论纷纷"③。可见在伶人地位低下的晚清社会语境中，南开学人登台演出，即使以"新民启蒙"为己任，仍存在着相对范围内的舆论压力。1914 年 11 月 17 日，南开新剧团正式成立，作为新剧团骨干的周恩来发表了《吾校演剧观》一文，提出"夫功效之难著既若是矣，然者感此昏聩，化此愚顽，其道维何？曰：舍通俗教育无由也"④ 的观点，认可戏剧之于社会通俗大众的启蒙传播作用与教育价值，并表明了南开学生演剧的实践意义。

初期，有关南开学生演剧的评论文章并无针对性，更不存在较为成熟的"剧评意识"。《南开星期报》、《敬业》、《校风》等校刊校报作为报道学校事务的日常刊物，主要负责刊出与学校有关的最新资讯。在与新剧相关的文章中，较少看到针对某场演出的戏剧评论，更多是报道演剧情况、针对总体演出谈谈感受，较为随意。当时人们倾向将早期话剧看作一种社会现象，亦常将其与游艺会、校庆等余兴节目相关联，因

---

① ［美］张灏：《梁启超与中国思想的过渡》，崔志海、葛夫平译，江苏人民出版社 1995 年版，第 151 页。
② 严宅东院为南开建校初期校舍，是南开校董严修之居所。详见《南开史话·第一出话剧》，《南开四十周年纪念校庆特刊》1944 年 10 月 17 日。
③ 《南开史话》，《南开校友》1939 年第 4 卷第 3 期。
④ 周恩来：《吾校新剧观》，《校风》1916 年第 38 期。

此这一时期的评论体量较少，以杂文式、报道式风格为主。1914 年 10 月，南开师生借学校成立十周年之庆祝，编演了新剧《恩怨记》。有评论称此次演出"其尤动人者，描写家庭社会种种状态，人情入理，可泣可歌，洵足感发善心，惩创逸志，有功世道人心，良非浅鲜"①，可知演出之感染力、题材之共情性均得到了观众的认可。1915 年，新剧《一元钱》于校庆日公演后，学校曾召集学生们根据观剧内容发表书面感想，再由教员程玉孙先生批阅，最终在《校风》杂志刊出，如《对于本校纪念新剧诸生各抒己见》②、《本校十一周年纪念新剧〈一元钱〉记》③、《观吾校周年新剧感言》④、《观〈一元钱〉新剧诸生有何批评试各言之》⑤ 等文章，便是南开不同年级学生的"观后感"。学生们阐述剧目情节，并表达了自己观剧后的感想和对新剧团的期许，行文较感性，但在情节上补充了幕表剧本的空白细节。同时，南开师生作为演剧组织者，也多发文科普剧论，以在校园范围内培养话剧受众。教员张松龄曾在《观剧》一文中提到"善观者，不观其貌而观其情，不察其音而察其意。一言一动，无不思其理而究其奥，几如身遭其遇，亲临其境"⑥，阐述了南开早期演出的写实性追求，也有意培养观众，劝其做"善观者"。

《一元钱》等剧的成功公演获得了一定的社会反馈，评价也不再拘泥于谈感受、表新奇的简短报道，开始呈现出戏曲与话剧演出形式对比讨论的倾向。随着新剧团作品影响力的扩大，剧团开始受邀赴外地演出，其作品也被其他戏剧团体搬演。据《春柳》杂志记载，"去年新正，天津南开学校新剧团，在北京演《一元钱》，本年新正，天津广东音乐会在北京广东新馆演戏，兰芳皆往观，以供自己技术之参考，亦可谓热心也已矣"⑦。通过此剧，南开新剧团逐渐将演出推向社会接受面，不仅吸引了梅兰芳等伶界名人前往观看，也为其得到多层次评价提供了可能。时有旧戏班搬演南开新剧团作品，有评论称"某坤班之《一念差》、《一元钱》等戏，非不美也，非不可改良社会也，然止可谓之为过渡戏，不得谓之为新戏，新戏者，固以无唱为原则也"⑧。这种旧戏班演出新剧脚本的表演方式在当时并不常见，从评价来看，演出效果也欠佳。但值得留意的是，评论者认为新剧应该以"无唱段"为基准原则，不提倡"新剧旧演"的演出形式，这实际上引发了受众对于新旧戏剧演出差异化的思考。针对时评，张伯

---

① 《劝募内国公债演剧布告》，《南开星期报》1914 年第 21 期。
② 王复恩：《对于本校纪念新剧诸生各抒己见》，《校风》1915 年第 9 期。
③ 蔡凤：《本校十一周年纪念新剧〈一元钱〉记》，《校风》1915 年第 9 期。
④ 李福景：《观吾校周年新剧感言》，《校风》1915 年第 10 期。
⑤ 徐汝弘：《观〈一元钱〉新剧诸生有何批评试各言之》，《校风》1915 年第 10 期。
⑥ 张松龄：《观剧》，《校风》1918 年第 91 期。
⑦ 柳：《梅兰芳之热心观剧》，《春柳》1919 年第 3 期。
⑧ 李涛痕：《论今日之新戏》，《春柳》1918 年第 1 卷第 1 期。

苓回复道："今日之《一元钱》，实我中华新剧界之异彩，固属过奖，要亦有感于衷也。"①《一元钱》、《一念差》等剧的公演对于以京津为主的北方新剧演出市场有着形式与内容上的提点作用，因其话剧演出形式的"新"与贴合社会内容的"近"，使南开新剧团的社会关注度陡然提升，逐渐吸引校内外人士关注新剧发展、发表戏剧评论。

《新村正》由张伯苓胞弟张彭春编导，是南开学生演剧的代表作。张彭春为庚子赔款第二批留学生，在美国哥伦比亚大学系统学习了戏剧理论与实践后归国，结合国情与社会现状创作了此剧。《新村正》公演当天大获好评，因其打破了传统的大团圆结局，在当时造成了不小的反响。剧人宋春舫曾评价"《新村正》的好处，就在于打破这个团圆主义……可把吾国数千年来'善有善报，恶有恶报'的两句迷信话打破了"，同时将南开新剧团的两部剧进行对比，认为与《新村正》相比，"《一念差》结构尚还不差，不过他末脚的一幕，很有点儿像托尔斯泰的《黑暗之权利》一剧，还脱不了'婆子气'三个字"②。《一念差》为《新村正》前一年上演的校庆剧，两者剧情略有相似但结局不同，更在编剧手法上有明显差距。宋春舫在文中提及的情节结构与结尾处理等问题，使剧评出现了编剧手法等戏剧性方面的专业讨论。

南开新剧团演出《新村正》剧照（1918）
（图片来源：《周恩来同志青年时期在天津的戏剧活动资料汇编》）

同一时期，北京文明园搬演南开新剧团《一念差》一剧，并进行了自主改动。有评论文章立即指出，这样的窜改完全扭曲了编剧的原意，该剧"不是叫人不要作官，是叫人作官不要有'一念差'的，是叫人去打破那些幕僚制、虚荣心、买卖差事、设计害人的种种坏处。文明园改窜这戏的人，不明白这个道理，加入许多不要作官的批

---

① 张伯苓：《〈一元钱〉中华新剧界之异彩》，《敬业》1918 年第 2 期。
② 宋春舫：《评新剧本〈新村正〉》，《新潮》1919 年第 1 卷第 2 号。

判语，把原戏的含蓄处和盘托出，下定了死死的注脚。这就是文明园改剧的人不明白戏剧神妙处的一大毛病"。文章通过比较分析厘清了《一念差》的基本主旨，同时指出文明园等场所的演出的三点问题："（一）是拿剧本去将就角色，因为演员会唱梆子，就加入梆子腔。（二）不明白戏剧上经济的手段。该剧仅五幕，文明园竟加戏十余场之多。（三）以营业为事，不以改良社会为事。"① 该剧评直言文明园版本的《一念差》刻板套用原剧本，没有考虑到话剧的剧场特质与写实风格，存在剧场经营和舞台表演上的"旧"毛病，不能起到改良社会的作用。南开新剧团的剧目能够持续被搬演，说明南开学生演剧已经在京津两地有了一定影响。戏剧评论敏锐地捕捉到了搬演剧目中出现的种种问题，归纳了文明园改编版本在观念上的理解偏差与戏剧实践上的误区。

另外，随着演出增多，南开新剧团也收到不少批评意见。如有人提到南开新剧《理想中的女子》"有许多缺点应该批评"，存在"不满意剧名"、"全剧结构太不紧凑"等问题，又认为"注重脚本而不注重演作，演作需要练习，此剧排演功夫很少，是应该为演作员原谅的"② 。显然，文章针对演出的可看性与价值观提出了异议。在经历了一段时期的正面褒奖后，南开学生演剧的观众群体扩大了，新鲜感渐淡后欣赏水平在提高，真正的戏剧批评开始了。

对南开学生演剧来说，早期剧本多由幕表和详志组成，并无完整台词，演出常有临场发挥的成分，所以舞台演出本身才是真正应被关切到的演剧评价主体。此时段剧评的数量与质量基本依附于学生演剧的演出效果与社会讨论度。在经历了《用非所学》、《恩怨记》、《一元钱》、《一念差》等剧目的积累与尝试后，南开演剧发展完成了第一阶段的"量变"积累，在《新村正》一剧中开始出现"质变"趋向——该剧"打破大团圆结局"的编剧架构与浓烈的写实风格，也直接催化了相关剧评剧论的正负讨论氛围，更引导剧评开始朝着专业化、细分化、客观化等方向发展。

二、西风东渐、有理有据的评演互动期

20 世纪 20 年代以后，南开开始在课堂与校刊上推介外国戏剧家及其作品，并着手对外国话剧剧本作适当改编，再由南开新剧团排练演出。由于"五四"后的文化语境强烈呼唤现实主义话剧的启迪功效，同时南开新剧团缺乏原创编剧人才，为避免剧团演出停滞、保持演剧启迪民众的发展思路，南开师友选择改译西方话剧进行演出。

---

① 涵庐：《评〈一念差〉》，《每周评论》1918 年第 2 号。
② 于鹤年：《评〈理想中的女子〉》，《校风》1920 年第 144 期。

当时由《新青年》杂志引发的"新旧文化论争"之影响尚在，关于较有争议的改译剧本，南开新剧团的灵魂人物张彭春选择以艺术本身为衡量标尺，认为"我们根据活的需要，对于文化成品感觉不满。有了这样感觉，我们才能用想象。由想象的构造，拟定活的需要和解决方案。在这时，一切文化成品，无论中外，都是新创造的资料。至于那文化成品的价值，却在创造边（Creative Margin）上来估定"①。或许是张彭春的家学背景与留洋经历互相作用，使他在新旧论争余韵中保持了一份超越时代的理性。这也为南开新剧团的演出由原创剧向改译剧转型提供了稳定的领导方向。

《少奶奶的扇子》是英国作家王尔德的话剧剧本，讲述了交际花黎女士一段神秘的生活和不为人知的身世，其中对自由恋爱与正义情感的刻画真实深入。洪深对英文原本进行了改译，恰合中国现代社会。该剧中文版在北京、上海、奉天等地排演过，也有过学校演出被禁的记录。1925 年 5 月，南开大学部 1925 级同学将该剧本作为毕业会演，搬上了舞台。时任南开新剧团主力成员的陆善忱饰演剧中女主人公，有人评价（陆君）"为美男子，一化装便化为美妇人，举止表情，皆臻佳妙，唯嗓音不能失大丈夫之本色，是则天也"②，肯定了演员在表演上的真实性与专业性。此次演出获得了"成绩很好，居然能吸住观者，场中秩序一点不乱，可见此剧之能动人，演员之能表现剧中人物的个性"的好评，其观众接受度得到认可；亦有"虽然有几句南方的土话以天津话说出，似乎不甚合适，然而大致尚不错"③ 等演出对白方面的批评。由于该剧主旨在于讥讽现代社会，伴有两性恋爱等伦理情节，也受到其他保守评论的指摘，但这并未动摇南开学生演剧向改译剧探索的决心。

1927 年 12 月，由张彭春执导、南开 16 位女同学参与排演的《少奶奶的扇子》再次公演。吸取了前面的戏剧评论意见，该剧目在保持思想进步性的基础上，提出"表现女同学会合作的精神"的演出目的，较 1925 年排演的初版，更具有"女性争取自由权利"的意味。在剧本编排上，原本人物的英文名都进行了汉化，使更贴近中国社会，易于接受。在台词上，用通俗性更广的京腔来弥补以天津话讲南方土话的尴尬。剧评认为"张英元女士演的徐少奶奶，雍容华贵，确实合少奶奶的身份，至于京语的流利，声音的嘹亮，身段的活泼和自然，绝非男扮女装，固意婀娜娇柔的所能企及"④。在舞台表演上，更有评论赞誉演员"一切声音容色，都能做到'真'的境地，把……情绪

---

① 巩思文：《〈财狂〉改变本的新贡献》，《南开校友》1936 年第 1 卷第 4-5 期。

② 秋尘：《谈南开新剧》，《北洋画报》1930 年第 524 期。

③ 稚言：《王尔德在戏曲中描写的"任性的妇人"》，《南大周刊·五月纪念专号》1925 年 5 月。

④ 矢口：《看了〈少奶奶的扇子〉之后》，《南大周刊》1927 年第 49 期。

表现到异常的真切……这是表演上的力量，只读剧本，没有这样一个境界"①。可以说，复排的女学生版《少奶奶的扇子》经过调整与修改，在表演、对白等方面都有了完善和进步，并且出现了戏剧评论与演剧实践互相影响、良性互动的现象。该剧剧本虽由洪深初译，但南开新剧团在演出时也针对北方话剧观众的接受程度进行了适当改动。此次演出剧评多涉及演员表演层面，对舞台布景、编导艺术等剧场要素并未过多点评。

1929 年是南开学校建校二十五周年校庆，学校经讨论"选定 Galsworthy 著'Strife'为稿本，而按中国情形加以改译，角色选定，业经排演数次，预备纪念日登场演作"②。该剧原本为英国作家高尔斯华绥所作，南开新剧团改译后定中文剧名为《争强》。其主要剧情为某矿工人与董事双方发生矛盾，表现了劳资的冲突与融合之情形。南开改译此剧，也意在反映中国社会矛盾，揭露现实。《争强》于 1929 年 10 月 17 日、19 日上演两场，场场爆满。据报道，"十七夜，观者千人。至十九夜，观者极踊跃。未至中午，票已售尽"，后又因"晚间来而未得入场者，凡数百人。故该团又于二十六日夜特加演一次"③，足见演剧之成功。

此次演出依旧由张彭春担任导演，由陆善忱、万家宝（曹禺）、吕仰平、沈希泳、张英元等男女同学任主演。有评论感叹，"南开大学这一次总算是破天荒的盛举，才有男女合演话剧的一回事"④；亦有剧评针对演员表演指出，"万家宝君饰七十余龄之矿场董事长老态龙钟，行动逼真。优乃如、吕仰平二君饰腐朽之老董事，一言一动，均在描摹昏庸老朽之利己主义，而复滑稽诙谐，引人发噱"，"沈希泳女士饰一矿工之女，天真活泼、慧心利口，演来弥觉可爱。总之全剧角色均能克尽厥职"。通过多篇文章对演员表演的较高评价，可以看出南开新剧团之表演、导演水平在此阶段已多有进步，演员不仅演活了剧中人物，其话剧演出的专业程度也令观众感到新颖。同时，剧评对舞台布景与灯光也有所提及，如"尤有一事足资称事者，即布景之伟丽，与夫配光之和谐。按向来演剧，光线多由上下射，间有用'足光'（Foot-light）者，已视为难能可贵。该剧团今次用光，则由旁面横射，台面部分，均得匀称之光线辐射，使演员面部表情分外清楚"⑤。文章详细描述了舞台布置尤其是灯光运用上的革新，此观点在以往的评论文章中极少见到。这既是南开新剧团剧场艺术上的改进，也是戏剧评论

---

① 王小隐：《少奶奶的扇子》，《北洋画报》1929 年第 321 期。

② 《校闻·廿五周年纪念筹备忙》，《南开双周》1929 年第 4 卷第 1 期。

③ 《刻世纪四部联合庆祝志胜·新剧〈争强〉表演》，《南开双周》1929 年第 4 卷第 4 期。

④ 立厂：《记南开之〈争强〉》，《北洋画报》1929 年第 389 期。

⑤ 《南开新剧团重演〈争强〉》，《大公报》1929 年 10 月 24 日。

上的进步。

南开新剧团演出《争强》剧照（1929）

（图片来源：《北洋画报》1929 年第 8 卷第 391 期）

演出的成功使南开新剧团更加意识到观众反馈的重要性，特在通知 26 日加演时强调"借答爱护者之雅意，并求艺术界人士之指教"①，以引来更多专业人士的评论，督促剧团发展。黄佐临（黄作霖）作为留学归国的文艺界人士，曾在英国伯明翰看过英文原版《争强》，此次又观看了南开新剧团的改译版，于是专将两版作品对比分析。他提到，"这戏全篇大致，南开新剧团都弄得十分圆满，其中的意义，亦能清清楚楚地传达到观众的眼前，不稍暗昧"，肯定了新剧团改译该剧的成功之处，后着重探讨了张彭春的导演艺术在剧中发挥的效力。比如原版剧中工人与董事吵架时口音语调不同，英人以口音做了区分，而新剧团演出版中，演员均以天津方言表演，"他们倘若采用京津二音稍作差别，便可将全戏增进许多……仲述先生（张彭春）也是京津均通的人才，然而导演时何以未曾想着运用呢？可惜，可惜！"再如第三幕最末段，改译版比原版增加了握手戏份，评者认为这一增改反倒更能体现原作"教训不应明写"的特征，"遂将全剧改良不少，很合乎这桩'问题戏剧'的格式"。又如改译版《争强》截去了第二幕原本的小孩角色，使剧情悲惨的第二幕缺少活泼孩童角色作陪衬，失去了原作"高氏最讲究的格式均平（Balance of Form）"，评者指出"改译的人对于高氏的文学大概未有怎样到深处里去的研究"②。黄佐临对《争强》提出了导演创作上的肯定与质疑，并且有原版作比较，在当时已经属于较为专业的戏剧评论了。该文一出颇有反响，秋水发文反对黄佐临对导演提出的质疑，并从原版英文剧本与南开新剧团改译演

---

① 《南开新剧团重演〈争强〉》，《大公报》1929 年 10 月 24 日。

② 黄作霖：《南开公演〈争强〉与原著之比较》，《大公报》1929 年 10 月 25-27 日。

出版的对比角度分析例证①，也有理有据。针对南开新剧团公演的专业剧评数量随剧目增多，甚至出现了上述文艺争鸣的情况，这对创作者来说不失为妙事。南开新剧团根据评论也的确对剧本作了些许修正。在后期出版的《争强》剧本序里，主创之一曹禺说："印出去年公演《争强》的舞台脚本，需要国内剧坛前辈的指点，非一朝一夕能成。"

可以看出，南开学生演剧的戏剧评论不仅注重观察同一剧目的复排比较，还着墨于不同剧目的编剧艺术、表导演手法、舞台美术等技术层面评议，评论深度从脚本研究逐渐升维至整体的剧场研究。不过，改译剧本在编剧技巧与创新性上不能与原创剧本相提并论，也存在对外国剧本肆意增改、做主观判断等问题。南开演剧此阶段的曲折发展，给了观众及评论者更多的思考余地与点评空间，使戏剧评论水平渐入佳境，为剧评真正介入演剧的表导演等专业内容、与剧场演出形成良性互动提供了可能。

三、褒贬并行、理论升维的剧评成型期

20 世纪 30 年代，南开学生演剧的戏剧评论基本上形成了表、导、演、舞美全面评述的理论范式，并在发刊数量上有显著提升，发表刊物也由校报扩展至社会报刊，剧评群体更趋专业。

1935 年，南开新剧团改译莫里哀的剧作《悭吝人》并上演，中文名定为《财狂》。导演为张彭春，主演是曹禺，布景设计为林徽因。天津《益世报》特开《南开新剧团公演莫里哀〈财狂〉专号》，刊登数篇剧评。《大公报》等报纸也刊登了评论，对剧目展开热烈讨论。这其中，关于编剧层面的评价有质疑也有认可，如"一般改编本的好处在于消灭对话上的洋味……本剧皆已得体做到，但他们仍不甘心，还企图使本剧在上演国中近些人情，并增添些意义……但我们不能隐瞒另外的担忧：这样做容易拆毁全剧的统一，中断其喜剧的情绪"②。可以看到，由于喜剧的演出难度更大，熟知原文本的观众在对比分析后认为中译版很难完美，对喜剧情节的流畅度表示担忧。也有评论认为"全剧由五幕缩成三幕，但原剧精髓处，诙谐讽刺的对话都保留无疑，无疑加强了效果；且将不合于中国人脾胃的洋味的对话、姓名等很得体改编成适于中国人情，使未看过原本的人，会完全不相信这是由外国剧本改编的"③，在剧本改译的本土化、

---

① 秋水：《〈争强〉——从读剧本〈争强〉说到南开公演〈争强〉》，《益世报·副刊》1929年第 8 期。

② 萧乾：《关于改编本》，《大公报》1935 年 12 月 9 日。

③ 岚岚：《看了〈财狂〉后》，《天津益世报》1935 年 12 月 15 日。

风格化方面给予认可。

关于表演层面的评论也有褒有贬。有剧评认为演员的表演技术较为成功，并赞赏曹禺饰演的主角韩伯康"无论一谈一笑一走路一咳嗽都成就了一种独特的风格，财狂的典型"①。但也有不少评论指出，"因为配角的过分松懈，而反应韩伯康的财狂色彩愈为浓重，但是多少近于文明戏了"②。"至于韩伯康悭吝神态，更惟妙惟肖……有时因太求深刻，不免也略有过火处，然而万君（曹禺）表演的天才，委实非常难得，足令观者佩服了。"③ 从剧评透露出的演出实况来看，曹禺饰演的主角因演戏太过投入，与同组演员相比有"用力过猛"之嫌，但总体来讲是值得称道的。此种有所褒贬的剧评氛围，相比前一阶段的感性型、夸赞型剧评来说，更有利于演剧本身的健康成长，形成了理性互动的评演气氛。

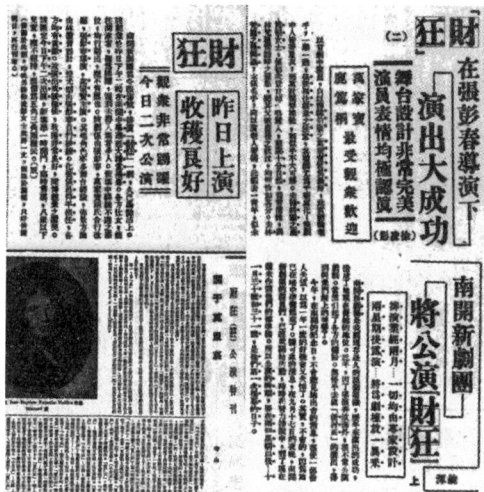

南开新剧团《财狂》公演反响热烈，引起社会主流媒体关注讨论（1935）

（图片来源：《大公报（天津版）》）

此次舞台美术由林徽因女士负责，其设计清朴自然、匠心独运。剧评风向较为一致，以好评居多。如盛赞布景风格自然、独特："楼一角，亭一角，典丽的廊，葱郁的树，后面的晴朗天……都在舞台上建筑了起来……有自然得体的章法，有浑然一致的意境。"也有评论认可灯光应用与剧情相得益彰，表示"灯光方面也得完美结果，严格的表示了天气的变化，剧情的曲折，心理的历程等方面也达到了'美'，柔软温煦的光线在红蓝白等具体物件上轻重强弱的复杂照射，益发的捉住了观众"，"布景、灯光都好，设计者更将幕帷以灯光之'渐入'及'渐出'来代替，确是独具匠心，既经济

---

① 伯克：《〈财狂〉评》，《天津益世报》1935 年 12 月 11-12 日。
② 维什：《〈财狂〉的观感》，《北洋画报》1935 年第 1334 期。
③ 玉西：《〈财狂〉评述》，《大公报》1935 年 12 月 13 日。

又引领观众注意舞台之效"①。甚至有评论对演员的服化进行了细致入微的捕捉，如"每个人的衣服都能合于每个人的性格、身份，象征了每个人的命运"②。剧评对舞美艺术中的布景、灯光、服化逐一进行了细致点评，又描述出布景与灯光配合之效果，实属难得。此种评价不仅需要话剧演出的精彩呈现，更对剧评人与观众的审美赏析水平有着隐含的素质要求。

可以看到，《财狂》时期的剧评剧论相比前期有了质的飞跃，在戏剧专业性上更成体系，在评论细致度上更加深入、具体、精准，在剧评人员规模上也有所扩充。《财狂》一剧收获剧评之多，不仅《益世报》、《大公报》等报刊重点报道，《南开校友》、《北洋画报》等期刊杂志也有剧评收录，其影响力可见一斑。剧评所探讨的西为中用、取其精华的西方剧目改编思路，为中国后期改译剧发展奠定了实践与理论基础。

其次，这一阶段南开新剧团成员们开始在导演、表演、编剧、舞美等方面总结经验教训，以期更专业地规划排演，提升新剧团作品水平，以回应剧评剧论。剧团成员陆善忱曾发文提出演剧技术训练的问题，引入表演的"成型性（Plasticity）"概念，即"使演员练习到筋肉和思想调谐的地步"，"换句话说'成型性'能够身体与心灵相合，扮什么像什么"。这实际上与斯坦尼斯拉夫斯基所强调的"体验派"表演观念异曲同工。陆善忱强调这一概念的重要性，指出"一个比较有价值的戏剧，不能专仗着剧情博得观众的注意，表演的美化和合理化，舞台布置的合宜是不能忽视的。'成型性'就帮助演员的表演美化和合理化"。可以看出，南开新剧团的主创团队已经清晰地认识到戏剧是各剧场要素共同协力的艺术，这是演剧观趋向成型的体现。陆善忱多次参与新剧团剧目的排演与编导。针对被评论界质疑过的新剧团演员表演问题，他也结合实践经验指出："我盼望，我校打算演剧或看剧的人，自今日起注意戏剧表演的Plasticity（成型性），将它推广到全国的剧团，中国戏剧前途必可放一异彩。"③ 这算是对演剧者和评论者的一种希冀与回应。

另有剧团成员结合南开学生已演出的剧目，归纳出目前演剧应该注意的问题：一是"剧本缺乏……剧本的选择应该要合乎时代，合乎情理，有教育价值"；二是"导演在未有彻底了解和深切研究时，最好不要删改剧本。导演与演员一样，对一剧的成败负相同责任"；三是"演员要为艺术而创作。演剧时要认清自己是剧中人，配角也关乎全剧，不可以因为其不重要而忽略"；四是"布景、化妆、砌末、灯光等问题，

---

① 《〈天津益世报〉编者的话（二）》，《天津益世报》1935 年 12 月 15 日。
② 伯克：《〈财狂〉评》，《天津益世报》1935 年 12 月 11 日。
③ 善忱：《Plasticity 与演剧》，《南开高中学生》1934 年第 1 卷第 4、5 期合刊。

绝不因经费不足敷衍了事"①。该文思考全面，涵盖了整体剧场要素，对于编剧、表导演、舞美诸多方面都有涉猎，并结合目前学生演剧的实际情况，提出经营和演出准备中的不足之处，并试图给出解决方案。虽然该文作为戏剧理论，还存在谈问题不够深入、理论逻辑不够严密等问题，但在文章架构上可以看出南开学生在剧场演出上的整体性反思方式。

南开学生演剧组织通过不断的实操与修正，日渐意识到戏剧评论和观众意见反馈对演剧实践的价值，师友纷纷发文强调评价、鉴赏的重要性。有人认为，"戏剧批评家，严格来说，是一个理想的观众。他受过艺术的训练，有高明的见解和正确的批评能力；而且他的责任在提高戏剧艺术的价值与指导群众"②。该文点明了剧评家既是观众又拥有独立视角的特殊身份，并认为评论家对于提高作品水平负有责任。也有人提出，"文艺评论是指导文艺到光明之路或攻击虚伪品的工具……假如我们把文艺创作与文艺鉴赏这种东西放在度量衡上称一称，便可以发现他们具有同样的重量，因为鉴赏本身就是一种创造工作……鉴赏的成立完全以作者与读者的生命的共鸣共感做基础"③。这里强调了文艺鉴赏与评论的作用应被看重，因为评鉴虽然基于作品产生，但也是一种延伸和创造，并且可以进一步规范作品、引导观众。随着新剧团演出的社会影响逐渐扩大，剧评与戏剧理论相辅相成地参与到演剧评价体系之中，南开学校在演剧的现实意义与艺术手法上有了更高追求，并在原创剧与西方改译剧的多种实践摸索中体悟到剧本、导演、演员、舞美、观众在剧场要素中的重要特性。这对于中国话剧寻求自身话剧审美体系有至关重要的提示作用。

1937 年，"七七事变"爆发，南开大部分学生迁至重庆，新剧团的主要领导者张彭春也逐渐参与外交事务，担任政职，校内几十年的演剧实践热潮逐渐归于平静。后期学校虽也有怒潮剧社、联大剧社或学生自发组织排演等团体活动，但因局势复杂，最终没有形成较完整的戏剧活动气候，与此相关的戏剧评论也随之黯淡。

四、结语

南开校长张伯苓曾在四十周年校庆日之际发言，指出开启演剧是为"借演剧以练习演说，改良社会，及后方做纯艺术之研究"④。南开学生演剧因启蒙民智、改良社会

---

① 磐：《由〈五奎桥〉的演出谈到学校演剧的应注意点》，《南开高中学生》1934 年第 3 期。

② 贾问津：《娜拉》，《南开大学周刊》1928 年第 63 期。

③ 培民：《关于文艺鉴赏》，《南开大学周刊》1931 年第 101 期。

④ 张伯苓：《四十年南开学校之回顾》，《南开四十周年纪念校庆特刊》，1944 年 10 月 17 日。

之责而生，亦从未放弃过通俗演剧实践中的艺术追求。这是其与同时段的商业剧团、社会文艺团体之演出的主要区别。正是基于此，依托于演出而衍生的剧评剧论才得以持续生发、愈精愈臻。南开学生演剧摸索发展，曲折前进，从一人担任编、导、演的初演，发展到分设部门、各司其职、合力运行的正式剧团；从单一平面布景发展到写实主义之透视立体厢式布景；从校园场域演剧发展至社会关注的公开演剧。南开演剧评论也在这一过程中逐渐萌芽，在初期经历了由感性叙事到夹叙夹评的理论进步；又在改译剧演出阶段，做到了褒贬并行的合理探讨。在新剧团复排剧目与团员的理论文章中，都不难寻觅戏剧批评对演出的影响和优化作用。若以南开学校为"圆心"，演剧影响力为辐射"半径"，可见剧评者身份由学校校友扩散到社会人士，直至吸引话剧界中的专业人士如宋春舫、陈大悲、黄佐临等。剧评传播广度亦从《校风》、《南开校友》、《南开星期报》等内部校刊校报，扩展至如《春柳》、《大公报》、《益世报》、《北洋画报》等面向市民受众的报纸杂志。而南开学生演剧时期的团员如周恩来、曹禺、黄宗江等，皆受母校戏剧教育启蒙，毕业后持续引导、参与着中国现代戏剧的发展进程。

诚然，学界已相对重视南开学生演剧的价值与剧史地位，但对其剧评变迁的研究仍有待细化和深入。南开演剧研究不应停留在文本梳理或剧目考证阶段，而应通过对戏剧评论的关注、考察，尽量还原话剧演出史坐标系，论证话剧在演出与评论中逐渐扩展接受面之过程。南开学生演剧与剧评剧论的互动关系与互依发展作为现代戏剧史与文学史的一条双生线索，时间跨度长，有规律可循，后期社会影响广泛，对当代戏剧与评论的互动发展仍有借鉴意义与提炼价值。

（作者单位：上海戏剧学院戏文系）

"文学者态度"的传承①

——从沈从文与青年的关系谈起

陶梦真

沈从文《文学者的态度》一文被视为点燃"京海之争"的导火索，长期以来，对其文学史意义的关注或多或少遮蔽了对其文学价值的还原。沈从文在同一时期的多篇文章、序言中反复提及"诚实"、"虚心"、"忍耐"、"刻苦"等文学创作的态度与品质，从不同角度构成对"文学者态度"的补充及强化。而沈从文与青年的关系为我们重新审视"文学者态度"提供了一个有效视角——"青年"的崛起包含着"代际"传承的意味。沈从文是在"五四"影响下成长起来的青年一代，在走向成熟后又影响到新一代青年。他与青年间的师承关系缘起于前辈作家对他无微不至的关心和不遗余力的扶持，熟稔于编辑、创作、生活和教学等主体经验的不断累积，最终融入"文学者态度"的倡导与传承。

一、"情感"的接续

沈从文在教学和编刊过程中多与青年互动交往，形成了颇为亲密的关系。卞之琳曾在回忆中说："从文晚年仍关心和寄希望于文艺青年"，"从30年代初就开始一贯热心扶植文艺青年，不论在分内（例如在教室内）在分外（例如在编辑室外），一样认真。在他直接间接严格要求的扶植下茁壮成长了不少有成就的作家"②。这种交往既源

---

① 本文系国家社科基金重大项目"京津冀文脉谱系与'大京派'文学建构研究"（18ZDA281）的阶段性成果。
② 卞之琳：《还是且讲一点他：追念沈从文》，《卞之琳文集》（中卷），安徽教育出版社2002年版，第164页。

于工作需要，也离不开他自身的成长经历和情感体验。

沈从文的"从文"之路颇多坎坷，自1923年来到北京，先是求学未果，又因陈渠珍在湘西失势，失去了经济来源，而比生活无依更让人痛苦的，是在创作上无人赏识。从四处投稿不得刊用，到逐步在文坛站稳脚跟，沈从文得以成名，离不开前辈作家学者的提携与扶持，而他与青年之间的交往就是将自己收获的师友情谊传递下去，因此更像对自我成长之路的一种复现。

1936年，沈从文在出版《从文小说习作选》时写了一篇序言，当中提到了几个值得记忆和感谢的人，即徐志摩、胡适、林宰平、郁达夫、陈源和杨振声。他说"这十年来没有他们对我种种的帮助和鼓励，这集子里的作品不会产生，不会存在"，并特别感谢徐志摩，"你们看完了这本书，如果能够从这些作品里得到一点力量，或一点喜悦，把书掩上时，盼望对那不幸早死的诗人表示敬意和感谢，从他那儿我接了一个火，你得到的温暖原是他的"①。这部文集、这篇序言是沈从文对自己从事文学创作第一个十年的总结和纪念。回首过往，沈从文褪去了初至北京和初登文坛的青涩，无骄傲也无自卑地剖析着自己"乡下人"的性情，满怀感激地追念着从亦师亦友的诸多前辈那里收获的帮助和鼓励。这些帮助和鼓励包括很多方面：

首先是经济上的援助。在失去陈渠珍的资助后，沈从文面临的紧要难题便是生计问题。1925年，沈从文在《晨报副刊》上发表《遥夜》一文，引起学者林宰平的关注。林宰平误以为他是一名颓丧愤世的大学生，由此指责北京大学生自命不凡而忘却了对社会的责任，放任自己沉迷于饮食、恋爱等不良风气——"《遥夜》全文俱佳——实在能够感动人。然而凄清，颓丧，无聊，失望，烦恼，这是人类什么生活呢"②，对《遥夜》消极的生活态度表示不解，并进一步表达了对大学教育的批评与大学生颓废生活的痛惜。面对这样的误解和指责，沈从文在《致唯刚先生》一文中予以回应。他说，自己不是大学生，甚至连中学生都不是，"至于我这种求生不得，在生活磨石齿轮下挣扎着的人呢？除了狂歌痛哭之余，做一点梦，说几句呓语来安置自己空虚渺茫的心外，实在找不出人类夸大幸福美满的梦来了！"③ 沈从文只身一人漂泊在北京，每日撰文投稿最直接的目的是换取生存的钱粮，故而态度颓丧，颇多负气与抱

---

① 沈从文：《习作选集代序》，《沈从文全集》（第9卷），北岳文艺出版社2002年版，第7页。

② 唯刚：《大学与学生》，刘洪涛、杨瑞仁编：《沈从文研究资料》（上），天津人民出版社2006年版，第160页。

③ 沈从文：《致唯刚先生》，《沈从文全集》（第11卷），北岳文艺出版社2002年版，第40-41页。

怨。林宰平读后主动找到沈从文，并托梁启超出面，请熊希龄为沈从文找一份工作①。在林宰平和梁启超的努力下，沈从文到香山慈幼院担任图书馆办事员，生计问题得以解决。

此外是对文学创作的赏识。在传媒日益发达的现代社会，报纸杂志逐渐成为文化权力的象征，籍籍无名的青年作家很难得到发表文章的机会，若在此时能够获得知名作家的赏识，不仅是一种巨大的鼓舞，而且更容易在今后的创作中收获认同与发展的机会。沈从文多次表示自己的作品是经由徐志摩推荐，才有机会不断发表。但徐志摩对沈从文的帮助并不仅仅停留在推荐作品的层面，他很赏识沈从文，并将他提到一个很高的位置上。1925 年，徐志摩在接编《晨报副刊》时曾写作《我为什么来办我想怎么办》来声明自己的办刊原则，文中罗列了约请撰稿的各路朋友，包括赵元任、梁任公、张奚若、金龙荪、傅孟真、闻一多、郭沫若、郁达夫等等，皆是鼎鼎大名的学者、教授、作家，而沈从文也名列其中，这对一个初出茅庐的作家而言是莫大的荣誉，足以表明徐志摩对其非同一般的赏识和重视。1925 年 11 月 11 日，徐志摩在《晨报副刊》登载了沈从文的散文《市集》（署名沈从文），并在文后写作《志摩的欣赏》，对沈从文自然、生动、朴实的乡村文风大加赞扬——"作者的笔真像是梦里的一只小艇，在波纹瘦鳒鳒的梦河里荡着，处处有着落，却又处处不留痕迹。这般作品不是写成的，是'想成'的"②。尽管后来发现这篇散文已是第三次见报，沈从文惴惴不安地向徐志摩解释，但徐并不在意，反而宽慰沈从文，说这篇散文是值得反复阅读的好作品，再转载一次也未尝不可。

更深层次的还有在互动交往中建立起来的信任。1929 年 8 月，胡适正式聘任沈从文为中国公学国文系的讲师。沈从文仅有小学学历，虽是成名作家，但聘任其为大学讲师，不能不说是一种"破格"。当然，胡适此举并不完全出于与沈从文的私谊或是徐志摩的推荐，他有自己的办学思路。根据胡适 1934 年 2 月 14 日日记所载，"偶捡北归路上所记纸片，有中公学生丘良任谈的中公学生近年常作文艺的人，……此风气皆是陆侃如、冯沅君、沈从文、白薇诸人所开。北大国文系偏重考古，我在南方见侃如夫妇皆不看重。学生试作文艺，始觉此风气之偏。从文在中公最受学生爱戴，久而不衰。大学之中国文学系当兼顾到三方面：历史的；欣赏与批评的；创作的"③。胡适想

---

① 1925 年 6 月 27 日梁启超致林宰平的信中说："沈君事竟久忘却，愧甚，顷已致书秉三，并属直接向公处打听沈君住所矣。"这里提到的沈君就是沈从文。
② 徐志摩：《〈市集〉志摩的欣赏》，《徐志摩全集》（散文卷），浙江人民出版社 2015 年版，第 558 页。
③ 曹伯言整理：《胡适日记全集》（第 7 册），台湾联经出版社 2004 年版，第 61 页。

要纠正当时大学国文系普遍存在的偏重历史、偏重古代文学的办学风气，主张"历史的"、"欣赏与批评的"、"创作的"三者并重。请沈从文到中国公学教书，正是对国文系教学中创作和批评力量的补充，所以即便沈初上讲台闹了笑话、引起不满，胡适仍坚持留其任教，而就其日记中的评价来看，聘任沈从文的效果是令人满意的。除了"谋教书事"，沈从文还有诸多麻烦琐碎的事请胡适帮忙，例如为《大公报·文艺副刊》以及《文学杂志》约稿，为学生、朋友的事情求胡适帮忙，甚至经济上的拮据、请求预支薪水、想让妹妹到中国公学旁听等诸多生活上的难题等等。此外，沈从文会主动向胡适汇报思想及生活上的变动，或是随信寄上自己的成果，也会就生活、工作中的一些情绪进行交流，例如教书时缺乏自信、代课压力太大等。由此足见这种深度的互动所建构起来的信任和依赖。

正是在诸多前辈作家、学者的指导和扶持下，沈从文才得以发表作品、走上文坛，进而不断在创作实践中积累丰富的经验。沈从文不只是将这份温情和感谢传递给青年，同样也模仿着收获师友情谊的方式——在经济上援助、在创作中扶持、在交往中信任，特别是在态度上引领。他一直强调"乡下人"的写作态度，告诫青年作家不要相信天才，"养成担负失败的忍耐，在忍耐中产生他更完全的作品"①。沈从文与青年之间的种种互动，正像他给胡适的信中所说的，"我想我当好好振作做一点事，来作为感谢对于我帮助太多的先生"②。

二、"经验"的积累

沈从文与青年的广泛接触和交往，始于中国公学。沈从文仅高小毕业，大学于他而言，是尚未实现的梦想，而他作为知名作家被胡适引入大学教书，最被看重的教学资源也是他最大的优势所在，就是自己的经验，是过往生活经历和写作实践的积累与沉淀。

沈从文在中国公学任教期间，时常与美国的王际真通信。沈从文不懂英文，每次寄信用的信封都是王际真在美国写好寄过来的，即便如此，他每有新书出版都会给王际真寄去一本。或许正因为相距较远又性情相投，更易吐露真心，沈从文在这些信件中有着非常浓郁的情绪表达和对生活感受的点滴书写；尤其谈到了很多与青年学生交

---

① 沈从文：《萧乾小说集题记》，《沈从文全集》（第16卷），北岳文艺出版社2002年版，第326页

② 沈从文：《19300918致胡适》，《沈从文全集》（第18卷），北岳文艺出版社2002年版，第105页。

往的细节以及对他们的评价。

　　大多数时候，沈从文都在用自己成长的经历和经验引导学生。他告诉学生"要成天苦写，苦思索，求对于事物与文字的理解，写三年也莫以为成功，再看成绩"，但学生往往难以理解，也不愿接受他的观点，"因为他们都相信天才，我却告他们没有天才，只是忍耐，大约具这耐心去工作的是不会多的"①。这其中对"苦写"、"苦思索"的倡导，对"忍耐"、"耐心"的强调，显然源于他自身的写作经验，而在劝告学生时他又经常联想到自己的人生遭际，认为"学生一个也不知道我是这样情形活到世界上的"。如何活到这世界上、如何做学问写文章，在沈从文的讲述中时常并举，似乎二者就是同一个问题。这或许正是因为沈从文会把过往写作和生活的经验打通。

　　此时沈从文尚不足 30 岁，与青年学生的年岁相差不远。他既是施教者，也是观察者，对学生多有一种平等的审视和批评，偶尔也会委屈抱怨。他曾提及学校有一学生自杀，周围看热闹的有数百人，便批评大学生"毫无人性"，"把看死人为天朗气清一消遣事"②。他又说"大学生全是怪可怜的一种东西"，如何"可怜"？他却是指责他们买书只听信广告，依样买来的书若不成功，就认定中国作家糟糕，从此便不再买书。沈从文的委屈抱怨则常常指向学生思想单纯、经历不多，无法理解他的处境和心情。"学生天真烂漫的听我讲我的牢骚，这些有福气的人！他们仿佛都觉得我活得痛快，女人看到我有趣味似的玩……她们大胆的在我面前走来走去，就似乎很放心以为我不会损害她们，也不怕我会爱她们。这些天保佑的愚蠢女子！"他接着又坦诚地告白："我是单为了怕见一个女人牺牲了两点钟不上课就回了家的。""晚上开系会，拍掌要我演说，她们笑，我却在回家车上哭，看出自己可怜。"③ 一个自怜自哀、手足无措的年轻教师形象跃然纸上。沈从文此时似乎并未开始追求张兆和，但书信之中多有提及女学生的态度，很是顾忌围绕在身边的那些天真烂漫的青年女性，她们越是欢快，沈从文越是苦闷。

　　只是这些批评或抱怨更有些爱之深、责之切的意味，沈从文并非真的对青年学生有意见，反而满含着呵护，甚至是羡慕。沈从文在中国公学教书时住在校园之中，虽然有不便之处，"不过因为从不曾经过学校生活，到此来看看胡闹的年轻人怎么胡闹，

---

　　① 沈从文：《19291019 复王际真》，《沈从文全集》（第 18 卷），北岳文艺出版社 2002 年版，第 21 页。

　　② 沈从文：《19291213 致王际真》，《沈从文全集》（第 18 卷），北岳文艺出版社 2002 年版，第 29 页。

　　③ 沈从文：《19291019 复王际真》，《沈从文全集》（第 18 卷），北岳文艺出版社 2002 年版，第 22 页。

努力的又怎么努力，也未尝不是难得的"①。言语中不乏对缺失大学校园生活的怅惘和对青年学生能够在学校安心读书的歆羡。每当学生兴冲冲地来与他交流读书做学问的方法，沈从文看着这些青年"春天来发红的脸"，总会"告诉他们应当好好的玩，譬如恋爱，就去太阳下谈，去发现，试验，做一点荒唐事情"。尽管学生总是不相信他，逼着他开列书单，沈从文仍是不无怜爱地指责他们"真是一批蠢东西，不晓得自己好处，只羡慕做文章"②。

信中提及的种种经历想必都不止一次地发生过。我们可以想象沈从文与学生的相处：在一群朝气蓬勃的青年之中，沈从文感觉到格格不入却又真诚努力地试图融入。他知道，青年总是有着这样那样的不成熟，但这些不成熟恰恰是他们最富吸引力的资本。沈从文曾说："我身体太坏了，一上学校，见学生太年青就不受用，打主意班上凡是标致学生全令其退课，则上课神清气爽矣。"③ 这种想法当然仅停留在"打主意"的阶段，但身体和精神的强健、年轻又顽强的生命、原始而蛮性的力量，正是青年所独有的宝贵财富，也是沈从文在创作和生活中不断追求的律动。

随着沈从文创作的逐渐成熟，教学、办刊等诸多经验不断累积，沈从文与青年的交往更加走向深入：

首先，不遗余力，促成青年作家作品的发表和出版。萧乾的第一个短篇小说集《篱下集》的出版是他促成的，王西彦的第一本小说集《夜宿集》从选编到接洽出版都是他一手操办，卞之琳的第一本诗集《三秋草》也是他资助出版的。萧乾曾回忆道："住在文艺刊物如林、文艺朋友如林的大都市里，有那么多师友指导诱进，又遇到肯为你抠着字看，挨着行改的一个'好朋友'（算算你有多少别字讹字，就知道人家用了几份的耐性）。"④ 这个"抠着字看、挨着行改"的好朋友正是沈从文。1933 年，卞之琳曾至青岛拜访沈从文，因《群鸦集》出版无期⑤，沈从文赠其 30 元，嘱他回北平后自印一本新作诗集。彼时沈从文自己手头也不宽裕，卞之琳就曾看到沈抽屉中还

①　沈从文：《19291107 复王际真》，《沈从文全集》（第 18 卷），北岳文艺出版社 2002 年版，第 27 页。

②　沈从文：《19300318 致王际真》，《沈从文全集》（第 18 卷），北岳文艺出版社 2002 年版，第 55 页。

③　沈从文：《19291019 复王际真》，《沈从文全集》（第 18 卷），北岳文艺出版社 2002 年版，第 21 页。

④　萧乾：《给自己的信》，《萧乾全集》（第五卷），湖北人民出版社 2005 年版，第 323 页。

⑤　这本诗集原是 1931 年徐志摩在北大任教时，向卞之琳索要的部分诗稿，带回上海与沈从文共赏之后选出《群鸦》、《噩梦》、《魔鬼的小夜曲》和《寒夜》四首刊登在《诗刊》第二期，并代为决定编成诗集，取名《群鸦集》，准备出版。沈从文还为该集写了一篇《附记》，发表在南京《创作月刊》上。后因徐志摩飞机失事遇难，诗集并未出版。

放着当票，但他还是把 30 元钱赠予卞之琳。卞之琳 4 月游历青岛，5 月即以此款印成了《三秋草》300 本，交由新月书店代售。

其次，联络感情，组织青年作家见面聚谈。沈从文接编《大公报·文艺副刊》之后，时常邀请一些在京的青年作家出席聚会，同时也会邀请朱自清、凌叔华等前辈作家共同参加。这是沈从文有意扶植年轻人的一种方式。除在达子营 28 号接待来访青年外，中山公园的来今雨轩，北海公园的漪澜堂、仿膳、五龙亭，都是他和青年聚在一起随意交谈的地点。在这样的交谈和交往中，沈从文时常接济年轻人的生活，并热切地为他们谋求发展的机会。据王西彦回忆，他第一次参加沈从文的聚会时，坐中青年有杨刚、芦焚、刘祖春、严文井、李威深、屈曲夫、田涛等人，唯一一位长者便是沈从文。这是王西彦第一次接触到沈从文本人，此后便开始多次登门拜访、见面聚谈。当时沈从文经常邀约一些青年作家聚会谈话，"我们常去的地方，是中山公园的来今雨轩，还有北海公园的漪澜堂和五龙亭。大概是每隔一两个月就聚会一次，所约的人也并不完全相同，但每次都是从文先生亲自写简短的通知信，且无例外地归他付钱作东"①。这样的聚谈既没有主持人，也没有固定议题，谈话多是你一句我一句，以文学和写作为主，也会兼及时局和人生的内容，"完全是一种漫谈式的聚会，目的似乎只在联络联络感情，喝喝茶，吃吃点心，看看树木和潮水，呼吸呼吸新鲜空气"②。

此外，"沙里淘金"，致力于培养无名的青年作家。依托《大公报·文艺副刊》等平台，沈从文迅速扶植了一批青年作家。以《〈大公报文艺选刊〉小说选》的编辑出版为例。1936 年，《大公报》创刊十周年，萧乾策划编一本在文艺副刊上已刊小说的选集，请林徽因做主编。这本小说集一共选了 30 篇作品，入选的杨振声、沈从文、李健吾、凌叔华、林徽因都是京派的骨干。左翼成员中只用了张天翼、沙汀两人的作品，当时两人作品的左翼色彩还不是那么明显。除此以外，还有一批名不见经传的年轻作家。如崭露头角的李同愈曾说："无论如何，沈从文的短篇小说到底引诱了许许多多年青的读者，照亮了通到文学之园的途径。至少我就是其中的一个。"③ 刘祖春是沈从文的湘西同乡，由沈从文资助于 1934 年来到北京求学，受沈从文的影响走上了文学之路。李辉英是沈从文在上海中国公学中文系的学生，沈从文一度对他赞赏有加。程万孚是北大中文系的学生，他和弟弟程朱溪与沈从文书信交往颇多，友谊深厚。隽闻（王林）在青岛大学外文系读书期间，旁听了沈从文小说习作课，1932 年在《现代》

① 王西彦：《宽厚的人，并非孤寂的作家——关于沈从文的为人和作品》，《长河不尽流 怀念沈从文先生》，湖南文艺出版社 1989 年版，第 86 页。

② 王西彦：《宽厚的人，并非孤寂的作家——关于沈从文的为人和作品》，《长河不尽流 怀念沈从文先生》，湖南文艺出版社 1989 年版，第 86 页。

③ 李同愈：《沈从文的短小说》，《新中华》第 3 卷第 7 期，1935 年 4 月 10 日。

杂志第 2 卷第 2 期上发表处女作短篇小说《岁暮》，得到了沈从文的热情鼓励。徐转蓬是 20 世纪 30 年代崛起的青年作家，虽在上海读书，但他常把文章寄给沈从文，很多稿子是经沈从文仔细修改过的。

沈从文初为人师，逐步养成了育人的心态和姿态。在师承关系的场域中，他能够更加清楚地认识到青年学生、青年作家的问题或缺陷，也愿意真诚且有针对性地把自己的经验分享给青年，关注并在意他们的反馈，进而以这些反馈构筑起新的经验，不断调整自己对青年的认知以及与青年相处的态度。在这种经验的积累、传递和互动更新中，沈从文表现出鲜明的务实风格，从学生的实际问题出发，从自身的实际经验出发，以实际行动培养青年作家的写作态度。

三、"态度"的传承

接续着前辈作家的温暖，沈从文对青年作家的关怀也是无微不至的，从解决生计到未来规划，从默默扶持到热情鼓励，从修改文章到推荐作品，情感与经验的融合推动沈从文更加深入地认识青年、对话青年，也更加深入地理解文学、理解创作。在此基础之上，沈从文提出"文学者态度"的主张，指向当时文学创作的弊病和对作家的期许，并在与青年的交往中不断重提、深化。

《文学者的态度》一文被视为引发"京海之争"的开端，长期以来学界多从京海对立的视域下进行探讨，而对其关涉的文学本质则重视不足。实际上，此文针对当时普遍存在的随意、游戏的文学态度，不仅限于南北对立。沈从文指出，自古以来中国文学就有"玩票白相的神气"①，魏晋以后，除了向帝王上书陈述政治得失时将文章看得比较重，其他时候大多不够严肃。文人只有在做官不如意时才会转向文学，如晋人、唐人的小说等，因而文学只能是一种随性而发的副业。沈从文在此强调"文学者的态度"，即是指作家要"诚实"，保持写作的独立性和严肃态度。《文学者的态度》一文发表于 1933 年 10 月，但此前沈从文已有多篇文章流露出这一观点，尤其集中体现在沈从文为青年作家文集所写的序言中。

作序言也是沈从文扶持青年作家的一种方式，以知名作家的序言推荐无名作家的作品，以期吸引更多读者的目光。在这些推荐小文中，"诚实"是他评价作品的重要标准。他认为，凡是以"诚实"的态度去做的作品总有可取之处。如在《连萃创作一集序》中指出，"戴南冠，高植，谢冰季，王坟，李同念，程一戎，李明核……莫不

---

① 沈从文：《文学者的态度》，《沈从文全集》（第 17 卷），北岳文艺出版社 2002 年版，第 48 页。

以最诚实的几乎也是严肃的态度，使整个的生命放在创作上，那种带着一点儿傻样子的努力，是我极其佩服的"①。《高植小说集序》称赞高植"用的是最傻的也正是最诚实可爱的方法来写作小说"②，是把文学当作事业，用诚实、严肃的态度创作的代表。《〈刘宇诗选〉序》多次提到刘宇的"诚实"——"诚实的写，虚心的看，任劳耐苦的去生活，抱残守缺的固持到自己一点信仰"，"十分诚实，同时也十分谦逊"③。《〈群鸦集〉附记》中讲到年轻人的忧郁，认为诗人"一定得喊出那难受的苦处，吐出那闷在心上的一团，让我们明白，给我们领会，使我们动摇，要我们莫忘记，他用的手段，没有比用诚实为更好的手段了"④。

在这些为青年作家撰写的序言当中，"诚实"并未形成条分缕析的固定规则，但大致指向了作家的创作态度，强调文学的独立性、创作态度的严肃性和创作方法的写实性。这种观念首先来自他的实践经验。沈从文是不大相信"天才"和"灵感"的。他认为天才和灵感容易让人失去理性，陷入懒惰，所写的文字要么异常奢侈，要么异常平凡，因而他"不希望自己比谁聪明，只希望自己比别人勤快一点，耐烦一点"⑤。此外，他不仅对自己心怀着这样的希望，对青年作家也饱含着这样的期待。他在《萧乾小说集题记》中写道："我希望他永远是乡下人，不要相信天才，狂妄造作，急于自见。应当养成担负失败的忍耐，在忍耐中产生他更完全的作品。"⑥

除了以序言的方式强调"诚实"的重要性，沈从文在与青年的日常交流中也不断渗透着这一观念。王西彦曾回忆与沈从文谈话的场景，时隔50多年仍能清晰地描绘沈从文的话语和神情，可见印象极为深刻。"谈到写作问题，他原来总是浮现着微笑的脸色变得稍稍严重了，很动情地说，一个人既然决心当作家，就应该忠心耿耿，矢志不移，不能朝三暮四，左顾右盼，一定得把毕生精力集中在自己的笔墨上：'你化上一辈子的力量也不一定能写出好作品，不专心能行吗？'"⑦ 沈从文强调对严肃态度的坚

---

① 沈从文：《连萃创作一集序》，《沈从文全集》（第16卷），北岳文艺出版社2002年版，第314页。

② 沈从文：《高植小说集序》，《沈从文全集》（第16卷），北岳文艺出版社2002年版，第319页。

③ 沈从文：《〈刘宇诗选〉序》，《沈从文全集》（第16卷），北岳文艺出版社2002年版，第323页。

④ 沈从文：《〈群鸦集〉附记》，《沈从文全集》（第16卷），北岳文艺出版社2002年版，第309页。

⑤ 沈从文：《谈创作》，《沈从文全集》（第16卷），北岳文艺出版社2002年版，第198页。

⑥ 沈从文：《萧乾小说题记》，《沈从文全集》（第16卷），北岳文艺出版社2002年版，第326页。

⑦ 王西彦：《宽厚的人，并非孤寂的作家——关于沈从文的为人和作品》，《长河不尽流 怀念沈从文先生》，湖南文艺出版社1989年版，第86-87页。

持，要专心写作，要将全部精力集中于文字之上。王西彦还提到沈从文的文学功用观，即文学的本质和首要职能应该是为艺术的。"一个作家所追求的目标只能是艺术，不能是别的，这是你的工作性质决定的：'艺术总必先是艺术！'他说这句话时，还翘起一个大拇指来加强语气。"此外，沈从文还会从写作的具体技巧层面指点青年作家——"写作学习其实就是文字锻炼，就是试验驾驭文字的能力：'使用文字时要有选择，有节制，做到恰到好处！'"① 在这样一种纯粹严肃而又细致务实的文学交流中，王西彦也不知不觉地接受并传承着沈从文的文艺观。

王西彦是左联作家，曾多次提及受到鲁迅和契诃夫等人的影响。他按照生活的本来面目描写生活，同时向读者传达生活应该是怎样的。其现实主义原则正是来自这些作家的文学风格。但他同时也会思考："怎样在'按照生活的本来面目描写生活'的原则下反映当代人民生活的真实图景同时，能使自己的作品稍稍经得起时间的考验。"② 他认为，真正能经得起时间考验的东西，"就是艺术的美，就是包含在作品中可以导向永恒的诗的美"③。这一观点是与沈从文的文学观相吻合的。王西彦还进一步表示"诗的美就是无掩饰的真实，就是对历史和人生的最纯真无伪的理解，而且出之于一种最平易朴素的形式"，"作家最可贵的品质就是无所保留的真诚"④。这是王西彦 20 世纪 80 年代写下的文字，与沈从文 20 世纪 30 年代在《文学者的态度》一文中强调的"诚实"如出一辙。

此外，沈从文在西南联大教授习作课时，曾多次重复一个原则，颇能体现他严肃诚实的"文学者态度"，那就是"要贴到人物来写"。这一原则后来曾被汪曾祺反复提及。他认为，沈从文的意思应该是"作者的心里要和人物贴近，富同情，共哀乐。什么时候作者的笔贴不住人物，就会虚假。写景，是制造人物生活的环境。写景处即是写人，景和人不能游离。常见有的小说写景极美，但只是作者眼中之景，与人物无关。这样有时甚至会使人物疏远。即作者的叙述语言也须和人物相协调，不能用知识分子的语言去写农民。我相信我的理解是对的。这也许不是写小说唯一的原则（有的小说可以不着重写人，也可以有的小说只是作者在那里发议论），但是是重要的原则。至少在现实主义的小说里，这是重要原则"⑤。汪曾祺的小说创作深受这一原则的影响。他

① 王西彦：《宽厚的人，并非孤寂的作家——关于沈从文的为人和作品》，《长河不尽流 怀念沈从文先生》，湖南文艺出版社 1989 年版，第 87 页。
② 王西彦：《自序》，《悲凉的乡土 王西彦早期作品选》，花城出版社 1982 年版，第 12 页。
③ 王西彦：《自序》，《悲凉的乡土 王西彦早期作品选》，花城出版社 1982 年版，第 12 页。
④ 王西彦：《自序》，《悲凉的乡土 王西彦早期作品选》，花城出版社 1982 年版，第 12 页。
⑤ 汪曾祺：《自报家门——为熊猫丛书〈汪曾祺小说选〉作》，《汪曾祺全集》（第 5 卷），人民文学出版社 2019 年版，第 107 页。

在《〈大淖记事〉是怎样写出来的》一文中谈及写作习惯，说自己不是一边想一边写的那种风格，而是想得相当成熟之后，一气呵成，但在写的过程中也会涌出一些原本并未想到的细节。"所谓'神来之笔'，比如我写到'十一子微微听见一点声音，他睁了睁眼。巧云把一碗尿碱汤灌进了十一子的喉咙'之后，忽然写了一句：不知道为什么，她自己也尝了一口。这是我原来没有想到的。只是写到那里，出于感情的需要，我迫切地要写出这一句（写这一句时，我流了眼泪）。"① 回忆至此，汪曾祺再次提到了沈从文。他认为自己对这个细节的补充恰能为"要贴到人物来写"这一创作原则作一注脚。"诚实"不是一句空话或是口号，而是能够具体落实为用心用情地贴近人物、感受人物，如此刻画的形象才足够真实、具体、令人信服。

沈从文回忆他在青岛大学教小说习作课时，往往最开始有很多人听讲，后来学生越来越少，到一学年结束后便只剩下5个学生，其中有两个还是旁听的。沈从文猜想，选课的学生想要获得的是写作的知识或"秘诀"，或"简要方法"②，而他无法传授这样的内容，因为写作对于沈从文而言，没有秘诀也没有捷径，只有真实的感知、诚实的书写和勤奋的苦练、耐心的等待。综合来看，沈从文在与青年交往中反复提及"文学者态度"，至少包含了这样三个层面的深意：就文学的本质而言，文学应该是美的、纯粹的，因而也应该是独立的、不受外界事物干扰的；就作家的态度而言，作家应该是诚实的、严肃的、忍耐的，诚实地面对自我，严肃地对待文学，忍耐着逼近成功；而沟通作家与文学之间的恰恰是"文学者态度"，作家应该如何写作？如何能够写出更"完全"的作品？通过在不同场合、不同语境中不断引导青年树立"文学者态度"，沈从文意在为中国文学的未来建构新的希望。他以自身经验引导青年创作，并在与青年的交往、交流中不断总结，强调诚实、严肃的创作原则，传承"文学者态度"，在师承场域中凝聚起青年力量。

（作者单位：北京师范大学文学院）

① 汪曾祺：《〈大淖记事〉是怎样写出来的》，《汪曾祺全集》（第9卷），人民文学出版社2019年版，第185页。

② 沈从文：《〈幽僻的陈庄〉题记》，《沈从文全集》（第16卷），北岳文艺出版社2002年版，第330页。

废名《阿赖耶识论》的"论争精神"与"文本实践"①

武斌斌

"五四"是一个思想论争层出不穷的时期。此中不乏规模浩大、波及甚广的"思想界之大辩论",如"非宗教大同盟运动"、"科玄论争"等等。20 世纪 30 年代初,在当时的佛学界也曾有过一场大论争——主流佛学界与熊十力的《新唯识论》之争。此次论争的背景大致为:熊十力本是南京内书院佛学大师欧阳竟无的得意弟子,三年如一日潜心研究唯识学,并借此受蔡元培先生聘,到北京大学讲授唯识学一课。但就在他为北大学生编写讲义的过程中,"忽盛疑旧学,于所宗仰,极不自安"②,于是,尽弃前稿,另著了《新唯识论》③(文言文本)。此书一出,立即遭到了佛学界的猛烈批判,不仅佛学界其他学派门人如太虚法师、印顺法师、周叔迦、释巨赞等人与之进行了激烈的论争,就连其恩师欧阳竟无也极力号召众弟子"鸣鼓而攻之"。有关此次论争,本文不及详解④,我们且看其"余绪":抗战时期,熊十力以《新唯识论》文

---

① 本文系山西省高等学校哲学社会科学规划项目"佛学对废名文学创作以及思想建构的影响研究"(2020W149)的阶段性成果。

② 郭齐勇:《熊十力哲学研究》,人民出版社 2011 年版,第 6-7 页。

③ 此书共有两个版本:第一版为文言文版,由浙江省立图书馆于 1932 年 10 月出版发行,在佛学界引起了极大争议;第二版为语体文本,由中国哲学会作为"中国哲学丛书"甲集第一部交由重庆商务印书馆于 1944 年 3 月出版发行。废名与之论争的底本为第二版。

④ 具体内容可参阅郭齐勇《熊十力哲学研究》(人民出版社 2011 年版)、景海峰《熊十力哲学研究》(北京大学出版社 2010 年版)、陈志华《熊十力哲学研究:"新唯识论"之理论体系》(人民出版社 2013 年版)、曾海龙《唯识与体用:熊十力哲学研究》(上海人民出版社 2017 年版)、宋志明《熊十力评传》(百花洲文艺出版社 2014 年版)等书。就论争结果而言,目前学界大致认为"熊十力的《新唯识论》出,颇遭佛教界的訾议、责难。平心而论,许多学者(不仅仅限于佛学界)对熊先生的批评是正确的,尤其是涉及许多知识性的、细节方面的问题,更是如此。但熊十力不是一位纯粹的学者,而是一位哲学思想家……从解释学的观点看,熊先生对佛学的重新诠释、阐释,即便有一些牵强、误会、歪曲、呵毁,亦属思想史上的正常现象。六经注我,随机创发,于此正可以窥见他的佛学思想。或许有某些佛学专家,造诣甚深,学术研究水平很高,然不一定有独到的佛学思想"(郭齐勇:《熊十力哲学研究》,人民出版社 2011 年版,第 114 页)。

言文本为底稿，在对其进行大量修正、补充之后又将此书翻译为语体文本再次出版。此次出版在佛教界未引起多大波澜（毕竟已有论争），却让远在黄梅乡下的废名看后"大吃一惊"，认为"熊先生何以著此无用之书？我看了《新唯识论》，诚不能不讲阿赖耶识"①。于是，他特意写了一本佛学专著《阿赖耶识论》与熊十力辩。新文学家写佛学专著，这无论在当时还是现在看来，都可以说是学界一大奇闻。但或正因为此"奇"②，此次论争的意义一直被掩埋在历史的尘埃之中，没有得到很好的发掘。本文即以此出发，探讨新文学视野下废名参与此次论争的意义，具体包括：（1）探究废名与熊十力论争的主要内容；（2）探究此次论争背后二者的立场差异以及废名论争的真正意旨；（3）探究废名论争之"精神"在同时期作品中的表现。

二、文本之内：一场有关唯识"精神"的论争

熊十力《新唯识论》文言文本出版之际，佛学界对其进行了深入而猛烈的批判。如，太虚法师认为"依此以观熊论（指《新唯识论》，下皆同此），所谓：'今造此论，为欲悟诸玄学者，令知实体非是离自心外在境界，及非知识所行境界，唯是反求实证相应故。'即知其论属真如宗，以彼所计'实体'，即指'真如性'故，宗在直明直证真如性故"③。刘定权指出"然三性之说，佛口亲宣，诸经备载。今谈三性，则存善恶而废无记，任情取舍，非所谓不乖宗极也。四智之说，佛所证得。今熊君挟私逞妄，

---

① 废名：《阿赖耶识论》，王风编：《废名集》（第4卷），北京大学出版社2009年版，第1844页。本文所引《阿赖耶识论》内容均出自此版本，下文不再另行标注。

② 废名与熊十力《新唯识论》之争的价值与意义在学界一直未得到充分重视，笔者认为其原因有三：一、熊、废之争距主流佛学界与熊十力论争的"高峰期"（1932–1933）间隔已久，故佛学界对此事件的关注度已大大降低；二、废名《阿赖耶识论》一书的流通面较窄。《阿赖耶识论》动笔于1942年冬，成书于1945年秋，共得10章（另有序1篇），1947年中国哲学会曾有意付梓，但终不得其果（可参阅《"佛教有宗说因果"书后》一文）。据目前资料显示，在2000年止庵先生编订此书单行本（辽宁出版社2000年版）之前，学界见过此书的恐怕只有熊十力、俞平伯、朱光潜、子燮、卞之琳等寥寥诸人，故其影响不是很广。三、与熊十力、欧阳竟无、吕澂、刘衡如等人同属佛学界不同，废名之《阿赖耶识论》对佛学界而言"业余性"有余而"专业性"不足，但对于文学研究界而言，却又因为学科畛域的差异，问津难度较大（目前文学研究界中只有谭桂林、陈建军、谢锡文等少数学者对此有过关注）。笔者认为，废名写作此书参与此次论争的意义远不止于对佛教义理的明辨、显义、去蔽，而在于他以此论争为切入口张扬了他这一时期对西方科学主义的深刻反思。就此而言，正是由于废名的参与，让这场本是佛学界内部义理的论争演变为了一场具有思想史意义的"大辩论"。

③ 太虚：《略评唯识新论》，萧萐父主编：《熊十力全集》（附卷上），湖北教育出版社2001年版，第34页。

于净位中不许有四，是其自待已贤于释迦矣。尚曰不乖宗极，其谁欺乎"①。吕徵更是认为"要之，佛家者言，中在离染转依，而由虚妄实相，所谓幻也，染位仍妄，以着工夫。故云根本义曰心性本净。净之云者，妄法本相，非一切言执所得扰乱，净字梵文原是明净与清净义。此即性寂之说也。自性涅槃、法住法位，不待觉而复存，故着不得觉字。六代以来，讹译惑人，离言法性自内觉证者，不据名言，谓之曰内。一错而为自己觉证，再错而为来来觉证。于是心性本净之解，乃成性觉。佛家真义，遂以荡然"②。如上诸论，无论是"真如"说、"宗极"说还是"心性本净之解，乃成性觉"说，就其根源来看，都是认为熊十力继承的乃是中土伪说"性觉说"，与印度旧义"性净说"③ 乖悖甚大。废名对此有不同看法，他认为"《新唯识论》批评有宗空宗讲因缘的话，见得熊先生于佛教无心得，熊先生依然是中国智者，异乎印度菩萨与欧西求真者的求真，故不能面对真实，也就是不懂得佛教的空宗与有宗……熊先生是能自得者，然而他曾经从师学佛，学唯识，关于唯识的话熊先生是学来的，与熊先生自己无关。熊先生由唯识一变而反唯识，因为正对之是得其糟粕，所以反对之仍是糟粕，反不如我这不学的人懂得他的精神"。概而言之，在废名看来，熊翁之谬不在于其"所学之宗"为何，而在于他"不懂得唯识的精神"。就此，在《阿赖耶识论》中，废名断然拂去主流佛学界纠结于字句辞章、义理考据的烦琐尘埃，而直指其"精神"（缘何如此，笔者将在下文论及），从本体论与宇宙观两个方面与熊十力展开了激烈的论争。

（一）本体论：世界是"心"还是"物"

> 熊先生的《新唯识论》也因为不知有心这个东西遂而乱添出许多话来说。熊先生仍是眼见物说话。他当然不是以物为物，他说物是大用的显现，然而他看见物了，他看见大用显现的物了。　　　——《阿赖耶识论·向世人说唯心》

智者如熊十力先生依然是眼见物说话，不过熊先生观物如看活动电影罢了。

---

① 刘定权：《破新唯识论》，萧萐父主编：《熊十力全集》（附卷上），湖北教育出版社 2001 年版，第 4 页。

② 吕徵：《吕徵致熊十力》，萧萐父主编：《熊十力全集》（第 8 卷），湖北教育出版社 2001 年版，第 448 页。

③ 有关"性净"与"性觉"之争从根本看来其实仍是佛教中国化的问题。印度唯识旧说认为"人性本寂"，而中国化的佛教则用"本觉的意义来理解心性明净"，认为"人心为万有的本源，此即所谓'真心'。他的自性'智慧光明'，遍照一切，而又'真实识知'，得其本觉"（郭齐勇：《熊十力哲学研究》，人民出版社 2011 年版，第 123 页）。前者在可能、应然的层面上看问题，后者在现实、实然的角度看问题，看待问题的角度不同。

认识心何其是一件难事！

——《阿赖耶识论·阿赖耶识》

废名与熊十力有关唯识"精神"的分歧首先表现为二者对世界本体的认识不同。从根源上来说，废名与熊十力对于世界的认识都是继承法相唯识宗的"识有境无说"，但在有关"心"的作用以及"心"与"物"的关系方面，二者分歧颇大。熊十力的《新唯识论》以《周易》之"翕辟说"解"万法唯识（心）"，认为世间万物在本体内部都包含着隐藏的张力与矛盾："翕者"，积极摄聚敛成物质世界，"辟者"，刚健自胜以其运势而宰物，"翕"为物，"辟"为心，二者互相作用，创化不已，最终形成了"日日新"的现象世界。以此观之，此论着重强调"心"的"殊胜"作用，而对其"本体"作用则极力淡化。废名不同意熊十力的此种见解。在《阿赖耶识论》中，他列举了诸多日常生活例证论证"万法唯心"之"心"的"恒常义"与"唯一义"。如，他先是以打电话为例指出即便在电话未打通之前，"电"之为物仍然存在，故此"电"如同"心"，虽未发生作用但仍为"有"。其后，他又以人之记忆为例指出，当人对一个东西记忆不大清楚时，只需翻开字典一查便记清楚了，这正是"心"在起作用。举一反三，废名认为人之喜、怒、哀、乐、希望、恐怖、羞耻、记忆、忍耐等种种心理，其实不外乎都是"心"的作用，"心"才是世界的本体与核心。由此，在对"心"之作用的理解上，废名与熊十力存在着较大的分歧。与此相关，二人对"心"与"物"的关系也有不同认识。熊十力十分强调"物"的生发作用，在他看来，"夫翕辟非异体，只势用殊耳。此二种势用，不可分割，名之为势用，即不可当作实物来想，何可析为二片物事？更无先后。不可说翕先而辟后，亦不可说辟先而翕后。辟势本一，一者，言其为浑然全体。无定在而无不在，新新而不守故，进进而无退坠，是其德之盛也"[1]，而废名则只强调世界的"寂灭性"、"心"的"含藏性"，对"物"之作用几不言及。综合看来，废名坚守的仍是唯识旧义"唯谓简别，遮无外境；识谓能了，诠有内心"[2]，而熊十力则大力强调"物"之开用、生发功能，对唯识旧说进行了一定程度的改造。

（二）宇宙观：世界是"生"还是"有"

熊十力先生在他的著作里一方面说一合相是不对的，一方面说有宗菩萨把心析为各个独立的东西也是不对的，他不知道有宗菩萨说的正是一合相。天下事情那里不是一合相呢？眼耳口鼻在一个首脑上，不是一合相吗？根茎枝叶花果种子

---

① 熊十力：《新唯识论》，中华书局 2011 年版，第 280 页。
② ［唐］窥基：《成唯识论述记》（第 1 卷），台湾新文丰出版公司 1974 年版，第 5 页。

同在树上，不是一合相吗？就拿一颗种子即未来树来看，不是一合相吗？要各有自体，不相冲突。

——《阿赖耶识论·阿赖耶识》

废名与熊十力之争的另一个分歧在于二者的宇宙观即对世界是"生"还是"有"的问题存在着认识差异。有关此问题，二者的论争主要围绕唯识学核心概念"种子说"而展开。"种子"是佛教唯识学的一个十分重要的概念，用井上玄真的说法即"种子是什么？那伏在第八识中生果的功能——即是能发生诸法各别不同现象作用之谓"①。通俗点说，佛教认为世间一切法都是由因缘和合而成的，其生成的动力即为"种子"。唯识之"种子"说，大体就如世间稻麦之种能生芽生叶一样，佛教也认为世间一切有漏、无漏的色心诸法都是由第八识阿赖耶识中的种子现行生起的。

在《新唯识论》中，熊十力对唯识"种子义"进行了两大批判：（一）他认为唯识"种子"说是一种"妄构"与"多元论"；（二）他认为唯识"种子"义犯了"二重本体"的错误。在《新唯识论·功能下》一章中，熊十力指出"他们无著派的种子说，全由情计妄构。易言之，即依据日常实际生活方面的知识，来猜想万化之原，如此而构成一套宇宙论，自不免戏论了。他们所谓种子，也就是根据俗所习见的物种，如稻种、豆种等等，因之以推想宇宙本体，乃建立种子为万物的能作因。能作因一词，本自小乘。此借用之，不必符其本义。作，犹云造也，概谓种子能造起万物，故说名能作因。这正是以情见猜测造化，如何应理？据他们的说法，种子是个别的，是一粒一粒的，且数量无穷的。轻意菩萨《意业论》云：'无量诸种子，其数如雨滴'。这无量数的种子，不止体类不同，种子的自体，有类别者，如无量的眼识种子是同类，若望耳识等等种子便是异类。又准相见别种家言，眼识无量见分种子是同类，若望眼识相分种子便是异类。眼识种如是，余各识种皆可例知。还有性类不同"②。缘此，他进一步认为"他们（指无著、世亲学派——笔者注）既建立种子为诸行之因，即种子已是一重本体。然而，又要遵守佛家一贯相承的本体论，即有所谓真如是为万法实体"③，则犯了"二重本体"的错误。

对此，废名进行了针锋相对的辩驳。首先，他援引唯识旧说"四缘论"之"亲自办果"义为"种生芽法"辩护。佛教的缘起说认为，一切事物都由缘而生起。唯识学

---

① ［日］井上玄真：《唯识三十颂讲话》，其峰法师译，广化寺佛经流通处，1998 年，第 52 页。

② 熊十力：《新唯识论》，中华书局 1985 年版，第 423 页。

③ 熊十力：《新唯识论》，中华书局 1985 年版，第 427 页。

认为"缘有四种，即因缘、等无间缘、所缘缘、增上缘。因缘是事物生起的根本性、决定性的缘，各事物的因缘就是其在第八识中的种子。等无间缘是事物得以延续的缘，前一瞬间的心延续到后一瞬间，靠的就是等无间缘。所缘缘是心和心所的认识得以产生的缘。增上缘就是对事物的生起起帮助性作用的缘。这样，事物间的相互关系都可用这四种缘来加以说明"①。废名的论证从"因缘"入手，指出世间一切有为法皆是由"因法"引发的，故此，麦种生麦，稻种生稻，"因必致果"。其次，废名进一步引用"种子六义"中的"果俱有"义与"引自果"义为世界是"有"说辩护。印度旧义认为"种子"有如下六大功能："一刹那灭，谓体才生，无间必灭，有胜功力，方成种子……二果俱有，谓与所生现行果法，俱现和合，方成种子……三恒随转，谓要长时一类相续，至究竟位，方成种子……四性决定，谓随因力，生善恶等功能决定，方成种子……五待众缘，谓此要待自众缘合，功能殊胜，方成种子……六引自果，谓于别别色心等果，各各引生，方成种子。"② 废名以此为依据，将世界比作一株植物，指出在植物的生长过程中，如若由"甲"到"辛"代表事物的生成过程，那么在生成的过程中，甲为因乙为果时，二者因果共俱，而此时丙丁戊己庚辛则不俱，此即为"果俱有"；而对甲乙丙丁各个来说，芽有芽种，茎有茎种，叶有叶种，各个种子分别独立而又包藏于"一合相"中，此即为"引自果"。在他看来，世间万物的生成过程即如"果俱有"与"引自果"之分工合作，只有"含藏"关系而无"生"之行为，故此，他驳斥了熊十力的"戏论"说。至于"二重本体"说，废名虽没有明言，但我们大致可以发现，熊十力此说确有漏洞。依唯识教义来看，佛教说"真如"并不意味着"真如"即是世界的"本体"。"真如"在佛教义理中是"一个认识论的范畴，而不是本体论的范畴"③。至于"种子"，佛教从根本上来说是一种极端的否定性思维，它以"空"为本体，是一种"非本体的本体"④，而不是说"种子"即为本体。如此，"二重本体"说其实并不能成立。

二、论争"背后"："信仰"差异与"言外之指"

废名与熊十力相识已久。早在 20 世纪 30 年代初，废名与熊十力同游北海，废名问熊十力："为什么反唯识呢？"熊先生回答说："他讲什么种子。"此时，唯识义理就

① 林国良：《成唯识论直解》，复旦大学出版社 2000 年版，第 7-8 页。
② 林国良：《成唯识论直解》，复旦大学出版社 2000 年版，第 137-138 页。
③ 郭齐勇：《熊十力哲学研究》，人民出版社 2011 年版，第 151 页。
④ 麻天祥：《中国佛学非本体的本体诠释》，《中国社会科学》2001 年第 6 期。

已在废名心中埋下了一颗"种子"。此后，废名系统阅读了《中论》、《百论》、《瑜伽论》、《成唯识论》、《大智度论》、《华严经》、《金刚经》、《维摩诘经》、《涅槃经》等诸多佛学著作，对佛学有了较深入的了解。1944 年，熊十力《新唯识论》语体文本出版，他"远迢迢"地寄给了废名一本，废名阅后不同意此中观点，这就有了上文之争。此次论争表面上看来似乎仍是围绕印度法相唯识旧说的正统与非正统之争，但从废名对"物"之严峻批判、对"生"之激烈反驳可以看出，此次论争还应有其他原因。这种成因一者涉及二人之"信仰"，再者则应与批判对象的"另有所指"有关。

就"信仰"而言，参与此次论争的废名与熊十力，恰如《人道主义的僭妄》中的"上帝"与"上帝之管家"："造物主对造物的爱正是由于它与人的目的不一致而显得神秘。野驴和野百合受到上帝的钟爱是因为它们自己的缘故，而我们爱它们是因为它们是我们必须爱的模式的一部分，我们必须爱这种模式是因为我们依赖这种模式，虽然人类不能控制而且不能希望完全理解这种模式，但可以理解到尊重和保护它的程度。……因此，造物主对人发出的公正而宽厚地利用世界的旨意限定了每一个人作为世界管家的道德境界。"管家的道德境界是"为了生活，我们必定天天使造物破碎流血。如果我们这么做时我们本身慈爱、明智、恭谨和熟练，那就是神圣的。要是我们这么做时我们本身贪婪、笨拙、愚昧和残忍，那就是亵渎"①。

废名佛学观的出发点是对"上帝"的绝对忠诚，而熊十力则更像是上帝在人间的管理者。管理者虽不能绝对、完全地领会上帝的旨意，但在管理过程中却不乏一定的主观能动性。

对熊十力而言，佛学只是"参考"，其《新唯识论》"意在将儒、释、道为主的中国哲学的本体论、宇宙论、认识论、方法论、心性论、人生论，综合融贯成一体系，以与他所说的'旧论'，即印土佛教唯识学区别开来"②。与之相比，废名的唯识观虽"直至人心"，却多关乎信仰。他之强调唯识"精神"，与其说是为了驳斥熊十力，不如说是为了体认、证信自己从日常生活中体悟而来的唯识正义。然而，问题的关键还没有这样简单。如上文所说，废名虽不同意熊十力的新唯识观，但他并没有像欧阳竟无等人一样从考据出发维护唯识旧义，而是特别拈出"精神"一说与熊十力辩。此"精神"当然是指唯识之"精神"，但从论辩的角度而言，维护此"精神"必驳斥其他的"精神"。那对应于熊十力身上，此"精神"为何呢？恰如有论者所言，熊十力之

---

① ［美］戴维·埃伦费尔德：《人道主义的僭妄》，李云龙译，国际文化出版公司 1988 年版，第 4 页。

② 郭齐勇：《熊十力哲学研究》，人民出版社 2011 年版，第 122 页。

新唯识"杂糅易、老、陆、王暨印度数论、欧西天演论等思想"①，其所创见深受"进化论、创化论"② 之影响。故此，我们再结合上文废名对"物"之警惕，对"生"之批判，可以看出，废名对熊十力的批判，与其说是批判他没有坚守唯识旧义，不如说是批判他汲取了"域外新学"。此新学既包括进化论也包括唯物主义③，大体而言，可用"科学主义"一语来概括。在西方，从 18 世纪到 20 世纪，随着两次科技革命的爆发，"科学"取代"上帝"成为了西方人的信仰。在中国，及至清末民初，中国思想界的有识之士寻找救国之论，"科学"与"民主"作为两面大旗被引入了中国思想界，一时之间"科学主义"也成了中国人无可置喙的指导思想。如，陈独秀在《青年杂志》首篇《敬告青年》一文中即指出"近代欧洲之所以优越于他族者，科学之兴，其功不在人权说下，若舟车之有两轮焉"④，在《新青年·本志宣言》中又说"我们相信尊重自然科学、实验哲学，破除迷信妄想，是我们现在社会进化的必要条件"⑤。再如，在"科玄论争"中，任叔永甚至认为"人生观成不成科学是一事，科学能不能解决人生观的问题又是一事"，"人生观的科学是不可能的事，而科学的人生观却是可能的事"⑥（着重号为原文所有——笔者注）。由此可见，"科学主义"思想进入中国的时间虽短，但对中国人整体精神的影响却是十分深入的。废名对此不以为然，他批判熊十力所受之域外影响，更批判西方科学主义精神⑦。这在《阿赖耶识论》中主要表现在以下三个方面：

首先，是对西方哲学的批判。在《阿赖耶识论·序》中，废名首先对西方两大著名的唯心主义哲学家——康德与笛卡尔展开了批判。对于康德，他虽然认为其"论理是先验的，即是说论理不待经验而有"的观点有一定道理，但旋即指出，康德虽自称"唯心"主义哲学家，但他所谓的"心"仍只是判断的对象，而非判断的主体。对于笛卡尔，废名认为，西方哲学史上笛卡尔虽然提出了著名的"我思故我在"说，但事

---

① 太虚：《〈新唯识论〉语体文本再略评》，萧萐父主编：《熊十力全集》（附卷上），湖北教育出版社 2001 年版，第 157 页。

② 郭齐勇：《熊十力哲学研究》，人民出版社 2011 年版，第 128 页。

③ 此处，废名对熊十力学说有明显的误解（也有可能是故意的误解），熊十力的《新唯识论》吸收了西学的辩证法，但对唯物观却始终保持警惕，他认为"西洋哲学发源希腊，其哲学上之一元唯物论，当初只是粗而未精之科学思想。及科学从哲学分离而后，哲学中仍存唯物一派之论，而亦无甚精采"（见熊十力：《原儒》，中国人民大学出版社 2006 年版，第 234 页）。

④ 陈独秀：《敬告青年》，《青年杂志》第 1 卷第 1 号，1915 年 9 月 15 日。

⑤ 陈独秀：《本志宣言》，《新青年》第 7 卷第 1 号，1919 年 12 月 1 日。

⑥ 张君劢、丁文江等：《科学与人生观》，岳麓书社 2012 年版，第 91 页。

⑦ 《阿赖耶识论》总共才成书十一章（包括序言在内），但在《论作述之故》、《向世人说唯心》、《破生的观念》、《阿赖耶识》、《真如》五章中都有对"科学主义"的批判。

实上，此说无论是说"思"还是说"我"，都不是"无我"。笛卡尔所谓的"思"与"我"表面上看来虽无所限制，但实质上仍深受现实经验的束缚。以此推之，废名以佛教的"无我观"检视西方唯心主义哲学，指出西方哲学中所谓的"唯心主义"在本质上都相当于唯识八义中的"末那识"，是"有我"的"妄识"。至于唯物主义思想，废名的批判就更为猛烈了。在《说理智》一章中，他指出欧西学人示现真理的方式虽与佛教大致相同（基本上采用的都是一种"论理"的方式），但佛教论理是为了迁就世人的思维方式，让世人在思辨中体悟"缘起性空"，而欧西学人则是以逻辑论辩为前提，以假设推论为真理，有"论理的形式"而无"论理的精神"。就此，废名以形式/精神二元对立的观点瓦解了西方唯物主义的辩证统一性。

其次，是对西方"唯物观"的批判。在《阿赖耶识论》中，废名对西方唯物主义思想的批判俯拾皆是。如，在《有是事说是事》一章中，他把印度菩萨说话的方式与科学家说话的方式进行比较，指出菩萨说的话因为没有范围，所以是真知，而科学家说话则有范围的限制，是"以不知为知"。在《向世人说唯心》中，他指出"世界本是有的，而你因习惯之故以为有物则有，不知有心亦是有。你看见的花果是你的心，你看见的山河大地是你的心。当你看见一个东西的时候，你的眼中有一个影像，俗谓之瞳人，你能说这个影像是物吗？你能说物不是这个影像吗？到底物是在内还是在外呢？如说在外，则你眼里的影像是在外吗？在什么之外呢？所以物不如同影像一样说是在内"。在《致知是格物》中，他更是指斥道："欧西学问重在明辨，应该将世界说得清清楚楚，却是外物而内心，其结果乃至于俗不可医，因为明辨而妄语也。"这样的例子在《阿赖耶识论》中还有很多，不必一一列举即可看出，废名对西方唯物主义的批判大体而言还是以佛教的缘起性空说审视世界之生成，认为世间万物只存在于"心"之中，人只有通过直观的生命感悟才能抵达真理的境地，与之相比，科学家却执着于"外物"，其眼睛被物之外表所迷惑，故离世界之本质愈来愈远。就此而言，废名的观点显然带有唯心主义色彩，但有论者言，西方物理学与东方神秘主义哲学（包括佛学）之间虽外表差异甚大，但就实质而言却存在着许多相似之处——"这两种观察的区别仅仅在于探索的方式不同，而它们的可靠性和复杂性都是相同的"①。废名对西方唯物主义的批判虽方法独特（主要依恃的是本土学说），但在效果上倒与西方后现代主义学者的某些观点有异曲同工之妙。

最后，是对西方进化论的批判。《阿赖耶识论》表面上抨击的是熊十力以儒家"大化流行"的观念改造唯识宗"寂静寂灭"的本义，实际上则是对熊十力所受西方之影响尤其是"进化论"的影响颇为不满。这有诸多例证可证。如，在《论妄想》一

---

① 灌耕编译：《现代物理学与东方神秘主义》，四川人民出版社 1983 年版，第 25—26 页。

章中，废名以世界是"有"说驳斥了赫胥黎的"竞而独存"说。他指出，赫氏的算式"正如小学生课本上的算术题目，是教师捏造出来的"，"物竞天择"的概念就如佛家所言之"兔角"，根本是无根的存在，不仅"木出子"之"木"作为名词概念在名相学上不能成立，而且"木生子"的逻辑也实在是"妄想堆积而成的算式"。再如，在《说理智》一章中，他引用提婆的说法"头足分等和合现是身，汝言非身，离是已别有有分为身。复次，轮轴等和合现为车，汝言离是已别有车"，指斥西方之"物"如同离开头、足说身，离开轮轴言车，而西方之"进化论"就如俗理中我们争论的"鸡生蛋"与"蛋生鸡"，这样的争论不可能有答案而只会让人堕入"无定过"与"不定过"中。

综上，废名以唯识旧义驳斥西方哲学，其批判不一定全然正确。但结合我们上文所说的当时思想界中广为流行的科学主义观念以及战时废名所遇科学主义之迫害，我们即可看出，废名批判西方科学主义而维护唯识旧义，一者当然是源于其对唯识旧说的"信仰"，但更多则是他对西方科学主义精神的反思。就此而言，废名与熊十力的论争早已超越了佛理论争的范围而变为一场"思想界之大辩论"。作为读者的我们，只有捋清了废名的宗教立场并挖掘到其论争背后的"言外之意"，才能真正懂得废名的"苦心"之所在。

三、《莫须有先生坐飞机以后》："论争精神"的文本实践

废名的《阿赖耶识论》共十章，由《述作论之故》始到揭示《真如》本义终，形式完备，层次分明，论证清晰。此书就论文写作而言，不啻是一部兼义理性与可读性为一体的优秀之作，但或许是因为废名论辩的目标过多（包括与熊十力辩、与儒家辩、与科学家辩），又或许是因为他论辩的逻辑过于隐晦（如上文我们所分析），此书真正的"精神"一直被混同在与熊十力的佛学论争中而没有真正彰显出来。对此，我们不妨结合其同时期创作的其他作品继续深入了解。

《莫须有先生坐飞机以后》（以下简称"《坐飞机以后》"）是废名创作的最后一部小说，此书的创作时间大致为 1947 年夏至 1948 年冬，在时间方面紧接《阿赖耶识论》（1942-1945 年）。在内容方面，此书虽是一部小说，但"集历史、文学、宗教、道德、教育、伦理于一炉，小说的内容五花八门，应有尽有，史论、诗话、传记、杂感、典故、体悟、情境……都因此纳入到小说之中"①，因此，此书无论就思想的历时赓续而言，还是就内容的主旨表达而言，都可以说是《阿赖耶识论》之"近亲"（书

---

① 吴晓东：《史无前例的另类书写——废名的〈莫须有先生坐飞机以后〉》，《名作欣赏》2010 年第 12 期。

中有一章标题为《莫须有先生动手著论》，此论即为《阿赖耶识论》）。剖析此书的主旨内涵，可以发现，《阿赖耶识论》的论争"精神"在此书中有更为明确的表现。如，在《莫须有先生坐飞机以后·开场白》中废名即开门见山地指出：

> 我这回坐飞机以后，发生一个很大的感想，即机器与人类幸福问题……世界将来没有宗教，没有艺术，也没有科学，只有机械，人与人漠不关心，连路人都说不上了，大家都是机器中人，梦中人。机械总会一天一天发达下去，飞机总会一天一天普遍起来，然而咱们中国的老百姓则不在乎，不在乎这个物质文明，他们没有这需要，没有这迫切，他们有的是岁月，有的是心事……照我上面的话看来，机械发达的国家，机械未必是幸福；在机械决不会发达的中国民族而购买物质文明，几何而不等于抽鸦片烟呢？谋国者之心未必不是求健康，其结果或致于使国家病入膏肓呢①？

其实不止《开场白》，整部《坐飞机以后》都可以视为废名以"后视视角"写作的一部"避难反思记"。而在此反思中，他以对"机械文明"的反思为重中之重。有关机器对人的"奴役"与"异化"，西方学者如阿多诺、霍克海默、马克斯·韦伯、哈贝马斯等人都曾有过详细的分析。如霍克海默认为技术的大规模使用会使个人变成社会机器的一个组成部分，"个人被贬低为习惯反映和实际所需的行为方式的聚集物。泛灵论使对象精神化，而工业化却把人的灵魂物化了"②。马尔库塞更是从主体的主体性丧失角度出发探讨了发达工业社会中科学技术对人的影响，指出"科学使自然同固有目的相分离并仅仅从物质中抽取可定量的特性，与之相伴随，社会使人摆脱了人身依附的'自然'等级，并按照可定量的特性把他们相互联系起来，即把他们当作可按单位时间计算的抽象的劳动力单位"③，"技术的解放力量——使事物工具化——转而成为解放的桎梏，即使人也工具化"④。与之相比，废名的认识显然没有如此深刻与系统，但他却以文学家特有的笔锋多带情感的语言方式对此问题进行了同样的思考。如，在《停前看会》一章中，他描述道："看见了路旁的电线，有电话线，有长途电报线，

---

① 废名：《莫须有先生坐飞机以后》，王风编：《废名集》（第2卷），北京大学出版社2009年版，第810-811页。

② ［德］马克斯·霍克海默、西奥多·阿道尔诺：《启蒙辩证法》，渠敬东、曹卫东译，上海人民出版社2020年版，第24页。

③ ［美］马尔库塞：《单向度的人：发达工业社会意识形态研究》，刘继译，上海译文出版社2008年版，第125页。

④ ［美］马尔库塞：《单向度的人：发达工业社会意识形态研究》，刘继译，上海译文出版社2008年版，第127页。

他便陷入沉思，他想，这些是抗战最需要的工具了，这些是现代文明，而现代文明在中国是抱残守阙的面貌了，这些破旧的电线不是现代文明的乞丐吗？乞丐正以此对付现代文明。因为强敌日本正是以现代文明来攻击中国了。"① 在《莫须有先生教英语》一章中，他指出："科学如果救中国，科学不已经救了日本吗？故中国教育是八股，是决无疑义的。今日世界的问题不是科学问题而是哲学问题，也是决无疑义的。"② 这样的例子在《坐飞机以后》中不胜枚举。这一则与废名当时所处的战时语境有关，再则与当时思想界对西方启蒙现代性的普遍反思有关。时至 20 世纪 40 年代，西方科学主义精神进入中国的时间虽短，但其"流毒"已悄然显现。学衡派健将吴宓对此批评道："略以西洋近世，物质之学大昌，而人生之理遂晦。科学实业日益兴盛，而宗教道德之势力衰微，人不知所以为人之道，于是众惟趋于功利一途，而又流于感情作用，中于诡辩之说，群情激扰，人各自是⋯⋯科学家发明物质之律，至极精确，故科学之盛如此。然以物质之律施之人事，则理智不讲，道德全失，私欲横流，将成率兽食人之局。"③ 在《坐飞机以后》中，废名亦指出近代以来士人精神之堕落、国民党保甲制度之弊害、现代教育效用之空疏等等，无不与科学主义精神在中国的流行、密布相关。就此而言，废名以自身实践为依据批判西方科学主义，虽没有西方学者之论证缜密，但更接地气，也更具说服力。

除此之外，在《坐飞机以后》中，废名还对《阿赖耶识论》中已经批判过的"进化论"进行了形象化的批判与反思。如，在《莫须有先生动手著论》一章中，废名从疑义出发，提出"中国几派人都是中了进化论的毒，其实大家都不是研究生物学，何以断章取义便认为是天经地义呢？这个天经地义便是说一切是进化的，后来的是对的"④。在《莫须有先生教英语》一章中，他则厉声直斥道："中国没有科学，而科学是知识进化的标准，西方的文明，西方国家富强的原因都在科学，故今日救国的方针必得赶快赶上西洋，赶上科学！诸君试思，事实上中国可以赶得上西洋的科学吗？良心上你有赶得上人家的意识吗？先是羡慕人家，后是谄媚人家！故说最初是无知，后来是无耻，一点也不是愤激的话。"⑤ 如上诸语虽略显偏激，但就大致情况而言，的确

---

① 废名：《莫须有先生坐飞机以后》，王风编：《废名集》（第 2 卷），北京大学出版社 2009 年版，第 917 页。

② 废名：《莫须有先生坐飞机以后》，王风编：《废名集》（第 2 卷），北京大学出版社 2009 年版，第 1051 页。

③ 胡先骕译：《白璧德中西人文教育谈》，吴宓按语，《学衡》第 3 期，1922 年 3 月。

④ 废名：《莫须有先生坐飞机以后》，王风编：《废名集》（第 2 卷），北京大学出版社 2009 年版，第 1085 页。

⑤ 废名：《莫须有先生坐飞机以后》，王风编：《废名集》（第 2 卷），北京大学出版社 2009 年版，第 1050 页。

符合当时学界对中国文化整体走向的思考。近来，有论者认为"从中西文化的总体水平来看，似乎可以得到这样一个结论：由于中国传统文化中科学的落后，今后在提高我们民族文化方面，首要的仍应是发展科学，但在发展科学的同时，又要避免科学主义，注意弘扬我们传统文化中道德的、审美的等等人文方面的优秀之处，同时剔除其中的缺点（例如前面提到的缺乏平等之爱和基本人权平等的思想），使我们民族文化的人文特色适应现代科学的时代潮流，更放异彩。西方的科学主义自近代以来已经给西方人带来了很多人文方面的损害，西方文化的这种危机，已是许多西方近现代思想家所研究的课题。如果可以把我们比喻为一个整体的人，那么，科学似乎可以比作人的身体，道德、审美可以比作人的心灵或灵魂。中国传统文化显得中国人的身体比西方人虚弱，而在灵魂方面各有特色，中华民族文化发展的未来，似乎应该是在壮大我们的躯体的同时，相应地提高和改进我们的灵魂，使我们的民族灵魂在传统的基础之上走向现代化"①。这样的结论与废名的认识有颇多相似之处。由此可见，废名批判"进化论"之"适者生存"说与"新胜于后"说，至少在文化层面上是有一定合理性的。

如上，废名对西方"唯物观"及"进化论"的批判在《坐飞机以后》中还有很多，对此，我们不必再去进行材料的堆砌了。整合《阿赖耶识论》的"论争精神"以及《坐飞机以后》的"文本实践"，我们可以梳理、总结一下废名思想变化的履迹：在《阿赖耶识论》中，废名以佛教种子义观念审视西方科学主义思想，虽有其自身逻辑，但在观点上难免有唯心主义之嫌。但在《坐飞机以后》中，废名结合自身实际经历，言辞恳切而又发自内心地剖析了西方科学主义精神的弊端，这较先前来说，虽忽视了义理、论证、逻辑，但更具形象性，更具实践性。如此，如若说《阿赖耶识论》的批判是"言在内"而"意在外"，那《坐飞机以后》的批判则是"言"、"义"俱在内。由《阿赖耶识论》到《坐飞机以后》，废名完成了自我思考之"认识世界"到"亲历世界"的变换，而就熊、废论争而言，小说写作的方式无疑为我们重新认识《阿赖耶识论》与《新唯识论》之争提供了一扇更容易进入的、恰切的窗口——借此我们才可更好地认识此次论争的"本来面目"！

（作者单位：太原师范学院文学院）

---

① 张世英：《哲学导论》，北京大学出版社 2016 年版，第 85 页。

济南之行前后丁玲与胡也频的思想及创作

宋雨娟

学界关于丁玲 20 世纪 30 年代"向左转"的问题的讨论，主要从丁玲个性、革命文学潮流、胡也频牺牲等方面分析，而对于这一时期丁玲与胡也频之间的互相影响，尤其是胡也频参加"左联"实际工作之后对丁玲的影响，讨论还不是很充分。本文认为，1930 年的济南之行在二人转变过程中起着承前启后的作用。济南之行之前，丁玲对胡也频的影响更多，之后，无论是思想还是创作上，胡也频都对丁玲产生了更多影响。《韦护》、《一九三〇年春上海》与《光明在我们的前面》的互文与不满关系可以看作这一时期二人思想交融、冲突的产物。相比于胡也频对革命毫无保留的信任，丁玲对革命和革命者还存在难以理解之处。造成这种差别的原因，除个性因素之外，更多是距离革命远近导致的不同的角色发言。

一、丁玲与胡也频相互影响的转换

丁、胡相处的前期，也就是 1925 年至 1928 年，丁玲更多地影响着胡也频。"我那时候的思想正是非常混乱的时候，有着极端的反叛情绪，盲目地倾向于社会革命，但因为小资产阶级的幻想，又疏远了革命的队伍，走入孤独的愤懑、挣扎和痛苦。所以我的狂狷和孤傲，给也频的影响是不好的。他沾染上了伤感与虚无。"① 不过，同样是知识青年的伤感与虚无情绪，二人的表达方式也是不同的。

文学青年和底层劳动者的贫穷愤懑与绝望死亡，是胡也频早期创作的主要内容。

---

① 丁玲：《一个真实人的一生》，《丁玲全集》（第 9 卷），河北人民出版社 2001 年版，第 66-67 页。

在 1928 年发表的小说《往何处去》中，胡也频以自己为模板写了一个贫困、孤独的文学青年无异君。经济的窘迫，亭子间的逼仄，稿子被拒，让无异君产生了死的想法："'这很好'，他想，'最末的一条路也断了，更没有希望来苦恼我！'"① 死是容易的，活下去却是困难的。在小说《一群朋友》里，无异君认为自己的未来毫无希望，却又很焦急地希望生活能有变化，便大声地自白："我也下决心改了：这种鬼生活！"② 但怎么改变呢？《一群朋友》中的云仓君说出了无异君和朋友们的心声。

> 他近乎粗野地用力挥着拳头，这态度，如同激发无数的良民去作一种暴动的的样子，气勃勃地叫："一条自杀一条做土匪！"③

当然，作家的文学描写不能与现实简单对应，胡也频也未必产生过这些极端的想法。但可以肯定的是——卖文为生要碰运气，出版书籍更要看人脸色，办刊物又没有钱的情况下，胡也频逐渐累积着反抗黑暗、走出现状的热望。

沈从文还曾提到一个胡也频在文学创作上不如丁玲顺利的细节：

> 譬如两人的书想卖去时，必署丁玲的名，方能卖去，两人把文章送去同一地方发表时，海军学生的则常常被退还。因此情形，丁玲女士若有若干业已行将完成的篇章，便在气愤中撕去，行将写出的，也不再能动手写出，这些作品便永远不能与读者见面了④。

从小经历坎坷，奋斗了几年却成绩平平，又看着共同生活的爱人后来居上（与胡也频在黑暗中寻找出路时左冲右突的焦虑感不同，丁玲因为擅长描写都市女性而受到欢迎，成为当红女作家），胡也频在自尊方面产生落差是很正常的。为了维护胡也频，丁玲甚至将自己的作品销毁。

同样是诅咒黑暗社会，丁玲的风格明显要比胡也频更内向化，更关注人物的内心世界。《梦珂》、《莎菲女士的日记》都是这方面的典范。面对惨淡的现实，她一方面渴望冲破狭小的圈子，另一方面仍陶醉在爱人的感情之中。《年前的一天》以二人为原型，展现了一对青年爱人的日常生活。辛和爱人是一对卖文为生的年轻恋人，读书

---

① 胡也频：《往何处去》，《胡也频代表作》，黄河文艺出版社 1987 年版，第 39 页。

② 胡也频：《往何处去》，《胡也频代表作》，黄河文艺出版社 1987 年版，第 50 页。

③ 胡也频：《往何处去》，《胡也频代表作》，黄河文艺出版社 1987 年版，第 50 页。

④ 沈从文：《沈从文全集 13 传记》（修订本），北岳文艺出版社 2009 年版，第 85 页。

写作的同时常常因为经济匮乏、生活无望而感到烦闷——"无论如何，我要丢弃这写作的事，趁在未死以前，干点更切实的事吧！"① 不过，这种失望并不能掩盖二人生活的温暖——"爱人是太年轻人，全身正澎湃着那健全的勇猛的生活的力，所以一切生活的黑影和那阴沉沉下着细雨的天气一样不再在她脑中留住。"② 小说结尾洋溢着鲜活生动的色彩，女主人公对爱人的依恋和对过年的期待，都映照出丁玲当时的部分心态。

转折发生在 1929 年。这一年，上海出版了以鲁迅、冯雪峰主编的"科学的艺术论丛书"为代表的一大批马克思主义文艺译著，胡也频正是从这些书籍中获得了突破现状的希望。1930 年 2 月，丁玲、胡也频和沈从文三人合办的《红黑》杂志在出版了 8 期之后，因入不敷出而停刊。为了还债，胡也频北上济南省立高中教书。他的朝气和活力，对马克思主义和文学的新鲜见解，感染了当时包括季羡林、冯毅之在内的许多年轻学生。也正是济南的生活，使胡也频的思想和人生选择发生了质的转变——"他成天宣传马克思主义，宣传唯物史观，宣传鲁迅与雪峰翻译的那些文艺理论，宣传普罗文学"③。

在济南的这段时间，胡也频过上了与亭子间卖文求生完全不同的生活。他向学生介绍上海正在流行的"普罗文学"，宣传文学在社会革命中的重要作用，组织文学研究会。全校有一半的学生热烈响应④。作为一个曾经怀抱美好理想的诗人，一个长期备受生活打击、苦苦找寻人生出路的青年，这种激情澎湃的生活在精神上对胡也频产生了多大的影响是可想而知的。如果早几年，"大革命"还没有失败，国民党也还在宣扬并且领导国民大革命，年轻的诗人或许还怀有启蒙大众的愿望，就不会对马克思主义宣扬阶级斗争和无产阶级必然胜利的主张有天然的亲近感，也不会有那么强烈的推翻黑暗统治的决心，更不会在年轻学生中产生一呼百应的效果；如果晚几年，1935年共产国际七大召开，莫斯科和共产国际对中国革命形势的判断转变方向，要求中共与国民党建立统一战线共同抗日，中共发表了著名的《八一宣言》之后，激起的恐怕就是民族意识而不是阶级意识了。然而，主客观条件作用之下的偶然性既然发生了，就造成了必然的影响——在确立马克思主义信仰、与黑暗势力斗争的过程中，胡也频看到了自己光明的未来。

---

① 丁玲：《年前的一天》，《丁玲全集》（第 3 卷），河北人民出版社 2001 年版，第 264 页。

② 丁玲：《年前的一天》，《丁玲全集》（第 3 卷），河北人民出版社 2001 年版，第 265 页。

③ 丁玲：《一个真实人的一生》，《丁玲全集》（第 9 卷），河北人民出版社 2001 年版，第 69 页。

④ 峰毅回忆道："学校里发生了学潮时，学生们几乎贴出标语来：'拥护胡也频先生当教务主任！'还有他领首发起文学研究会的时候，全校报名的，竟有三百多人（全校学生共六百多人）——当时一般学生想明白文学想研究文学的热情，是非常强烈的！"参阅峰毅：《丁玲胡也频在济南》，《文学杂志》1933 年第 3-4 期。

经过这些实践，胡也频成功实现了从想象革命到参与革命的蜕变。丁玲到达济南后，很快发现了他的转变——"我看见那样年轻的他，被群众所包围、所信仰，而他却是那样的稳重、自信、坚定，侃侃而谈，我说不出地欣喜。我问他：'你都懂得吗？'他答道：'为什么不懂得？我觉得要懂得马克思也很简单，首先是要你相信他，同他站在一个立场。'"① 胡也频的自信和坚定显然让丁玲刮目相看了，她可能不一定完全认同他说的话，但开始觉得他"很有味道"。这说明她开始重新审视这个曾经的"弟弟"，或许也开始思考这种给爱人带来无限活力的选择是否也是自己一直在苦苦找寻的出路。

1930 年 5 月，胡也频在济南高中的活动引起了当局的注意。在压力之下，二人不得不离开济南。回到上海后，胡也频很快就投入左联的活动中，在左联和社联合办的暑期讲习班讲课，参加党组织的会议。这更加激发了他对革命的兴趣。丁玲因为怀孕，很少参加左联的活动，但对左联的人员和工作都不陌生，一些会议也常在他们家召开，这对她的思想和创作产生了影响。"他很少在家。我感到他变了，他前进了，而且是飞跃的。我是赞成他的，我也在前进，却是在爬。"② 丁玲观察到并且有些羡慕的这种变化，倒未必是胡也频在实际工作中多么突出，也未必是左联已经取得了多么重要的斗争成果，而是胡也频在左联实际"干革命"的过程中，获得了强烈的归属感和使命在我的自豪感③，也就是非革命者缺乏的那种"生气"。连沈从文也注意到，"好像这个人的理想有了一种事业把他凝固了，他实际上快乐而且健康，不过表面上看来与过去稍稍不同罢了"④。这"生气"很容易就会感染和影响身边的人，而丁玲本身就有改造社会的热情，在胡也频的影响下，她的创作很快也发生了转变。

二、丁、胡创作的"互文"与"不满"

济南之行之前，胡也频已经倾心于普罗文学，写作了《到莫斯科去》⑤。小说写资产阶级女性素裳在遇到革命男性洵白之后，迅速被其"康敏尼斯特"的气派和言行吸

---

① 丁玲：《一个真实人的一生》，《丁玲全集》（第 9 卷），河北人民出版社 2001 年版，第 69 页。

② 丁玲：《一个真实人的一生》，《丁玲全集》（第 9 卷），河北人民出版社 2001 年版，第 70 页。

③ 参阅许纪霖：《信仰与组织——大革命和"一二·九"两代革命知识分子研究（1925—1935）》，《开放时代》2021 年第 1 期，第 108 页。

④ 沈从文：《沈从文全集 13　传记》（修订本），北岳文艺出版社 2009 年版，第 125 页。

⑤ 《到莫斯科去》即《到 M 城去》，1929 年 7 月 10 日《红黑》月刊第 7 期发表了第 1 至 3 章，1930 年 6 月光华书局出版单行本。

引，"可是她相信——极其诚实的相信，理论和行为的一致，在这一点上面表现出新的思想和伟大人格的，只有一个人———切都没有一点可疑的洵白了"①，之后便果断抛弃丈夫和家庭投身革命。小说的问题在于没有呈现出素裳转变的合理性，把恋爱的激情当成了革命的实践——"我看见洵白之后我的工作就等于开始了"②。洵白被杀害之后，素裳只身前往莫斯科的结局也有些脱离实际，显示出知识分子对革命的幻想。小说发表后，丁玲表示不喜欢，认为胡也频有左倾幼稚病，她自信更懂得革命，坚持着瞿秋白给她的忠告——走文学的路。"我想，要么找我那些老朋友去，完全做地下工作，要么写文章。"③

经过济南以及左联的磨炼，胡也频在创作上很快成熟起来。回到上海后，他在参加左联活动的同时写作了《光明在我们的前面》④，与此同时，丁玲完成了《韦护》⑤、《一九三〇年春上海》⑥，这是他们转向的初始时期。尽管随着孩子出生、胡也频牺牲，二人刚刚开始的创作转变被迫中止，但根据现有的文本，仍可以将 1930 年 5 月到 1931 年 2 月视为一个独立的阶段进行考察。关于这一时期二人作品中的互文关系，主流观点认为丁玲仍然从个人主义的立场理解革命，而胡也频已经主动从阶级的立场出发进行创作。本文则认为，《韦护》、《一九三〇年春上海》与《光明在我们的前面》存在既互文又拒绝互文的"不满"关系，而且这种关系不是静态的，是在动态的转换中。

1930 年之后，丁玲放弃了无政府主义的生活方式和社会主张，告别了强调物质享受和个人得失的资产阶级式生活，用更理性、积极的态度探索人生出路。《韦护》发表后，冯雪峰评价道："《韦护》虽大体还是第一期的东西，但有一点不同；就是已经有一条朦胧的出路了，仿佛已在社会中看见新的东西了。"⑦ 珊珊和丽嘉虽然没有直接表明要参加革命，但对无政府主义青年已经显示出鄙视姿态，对无政府主义的理想也再提不起兴趣——"唉，走吧，别说那孙九先生了，他们都说他是一个三千年的无政府主义政策呢，就是说照他那样做去总要三千年后才能实现他的理想呢"⑧。这和胡也

---

① 胡也频：《到莫斯科去》，《胡也频代表作》，黄河文艺出版社 1987 年版，第 168 页。
② 胡也频：《到莫斯科去》，《胡也频代表作》，黄河文艺出版社 1987 年版，第 203 页。
③ 丁玲：《一个真实人的一生》，《丁玲全集》（第 9 卷），河北人民出版社 2001 年版，第 68 页。
④ 《光明在我们的前面》于 1930 年 5 月 20 日在《日出》月刊创刊号上发表了一部分，1930 年 10 月 20 日春秋书店出版单行本。
⑤ 《韦护》连载于《小说月报》1930 年第 21 卷第 1-6 号，1930 年 9 月上海大江书铺出版了单行本。
⑥ 《一九三〇年春上海》连载于《小说月报》1930 年第 21 卷第 7-12 号。
⑦ 丹仁（冯雪峰）：《关于新的小说的诞生——评丁玲的〈水〉》，《北斗》1932 年第 2 卷第 1 期。
⑧ 丁玲：《韦护》，大江书铺 1930 年版，第 66 页。

频的《光明在我们的前面》中白华开始信仰无政府主义，后来失望直至抛弃的历程是一致的——"理想虽然完美，但对现实的问题很少解决，常常能使一般幼稚而热情的青年感到安慰的喜悦"①。

然而，《韦护》完成之后，二人还是起了争执——"他说：太不行了，必须重写！我们为此大吵特吵起来"②。最后，经验丰富的丁玲不得不听从胡也频的建议——"结果，我又重写一遍"③。让胡也频感到不满的，正是书中无政府主义者的出路问题。因为韦护离开之后，珊珊和丽嘉除了表示要鼓起勇气认真读点书、做点事之外，并没有像白华那样在爱人的影响下转变为共产主义者，投入共产主义的革命之中。可见，在无政府主义者出路的问题上，丁玲最后还是坚持了自己的认识④。与丽嘉和珊珊寻找出路同时期发生的，是韦护在个人理想与革命工作之间的艰难抉择——"他只想跑回家，成天与这些不朽的书接近。他在这里可以了解一切，比什么都快乐。若不是为另一种不可知的责任在时时命令他，他简直会使人怀疑他的怠惰和无才来，他真是勉强在写那文章。"⑤ 韦护的难题在于：是在个人主义的恋爱和文学中获得人生的满足还是在追求信仰的过程中实现生命的价值？这其中当然包含着丁玲自己的思考——什么样的选择是更合理的？她还没有很清晰的答案，也不愿照搬胡也频的经验。

对工人运动所作描写的差异，也反映出《韦护》、《一九三〇年春上海》与《光明在我们的前面》的互文与不满的关系。写作《韦护》的时候，丁玲对共产党组织的工人罢工运动还有着相当的隔膜和怀疑。丽嘉主动去当女工，不仅遭到朋友的嘲笑，也被工厂的工人嫌弃，"她们都奇怪的看着我，她们都不听我的话。我本来还想留在那里，替她们做点事。但是她们都说无用我之必要，尤其是导引我们的这工头，他仿佛很怕我的一样，他怨恨的看着我朋友"⑥。胡也频的《光明在我们的前面中》，白华抛弃无政府主义式的空想之后，主动要求进入工厂，和爱人刘希坚并肩奋斗——"我自己，我喜欢我到工厂里去。我认为必须和工人打成一片。不是么，我们的革命的胜利是应该工人解决来决定的？"⑦

到了《一九三〇年春上海（之一）》中，丁玲描写工人运动的态度发生了明显变

---

① 胡也频：《光明在我们的前面》，《胡也频代表作》，黄河文艺出版社 1987 年版，第 314–315 页。

② 丁玲：《我的自白》，《丁玲全集》（第 7 卷），河北人民出版社 2001 年版，第 3 页。

③ 丁玲：《我的自白》，《丁玲全集》（第 7 卷），河北人民出版社 2001 年版，第 3 页。

④ 参阅贺桂梅：《丁玲主体辩证法的生成：以瞿秋白、王剑虹书写为线索》，《中国现代文学研究丛刊》2018 年第 5 期。

⑤ 丁玲：《韦护》，大江书铺 1930 年版，第 77 页。

⑥ 丁玲：《韦护》，大江书铺 1930 年版，第 296 页。

⑦ 胡也频：《光明在我们的前面》，《胡也频代表作》，黄河文艺出版社 1987 年版，第 353 页。

化。与丽嘉不同，美琳已经同纱厂女工十分亲近了，"美琳还留在那里一会儿，同适才的主席，便是那在工联会工作的超生，和若泉，还有其他两三个人谈了一会，他们对她都非常亲切和尊重，尤其是一个纱厂的女工特别向她表示好感"①。甚至，美琳已经迫不及待想要进入工厂。即使超生认为她身体不行，她仍然坚持要"去了解无产阶级，改变自己的情感"②。在若泉和他的朋友们这里，在工人群体里，"她看见光辉就在前面"③。

有意味的是，这次转变之后不久，丁玲对革命工作的认识很快又回到了"老路"上。《一九三〇年春上海（之二）》中，望微怂恿玛丽参加一个革命者的会议，到了地方，她显得格格不入，对于革命者和他们的工作都十分不屑——"什么说成天那样坐坐，谈谈，便是革命工作，那真使她灰心，她并不是不革命，并不是不可以耐劳工作，不过她假使要干，她是不愿意这末坐坐就完事！"④ 这不太像耽于物质享受和爱情幻想的玛丽的想法和做法，反而像是丁玲的夫子自道。并且，这和她之前声称要么干革命做地下工作，要么写文章的观念基本是相符的。

此外，革命男性形象的塑造也表现出三个文本的互文与不满关系。在胡也频的叙述中，革命男性对待恋爱是极其严肃的，绝不存在欺骗甚至玩弄女性感情的行为，并且是以工作为中心的，革命爱人只能是为着同一个革命目标奋斗的男女，具体表现为刘希坚和白华携手共进的理想结局。但《韦护》的初版本中，革命者韦护却经常产生一些堕落的想法，"虽说他曾几次想跑到一些卖淫妇那里，但是他为了要表示他看不起这些，他并不稀罕这些，他又终止了"⑤。珊珊在发现自己和丽嘉都对韦护产生了爱慕的感情之后，并没有期待"康敏尼斯特"韦护带领她们这些"安那其主义者"走向光明之路，反而很担忧两个人的前程，尤其担心丽嘉被韦护利用和玩弄——"他一定不知有多少次曾玩弄过女人，也曾被许多女人宠幸过"⑥。这些都容易让人对革命者的品质产生怀疑，显然不符合革命道德和革命文学的要求。

之后的《一九三〇年春上海（之二）》中，革命者望微的形象已经基本接近刘希

---

① 丁玲：《一九三〇年春上海（之一）》，《丁玲全集》（第3卷），河北人民出版社2001年版，第295页。

② 丁玲：《一九三〇年春上海（之一）》，《丁玲全集》（第3卷），河北人民出版社2001年版，第296页。

③ 丁玲：《一九三〇年春上海（之一）》，《丁玲全集》（第3卷），河北人民出版社2001年版，第294页。

④ 丁玲：《一九三〇年春上海（之二）》，《丁玲全集》（第3卷），河北人民出版社2001年版，第323页。

⑤ 丁玲：《韦护》，大江书铺1930年版，第122页。

⑥ 丁玲：《韦护》，大江书铺1930年版，第96-97页。

坚了。他虽然留恋玛丽的温柔多情和二人昔日的美好，却已经有足够的自制力和理智承担分离的结局。在认清了玛丽的享乐主义追求与自己的革命追求截然不同之后，望微在革命与爱情之间主动选择了革命（而不是像韦护一样，勉强答应到广州的委派之后才离开丽嘉）。当他失去了玛丽，发现他的同志冯飞挽着女售票员的手，他们显然已经恋爱并且共同参加革命的时候，充满了羡慕——"唉！那是他曾有过的幻想呵，于今却实现在冯飞的身上！那女性，完全像一个革命女性的呢"①。投入革命洪流之后，望微欣赏的女性也发生了转变，即她首先必须是革命女性，而不是充满诱惑的身体或者动人的文学才华。

总之，在胡也频的写作中，革命是建设性的，它解决了包括个人出路、男女情感等在内的选择难题；而在丁玲的写作中，革命有时是建设性的，有时却是破坏性的，它给个人带来的可能是光明的前途，也可能是个人生活的毁灭。正如有学者指出的，"丽嘉对韦护的工作表示理解和宽容，但韦护的同志却对他的恋爱表达批判和不满，似乎恋爱可以包容革命，但革命却容不下恋爱"②。这其中既有左联初期丁、胡二人由于身份、地位的不同导致所看到的、感受到的均有差别，也有二人对未来不同的期待与诉求。

三、不做"象牙塔的囚徒"之后

与 1930 年上海激进的左翼革命氛围不同，当时沈从文从武汉回到上海，给丁玲讲了大革命失败后在武汉的见闻，建议她要多了解革命的复杂情形，要慎重。但正如《一九三〇年春上海》里美琳对子彬的态度，丁玲对沈从文的劝告不以为然——"她对于我这种话的回答似乎只作过一个微笑，微笑中包含了'杞人忧天'的意味，这是一点轻微的嘲讽"③。尽管丁玲不像胡也频那样认为革命是绝对完美的，但她和胡也频都已下定决心不再做"象牙塔的囚徒"，这和情愿在书斋里围观革命的沈从文是决然不同的。

国民党发动"四·一二"政变之后，中共在上海的地下组织几乎全军覆没，但还在继续执行"左"的错误路线。1930 年前后，中央一度认为革命高潮即将到来，把武

---

① 丁玲：《一九三〇年春上海（之二）》，《丁玲全集》（第 3 卷），河北人民出版社 2001 年版，第 336 页。

② 苏敏逸：《从启蒙走向革命——论 20 世纪 20 年代至 30 年代初期胡也频与丁玲的小说创作》，《丁玲与中国当代文学——第十一次（国际）丁玲学术研讨会论文集》，厦门大学出版社 2009 年版，第 151 页。

③ 沈从文：《沈从文全集 13　传记》（修订本），北岳文艺出版社 2009 年版，第 136 页。

装暴动、夺取政权当作党的任务。在当时下发的文件中，要求各地加紧进行斗争宣传，准备进行直接革命。比如，1930 年 6 月 21 日发布的《全国"五一"运动总结——中央政治局会议决议》写道："目前中国革命斗争，无疑的是日益接近直接革命的形势。城市罢工浪潮继续发展，农民暴动与游击战争，普遍全国，士兵自觉叛变的增加，红军日益壮大，并且进占比较重要的城市与工人斗争汇合，这都指出革命形势是在猛烈地向前发展。"① 左联作为中共江苏省委宣传部领导的文化机构，其政治性和宣传性是不言自明的。胡也频之所以能在加入左联不久之后就被选为左联的执行委员，并担任工农兵文学委员会主席，主要是因为他的政治热情和政策执行能力得到了组织的认可，并非因为他的文学才华。在此背景下理解他这一时期的创作，就知道他的写作除了个人爱好和赚取稿费方面的考虑，更多是为了配合中央宣传革命事业，也"正是他们不断填补着革命的空缺，正是他们在最艰难的时候坚持并推广了革命"②。

从《到莫斯科去》、《光明在我们的前面》等小说的描写中，我们知道，除了翻译马列著作、编讲义、上课等宣传工作之外，革命工作还包括发传单、飞行集会、游行、组织工人罢工等实际斗争。胡世频相信革命高潮即将到来，相信革命的彻底性和神圣性。胡也频的小说表现了革命青年对未来世界的乌托邦想象：

> 明天，被压迫的民族要独立地站起来了，要赤裸裸地和帝国主义对立着而举起革命的武器！
>
> 明天，他们就要向全世界被压迫民族发表宣言：起来，向帝国主义进攻！
>
> 明天，他们可以看见北京民众为这样的革命运动而疯狂起来！
>
> 明天③！

夏济安认为，"他们的动机往往十分纯洁，没有分析的必要，而且在罢工、示威或暴乱等狂乱时刻，理智似乎显得格格不入"④。而这些是还在左联周围活动的丁玲不能切身感受的。所以，胡也频要通过小说进行的"角色发言"，就不一定能得到丁玲的认同，更不用说沈从文的认同。

---

① 中华全国总工会编：《中共中央关于工人运动文件选编（中）》，档案出版社 1985 年版，第 53 页。

② 夏济安：《黑暗的闸门：中国左翼文学运动研究》，香港中文大学出版社 2016 年版，第 157 页。

③ 胡也频：《光明在我们的前面》，《胡也频代表作》，黄河文艺出版社 1987 年版，第 265 页。

④ 夏济安：《黑暗的闸门：中国左翼文学运动研究》，香港中文大学出版社 2016 年版，第 160-161 页。

这个时期，丁玲作为"准革命作家"，其创作存在一个真实却又难以被言说的悖论：革命者自愿献身于革命和信仰，并且坚定地认为这种信仰是崇高而不可磨灭的，但又为工作的琐碎、无聊感到疲倦，甚至要强迫自己去献身才能维持。与此相对的，是那些革命者的"出神"时刻，有时候反而更加打动人心、更能流露作者的真实情感①。正如高华所指出的，"丁玲的'问题'就是她的个性和她的写作，她希望以笔为枪，成为革命的主角，可是一写作就当不成革命的主角"②。时进时退之间，到底是革命的"自己人"还是"同路人"，一直内在于丁玲的创作，外在于对丁玲的评价之中。

可见，二人对革命的热情虽不分伯仲，但在具体创作方面的差别，既有性格、情感方面的原因，也与他们各自在现实处境之下的"角色发言"有关系。胡也频身处左联内部，肩负着传播革命文化、献身革命事业的使命，所以当他已经大踏步"向着灿烂的阳光里走去"③ 的时候，丁玲虽然也努力追随革命的步伐，但由于距离革命中心还有一定距离，加上作家的敏感，使她在实际的写作中表现出迟疑、徘徊④。她晚年在回忆瞿秋白时曾说："他的矛盾究竟在哪里，我模模糊糊地感觉一些。但我却只写了他的革命工作与恋爱的矛盾。当时，我并不认为秋白就是这样，但要写得深刻一些却是我的力量所达不到的。"⑤ 等到以她的资历和能力能够深刻理解瞿秋白的矛盾时，又碍于历史问题和身份原因⑥，无法畅所欲言了。而等到历史问题真正解决，或许不用再做"角色发言"的时候，留给她的时间已经很少了。

时过境迁，当年丁玲热情拥抱革命时不无矛盾、质疑的声音，今日已成为多方都能包容的左翼文学力作。这反映出在以启蒙、现代性为主的批评范式代替了以革命、阶级斗争为主的范式之后，革命、左翼文学等概念的含义和边界已经相对松动和宽泛；

---

① 姜涛把丁玲作品中那些革命者犹豫、不坚定的瞬间称为"出神"时刻，认为其代表了"主体赎回自身的时刻"。参阅姜涛：《室内"硬写"的改造：丁玲〈一天〉读后》，《文艺争鸣》2014年第6期，第62-68页。

② 高华：《从丁玲的命运看革命文艺生态中的文化、权力与政治》，《炎黄春秋》2008年第4期，第58页。

③ 胡也频：《光明在我们的前面》，《胡也频代表作》，黄河文艺出版社1987年版，第354页。

④ 丁玲作品中这种与革命作家身份发生矛盾的个人主义话语，一直到20世纪40年代《三八节有感》、《我在霞村的时候》、《在医院中》等作品中仍有痕迹。

⑤ 丁玲：《我所认识的瞿秋白同志——回忆与随想》，《丁玲全集》（第六卷），河北人民出版社2001年版，第49页。

⑥ 1955年，丁玲、陈企霞被打为"反党、反革命集团"，经历了长达20年的流放和监禁生涯，1975年才获释。1979年，中国作家协会对丁玲被定为"反党集团"、"右派"、"叛徒"的问题进行复查，丁玲获得平反。但直到1984年，中组部发出《关于为丁玲同志恢复名誉的通知》后，她的历史问题才彻底解决。

也说明为革命奉献了大半生之后，作为丁玲的转型之作，《韦护》、《一九三〇年春上海》中情感的真实已经超越了特殊时期要求的革命的真实，与胡也频的《光明在我们的前面》一道，得到了历史和读者的认可。

结　语

作为丁玲与胡也频"向左转"过程中的重要事件，济南之行前后二人相互影响的微妙转换，是理解这一时期二人思想与创作关系的关键，也是评价左联文学成就乃至20世纪30年代左翼文学运动时不可忽视的标志性事件。济南之行之后，带着充沛的热情在左联找到归属感的胡也频，坚信共产党领导的无产阶级革命给个人和集体指出了一条绝对光明的出路，他的人生与创作道路都开启了全新的空间。对丁玲来说，胡也频的实际行动坚定了她走出个人天地的决心，加入左联后的她写作视野明显更广阔了，迎来了方向转换，尽管基于个人视角的书写还没有发生根本改变。济南之行前后，二人在思想与创作方面的相知相伴乃至相互抵牾，都是同时期无数有志青年的缩影。遗憾的是，胡也频的牺牲使刚刚展开的无产阶级革命文学失去了一位健将，他和丁玲作为共同体相互影响、启发的人生也就此中断，此后的左翼文学和革命斗争实践中，便只可见丁玲的身影了。

（作者单位：南开大学文学院）

丁玲的"乡村疗救"及其限度

门红丽

引　言

丁玲的丰富性在于她的个体思想变化、情感体认与时代话语的复杂关系。走上"五四"文坛、1930 年加入左联、1942 年《延安文艺座谈会上的讲话》之后真正融入革命话语，再加上中华人民共和国成立后的一系列政治遭遇以及对她"对革命忠实的共产党员"的最终认定，这是对丁玲的"勾勒式"描述。学界最关注的是通过其作品和经历探寻丁玲一系列转变的"渐进式"脉络：她如何正面呼应中国革命话语，又在呼应中有哪些自我内在表述，即什么是"丁玲的逻辑"[1]。近年来，有学者关注丁玲作品中的"风景"书写与其思想转向的关系[2]，主要是根据柄谷行人在《日本现代文学的起源》中的"风景之发现"理论，论证丁玲前期作品中的风景书写主要是基于都市视角对乡土的远距离审美凝视，而进入左翼话语的丁玲对乡村图景的审视更为立体和深入，由此得出丁玲自我主体改造完成的结论。本文也涉及乡村图景的书写，同时进一步提出，丁玲的风景书写其实可分为两种，即乡土风景（静态风景）书写和农村劳动（人造风景）书写；对乡土风景的凝视和对农村劳动的体验都是为了治疗现代人的"精神苦痛"，前者通过空间转移、心灵回乡、亲近自然，后者通过体力劳动锻造人精

---

[1]　贺桂梅一系列关于丁玲的文章如《知识分子、革命与自我改造——丁玲"向左转"问题的再思考》（《中国现代文学研究丛刊》2005 年第 2 期）等都是在谈"丁玲的逻辑"。

[2]　代表性论文如潘炜旻《20 世纪 40 年代丁玲精神转向研究——基于对〈太阳照在桑干河上〉乡村图景的考察》（《妇女研究论丛》2021 年第 4 期）、孙慈姗《丁玲前期小说中的乡村风景书写（1927-1936）》（《中国现代文学研究丛刊》2018 年第 12 期）。

神的坚韧性，共同达到治疗精神苦痛的作用，即"乡村疗救"。"乡村疗救"在一定程度上缓解了精神苦痛，锻造了更加有力量的自我，但这种疗救有其限度，只能是暂时性的缓解，并不能治愈。本文试图呈现丁玲在复杂的时代话语体系中个体生命历程的社会轨迹①：对现代人精神苦痛的发现，如何在精神苦痛中进行自我否定，又如何用乡土风景和农村劳动进行疗救，当这两种方式都不能治愈这种精神苦痛时，丁玲又重提"精神苦痛"，这种重提不是简单的回到起点，而是经过历练和思考之后重新认识自我精神的价值。

一、被疗救的对象：现代人的"精神苦痛"

纵观丁玲的创作，不管是"五四"时期、左联时期还是延安时期，虽然题材不同，但她擅长写现代人的"精神苦痛"。1927 年，丁玲凭借《梦珂》、《莎菲女士的日记》等小说成为"负有盛名的女作家"。她笔下的许多具有现代意识的人物都有由于思虑过多和思考深入带来的不同程度的精神苦痛，她们自省和被动觉醒之后面临种种精神危机，或者陷入没来由的"苦闷的，无聊的，厌倦的不健康的心理状态"②。其中被言说最多的是"莎菲"。作为"五四"觉醒的一代，她似乎没有获得强大的精神力量和行动指南，而"她们的生活完全是包含在灵与肉，生与死，理智与情感，幸福与空虚，自由与束缚，以及其他一切的这样的现象的挣扎冲突之中，而终于为物质的诱惑所吸引，在苦闷的状态里，陷于灰心，丧志，颓败，灭亡……"③ 莎菲并没有明确的精神病症名称，但其表现和《沉沦》中的"我"的忧郁症颇为一致。这种病症的阴影弥漫于丁玲的其他小说，只是程度有所不同。《梦珂》中的女主角从乡镇来到上海，找不到人生的方向，"替人民服务，办学校，兴工厂"这种实业型的，她自认为没有这等才力，"做保姆，做看护"等服务型的，她不敢尝试下人的待遇，同时厌倦了学校的教师和朋友关系，无奈之下做了隐忍的"初现银幕的女明星"。当别人安慰拍电影时莫名哭泣的梦珂，她只说"这是我的旧病"，受到"五四"的召唤走出家庭、走向社会带来了"病"，努力寻找自我的道路却带来了种种精神苦痛。梦珂和莎菲的痛苦的表层原因是由于恋爱，而《自杀日记》中的伊萨的痛苦没有具体所指，只是感到"毫无乐处，永无乐处"的生存的无味，在生与死的纠缠中甚至找不到死的价值，于

---

① 谢治菊、陆珍旭：《社会学与口述史互构的逻辑、旨趣与取向》，《贵州师范大学学报》（社会科学版）2022 年第 1 期，第 45 页。

② 冯雪峰：《关于新的小说的诞生——评丁玲的〈水〉》，原载《北斗》1932 年第 2 卷第 1 期。

③ 钱杏邨：《〈在黑暗中〉——关于丁玲创作的考察》，《海风周报》1929 年第 1 期。

是在不断的自我折磨、精神内耗中导致身体与精神的衰弱。《阿毛姑娘》中的阿毛因为感受到了物质享受的召唤，引起了更多的世俗的欲望，但欲望得不到满足，深陷痛苦之中，最终吞火柴杆自杀。

如果说以上这些仍然是一种"朦胧的不切实际的"精神苦闷，是"五四"时代从闺阁之中出走的新女性进入真实社会前的恐惧与逃避，也是丁玲式的"颇具文学意味"的自怜式感伤，那么，丁玲在左联时期和延安时期塑造的人物的精神苦痛则更具体，更实际。《母亲》中曼贞的痛苦在于失去家庭的支撑后如何找到自己的生存之道和个人价值，她没有青年女性的过度忧思，而是想如何真实地在社会上找到生存之道。《田家冲》中的"三小姐"痛苦于自己"地主家小姐"的身份，面临如何革命的问题。《在医院中》的陆萍属于丁玲的"延安时期"写作，但陆萍并没有完全获得精神的自洽，在个人价值的追求与周围的复杂环境冲突中陷入新的痛苦。

以上人物的精神苦痛的来源若从空间视角来看，他们都经历了乡村—都市的空间转换。梦珂、伊萨都是从乡镇来到都市；曼贞在乡村过着悠闲的生活，因丈夫去世而进入都市；阿毛没有亲身体验都市，但她生活的乡村有从城市里来疗愈疾病的"少妇"，她雍容的生活使阿毛对都市充满了比亲身体验更强烈的想象；三小姐在都市中无法展开革命，到了乡村反而找到了革命的主体；陆萍带着都市的体验"回到另一个乡村"，同时又怀想着她真正的故乡。都市的视角带来了她们个人意识的觉醒，而觉醒之后的苦痛又使他们再次回望乡村。

二、审美客体与体验之境：乡土风景的精神疗救作用

丁玲详细书写了这些痛苦如何萦绕在人物的内心，如何压抑、爆发并辗转反复，至于如何缓解这种精神苦痛，这些人物共同指向了对乡土风景的想象性眷恋和在场式体验。这两种方式使她们的精神得到暂时的休憩。想象性眷恋是回忆性的，即人物不在乡村风景中，但精神上时时返顾。厌恶学校生活的梦珂听着匀珍的母亲说起故乡酉阳的景致，陷入了想象中的恍惚，一幅春日竹林图慰藉了失落的梦珂。远在故乡的父亲在信中描绘她熟悉的牛羊，使梦珂想起了"晴天牛羊们在草坪上奔走，还有那小白蝴蝶们"。从乡村走向城市的曼贞时时回想起灵灵溪——"那美的，恬静的家呵！那些在黄昏里的小山，那些闪着荧光的小路……她实在怀念那里，那个安静的，却随处

荡漾着柔美的生命的世界”①。陆萍在理想溃败和精神崩溃之时，“想着南方长着绿草的原野，想着那些溪流，村落，各种不知名的大树。想着家里的庭院和屋顶上的炊烟”②。这些对于乡村风景的回忆让人暂时停止了自我心灵的搏斗，陷入想象中的美好图景，缓解了精神上的苦痛。

另一种是在场的沉浸式体验乡村风景。《田家冲》中的三小姐怀揣宣传革命的抱负来到田家冲，她对乡村景致的体验带有审美性。她感叹各个时间段的乡村风景——“太阳刚走下对门的山，天为彩霞染着，对门山上的树丛，都变成深暗色了，浓重的，分明的刻划在那透明的，绯红的天上”，“田坎只一线，非常窄，但纵横得非常多，而且美，近处的平的水田，大块的睡着，映着微紫的颜色”③。甚至有批评认为《田家冲》“太爱描写乡村风景了”④。三小姐对乡野景致的欣赏由审美层面发展到道德判断，认为乡村的和谐宁静是因为“你们一家人勤俭，靠天，靠运气，你们将就生活下来了”。而创造如此景致的人却受到诸多不平等的待遇，这让三小姐再次确信革命的意义。她不再犹疑，彻底地与自己的身份决裂，准备迎接田家冲的新局面。阿毛姑娘和曼贞，在欲望的满足与个体价值的实现两个维度向往都市，但是在乡村生活的她们，看到极美的景致和人在乡间的怡然自得时，也会感慨与其追求那未必可得的希望，不如在乡间安稳度日。

“五四”时期，“莎菲”式的丁玲也面临精神上的苦闷，“飘然流浪到北京去”，“沉到一种什么人也不理解，也不愿意什么人理解，只自己深切地痛感着的颓唐中”。如何疗救这种颓唐，她“常常一个人跑到陶然亭中”⑤。那时的陶然亭“一片芦苇，几个土堆”，景致并无特别，甚至远不如丁玲小说中的乡村景致，“但因其与观景人孤独寂寞、苦闷凄凉的心境相契合，所以感觉好罢了”⑥。这也反复验证了柄谷行人的“孤独的人才能发现风景”。人在乡野景致中得到精神的纾解可以说是中国文学的母题。集大成者陶渊明在古朴自然的乡村风景中获得了悠然自得的心境，缓解了他对于仕途和社会的失望。现代文学重新发现了风景，但它对人精神的疗救作用一以贯之。

---

① 丁玲：《梦珂》，《丁玲全集》第 1 卷，河北人民出版社 2001 年版，第 215 页。注：本文对小说原文的引用皆出自河北人民出版社 2001 年版的《丁玲全集》，重点长句做注释，其他词语短句皆不再赘注，特此说明。

② 丁玲：《在医院中》，《丁玲全集》（第 4 卷），河北人民出版社 2001 年版，第 247 页。

③ 丁玲：《田家冲》，《丁玲全集》（第 3 卷），河北人民出版社 2001 年版，第 364 页。

④ 王淑明：《丁玲女士的创作过程》，《小说月报》1931 年第 22 卷第 7 期。

⑤ 姚蓬子：《我们的朋友丁玲》，1933 年 12 月。载丁言昭编选：《别了，莎菲》，人民文学出版社 2001 年版。

⑥ 丁玲 1942 年 7 月 18 日在清华大学中文系讲演记录稿，转引自李向东、王增如：《丁玲传》（上），中国大百科全书出版社 2015 年版，第 38 页。

乡村风景的疗救作用主要体现在以下三个方面。一是空间感的改变将带来人精神的转移。有学者指出，丁玲北京书写的三度空间是学校、公寓、家，她笔下的人物在这三度空间中并没有找到精神的安稳和出路，而是过度纠结于"我"。对自我的过度拷问只会走向没有答案的精神内耗，而对乡村风景的遥想使其暂时走出封闭的书斋，走向旷野，将心灵打开，将精神转移。视野打开了，美好的景象自然会缓解心理的困苦。二是乡村风景的熟悉感带来的心灵"回乡"。这里的乡村是指人物熟悉的家乡或者暂住地。"熟悉和放心，是因为抚育和安全的保证，是因为对声音和味道的记忆，是因为对随时间积累起来的公共活动和家庭欢乐的记忆。"① 第三，对于乡野风景的留恋和返顾，更进一步说，对于自然的亲近是人的本能。自然对人具有包容性，它不批判，不审视，似乎可以容纳人的一切。在自然面前，人的一切苦痛和情绪都可以安放。

当然，把对乡土风景的凝视作为疗救精神苦痛的人物，一定是因为在离开乡村或重返乡村时获得了现代都市视角和革命视角。没有参照便不会有回望乡村的可能，他们更倾向于将风景浪漫化，乡村风景的暂时性疗救为这些人物的精神困境提供了缓冲地带。"左转"之后，尤其是延安时期的丁玲，对于乡村风景的浪漫化表达减少了，加入了更多对实际"农事"的描绘。这意味着人物找到了另一种疗救精神痛苦的方式。

三、亲历的农村实践：农村劳动的精神锻造作用

乡土风景疗救是一种精神上的自我调试，是精神内部的自我纾解。同时，我们注意到这些人物还提到了另一种缓解精神苦痛的办法，《自杀日记》中的伊萨感慨"我常常希望我是一个生长在乡下，生活在乡下，除了喂养牲口，便不能感受其他的人"②。阿毛姑娘"总不愿住手，似乎手足一停止工作，那使她感到焦躁的欲念，就会来苦恼她"，"打起精神去喂蚕，去烧饭洗衣的那种想从操作中得到自慰的苦味"③。她们认为有了"喂养牲口、喂蚕、烧饭洗衣"这些具体的体力劳作，忧愁和烦躁便会停止。因此，通过农村具体的劳动实践对身体的锻造和对肉身的消耗可以疗救精神痛苦。伊萨并没有真正参与劳动，只是觉得体力劳动会让人忽略情绪的痛苦。阿毛也没有真正深入劳动。用劳动锻造精神的深入表达主要存在于丁玲延安时期的创作中。

创作于1939年的小说《秋收的一天》完整呈现了这种劳动对精神苦痛进行疗救的

---

① 段义孚：《空间与地方：经验的视角》，中国人民大学出版社2017年版，第131页。
② 丁玲：《自杀日记》，《丁玲全集》（第3卷），河北人民出版社2001年版，第184页。
③ 丁玲：《阿毛姑娘》，《丁玲全集》（第3卷），河北人民出版社2001年版，第135页。

过程。小说首先描绘了劳动带来的收获的场景——"秋天的陕北的山头，那些种了粮食的山头是只有大胆的画家才能创造出的杰作。"薇底"身体不算怎么好，神经和心脏都有一点衰弱，每一上山便气喘头晕心跳"，因此，生产分队的队长要她留在学校里"编《秋收小报》"，但是参加过开荒、播种、锄草的薇底只想骄傲直爽地告诉大家"我这次参加重劳动了。我要上山了"①。她克服"脚指头痉挛"蹚过河流，收割糜子时"小刺钻到肉里去了，血跟着流出来，可是手又插进去，手上起了一层毛"；等到收割结束后，"洗过澡的身体，又疲乏又舒服"。秋收全部完成后，薇底回顾自己的思想转变——"从前忧愁得很呢，是一个不快乐的人"，但是集体劳动使"精神上得到解放，学习工作都能自我发展。我虽说很渺小，却感到我的生存，我还能不快乐吗？"劳作帮助薇底感到自我真实的存在，对身体主体性的确认、对身体的可控意味着更多的精神自信。薇底感觉一切都充满了希望，"宇宙在等着，等着太阳出来，等着太阳出来后的明丽的山川，和在山川中一切生命的骚动"②。

　　丁玲思想的转变跟她的不断"出走"是有关的，从闺阁到公寓，到学校，再到更广阔的室外，"希望通过走出室内，以空间的转换来激活新的写作，确实是丁玲的主动选择"③。走向室外意味着看到更真实的人，参与到更广阔和更实际的社会工作中，参加革命，参与劳动。1939 年 2 月，中央召开生产动员大会，毛泽东号召边区军民"自己动手，生产自给"。在延安马列学院的 35 岁的丁玲，被编入开荒队伍。她从没干过农活，更不要说这种重体力活。"脚趾头抽筋了，牙齿冷得打战。"她在给楼适夷的信里说，"这真伟大，每天队伍出去，站在荒山上，可是回来时，就多成为被开垦的处女地，踏着那些翻开了的泥土，真有说不出的味。"④ 这可能是丁玲从未体验过的、征服自然的豪迈。另外，劳动中的人不是孤立的、静止的，身体和精神都处于舒展的活动之中，与人协作、共同劳作有着融入集体的归属感。1946 年 7 月至 1948 年 6 月不间断的三次土改经历，使丁玲继续观察劳动，亲身体验劳动。20 世纪 50 年代回想自己的生活阅历时，她谈了劳动对自己的改变："劳动，这对我是新鲜的事，我从这里得到锻炼，得到愉快。当时也确实有过一点勉强自己，而在许多年后看来，就不仅仅是一些比较深刻的回忆，而是深深的感到，幸而我有过那么一段生活，劳动和艰苦，洗涮掉我多少旧的感情，而使我生长了新的习惯。这种内部的、细致的，而又反映在对一切事物上的变化，只有我自己体会得到。当然这不能全盘归之于劳动，但劳动的确是一

　　① 丁玲：《秋收的一天》，《丁玲全集》（第 5 卷），河北人民出版社 2001 年版，第 122 页。
　　② 丁玲：《秋收的一天》，《丁玲全集》（第 5 卷），河北人民出版社 2001 年版，第 124 页。
　　③ 姜涛：《公寓里的塔——1920 年代中国的文学与青年》，北京大学出版社 2015 年版，第 217 页。
　　④ 丁玲：《致楼适夷》，《丁玲全集》（第 12 卷），河北人民出版社 2001 年版，第 27 页。

个很重要的因素。"① 那么，这里的"旧感情"指的是"悠闲的知识分子的情绪"，即"我们知识青年最容易犯的是理智不强，感情脆弱，稍受挫折，便灰心丧气，一灰心，便无视现实"②。"新的习惯"指的是自我主体改造的完成，用革命话语、阶级视角来书写时代。丁玲借用毛泽东的话定位自己——"他说我已经到了农村，找到了'母亲'，写'母亲'，我了解土地……他并且说我同人民有结合的"③。因为观察劳动，体验劳动，丁玲了解了土地和农民，在写作上也体验到了现实的质地——"常常下乡，生活较苦，心也不闲，但对于创作兴趣更浓"④。

对"劳动"这一概念最深刻的解读者自然是马克思。"劳动是人以自身的活动来中介、调整和控制人和自然之间的物质变换的过程。""劳动创造了人本身。""劳动是人和动物的本质区别。"这些都是我们熟悉的结论。"五四"时期，"劳工神圣"口号的提出深受马克思"劳动论"的影响，"对劳动的关注，显然改变了知识人对世界的感知方式"⑤。这种感知方式，一是看到了精神之外的力量，一是在自我实践过程中确认了自我主体性。周作人就曾谈道："这劳动遂行的愉快，可以比生理需要的满足，但这要求又以爱与理性为本，超越本能以上，——也不与人性冲突，——所以身体虽然劳苦，却能得良心的慰安。这精神上的愉快，实非经验者不能知道的。"⑥ 叶圣陶《苦菜》详细描绘了劳动过程中的身体变化——"泥土的气息一阵一阵透入鼻管，引起一种新鲜而舒适的感觉"，我的神思的变化则是"我不觉得时间在那里移换；我没有一切思虑和情绪。我化了，力就是我，我就是力。这等心境，只容体会，不可言说"。两位作家提到的"不可言说的精神上的愉悦"显然是由于体力劳动带动的感官放松所带来的精神的纾解。因为体会到了劳动的快乐和成就，便得出所有的忧愁都可以用"不如劳动"来解决。确实，劳动过程中人出于对身体自足的自信，调动四肢作用于外物，获得即时的、肉眼可见的劳动效果。劳动消耗人的体力，人的大脑在劳累之下无暇进入过度的精神搏击，身体的劳累转移了脑力劳动的劳累，身体的劳累通过休息、睡眠获得缓解，而大脑也获得了休息，这显然在一定程度上疗救了精神苦痛。

我们可以看到，通过肉体的磨炼来锻造精神的坚韧是成立的。人感知到的自我存

---

① 出自丁玲20世纪50年代写的一篇未刊发的小文《劳动与我》，转引自李向东、王增如：《丁玲传》（上），中国大百科全书出版社2015年版，第203页。

② 丁玲：《青年知识分子的修养》，《丁玲全集》（第7卷），河北人民出版社2001年版，第85页。

③ 丁玲：《致陈明》，《丁玲全集》（第11卷），河北人民出版社2001年版，第29页。

④ 丁玲：《致蒋祖林》，《丁玲全集》（第11卷），河北人民出版社2001年版，第56页。

⑤ 蔡翔：《〈地板〉：政治辩论和法令的"情理化"——劳动或者劳动乌托邦的叙述（之一）》，《文艺理论与批评》2009年第5期，第64页。

⑥ 周作人：《访日本新村记》，《新潮》2卷1号，1919年10月。

在首先是身体层面的，而劳动就是运用人的本质力量与物质世界进行交流，"正是在改造对象世界中，人才真正地证明自己是类存在物。这种生产是人的能动的类生活。通过这种生产，自然界才表现为他的作品和他的现实"①。人在运用体力的同时感知到了有血有肉的自我，能够劳动意味着拥有健康、自信、力量，"在这一过程中，人的创造力得到了发挥，自然的基础作用也得到了彰显。这一劳动过程就是人和自然之间的交互过程"②。这能让深陷精神自我搏击、怀疑自我存在价值的人感知到自我的能量。以丁玲为代表的知识者认识到了劳动的价值，在劳动中重新审视大众、农民、农村文学等概念，在写作上形成了"新的习惯"。同时，毛泽东的阐释将体力劳动神圣化并且上升到道德、美学、价值判断层面——"最干净的还是工人农民，尽管他们手是黑的，脚上有牛屎，还是比资产阶级和小资产阶级知识分子都干净"③。这显然是对体力劳动和体力劳动者尊严的极大肯定，同时也是对忽视劳动、不劳动的知识阶级的批评。由此，知识者由体验劳动者变成了以劳动为标准被批判的对象，所以，劳动在疗救精神苦痛的同时，又演变成了道德标尺。这是后话。

四、回不去的乡土与过度劳动的损耗：乡村疗救的限度

如上文所言，丁玲以及她笔下的人物通过对乡土风景的体察和对农村劳动的身体锻炼找到了精神的休憩之道，但很显然，这两种方式不能完全治愈人的精神困境。我们需要思考的是，乡土风景和农村劳动为何没有真正解决精神苦痛，甚至，过度的体力劳动反而带来了更多的精神痛苦。

回望和体验乡村风景的人都只是暂时缓解了精神苦闷，并没有被完全疗救。阿毛姑娘身在乡村风景之中，甚至为自己家乡的景色感到骄傲，可仍然在对城市欲望的想象中选择自杀。首先，部分乡村风景只存在于想象中。现代作家在对乡村的书写中基本都表达了一个主题：故乡是回不去的。梦珂虽然无比怀念酉阳的生活，但她也知道"真的，现在回去是再也没有人同她满山满坝的跑，谁也不会再去挡鱼，谁也不会再去采映山红"。故乡早已物是人非。离开故乡的人都获得了都市体验或革命视角，对乡村

---

① 马克思：《1844 年经济学哲学手稿》，《马克思恩格斯全集》（第 42 卷），人民出版社 1995 年版，第 97 页。

② 付文军：《马克思劳动价值论的政治哲学意蕴》，《贵州师范大学学报》（社会科学版）2021 年第 6 期，第 3 页。

③ 毛泽东：《在延安问题座谈会上的讲话》，《毛泽东选集》（第 3 卷），人民出版社 1991 年版，第 851 页。

风景的遥想只是因为对城市风景的不熟悉和革命道路的艰难，而暂时的回望只是为了更坚定的离开。陆萍在苦难的时候回想故乡，但她下定决心，"新的生活虽要开始，然而还有新的荆棘。人是要经过千锤百炼而不消溶才能真正有用。人是在艰苦中成长"。其次，乡村风景并不是理想的世外桃源。面对它，复杂的审美感受和现实性的改造需求这两种观念同时存在。曼贞觉得灵灵坳是诗里的境界，是田园生涯和清闲乡居的代表，但远看有一种"悲凉的浮世的感觉"，隐隐觉得人不应该一直这样生存下去。《田家冲》的三小姐观看风景的最终目的是改变风景，改变创造田园风景的人，改变乡村的阶层结构。所以，乡村风景的疗救作用是想象的、暂时的，而观看乡村风景的人最终是为了离开它，改造它。

从疗救的力度上看，农村劳动的实践比乡村风景的观看和想象要大得多，但也没有治愈精神痛苦。通过丁玲对劳动的赞美，我们看到适当的劳动的确能让人看到身体的自主性，但真正的农村劳动是艰苦的，身体的辛苦并不比精神的痛苦程度低，人劳动后之所以不思考的真正原因是劳动已经耗费了所有的体力，想思考而不得。从丁玲的个人体验来说，她对劳动的认识不可谓不深刻。从她的经历我们可以看到，过度的劳动只会让人看到随着身体被摧残，精神是怎样走向绝望的。1979年《风雪人间》中的丁玲回忆劳动是痛苦的——"粪坑的面积大，我舀得很慢，一天从早到晚，舀五、六千瓢，粪水才下去一尺多。但地下水渗得很快，过一夜又会涨起来四五寸。我不由得想到希腊神话里神处罚的那个人，他每天从井里掏水，白天把水掏干了，一夜又涨满了。好像我也将永世这样干下去一样"①。这段话出自"立竿见影的劳动"，题目和过程的陈述形成了强烈的反讽效果。丁玲的痛苦可以想象，为了让自己坚持下去，只有反复说服自己"尽管背负着创伤和恐惧，但我仍然鼓起我生命中仅有的力量"，"劳动是累人的，是苦的，但在劳动中还是得到过乐趣的"②。一个人挑泔水、挑猪食，丁玲没有得到劳动的乐趣，"我不只要在肩膀上磨练出一块厚厚的茧子，来承担八十斤的水桶，而且要把心也磨出一块厚厚的茧子，来承担无限重的精神上的痛苦，只有这样，才不致于倒下去，才能生活下去，可是，这路究竟还有多远呵！"③ 所以，压迫性的强制劳动，不是锻造人的精神，而是摧毁人的精神。在延安的劳动体验是群体性的，在群体中体验到了共同征服自然的快乐，而这里的劳动是孤独的、被审判性的、没有尊严的，劳动背后的语义是要绝对服从。身体在劳动中损耗、变形，劳动制造了新的痛苦，更遑论疗救精神痛苦。

---

① 丁玲：《风雪人间》，《丁玲全集》（第10卷），河北人民出版社2001年版，第182页。
② 丁玲：《风雪人间》，《丁玲全集》（第10卷），河北人民出版社2001年版，第169页。
③ 丁玲：《风雪人间》，《丁玲全集》（第10卷），河北人民出版社2001年版，第183页。

结　语

丁玲文学创作的起点是对现代人精神苦痛的表达。这种精神的自我搏斗和自我否定是一种自我意识的觉醒，同时也使丁玲感受到这种精神苦痛的负面影响——使人物失去了行动力而陷入虚弱的精神消耗。在"左转"之前，丁玲用乡土风景暂时转移了这种苦痛。"左转"之后，丁玲找到了更有力的农村劳动来疗救这种"个人主义的无政府性加流浪汉（Lumken）的知识阶级加资产阶级颓废的和享乐而成的混合物"①。这似乎是一种渐进式的疗救方式，效果也更加明显。在劳动中，丁玲的精神境界和创作都走向了新高度。只不过丁玲没有想到的是，"劳动"以及由劳动生发出来的道德判断使她成为"劳动"改造的对象，她必须在劳动中进行深刻的自我惩罚和改造。这次的劳动不是为了治愈精神苦痛，而是要全面否定自己的精神。有意思的是，虽然丁玲否定和疗救这种精神苦痛，但她还会时不时回望它——"像莎菲这种类型的人物，从我后来的作品中，还是找得到他们的痕迹……精神里的东西，还是有和莎菲相同的地方"②。她在1953年写给楼适夷的信里谈道："我觉得我近年来的作品也并未超过过去，过去虽说不好，可是还有一点点敢于触到人的灵魂较深的地方，而现在的东西，却显得很表面。""触到人的灵魂较深的地方"就是指那种精神内部的自我搏斗，那是自我灵魂的追问。尽管那样的追问还不够成熟，不够有力量，也给人带来精神的苦痛，但那是丁玲作为现代人思考的起点、文学创作的起点。人物由精神苦痛开始，到试图疗救这种精神苦痛，发现乡村疗救的限度之后又重新思考精神苦痛的价值，丁玲为我们提供了以乡土风景和农村劳动疗救精神苦痛的独特经验。

（作者单位：中国石油大学［华东］）

---

① 冯雪峰：《关于新的小说的诞生——评丁玲的〈水〉》，原载《北斗》1932年第2卷第1期。

② 丁玲：《生活、思想与人物》，《丁玲全集》（第7卷），河北人民出版社2001年版，第432页。

"苦"的政治与"生"的脱嵌

——《死火》一解

张 芬

一、缘起

《野草》共 23 篇，写作于 1924 年 9 月至 1926 年 4 月间，加上《题辞》（1927），一共是 24 篇。它们大部分是"在非常宁静的深夜里，进行深沉的艺术思考的结果"①。从思想内核上看，《野草》打破了基于现实的道德、政治、社会、文化的明确认证，而从一个更为广阔深邃的视角看自己和周围的世界，其中的自我不断处于犹疑和矛盾带来的悖论之中。因此，除 1926 年 4 月最后两篇《淡淡的血痕中》、《一觉》中明确的现实方向感外（木山英雄称之"实质上已经接近散文"，而非之前的"诗"②），之前其他诸篇大多在叙述结构上有着极为紧密的相似性，且都呈现了一种暧昧而迷人的悖论色彩。这种悖论性是鲁迅文本写作的内在特征。这一时期是鲁迅人生的低潮时期，也是他灵魂上不断自我审视、自我叩问的时期，从表达、生活到精神的内面，都给人一种岌岌可危之感。正是在这种意象世界的不断游弋和反复练习之中，作者的精神逐渐得到了化解和奋发。

从文体上说，鲁迅也经历了从"五四"的新诗到《自言自语》，再到 20 世纪 20 年代中期散文诗《野草》这样一种逐渐演变的过程。写于 1919 年的《火的冰》可谓

---

① 孙玉石：《现实的与哲学的——鲁迅〈野草〉重释》，上海书店 2001 年版，第 121 页。
② ［日］木山英雄：《〈野草〉主体构建的逻辑及其方法》，赵京华译，《文学复古与文学革命——木山英雄中国现代文学思想论集》，北京大学出版社 2004 年版，第 49 页。

一篇博物学的想象,充满了绘画般的美感。六年之后,当鲁迅以散文诗的形式"重写"它时,从一个画面的静态描摹转向梦境或故事的讲述(《死火》),呈现了一个小型的戏剧冲突。《死火》写于鲁迅生命中最艰难的阶段,从时间上属于《野草》的"后期",是以"我梦见"开头的第一篇。在这个"梦"里,有了行动者"我"和环境之间的关系,"火"从"火的冰"被提到了主词的位置,在其前加上了"死"字,构成了一种悖论的关系。其实,在写作《死火》之前,鲁迅在《在酒楼上》、《雪》中就反复演练了这种"凝结"。他说,"雪是死掉了的雨",而非"雨是死掉了的雪",二者都是表达凝固的动态,一种鲜艳的灵魂的冻结和停滞。《死火》中的色彩、物质的相关性与裂变,也让人想起同样带有斑斓色彩的《腊叶》。腊叶为蛀孔所侵蚀,"镶着乌黑的花边",像"死火"一样残缺、闪耀。如果将《死火》放置在更大的环境范畴,我们能够看到它更多扎实的联结点。大致同一时期,鲁迅与青年李秉中的关系及文本中的佛学意象,可作为审视其思想内涵的新尝试。但我并不期待这种联结点成为解读《野草》思想力度的障碍,而是增强其真实性和深度,在实证和反实证之间完成这种"尝试"。

二、"灵魂里的毒气和鬼气":与青年李秉中

李秉中字庸倩,1902 年生,四川彭山县人,1922 年从四川来到北京求学。鲁迅在北大讲小说史时,李秉中是旁听的学生,之后两人经常往来。从鲁迅的日记和书信可知,1924 年初至 1936 年鲁迅去世之前,二人有着密切交往。据鲁迅书信和日记统计,鲁迅给李秉中写了 28 封信,而李秉中给鲁迅写了 52 封信。目前留存下来的李秉中给鲁迅的信只有 8 封,而收录在全集中的鲁迅给李秉中的信有 21 封[1]。在书信中,鲁迅与这位比自己小 20 多岁的青年之间的谈话似乎毫无芥蒂,从灵魂"毒气"说到时局变化,从对婚恋的态度说到生育及日常生活。

通过书信,我们似乎也可以从李秉中这样的交流者的文字中返观鲁迅。现存李秉中写给鲁迅的书信,最密集的时期主要是 1924 年至 1925 年,以及此后的 20 世纪 30 年代。大致来看,这恰好对应着鲁迅陷入精神危机或生命危机的阶段。前一阶段,譬如从 1924 年 9 月到 1925 年 7 月这一年不到的时间里,鲁迅就写了《野草》中的 18 篇。

1924 年 9 月 15 日,鲁迅开始写作《野草》中的第一篇《秋夜》,这篇文章以极为悲悯的笔调讲述了秋夜氛围下周遭生命的顽抗。紧接着,一周左右后,他接连写了

---

① 廖斌:《鲁迅与青年学生李秉中》,《文史杂志》1991 年第 3 期。

《影的告别》、《求乞者》两篇心思极为颓唐而孤独、沉重而灰暗的作品。有趣的是，这天晚上鲁迅还写了一封信。这封信可谓毫无保留的内心剖白，也常为研究者引用，其中谈到自己"喜欢寂寞，又憎恶寂寞"，"憎恶自己"，甚至想到要"自杀，也常想杀人"，并自陈这些都是他"灵魂里"的"毒气"和"鬼气"，"想除去他，而不能"①。鲁迅写完这封信之后，从接下来给李秉中的另一封信中知道后者读到上述这封信之后"一夜不睡"，鲁迅断定这是受到他的"毒气"传染的缘故②。可见此信内容对于当时 22 岁的李秉中来说是何等的震撼。

同样，1924 年至 1925 年这段时间是李秉中精神和物质生活的困苦时期，也是他造访鲁迅最为频繁的时期。而留存下来的他给鲁迅的信，在他离开北京到黄埔军校后的这段时间最为密集。他在信中念叨着血与火的战争的到来，期许着鲁迅继续给他回信，给他寄爱读的《语丝》③。而正是在那几封信④后不久，鲁迅写下了《死火》。

1925 年 1 月 23 日，在黄埔作战士的李秉中，在给鲁迅的信中表示，已收到两封来信（现已散失），自己内心也有着说不出的颓唐：

> 先生常说欲啸聚绿林而难于可适宜之地，我看黄埔要算是最好的了，因为处在珠江中流，岛上山势起伏，汉港萦回，凡有炮垒十数座……先生如有意南来聚义，生愿执干戈以隶麾下……
>
> ……如此我南来目的达，而我的一切问题都迎刃而解——我南来欲于不平安中求一有趣味的丧失生命之法，此言不知先生知之否⑤？

对年轻的李秉中来说，他这种带有虚无色彩的思想很难说不是受鲁迅的影响。这里提到的"啸聚绿林"想必是鲁迅与其交谈或去信时的想法。有趣的是，这个愿望似乎在李身上实现了，而鲁迅继续生活在"寂寞"的境地。信中提到的"不平安"似乎也是回应或改变了鲁迅在《希望》中表达的"然而青年们很平安"的寂寞状态。这种

---

① 鲁迅 1924 年 9 月 24 日致李秉中信，《鲁迅全集》（第 11 卷），人民文学出版社 1981 年版，第 430 页。

② 鲁迅 1924 年 9 月 28 日致李秉中信，《鲁迅全集》（第 11 卷），人民文学出版社 1981 年版，第 431 页。

③ 1925 年 4 月 9 日李秉中致鲁迅信，周海婴编、北京鲁迅博物馆注：《鲁迅、许广平所藏书信选》，湖南文艺出版社 1987 年版，第 55 页。

④ 李秉中 1925 年 1 月 23 日、1 月 30 日、2 月 18 日、4 月 9 日致鲁迅信，周海婴编、北京鲁迅博物馆注：《鲁迅、许广平所藏书信选》，湖南文艺出版社 1987 年版，第 49、52、53、55 页。

⑤ 周海婴编、北京鲁迅博物馆注：《鲁迅、许广平所藏书信选》，湖南文艺出版社 1987 年版，第 48-51 页。

停滞和延宕的痛苦，在《野草》中构成了一种精神的强度，或者说促成了《野草》的创作。

1925年年初，鲁迅已经写下了《希望》、《雪》等篇目。这几篇作品能够体现出鲁迅对外在环境的怀疑，即以希望的虚妄来进击绝望的心情，并极尽自剖之能事。有趣的是，1925年1月30日，李秉中进一步表达了他的这种"鬼气"。信中，他说"将要出发去东江""杀陈炯明"，甚至交代了后事。他还说此行"与其说我是革命"，"不如说我是伙着恨的较轻的人去杀恨得重的人"①。有研究者因此称李秉中为"萨宁式的人物"②，也不无道理。"萨宁"是鲁迅在20世纪20年代初的译作——阿尔志跋绥夫的《工人绥惠略夫》中的主人公。对此，李秉中大概并不陌生吧？这正对应了鲁迅对萨宁的理解。1925年3月，鲁迅就写信给许广平说萨宁本要救治群众，结果被后者所害，以至于"仇视一切，对谁都开枪，自己也归于毁灭"③。同年2月18日，李秉中又记叙了自己在战争环境下的体感：

> 三日来行万山中，峰回境穷，佳处尽多，旭日朝阳，夜月辰星，山鸟山花，山泉山石，在在引人入胜，可惜我已不是所谓文人，诗兴欲发而发不出，惟抚枪自叹耳④！

这封信是接续了上一封信中野外经验的反刍，虽都是写风景野地，但这时候的情绪已经完全不同——大自然不再是文人个体融入的对象。李秉中的军人身份已完成，可谓彻底和鲁迅的状态割裂开来。但此情此景，对于小20岁的李秉中来说，自己的行状似乎是鲁迅身外的"青春"（《希望》）。他践行着鲁迅当时身上可能无法实现的抱负和理想。但通过鲁迅同许广平之后的通信可知，他对这个学生的未来也持有一种清醒的悲观（无论被"同化"或不被"同化"都不会有好的未来）⑤。也许，这是因为他想起了20年前自己的处境及后来？

---

① 周海婴编、北京鲁迅博物馆注：《鲁迅、许广平所藏书信选》，湖南文艺出版社1987年版，第52页。

② 臧杰、薛原主编：《闲话12　潮起潮落》（良友书坊闲话文丛），青岛出版社2011年版，第102页。

③ 鲁迅1925年3月18日致许广平信，《鲁迅全集》（第11卷），人民文学出版社1981年版，第20页。

④ 周海婴编、北京鲁迅博物馆注：《鲁迅、许广平所藏书信选》，湖南文艺出版社1987年版，第53-54页。

⑤ 鲁迅1925年3月31日致许广平信，《鲁迅全集》（第11卷），人民文学出版社1981年版，第31页。

在勇猛作战取得胜利之后的 4 月，李秉中在给鲁迅的信中表达了另外的苦闷："甚愿告假入京，重理旧业，非慑于死，实又厌苦此种生活矣。"①这里的旧业，应指之前所欲做的抄写、翻译或为文，但他的"厌苦"，想必也携带着鲁迅当时因为穷途而陷入的危机和厌倦的影响因素。两日之后，4 月 11 日，他还说到了战后休息时日的空虚和苦恼。就在这里，《死火》中那个熟悉的意象出现了：

> 先生，先生，人世总不能自由，无怪昔人谓三界无安，比之火宅也。
>
> 往者我亦谈主义，说牺牲，然我乃为我的欲望而牺牲，非为主义而牺牲也，谈主义以飨我之欲望耳。……至于佩服中山则诚，心悦而诚服之，非虚也。
>
> 先生，先生，世网弥张，触处皆令人痛苦无极。恨战场番番弹雨，总不著我一点。……②

在这封信中，李秉中以带有呼告的口吻倾诉了自己战场生活的大苦恼，并且第一次提到令人"三界无安"的"火宅"。强烈的虚无感让他想要尽快自毁，而只有"佩服中山"非虚。而李秉中的"至于佩服中山则诚"恰恰应和了 3 月底鲁迅在《战士和苍蝇》中将"中山先生和民国元年前后殉国而受奴才们讥笑糟蹋的先烈"比作战士的陈词③。十余天后，1924 年 4 月 22 日，鲁迅在给许广平的信中谈道："当群众之心中并无可燃烧的东西时，投火之无聊至于如此，别的事情也一样。"④ 第二天，鲁迅写下了《死火》。

在这样一种从 1924 年鲁迅思想的痛苦时期（没有留存李秉中给他的信，散失）到 1925 年李秉中的苦闷时期（没有留存鲁迅给他的信件）中，我们看到了二者在精神上的互相映照，即对当下现状的"厌苦"，对自我毁灭和变革并存的渴望。从这个意义上说，这一时期，"不平安"的青年李秉中仿佛是呈现鲁迅精神状态的另一种镜像。

---

① 1925 年 4 月 9 日李秉中致鲁迅信，周海婴编、北京鲁迅博物馆注：《鲁迅、许广平所藏书信选》，湖南文艺出版社 1987 年版，第 55 页。

② 1925 年 4 月 11 日李秉中致鲁迅信，周海婴编、北京鲁迅博物馆注：《鲁迅、许广平所藏书信选》，湖南文艺出版社 1987 年版，第 56-57 页。

③ 鲁迅：《这是这么一个意思》，《鲁迅著译编年全集（一九二五）》，人民出版社 2009 年版，第 149 页。

④ 鲁迅 1925 年 4 月 22 日致许广平信，《鲁迅景宋通信集：〈两地书〉的原信》，湖南人民出版社 1984 年版，第 44-45 页。

三、佛学视角："如从火宅中出" 的 "死火"

《死火》是《野草》中六篇 "我梦见" 开头的第一篇。这六个 "梦" 从 4 月一直做到 7 月，其中有些梦和现实梦境很像，有些梦又带有极强的隐喻性。不管怎样，这第一篇很显然为六篇的结构定下了基调，并且《死火》的内容也真的像是现实中的梦境。在写作《死火》的同一天，鲁迅还写出了《狗的驳诘》。相比较《死火》，《狗的驳诘》更写实地描绘了社会的 "分别心"，与《死火》故事的抽象和象征性形成鲜明的对比。

根据《鲁迅全集》的注释，《死火》中的佛学用语有 "火宅"、"大石车"、"无量数" 等。日本学者丸尾常喜认为其中的 "大石车"、"火宅" 诸词都来自《法华经》。鲁迅自己虽然未明言曾阅读《法华经》，但这部佛学经典是他所熟稔的——他曾于 1916 年在书市上购得唐人所写《法华经》残卷，在《中国小说史略》中也谈到《法华经》俗讲本之于中国小说文体发展的意义。

木山英雄亦认为《死火》中的这些词语显示出作品 "缠绕" 着 "带有佛教色彩" 的 "历史问题"①。丸尾常喜从佛教的角度更进一步解释说，"我" 将 "死火" 带回 "火宅" 而受罚，所以会被 "大石车碾死"，而 "大石车" 跌入深谷，说明 "似有作为惩罚给与 '大石车' 更为巨大的某物存在"。进而，丸尾常喜认为它（"大石车"）是 "几千年的旧习" 及带来个体生命危机的 "社会制裁"②。这种说法似乎继承了以往的研究中国学者所持的看法。但鉴于《野草》整体上的内视（内省）性超越了对外在世界的观察和反应，这个看法，似乎和他认为 "大石车" 与《法华经》中提及的 "三乘方便" 等同的观点相矛盾。

何谓 "三乘方便"？《法华经·譬喻经》这样说：

> 众生没在其中，欢喜游戏，不觉不知，不惊不怖，亦不生厌，不求解脱，于此三界火宅东西驰走，虽遭大苦不以为患。……
>
> 舍利弗，如彼长者初以三车诱引诸子，然后但与大车宝物庄严安隐第一。……初说三乘引导众生，然后但以大乘而度脱之。……舍利弗，以是因缘，当知

---

① ［日］木山英雄：《〈野草〉主体构建的逻辑及其方法》，赵京华译，《文学复古与文学革命——木山英雄中国现代文学思想论集》，北京大学出版社 2004 年版，第 43 页。

② ［日］丸尾常喜：《耻辱与恢复——〈呐喊〉与〈野草〉》，秦弓、孙丽华编译，北京大学出版社 2009 年版，第 253-254 页。

诸佛方便力故，于一佛乘分别说三①。

《死火》是如何化用这些带有佛学意象色彩的词语的？

首先，"我梦见"的写法也很受之前鲁迅翻译的《苦闷的象征》的影响。《苦闷的象征》将梦境、潜意识等对于艺术创作的意义做了详尽的阐发，多少应该激发并鼓励了鲁迅这样解剖内心的写法②。而且，《苦闷的象征》强调艺术和道德并非正向的关系③，这使鲁迅在《野草》中更进一步开拓了内面世界的书写空间：翻译了《苦闷的象征》之后，从《复仇》到《死火》显示出人的内在生命力向度和深层次精神空间。

而在大乘佛学视角下，"梦"通常有独特的意涵：梦是心造的幻影，人生也如梦。因此，这里可以说，《死火》中的"我梦见"中的"我"与"死火"和做梦的"我"构成紧密而统一的关系。也可以说，这些都是"我"。"死火"是"火宅"的一部分，"我"作为"三界之苦"的承受者，在人间是同"火宅"既相互对应又相互依存的。

孙歌在《绝望与希望之外》中认为，《死火》是"另一种情境下的'影的告别'"④。但与《影的告别》中徘徊于明暗之间终被黑暗吞没相比，《死火》的结构更为紧张。我被大石车碾压，使"大石车"坠入冰谷。按照佛教说法，"宝物大车"是引渡者，拯救"死的火宅"之中的"我"。但在这里，宝车变成了"大石车"，更具尘世之感，在梦境与现实的挣扎中，它给我的压迫类似一种"鬼压床"⑤。

但从佛学的语境中，也可以解读为作者不愿意选择自我升华式的超脱，而宁愿选择面对欲望与罪恶骗局的冷静和牺牲（或毁灭）。由此，"死火"便是引燃我之存在常态或处境的"火"，点燃"我"而使"我"能够离开冰谷，使"我"成为"我"。那么，离开冰谷后去哪里呢？按照这个逻辑，"死火"原本来自"火宅"，它亦应在"火宅"中烧尽，因此，他们原本打算走进人间的"大火宅"吧？既然"火宅"如此之

---

① 王彬译注：《法华经》，中华书局 2010 年版，第 119、121 页。
② "鲁迅写作《野草》之前，翻译了日本厨川白村的《苦闷的象征》一书，并以此作为他在北京大学讲授文学理论课的讲义。对于这本书中的一些观点，鲁迅是赞同并有所共鸣的。其中厨川白村所讲的'生命的哲学'的思想，对于《野草》一些篇章的写作，很可能有直接的影响。"见孙玉石：《现实的与哲学的》，北京大学出版社 2010 年版，第 136 页。
③ "梦又如艺术一样，是一个超越了利害道德等一切的估价的世界。"［日］厨川白村：《苦闷的象征》，鲁迅译，《鲁迅译文全集》（第二卷），福建教育出版社 2008 年版，第 240 页。
④ 孙歌：《绝望与希望之外——鲁迅〈野草〉细读》，三联书店 2020 年版，第 89—90 页。
⑤ 也许我们可以借鉴阿甘本的看法，在《野草》中有不少"凝固体"，这些"凝固"恰恰可以是阿甘本所认为的"姿势"，"姿势"的"不动"和"停滞是充满了张力的"，"其不动的姿势将先前和之后要发出的动作都凝聚其中"。这正对应着作者所说的将"姿势"作为"无目的的手段性的展示"。见［意］阿甘本：《姿势的本体论与政治学》，载《业：简论行动、过错和姿势》，潘震译，上海社会科学院出版社 2021 年版，前言。

苦，为什么还要存于其中呢？这就是 "我" 的选择。按《法华经》的解释，"大车"即是譬喻中的 "宝物大车"，是解脱之道，也即 "三乘方便"。这样的话，"大石车"理应是给 "我" 嬉戏并引渡 "我" 出离三界苦恼的所在。然而，"大石车" 却把我碾死之后，掉进了深谷，似乎说明 "引渡" 失败。于是，"我" 无法获得解脱，但这正合 "我" 的意思："我" 和像 "红彗星" 一样燃烧殆尽的 "死火" 一同消失。因此，文中说，"仿佛就愿意这样似的"。可见 "我" "愿意" 的 "这样" 是，拒绝所谓引渡、解脱与超脱。也许，在鲁迅看来，前文提到的李秉中在战争的血与火中锤炼乃至"焚烧"，恰恰是最为切实而极致舒适的状态，尽管后者对生命本身的疾苦充满了 "厌离" 之感。

而这里，"大石车" 原本是佛教譬喻（"宝物大车"）中引渡 "我" 出离三界之苦的方便力，但因为它是由各种布满人类欲望的物质构成的，更给 "我" 一种强力，让我认识到 "大石车" 的危险和重压。因此，与其说它是丸尾常喜所说的 "制度的制裁"，不如说是人类欲望或恶与诱惑的集合：它实际上并未像佛教所说的带领 "我"走出烦恼世界，而是与 "我" 一起陨灭，同归于尽。可见其本意是，在 "火宅" 中烧尽自己，以当下的状态来解决当下，而非期许被 "引渡"。而 "大石车" 的使用也将这一经典的佛教譬喻进行了文学意义上的转化。

而这里的复杂性在于，前引李秉中的书信呈现了他不断辗转奋战，一方面这完成了中年鲁迅的某一种可能性，但同时，他们各自又都表达了对当下状态的苦恼，和对所处人世间的某种不得出离和解决的 "憎恶" 和 "厌倦"。如果从佛学的角度来解释的话，这正是一种敏感的 "厌离" 之心，而鲁迅身上的 "鬼气"、"毒气"、"游戏气"、"虚无气" 等等，和这种 "厌离之心" 是相关的。反过来，它们又成为促使他自我勇猛精进的 "方便法"。这种 "厌离" 同时也是一种将自我和外部世界充分对象化的过程，即在厌离之心的前提之下，他们当时都选择了从文字到行动的、人道或革命的行为。

另外，正如上文所说，不同于《火的冰》，《死火》建立的一种 "我"、"死火"、"大石车" 三者关系的 "戏剧冲突"，似乎成为鲁迅后来继续采取革命或战斗姿态的故事缩影。《铸剑》中，我们能够看到黑色人、眉间尺、王这三者的关系，尤其是小说最后，大鼎里三个头颅相互追逐厮杀、须臾不可分的同归于尽的场景，和《死火》中的上述三者建立了某种奇特的同构性。这样一来，《铸剑》结尾的 "于是现出灵车，上载金棺，棺里面藏着三个头和一个身体" 的意味就更加好玩起来——这里的 "王"也可作为诱惑与欲望的象征，如 "大石车" 集合了人类之 "恶"，从而构成 "我" 和我的 "复燃之火" 共同面向的敌人。从佛学的角度，"王" 也是恶浊之世中 "我" 的一部分。我们相互依存，以这三种力量的平衡归于"无"为结尾。但这个"无"，不再是虚无，而是勇者的战斗，是牺牲换来的平静、斗争换来的空寂，否则，就会被反向吞噬，失去平衡和空寂。

值得指出的是，鲁迅在1925年底写的各类序跋中，亦呈现出这种思想的变化，即由厌离出发，但不归于宗教状态，而是宁愿选择立足于现实的行动。例如他在9月30日写给许钦文的信中对李霁野受其影响而翻译的安德烈耶夫《往星中》这样评价：

> 我以为人们大抵住于这两个相反的世界（即"无限的宇宙"与"有限的人间"）中，各以为是，但从我听来，觉得天文学家的声音虽然远大，却有些空虚的①。

在广大与有限、宇宙与人间之间，鲁迅关注生活本身。而实际上，在这部1906年的剧作中，安德烈耶夫借助天文学家之口说出了和这一时期的鲁迅关系密切的话：

> 是的，一个人要只想着自己的生死，他的生活便要异常恐怖并且异常苦闷……为着要充实起可怕的虚空，他幻造出许多美丽的健强的虚象……②

这段话的犀利之处在于，它和鲁迅的清醒的现实主义之间建立了某种互相阐释的关系。死亡与超脱的话题，尤其是在写作《野草》的这段时间，鲁迅是深陷其中的，我们甚至可以揣测它一度令鲁迅感到迷人而富于吸引力。然而，随着北京时局的动荡及接踵而来的政治事件，鲁迅体会到了外在紧迫性，与学生之间反对军阀的斗争、与南方的革命军形成了呼应的形势。李秉中尤其给了他更多对南方的想象空间。1926年，他在《华盖集》序言中说：

> 我知道伟大的人物能洞见三世，观照一切，历大苦恼，尝大欢喜，发大慈悲。……我幼时虽梦想飞空，但至今还在地上，救小创伤尚且来不及……
> 这病痛的根柢就在我活在人间，又是一个常人，能够交着"华盖运"③。

---

① 鲁迅1925年9月30日致许钦文，《鲁迅全集》（第11卷），人民文学出版社1981年版，第458页。
② ［俄］安德列耶夫：《往星中》，李霁野译，北新书局1926年版，第117页。
③ 鲁迅：《华盖集》题记，《鲁迅全集》（第3卷），人民文学出版社1981年版，第3页。

序言落款为 "写于绿林书屋"，想必多少也与上述李秉中谈及的 "啸聚绿林" 的愿望有关，只不过这里的 "绿林" 仍然是文字或艺术的武器场罢了。

实际上，到 1925 年底，《野草》几乎就要结篇了。而且，他不必再以隐晦的笔调来祛除内心的 "鬼气" 和 "毒气"，而是将之化为一种当下的勇猛。"三·一八惨案" 之后，《野草》的篇章中已经出现了 "猛士" 或 "勇士"，而到了《题辞》，则给予读者一种更加昂扬或者与过去告别的色彩。比较有趣的是，其间呼唤 "猛士" 的《淡淡的血痕中》，依然带有很强的佛学色彩，生与死以及过去、现在与未来都被纳入其对怯弱者的愤激、讨伐和对猛士的呼吁之中。文字间带有很强的悲悯情怀，带着对人类未来趋向更进步的热望。结尾和之前的篇章相比也显得更加明媚起来："造物主，怯弱者，羞惭了，于是伏藏。天地在猛士的眼中于是变色。"[1] 至此，鲁迅用佛学思想宽慰自己，或为影，或为鬼气，或为看穿生死的时空开拓，然而终于还是用力于当下。

1926 年 6 月 17 日，鲁迅写给在莫斯科学习的李秉中的一封信，似乎是《野草》"终结" 之后的心照。在信中，鲁迅一反过去的 "鬼气" 缠身，转而劝慰李秉中道：

……因为我近来忽然还想活下去了。为什么呢？说起来或者有些可笑，一，是世上还有几个人希望我活下去，二，是自己还要发点议论，印点关于文学的书。……

……我近来的思想，倒比先前乐观些，并不怎样颓唐。你如有工夫，望常给我消息[2]。

鲁迅渐渐从 "颓唐" 中活转了过来，从一个寂寞的影响他人的被安慰者，反成了积极的安慰者。在 1927 年的《庆祝沪宁克复的那一边》中，鲁迅也表达了对大乘佛教的反思：

待到饮酒食肉的阔人富翁，只要吃一素餐，便可以称为居士，算作信徒，虽然美其名曰大乘，流播也更广远，然而这教却因为容易信奉，因而变为浮滑，或者竟等于零了。……这样的人一多，革命的精神反而会从浮滑、稀薄，以至于消亡，再下去是复旧[3]。

---

① 鲁迅：《淡淡的血痕》，《鲁迅全集》（第 2 卷），人民文学出版社 1981 年版，第 222 页。
② 鲁迅 1926 年 6 月 17 日致李秉中信，《鲁迅全集》（第 2 卷），人民文学出版社 1981 年版，第 468 页。
③ 鲁迅：《庆祝沪宁克复的那一边》，《鲁迅全集》（第 8 卷），人民文学出版社 1981 年版，第 163 页。

这些都暗示着：此世间的问题，在此世间解决。对于个体来说，要做的就是明确的战斗，从速在人间的"火宅"中灭亡，即便是死后的肉身，也以一种决绝而鲜明的方式消亡。

> 庄生以为"在上为乌鸢食，在下为蝼蚁食"，死后的身体，大可随便处置，因为横竖结果都一样。
>
> 我却没有这么旷达，假使我的血肉该喂动物，我情愿喂狮虎鹰隼，却一点也不给癞皮狗们吃①。

这是晚年鲁迅在 1936 年的《半夏小集》中说的，可见鲁迅此时的决绝——人生之弦绷紧，绝不弛懈。王风在其《野草》研究中发现，鲁迅这种内观式的书写（"肉薄虚妄"）在他的生命过程中并不是阶段性的，即如晚年他拟编订的《夜记》集子，除了《半夏小记》之外，《怎么写》、《在钟楼上》、《这也是生活……》、《死》等篇是鲁迅继《野草》之后的另一种沉思，却因为鲁迅的去世而中断②。不过，不同的是，《夜记》之于《野草》更多了一层直接的"人间气味"，精神的强度也柔和了很多。从这个意义上说，我们无法认为《夜记》是鲁迅的"后期《野草》"。

四、结语

《野草》中的宗教元素很多，而这些由佛学话题引申出的人类的厌苦、炼狱、救赎，最终仍然要返回人间，在尘世内部来面对和解决。这样，它就指向了一种"苦"的文化政治，拓展了生的强度和力度，形成切实而坚韧的人生态度。那么，既然鲁迅满身"鬼气"，有"厌离"乃至自毁之心，为什么他不像萨宁一样选择绝对破坏而选择伦理式的行动？也许这恰恰是现代知识分子的底色：即便被现实的剧变不断碾压，也仍然要在这种冲突之间寻找更大的突围与生存和斗争的空间。这种"嵌入—脱嵌"的循环往复，对鲁迅这样一个饱受民族屈辱和自身使命感催逼的文人知识分子来说，尤其鲜明。

因此，整体而言，《野草》可谓鲁迅彼时文字、生活和精神三重中年危机的体现。

---

① 鲁迅：《因太炎先生而想起的二三事》，《鲁迅著译编年全集》（第 20 卷），人民出版社 2009 年版，第 299 页。

② 王风：《〈野草〉：意义的黑洞与"肉薄"虚妄》，《学术月刊》2022 年第 1 期。

《野草》的内在脉络呈现为对此危机的渐次摆脱，尤其《死火》表征了鲁迅抵抗因现实的无可救而生发的无治主义式的颓唐和佛学所催生的广大之感，在观念上从生命表象的超脱、慰藉走向现世的完全燃烧。此种颓唐与广大、超脱与慰藉，既是我们理解《野草》象征性书写的路标，又在鲁迅的创作中成为其跃迁到现世行动的作用力之来源。在某种意义上，鲁迅早年寻找的民族文化"固有之血脉"，渐渐在自身之中建塑起来，这种面对现实的血性成为支撑着他的生活政治。直到死去，他似乎再也没有像《野草》中这样"颓唐"过。

（作者单位：清华大学人文学院）

·书　讯·

《中国小说家庭伦理叙事的现代转型（1898–1927）》

杨华丽著，中国社会科学出版社 2021 年 12 月出版，36.9 万字，128 元

该书致力于研究中国小说的家庭伦理叙事在晚清至"五四"时期的转型因由、转型面貌及转型路径问题。除对清末民初与"五四"时期的家庭伦理观念变革、小说家庭伦理叙事的复杂话语进行细致梳理外，该书还对此期小说中的父子、两性伦理书写加以详细的对比式考察，以明确其间的承传与变异、温和与激进、新与旧杂糅的复杂状态，从而审慎地考量家庭伦理向现代转型的艰难历程。该书系作者在《"打倒孔家店"研究》之后推出的学术新著，尤为重视文学史与家庭伦理观念演进—传播史之间的深层纠葛，关注二者互动与背离间的幽微细节及其生成因由。因而，该书是《"打倒孔家店"研究》所涉论题的深化，对推动学界认知中国家庭伦理叙事的现代转型问题具有重要价值。

"俚语续骚经"：刘大白的"旧体新变"①

赵思运

刘大白（1880-1932）是"五四"新文化运动的急先锋，1919 年开始白话新诗创作，凡近千首，出版新诗集两部：《旧梦》（包括《叮咛》、《再造》、《秋之泪》、《卖布谣》四集）、《邮吻》。"'五四'新文学运动兴起之时，他认识到白话新诗的崛起，实是一场真正的'诗界革命'；于是就一改旧习，身体力行，致力于新诗写作，遂成为蜚声文坛的歌手。此后作者就很少写旧体诗了。"② 然而，刘大白在 1919 年之前创作了大量旧体诗词，共有 400 多首，功力深湛。"这部分《白屋遗诗》主要是他从'五四'以前的部分旧体诗中自选辑集的；因着积极创导新文学革命，卑弃'鬼话文'的原因，生前没有付印"③，直到 1935 年春，才由王世裕整理成《白屋遗诗》，初版由开明书店印行，书目文献出版社 1984 年重版。全书包括"鞞云剩稿"、"冰庑集"、"剑胆集"、"北征小草"、"东瀛小草"、"南冥小草"、"西泠小草"七个部分，以及附录的集外诗词，共计 376 首。王序曰："五四以还。大白敝屣其旧诗。然温丽隽爽。予夙爱之。尝戏谓他日署予名刻之何如。君殁后。诗稿存储君皖峰处。予乞以归。题曰白屋遗诗。付上海开明书店。经年而书成。昔日戏言。宛然如昨。而君墓有宿草。予亦垂垂老矣。风雨之思。良不可任。二十四年春日。王世裕识。"④

刘大白何以言"五四以还。大白敝屣其旧诗"？如果披文入情地细研，就会发现，刘大白的旧体诗并未因为新文化运动的兴起而失去其独特价值。刘大白的旧体诗词与

---

① 本文系国家社科基金一般项目"新诗作家旧体诗词创作现象的发生学研究"（16BZW165）的研究成果。

② 刘大白：《白屋遗诗·张乐平后记》，书目文献出版社 1984 年版，第 91 页。

③ 刘大白：《白屋遗诗·张乐平后记》，书目文献出版社 1984 年版，第 91 页。

④ 刘大白：《白屋遗诗·王世裕序》，书目文献出版社 1984 年版。

白话新诗，从来都是一体两面，没有内在的龃龉，而是和谐地构成了"互文"关系。其旧体诗词蕴藉的"俚语骚经"传统与新文化运动前夕狂飙突进的时代精神耦合，产生了耀眼的新质。这种新质不仅如朱自清所论述的，"能将旧诗的音节溶进新诗，又能在旧体诗的情景中翻出新意来"①。刘大白的"旧体诗"，无论艺术形式还是精神内涵，都具有浓厚的"旧体新诗"的特点。是故，我将刘大白的旧体诗，称为"旧体新变"。

一、刘大白旧体诗与新诗的互文性

刘大白的旧体诗词实质上是旧体的新诗，不仅内容是现代的，而且形式上也越来越接近白话口语；他的白话新诗，则与旧体诗的形式律做到了完美交融。他说："新诗人所应该反对而主张废除的，是旧诗中很繁重很谨严很板滞的足以断丧诗篇的天然美的外形律，而在相当的场合，偶然采用一点旧诗的外形律，只消用得好，也依然不失其为新诗。"②刘大白的第一首白话新诗《风云》就是根据自己的旧体诗《风云》改写的。二者构成了典型的互文关系。旧体诗版本是：

> 云心每妒天无垢，风力常教水不平。
> 著眼是非功罪外，英雄毕竟误苍生③。

白话新诗版本是：

> 朗高的青天，／没有一点儿不明！／云啊云！／你偏要罩他一下，／不许他干净！／／
> 澄澄的一泓绿水，／没有一点儿不平！／风啊风！／你偏要扇他一下，／不许他安静！／／云啊云！／风啊风！／我不管你是和非、罪和功！／你遮星盖日、掀波作浪、卖弄你的手段、硬充作英雄！／咦！我偏瞧不起你这英雄④！

刘大白的白话诗集《卖布谣》大部分是古代新乐府风格的四言诗，表达了对底层民众不幸的人道主义同情，对社会不公现实的无情揭露，是典型的"旧瓶装新酒"。

---

① 刘大白：《白屋遗诗·张乐平后记》，书目文献出版社 1984 年版，第 91 页。
② 刘大白：《从旧诗到新诗》，《当代诗文》1929 年 11 月创刊号。
③ 刘大白：《白屋遗诗》，书目文献出版 1984 年版，第 70 页。
④ 刘家思：《刘大白评传》，中国社会科学出版社 2013 年版，第 239 页。

《卖布谣》虽曰新诗集，但是，其中旧体诗或旧体诗的变体比比皆是。兹列表如下①：

题目	诗体	创作时间
卖布谣（一）	四言古体	1920.5.31
卖布谣（二）	四言古体	1920.5.31
收成好	七言变体	1921.2.27
田主来	七言变体	1921.2.28
雪门槛	七言变体	1922.1.18
挂挂红灯（一）	四言古体	1921.6.5
挂挂红灯（二）	四言古体	1921.6.5
渴杀苦	四言变体	1921.6.10
布谷	四言变体	1921.6.12
割麦插禾	四言变体	1921.6.5
脱却布裤	四言变体	1921.6.17
各各作工	四言古体	1921.6.20
泥滑滑（一）	三言变体	1921.6.23
割麦过荒	四言变体	1921.7.8
著新脱故	四言变体	1921.7.13

白话诗集《丁宁》中的旧体诗或旧体诗的变体有：

题目	诗体	创作时间
立秋日病里口占	七言古体	1920.8.8
促织	七言古体	1920.9.15
夜宿海日楼望月	四言古体	1921.3.19
春意（六首）	五言古体	1921.4.4
雨里过钱塘江	七言古体	1921.4.27

---

① 据《刘大白诗集》，书目文献出版社 1983 年版。以下统计均据此版本。

白话诗集《再造》中的旧体诗或旧体诗的变体有：

题目	体裁	创作时间	《白屋遗诗》收录情况	备注
秋意	小令风格	1921.8.9		
明知	词牌：一剪梅	1921.11.2	《白屋遗诗》题《一剪梅·明知》	
海滨之夜	七言古体	1921.11.9		
读慰安	新诗	1922.3.24		与玄庐古体诗《慰安》（1922.3.12）的互文写作
别后	小令	1922.4.19		
别（一）	词牌：苏幕遮	1922.5.5	《白屋遗诗》题《苏幕遮·别》	
别（二）	词牌：苏幕遮	1922.6.3		

诗集《秋之泪》中的旧体诗或旧体诗的变体有：

题目	体裁	创作时间	《白屋遗诗》收录情况	备注
花间	小令风格	1922.4.10		
西湖秋泛（一）	词牌：一剪梅	1922.8.16	《白屋遗诗》题《一剪梅·西湖秋泛》	同日作新诗《西湖秋泛（二）》，语句整饬，意象典雅，新旧融为一体
归梦	小令风格	1922.8.22		
秋之别		1922.9.20	同题收录《白屋遗诗》	
腰有一匕首	五言古体	1922.9.29	收录《白屋遗诗》附录，题目为《匕首行》，标注写作时间为1909年。《白屋遗诗》有《我有匕首行》。	
醉后	小令	1923.2.6		
送斜阳	小令	1923.3.19		
春半	小令	1923.3.21		
梦之怀疑	五言古体	1923.4.13		

白话诗集《邮吻》中的旧体诗或旧体诗变体有：

题目	体裁	创作时间	《白屋遗诗》收录情况
记得	小令变体	1923.5.3	
双红豆（三首）		1924.2.11	同题收录《白屋遗诗》
寄影	小令变体	1924.5.17	
春去	小令变体	1926.5.5	

在刘大白的心目中，诗体并无绝对的新旧之别。所有的诗体，从发生学角度看，皆源于诗人的内心世界。

二、刘大白"旧体新变"的发生

刘大白自小受到良好的传统文化教育，打下了十分厚实的国学基础。值得注意的是，刘大白在厚殖国学根基的同时，又孕育出强大的反叛精神，与时代巨变的语境形成了同频共振。这大概是刘大白旧体诗中萌生新质的内在原因。

刘大白原名金庆棪，出生于闻名遐迩的书香门第。他的父亲金佩卿熟读诗书，国学根底厚实，20多岁就中了秀才，但自此以后，却屡试不中。于是，他将人生理想转寄到刘大白身上，希望他能够科举取士。先是他的祖父金友梅为刘大白启蒙，继之金佩卿亲自授学。刘大白在孙昕堂先生家里读了两年私塾，就掌握了"四书"、"五经"。据刘大白回忆，他9岁时就写出诗句"阿弟初生时，各个尚扶床"，竟暗合了《孔雀东南飞》中的名句"新妇初来时，小姑始扶床"①。陈觉民说："他幼年在家塾时，《十三经》是成诵的。清末科举，改八股文为策论，我见过大白考书院的试卷，署名还是金庆棪。文章里运用史实贯穿自如，可知于'四书'、《资治通鉴》等书也是寝馈甚深的。"② 不久，刘大白中了秀才。1909年，他考取了最后一届拔贡③。

刘大白在为国学打基础的同时，也在发展着白话文学方面的自由性。自3岁开始的极其严厉的家庭教育，使刘大白感到他的书室就像一座"监狱"，甚至曾以自缢表示反抗。这种监狱式教育，严重压抑了其自由的天性和诗性，更加激起了他的叛逆精神以及对自由生活的渴望、对尊重儿童天性的呼唤，也更揭露了封建专制家长的残酷和封建科举制度的罪恶。刘大白幼小的心灵深深地埋下了反对科举功名、厌恶文言古语的种子。这为他以后选择人生道路奠定了主观基础④。1898年，他创作了《读石头记》：

> 花谢春成劫，风流梦忽醒。
>
> 有情方许读，无字不通灵。
>
> 悟境参虚白，奇书亦汗青。

---

① 刘大白：《旧诗新话》，岳麓书社2012年版，第156-167页。
② 陈觉民：《刘大白生平》，浙江省政协文史资料委员会《浙江文史集粹·第6辑　文化艺术卷》，浙江人民出版社1996年版，第25页。
③ 关于刘大白考取拔贡的时间有不同说法，此处从刘家思观点。见刘家思《刘大白评传》第84-87页考证。
④ 刘家思：《刘大白评传》，中国社会科学出版社2013年版，第25页。

美人香草意，俚语续骚经①。

可以说，这首诗奠定了刘大白文学理念的基本面貌——视诗词为表情的艺术，注重性灵表达。在正史之外，他敢于旁逸斜出，认为"奇书亦汗青"。在温柔敦厚的传统诗学的脉络里，他更加认同的是另外一种传统，即"俚语续骚经"。这直接成为刘大白在新文化运动之后创作白话新诗的先声。他的不少作品已经萌生出新文化运动的先导元素。如《八股祸》、《偶像讽》、《缠足苦》表现了打破偶像、追求自由、呼唤个性解放的新文化思想。从1911年起，刘大白主笔《绍兴公报》，积极宣传新思想、新文化，如宣传报道资产阶级革命和中华民国政府体制，广泛讨论婚姻自主、女性解放、女子接受教育等社会热点问题。

随着腐朽的晚清的崩溃与社会转型，刘大白一方面接续了传统文化的渊源，同时又完成了现代性蜕变。稽山镜水养成了他性情通透的特点，而会稽山作为大禹治水的庆功封爵之地，所滋养出的大禹精神激起了刘大白建功立业的雄心抱负；越王勾践卧薪尝胆、铸剑复仇的古事，形成了基于民族大义的复仇文化，又转化为现代革命精神；尤其是他的佛家修炼经历，使其彻底脱去了封建迷信趣味，而转向社会担当精神与革命者的牺牲精神。

因此，面对内忧外困、满目疮痍的晚清社会，他于1905年加入了反清革命组织光复会。孙中山等人领导的檀香山兴中会，黄兴、陈天华等人领导的湖南华兴会，章炳麟、蔡元培、秋瑾等领导的浙江光复会，孙中山领导的东京同盟会等革命组织蓬勃兴起，革命之火渐有燎原之势。刘大白投身革命的洪流，写下了《题碌生梦醒词后》："新从尘海浴身还。不染纤埃岂等闲。猛听潮声一回首。尚留余影在人间。"②

在诗歌艺术革新方面，刘大白深受"诗界革命"领袖黄遵宪的"我手写我口"③之文言合一主张的影响，在"旧体诗"中注入新鲜因素，使"旧诗开出回光返照的新境界"④。我称之为"旧体新诗"。刘大白仿照黄遵宪的《今别离》之诗，创作了《新相思》（1898）二首，以科学知识入诗，开风气之先。

明月照我眠。令我思婵娟。婵娟入我梦。姗姗来我前。

两地远相隔。道路知几千。问卿何能来。恐是乘汽船。

---

① 刘大白：《白屋遗诗》，书目文献出版社1984年版，第2页。
② 刘大白：《白屋遗诗》，书目文献出版社1984年版，第22页。
③ 黄遵宪：《杂感》，陈铮编：《黄遵宪全集》（上），中华书局2005年版，第75页。
④ 刘大白：《旧诗新话》，岳麓书社2012年版，第144页。

不然火轮车。轮驰声填填。不然轻气球。御风飞如鸢。

三问默无语。倩影忽杳然。好梦何迷离。相思何缠绵。

起视夜如何。月明犹在天。

月明犹在天。相思何由传。欲情寄书邮。道远愁迁延。

欲借电文报。文促意未宣。不如德律风。万柱钩铁弦。

语出侬口中。声达卿耳边。口耳远相接。情话如一廛。

语卿梦中事。知卿还未眠。此夜彼为昼。星球方右旋。

相思幻成梦。足征侬心坚①。

  这首诗的现代性表达和现代性想象，已经远远超出相思诗歌类型的价值。30 年后，刘大白说："文学作品，应该随人类生活而变迁；要是像那班老顽固，老是从故纸堆中讨生活，把几个旧辞藻捃摭持扯，颠倒翻腾，怎地能另辟新境界呢？黄氏因为曾经身历重洋，所见者广，能于旧诗垂绝之际，注入些新生命；所以能使旧诗开出回光返照的新境界。如他底《今别离》等作品，确是有时代性的。至于那些拘绳守尺地以事古为高的人，即使摹仿得合（和）古人一样，也只是一个僵尸、木乃伊而已。"②刘大白有一首七律《丙辰夏夜西园小饮》，诗中颔联"一轮巧扇旋风白，四照华灯灼电青"运用新事物于旧格局中。但刘大白仍说："不过终不能像新诗中的运用自由，所以诗体解放，实在是必要的事。"③

  刘大白的《三十自励》（1909）立足关于时空的科学基础，展开了关于个体生命体验的忧思，以及宇宙中个体位置的思考，表达了既达观又珍惜生命的情感。科学精神与宇宙时空拓展了诗的意境与视野。刘大白的《今朗月行》（1910）可以与李白的《古朗月行》对比阅读。李白的《古朗月行》流露出童趣与想象，而刘大白的《今朗月行》则翻出了新意，以自转与公转、月圆月亏、日食月食等现代科学知识解构关于月亮的神话传说。如果再联系到曾鸿燊的《电线行》、《火车行》，刘大白无疑是传达科学思想的先驱者之一。

  在艺术形式上，刘大白以白话口语入旧体诗词，尤其是歌行体古体诗，使诗歌更加自由奔放。《白屋遗诗·冰庐集》共 44 首，其中律绝 31 首，而歌行体高达 13 首。如《北郭有健儿》：

---

① 刘大白：《白屋遗诗》，书目文献出版社 1984 年版，第 24 页。
② 刘大白：《旧诗新话》，岳麓书社 2012 年版，第 144 页。
③ 刘大白：《旧诗新话》，岳麓书社 2012 年版，第 144 页。

北郭有健儿。短衣匹马将何之。

汉家将军北征胡。欲往从之效驱驰。

妻子牵衣挽不得。匈奴未灭家何为。

生不愿画麒鳞阁。死不愿勒壮士碑。

但愿朝斩匈奴将。暮搴匈奴旗。饥食匈奴肉。倦寝匈奴皮。

誓剪国仇洗国耻。男儿纵死此志终不衰。

胡中之沙黄如绮。胡中之草白如丝。

白草黄沙大好理我骨，魂雄魄毅勿畏胡儿欺。

何用马革裹尸还葬北邙下。徒令道旁过者共道从军之苦悲①。

如此刚健有力的诗思与风骨，灼热逼人！强烈的家国情怀撑破了诗歌的形式，激情澎湃难抑，句式长短不一，诗人的自我形象十分鲜明。这种狂飙突进的时代精神与突破形式束缚的变革力量，成为刘大白"旧体"新变的强大内驱力。

三、刘大白旧体诗中的狂飙精神

刘大白一直秉承着"有情方许读，无字不通灵"的文学观念，每一首诗都力透纸背，情透纸背。诗人的创作个性十分鲜明。他那狂飙突进的自我形象，有力地呼应了时代的巨变，刷新了旧体诗词的格调和境界。

早在1896的《自遣》中，刘大白就流露出报效国家的远大志向："文章憎命不胜愁，无价明珠悔暗投。羡煞名花名富贵，愿从香国觅封侯。"②《有感而作》（1896）亦言："孤负才情真可惜，文君诗句易安词。"无论在文学领域还是仕途方面，其实刘大白都颇有抱负！"十年落魄余长剑，万种悲怀托素琴。赢得阑珊两行泪，世无青眼孰知音"（《题壁》）③倾诉了知音难觅、栏杆拍遍、无人会登临意的孤独心态。此时，频繁出现在他诗中的意象"剑"、"匕首"，不仅是传统士大夫人格的象征性载体，同时也寄予着"五四"新文化运动前夕仁人志士的救国理想。

1897年，刘大白在绍郡中西学堂（1901年尊令改名绍兴府中学堂）读书。无论是创办者徐树兰，还是1898年曾来绍郡中西学堂做总理（校长）的蔡元培，都积极推行新式教育。刘大白深受熏染，树立了远大的报国志向。刘大白后来在阴山小学堂教

---

① 刘大白：《白屋遗诗》，书目文献出版社1984年版，第27页。
② 刘大白：《白屋遗诗》，书目文献出版社1984年版，第1页。
③ 刘大白：《白屋遗诗》，书目文献出版社1984年版，第3页。

书，住在龙山山麓，住所名曰"绿杉野屋"，体现出刘大白的诗人气质——热爱大自然的纯真率性与浪漫气质。早年在绍兴生活时，刘大白深受新思想的影响，尤其是徐锡麟和王世裕的维新思想对其影响最大。徐、王二人创办新式报刊和书局，开办新式教育，推行女学。在他们的影响下，刘大白还成为《绍兴白话报》的主要撰稿人之一。后来，刘大白踏上了上下求索的革命之路：1905 年加入光复会，积极参加推翻封建清王朝的革命活动；接受无政府主义和共产主义思想，编辑《绍兴公报》，宣扬革命思想；力主讨袁，支持"二次革命"，先后流亡日本和南洋；回国担任浙江省议会秘书长，致力于民主共和制度的探索与推进；参加共产主义小组，积极宣传共产主义思想。

在刘大白的诗中，诗人的自我形象十分鲜明。他携带着电闪雷鸣的巨龙形象，张扬着狂飙突进的精神风暴。他最具典型性的诗作是《龙》和《纵笔》（1905）。"龙"作为刘大白的自我精神喻像，显示出强大的自我确证意味：

困伏泥沙岁几更。何妨昂首诉生平。

登门指目看烧尾。破壁何人为点睛。

快挟风涛抟大气。怒凭雷雨作先声。

此身岂是池中物。一奋终教百族惊①。

这首诗揭示了诗人的生存处境——"困伏泥沙"，但诗人绝非"池中物"，而是充满了"挟风涛抟大气"的精神力量，也表达了敢作"先声"、"一奋终教百族惊"的雄心壮志。《纵笔》一诗，更是以白话诗的风格，极尽浪漫主义的夸张手法，对自我气势磅礴的个性做了极为酣畅淋漓的张扬。诗歌以"海水为墨天为纸。濡染大笔跨龙起"起笔，境界惊人。诗人敢于冒犯"天公"和"天权"的专制威力——"大书我作天公字"，"掷笔长空惊九天。天公谓我侵其权"。这种大逆不道和罪大恶极，会招致"抉目拔舌刳心剖腹断手截足刲厥头"。但是，诗人宁愿"粉我之身碎我之骨烹身为羹锻骨为灰靡"，也要打破"专制苦"，而获得"自由不可侵犯之灵魂"。这种自由的意义，不仅在于"个体"，还在于"判令天下万世名士美人尽如意"！这个诗人角色，既是开天辟地的盘古，又是盗天火给人间的普罗米修斯。他要打破传统的专制秩序，让世界重获自由。这种对于个性自由的追求、大无畏的英雄气概、激进主义的民主主义思想、狂飙突进的浪漫主义精神，正是"五四"新文化运动的先声！

由于新旧势力的激烈交锋，蔡元培于 1900 年离开绍郡中西学堂，刘大白亦抑郁不

---

① 刘大白：《白屋遗诗》，书目文献出版社 1984 年版，第 19 页。

得志。《吊史阁部》通过对史可法的哀悼与凭吊，直指当下"权臣在内功难立"的黑暗腐败官场。他多次表达了怀才不遇的心态。《皎皎夜光璧》中，以"皎皎夜光璧"和"灼灼明月珠"自喻，纵然"论价贵无匹光明世所无"，但是"世人不知重委弃在泥涂"。虽然得遇良贾，"灵泉濯其垢。异香薰其污"，但是，良贾携之到帝都以后，"欲求善价沽"的愿望还是落空了，"大夫昧真伪无端相诋诬"，最终仍然是"有士泣穷途"。感慨最为深沉的是他的《秋感八首》（1909）。这首诗凝结了传统诗学中的"悲秋"母题，刘大白却一扫"悲秋"之气的颓败，转化为骨气奇高的气概。"扶病登楼"也是传统诗学中的原型意象，隐喻着登高望远的大追求。一句"扶病登楼百感生"，颇有杜甫"百年多病独登台"的忧患意识。在列强入侵、国势衰颓、军阀混战、民不聊生的时代，刘大白借助嵇康、屈原、信陵君、张骞、李广等传统人格符号，表达了报国无门、苦闷彷徨的愤懑之情，揭露了党派纷争都逃不掉愚弄国民的本性。他也曾绝望地叹息"已无热泪哭神州"，但又在绝望中诞生出一种"晨钟乍唤睡狮醒"的未来展望。

值得注意的是，在刘大白狂飙突进的精神人格表现中，很清晰地存在着一种激进主义的牺牲美学。晚清民国，暗杀风气十分浓厚。革命精神中凝结的复仇意识和牺牲美学，在当时特别流行。陈伯平就曾经对刘大白说："虏焰方张。我辈当以暗杀为第一义。"① 这种牺牲美学，一直延续到"五四"时期。1920 年 6 月，刘大白在为《浙潮第一声》作序时指出："为了一种主义，和黑暗势力奋斗；如果当黑暗势力很强的时候，免不了要受挫折；这所受的挫折，叫做牺牲，不叫做失败。只要前仆后继地坚持下去，主义不变，一定有胜利的日子。"② 这种激进主义的牺牲美学在"五四"新文化运动时期非常普遍。李大钊在《青年厌世自杀问题》里呼唤："我希望活泼泼的青年们，拿出自杀的决心，牺牲的精神，反抗这颓废的时代文明，改造这缺陷的社会制度，创造一种有趣味有理想的生活。……由此说来，青年自杀的流行，是青年觉醒的第一步，是迷乱社会颓废时代里的曙光一闪。我们应该认定这一道曙光的影子，努力向前冲出这个关头，再进一步，接近我们的新生命。诸君须知创造今日的新俄罗斯的，是由千八百五十年顷自杀的血泡中闯出去的青年。创造将来的新中国的，也必是由今日自杀的血泡里闯出去的青年。"③

刘大白的革命精神和牺牲美学，在与陈伯平的关系上可以得到展现。1905 年，刘

① 刘大白：《白屋遗诗》，书目文献出版社 1984 年版，第 28 页。
② 大白：《浙潮第一声·序》，1920 年浙江省立第一师范学校学生自治会编：《浙潮第一声》。1921 年 10 月 10 日《民国日报·觉悟》发表的《十年前的今日》再次提出"革命是不断的"观点。
③ 李大钊：《青年厌世自杀问题》，《新潮》第 2 卷第 2 号，1919 年 12 月 1 日。

大白加入光复会，介绍人就是陈伯平。他有多首写给陈伯平的诗词，这些作品个性鲜明地表达了革命到底的精神，也流露出强烈的主张暗杀、颂扬牺牲等极端激进主义情绪。如《金缕曲——送同里陈伯平赴日本》（1905）表达了唤醒四千年沉睡的古国、大胆革新、推进民族进步的愿望，呼唤新青年登上历史舞台！1907 年，皖浙起义失败，徐锡麟、陈伯平、马宗汉、秋瑾等先后牺牲，史称"浙东四烈士"。刘大白深受刺激，义愤填膺地写下挽诗七律四首《哭陈烈士伯平》（1907），与《金缕曲——送同里陈伯平赴日本》有多处互文性内容。刘大白 1909 年考取拔贡以后，1910 年北上谋职，更加清楚地了解到当时的局势：在列强侵略的危机下，清政府腐败无能，一方面苟延残喘，另一方面又疯狂镇压革命力量。正如刘大白那首《送宋梦兰出都》所言，此时的华夏大地，"魍魉昼现财狼驰"，凤凰涅槃之前，"誓不栖此恶木枝"。强烈的忧患意识和爱国主义精神，灼热逼人。

刘大白的《我有匕首行》也格外引人注目。刘大白在北京结识了刺客吴琛。吴琛精于拳术，重义气，痛恨清王朝腐败无能，常携短剑在身，以刺杀晚清王朝权贵人物为目标，后在二次革命时的南京保卫战中牺牲。吴琛曾于 1910 年的 9 月邀请刘大白在北京酒楼畅饮，大肆渲染暗杀清王朝某权贵的计划。刘大白深受感染，酒醉之际，挥笔题壁一首歌行体《我有匕首行》：

> 我有匕首仇有头，仇头不断生可羞。贪生可羞不如死，生死向前宁畏仇！丈夫意气动霄汉，风云惨惨天为愁。朝携匕首出门去，暮提革囊燕市游。燕市逢故人，邀登酒家楼。含笑询所为，探囊出髑髅。髑髅红模糊，闪闪光射眸。故人莫惊骇，壮志今已酬。进君一卮酒，为君陈其由。仇势昔未衰，豪气吞九州。吴像无其横，秦政难与俦。日月可倒行，江河可逆流。自称天骄子，豪杰供虐刘。亦有幸免者，万里穷荒投。中原壮士尽，存者惟善柔。我独奋然起，志与鱄荆侔。仇昔杀人如薙草，我今杀仇如屠牛。匕首在颈头在手，砉然一声仇无头。仇无头，大白浮，佐君豪饮君快不①？

曹聚仁先生评价这首诗道："大白是个多情而有热血的人……此诗激昂慷慨，出之以雄健的格调。"② 这首诗中的热血情感与复仇情结，也标志着刘大白的无政府主义思想。这首诗在刘大白的心中占据着非常重要的位置。12 年后，1922 年 9 月 29 日，刘大白在绍兴又对这首诗进行了改写，完成了《腰有一匕首》："腰有一匕首，/手有一樽

---

① 刘大白：《白屋遗诗》，书目文献出版社 1984 年版，第 20 页
② 曹聚仁：《刘大白：旧梦》，《公余生活》第三卷第一期，1946 年 2 月。

酒；/酒酣匕首出，/仇人头在手。//匕首复我仇，/樽酒浇我愁；/一饮愁无种，/一挥仇无头。//匕首白如雪，/樽酒红如血；/把酒奠匕首，/长啸暮云裂！"① 后此诗被收录到其新诗集《秋之泪》中。从歌行体《我有匕首行》到五言新诗《腰有一匕首》，形式虽有变，但内涵如一，即强烈的革命精神、复仇意识、牺牲美学，12 年一以贯之。

四、余论

刘大白的文学态度曾长期受到误解。"后五四时期"的刘大白，总被认为是保守、没落乃至反动的。事实上，刘大白在被贴上的 "保守" 标签的背后，持续坚守新文化运动立场，张扬着 "五四" 新文化运动的活力。1926 年 2 月 15 日，刘大白创作的复旦大学校歌，发出了时代强音："复旦复旦旦复旦，巍巍学府文章焕；/学术独立，思想自由，政教罗网无羁绊。/无羁绊，前程远；向前！向前！向前进展！/复旦复旦旦复旦，日月光华同粲烂！"② 文字丝毫没有暮气和沉沦，没有保守与没落。这首校歌被称为 "中国最具风骨的大学校歌，鲜有可与之争锋者"③。

刘大白关于古文和旧体诗词的评说与研究，都蕴含着新文化运动精神的延续。新文化运动后期，阵营内部分化严重，刘大白坚决捍卫新文化运动的立场，称 "古文" 为 "鬼话文"，称 "白话文" 为 "人话文"。"打倒鬼话文" 的口号是他在《复旦周刊》专栏 "谈话栏" 中提出的。1926 年，他在这个专刊上发表了 18 篇文章，对倒行逆施的复古派和新文学阵营里的返古派，给以迎头痛击！刘大白的《中诗外形律详说》在旧体诗与新体诗之间架设了一道学理的桥梁。他因此亦被称为中国诗歌声律研究的 "破天荒第一人"④。他非但没有被旧诗传统所拘囿，反而在旧体诗史中挖掘出白话诗的元素，为白话新诗寻找到了诗学依据。《旧诗新话》在旧体诗学传统中勾勒出一条清晰的白话诗传统，为旧诗向新诗转化与过渡提供了文学史资源，打通了从旧诗演进到新诗的内在逻辑。

刘大白的一生跨越了旧诗与新诗、文学与政途的阈限，而内在并未发生彻底断裂。在他的身上，传统文化与新文化两条河流，虽然此消彼长，但终究是源远流长地并行着。他不仅不是断裂者，甚至还是新旧文化之间的一个重要桥梁。

（作者单位：浙江传媒学院文学院）

---

① 刘大白：《刘大白诗集》，书目文献出版社 1983 年版，第 287 页。
② 萧斌如编：《刘大白研究资料》，知识产权出版社 2010 年版，第 222 页。
③ 毛翰：《漫话中国大学校歌》，《书屋》2005 年第 11 期。
④ 夏丏尊：《〈中诗外形律详说〉跋》，刘大白：《中诗外形律详说》，开明书店 1944 年版。

保守还是激进？立宪抑或共和？
——《新中国未来记》的政治意涵新探

徐莉茗

一、缘起：《新中国未来记》政治意涵的研究分歧

1895 年甲午战争的失败，使知识分子意识到"器物"变革并不能拯救国家，唯有政治制度的彻底改变才能挽救危亡时局。遽变的时代让仁人志士纷纷寻找国家摆脱困境的出路，温和渐进地实行君主立宪与暴力激进地实行民主共和，一时间成为炙手可热却又互相较量的两种截然不同的救国方略。在这一时代背景下，梁启超的《新中国未来记》应时而出。未曾刊载之前，1902 年 8 月 18 日的《新民丛报》即为之宣传，并对其标明的"政治小说"一词进行界定："政治小说者，著者欲借以吐露其所怀抱之政治思想也。其立论皆以中国为主，事实全由于幻想，其书皆出于自著。"① 由此可见，从创作方式来看，小说情节与内容均是作者的虚构；从创作意图上看，《新中国未来记》是梁启超为宣传自己的政治理念而作，小说必然有着极强的政治意涵。既支持过温和改良又与"革命派"有交流的梁启超，在小说中究竟设想了怎样的救国路径呢？他为未来中国设想的理想政治制度是君主立宪制还是民主共和制呢？学界对此的看法不一。本文从文本出发，结合梁启超彼时的思想动态，试图厘清这一问题。

阿英在《晚清小说史》中率先将《新中国未来记》的政治倾向归纳为君主立宪制。他将小说放置在康、梁领导的维新运动的视域下，并指出《新中国未来记》只为"发表政见，商榷国计"而已，"至于革命与非革命的争论，在作者的目的，自然是要

---

① 《中国唯一之文学报〈新小说〉》，《新民丛报》1902 年第 14 期。

说明立宪的必要"①。虽然阿英的评价重点在于这部小说书写的政论过多，因此"艺术价值是不够的"，但其中提及小说的政治主张，未加分析就认定为君主立宪制，不免存在有失严谨之嫌。

后来的研究者一般认为梁启超作为戊戌维新的积极促进者，持改良主义的论调，而将小说想象的政体归纳为君主立宪制，如"小说中的'完全宪法'遵从民意立宪，让皇帝'让权与民'，最接近'君主立宪制'。梁启超在 1900 年时认为'君主制立宪制，政体之最良者'。因此，在后来黄克强当上第二任大总统，他施行的便是从'无宪'的君主专制政体转向'有宪'的有王权的'君主立宪政体'"②。梁启超的确在《清议报》1901 年第 81 期的《立宪法论》中发表了这一言论，对君主立宪制持赞同态度，但以此断定小说的政体想象则颇为武断。

王德威在《小说作为"革命"——重读梁启超〈新中国未来记〉》一文中，爬梳梁启超的"革命观"、1899 年至 1903 年政治思想的变化，并分析其小说观，而后对《新中国未来记》进行剖析，认为"在《新中国未来记》中，他（梁启超——笔者注）很明显地偏向于黄克强的观点，提倡通过温和的改革而非革命来建立君主立宪制，实现民主的最终愿望。由于小说的未完成，我们无法预知黄克强和李去病是如何各自实现自己的抱负的。可是多亏了小说中的倒叙手法，我们有幸得知黄克强最终完成了他的理想，成了大中华民主国的第二任总统"③。这即是说，王德威尽管对梁启超的思想进行了梳理与解读，依然认为《新中国未来记》的构想是通过"温和的改革"建立君主立宪制。

夏晓虹在《觉世与传世——梁启超的文学道路》一书中对《新中国未来记》进行了颇为精彩的阐释与解读。她同样认为"梁启超在小说中所要阐发的新思想，集中表现为改良思想"④。通过对李去病在文本中的言语分析，她认为"李去病代表的，不过是改良派中激进分子的观点，尚不能称之为革命派的议论"⑤。另外，她认为，小说人物孔觉民叙述的"立宪期成同盟党"流露出作者赞成君主立宪制，而对几代国家最高领导人——总统的规划则呈现出作者以君主立宪制为过渡，最终以建成民主共和制为政治理想。

---

① 阿英：《晚清小说史》，江苏凤凰文艺出版社 2017 年版，第 105 页。
② 高鸿：《探寻晚清的"中国梦"——晚清政治小说〈新中国未来记〉的法律想象和审美价值》，《学海》2013 年第 5 期。
③ 王德威：《小说作为"革命"——重读梁启超〈新中国未来记〉》，王吉、陈逢玥译，《苏州教育学院学报》2014 年第 4 期。
④ 夏晓虹：《觉世与传世——梁启超的文学道路》，中华书局 2006 年版，第 44 页。
⑤ 夏晓虹：《觉世与传世——梁启超的文学道路》，中华书局 2006 年版，第 47 页。

与从文学方面研究《新中国未来记》不同的是，研究政治史和思想史的学者在谈及这一小说时，则认为小说呈现出的政治意涵是激进的革命思想与民主共和的政体想象。如张朋园的《梁启超与清季革命》认为，小说呈现出梁启超破坏的革命论思想，极力畅言民主共和①。张锡勤的《梁启超思想平议》一书同样持《新中国未来记》表现出梁启超倾心革命、赞同民主共和的观点②。

由上述可见，对于《新中国未来记》所呈现出的未来中国路径设想与政体想象，研究者的意见出现了分歧。这部小说虽仅完成五回，却"影响了整整一代小说创作的发展进程"③，笔者试图在前人基础上反复细读作品，厘清其中的政治意涵。

二、舍保守而取激进：无奈的救国路径书写

如上所述，研究者对《新中国未来记》呈现救国路线想象——保守的改良主义与暴烈的激进革命——的阐释发生了分歧，使研究出现了混乱的一面。作为梁启超实践自己"文艺救国"小说观的文本，小说自然表露了作者的政治倾向。面对温和与激进二途，梁启超的确表现出犹疑。他曾自白："保守性与进取性常交战于胸中，随感情而发，所执往往前后相矛盾。"④ 尽管温和渐进式改良路线是梁启超政治思想的主流，但他也一度热烈拥护激进的革命路线。通过对小说文本的细读，笔者认为小说流露出倾心革命的政治思想。

小说第三回讲述两位中国青年黄克强、李去病在英国留学后，又分别赴德、法留学，而后将叙事重点置于二人在学成归国之路上对中国应该采取哪种政治路径的辩论。持革命论的李去病认为，"今日的中国，破坏也破坏，不破坏也要破坏"⑤，清政府已经极度腐坏，一定要用革命的手段，废除君主专制制度，建立多数人的政治。持温和改良意见的黄克强则认为暴烈革命非但不会促使国族富强，还会导致社会动荡，加速帝国主义对中国的瓜分，"当那破坏建设的过渡时代，最要紧，是统一秩序"，因此他提倡"平和的自由，秩序的平等"⑥，主张中国应该经由教育、著书、演说、作报、兴工商、养义勇等国民教育，完成民智、民力、民德的养成，自然废除君主专制，实

---

① 参见张朋园：《梁启超与清季革命》，上海三联书店出版社 2013 年版，第 76–77 页。
② 参见张锡勤：《梁启超思想平议》，人民出版社 2013 年版，第 19 页。
③ 欧阳健：《晚清小说史》，浙江古籍出版社 1997 年版，第 30 页。
④ 梁启超：《清代学术概论》，汤志钧、汤仁泽编：《梁启超全集》（第 10 卷），中国人民大学出版社 2018 年版，第 279 页。
⑤ 梁启超：《新中国未来记》，《新小说》1902 年第 2 期。
⑥ 梁启超：《新中国未来记》，《新小说》1902 年第 2 期。

现民主政体的变革。二人辩驳了 40 余次，对两种途径的优劣进行了充分思考与言说。有的研究者认为，黄克强最终说服李去病，走向温和渐进的改良一途。小说在黄克强的话语后，确有"李君点头道是"① 一语，但笔者认为李去病并非放弃革命的政治立场，反之，小说对未来中国路径的设想正是沿着李去病所言革命之路前行的。

首先，小说如此描述黄、李二人辩驳后的结论——李去病说："哥哥，你说到现在中国人连可以谈革命的资格都没有，这句话我倒服了，但叫我不禁替中国前途痛哭一场。"而后，李去病仍旧说道："今日做革命或者不能，讲革命也是必要的。……今日加富尔、马志尼两人，我们总要学一个的，又断不能兼学两个的……我还是拿着那'少年意大利'的宗旨去做一番罢！"② 由是观之，他认同现实中国国民素质低下，认可黄克强极力主张的国民教育，但不曾放弃用革命挽救中国颓势的政治立场，即便不能立即发起革命，也始终坚持革命宗旨。再看黄克强的话语——"讲到实行，自然是有许多方法曲折，至于预备功夫，那里还有第二条路不成？今日我们总是设法联络一国的志士，操练一国的国民，等到做事之时，也只好临机应变做去，但非万不得已，总不轻易向那破坏一条路走罢了"③。对此，夏晓虹认为，"李去病是在理念上提倡革命，黄克强是在实践中反对革命，两个人实际上是代表了梁启超思想中同时并存的两个方面"，但最终还是"理论上肯定，实践上否定"④。也即是说，黄克强的改良渐进式道路成为未来中国的行动指南。笔者则认为恰相反。在二人辩驳的过程中，黄克强所表现出来的一直是鲜明地反对革命，如"你这些激烈的议论，我听来总是替一国人担惊受怕，不能一味赞成的哩"⑤。然而"但非万不得已，总不轻易向那破坏一条路走"一语，则折射出经过数十次的论辩后，对于革命，他并非视如水火，全然拒斥，反而将其作为"备选方案"。因此，这一话语可以解释为，到了万不得已之时，所行的便是"破坏一条路"了。这并非只是理论上赞同，或是话语上妥协，因为从小说的情节来看，作者构想的恰是走破坏主义之路。

小说第二回孔觉民的讲义将 60 年中国复兴之路划分为 6 个时代，其中前两个时代分别为："第一预备时代，从联军破北京时起，至广东自治时止"；"第二分治时代，从南方各省自治时起，至全国国会开设时止"⑥。梁启超虽没有将此具体展开就停笔了，但这一段文本已经映射出未来的道路：在外族侵略的逼迫下，广东自治，而后南

---

① 梁启超：《新中国未来记》，《新小说》1902 年第 2 期。
② 梁启超：《新中国未来记》，《新小说》1902 年第 2 期。
③ 梁启超：《新中国未来记》，《新小说》1902 年第 2 期。
④ 夏晓虹：《觉世与传世——梁启超的文学道路》，中华书局 2006 年版，第 50 页。
⑤ 梁启超：《新中国未来记》，《新小说》1902 年第 2 期。
⑥ 梁启超：《新中国未来记》，《新小说》1902 年第 1 期。

方各省自治。而通往自治的路径不可能是皇帝允许一省独立的和平变革，只能是从广东而起的革命，影响南方诸省纷纷采用激进的方式而实现独立。另外，先于《新小说》发行在《新民丛报》的"广告"中提及《新中国未来记》的内容："先于南方有一省独立，举国豪杰同心协助之，建设共和立宪完全之政府，与全球各国结平等之约，通商修好。数年之后，各省皆应之，群起独立，为共和政府者四五……"①"举国豪杰"的最大协助无非是提升独立力量的"武力值"，各省群起独立自然也是通过暴力而成。从梁启超如此设想的小说情节来看，温和的渐进式变革并未出现，反之，通过一省暴力革命从而影响其他各省纷起独立反抗，成为小说设想的救国路径。

在孔觉民的讲述中，对"立宪期成同盟党"的评价有如此话语："须知道那党是个最温和的，最公平的，最忍耐的……"这一话语看似与上述革命话语矛盾，研究者也以此为例证明梁启超持保守主义观念，笔者则认为不然。因为在此之后，章程中有和黄克强相似的话语出现——"本党抱此目的，有进无退，拂得拂措，但非到万不得已之时，必不轻用急激剧烈手段"②。由此可见，在温和、公平、忍耐的背后，仍然没有放弃将武力作为挽救危局的手段。长久以来的封建历史，将推翻一朝统治视为不忠不义，梁启超如此书写或许可以视为一种写作策略，在小说一开始就告诉读者这一政党并非暴力团体，选择革命实为"万不得已"，从而赋予这一政党合理、合法的性质。

《新中国未来记》表现出的破坏主义倾向与梁启超此时期的思想动态密切相关。梁启超在戊戌维新期间的确是变法的积极倡导者与实践者，1903年后的保守主义思想也逐渐明晰。但1898年维新变法失败后，梁启超的思想在保守与激进之间徘徊。他因避难而东渡日本后，与孙中山等革命党人的接触颇多，革命的火苗愈发旺盛。1898年《清议报》的创刊号上即有其畅言革命的论调："善夫，烈士谭君嗣同之言也，曰世界万国之变法无不经流血而后成。中国自古未有因变法而流血者，此国之所以不昌也。"③《十种德性相反相成义》中，"破坏主义"更为凸显："今日之中国，又积数千年之沉疴，合四百兆之痼疾，盘踞膏肓，命在旦夕者也。非去其病，则一切调摄滋补荣卫之术，皆无所用。故破坏之药，遂成为今日第一要件，遂成为今日第一美德。"④他意识到中国积弊已久，危在旦夕，温和的渐进主义已经无法产生效用，欲治疗沉疴，唯有"破坏之药"——革命。与《新中国未来记》第二回同在1902年发表的《释革》

---

① 《中国唯一之文学报〈新小说〉》，《新民丛报》1902年第14期。
② 梁启超：《新中国未来记》，《新小说》1902年第1期。
③ 《横滨清议报叙例》，《清议报》1898年第1期。
④ 梁启超：《十种德性相反相成义》，汤志钧、汤仁泽编：《梁启超全集》（第2卷），中国人民大学出版社2018年版，第290页。

中，梁启超重新界定了"革命"——"其本义实变革而已"①，并非武装斗争、改朝换代的暴力手段。他在鼓吹"破坏主义"的同时，又极力强调避免"有血之破坏"，曾说"中国如能为无血之破坏乎，吾馨香而祝之；中国如不得不为有血之破坏乎，吾衰绖而哀之"，然而梁启超并非放弃革命一途，"吾中国果能行第一义也，今日其行之矣；而竟不能，而吾所谓第二义者，遂终不可免"②，将"革命"与"变革"等同。梁启超试图将保守主义与激进主义相调和，这在一定程度上消解了革命的暴烈含义，但他所谓的"有血之破坏"实际上仍然指向暴力、激烈的一面。上述论调与小说中黄克强最后的话语十分接近。若能通过"无血之破坏"迈向"新中国"是梁启超最期望的，如若不能，"有血之破坏"就成为救国良策。此外，张灏认为早在1897年梁启超离开《时务报》，赴湖南任时务学堂中文总教习之时，就怀有激进主义的倾向。在长沙时务学堂任教时，"对民权的赞美，从种族上对清廷满族血统的非难，以及建议湖南脱离中央政府，这一切都使梁及其同伴在湖南期间的政治方案几乎难以与正在兴起的资产阶级革命运动相区别"③。由此观之，1903年之前，梁启超非但不以渐进主义为政治思想中心，反而更加倾向于激进主义的革命。《新中国未来记》的革命路径书写，正折射出梁启超此时的政治倾向。

综上所述，不论是小说表现出的救国路径设想，抑或是梁启超此一时期的政治思想动态，都表露出倾向走革命一途。当然，小说第三回对黄、李二人论辩的书写，的确是梁启超内心冲突的文学流露。他在1902年2月《新民丛报》的创刊号上也宣告，该报"不为危险激烈之言，以导中国进步当以渐也"④。似乎此时的梁启超又成为保守主义的拥趸，主张温和的渐变。他在小说的"绪言"中已经说明："人之见地，随学而进，因时而移，即如鄙人自审十年来之宗旨议论，已不知变化流转几许次矣。……故结构之必凌乱，发言之常矛盾，自知其绝不能免也。"⑤ 梁启超深知自己此时的思想充满波动，因此不论是保守抑或激进，都是他思想的某一个真实方面。从另一方面考察黄、李的论争，也可视为作者对当时社会持不同改革路径观点的深度思考的文学表达。渐进主义与激进主义各有利弊，过渡期的中国究竟应该如何抉择？面对虎狼环伺的国际环境与忧患重重的国内社会，梁启超借小说形式对国家未来路径进行了冷静而又全面的剖析。尽管充满无奈，文本仍将革命作为最终的抉择。

① 梁启超：《释革》，《新民丛报》1902年第22期。
② 梁启超：《新民说》，《新民丛报》1902年第11期。
③ ［美］张灏：《梁启超与中国思想的过渡：1890—1907》，崔志海、葛夫平译，中央编辑出版社2016年版，第95页。
④ 梁启超：《〈新民丛报〉本报告白》，《新民丛报》1902年第1期。
⑤ 梁启超：《新中国未来记》，《新小说》1902年第1期。

三、非共和不能挽救危局：明晰与含混并存的政体想象

《新中国未来记》产生的另一个分歧是文本呈现出的理想政体想象究竟是君主立宪制还是民主共和制？如上所述，高鸿、王德威等人认为小说构想的是前者，张朋园、张锡勤等人认为是后者，夏晓虹则认为文本是经由君主立宪，以民主共和为最终目标。梁启超在 1899 年秋曾表示"国事败坏至此，非庶政公开，改造共和政体，不能挽救危局"①。这一话语即表露出他对民主共和制的热切期待。笔者立足小说文本，发现文本对理想政体的想象恰与梁启超此时的政治思想是同构的，小说不但没有书写君主立宪制的特征，反而较为鲜明地体现出民主共和制的特质，不过，其中杂糅了总统制共和制与议会制共和制两种形态。

由于梁启超将未来中国的政体想象集中于小说前两回孔觉民的演讲与上述提及的《新民丛报》为《新小说》刊载的"广告"中，因此不得不反复引证。孔觉民将中国 60 年崛起的时代分期为"第一预备时代，从联军破北京时起，至广东自治时止；第二分治时代，从南方各省自治时起，至全国国会开设时止；第三统一时代，从第一次大统领罗在田君就任时起，至第二次大统领黄克强君满任时止；第四殖产时代，从第三次黄克强君复任统领时起，至第五次大统领陈法尧君满任时止……"② 《新民丛报》的"预告"中也有言：

> 先于南方有一省独立，举国豪杰同心协助之，建设共和立宪完全之政府，与全球各国结平等之约，通商修好。数年之后，各省皆应之，群起独立，为共和政府者四五。复以诸豪杰之尽瘁，合为一联邦大共和国。东三省亦改为一立宪君主国，未几亦加入联邦。举国国民，戮力一心，从事于殖产兴业，文学之盛，国力之富，冠绝全球……③

将二者对读可以发现，梁启超均设想先有南方一省独立自治，而后各省群起响应，接着，各省联合为一国。可见，此时他对小说中政体架构的设想是较为稳定与清晰的。

---

① 梁启超：《上康有为书》，汤志钧、汤仁泽编：《梁启超全集》（第 19 卷），中国人民大学出版社 2018 年版，第 178 页。

② 梁启超：《新中国未来记》，《新小说》1902 年第 1 期。

③ 《中国唯一之文学报〈新小说〉》，《新民丛报》1902 年第 14 期。

从这一想象中，可以看出作者借镜了美国的独立建国之路——一省独立为具有主权性质的国家，建设"共和立宪"政府，各省陆续独立，又互相联合成"联邦大共和国"。由此，小说的民主共和制想象已经粗具雏形。

孔觉民的演讲中虽提到"前皇英明，让权与民"，对"第三时代"的书写也是罗在田任大统领。关于"罗在田"，梁启超说："罗在田者，藏清德宗之名，言其逊位也。"① 罗即爱新觉罗的简称，在田即光绪之名载湉的谐音。1899 年，梁启超在致康有为的书信中也如是说："将来革命成功之日，倘民心爱戴，亦可举为总统。"② 因此，罗在田的确可视为光绪皇帝的化身。但是，这并非意味着小说建构的政体为君主立宪制。因为，从此后担任大统领的名字来看，分别是黄克强、陈法尧。对于陈法尧，由于小说没有写完，这一人物我们不得而知，但从姓氏来看，必然不是罗在田的族人。而小说的主人公即黄克强，对其履历的书写则清晰地显示出是一介平民。作为现代政体的共和制与君主立宪制的最大差别就是是否有世袭的君王。小说虽让皇帝做了一届国家元首，但并非将皇族置于虚位而保留，反之，国家不同时期的领导者是不同的。从这一点来看，小说想象的不是君主立宪制，而是民主共和制。

有研究者认为梁启超在小说中对宪法的构想和章程的书写符合君主立宪制③。从宪法一面进行考察，小说如是说："本党以拥护全国国民应享之权利，求得全国平和完全之宪法为目的。其宪法不论为君主的，为民主的，为联邦的，但求出于国民公意，成于国民公议，本会便认为完全宪法。"④ 小说文本着重强调宪法由国民公意产生，以保护国民权利为基本原则，而对于宪法所适应的政体，则没有规定。这即是说，宪法的功能是保护国民权利，也是限制君主权力。在梁启超的意识中，不论君主立宪与民主共和，都需要宪法的规约。因此，"立宪"二字仅仅是作者对制定宪法的想象，并无政体内涵。

"立宪期成同盟党"的章程被直接搬进了小说，并坦言是"仿照文明各国治一国之法以治一党"⑤。因此，小说对这一党章程的"直录"，实际上指涉的是未来国家的整体规划。这一章程较为清晰地展现了共和制的制度设想，不过，其中也有混杂的一面——既有总统制共和制的影子，也杂糅了议会制共和制。

① 梁启超：《鄙人对于言论界之过去及将来》，汤志钧、汤仁泽编：《梁启超全集》（第 15 卷），中国人民大学出版社 2018 年版，第 31 页。

② 梁启超：《上康有为书》，汤志钧、汤仁泽编：《梁启超全集》（第 19 卷），中国人民大学出版社 2018 年版，第 178 页。

③ 高鸿：《探寻晚清的"中国梦"——晚清政治小说〈新中国未来记〉的法律想象和审美价值》，《学海》2013 年第 5 期。

④ 梁启超：《新中国未来记》，《新小说》1902 年第 1 期。

⑤ 梁启超：《新中国未来记》，《新小说》1902 年第 1 期。

　　本会设会长一人，主代表党执行一切事务，设副会长一人，主补佐会长，会长有事故，则为其代理。会长、副会长，皆由全党员投票公举。

　　设评议员一百人，主讨论党中事务，提议修正党中章程，稽查筹办党中经费。凡评议员，由总部及各支部分区投票选出（但每二年必改选半数，连举者连任）。

　　设干事长一人，干事十一人，主办理全党一切事务。干事长由会长指认，干事由干事长推荐。干事长干事奉行评议员所讨论之意见，所公认之章程，对于评议员而负责任。

　　干事分职如下：一、文案干事一人，一、会计部干事一人，一、会计监督干事一人，一、教育部干事一人，一、统理支部干事四人，一、党外交涉干事一人，一、国外交涉干事一人，一、裁判党争干事一人①。

　　从这一章程可见，梁启超用小说文本绘就了未来国家政权组织形式的"蓝图"。其中，会长、副会长即是总统、副总统，由投票公举的方式产生，他们是实际权力的掌握者，此外并无其他形式上的虚位君主；由一百人组成的评议员具国会性质，具有立法权、监察权与财政权，评议员即是国会中的议员，他们由两部分组成——总部和支部，同样由选举产生。至此，梁启超依照的是美国政体结构，国家元首即是总统，这一点十分明晰；小说的"评议员"机构更是美国国会的"翻版"，其议员来源与美国众议院、参议院的来源一致，而每两年改选一次也与美国相应的规则类似。就此看来，梁启超主张的似乎是总统制共和制。然而，小说对政府机构的想象却发生了游离。章程的后两个条款所说的干事长及干事，实际上属于国家的行政机构，分别负责各项事宜，执行国会的决议，然而最后一句"对于评议员而负责任"，则意味着行政机关对议会负责。就现代政体而言，一般议会制共和制的行政机关对议会负责，而总统制共和制的行政机关则对总统负责。因此，小说的政体想象在这里首先产生了含混。其次，对各干事的分职中有"裁判党争"者，眉批云"裁判党争是司法机关，近目各国亦多有以司法隶属行政者"②。然而，在孔觉民的演讲中，是将议事、办事、监事分开，分别对应立法、行政、司法，也就是说，梁启超构想的是"三权分立"的政治形式。但从章程观之，作为司法的"裁判党争"者，却隶属行政系统内，这就与"三权分立"原则相悖谬。

　　行笔至此，梁启超将60年后国家政权的结构形式进行了较为完备的想象，其中的

① 梁启超：《新中国未来记》，《新小说》1902年第1期。
② 梁启超：《新中国未来记》，《新小说》1902年第1期。

政体形态虽有含混，却也为未来中国建构起较为完整的共和制风貌。1899 年，梁启超在赴檀香山途中创作的《二十世纪太平洋歌》中说："誓将适彼世界共和政体之祖国，问政求学观其光。"① 这一诗句流露出他对共和制的向往。1902 年，尽显梁启超精锐之思的《新民说》也畅言民主共和，其中《论合群》一篇有言："吾闻孟德斯鸠之论政也，曰专制之国，其元气在威力，立宪之国，其元气在名誉，共和之国，其元气在道德。夫道德者，无所往而可以弁髦者也。"顽固派对这一政体的否定令"吾恶其言，虽然，吾且悲其言，吾且惭其言"，倘若没能实现"自由、平等、权利、独立、进取等最美善高尚之主义"的共和制，导致亡国灭种，将成为历史的罪人②。梁启超对共和制的鼓吹达到了顶峰。小说对共和制的炙热想象正与他此时的政论主张契合。

结　语

梁启超《新中国未来记》中的宏大构思最终呈现出的却是才一开始就匆匆结束，这与梁启超政治思想的变化不无关系。王德威却认为"梁启超对未来的看法，也可能是要完成一个单一的、直线式（却不一定是革命性的）时间发展；这种直线式的模式，在儒家思想和传统欧洲思想中相当普遍，它使像梁启超这样的小说家耽于其中，无法进一步想象未来各种不同的方向，以及进化过程本身的变数。……小说的名称虽然'憧憬新中国的未来'，却不妨讽刺地理解成'抹销新中国的未来'。没有'未来'——不只是因为小说根本没有完成，也是因为在尝试建立叙述'未来'的意识形态和概念的模式时，小说包含了对时间展示无限可能的一种根本敌意"③。他将小说的未完成视为梁启超无法想象未来的不同方向，从而使小说"抹销新中国的未来"。而笔者则认为，梁启超在小说中已经完成了对"新中国"未来政治制度的想象与书写，十分显豁地表现出他彼时推崇共和制的政治主张。尽管小说对通达"新中国"的路径有所徘徊，却还是在字里行间透露出革命的意图。虽是未完成的写作，也为中国指出了一条通往国富民强的道路。而小说所呈现出的含混与犹疑体现了社会转型期知识分子选择政体与路径的纠结，正是这种纠结的态度也恰恰映照出知识分子的审慎。

（作者单位：江苏省社会科学院文学研究所）

---

①　梁启超：《二十世界太平洋歌》，《新民丛报》1902 年第 1 期。

②　梁启超：《新民说》，汤志钧、汤仁泽编：《梁启超全集》（第 2 卷），中国人民大学出版社 2018 年版，第 599 页。

③　王德威：《小说作为"革命"——重读梁启超〈新中国未来记〉》，王吉、陈逢玥译，《苏州教育学院学报》2014 年第 4 期。

老舍早期小说对五四运动影响限度的考量①

陈红旗

1915 年，《青年杂志》创刊号刊发了《新旧问题》一文，作者汪叔潜决绝地认定"新旧二者，绝对不能相容，折衷之说，非但不知新，并且不知旧，非直为新界之罪人，抑亦为旧界之蟊贼"②。应该说，自梁启超"新民说"和"三界革命论"盛行以来，如汪叔潜这般将新/旧、现代/传统、革新/守成、西洋文化/中国传统文化人为对立起来的二元对抗逻辑并不少见。在某种意义上，正是源于前所未有的破旧立新的力度和成效，才使五四运动获得了巨大成功，不但开创了一个"三千年未有之大变局"，更令中国进入了不可逆的"现代"时期。以是观之，对于"五四"，学界怎么夸赞都不为过，也因其如此，"五四"长期以来被想象为一个美好的文学时代、思想时代和"新时代"，以至于学界时时回眸"五四"并呼唤"回到五四"。正如刘纳所说，"我曾非常羡慕五四一代年轻的文学作者，羡慕他们在并不自由的国家、并不自由的社会，预享精神的自由和表达的自由。想象和向往中的自由一端联结着五四时期所推崇的'个性解放'，另一端联结着民族命运。这样的想象和向往与 1980 年代前期'回到五四'的呼声相契合"③。这意味着"五四"一直在给后世者提供宝贵的精神资源，并将继续给后世者以精神滋养。问题在于，"三个'五四'"涵容着多元的价值取向，这意味着二元对立思维无法透视复杂的五四运动情状，同理，也无法透视新文学作家对五四运动的复杂心态、认识和书写。老舍就是一个活生生的例子。老舍并没有参加

① 本文系国家社会科学基金重大项目"红色文艺与百年中国研究"（21&ZD259）、教育部人文社会科学研究一般项目"中国左翼文学的想象与叙述（1927–1949）"（17YJA751006）的阶段性成果。

② 汪叔潜：《新旧问题》，《青年杂志》1915 年 9 月 15 日（第 1 卷第 1 号）。

③ 刘纳：《回望与反省——〈论五四新文学〉再版后记》，《现代中国文化与文学》2014 年第 2 期，第 2 页。

五四运动，但五四运动对他的影响非常深远，以至于其小说中经常出现"五四"元素。不过，与一般高扬五四运动的运思理路明显不同，老舍很快就发现了五四运动影响力的限度问题，"五四"式学生运动甚至一度被他视为造成社会动乱的重要根源。这种迥异于常人的"五四"认识源于他独特的生活经验和生命体验，从而形成了其小说中新时代与旧经验矛盾共生、互动互为的辩证关系。

一、新时代与多元的价值坐标

1919 年"五四"爱国运动爆发时，老舍 20 岁，正处于最容易焕发激情的青年时期，但他非但没有因此直接参与甚至可以说是故意"错过"了五四运动。对此，他曾作过解释。比如他在 1935 年谈及《赵子曰》的创作情形时表示，"五四"把他与"学生"隔开，因为五四运动发生时他正在当一个小学校长，而穷人家的孩子会特别珍惜那份来之不易的稳定工作，所以他虽然"极同情于学生们的热烈与活动"，但不能完全把自己当作一个学生，于是作了这场大运动的"旁观者"。对于这种选择，他后来颇感遗憾，并以一个感叹句进行了自我批评："在今天想起来，我之立在五四运动外面使我的思想吃了极大的亏，《赵子曰》便是个明证，它不鼓舞，而在轻搔新人物的痒痒肉！"① 1957 年，老舍再次回望"五四"，表示自己对五四运动充满了感激之情，因为没有"五四"就没有"作家老舍"：五四运动的反封建精神令他的思想发生了巨变，令他体会到了人的尊严所在——"人不该作礼教的奴隶"；五四运动反抗帝国主义压迫的爱国主义精神，令他知道了"应该反抗谁和反抗什么"，令他感到了中国人的尊严所在——"中国人不该再作洋奴"②。考虑到老舍因《龙须沟》（1950）获得"人民艺术家"（1951）这一文艺界最高荣誉称号的历史背景，以及《茶馆》（1957）问世后给他带来的巨大成就感，我们有理由相信，他对"五四"的感激是真实和真切的。也就是说，老舍与诸多新文学作家一样，在自己的写作生涯中基本上是在依凭"五四"的标准来建构思想层面上新/旧、进步/落伍、现代/传统等二元对立的价值判断。这并非偶然。但话又说回来，老舍之为"作家老舍"的独异性，显然不仅仅是因为他思维敏锐、思想进步和创作水平高。

毫无疑问，五四运动为中华民国带来了一个"新时代"，使二元对抗逻辑极为盛

---

① 老舍：《我怎样写〈赵子曰〉》，《老舍全集》（第 16 卷），人民文学出版社 2008 年版，第 168 页。

② 老舍：《"五四"给了我什么》，《老舍全集》（第 14 卷），人民文学出版社 2008 年版，第 636-637 页。

行，代表"旧阵营"的封建思想、文化礼教和"老规矩"被进步思想文艺界所摒弃，就连孔圣人都可以否定。对此，老舍深表认同，所以他才会强调说："五四运动送给了我一双新眼睛。"① 然而，思想认同和价值判断并不等于艺术体验，老舍的文学创作有着中外纯文艺观的"底垫"，透过他的早期小说，我们会清楚地感知到这种新/旧、现代/传统、好/坏之间的同体共在或曰杂糅共生的情状及其合理性，并令读者因其生活真实和艺术真实的有机统一而产生强烈的认同感。比如，《老张的哲学》中的旧式人物——老张，是一个"集'假道学先生'、市井无赖和新生资产者于一身的社会怪胎"②，也是造成王德和李静、李应和龙凤四个年轻人爱情悲剧的主因。同样是反面人物，代表"二十世纪的西洋文明"的报馆主任蓝小山，给读者的感觉是和老张一样可恶，这个所谓"新式人物"喜欢坑蒙拐骗、玩弄女性。更可恨的是，现实社会中这种恶人往往活得如鱼得水。《赵子曰》中的反面人物赵子曰、武端等大学生整天吃喝玩乐，他们的存在映衬了正面人物李景纯的美好品性，后者苦读上进、正义感强，敢于与黑暗势力作斗争，但正不压邪，学生运动造成社会动乱频仍，结果是李景纯读书报国、实干救国的理想成为"泡影"。《二马》中的小马（马威）以为"知识加武力"就是西方国家的强国密码，他无法说服思想僵化的父亲，又没法摆脱中国传统父子关系和儒家思想的桎梏，最后只能不辞而别，继续彷徨于他国。《小坡的生日》中的小坡作了"狼猴大战"和"猫虎大战"的梦，他希望被压迫的各族人民能够团结起来抵抗强权压迫，然而弱小民族团结起来进行抗争仍然难免遭到强敌的侵略和蹂躏，所以这样的梦只会让做梦者醒后更加惆怅。《月牙儿》中的主人公"我"纯洁质朴、美丽善良，受"五四"新文化运动的影响，追求独立自主和婚恋自由，却在失身被骗的痛苦和生存困境的逼仄中一步一步地走上卖淫的绝路。《离婚》中的老李，穿着西服，喜欢去电影院，看起来很新潮，却不敢突破封建包办婚姻和传统生活方式的桎梏，最终走向心灵的枯萎。老舍并没有因为五四运动就给进步青年和好人一个光明的前景或曰出路，反而让读者看到了他们的悲剧乃至毁灭的必然性。"新时代"未必令"好人"获得新生，也未必令恶势力溃亡，如此书写固然显得不够"进步"，但这就是老舍所看到的事实真相。这种视域令他无意于划清新与旧的界限，也令他的小说创作偏离了"五四"以来新文学常见的艺术风格、叙事模式和革命主题。

老舍早期小说中好/坏、新/旧、现代/传统、白话/文言的矛盾对立固然是重要的时代话题，但它们之间并不是如词语本身所具有的含义那样势如水火，而是存在着明

① 老舍：《"五四"给了我什么》，《老舍全集》（第 14 卷），人民文学出版社 2008 年版，第636 页。

② 关纪新：《老舍评传》（增补本），北京出版社 2019 年版，第 119 页。

显的交叉和绞缠，如此书写带来的就是充满矛盾意味的"坏人也有好处"和"好人也有缺点"① 的观感。当然，老舍努力营造的这种感觉，被一些新文学作家瞧不起，比如胡适认为"老舍的幽默是勉强造作的"②，鲁迅也对老舍的这种油滑笔法颇不以为然③。其实，胡适和鲁迅的写作也曾"油滑"过，例如《尝试集》中的一些情诗令人觉得并不严肃，而《故事新编》中的"油滑"之处更是不胜枚举。那么，他们为什么会对老舍的"油滑"持批评态度呢？这是因为"许多新文学作家都是忧郁型的，他们胸怀大志，忧国忧民，往往在写作中长歌当哭，而老舍这样一种用幽默的态度来处理严肃的生活现象，在他们看来未免是过于油滑的表现"④。换言之，由于坚持文学进化论和文学工具论，所以胡适、鲁迅等文学革命发难者喜欢以看似偏激的态度强调新/旧、文/白和现代/传统的对立，这背后其实含有浓重的策略性因素，即为了思想启蒙、改造社会乃至救世救国，因此他们对于"滑稽"和"幽默"非常反感乃至痛恨。对此，老舍是理解的。

不过，在老舍的小说中，除了基于二元对立所构成的"五四"式显性价值坐标之外，还存在着基于艺术本质考量而生成的隐性价值坐标。比如，针对有人讨厌《老张的哲学》的情形，他认为有人急于救世救国救文学而"痛恨幽默"很正常，但如果仅仅因为与批评者认定的价值取向不相符就批评其小说"讨厌"，这等于没有看到他喜欢"信口开河，抓住一点，死不放手，夸大了还要夸大，而且津津自喜，以为自己的笔下跳脱畅肆"⑤ 的特点，这对他并不公平，也无法令他信服。相比而言，他更认同性灵派的诗学主张，也更强调文艺的创造性和独立性。因此，他在高扬袁枚的"性灵说"时表示："他只认定性灵，认定创造，那么，诗便是从心所欲而为言，无须摹仿，无须拘束；这样，诗才能自由，而文艺的独立完全告成了。"⑥ 此外，他还基于对西方文艺理论和满族诗文理论家纳兰性德等重视文艺创作自由抒发个人性情的观点，对左翼文艺界和国民党文人固守的文学阶级论、文学宣传论明确表示反对⑦。这种诗学引借和立论支点，注定了他与新文学发难者和左翼文学倡导者之间存在明显差异，但也

---

① 老舍：《我怎样写〈老张的哲学〉》，《老舍全集》（第 16 卷），人民文学出版社 2008 年版，第 163 页。

② 梁实秋：《忆老舍》，《梁实秋散文集》，北方文艺出版社 2018 年版，第 257 页。

③ 鲁迅：《致台静农》，《鲁迅全集》（第 12 卷），人民文学出版社 2005 年版，第 151 页。

④ 陈思和：《〈骆驼祥子〉：民间视角下的启蒙悲剧》，《陕西师范大学学报》2004 年第 3 期，第 6 页。

⑤ 老舍：《我怎样写〈老张的哲学〉》，《老舍全集》（第 16 卷），人民文学出版社 2008 年版，第 164 页。

⑥ 老舍：《文学概论讲义》，《老舍全集》（第 16 卷），人民文学出版社 2008 年版，第 33 页。

⑦ 老舍：《文学概论讲义》，《老舍全集》（第 16 卷），人民文学出版社 2008 年版，第 37 页。

表征了他在创作上皈依艺术本体的文化选择、价值认同和审美取向。

二、反封建、婚恋自由与个性主义的限度

五四运动的"新"主要意指新的思想、文化、制度、思维方式和审美方式，尤其是人的主体性的生成。为此，郁达夫曾强调"五四运动的最大的成功，第一要算'个人'的发见"①。这确实是五四运动亲历者、参与者和观者们最容易认同的一点。"人"的发现与"个人"的发现相辅相成，这是"五四"新文化运动带给国人的最大启示，让国人意识到集体、国家、民族和政府不应抹杀个人的独立性，作为个体的"超人"可以创造历史、改变社会的发展进程甚至改变世界。源此，有着浓郁的现代性意味和西方文化光环的"个人主义者"带给国人以崇拜感和崇高感。一时之间，个性主义思潮席卷中国，无论是鲁迅的"立人说"还是周作人的"人的文学"，都助推并构成了个性主义思潮的有机组成部分。当然，五四运动的成功并不仅限于个性解放，还给中国带来了科学、民主、自由等诸多现代性元素。在很多人看来，五四运动所推动的现代化之路就是拯救民族国家命运的"法宝"。但老舍通过"局外人"视域，在五四运动及其推动的追求民主自由、个性解放的社会与文化思潮中，"在严重而混乱的场面中，找到了笑料，看出了缝子"，这才有了《老张的哲学》中人物言行的"滑稽"和《赵子曰》中学生运动的"野蛮"，才有了《猫城记》中教育界的"混乱"和《离婚》中老李们"懒得离婚"的虚妄，才有了《断魂枪》中沙子龙"不传"的无奈和《骆驼祥子》中祥子堕落"命运"的必然。在这里，老舍真切地感受到了五四运动所推崇的新文化元素影响效力的有限性，并主要表现在反封建、婚恋自由和个性主义影响效力的限度上。

"五四"文学革命论者以科学视域、武断态度、绝对化思维和极为尖刻的言辞攻击着封建文化、封建礼教、封建制度和封建习俗的"吃人"本质，尤其是《狂人日记》的横空出世，令封建文化礼教成了进步思想文艺界厌恶的"过时了的老章程"。然而，封建思想文化真是几场轰轰烈烈的"运动"就能革除的吗？至少在老舍、鲁迅这样的智者看来，是不可能的。而老舍的小说更进一步告诉读者，"五四"之后，反封建之路才刚刚起步，可谓任重道远。比如，《老张的哲学》中的赵姑母被誉为"中国好妇人"，但她坚守封建婚姻制度，自觉维护封建伦理道德，亲手毁了李静和王德的爱情。可以说，赵姑母这类顽固不化、笃信封建礼教的女性，在客观上做了恶鬼的奴

---

① 郁达夫：《〈中国新文学大系·散文二集〉导言》，刘运峰编：《1917-1927 中国新文学大系导言集》，天津人民出版社 2009 年版，第 132 页。

仆，她们听从恶鬼的指使并给恶鬼"扩充势力"，从而使老张们的恶行得以顺利达成。《赵子曰》中的欧阳天风是一个吃喝嫖赌抽等恶习俱全、道德沦丧的臭流氓，其人生信条就是追求名利和做官——"名，钱，作官，便是伟人的'三位一体'的宗教!"① 以钱换名买官，以名换钱做官，以官贪钱买名，这正是封建社会盛行的官场"厚黑学"。《二马》中的老马（马则仁）思想陈腐、轻商重仕、好虚礼重面子，其人生信条同样是做官——"发财大道是作官；作买卖，拿着血汗挣钱，没出息! 不高明! 俗气!"② 在这里，三个感叹词和三个感叹号，鲜明地表征了封建社会形成的"官本位"思想对他的精神毒害。《猫城记》中的猫人是一群糊涂、老实、愚笨、可怜、贫苦、随遇而安、快活的民众，他们不但浑浑噩噩地活在"敷衍"中，更坚守着没落的封建文化和纳妾等陈规陋俗，认为有钱有权势者纳妾是"最正当的事"。小说讽刺了20世纪30年代黑暗而令人失望乃至绝望的政治时局③。尽管五四运动已经过去了那么多年，但封建文化、制度和陋俗依然掌控着中国的命脉，并把国家推向衰落乃至灭亡的深渊。《牛天赐传》中牛天赐的养母代表了官本位思维固化者，而其养父代表了钱本位思维固化者，老舍借由他们所隐喻的正是封建时代里最常见和普泛的人生梦想——"升官发大财"。《月牙儿》中的母亲漠然以对女儿卖淫的可怕事实，并把女儿当作最后一根"救命稻草"，这是"养儿防老"封建思想的折射和人性异化的常见形态。《骆驼祥子》中的人力车夫主张有钱就去逛窑子，这背后折射出的依然是封建社会里妇女的低等地位。这些小说告诉世人，即使处于20世纪30年代的现代中国社会，封建文化依然顽固地规训着"出窝老"的国人的思想和言行。对此，老舍非常愤怒和伤心，却又无可奈何，他只能把一腔悲愤之情化作"嘲弄"和"滑稽"，让读者在会心的微笑中咀嚼出悲哀的况味。

五四运动提倡"自由"，除了政治层面的游行、示威、集会自由之外，对时人尤其是青年冲击力最大的莫过于婚姻自主和恋爱自由。很多人因为勇敢追求爱情而与封建家庭决裂，于是社会上出现了一些中国式"娜拉"。但遗憾的是，旧的婚姻观念依然在严重掣肘着人们，想真正实现恋爱自由和婚姻自主并不容易，婚恋悲剧依然随处可见。比如，《老张的哲学》中的蓝小山是一个假洋鬼子式的社会败类，他借着恋爱自由的名义玩弄④了诸多女性，如此势必会给这些女性带来婚恋悲剧。《二马》中不尚空谈、埋头苦干的李子荣是作者心目中的一个"理想人物"，但他的爱情观并不健康，

---

① 老舍:《赵子曰》,《老舍全集》（第1卷）, 人民文学出版社2008年版, 第325页。

② 老舍:《二马》,《老舍全集》（第1卷）, 人民文学出版社2008年版, 第420页。

③ 老舍:《〈老舍选集〉自序》,《老舍全集》（第17卷）, 人民文学出版社2008年版, 第522–523页。

④ 老舍:《老张的哲学》,《老舍全集》（第1卷）, 人民文学出版社2008年版, 第138页。

他对母亲包办的婚事非常满意①，这说明婚恋自由观在当时进步青年的心目中尚未被完全接受。《离婚》中的老李、吴先生、邱先生等都有过离婚的想法，都觉得自己的婚姻生活"没意思"②，最后却都不敢离婚。《月牙儿》中的"我"为求生存不得不做了暗娼，而"爱情"破灭无疑是摧垮"我"自尊自爱、自强自立信念的重要推手。《骆驼祥子》中，祥子在婚恋对象选择上的让步并没有让他走上成功之路，虎妞难产和小福子之死让他彻底绝望，甚至堕落为一个出卖"朋友"的"野兽"（非人）。在老舍看来，虽然五四运动提倡婚恋自由，给了人们婚姻自主和恋爱自由的希望，但难以实现，它甚至给人们带来了更多的痛苦和新的悲剧，这恐怕是新文化运动倡导者所没有想到的悖论。至于政治、经济、文化、思想层面和个体选择的自由，那就更不容易实现了。老舍的这种写法当然不够"乐观"和"革命"，但复杂的精神世界已经令他和鲁迅一样成为"心智高远、目光犀利的踽踽独行者"和一种"现代中国独异的存在"③。

"五四"新文化运动令"个性解放"和追求"个人主义"成为判断一个青年是否进步的核心指标和重要依据，郭沫若"天狗"式的个人主义者可以气吞日月星辰乃至"全宇宙"，不但有顶天立地的气概，更有推翻一切反动势力的能量，所以其初始形象非常高大。然而，个人主义者可以在精神领域表现得粗犷强悍和势如破竹，但在直面现实人生时却处处碰壁，节节败退。比如，《老张的哲学》中的王德与李静、李应与龙凤，他们作为个人主义者的爱情悲剧固然是黑暗社会和人心冷酷造成的，但也与他们的懦弱、动摇、不能坚持自身的爱情追求有着直接关系。《赵子曰》中李景纯的牺牲表征了个人英雄主义者的失败，因为痼疾沉重、被三座大山死死压制的旧中国肯定不是几个英雄所能改造成功的。《二马》中的李子荣，以西方现代的道德规范、实用主义准则和经济法则来经商，但他无法说服老马，无法改变古董店破产的命运，这显然表征了其个人主义理想碰壁的情状。《猫城记》中大鹰为国牺牲意义的消解，隐喻了个人英雄主义者的无地彷徨乃至走向末路。最典型的例子要属祥子，兵荒马乱、黑暗社会、阶层固化、经济困顿、丑恶人心，加之社会保障制度的缺失，尤其是底层民众悲剧命运的不可避免性，使要强的祥子只能沦为一个"个人主义的末路鬼"。应该说，老舍所理解的个人主义与西方个人主义和"五四"先驱者推崇的个人主义是有区别的。老舍所意指的是想通过个人努力获得生存、发展和成功的理想，这种理想在一

---

① 老舍：《二马》，《老舍全集》（第1卷），人民文学出版社2008年版，第582-583页。

② 老舍：《离婚》，《老舍全集》（第2卷），人民文学出版社2008年版，第423页。

③ 刘纳：《〈说鈤〉新物理学·终极——从一个角度谈鲁迅精神遗产的独异性和当代意义》，《中山大学学报》2006年第6期，第40页。

个完全没有公道和失落正义的世界里很难实现。这也是老舍在五四运动激情逻辑和现实推演之外所看到的底层民众身上潜隐的多重危机。显然，这种认识要比当时流行的"未来光明"论调高明和深刻得多。

"五四"新文化运动是反传统的，尤为注重批判封建文化礼教和伦理道德。老舍固然看到了传统文化的式微及其促发的国民劣根性和精神痼疾，但他也看到了传统仁爱、善德、诚信思想对世俗社会的积极引导作用。因此，他对传统文化并不反感，更没有全盘否定，他的认识充满了辩证意味。比如，《黑白李》中的黑李虽然看起来比较迂腐，但其身上有着令人敬佩的传统美德。《新韩穆烈德》中的田家，20年来坚守着干鲜果行的传统诚信行风。《老字号》中"三合祥"的钱掌柜和大徒弟辛德治，在竞争对手的恶意排挤下，依然坚持老字号的"老规矩"和"君子之风"。《断魂枪》中的神枪沙子龙，之所以不愿传下枪法，并非因为保守和封闭，而是看到火车、快枪、"通商与恐怖"彻底断绝了断魂枪的实用价值和传统武术再造传奇的可能性。就这样，老舍表达了对民族精神的认可和诸多传统"绝活儿"日渐消亡的痛惋之情。这是时代更迭和文化嬗替的必然结果，尽管其心中有诸多不甘，但也只能被动接受。当然，这种接受并不等于一定要否定传统文化曾经的存在合理性，也没有必要为了迎合新时代和新思潮就去"反传统"。这种辩证思维有利于他透视人物的潜在心理和打动读者的心，也对我们重新认识传统文化具有借鉴意义——传统文化作为一种历史中间物，无论是兴盛抑或衰亡都有其自身的演化规律，与其为了表明进步立场而忙着去"简单否定"，还不如顺应时势或想办法对它们加以整合和利用。

老舍对于反封建、婚恋自由、个性主义和传统文化的认识，体现了其思维方式的独异性。他坚持用朴素的辩证法来看待社会问题和文化绞缠的复杂性。老舍身上有许多东西是其同时代留学生所没有的，他的思考深化了文艺界对民族精神和传统文化的再认识。他并不擅长哲学思辨，其思想的洞见主要源于深邃的生命体验、独特的艺术体验和宗教精神的熏陶。在创作过程中，那些看似平和的文学表达和批判性的削弱，曾令他不得不承受着批评界的误读和酷评，但他对世俗人生的现实观照和精妙书写令其小说与读者心灵相通，这才是他最为看重的东西。

三、新的文学语言与旧经验的效用

老舍的小说语言是典型的新式白话。当然，《老张的哲学》有些文白相间，之所以如此是因为老舍当时还不太习惯运用新式白话，此后他使用新式白话日益熟练，其小说就再无文言气息了。老舍采用新式白话进行写作应部分归功于当时教育部对白话的大力推行以及"五四"新文化运动的影响和感召。"五四"新文化运动令新式白话成为新文学的基本工具，其作为一种新的文学语言的大量使用，使新文学之所以为"新"有了"首要"依据。"新式白话是新文学一望而知的标识。以此标识考察新文学，其开端显明而清晰：1918 年。"① 1918 年以后，白话已然成为新文学"必用之利器"，而被广为夸赞的"文学革命"的巨大成功，其"作战方略"却极为简单，那就是"用白话作文作诗"②。新式白话作为新文学话语的主流和主体背后，不仅意味着文学领域的语言革命（新的话语方式、语法形式、语法意义、语法范畴、句构形式和词语搭配方式），更意味着新的思想方式、思维方式、审美方式、表达方式乃至存在方式。为此，老舍才热情地表示，白话"打断了文人腕上的锁铐——文言"，"'五四'给了我一个新的心灵，也给了我一个新的文学语言"③。其实，新式白话之于老舍创作的意义还有更多，其日常性、通俗易懂、动感活泼和欧化后的严谨性，都令属意于都市市民尤其是底层民众命运的老舍的小说写作更加得心应手和富有针对性。

笔者认为，老舍对新式白话的认同和使用主要源于他的"旧经验"。他发现老百姓（包括他自己）之所以爱读《西游记》等古典文学名著，除了因为它们令人欣喜、感动和有趣之外，还源于语言通俗易懂，至于思想深刻与否，并非读者喜爱的决定性因素。显然，这个道理并不深奥。无论多么"理智"和深刻的文学作品，如果因语言晦涩难懂而令读者读不下去也听不下去，那么接受美学层面上的意义构建和生成就无从谈起。因此，老舍的文学语言几乎是口语化的。对此，他并不讳言。他说自己的创作始终保持着"俗"与"白"④，语言尽量"避免欧化的句子"且"与口语相合"，"把修辞看成怎样能从最通俗的浅近的词汇去描写，而不是找些漂亮文雅的字来漆饰"⑤。抗战时期，为了让文学最大化地发挥启蒙和号召民众起来抗日的宣传功效，他对文学语言的要求也更加口语化、民间化和可朗读化。20 世纪 50 年代，在向他人介绍写作经验时，他的观点依然是"我无论是写什么，我总希望能够充分的信赖大白

---

① 刘纳：《新文学何以为"新"——兼谈新文学的开端》，《中国现代文学研究丛刊》2012 年第 5 期，第 3-4 页。

② 胡适：《中国新文学运动小史（〈中国新文学大系〉第一集的〈导言〉）》，《胡诗文集》（1），北京大学出版社 1998 年版，第 125 页。

③ 老舍：《"五四"给了我什么》，《老舍全集》（第 14 卷），人民文学出版社 2008 年版，第 637 页。

④ 老舍：《我怎样写短篇小说》，《老舍全集》（第 16 卷），人民文学出版社 2008 年版，第 194 页。

⑤ 老舍：《我的"话"》，《老舍全集》（第 17 卷），人民文学出版社 2008 年版，第 307 页。

话"①。在创作讲习会上谈文学语言问题时，他更明确表示，五四运动对语言问题的认识是有偏差的，"五四"传统吸收外国语法来丰富白话语法和令说理文字更精密等优点，在写理论文字时可以采用，但"创作还是应该以老百姓的话为主"②。可以说，文学语言的口语化是老舍小说创作的一大特点和基本准则。老舍早期小说的成功反衬了20世纪30年代新文学界的尴尬，瞿秋白说"五四"文学革命完全"失败"了，其主要依据是白话文过于欧化，导致"文学革命弄到现在，还是非驴非马的骡子文学"③，且"造成了一种新式的文言"，而语言革命"是新的文化革命之中的新的文学革命。这虽然是一个部分的问题，却是极端重要的问题"④。新文学在发生、发展十多年之后，居然重新回到了语言变革问题，这确实具有一定的讽刺意味，但也反衬了老舍"旧经验"的智慧、可贵与效用。

新式口语的使用并不意味着文学作品就一定受读者欢迎，文学还要表达那些"不可磨灭的感情"，这是中外作家早就验证了的真理。老舍认为，但丁《神曲》的伟大不是因为以科学作材料，而是源自诗人"那千古不朽的惊心动魄的心灵的激动"；杜甫《北征》里"学母无不为，晓妆随手抹。移时施朱铅，狼藉画眉阔。生还对童稚，似欲忘饥渴。问事竞挽须，谁能即嗔喝"等诗句之所以令人爱读，并不是因为有什么高深的思想，而是其中蕴含着自古以来父母对孩子的天然之爱。所以，他认定"感情是否永久不变是不敢定的，可是感情是文学的特质是不可移易的，人们读文学为是求感情上的趣味也是万古不变的"⑤。与情感、美、想象作为文学的特质相比，思想和哲理在文学中的地位要低一些。伟大的文艺自然须有伟大的思想和哲理，但文学的风格、形式、组织、幽默等都足以把思想推到次要地位上去，所以，关键是看文艺怎样表现这些思想和哲理，这要比思想和哲理本身的价值大得多。如果过于看重思想和哲理，文艺与哲学就没有分别了；同理，文学可以为读者提供一些知识，但这也不是文学的特质和主要功能。他的结论是："感情，美，想象（结构，处置，表现）是文学的三个特质。"⑥ 基于此，他认为文学批评、文学鉴赏一定要回归文艺本身，因为只有文艺

① 老舍：《我怎样学习语言》，《老舍全集》（第17卷），人民文学出版社2008年版，第574页。

② 老舍：《关于文学的语言问题》，《老舍全集》（第16卷），人民文学出版社2008年版，第373页。

③ 瞿秋白：《学阀万岁》，《瞿秋白文集（文学编）》（第三卷），人民文学出版社1998年版，第205页。

④ 瞿秋白：《五四和新的文化革命》，《瞿秋白文集（政治理论编）》（第七卷），人民出版社1991年版，第527页。

⑤ 老舍：《文学概论讲义》，《老舍全集》（第16卷），人民文学出版社2008年版，第42页。

⑥ 老舍：《文学概论讲义》，《老舍全集》（第16卷），人民文学出版社2008年版，第49页。

本身才是文学特质的"真正说明者"和"唯一的寄存处"。这是老舍对过于强调文学工具性和进化论观点的一种有力反拨。

应该说，老舍从事文学创作的初始动机并不崇高，只是为了转移在国外时的"寂寞"、"想家"之情和"写着玩玩"①，及至抗战时期他才有了明晰的"文学救国"理念。从这一角度来说，将"伟大"一词用在他身上似乎并不合适。有趣的是，他喜欢谈论"伟大"。他认为"没有一个伟大的文人不是自我表现的，也没有一个伟大的文人不是自我而打动千万人的热情的"②。他固然不认为自己这个作家有多么"了不起"，却在以"伟大的文人"标准要求自己；"伟大"与否并非其创作追求的根本目标，他更在意的是作品的创造性。这同样不是什么新观点，而是一种常识。但值得深思的是，恰恰是因为尊重常识和艺术规律，才使当年看起来没那么"政治正确"的老舍小说具有了跨时代的超越性。在某种意义上，抗战以前的老舍始终处于新时代与旧经验的绞缠中，他体验并体认着二元对抗逻辑和思维的悖论与紧张，但多元价值坐标令其对五四运动的考量在充分认同的同时也充溢着反思意味，他并没有被其所处时代的主流意识形态、流行观点或其他同质化力量同化，这一者使他成为 20 世纪中国市民文学中的另类存在，一者也表征了其信守多元价值坐标的前瞻性和通透性。

（作者单位：海南大学人文学院）

---

① 老舍：《我怎样写〈老张的哲学〉》，《老舍全集》（第 16 卷），人民文学出版社 2008 年版，第 162-164 页。

② 老舍：《文学概论讲义》，《老舍全集》（第 16 卷），人民文学出版社 2008 年版，第 57 页。

未尽的神思：《域外小说集》前后
周作人的"神思"概念①

陈云昊

　　"神思"既是鲁迅留日时期的关键思想概念，也是周作人早期思想的核心词汇。相比于鲁迅在《域外小说集》（1909）出版后几乎不再使用"神思"一词，周作人对"神思"的使用自1907年起一直延续到1918年出版文言讲义《欧洲文学史》。起初，周作人超功利有形之物事的、审美化的神思观直接受到鲁迅的影响；《域外小说集》中，周氏兄弟小说译文中的"神思"往往泛指一般性的神志、意识，这与当时严复《天演论》、梁启超《饮冰室诗话》中的"神思"用法一致，但在文论中，"神思"一词被灌注了"美之本体"的内涵；《域外小说集》之后，周作人的"神思"概念主要指涉童话文体与浪漫主义西方文艺思潮，"神思"的意旨并未被抛弃。所以，《鲁迅全集》（人民文学出版社2005年版）将"神思"注释为"理想或想象"②，未考虑到"神思"一词在周氏兄弟较大范围使用中的复杂性。（在《域外小说集》的小说中，周氏兄弟的"神思"概念大多指涉的是神志精神状态，并不能诠释为理想或想象。）

　　学界已经认识到，"神思"一词是留日时期鲁迅思想的关键概念。鲁迅的"神思"概念涉及对古民或"朴素之民"内发创造力的认同（比如图腾、神话），还涉及他对西方的古今"神思宗"所代表的文明整体性、反叛性的追寻。《〈域外小说集〉序言》指出，"神思"是比文艺之"心声"更为内在的文明根柢——"籀读其心声，以相度

---

　　①　本文系教育部人文社会科学研究青年项目"周氏兄弟早期阅读史研究（1898—1918年）"（22YJC751007）、中国博士后科学基金第71批面上资助（一等）"鲁迅早期阅读史研究（1898—1918）"（2022M710043）、河南省哲学社会科学规划项目"鲁迅早期阅读书目整理与研究（1898—1918）"（2022CWX042）的阶段性成果。

　　②　鲁迅：《科学史教篇》，《鲁迅全集》（第1卷），人民文学出版社2005年版，第37页。

神思之所在"①。然而，如此重要的"神思"概念，似乎并没有在《域外小说集》出版后鲁迅的写作中得到延续。问题在于，"神思"一词需要置于《新生》杂志筹备同人的语境之中，不能仅仅被视为一个被鲁迅使用的思想概念。而且，在《域外小说集》（1909）出版后，"神思"一词在其文字中几乎消失了。（仅见的特例是1935年《叶紫作〈丰收〉序》中，鲁迅贬义地使用了一次——"描神画鬼，毫无对证，本可以专靠了神思，所谓'天马行空'似的挥写了"②。）

由于留日时期鲁迅为"神思"这一源自《文心雕龙·神思》篇的古典词汇注入了西方文明精神根柢的内容，创造性地改造了这个词汇的内涵；所以，只有接受鲁迅修辞直接影响的周作人、许寿裳等《新生》杂志筹备同人对"神思"概念的使用具有可比性。在这两人中，许寿裳仅仅在《兴国精神之史曜》一文中密集使用了"神思"一词来指代国民精神的自觉③，而周作人对"神思"概念的长期使用则长久为人所忽视。早期周作人对"神思"概念的使用，不像早期鲁迅、许寿裳二人那样限于《新生》杂志筹备时期（1907-1909），而是在《域外小说集》（1909）出版之后也仍然在使用。直到1917年4月，周作人还用"神思"一词来描述安徒生童话超脱常识、契合自然天性的思维创造性④。进入白话文运动时期，周作人的文章中也基本不再出现"神思"这个文言词汇，但文言讲义《近代欧洲文学史》（当时未出版）、《欧洲文学史》（1918）则是例外。

根据笔者统计，周氏兄弟合作翻译的《域外小说集》（及所附《著者史略》）中"神思"一词出现了10次，而周作人在1907年之后的十余年内至少使用了34次"神思"（剔除对鲁迅《〈域外小说集〉序言》的几次引述）。学界对此研究不足。梳理1907年至1918年间周作人文章中的"神思"概念，不仅可以直接勾勒早期周作人的文艺思维的演进过程，呈现《新生》筹备同人（主要是鲁迅、周作人、许寿裳三人）的精神共鸣所在，还可以回答"神思"观在《域外小说集》出版之后是否被周氏兄弟抛弃的问题。

---

① 鲁迅：《〈域外小说集〉序言》，《鲁迅全集》（第10卷），人民文学出版社2005年版，第168页。

② 鲁迅：《叶紫作〈丰收〉序》，《鲁迅全集》（第6卷），人民文学出版社2005年版，第227页。

③ 许寿裳：《兴国精神之史曜》，《许寿裳文集》（下卷），百家出版社2003年版，第467页。

④ 周作人：《安兑尔然》（1917），钟叔河编订：《周作人散文全集（修订版）》（第1卷），广西师范大学出版社2021年版，第494页。

一、寂漠与新声之间"神思"的哀音

1909 年《域外小说集》的出版，意味着鲁迅、周作人、许寿裳共同参与的《新生》时期文艺运动的收尾：其一，《新生》杂志筹备同人的论文被转移到《河南》杂志发表；其二，译文汇集到《域外小说集》之中。周作人在《知堂回想录》中将《河南》视为《新生》甲编的替代，将《域外小说集》视为《新生》乙编①。以此为界，鲁迅、许寿裳的文章中基本不再出现"神思"一词，但周作人对"神思"一词的使用跨越了《域外小说集》出版的前后，并且持续到其白话写作时期。在《域外小说集》之前，周作人的"神思"概念已经见于刊《河南》杂志的长文《论文章之意义暨其使命因及中国近时论文之失》（1908）和《哀弦篇》（1908）之中。此外，笔者发现，周作人 1907 年所译《红星佚史》、1908 年所译《匈奴奇士录》、与鲁迅合译的《裴彖飞诗论》、1909 年出版的《域外小说集》这些译作中都出现了"神思"概念，它们与其两篇论文中的"神思"含义构成一种差异的对照。

1907 年至 1909 年，围绕《新生》杂志的筹备，留日同人鲁迅、周作人、许寿裳都开始密集地使用"神思"概念阐发各自的思想观点以及共同的精神共鸣②。三者对"神思"概念的使用各有侧重：许寿裳的"神思"观侧重国民理性与道德感的自觉，鲁迅的"神思"观侧重文明层面的心声的内曜，周作人的"神思"观侧重具有独立审美特质的文艺创作领域。其中，周作人《论文章之意义暨其使命因及中国近时论文之失》（1908）一文认为，文章（文学）被内外两种力量束缚住了，一种是来自暴君、儒宗、科举的禁制，一种是所谓维新、富强之说中蕴含的趋时、崇实、功利、切用的国民心理。所以，文章需要确定自己独立于功利、专制之外的使命所在。这意味着，文章要摆脱载道论、富强论或功利论，其核心是一种排众独起、独立不羁的"灵智之思"③，一种"暴露时世神情，谴责群众，以谋改造"④ 的反叛精神，一种不同于功利有形之物事的超凡之观。质而言之，早期周作人文章观的内核，即超世俗、超功利的"神思"：

---

① 周作人：《知堂回想录》，北京十月文艺出版社 2013 年版，第 279 页。

② 陈云昊：《鲁迅的神思与〈新生〉的神思——以留日时期鲁迅、许寿裳、周作人为中心》，《中国现代文学研究丛刊》2022 年第 4 期。

③ 周作人：《论文章之意义暨其使命因及中国近时论文之失》，《周作人散文全集（修订版）》（第 1 卷），广西师范大学出版社 2021 年版，第 105 页。

④ 周作人：《论文章之意义暨其使命因及中国近时论文之失》，《周作人散文全集（修订版）》（第 1 卷），广西师范大学出版社 2021 年版，第 106 页。

所希者独冀文章有超凡之观、神思发现，以别异于功利有形之物事耳。虽然，此意有不可与第一义所言溷者。盖文章之职，固当阐发义旨，而今之所重乃在神思，且二者不可或离。高义鸿思之作，自非思入神明，脱绝凡轨，不能有造①。

周作人的这一超绝"功利有形之物事"的神思观，受到鲁迅《摩罗诗力说》（1907）所谓"涵养人之神思，即文章之职与用也"②的直接影响。这一"神思"的含义并非《文心雕龙》所谓"神思"，因为后者征圣宗经，已然违背了周氏兄弟所谓"神思"自由的运作。梁启超《论小说与群治之关系》欲以小说作为改良群治的工具，将小说的目的视为"有不可思议之力支配人道"③，而周氏兄弟的"神思"反对工具论。

在鲁迅那里，"神思"代表着人类的内部文明，它既表现于古民的神话（甚至迷信）之中，也表现于今日欧西艺文、思想文术之中④。一旦作为文明根柢的"神思"的运作被压制，国家就陷入了丧失心声的"寂漠"处境。为了摆脱这种状况，周作人接过鲁迅《破恶声论》的"寂漠"命题和修辞方式，写出了《哀弦篇》。文章反思了今日"寂漠"的文明，在悲哀的觉悟中又洞察到"哀音"可以视为未来"新声"的豫备。结合《论文章之意义暨其使命因及中国近时论文之失》来说，周作人《哀弦篇》处理的是"寂漠"的文明状态压抑了"神思"的自由运动时，文艺不得不呈现为"新声"的豫备状态——"哀音"——"末世有哀音焉，正所以征人心之未寂，国虽惨淡而未至于萧条者也"⑤。在神思死寂的"寂漠"状态和神思跃动的"内曜"状态之间，周作人创造性地增加了一个神思复苏的"哀音"状态。周作人看重的"隐隐有哀色"⑥之《离骚》、"神思幽闷"⑦之《浮士德》、"悲凉激越"⑧之波兰国歌，都是在

---

① 周作人：《论文章之意义暨其使命因及中国近时论文之失》，《周作人散文全集（修订版）》（第1卷），广西师范大学出版社2021年版，第107—108页。
② 鲁迅：《摩罗诗力说》，《鲁迅全集》（第1卷），人民文学出版社2005年版，第74页。
③ 梁启超：《论小说与群治之关系》，《梁启超全集》（第4集），中国人民大学出版社2018年版，第49页。
④ 鲁迅：《破恶声论》，《鲁迅全集》（第8卷），人民文学出版社2005年版，第32页。
⑤ 周作人：《哀弦篇》，《周作人散文全集（修订版）》（第1卷），广西师范大学出版社2021年版，第132页。
⑥ 周作人：《哀弦篇》，《周作人散文全集（修订版）》（第1卷），广西师范大学出版社2021年版，第134页。
⑦ 周作人：《哀弦篇》，《周作人散文全集（修订版）》（第1卷），广西师范大学出版社2021年版，第136页。
⑧ 周作人：《哀弦篇》，《周作人散文全集（修订版）》（第1卷），广西师范大学出版社2021年版，第140页。

"神思" 受到压抑但还不至于彻底死寂的文明处境下自觉到悲哀、于是自然而然发出来的 "哀音"。

简言之，非功利的文章使命与悲凉激越的哀音，都赋予了周作人的 "神思" 概念以审美内涵。而压抑这种 "神思" 的势力，主要是弥漫晚清文坛的文章道德论述与群学功利话语。因此，非功利、超道德构成了周作人注入 "神思" 一词的主要质素。《〈红星佚史〉序》（1907）概括了周作人 "神思" 概念所针对的晚清语境，而 "主美"、"自繇" 与 "神思" 则是周作人在《新生》文艺运动时期文学观的核心内容：

> 中国近方以说部教道德为桀，举世靡然，斯书之翻似无益于今日之群道，顾说部曼衍自诗，泰西诗多私人制作，主美，故能出自繇之意，舒其文心，而中国则以典章视诗，演至说部，亦立劝惩为皋极，文章与教训漫无畛畦，画最隘之界，使勿驰其神智，否者或群逼杪之，所意不同，成果斯异①。

二、《域外小说集》 中的 "神思"

1908 年，《论文章之意义暨其使命因及中国近时论文之失》、《哀弦篇》二文对文章使命进行了非功利、超道德的诠释，周作人的 "神思" 含义也侧重于文学家创造性思维所内具的美和自繇。简言之，"神思" 与 "美之本体" 相关。二文所指，都未出鲁迅《摩罗诗力说》中以 "神思" 形容修黎的含义范围："况修黎者，神思之人，求索而无止期，猛进而不退转，浅人之所观察，殊莫可得其渊深。若能真识其人，将见品性之卓，出于云间，热诚勃然，无可沮遏，自趁其神思而奔神思之乡；此其为乡，则爰有美之本体。"② 这里鲁迅的 "神思" 一词，沟通了 "人" 的想象性思维与 "美" 的本体追求两端。它既可以形容富有无穷想象力思维的艺术家为 "神思之人"，也可以描述美之领域在 "神思之乡"。

《域外小说集》（1909）中的 "神思"，并不怎么涉及 "美之本体" 这一不寻常的内容，更多是（非专属于艺术活动的）一般的神志意识的含义。这大约是考虑到翻译词汇需要尽量符合常用含义。周氏兄弟翻译的《域外小说集》共出现了 11 次 "神思" 一词：它在周作人翻译的篇目出现了 6 次，在鲁迅翻译的篇目出现了 2 次，在《〈域外

---

① 周作人：《〈红星佚史〉序》，《周作人散文全集（修订版）》（第 1 卷），广西师范大学出版社 2021 年版，第 51 页。

② 鲁迅：《摩罗诗力说》，《鲁迅全集》（第 1 卷），人民文学出版社 2005 年版，第 87 页。

小说集〉著者事略》中出现了 3 次。这 11 个"神思"中有 10 个是一般性的神志意识的含义，只有一次"神思之士"的用法，与《摩罗诗力说》所谓"神思之人"一致，专指具有审美思维的艺术家。

具体到周作人所译部分，《月夜》有"长老神思幽玄"① 之句，《邂逅》有"逮神思凌乱，百事皆忘"②、"百无记念，神思陵乱矣"③、"神思清明时"④ 之句，《戚施》有"神思奋集，妙绪纷披"⑤ 之句——以上"神思"，含义大体都是指可醉可醒的"思维精神"；周作人译《戚施》还有一例"神思之士"（原文为"尝自字曰老童，曰神思之士，曰堂克诃第"⑥）的说法，基本上等同于富于原始人或孩童式想象性思维的童话作家，"老童"堂克诃第（今译堂吉诃德）与"神思之士"几乎是近义词。

具体到鲁迅所译部分，安特来夫《默》中有"伊革那支神思中"⑦，意指"思维"；《四日》中提及"时吾神思中，则全图昭然皆见"⑧，是指回忆状态的"思维精神"。除了《域外小说集》中，周作人 6 次、鲁迅 2 次使用了"神思"一词，兄弟合作的《〈域外小说集〉著者事略》⑨ 还出现了 3 次"神思"：安兑尔然"绌于常识而富于神思"中的"神思"一词，侧重童话文体的想象力性质；梭罗古勃"以神思与享美，为养生之道"，指的是"远现世而得安乐"的审美想象世界；安特来夫"凭借神思，写战争惨苦"，指的是创造性的审美想象。这些都具有美之本体的意味。可见，周氏兄弟《域外小说集》在翻译中常用"神思"指代一般的头脑思维，在文论中往往采用灌注了"美之本体"这一被改造过的"神思"概念。

由此可见，《域外小说集》中作为翻译用词的"神思"与作为文论用词的"神思"，两者含义略有差异。其一，作为翻译用词的"神思"，侧重超"有形"事物的一般神志意识（并不特指想象性的文艺创造思维）；其二，作为文论用词的"神思"，侧重超"功利"事物的具有独立性的审美思维，与"美之本体"相关。

后一类"神思"的用法主要见于《〈域外小说集〉著者事略》，具有三个特征：第一是神秘性，"象征神秘之文，意义每不昭明，唯凭读者主观，引起或一印象，自为解

---

① 周作人译：《月夜》，《域外小说集》，新星出版社 2006 年版，第 15 页。
② 周作人译：《邂逅》，《域外小说集》，新星出版社 2006 年版，第 37 页。
③ 周作人译：《邂逅》，《域外小说集》，新星出版社 2006 年版，第 40 页。
④ 周作人译：《邂逅》，《域外小说集》，新星出版社 2006 年版，第 45 页。
⑤ 周作人译：《戚施》，《域外小说集》，新星出版社 2006 年版，第 66 页。
⑥ 周作人译：《戚施》，《域外小说集》，新星出版社 2006 年版，第 72 页。
⑦ 鲁迅译：《默》，《域外小说集》，新星出版社 2006 年版，第 108 页。
⑧ 鲁迅译：《四日》，《域外小说集》，新星出版社 2006 年版，第 55 页。
⑨ 鲁迅、周作人：《〈域外小说集〉著者事略》，《域外小说集》，新星出版社 2006 年版，第 171-175 页。后二段同此篇引用的，不再标注。

释而已"；第二是脱世俗、超功利性，"远现世而得安乐"；第三是童话式的天真的想象性。周氏兄弟在《域外小说集》中追求的"幽默"的文体，不是其后的林语堂那类"幽默"，而是神秘幽邃的浪漫派风格——"善以示幽默之力大于寂寞者"，"幽默之力大于声言，与神秘教派所说略同"。相比于《域外小说集》中的小说，《〈域外小说集〉著者事略》形成了一组原创性的文论概念，而"神思"是这些文论概念的核心。总之，"神思陵乱"可以解释为神志意识的凌乱，但不能窄化为想象的凌乱；"神思之人"可以被解释为具有超凡脱俗的审美思维的艺术家，但不能泛化为富有理想或想象力的人。

除了《域外小说集》，周作人的《红星佚史》（1907）、《匈奴奇士录》（1908）两篇译作也使用了"神思"，意义都没有溢出"有超凡之观、神思发现，以别异于功利有形之物事"一句，指代或广义或狭义的思维范围（广义是指无形的神志意识，狭义是指超凡的审美思维）。周作人译《红星佚史》第一篇第一章有"其神思所注，随眸子而移"① 之句，第二篇第三章有"神思忽涌，陡忆长别之故乡伊色加，与壮时乐事"② 之句，第八章有"百感潮涌，神思愈益扰乱"③ 之句。周作人译《匈奴奇士录》第五章有"意象神思，实超万念以主宰一心，而析理之思，莫能与竞也"④ 之句，说明神思与想象性的意象相关，与"析理之思"相反；第七章有"神思清明，具见一切"⑤ 之句；第九章有画家的"神思易于索解"⑥ 之句，可见画家的想象性思维容易见诸图画；第十二章有"意或神思所凝，爰生幻觉"、"神思所结，或仅梦想耶"⑦ 之句，都说明"神思"类似于幻觉或梦想。此外，周作人口译，鲁迅笔述的《裴彖飞诗论》（1907）有"若其自神思高处，崇如凯勃及耶之山，冷如载雪之野者"⑧ 之句。这些"神思"概念，共同点在于精神性的"超凡之观"，尽管未必都具

---

① 周作人译：《红星佚史》，止庵编订：《周作人译文全集》（第 11 卷），上海人民出版社 2012 年版，第 77 页。

② 周作人译：《红星佚史》，止庵编订：《周作人译文全集》（第 11 卷），上海人民出版社 2012 年版，第 127 页。

③ 周作人译：《红星佚史》，止庵编订：《周作人译文全集》（第 11 卷），上海人民出版社 2012 年版，第 151 页。

④ 周作人译：《匈奴奇士录》，止庵编订：《周作人译文全集》（第 11 卷），上海人民出版社 2012 年版，第 230 页。

⑤ 周作人译：《匈奴奇士录》，止庵编订：《周作人译文全集》（第 11 卷），上海人民出版社 2012 年版，第 236 页。

⑥ 周作人译：《匈奴奇士录》，止庵编订：《周作人译文全集》（第 11 卷），上海人民出版社 2012 年版，第 243 页。

⑦ 周作人译：《匈奴奇士录》，止庵编订：《周作人译文全集》（第 11 卷），上海人民出版社 2012 年版，第 252 页。

⑧ 籁息著，令飞译：《裴彖飞诗论》，《河南》1908 年第 7 期。

有"美之本体"的意味。可见，用"想象或理想"来泛泛诠释周作人的"神思"概念是不妥当的。

三、《域外小说集》之后的"神思"

鲁迅在《域外小说集》（1909）出版后几乎不再使用"神思"概念，而周作人则将"神思"概念灌注到对童话的推崇之中，神思被用来指涉"通蛮荒之情而得儿童之意"①的童话。1910年12月，周作人作《丹麦诗人安兑尔然传》，赞许安徒生"七十生涯，未脱童时，短于常识而富于神思。其所著童话，即以小儿之目观察万物，而以诗人之笔写之，故美妙自然，可称神品，真前无古人后亦无来者也"②。神思，就是一种不同于成人目光，而保留了童心之自然真率的艺术创造力。曾经在鲁迅眼中朴素之民的"白心"，在周作人眼中，就是"天真曼烂，合于童心"的神思，而童话文体是生民之初的"元人之文学"③。所以，童话当中仍然保留了不少野蛮的痕迹，比如"小儿之视人生，殆犹影画然，劫敲杀伤之事，若虚影之腾舞于灯光之中，足资笑乐"④。"压制、反抗，兼以一人"⑤的"摩罗诗力"，被童话文体净化为一种美学自觉。在《哀弦篇》中，神思在寂寞的文明处境中不得不转化为一种悲凉激越的哀音，这一神思的运作现在在异域的童话文体中得到了昭苏：安徒生老而犹童，他的童话契合了古老的初民的神思，而又兼得野蛮自然的原始性。在鲁迅那里，神思转化为文体，就是朴素之民的"神话"，凸显神思处在文明根柢性的位置；在周作人这里，"神话"又衍生出"童话"，其神思概念更侧重神秘性、超脱性和童话性。

1909年之后，周作人还继续使用着与"美之本体"相关的超功利的"神思"概念。《育珂摩耳传》中有"神思奇妙"、"神思挺拔"⑥，指涉艺术思维的超脱性。《丹

---

① 周作人：《丹麦诗人安兑尔然传》，《周作人散文全集（修订版）》（第1卷），广西师范大学出版社2021年版，第204页。

② 周作人：《丹麦诗人安兑尔然传》，《周作人散文全集（修订版）》（第1卷），广西师范大学出版社2021年版，第204页。

③ 周作人：《丹麦诗人安兑尔然传》，《周作人散文全集（修订版）》（第1卷），广西师范大学出版社2021年版，第204页。

④ 周作人：《丹麦诗人安兑尔然传》，《周作人散文全集（修订版）》（第1卷），广西师范大学出版社2021年版，第204页。

⑤ 鲁迅：《摩罗诗力说》，《鲁迅全集》（第1卷），人民文学出版社2005年版，第81页。

⑥ 周作人：《育珂摩耳传》，《周作人散文全集（修订版）》（第1卷），广西师范大学出版社2021年版，第209-212页。

麦诗人安兑尔然传》（1910）说安徒生"七十生涯，未脱童时，短于常识而富于神思"①，神思是一种真率的脱世俗品质，童话作为近代艺文，可以独特地打通初民的神思与儿童的神思——"真率无翳，故能通蛮荒之情而得儿童之意"②。《〈须华百拟曲〉序》（1912）赞许法国现代作家须华百可以遥接两千年前古希腊文艺的真精神："后文教殊方，化感既隔，而欲追附其志，自非神思独运，艺境偏至者，无能为矣。"③ "神思独运"是指作家内在创作个性的创造性涌现，文艺的境界依赖个体的"独至"，而不能通过一味模仿古人来追求"神与古会"。1916 年，周作人以"神思"概念来翻译小泉八云谈日本诗歌的特质："盖其艺术之目的，但在激起人之神思，而非以厌饫之也。"④ 艺术不是为了填充、满足人的欲求，而是为了激发人的神思，这表明了艺术的超功利性。1917 年，周作人在《众社丛刊》上介绍安徒生时再次使用了"短于常识而富于神思"⑤ 的说法。那么，在《域外小说集》（1909）中还具有惯常使用和文论使用两类含义的"神思"，而 1909 年之后，周作人仅仅保留下了文论化使用的"神思"概念，它与"美之本体"相关，而不用来指代一般性质的神志意识。

在周作人加入由陈独秀主编的《新青年》所主导的"新文化运动"阵营后，"神思"这一文言词汇逐渐淡出其写作。但其文言讲稿《近代欧洲文学史》仍然保留了这一特殊词汇的用法。根据止庵的考证，《近代欧洲文学史》是周作人 1917 年至 1919 年在北京大学的讲义，从未正式出版，部分章节是后来出版的《欧洲文学史》的底本，且用词较旧，在出版时多有润色补充。周作人《近代欧洲文学史》讲义第二章第二节《异教诗歌》认为，欧洲民族"神思"的干涸与"神话"的消逝紧密相关：

> 惟以宗教之力，为之维系，故文化常能一致。……神话不传，神思之渊泉亦涸，乃强以外来之色米族传说代之，于民间思想，未能翕合无间也。至其本土神话之著作，存于今者已极少⑥。

① 周作人：《丹麦诗人安兑尔然传》，《周作人散文全集（修订版）》（第 1 卷），广西师范大学出版社 2021 年版，第 203 页。

② 周作人：《丹麦诗人安兑尔然传》，《周作人散文全集（修订版）》（第 1 卷），广西师范大学出版社 2021 年版，第 204 页。

③ 周作人：《〈须华百拟曲〉序》，《周作人散文全集（修订版）》（第 1 卷），广西师范大学出版社 2021 年版，第 239 页。

④ 周作人：《日本之俳句》，《周作人散文全集（修订版）》（第 1 卷），广西师范大学出版社 2021 年版，第 490 页。

⑤ 周作人：《安兑尔然》，《周作人散文全集（修订版）》（第 1 卷），广西师范大学出版社 2021 年版，第 494 页。

⑥ 周作人：《近代欧洲文学史》，北京十月文艺出版社 2013 年版，第 7 页。

其后的《武士文学》一节，接着神话的消逝，论及教徒文学的出场对神思的压抑："故教徒文学，盛极一时。而其影响于民间者，或足以培道德，而不足以快神思，或足以资教训，而不足以怡性情。"① 第三章第十三节所谓"足以怡悦性情，感发神思，不仅为民众媮（愉）乐之具矣"②，再次强调超功利、超世俗的神思与世俗娱乐的区分性。第五章的绪论开头即言"神思"关联着人性情感之真，抵抗了"理智主义"对"美"的侵扰——"十九世纪后半，为写实主义（Realism）时代。或谓之自然派（Naturalism），以别于十七世纪以后之写实倾向。原传奇派之兴，本缘反抗理智主义，崇美述异，以个人情思为主，发挥自在，无所拘束。不五十年，盛极而衰，神思既涸，情感亦失真"③。

所以，"神思"构成了欧洲浪漫主义文学思潮（即"传奇派"）的核心追求。而既然"神思"与浪漫主义文学思潮几乎同构，那么，周作人对"神思"的批判与"浪漫主义思潮"的弊端的看法也趋于一致。《育珂摩耳传》评论育珂小说有"神思奇妙"、"神思挺拔"之语，讲的是行文的创造性，"其弊在张皇粉饰，为传奇派同病"④。

在正式出版的《欧洲文学史》第三卷第一篇第四章，周作人引用英人 Walter Pater 的话说："中古文艺……复兴时，人人欲得心之自由，求理性与神思之发展，是时有一极大特色，即非礼法主义（Antinomianism）是也。其反抗宗教道德，寻求官能与神思之悦乐，对于美及人体之崇拜，皆与基督教思想背驰。其尊崇爱恋，如新建宗教。是盖可谓之异教诸神之重来。"⑤ 书中重申了"神思"与"美"的紧密关联性、与超脱的"宗教"的相似性，以及反抗宗教道德的批判性。该卷第二篇第一章有"足以怡悦性情，感发神思，不仅为民众娱乐之具矣"⑥ 之句，说明了"神思"反民众娱乐的性质。该章又有论及宗教文学"雄健简洁，而神思美妙"⑦ 之句，这都与"美之本体"相关。

---

① 周作人：《近代欧洲文学史》，北京十月文艺出版社 2013 年版，第 10 页。
② 周作人：《近代欧洲文学史》，北京十月文艺出版社 2013 年版，第 46 页。
③ 周作人：《近代欧洲文学史》，北京十月文艺出版社 2013 年版，第 143 页。
④ 周作人：《育珂摩耳传》，《周作人散文全集（修订版）》（第 1 卷），广西师范大学出版社 2021 年版，第 212 页。
⑤ 周作人：《欧洲文学史》，北京十月文艺出版社 2013 年版，第 122 页。
⑥ 周作人：《欧洲文学史》，北京十月文艺出版社 2013 年版，第 147 页。
⑦ 周作人：《欧洲文学史》，北京十月文艺出版社 2013 年版，第 150 页。

结　语

学界对鲁迅早期文言论文中的"神思"概念关注甚多,但很少将"神思"的考察延伸到早期周作人的文章之中。而周作人对"神思"的使用,既与早期鲁迅紧密呼应,又有自身的独特性;更重要的是,鲁迅在《域外小说集》出版后就几乎不再使用这个文言词汇,但周作人却在 1909 年之后的较长时期内继续使用"神思"来表达与"美之本体"相关的审美思维、表达欧洲浪漫主义(即"传奇派")文学思潮的核心追求、表达童话文体的艺术创造性。他对"神思"的使用一直延续到文言讲义《近代欧洲文学史》与《欧洲文学史》之中。概括而言,鲁迅、周作人在《域外小说集》等翻译场合所使用的"神思"不具有现代审美内涵,仅仅是泛指一般性的神志意识;而在文论语境中,鲁迅的"神思"被用来指代域外"心声"的文明根柢,而周作人的"神思"被用来指代超世俗、超功利的审美思维。

"神思"这个文言词汇,原本并不指代西洋文艺内容。鲁迅将现代文明根柢的反思,注入了这一《文心雕龙》"神思篇"的词汇之中。他的《文化偏至论》指出,"二十世纪文化始基"乃是在十九世纪末"矫十九世纪文明而起"的"神思新宗(神思宗之至新者)"。神思一派在十九世纪初叶的具体所指,要在《摩罗诗力说》中才真正呈现出来——以拜伦为代表的恶魔派诗人。在文艺观上,早期鲁迅并没有超出勃兰兑斯的视野。鲁迅的"文化偏至论"很可能受勃兰兑斯所谓"文学的反动"① 的史观启发。《十九世纪文艺主流》起始于"流亡文学"对以卢梭为代表的十八世纪革命精神的继承。从十八世纪的卢梭到十九世纪初的拜伦,乃"神思"宗的近世脉络。在《摩罗诗力说》中,鲁迅甚至将"神思"溯源于柏拉图的《理想国》②。他通过"神思"把握到西方文明的根柢,进而将其视为救治现代性之"偏"和"伪"的依据。相比于鲁迅与文明整体性、根柢性相关联的"神思"概念,周作人侧重与"美之本体"相关的文艺"神思",尤其重视童话文体。

当周氏兄弟在翻译中一般性地使用"神思"一词,并不赋予其"传奇派"或"神思新宗"等现代欧洲文艺内容时,这一概念与"神思恍惚"之类的使用是一致的。1899 年,严复《天演论·导言二·广义》中使用了"神思"一词,其含义近于智识,作为天演法则所作用的主观领域,"隐之则神思智识之所以圣狂,显之则政俗文章之所

---

① ［丹］勃兰兑斯:《十九世纪文学主流(第一分册　流亡文学)》,张道真译,人民文学出版社 1980 年版,引言第 1 页。

② 鲁迅:《摩罗诗力说》,《鲁迅全集》(第 1 卷),人民文学出版社 2005 年版,第 70 页。

以沿革。言其要道，皆可一言蔽之，曰：天演是已"①。其《天演论·论十·佛法》中还提及神思的性质，即佛法所谓"不可思议"。侧重一般性的神志意识的"神思"含义，其实是当时社会上使用"神思"概念的惯常理解。无论是《三国演义·第七七回》所谓"神思昏迷"，还是《红楼梦·第五三回》所谓"劳了神思"，"神思"都是指人的神志、心思状态——1937 年商务印书馆出版的我国第一部现代汉语辞典《国语辞典》就把神思解释为"1. 神随意往之貌；2. 谓心思"②。周氏兄弟在《域外小说集》翻译中所用的"神思"就调用了这个惯常含义的"神思"概念——这里的"神思"等于神志意识（而非"理想或想象"）。

在《域外小说集》之前，周作人两篇文论中的"神思"概念直承鲁迅而来，批判世俗的功利观、道德论对文艺"神思"的束缚；《域外小说集》之后，周作人的"神思"概念主要聚焦在童话文体与浪漫主义文艺思潮之中，概念更加聚焦到审美独立性的"美之本体"。经过周氏兄弟的改造，"神思"这一文言词汇被用来指涉域外文艺的"心声"，这一词汇构成了他们筹备《新生》杂志时期的精神共鸣——"籀读其心声，以相度神思之所在"。这一共鸣并未随着《域外小说集》的出版而消逝，尽管此后鲁迅的文章几乎不再使用这一概念。周作人将这种"神思"的追求，灌注到对安徒生为代表的童话文体的认同之中；而他对神思所灌注的童话文体的认同，跨越了文言写作时期和白话写作时期。"神思"这一概念具有中介的性质，它嫁接在章太炎式国粹语境与域外文艺思潮之间，就像"哀音"其实是寂寞处境中神思运作的不得已的中介状态。周作人从未在白话语境中使用"神思"概念，并不意味着"神思"的共鸣消逝了。它作为精神的运作，溢出了文言的躯壳，成为白话写作时期周氏兄弟文明批判与文艺追求的某种底色。

（作者单位：河南师范大学文学院、河南大学中国语言文学博士后流动站）

---

① 严复：《天演论（慎始基斋本）》，《严复全集》（第 1 卷），福建教育出版社 2014 年版，第 85 页。

② 中国大辞典编纂处编：《国语辞典》（影印本），商务印书馆国际有限公司 2011 年版，第 901 页。

空间与身份

——从旧体诗看“南京鲁迅”的转变

丁晓妮

引　言

1898 年春，17 岁的鲁迅离开家乡到南京求学。南京对于鲁迅意味着什么？绍兴的少年鲁迅沉浸在家道中落带来的侮蔑威压之中，而留日鲁迅已经深切关注着国家民族、思考理想人性了，居于中间过渡阶段的“南京鲁迅”完成的是怎样的转变呢？

在不多的研究南京鲁迅的文章中，董炳月的《论鲁迅的“南京记忆”——以其“自我”的形成与表现为中心》提出“从南京走向‘鲁迅’”，认为鲁迅的“立人”思想、进化论观念、对西医的认同等均可在南京求学生活中找到原点[1]。杨姿的《南京与鲁迅信仰之建构》强调了南京作为一个历史场域与鲁迅信仰的关系[2]。顾农的《南京与鲁迅的第一次大转折》一文也强调了南京对于鲁迅人生道路选择的重要性[3]。以上文章所立足的材料均是鲁迅成年后的回忆文字。董炳月特别指出，鲁迅关于南京的回忆是有选择的、重构的。因此，研究青年鲁迅在南京时期的旧体诗文，有利于在重构的叙述之外另辟蹊径，返回现场，探讨南京之于鲁迅的意义，尤其是空间和身份对于鲁迅的转变意义。

---

[1]　董炳月：《论鲁迅的“南京记忆”——以其“自我”的形成与表现为中心》，《广西师范大学学报（哲学社会科学版）》2019 年第 3 期。

[2]　杨姿：《南京与鲁迅信仰之建构》，《江苏社会科学》2013 年第 1 期。

[3]　顾农：《南京与鲁迅的第一次大转折》，《鲁迅研究月刊》1998 年第 12 期。

一、两组南京诗文呈现的对比

1898 年，鲁迅离开绍兴启程到南京求学，其内心世界是怎样的？鲁迅在《呐喊自序》和《琐记》等文字中呈现出来的，是看穿了世人真面目之后，带有反叛意味的逃离。这种有选择的回忆文字和事实本身是否有所差异？

返回现场，细读鲁迅离开绍兴赴南京求学路途中所作的《戛剑生杂记》："行人于斜日将堕之时，暝色逼人，四顾满目非故乡之人，细聆满耳皆异乡之语，一念及家乡万里，老亲弱弟必时时相语，谓今当至某处矣，此时真觉柔肠欲断，涕不可仰。故予有句云：日暮客愁集，烟深人语喧。皆所身历，非托诸空言也。"①

文字道出了初出家门的青年的典型心态——触目都是陌生人，满耳都是异乡的言语，第一次真正意义上离开了熟悉的环境，闯进陌生而广大的世界中，强烈地感到不适，越发思念家人。可见，无论中年鲁迅笔下的离开如何决绝，回到当时，他仍是一个舍不得家乡亲人的哀伤的少年，有着深沉的离愁别绪和感伤的泪水。

时隔 3 年后，鲁迅再次书写离家情绪："仲弟次予去春留别元韵三章，即以送别，并索和。予每把笔，辄黯然而止。越十余日，客窗偶暇；潦草成句，即邮寄之。嗟乎！登楼陨涕，英雄未必忘家；执手消魂，兄弟竟居异地！深秋明月，照游子而更明；寒夜怨笛，遇羁人而增怨。此情此景，盖未有不悄然以悲者矣。"②

文中说，每次要提笔书写，就黯然而止。"黯然"二字，虽然伤感，却不缠绵过度，相比"柔肠欲断"，程度大为减轻了。从"客窗偶暇"句，可知鲁迅学业繁忙，无暇沉浸于离愁，直到十多天后才有空回复。后面两组四六骈句，"登楼"、"英雄"、"寒夜"、"怨笛"等典型意象烘托出苍茫开阔的襟怀氛围，有建安的风骨感和气质。可以说，两段文字所呈现出的对比是明显的，后者的雄强慷慨昭示着鲁迅在这 3 年时间内的个性气质转变。

另一组诗文的对比更加明显。1901 年初，鲁迅回乡过旧历年，写下了《庚子送灶即事》和《祭书神文》。这两首诗的写作时间前后仅差数天，均涉及了仪式——祭祀灶神和祭祀书神。前者充满创伤和负面情绪，后者却满溢着自信和狂傲不羁。《庚子送灶即事》：

---

① 鲁迅：《戛剑生杂记》，《鲁迅全集》（第 8 卷），人民文学出版社 2005 年版，第 527 页。
② 鲁迅：《和仲弟送别元韵并跋》，《鲁迅全集》（第 8 卷），人民文学出版社 2005 年版，第 536 页。

只鸡胶牙糖，典衣供瓣香。

家中无长物，岂独少黄羊①。

岁末送灶神，本应是和谐愉悦的，却被鲁迅写出了寒怆和匮乏感，满目冷冷清清。一起送灶神的周作人，有一首和诗，感觉却截然相反：

角黍杂桄糖，一尊腊酒香。

反嗤求富者，岁岁供黄羊②。

两首诗的氛围差别很大。兄长感慨家庭贫困，微薄的供品还要靠典当衣物才能完成，而弟弟却很满足，祭祀场面一派祥和。"典衣"这个情节，在周作人的日记中并无记载。庚子年腊月一日鲁迅到家，之后兄弟俩几乎每天都是同行同止，一起出门拜会、购物、看戏，记录得很详细，并没有提到典当衣物。鲁迅有没有"典衣"来购买送灶神的祭品，已无法查证。也可能是早年"往返于质铺和药店之间"的经历太过深刻，在祭祀灶神这一传统礼俗场景之下，让鲁迅恢复了关于往来质铺的灰色而压抑的记忆。

祭祀灶神是传统的节日礼俗，有许多规矩要遵循，鸡、胶牙糖、瓣香、黄羊等种种祭品都是定例。送灶神的处所是灶间，"灶头间是统间，可是有三间的大，……那里本来是兴立两房公用"③。在这个曾经是公用的灶间祭祀灶神，鲁迅背负的是封建大家庭长子长兄的角色。传统礼俗空间叠加创伤记忆，造成了整首诗的压抑氛围。

《祭书神文》却是另一种气场。全文如下："上章困敦之岁，贾子祭诗之夕，会稽戛剑生等谨以寒泉冷华，祀书神长恩，而缀之以俚词曰：今之夕兮除夕，香焰氤氲兮烛焰赤。钱神醉兮钱奴忙，君独何为兮守残籍？华筵开兮腊酒香，更点点兮夜长。人喧呼兮入醉乡，谁荐君兮一觞。绝交阿堵兮尚剩残书，把酒大呼兮君临我居。缃旗兮芸舆，掣脉望兮驾蠹鱼。寒泉兮菊菹，狂诵《离骚》兮为君娱。君之来兮毋徐徐，君友漆妃兮管城侯。向笔海而啸傲兮，倚文冢以淹留。不妨导脉望而登仙兮，引蠹鱼之来游。俗丁伦父兮为君仇，勿使履阈兮增君羞。若弗听兮止以吴钩，示之《丘》《索》兮棘其喉。令管城脱颖以出兮，使彼惙惙以心忧。宁招书癖兮来诗囚，君为我守兮乐

①　鲁迅：《庚子送灶即事》，《鲁迅全集》（第8卷），人民文学出版社2005年版，第533页。
②　周作人：《和作》，《周作人日记》上，大象出版社1996年版，第285页。
③　周建人：《鲁迅故家的败落》，湖南人民出版社1984年版，第37页。

未休。他年芹茂而檞香兮，购异籍以相酬。"①

从周作人日记和相应史料来看，祭祀书神不是常规礼俗，应是鲁迅和兄弟们偶然兴起的自由行为。书神是清高的神灵，不需要费钱购买鸡羊，只需供以"寒泉冷华"，也不必觉得窘迫。更重要的是，与《庚子送灶即事》的匮乏相比，《祭书神文》中有强烈的自足和自信。在《庚子送灶即事》中压抑消沉的鲁迅，何以时隔短短数日，在《祭书神文》中就一变而为自信狂傲的鲁迅？

二、告别绍兴：对传统家族空间的离弃

要厘清南京鲁迅在心境和气质上的深刻转变，需要从他选择离开绍兴赴南京求学说起。1898 年 2 月，鲁迅还在绍兴城内练习八股文和试帖诗，他把文章和诗寄给在杭州的周作人，由周作人转给尚在狱中的祖父周福清，算是晚辈向祖辈交待功课。2 月24 日周作人日记："接绍廿三日函，附来文诗各两篇，文题一云'义然后取'，二云'无如寡人之用心者'，诗题一云'百花生日'（得花字），二云'红杏枝头春意闹'（得枝字），寿洙邻先生改。"② 3 月 20 日日记："下午接绍函，并文诗各两篇，文题一云'左右皆曰贤'，二云'人告之以过则喜'，诗题一云'苔痕上阶绿'（得苔字），二云'满地梨花昨夜风'（得风字）。"③ 以上诗文内容已不可考。

鲁迅是否在认真地准备科举考试呢？这一年鲁迅将满 17 岁，到了参加科举考试的年龄。据三味书屋寿老先生的儿子寿洙邻回忆，鲁迅对八股文不感兴趣，但读书涉猎广泛，尤喜各类杂书，求知欲旺盛。由于父亲去世后家境窘迫，"连极少的学费也无法可想"④，现实的经济困境和年龄渐长都要求鲁迅做出选择。

当时读书人的出路是很窄的，正途是科举。周作人说，还有几条岔路，是做塾师、医师、学幕和做生意，而进学堂，则是歪路⑤。正如鲁迅所说，进新式学堂，相当于把灵魂卖给了洋鬼子⑥。但这种反对的舆论氛围不但没有成为障碍，可能反而促使鲁迅作出了选择。因为对 S 城的人们的心肝已经了然，鲁迅产生了强烈的逃离愿望。因避难而被称为乞食者的屈辱，去当铺所受到的污蔑，"衍太太"之流所造的流言蜚语，分房时所受到的长辈的威逼等，堆积在他心里。他一意孤行地要离开，而且偏要选择

① 鲁迅：《祭书神文》，《鲁迅全集》（第 8 卷），人民文学出版社 2005 年版，第 534 页。
② 周作人：《周作人日记》上册，大象出版社 1996 年版，第 4 页。
③ 周作人：《周作人日记》上册，大象出版社 1996 年版，第 6 页。
④ 鲁迅：《鲁迅自传》，《鲁迅全集》（第 8 卷），人民文学出版社 2005 年版，第 342 页。
⑤ 周作人：《知堂回想录》，安徽教育出版社 2008 年版，第 37 页。
⑥ 鲁迅：《呐喊自序》，《鲁迅全集》（第 1 卷），人民文学出版社 2005 年版，第 437 页。

那种他人极力反对的道路去走走。

求知本身仍是鲁迅所看重的。他对绍兴本地的新式学堂——绍郡中西学堂不太满意。这所学堂的学费比三味书屋的三倍还多①，课程比较守旧，要拜孔子，学传统的经史、四书、管子墨子等②。对比之后，鲁迅说："我对于这中西学堂，却也不满足，因为那里面只教汉文，算学，英文和法文。"③

令鲁迅满意的是求是书院——"功课较为别致的，还有杭州的求是书院，然而学费贵"④。据记载，求是书院开设国文课程，还设置了数学、物理、化学、史地、英语、日语、博物、音乐、体操等西学课程，以西学讲授为主⑤。据钱学森的父亲钱均夫回忆，"国文不是由教授直讲，而由学生自行研阅，疑则发问，教师解答……学生必须日作札记，每晚呈缴，由教师批改"⑥。可见，其课程内容丰富，授课方式灵活。

有学者指出，鲁迅不入求是学堂，不是因为收费贵，而是因为他还不是秀才，没有报考资格⑦。据钱均夫回忆，"求是学院初办时，招收已就学之秀才，入学者膳宿费全免，并有三五元之膏火费"⑧。陈仲恕回忆说，1898 年戊戌变法时期，求是书院扩招，原来的 30 名学生为内院生，又招 60 名肄业生，为外院生，酌收膳费⑨。求是学院的扩招和收费是鲁迅到南京之后的事情。学费贵，或许是鲁迅的回忆有偏差。总之，鲁迅无法入读这所理想的院校，只得把选择眼光投向省外。

鲁迅通过族叔周庆蕃和叔叔周伯升了解南京的江南水师学堂，然后很快做了决定。水师学堂是一所官办军校，不收学费膳食费，且有一定的补助。周庆蕃在学堂任管轮堂监督，而他的叔叔周伯升已经早一年入学了。周作人日记记录，闰三月九日接到鲁迅信件，"云欲往金陵，已说妥云"，12 日鲁迅就已到了杭州，和祖父作别后，13 日就启程了⑩。这个选择主要是鲁迅一个人完成的。

---

① 《浙江绍郡中西学堂章程》，原载《民国绍兴县志资料》（第 2 辑），转引自刘润涛：《鲁迅"走异路，逃异地"考述》，《鲁迅研究月刊》2019 年第 6 期。

② 《京外近事：绍郡中西学堂规约》，《知新报》1897 年第 27 期，第 12 页。

③ 鲁迅：《琐记》，《鲁迅全集》（第 2 卷），人民文学出版社 2005 年版，第 302 页。

④ 鲁迅：《琐记》，《鲁迅全集》（第 2 卷），人民文学出版社 2005 年版，第 302 页。

⑤ 朱之平、张淑锵、金灿灿：《国难中诞生的求是书院——浙江大学溯源（1897–1927）》，《浙江档案》2011 年第 1 期。

⑥ 钱均夫：《求是书院之创设与其学风及学生活动情形》，《国立浙江大学校刊》1947 年复刊第 151 期。

⑦ 刘润涛：《鲁迅"走异路，逃异地"考述》，《鲁迅研究月刊》2019 年第 6 期。

⑧ 钱均夫：《求是书院之创设与其学风及学生活动情形》，《国立浙江大学校刊》1947 年复刊第 151 期。

⑨ 陈仲恕：《本校前身——求是书院成立之经过》，《国立浙江大学校刊》1947 年廿周年校庆特刊 13 页。

⑩ 周作人：《周作人日记》上册，大象出版社 1996 年版，第 7 页。

离开绍兴，是属于鲁迅个体的重要转折，同时也具有时代的普遍性。外部世界的剧烈变动、多姿多彩和狭窄的家族生活空间形成了强烈对比。洋务运动以来大城市纷纷开办的新式学堂，为青少年成才提供了多种可能。

在民族危机日益严重的时候，少年人渴求了解世界，渴望更大的生活空间和更多的自主。祖父和父亲的遭遇，是晚清末世科考知识分子人生际遇的缩影，促成了鲁迅对科举考试的失望、放弃。

绍兴城的生活空间，对鲁迅而言，仍是局限在凋敝的大家族内部的，同族聚居，彼此无隐私，家族的大部分成员都在走下坡路——破产、吸鸦片、走投无路、离心离德，大家族生活丧失了对年轻人的基本的吸引力。新台门再也无法为青年鲁迅提供足够的物质和精神滋养了，他感到了方方面面的不满和不足。不满是一种批判敌对感，而不足则是一种莫名的匮乏感。这是凋敝的家族生活走向没落、缺乏创造力和发展空间的结果。

鲁迅的离家，是时代潮流中青年人内在的、自发的愿望的呈现，渴望不受拘束，渴望求知和新生活。南京的学堂生涯即将给他别样的生活体验。从绍兴到南京，这一转变并非为鲁迅所独有，而是一代知识分子共同的生活体验。

三、南京：全新的空间与求学体验

南京求学岁月，在鲁迅回忆中的关键词是"新鲜"。在水师学堂读了半年后，鲁迅转入矿路学堂，"此外还有所谓格致，地学，金石学，……都非常新鲜"①。让他最感新奇而印象深刻的是读《天演论》的经历："看新书的风气便流行起来，我也知道了中国有一部书叫《天演论》。原来世界上竟还有一个赫胥黎坐在书房里那么想，而且想得那么新鲜？一口气读下去，'物竞''天择'也出来了，苏格拉第，柏拉图也出来了，斯多噶也出来了。学堂里又设立了一个阅报处，《时务报》不待言，还有《译学汇编》，那书面上的张廉卿一流的四个字，就蓝得很可爱。"②

鲁迅刚到南京时试用期三个月的补助才五百文③，可见价值五百文的《天演论》是很贵的。连续的几个"出来了"强调着那种发现的惊喜，新事物让人目不暇接。鲁迅的视野迅速拓宽，思想也开始深刻和复杂起来。文中提到的城南，是指南京夫子庙的书市，非常繁荣。鲁迅1930年在致许寿裳的信中还提到南京夫子庙前的书店，并索

---

① 鲁迅：《琐记》，《鲁迅全集》（第2卷），人民文学出版社2005年版，第305页。
② 鲁迅：《琐记》，《鲁迅全集》（第2卷），人民文学出版社2005年版，第306页。
③ 鲁迅：《琐记》，《鲁迅全集》（第2卷），人民文学出版社2005年版，第305页。

书单，可见念念不忘①。

这一时期鲁迅大量阅读书籍报刊，除了上文提到的《天演论》、《时务报》、《译学汇编》，还有甄克思的《社会通论》、斯宾塞的《群学肄言》、孟德斯鸠的《法意》、林纾的《茶花女轶事》和《包探案》。周作人日记中提到的书还有很多，历史、艺术、政治、异域文化无所不包，可见这一时期鲁迅的阅读十分广泛。

求学期间，鲁迅学业优秀，有助于他建立起强烈的自信。1927 年，鲁迅在广州给大学生开讲座时提到"我首先正经学习的是开矿，叫我讲掘煤，也许比讲文学要好一些"②，言辞中非常肯定矿路学堂的学业。据同学张协和回忆，鲁迅从不复习功课……成绩名列前茅……同学中独有鲁迅换得金牌③。按照江南陆师学堂的规定，一等学生禀请督宪给发《执照》，二等、三等学生均给考单。鲁迅以一等第三名的成绩获得两江总督刘坤一颁发的毕业执照④，成为仅有的 5 名赴日留学学生之一。

水师和陆师学堂是军校，注重学生的体能训练。据许广平回忆，那时鲁迅最得意的是骑马，据说程度还不错，敢于和旗人子弟竞赛⑤。鲁迅回忆学生时代骑马过明故宫，被孩童投石⑥；他还告诉萧军萧红，说自己课余每天都要骑马一两点钟⑦。鲁迅还喜欢爬桅杆，"在桅杆的上面可以借着看一看四处的风景。我很喜欢爬，……掉下来也不要紧，下面是有一个大网子接着的"⑧。体力锻炼无疑带来了更为积极的情绪体验和自我评价。

南京求学期间，家族束缚大大减少。虽然本家叔祖周庆蕃时常对他进行训诫，但这些约束也仅仅局限在叔祖的房间之内。出了门，鲁迅可以依然故我地"吃侉饼，花生米，辣椒，看《天演论》"⑨。这比起绍兴的生活，实在是太自由了。

在外部世界中获得的积极体验，使鲁迅对绍兴故家的依赖减少了。南京期间，鲁迅回乡次数不多，待的时间也不长。1898 年 10 月，鲁迅退出水师，另行投考陆师附

① 鲁迅：《致许寿裳》1930 年 7 月 15 日，《鲁迅全集》（第 12 卷），人民文学出版社 2005 年版，第 238 页。

② 鲁迅：《革命时代的文学》，《鲁迅全集》（第 3 卷），人民文学出版社 2005 年版，第 436 页。

③ 张协和：《忆鲁迅在南京矿路学堂》，《鲁迅生平史料汇编》（第一辑），天津人民出版社 1981 年版，第 399 页。

④ 《鲁迅生平史料汇编》（第一辑），天津人民出版社 1981 年版，第 412 页。

⑤ 许广平：《鲁迅的生活》，《鲁迅回忆录专著》，北京出版社 1999 年版，第 690 页。

⑥ 鲁迅：《杂忆》，《鲁迅全集》（第 1 卷），人民文学出版社 2005 年版，第 235 页。

⑦ 鲁迅：《致萧军萧红》，《鲁迅全集》（第 13 卷），人民文学出版社 2005 年版，第 365 页。

⑧ 录自萧军：《时代——鲁迅——时代》，《鲁迅诞辰百年纪念集》，湖南人民出版社 1981 年版，第 37 页。

⑨ 鲁迅：《琐记》，《鲁迅全集》（第 2 卷），人民文学出版社 2005 年版，第 307 页。

设的矿路学堂，被录取之后，因为等待外籍教师到岗而未上课，鲁迅即于11月间回了绍兴一趟，并于12月18日（旧历十一月初六）参加了绍兴县的科举考试。半个月以后，1899年1月5日，鲁迅返回矿路学堂，没有参加绍兴县的复试。鲁迅的四弟是在此期间生病去世的。按理说，此时家中亲人更需要陪伴，但鲁迅匆匆回校说明南京的学业已经有了相当的重要性。1900年8月，八国联军入侵北京，南京陷入慌乱，鲁迅的叔叔周伯升回乡避难，鲁迅没有回去。同年11月，鲁迅遭遇火药局爆炸，手部受伤，也没有回乡休养。1902年2月的旧历除夕，鲁迅即将赴日留学，他留在南京，没有回家过年。可见，鲁迅把更多的时间和精力都花在了南京学堂的学业上。

从家人视角中看鲁迅，他的精神面貌是积极的。周建人回忆道："大哥穿着制服，神采奕奕，朝气蓬勃。"① 这是一个仍然待在传统家庭中的小弟弟，对于进入了新世界的哥哥的总体精神面貌的摄取。

学堂生活使鲁迅开始有了真正意义上的个人志向。鲁迅悼念同学丁耀卿的挽联写道："男儿死耳，恨壮志未酬，何日令威来华表？魂兮归去，知夜台难暝，深更幽魄绕萱帷。"② 哀悼同学的抒发也包含了鲁迅自己的关切，最惦念的是母亲，最恨的是壮志未酬。青年人的期望、抱负，以及对未来的畅想，这些都是鲁迅到了南京之后才有的关切。

在鲁迅和周作人的唱和诗中，周作人的视角充分表达了对南京学堂生活的向往，以及对封闭在绍兴家庭中的郁闷。鲁迅写"谋生无奈日奔驰"③，而周作人则写"一片征帆逐雁驰"，"家食于今又一年，羡人破浪泛楼船"④。鲁迅在南京埋首学业，祖父威权下的周作人每天穿着长衫上街买菜，他终于不堪忍受，私自写信让鲁迅留意学堂事宜⑤。1901年，周作人进入水师学堂读书，兄弟相互分享书籍，阅读各种译作。1905年，周作人在《女子世界》杂志发表了自己的第一篇译作《侠女奴》，并坦承自己深受林琴南译笔影响⑥。南京成为周作人文学生涯的开端。

绍兴和南京生活方式的对比，更能凸显南京学堂生活对鲁迅的意义。他脱离了传统的家庭生活和家族身份，脱离了亲情的支持和安慰，独自投身到陌生的城市和学堂中，因此拥有了新的空间，并获得了个体独立的机会。

---

① 周建人：《鲁迅故家的败落》，湖南人民出版社1984年版，第146页。

② 鲁迅：《挽丁耀卿》，《鲁迅全集》（第8卷），人民文学出版社2005年版，第541页。

③ 鲁迅：《别诸弟》，《鲁迅全集》（第2卷），人民文学出版社2005年版，第531页。

④ 周作人：《送戛剑生往白步别诸弟三首原韵》，见《和仲弟送别元韵》注解，《鲁迅全集》第2卷，人民文学出版社2005年版，第537页。

⑤ 周作人：《知堂回想录》，安徽教育出版社2008年版，第48页。

⑥ 管新福：《赞扬与贬抑：周作人对林纾及其翻译小说的矛盾评价》，《贵州师范大学学报（社会科学版）》2021年第5期。

四、新空间、新身份培育的独立与反叛

鲁迅在两个城市之间的生活差异，与不同的社会身份密切相关。在绍兴，鲁迅的社会角色是传统的、明确的、家庭的。他在南京的身份则是现代的、开放的、学业的。南京学堂生活，将鲁迅从没落大家庭的家族身份中解绑，赋予了他新的社会身份，促成了鲁迅之于旧家族的个体独立。

《祭书神文》就充分表达了现代学堂学生身份带来的自信与独立。在这个自主的仪式中，鲁迅大胆藐视庸庸碌碌的钱奴——"钱神醉兮钱奴忙"，这份底气就来自他的新知、新眼界、新生活。学业如此精彩新鲜，令他自足，也消解了家境贫困带来的强烈自卑情绪。更深夜长的孤独时刻，鲁迅和书神一道"守残籍"，也守着自己的精神世界。他摆脱了约束，放纵畅饮，"把酒大呼"，几近酩酊，狂诵《离骚》，个人意志得到了充分的张扬，达于自由境地。《离骚》一直都是鲁迅的精神资源。屈原孤高自许的人格特质、不见容于俗世的处境，让鲁迅获得了深刻的认同感和情感支持。"宁召书癖兮来诗囚"，骄傲的年轻人把贾岛、孟郊这样穷愁潦倒的诗人引为同道，获得了精神上的骄傲和力量，自卑和创伤一扫而空。

祭祀书神，是冲破传统礼俗规约的鲁迅的自由选择，是充满自我表达和自我抒发的艺术仪式，其中贯穿的是强烈的个人意志和个人价值。事件的主导者鲁迅，在文中的身份是"会稽戛剑生"，这是鲁迅在南京求学期间给自己取的笔名。用这个身份来祭祀书神，使鲁迅超脱出了现实的社会角色的羁縻。"把酒大呼兮君临我居"，周家是大家族的聚居，宅院很大，并不是某一个人、某一个小家庭的独立居所。因此，鲁迅"我居"的说法就显得很强势，有一种不能被大家族所限制、所规约的个人意志在其中。"君为我守兮乐未休"更是有着强健的自我意志。让书神为我看守书籍，这个"我"是多么突出而特立！

《庚子送灶即事》和《祭书神文》两首诗对应的是鲁迅的两个社会身份，即作为传统没落家庭的长子和走上了求新知之路的自信的学生。家族角色承担着家族礼俗重任，是一种束缚和规限；在祭祀书神这一自发仪式中，新式学堂的学生独立自信，用仪式构建了独立自主的信仰空间，获得了个体自由。

祭祀书神的狂放自由毕竟是短暂的。更多时候，鲁迅可能要承受这两种角色之间的冲突。与家族身份相联系的，是鲁迅时常有的那种把自己作为中间物、链条而自我牺牲、肩住黑暗的闸门的心态；后一个角色所联系的，是鲁迅非常个人主义的、保持自我的、极具现代意识特征的独立性和边界感。可以说，鲁迅的两种典型人格特质在南京时期通过两种社会身份的对照已经初告形成了。

鲁迅的七言律诗《莲蓬人》体现了他在觉醒过程中的自我意识。该诗是传统的借物言志，表达了那种不流于俗的清醒独立意识，即扫除腻粉，卓然不群，在秋风瑟瑟中坚持自己的风骨和节操。

鲁迅的自我命名也彰显着这一人格独立的过程。南京时期，鲁迅自己刻了三枚印章。其中一枚是"文章误我"，这意味着鲁迅在自觉反思过去的人生道路。还有两枚印章是"会稽戛剑生"和"戎马书生"，体现了鲁迅对军旅生涯的向往。

传统社会中，命名是家族伦理等级的体现。鲁迅兄弟四人的名字都是祖父取的。祖父原本给鲁迅取名豫山，后来鲁迅入学堂，被同学嘲笑"豫山"谐"雨伞"，向祖父报告后，祖父又给改名"豫才"。鲁迅来南京读书，叔祖周庆蕃认为，投考新式军事学堂，不能用族谱的名字周樟寿来登记，因此为鲁迅改名周树人。无论是祖父的取名，还是叔祖的改名，都体现了传统家族礼俗的规约，这是被命名的鲁迅。

反叛和自主从自我命名开始。心理学认为，自我发展的顺序一般表现为自我认识——自我命名——自我评价。这是在实体层面的，是人对客体自我的认识过程。而鲁迅的自我命名，摆脱了过往的被命名，是对精神自我的觉察，意味着鲁迅精神独立和自主的开始。

从时间上看，鲁迅刚刚离家时的文字题名"戛剑生杂记"，可见这个名字使用很早。鲁迅 1900 年的诗《莲蓬人》署戛剑生，1901 年的《庚子送灶即事》署名戛剑生，所题写的《重订〈徐霞客游记〉目录及跋》，落款为"稽山戛剑生"。"戛剑生"伴随了鲁迅的南京岁月。两个弟弟也都对这个名字很熟悉。在周作人 1901 年日记所附的《柑酒听鹂笔记》中有一则《绿杉埜屋三人兄弟题名》，专门记录弟兄三人的名、字、号。鲁迅自号戛剑生，周作人号苣麓子，周建人号樵苹子①。鲁迅 1903 年所写的《斯巴达之魂》仍然充满了对铁血生涯的赞誉、神往。叔祖等人认为参军不太光彩，而鲁迅偏要向往军旅，这是不是一种反叛呢？

戛剑生的自我命名不仅仅是反叛，还有报复的味道。1925 年的《希望》一文中这样写道："我的心也曾充满过血腥的歌声：血和铁，火焰和毒，恢复和报仇。"② 曾充满血腥歌声的时期大约就是南京军校时期了，期间还有铁血的向往与复仇的心结。戛剑生，一个佩剑的年轻人，响亮地拔出剑来，雄健有力，骑马驰骋，是不是要仗剑复仇呢？虽事实上并没有复仇，但对于青年鲁迅而言，那些被歧视和流言中伤所积累在内心的敌意，通过复仇的想象得以纾解。这些都是通过"会稽戛剑生"这个虚拟角色

---

① 周作人：《绿杉埜屋三人兄弟题名》，《周作人日记》上，大象出版社 1996 年版，第 284 页。
② 鲁迅：《希望》，《鲁迅全集》（第 2 卷），人民文学出版社 2005 年版，第 181 页。

来实现的。

小　结

肇始于晚清的现代学堂教育对于社会变革的积极意义，就是给予了青年知识分子新的社会空间和社会身份。这个社会空间有明确的物质基础——学校处所、教员课程、官费补贴、集体生活，有新型的人际关系，新知、新环境强烈地促进着青年人精神世界的塑造。青年知识分子摆脱了传统家族中修身齐家、光耀门楣的身份重负，新式学堂给了青年人另外的可能性。做一名新式学堂的学生，一方面有风险，即溢出了传统格局，有不被承认、被贬低的风险，也即鲁迅说的"走投无路"；但另一方面，这一新的社会角色是开拓性的，是对传统格局的撕裂，青年学子在这一空间中塑造、养成了独立的个性和觉醒的自我。

"没有一种改革能够迅速取代已经存在多年的生活方式。"① 南京学堂却为鲁迅提供了新的生活方式和生活空间，使鲁迅摆脱了传统家族角色的羁绊，获得了全新的社会身份。鲁迅独立、觉醒的个性特征在这新空间和新角色中得以生成。

（作者单位：重庆工商大学文学与新闻学院）

---

① 王笛：《时间·空间·书写》，浙江人民出版社 2006 年版，第 73 页。

结满"乡愁"的"世外桃源"①
——西南联大作家的蒙自体验及蒙自形象建构

李直飞

西南联大蜚声中外，其办学条件、方式及所取得的成就引发了学者越来越多的关注，但在当前研究中，研究者更多将目光聚焦于西南联大在昆明的办学，而对其在蒙自、叙永等地的办学关注较少。针对蒙自办学的研究，仅有《陈寅恪任教西南联大蒙自分校时期的工作生活与思想情绪》、《试析西南联大蒙自分校对蒙自妇女解放的促进》、《闻一多在蒙自》、《试论南湖诗社的组织与活动》等几篇粗线条的勾勒，其余的只是在行文中只言片语地提到蒙自，对联大时期的"蒙自形象"更是缺乏详细的关注。这不仅无法全面描绘出联大在蒙自办学的历程，更无法揭示出联大师生与蒙自的复杂关系。迁到蒙自办学的是西南联大文学院和法商学院。对这部分师生来说，蒙自不仅仅是避难时工作或学习的地方，也是一次别样的人生体验，尤其对作家而言，蒙自更可能是触发其文学写作的因由。就在蒙自，南湖诗社的诗人们所创作的"《我看》、《园》、《太平在咖啡馆里》、《南湖短歌》等，即使放在中国 20 世纪优秀诗歌行列里也不会逊色"②。那么，蒙自是如何触发并参与作家们的文学创作的？联大作家的蒙自体验以及由此建构起来的"蒙自形象"就有了探讨的必要。本文从大量的相关文本出发，对西南联大作家的蒙自体验进行考察，勾勒出联大作家笔下的"蒙自形象"，以期丰富抗战时期的文学，乃至中国现代文学的表现内涵。

---

① 本文系云南省万人计划青年拔尖人才专项项目"云南社会机制与西南联大文学形成研究"（YNWR-QNBJ-2019-095）的阶段性研究成果。

② 李光荣、宣淑君：《试论南湖诗社的组织与活动》，《红河学院学报》2008 年第 2 期。

一、热带体验与作为“世外桃源”的蒙自

1938 年 4 月，迁到昆明的长沙临时大学改称国立西南联合大学。由于昆明校舍紧张，学校的文学院、法商学院决定迁到蒙自办学。蒙自位于昆明以南，距离昆明约 300 公里。联大时期，尽管有滇越铁路的支线——个碧石铁路与昆明相连，但“由昆明至蒙自，快车近 5 小时先至开远，然后下车吃饭，再坐车 50 分钟始至碧色寨，然后再换碧个（旧）铁路车，凡半小时多始能抵蒙自”[①]，需再三周转，不可谓不艰辛。联大师生们刚刚经历了由平津到长沙，又至昆明的颠沛流离，还要大费周章地迁徙到一个偏远陌生的地方，许多师生觉得十分勉强和不满，因为当时的蒙自在他们的想象中是一个偏僻且“可怖”的边境小城。“在初闻两学院不能在昆明而要远迁蒙自，这当时被认为一边陲小邑时，不少人都有点失落之感”[②]，更有学生想象着蒙自“瘴疠的可怕”[③]，排斥蒙自的情绪层出叠见，但这种失落和抵触，很快就被蒙自的独特魅力冲淡了。

（一）富有震撼力的热带体验

联大师生们“一到蒙自，样样都感到新奇”[④]。这种“新奇”，首先来自对蒙自热带气候的感知。蒙自地处热带，相比昆明较为炎热。吴宓对此尤其敏锐，“日日晴朗，且无风沙，惟较昆明为热”[⑤]。师生们有时甚至“郁热不能入眠”[⑥]，感到“烁热阳光苦未休”[⑦]。随着“烁热阳光”而来的，是让联大师生目不暇接的热带花木：“花木繁盛，多近热带植物，如棕、榕等。绿阴浓茂，美丽缤纷”[⑧]；“花木终岁盛开，红紫交加。树木皆长大，不凋不黄”[⑨]；“最艳丽的要数叶子花。花是浊浊的紫，脉络分明，活像叶子，一丛丛的，一片片的，真是‘浓得化不开’”[⑩]。这些“繁盛”、“终岁盛开”、“艳丽”的热带花木对联大师生们来说是奇异和陌生的：“木瓜渐熟，友人有未

---

① 郑天庭：《滇行记》，《西南联大在蒙自》，云南民族出版社 1994 年版，第 23 页。

② 陈岱孙：《西南联大在蒙自·序》，云南民族出版社 1994 年版，第 2 页。

③ 若予：《记蒙自》，《小天地》1944 年第 3 期。

④ 任扶善：《怀念蒙自》，《西南联大在蒙自》，云南民族出版社 1994 年版，第 40 页。

⑤ 吴宓：《吴宓日记》（第 6 册），生活·读书·新知三联书店 1998 年版，第 327 页。

⑥ 郑天挺：《郑天挺西南联大日记》，中华书局 2018 年版，第 44 页。

⑦ 浦江清：《蒙自南湖杂兴三首》，《西南联大在蒙自》，云南民族出版社 1994 年版，第 233 页。

⑧ 吴宓：《吴宓日记》（第 6 册），生活·读书·新知三联书店 1998 年版，第 326 页。

⑨ 吴宓：《吴宓日记》（第 6 册），生活·读书·新知三联书店 1998 年版，第 331 页。

⑩ 朱自清：《蒙自杂记》，《新云南》1939 年第 3 期。

见过者。白鹭以树为巢，每树可居一百鸟，竹丛生，每丛可居数百鸟"①；"种植着各种各样的热带植物，真是奇花异草"②。热带景观带给师生们的冲击具有强烈的震撼力，"使我们这些北方孩子瞠目结舌"③。对于习惯了四季分明、草木一岁一枯荣的温带的联大师生来说，四季无分别、草木常年繁盛的热带蒙自无疑超出了他们的惯常经验。

蒙自浓烈的热带景观"召唤"着联大师生，使他们不约而同地表现出对蒙自热带景观的喜爱。师生们纷纷提笔写下：

> 有南湖，三山和军山三个公园，规模虽小，风景极佳，傍湖有一种鸟类，白色，很像鸬鹚，群集树间，远望如盛开的白花。有时或翱翔空际，悠然之至，点缀着湖光山色，别饶风味④。

白鸟在湖山间悠然飞翔，"画图所难也"⑤。蒙自南湖的美景甚至让吴宓怀疑不是在中国：

> 南岸有三山公园，又有昔法人布置之墅宅，以花树覆叠为壁，极美。夏日水涨，湖光鲜艳。自远观之，此地乃法国之一角，或瑞士之山水奥区，非复支那国土。宓等恒游步其间，宓独游时多。乐可知已⑥。

这种"怀疑"足见出蒙自风景之美超乎作家的想象，因而有了"昔人以滇南为瘴疠蛮荒，今则绝非是"⑦的感叹。郑天挺也有"不意边陲有此曼妙山川也"⑧的惊奇体验。

在文学地理学视域下，影响文学创作的机制中，"气候的影响是最初的、最基本的，也是最强有力的影响"⑨。对于从北方到南方、从温带到热带的联大师生来说，这

---

① 陈达：《浪迹十年之联大琐记》，商务印书馆 2018 年版，第 30 页。
② 赵瑞蕻：《南岳山中，蒙自湖畔》，《离乱弦歌忆旧游》，湖北人民出版社 2008 年版，第 144 页。
③ 宗璞：《梦回蒙自》，《宗璞散文全编》，北京出版社 2003 年版，第 62 页。
④ 杨婺辉：《云南蒙自城市小志》，《西北论衡》1938 年第 6 卷第 21 期。
⑤ 郑天挺：《郑天挺西南联大日记》，中华书局 2018 年版，第 45 页。
⑥ 吴宓：《吴宓日记》（第 6 册），生活·读书·新知三联书店 1998 年版，第 334 页。
⑦ 吴宓：《吴宓日记》（第 6 册），生活·读书·新知三联书店，1998 年版，第 331 页。
⑧ 郑天挺：《郑天挺西南联大日记》，中华书局 2018 年版，第 64 页。
⑨ 曾大兴：《文学地理学研究》，商务印书馆 2012 年版，第 86 页。

种气候的影响尤其明显，作家们在蒙自的创作呈现出了与此前不同的形态。蒙自的热带风景不仅为作家创作增加了新的因素，而且令人“瞠目结舌”的景观激起了他们的热带情绪，带来了全新的生命体验。“旅游中的位移是一个复义指符，既可代表物理空间路线转换而开辟的通道，也可隐喻因物象空间迁移所引发的身体感官刺激和文化心理反应。”① 联大师生迁徙蒙自正是如此。在热带景观里，师生们感到“殊足畅怀适性也”②，工作热情顿增——“宓比来授课亦甚尽心”③；燕卜荪教授说“喜悦是难以描述的，非常浪漫蒂克！”④ 作家们在蒙自完成了创作主体的自我激发，表达了前所未有的新鲜感悟。在联大作家眼中，蒙自所有花木都充满着生机。吴宓感受到的是“火艳竹桃参馥瑰，轮擎棕树对风车”⑤；陈寅恪写下“解识蛮山留我意，赤榴如火绿榕新”⑥；浦江清见到的是“木棉飘絮影蒙蒙，行踏空林积翠中”⑦。这种生机盎然的景象，一扫作家们长期迁徙以来的困顿，展现出飞扬的、青春的生命状态。穆旦在诗中写道：

> 去吧，去吧，生命的飞奔，
>
> 叫天风挽你坦荡地漫游，
>
> 像鸟的歌唱，云的流盼，树的摇曳；
>
> 〇，让我的呼吸与自然合流！
>
> 让欢笑和哀愁洒向我心里，
>
> 像季节燃起花朵又把它吹熄⑧。

对经历了颠沛流离生活的联大作家们而言，这种蓬勃向上的生命飞扬，是极为可贵的。对生长于积贫积弱的中国的现代文学而言，更是一次极为少见的生命舒展。因为蒙自，中国现代文学也难得地出现了一幅带有浓烈热带色彩的文学图景。

---

① 刘振宁：《〈马可波罗行纪〉西南民俗述造解义》，《贵州师范大学学报》2022 年第 4 期。

② 吴宓：《吴宓日记》（第 6 册），生活·读书·新知三联书店 1998 年版，第 350 页。

③ 吴宓：《吴宓日记》（第 6 册），生活·读书·新知三联书店 1998 年版，第 332 页。

④ 赵瑞蕻：《怀念威廉·燕卜荪先生》，《西南联大在蒙自》，云南民族出版社 1994 年版，第 175 页。

⑤ 吴宓：《吴宓诗集》，商务印书馆 2017 年版，第 338 页。

⑥ 陈寅恪：《陈寅恪诗》，《西南联大在蒙自》，云南民族出版社 1994 年版，第 229 页。

⑦ 浦江清：《蒙自南湖杂兴三首》，《西南联大在蒙自》，云南民族出版社 1994 年版，第 233 页。

⑧ 穆旦：《我看》，《西南联大在蒙自》，云南民族出版社 1994 年版，第 243 页。

（二）充满古朴乡村味的蒙自城

如果说蒙自的热带景观带给联大作家们生命飞扬的一面，那么，充满古朴乡土情调的蒙自城则带给了作家们安宁的感受。在联大作家眼里，蒙自是小而不热闹："蒙自城周围不过十里，东西只有二里余。费不到两点钟，一个人是可以环城游历一下的"①；"要说蒙自的街市景象，恐怕还比不上江南一带比较热闹的市镇"②。但这在朱自清看来，恰恰是独属于蒙自的好——"蒙自小得好，人少得好。看惯了大城的人，见了蒙自的城圈儿，会觉得像玩具似的，正像坐惯了普通火车的人，乍踏上碧石小火车，会觉得像玩具似的一样。但是住下来，就渐渐觉得有意思"③。这种"有意思"，正是众多联大师生在蒙自所感受到的古朴乡村韵味。

蒙自是滇南重镇，在光绪时期被辟为商埠，中国第一条民营铁路、云南第一个海关和第一家外国银行都诞生于此。西南联大师生迁到蒙自时，蒙自还留有曾经的海关、法国银行和法国领事馆等等，但清末时法国人修建滇越铁路，绕开了蒙自，其商业便逐渐衰落了，城市也闭塞起来。蒙自虽然没有发展出现代化商业，但联大师生们还是能感受到蒙自的富足："因为气候的适宜，物产方面也很富饶，如米，青菜等类，产量颇丰"④；"蒙自的石榴和桃子是脍炙人口的，大而甜。桃林榴园到处皆是"⑤。郑天挺也在日记中感慨道："沿途皆水田，无可观，惟登高而望，青碧无垠，不觉叹此邦之富也。"⑥ 富足的农业使蒙自在商业衰落后还能正常地运转，也使蒙自成了一座古老而充满乡村味的城市。实际上，当时的蒙自城与农村是紧密相连的。联大学生写道："我们宿舍后面的窗口，就贴对着蒙自的城门。但这里却已经完全是山野和乡村的景象。"⑦ 不仅地理位置与农村交错，生活方式也是互融的。"贫苦的老太婆，在城洞里放着一堆堆的香蕉和菠萝卖。苗人散处乡间，种田的居多，生活是很穷苦的，我们天天可以看到苗族的妇女担着草，米，及青菜等物，到城里来卖。"⑧ 来自乡村的少数民族常常在城里进行农作物交易，这是联大师生在其他城市难以见到的。

因此，在联大师生看来，尽管蒙自有咖啡馆、西餐厅等现代化场所，但蒙自仍是一座传统的小城，带着古风和乡土的风格情调——"南城颇有古风，在宿舍后面的吊

---

① 杨娑辉：《云南蒙自城市小志》，《西北论衡》1938 年第 6 卷第 21 期。

② 若予：《记蒙自》，《小天地》1944 年第 3 期。

③ 朱自清：《蒙自杂记》，《新云南》1939 年第 3 期。

④ 龙美光编：《南渡流难寄山河——西南联大服务边疆志》，云南人民出版社 2018 年版，第 13 页。

⑤ 吴庆鹏：《蒙自杂记》，《贵州日报》1942 年 5 月 6 日。

⑥ 郑天挺：《郑天挺西南联大日记》，中华书局 2018 年版，第 79 页。

⑦ 若予：《记蒙自》，《小天地》1944 年第 3 期。

⑧ 杨娑辉：《云南蒙自城市小志》，《西北论衡》1938 年第 6 卷第 21 期。

楼看过去，城楼的近角，衬托着晴空飘然的流云，令人怀古"①。不仅蒙自城是古旧的，蒙自人也仍保留着传统的生活方式："蒙自人的生活依旧是中古式的，质朴的"②；"一般妇女们用布兜将小孩缚在背上，以便做事，即似古代'襁负小儿'之法"③；"本地牛车木轮，全部结实，并不用若干木棍凑装。一多云，此是古式。然则数千余年前之遗迹余风，于此大可寻觅"④；还有"农民、工匠和商人会把各自的货物铺在路边，苗民和彝民用手势与汉人讨价还价，街上熙熙攘攘。此后，买家和卖家可能聚在城里的小饭馆吃一顿便饭"⑤。"襁负小儿"、木轮牛车和以物易物都彰显出蒙自人生活方式的古旧。"古旧"代表着"过去式"的生活形态。蒙自的"古旧"是一种迥异于现代都市的传统乡土情调，给人温暖亲切之感，尤其对于背井离乡的联大师生们来说，古朴的蒙自激起了他们的怀旧情愫，这在无形中加强了他们对蒙自的认同感和归属感。因而，"最使我们留恋的，还是我们在这里过的乡村味的生活"⑥。

（三）淳朴上进的蒙自人

蒙自的热带景观让联大师生们震撼，蒙自古朴的乡村味令师生们留恋。与之相对应，蒙自人的淳朴上进也给联大师生们留下了深刻印象。吴宓认为蒙自人"一般人情均朴厚爽直"⑦，师生们接触到的蒙自人有着"热情、真挚、和蔼、坦诚的美德"⑧。这些美德尤其表现在蒙自人对联大在蒙自办学的鼎力支持——"据蒋梦麟代表学校与蒙自关税务局具名签署的租用合约，商定租期一年三个月，租金则纯粹象征性的，仅'国币一元，预先付清'。蒙自原法国领事馆房屋还'免费让与联大住用'"⑨。蒙自商家也对联大师生十分友好。比如被师生们频繁提到的开粥饼铺的"雷稀饭"，因为店铺卫生、便宜且友善，吸引了很多联大师生，师生眼中的他"和熙雍穆"、"温雅可亲"⑩，吴宓还赠送了两副对联："其一云：'年高德茂　物美价廉。'其二云：'无名安市隐　有业利群生。'"⑪ 这一番来往，成就了联大师生与蒙自本地人和睦相处的

① 吴庆鹏：《蒙自杂记》，《贵州日报》1942 年 5 月 6 日。
② 若予：《记蒙自》，《小天地》1944 年第 3 期。
③ 杨婺辉：《云南蒙自城市小志》，《西北论衡》1938 年第 6 卷第 21 期。
④ 浦薛凤：《蒙自百日》，《西南联大在蒙自》，云南民族出版社 1994 年版，第 70 页。
⑤ ［美］易社强：《战争与革命中的西南联大》，饶佳荣译，九州出版社 2012 年版，第 54 页。
⑥ 若予：《记蒙自》，《小天地》1944 年第 3 期。
⑦ 吴宓：《吴宓日记》（第 6 册），生活·读书·新知三联书店 1998 年版，第 331 页。
⑧ 李为扬：《流亡随校迁滇札记》，《西南联大在蒙自》，云南民族出版社 1994 年版，第 110 页。
⑨ 吴学昭：《吴宓与陈寅恪》，生活·读书·新知三联书店 2014 年版，第 185 页。
⑩ 吴宓：《吴宓日记》（第 6 册），生活·读书·新知三联书店 1998 年版，第 361 页。
⑪ 吴宓：《吴宓日记》（第 6 册），生活·读书·新知三联书店 1998 年版，第 361 页。

佳话。

蒙自人是淳朴的，又是善于接受新事物且上进的。联大的学生在蒙自时曾办了一所民众夜校，"报名的非常踊跃"，"学生颇认真，成绩相当可观"，"蒙自的民众相当的乐意接受宣传"①。联大师生到蒙自后开展灭蝇运动，"灭蝇运动之后，街上许多食物铺子，备了冷布罩子，虽然简陋，不能说不就是进步"②。蒙自闭塞，本地女生打扮保守，与联大女生的短裙露腿相比，"衣装迥异，一望可辨"，"但不久环湖尽是联大学生，更不见蒙自学生。盖衣装尽成一色矣"。钱穆由此感慨，"风气之变，其速又如此"③。这既反映了联大对蒙自的影响，也表现了蒙自人渴求进步的急切心理。

（四）热带的"世外桃源"

蒙自美丽的热带景致、充满古朴乡村味的小城和淳朴而上进的人们，都令西南联大师生们欣喜不已，这份欣喜甚至盖过了联大师生在蒙自生活期间的不如意。比如本地人对联大人的敲诈——"教职员包饭一月，竟与其月薪等"④，还有抢劫——"学生数人被劫，警察为保护计，伴同余等归校"⑤。蒙自相对安宁的生活抚慰了舟车劳顿的联大师生，吴宓在此获得了"十载经营未有家，天南精舍足生涯。读书喜聚同心友，待客初煎异国茶"⑥ 的片刻安宁和诗意栖居。在战争的缝隙里，这是弥足珍贵的。

许多师生纷纷把蒙自视为"宁静的世外桃源"⑦，闻一多也认为"蒙自又是一个世外桃源"⑧，郑天挺眼中的蒙自"无惭世外桃源也"⑨，吴宓甚至发出了"苟能国难平息，生活安定，在此亦可乐不思蜀也矣"⑩ 的理想。这个"世外桃源"在吴宓笔下是这样的：

> 斜阳照稻田，又反映树叶上，作金黄色。远山由赭而变紫变青。瀛洲亭映山前如屏。而军山附近池港中荷叶犹漂浮水面，青紫交杂，如古铜器。归途见农人以牛车满载稻束回家。因感此一片景象，正即 Keats 之 Ode to Autumn 所描述者。

① 朱自清：《蒙自杂记》，《新云南》1939 年第 3 期。
② 朱自清：《蒙自杂记》，《新云南》1939 年第 3 期。
③ 钱穆：《回忆西南联大蒙自分校》，《西南联大在蒙自》，云南民族出版社 1994 年版，第 52 页。
④ 郑天挺：《郑天挺西南联大日记》，中华书局 2018 年版，第 42 页。
⑤ 陈达：《浪迹十年》，商务印书馆 2018 年版，第 31 页。
⑥ 吴宓：《吴宓诗集》，商务印书馆 2017 年版，第 338 页。
⑦ 若予：《记蒙自》，《小天地》1944 年第 3 期。
⑧ 闻一多、浦江清：《回忆与感想·西行日记》，石油工业出版社 2018 年版，第 20 页。
⑨ 郑天挺：《郑天挺西南联大日记》，中华书局 2018 年版，第 44 页。
⑩ 吴宓：《吴宓日记》（第 6 册），生活·读书·新知三联书店 1998 年版，第 331 页。

及行至南湖之滨，见青天白云，绿柳红屋。倒映水中，明漪如画。绝似法国或瑞士湖之胜景。不觉悠然神往，徘徊久久始归①。

青天白云，绿柳红屋，人们赶着满载稻禾的牛车回家……这与陶渊明笔下的"桃花源"神似！但蒙自更多还是彰显出独属于边陲的热带"桃花源"形态。周定一的诗歌《雨》更显蒙自的特色："一弯溪流，／一丛芭蕉，／一潭水，／蒙蒙的云雾，／蛇似的青藤。／粽叶好似沉酣的梦"、"一堆菌子像童话里的伞"，充满了热带独有的风情；少数民族的彝人家过着"古板的日子"，"老人捻着长髯，／听鹧鸪在雨里叫／牛铃沉沉的响，／赶集人归来了"②。热带风情、古朴的乡村生活、和谐的人家融为一体，构成了蒙自独有的热带"世外桃源"图景。

二、"乡愁"体验与"抗战救国"的蒙自

尽管蒙自使联大师生获得了久违的安宁，但蒙自毕竟不是故乡，仅是战乱流亡中的暂居之地，身处"桃源"的前提是"但无烽警"③，师生们的心里始终郁结着烽火中的中国。战火中罕见的安宁小城蒙自，更激起了远道而来师生们的怀乡之情。正如周定一诗中所写，"我在这小城里学着异乡话，／你问我的家吗？／我的家在辽远的蓝天下"④。"任何'他者'都是一种'自我'的投射和映照"⑤，对于联大师生，作为"他者"的蒙自越是安宁，越激发起师生们的家国之思，蒙自由此结满了"乡愁"。

（一）浓烈的"乡愁"体验

蒙自美丽的自然景物常常成为触发联大师生们"乡愁"的诱因。"每天，当夕阳西下，归鸦噪晚的时候，湖边便涌起一片哀怨的松花江曲，怅望着西天的云霞，每个人心里想着自己破碎的家乡，想着已成灰烬的天津八里台，巍峨峙立在故都沙滩的红楼，水木荟蕊的清华园。啊，往事多末不堪回首！"⑥"或者甚至月色如水，湖平如镜，万籁俱寂的午夜，还有人临风倚树在徘徊，有时他们竟忘了自己，以为身前的水正是

---

① 吴宓：《吴宓日记》（第6册），生活·读书·新知三联书店1998年版，第365页。
② 周定一：《雨》，《西南联大现代诗抄》，中国文学出版社1997年版，第279页。
③ 吴宓：《吴宓日记》（第6册），生活·读书·新知三联书店1998年版，第331页。
④ 周定一：《南湖短歌》，《西南联大文学作品选》，人民文学出版社2011年版，第46页。
⑤ 菅娜娜：《借鉴、改写与加工：变异学视野下布莱希特作品中的"中国书写与想象"研究》，《贵州师范大学学报》2020年第2期。
⑥ 徐志鸿：《国立西南联大在云南》，《大风旬刊》1938年第15期。

颐和园中的昆明湖，紫禁城旁的白海，他们在思念故事，回忆旧校，追抚往事。"①"饭后莘田、膺中作京调大鼓，单弦诸音，不禁有故都之思。"②"乡愁"已融入了联大师生们的日常生活，成为联大师生们在蒙自的深刻印记。他们笔下的蒙自也随之沾染上了"乡愁"的底色。

"乡愁"成了联大师生重要的思绪，师生们常常将蒙自与曾经求学或居住的地方进行比较。浦薛凤教授说联大师生们常常"触景生情，动辄联想动辄比拟"③。吴宓将蒙自南湖比作"西湖"——"宓以南湖颇似杭州之西湖，故有'南湖独步忆西湖'之诗"④；朱自清将蒙自与台州和白马湖相比——"不论城里城外，在路上走，有时候会看不见一个人。整个儿天地仿佛是自己的；自我扩展到无穷远，无穷大。这教我想起了台州和白马湖，在那两处住的时候，也有这种静味"⑤。因为师生们都来自平津，日常风景更是触发了师生们对北平的思念，常常有蒙自似北平的感觉："风物居然似旧京，荷花海子忆升平"⑥；"湖堤上种了成行的由加利树，高而直的干子，不差什么也有'参天'之势，细而长的叶子，像惯于拂水的垂杨，我一站到堤上禁不住想到北平的十刹海。再加上嵩岛那一带田田的荷叶，亭亭的荷花，更像十刹海了"⑦；"（文学院）一进大门，松柏夹道，殊有些清华工字厅一带情景。故学生有戏称昆明如北平，蒙自如海淀者"⑧。将云南的一座边陲小城比作相隔千里的国家政治文化中心——北平，差距之下的相似性更值得关注。

"乡愁"的本质是怀旧。联大师生们身在蒙自的时候，常常涌起的是对北平的怀念。他们怀念的不仅仅是北平"这座城"，也不仅仅是"北平城的人"，"乡愁"所思的"地方是一个使已确立的价值观沉淀下来的中心"⑨，是一种理想的价值形态，在许多现代作家们那里，具体呈现为北平的乡土气息与乡村情调。郁达夫怀念的北平是各种带有乡土气息的景物——"陶然亭的芦花，钓鱼台的柳影，西山的虫唱，玉泉的夜月，潭柘寺的钟声"⑩；老舍回忆的也是北平的农村情调——"墙上的牵牛，墙根的靠

---

① 沈星辉：《联大在蒙自的时候》，《战时中学生》1939 年第 6 期。
② 郑天挺：《郑天挺西南联大日记》，中华书局 2018 年版，第 66 页。
③ 浦薛凤：《蒙自百日》，《西南联大在蒙自》，云南民族出版社 1994 年版，第 57 页。
④ 吴宓：《吴宓日记》（第 6 册），生活·读书·新知三联书店 1998 年版，第 335 页。
⑤ 朱自清：《蒙自杂记》，《新云南》1939 年第 3 期。
⑥ 陈寅恪：《蒙自南湖诗》，《西南联大在蒙自》，云南民族出版社 1994 年版，第 231 页。
⑦ 朱自清：《蒙自杂记》，《新云南》1939 年第 3 期。
⑧ 宗璞：《梦回蒙自》，《宗璞散文全编》，北京出版社 2003 年版，第 62 页。
⑨ ［美］段义孚：《空间与地方：经验的视角》，王志标译，中国人民大学出版社 2017 年版，第 14 页。
⑩ 郁达夫：《故都的秋》，《郁达夫全集》（第 3 卷），浙江大学出版社 2007 年版，第 188 页。

山竹与草茉莉，是多么省钱省事而也足以招来蝴蝶呀！至于青菜，白菜，扁豆，毛豆角，黄瓜，菠菜等等，大多数是直接由城外担来而送到家门口的。雨后，韭菜叶上还往往带着雨时溅起的泥点。青菜摊子上的红红绿绿几乎有诗似的美丽"①。正如林语堂所说，"而北平呢，却代表旧中国的灵魂，文化和平静；代表和顺安适的生活，代表了生活的协调，是文化发展到最美丽、最和谐的顶点，同时含蓄着城市生活与乡村生活的协调"②。因此，拥有美丽景致、古朴且具有乡土情调的蒙自，让他们产生了与北平相似的感觉，颠沛流寓的联大师生们不禁屡屡将蒙自与北平相对照，北平形象得以在蒙自"复活"，北平的生活感和亲切感在蒙自得到了延续。

（二）"抗战救国"的蒙自

然而，联大师生们的"乡愁"并非单一的故居之思的"愁"，而是交织着多重情绪体验。闻一多给妻子的信中，饱含着对个体小家的担忧及自责——"一想到你们在路上受苦，我就心痛，想来想去，真对不住你，向来没有同你们出过远门，这回又给我逃脱了，如何叫你不恨我？"③；也有欣喜的"乡愁"——"在宿舍中，只要有人盼到了一封意外的家信，大家立刻都看成是喜从天降的奇迹，真正深切感受到'烽火连三月，家书抵万金'的况味"④；有时甚至带有一点浪漫的情调——"这一切使我想起阿尔风斯·都德（Alphonse Dandet）所描写的他的故乡——法兰西幸福的普罗旺斯（Provence）。我多么喜欢那色彩、芳香和日光之乡的蒙自，中国的普罗旺斯啊！"⑤ 然而，这些多层次的"乡愁"，更多的时候指向的是对共同的"大家"的担忧，即对国家现状、民族命运的担忧。

西南联大成立的背后是国家危亡的境遇，对国家现状、民族命运的忧思已经渗透到联大师生们的日常生活里，甚至占据了生活的主体部分。"大家整天在南湖岸边这条小路上你来我往，波光柳影，人语笑声，真有点世外桃源的意味。而这世外桃源，是远在祖国各条战线正在浴血抗击日寇的将士所赐予的。"⑥ "当时生活虽较平静，人们

① 老舍：《想北平》，《老舍全集》（第14卷），人民文学出版社2008年版，第55页。

② 林语堂：《迷人的北平》，《北京乎：现代作家笔下的北京》，生活·读书·新知三联书店1992年版，第507页。

③ 闻立雕：《记父亲在蒙自二三事》，《西南联大在蒙自》，云南民族出版社1994年版，第147页。

④ 李为扬：《流亡随校迁滇札记》，《西南联大在蒙自》，云南民族出版社1994年版，第103页。

⑤ 赵瑞蕻：《怀念威廉·燕卜荪先生》，《西南联大在蒙自》，云南民族出版社1994年版，第174页。

⑥ 周定一：《蒙自断忆》，《西南联大在蒙自》，云南民族出版社1994年版，第80页。

未尝稍忘战争。而且抗战必胜的信心是坚定的，那时全民族的信心。"① "联大同仁课余饭后，对于整个民族国家之出路，尤其是对于目前战局前途，不免时常谈到。"② 几乎每一段"乡愁"里面，饱含的都是对国家民族这个"大家"的深切关注。陈寅恪诗中的上一句还是"荷花海子忆升平"，转笔就写到"南渡自应思往事，北归端恐待来生。黄河难塞黄金尽，日暮关山几万程"。吴宓解释说："惟当此时，日军已攻陷开封，据陇海路，决黄河堤，死民若千万人。我军势颇不利，故寅恪诗有'黄河难塞黄金尽'之悲叹，而宓和诗亦有'舜德禹功何人继，沉陆殴鱼信有哉'之责讯。"③ 在偏远的蒙自小城，联大师生们时刻关注着前方的战事，民族国家的命运成了他们最大的"乡愁"。

对现实的关注和深切体验，内化成联大师生们前进的动力。"他们不再颓唐，在艰难的来日，他们将咬紧牙齿，坚定意志，从此负起抗战建国的责任"④，"学生的读书精神颇佳。距图书馆开门前半小时，门外站立者人数甚多，开门拥入争座位，每夜如此"⑤。七七献金运动时，"献金出乎意料的踊跃，预定的职员不够，临时招请，但是终还不够"，"直到黄昏，献金的还是不绝的来"⑥。在远离前线战火的蒙自，联大师生以独特的形式，最大限度地践行着"抗战救国"的历史使命。

蒙自本地人对抗战形势和国家命运同样十分关注。蒙自本就有爱国传统，"蒙自与越南相邻，蒙自人不仅亲眼见过殖民主义者对待殖民地人民的暴行，亲眼见过亡国奴的悲惨境遇，而且自身也领略过半殖民地的滋味"⑦，因此，"有的联大同学教我们唱《松花江上》。借以表达他们怀念故乡，渴望收复失地的心情，引起了大家的共鸣，他们哭了，我们也哭了"⑧。联大学生记载道："一见面他们就问这问那：战争打得怎样了！北方的同胞有消息么？"⑨ 朱自清看到蒙自的对联，"最多的是抗战的门对儿"，"多了，就造成一种氛围气，叫在街上走的人不忘记这个时代的这个国家"⑩。因此，

---

① 宗璞：《梦回蒙自》，《西南联大在蒙自》，云南民族出版社1994年版，第168页。
② 浦薛凤：《蒙自百日》，《西南联大在蒙自》，云南民族出版社1994年版，第63页。
③ 吴宓：《吴宓日记》（第6册），生活·读书·新知三联书店1998年版，第335页。
④ 徐志鸿：《国立西南联大在云南》，《大风旬刊》1938年第15期。
⑤ 陈达：《浪迹十年》，商务印书馆2018年版，第31页。
⑥ 沈星辉：《联大在蒙自的时候》，《战时中学生》1939年第6期。
⑦ 目则山人：《忆西南联大在蒙自》，《西南联大在蒙自》，云南民族出版社1994年版，第193页。
⑧ 目则山人：《忆西南联大在蒙自》，《西南联大在蒙自》，云南民族出版社1994年版，第195页。
⑨ 钱能欣：《回忆蒙自二、三事》，《西南联大在蒙自》，云南民族出版社1994年版，第112页。
⑩ 朱自清：《蒙自杂记》，《新云南》1939年第3期。

当看到有人沉迷于蒙自安逸的生活享乐时，刘一士写下了讽刺诗《太平在咖啡馆里!》：

> 谁说
>
> 中国充满了炮声?
>
> 充满了呻吟?
>
> 充满了血腥?
>
> ……
>
> 看——
>
> 世外咖啡馆
>
> 正在宴会
>
> 谈笑风生，
>
> 在酸涩的柠檬里
>
> 浸透无数
>
> 空白的心。

诗人对国家的关心、对现状的忧虑溢于言表。在联大师生和蒙自人的共同作用下，蒙自成了一个结满"乡愁"的"抗战救国"城市。

三、记忆中诗意的蒙自

由于历史机缘，联大与蒙自在偶然中产生了交集。尽管联大在蒙自仅上了一学期约 4 个月的课，这短暂的时光或许只是联大历史上的一个小插曲，但对迁到蒙自的联大师生们而言，却是一段难忘的体验，并常常在回忆中不断追念。

很多师生到蒙自前都有所疑虑和排斥，但离开时都表现出了难舍。"一旦知道又将搬回昆明，我们感到恋恋不舍。原因很简单，环境清静，民风淳朴，学校和居民之间，不但相处融洽，而且多方得当地各界居民的协助。"① 浦薛凤知道学校要迁回昆明，"喘息甫定者，闻之殊甚快快"②。钱穆则言"余闻之，大懊丧。方期撰写《史纲》，昆明交接频繁，何得闲暇落笔"，进而"留此小住，待秋季开学始去昆明，可获数月

---

① 陈岱孙：《西南联合大学的蒙自分校》，《往事偶记》，商务印书馆 2019 年版，第 125–126 页。

② 浦薛凤：《蒙自百日》，《西南联大在蒙自》，云南民族出版社 1994 年版，第 73 页。

流连清静"①。临别时的难舍，在吴宓身上表现得尤为突出："下午，收捡行李。夕，至自然咖啡店，食猪肉，如恒。又至校门侧，湖边，红顶白屋中，安南人陶刚处，取所洗衣。濒行，事事作最后一次。不胜依恋之感"；"傍晚，在南湖湖心堤上久立。作诗一首"；"至是，与彤坐南湖北岸树下石上久久，细观蒙自景色"②。这些具体的细节并非简单枯燥的流水账式记录，而是承载着吴宓对蒙自的离别情绪和深切情感。离别时的难舍意味着联大师生们已经在蒙自获得了某种归属感，蒙自体验已经内化成其生命的一部分沉淀了下来。正如穆旦所写，那一段生命"全都盛在这小小的方圆"里：

> 当我踏出这芜杂的门径，
> 关在里面的是过去的日子，
> 青草样的忧郁，红花样的青春③。

正是这样难忘的"过去的日子"，让已经离开的联大师生们仍一直关注着蒙自，尤其得知蒙自遭受敌机轰炸后，纷纷表示关切。"自从蒙自被狂炸的消息传来后，每天晚上有梦，梦见这山中美丽的小城。"④ 赵瑞蕻在诗中写道：

> 昨天下午两点五十五分钟，敌机袭滇——
> 青青的麦穗儿受了重伤，三十九架，
> 沿着滇越铁路，盲目投弹；
> 啊！我们亲切的南湖，尤加利树，
> 树上栖着，飞着灰白色的鹭鸶，
> 蒙自，那可爱的小城又遭殃！
> （那儿有白发老翁和他的糖粥，
> 牛铃声，芭蕉味，奇异的情调……）
> 又有多少生灵，多少房屋被毁灭⑤！

---

① 钱穆：《八十忆双亲·师友杂忆》，生活·读书·新知三联书店 2018 年版，第 223 页。
② 吴宓：《吴宓日记》（第 6 册），生活·读书·新知三联书店 1998 年版，第 367-368 页。
③ 穆旦：《园》，《西南联大在蒙自》，云南民族出版社 1994 年版，第 244 页。
④ 沈沫：《忆蒙自》，《益世周报》1938 年第 2 卷第 16 期。
⑤ 赵瑞蕻：《一九四〇年春：昆明一画像——赠诗人穆旦》，《西南联大现代诗钞》，中国文学出版社 1997 年版，第 412-413 页。

记忆中的热带"桃花源"——蒙自惨遭空袭，激起了诗人对敌人的愤恨，对战争的诅咒。但师生们仍对蒙自的新生表现出坚定的信心——"在永远毁灭不了的明丽的阳光中，新的蒙自在萌芽不久便要长大的"①，甚至对蒙自生出无所回报的歉意——"长期以来，我们深感对地方的隆情厚谊没有留下任何具体的报答表示"②。蒙自成了作家们又一个新的"乡愁"。

回忆是具有选择性的，许多联大作家不约而同地在回忆中呈现了一个诗意的蒙自。当联大作家们回忆起蒙自，除了叙述那些实际作为，比如冯友兰完成了《新理学》、任扶善在这里收获了爱情、南湖诗社的众多诗人的文学事业从这里起步之外，他们的记忆更多地指向在蒙自度过的安宁时刻。经过记忆的过滤，作家们对蒙自的回忆少了当时的艰难困苦，甚至少了抗战的烽火，更多是在蒙自生活的温馨场景和诗意瞬间。蒙自独特的景致更是经常让联大师生们泛起记忆的涟漪：

> 我忘不了城里的明丽的阳光，忘不了芭蕉树下卖菠萝的安南妇女。更忘不了："南湖在城之东南郊，由格洛斯洋行南行，沿着湖岸有一列高大的桉树，当满目流光的夜晚，荷花的清香从水上飘来，南国的长夜，自然的美丽，真叫人回忆昔日的西子湖。在蒙自我最爱的是云霞，大树和白鸟。傍晚，落日在辽远的山峦上照耀着千朵万朵的云霞，白鸟在蓝色的山间飞舞，湖上林间，充满着热带的情绪，热带的风光"③。

除了美景，蒙自的人和事也常常进入作家的回忆。比如蒙自的美食——"我在大半辈子中，在其他各地所吃石榴的总和都没有在蒙自两个月中吃的多。以后每遇到吃石榴就会想起蒙自"④，或是淳朴的蒙自人——"我更爱蒙自人民，使我在入身社会参加工作之初，即接触到热情、真挚、和蔼、坦诚的美德，而受其熏陶。这些都对我有不平凡的启迪"⑤。蒙自的安宁尤其让朱自清和宗璞怀念："我在蒙自住过五个月，我的家也在那里住过两个月。我现在常常想起这个地方，特别是在人事繁忙的时候"⑥；"在抗战八年的艰苦的日子里，蒙自数月如激流中一段平静温柔的流水，想起来，总觉

---

① 沈沫：《忆蒙自》，《益世周报》1938 年第 16 期。
② 陈岱孙：《西南联合大学的蒙自分校》，《往事偶记》，商务印书馆 2019 年版，第 126 页。
③ 沈沫：《忆蒙自》，《益世周报》1938 年第 16 期。
④ 金文荷：《蒙自忆旧》，《西南联大在蒙自》，云南民族出版社 1994 年版，第 120 页。
⑤ 李为扬：《流亡随校迁滇札记》，《西南联大在蒙自》，云南民族出版社 1994 年版，第 110 页。
⑥ 朱自清：《蒙自杂记》，《新云南》1939 年第 3 期。

得这小城亲切又充满诗意"①。诚然，作家们的回忆有因时空距离而产生了美化的成分，但这种选择性的美化回忆，除了蒙自自身的难忘之外，更是对蒙自生活形态，尤其是生命状态的一种怀念，也代表了联大作家对诗意生活的追求。经由蒙自，作家们的理想生活形态得以呈现和表达。

在战时中国的背景下，西南联大与蒙自结下了可贵的历史机缘，师生们在蒙自经历了新奇、安宁又充满家国情怀的多重繁复体验，从而建构起了结满"乡愁"的"世外桃源"的蒙自形象，联大作家们将蒙自定格在了中国现代文学史上。蒙自以其独特性区别于中国现代文学史上的其他区域，丰富了中国现代作家的城市想象，成为现代文学史上不可或缺的一部分。

（作者单位：云南师范大学文学院）

---

① 宗璞：《梦回蒙自》，《宗璞散文全编》，北京出版社 2003 年版，第 62—63 页。

20 世纪 80 年代文学的"暗线"

——以《外国文艺》杂志的苏联文学译介为中心

夏　天

　　20 世纪 80 年代是继 20 世纪 50 年代之后苏联文学翻译与出版的又一高潮，同时期翻译规模可以与之相提并论的只有美国文学和日本文学。虽有译介潮与大量译者，但在 20 世纪 80 年代翻译史的叙述中，以"现代主义"的接受为标准的论述仍然占据中心位置①。在近年来对 20 世纪 50 年代以来的文学译介问题的研究中，颇为主流的是"意识形态操纵"理论，这种研究方式将 20 世纪 80 年代的文学的译介与读者阅读理解为从意识形态的闭塞与操纵到文学性"自主性"回归的过程，虽然揭示了翻译与国家政治、文化政策之间的关系，但由于只将苏联文学的传播与译介看作统一的意识形态灌输的一部分，仍是"冷战"知识框架内对这一时期译介与文学问题的简化②。在这一过程中，如何理解苏联翻译文学的位置，如何理解新时期文学与苏联文学的关系，就成了被回避的问题。

　　本文选择上海译文出版社的《外国文艺》杂志及其配套的"外国文艺丛书"为研究对象，是因为作为综合性的外国文学译介刊物，它们提供了一个观察 20 世纪 80 年代文学译介和阅读的绝佳范本。《外国文艺》杂志常常被研究者视作 20 世纪 80 年代译

---

　　①　近期出版的《外国文学译介研究资料》的正文选目几乎全部是围绕"现代主义"的论争文章。见李建立（编）：《外国文学译介研究资料》，百花洲文艺出版社 2018 年版。

　　②　Thomas·P. Bernstein, China Learns from the Soviet, 2010, Lexington Books 一书中 Soviet-Chinese Academic Interactions in the 1950s: Questioning the "Impact-Response" Approach 章通过对 20 世纪 50-70 年代中国对苏联学习的案例，提出了"自力更生"和"向苏联学习"两者之间的辩证关系。冷战知识框架的问题见林精华：《作为冷战产物的西方"文学理论"学科：后冷战时代的批评之声》，《社会科学战线》2018 第 6 期。

介"现代主义"最重要的期刊①，亦译介了大量的苏联文学作品。从期刊定位而言，上海译文出版社的《外国文艺》以"打开一扇面向世界的窗户"为己任。人民文学出版社的副牌外国文学出版社也出版了大量苏联文学作品，但不像上海译文那样有更自觉的杂志与出版物之间的互动以及"品牌意识"。与其他的苏联文学类专刊相比②，研究《外国文艺》能够清晰地看到各国各思潮文学在中国译介的不同比例与影响。

本文试图从苏联文学的译介与阅读的角度，从苏联文学如何被选择性的译介与当代中国读者的选择性阅读来同时展开分析，进而更深入地理解20世纪80年代文学资源与阅读机制的复杂内涵。

一、从《摘译》到《外国文艺》

《摘译》杂志是20世纪70年代唯一的外国文学译介杂志，在1976年第1期刊登了《答读者——关于〈摘译〉的编译方针》一文，其中附有读者的信件：

> 我在单位里看到了你们编的《摘译》，觉得新奇，便借了几本带回家看。我的几个朋友知道了，也都纷纷来借，不到几天，几本书便被我们翻完了。看完之后，大家都好像有些不大满足。因为我们都是爱好文艺的青年，并且都爱写点东西。原想看一些外国文艺作品能够开开眼界，在艺术创作上也能有所借鉴；但《摘译》上所发表的作品除少数（如日本电影剧本《华丽的家族》）可以在这方面给我们一点帮助外，大部分作品，特别是苏修作品，艺术上都是很拙劣的，有的简直叫人读不下去。看得出编者的意图是要通过这些作品揭露苏修帝国主义的面目，这当然是正确的。但能不能同时也选一些在苏修、美国和日本有代表性的作品呢③？

《摘译》刊登的绝大部分内容是当时苏联的小说和剧本，也有少量美国与日本的

---

① 见查明建、查诗恰：《〈外国文艺〉的世界文学眼光与中国文学意识》，《外国文艺》2011第5期；倪嘉源：《1978-1980〈外国文艺〉译介与文学观念的变革》，上海外国语大学硕士论文，2008年。

② 当时有五本各自不同定位的苏联文学类杂志：《苏联文学》、《当代苏联文学》、《俄苏文学》（武汉）、《俄苏文学》（济南）、《俄苏文艺》。

③ 《摘译》编译组编：《摘译 外国文艺》1976年第1期，第171页。

作品①。这封信中有几个关键词——爱好文艺的青年、开开眼、艺术上的借鉴——透露出读者的虚拟身份、阅读目的等信息。即便这封来信是由编辑虚构的，也足以说明被挑选出来且辅以批判文字的"苏修文艺"无法满足读者需要。而如何满足读者需要则成为一个新的课题。

1976 年 10 月后，与上海市委写作组名下的其他杂志不同，《摘译》杂志没有被立即勒令停刊②。新的上海市委宣传部和出版局酝酿重整上海出版界，并宣布成立一个以翻译介绍外国文学、社会科学和出版外语教材为主的出版社。上海译文出版社应运而生，社名来自包文棣的建议——"鲁迅先生所积极支持的《译文》杂志有过光荣的战斗历史，不如就称为译文出版社吧"③。新成立的上海译文出版社"有意在改弦更张的原则下接收该刊，原有编辑人员我们愿意吸收留用。但是遭到拒绝"④，于是上海译文出版社决定自己筹备一份介绍外国文学的期刊，用以介绍外国文学的新思潮以及新的动态，《外国文艺》杂志由此诞生。

《外国文艺》最初以"内部刊物"的形式出版，第 1 期出版后产生了广泛的影响⑤，但马上因政治上的问题受到波及而被勒令停刊，后由于主编顶住了压力才能继续出版⑥。与每时每刻都希望教育读者的《摘译》完全不同，《外国文艺》杂志每一期的封面都经过精心设计，每期封面的风格大体不变，并提供所刊登作家的介绍及作家照片，每期杂志封底还介绍外国现代艺术流派，就像一个亲切的朋友。

1980 年，杂志以公开发行的方式出版，在《致读者》中写道：

> ……在全国同类刊物各有侧重的情况下，继续有重点、有选择地介绍当代外国文艺作品和理论（以文学为主，包括戏剧文学、电影文学，兼及美术、音乐），介绍外国有影响的文学流派及其作家的代表作，以及国外文艺思潮和动态。外国

---

① 20 世纪 70 年代，我国与美国、日本正处在邦交正常化的进程中，因此对两国文学也有所介绍。

② 李逊：《革命造反年代》，牛津大学出版社 2015 年版，第 1292 页。《摘译》共 28 期，每期发行 1.5 万册。当时还有三期已经编好，修改部分内容后，仍出版发行。

③ 包文棣：《回忆译文社的成立与〈别林斯基选集〉等的重新出版》，《走过的路 1978.1-1998.1》，上海译文出版社 1998 年版，第 31 页。

④ 汤永宽：《开辟面向当今世界文学的窗口》，《走过的路 1978.1-1998.1》，上海译文出版社 1998 年版，第 67-68 页。

⑤ 陈思和：《想起了〈外国文艺〉创刊号》，上海译文出版社编：《作家谈译文》，上海译文出版社 1997 年版，第 157-167 页。

⑥ 杜小琳：《惠泽万众　延绵后学——记著名翻译家汤永宽先生》，《春秋》2008 年第 2 期；《沪风美雨百年潮》，上海人民出版社 2015 年版，第 141 页。

现、当代文艺作品有不少在思想内容上存在问题，但只要是在国外文坛上有重大影响或引起广泛注意或争论的作品，我们都准备有意识地选登，为我国文艺工作者提供研究资料①。

《致读者》中所说的"有重点、有选择"表明杂志对自身定位很有自觉，重点在"影响力"而非"政治"；"外国"则指向一个没有政治区别的、经过批判可以吸收和借鉴的、有待开发并不断向我们展开的世界。这个世界充满了未知的魅力，已不是时刻在冷战氛围中剑拔弩张的《摘译》所描绘的"世界"。

二、《外国文艺》中的苏联文学译介

《外国文艺》杂志对苏联文学的译介非常重视，从译作数量来说，截至 1985 年，只排名在美国之后，位列第二②。这一翻译热潮并非《外国文艺》独有。综合性外国文学类杂志中苏联翻译文学所占比例，如将时间扩展到 1989 年，将统计范围再加上《世界文学》与《译林》的话，结果为美国 1295、日本 1242、苏联 1116③。这是在国内已经有了数份苏联文学专刊的基础上得出的结果，可见苏联文学在 20 世纪 80 年代的翻译热度。以《外国文艺》为代表的 20 世纪 80 年代对苏联文学的译介还存在不同于以往苏联翻译文学杂志的特点。

首先，就具体译介篇目来说，《摘译》时期对苏联文学作品的介绍，主要集中在军事爱国题材、当代英雄题材以及苏联社会生活题材小说。这三类小说的译介与 20 世纪 70 年代的"反修"密切配合。1957 年后，中国对苏联文学的翻译逐渐减少，除"内部发行"的苏联文学外，普通读者对二十大之后的苏联文学实际上并不了解，更不用说正统社会主义现实主义之外的苏联作家。在《外国文艺》对苏联文学的译介中，一部分译介即作家作品补遗，如洪吉诺夫、利金、特里丰诺夫、别洛夫、扎雷金等人的短篇小说，爱伦堡的佚文，肖斯塔科维奇与帕乌斯托夫斯基的《金蔷薇》选段。

其次，《外国文艺》杂志着重翻译反映苏联当代生活的作品以及道德探索类作品。这些作品在苏联刊发不久后即被译介过来，如拉斯普京的《活下去，并且要记住》、

① 《致读者》，《外国文艺》1980 第 4 期。

② 如果包含散文诗歌的话，美国有 50 篇；而如果加上俄国作家（蒲宁等），苏联为 49 篇。据倪嘉源的论文《1978-1980〈外国文艺〉的译介与文学观念的变革》统计，截至 1983 年，所介绍的美国作家为 24 人，苏联（包含俄国）为 23 人，日本为 22 人。

③ 卢志宏：《新时期以来翻译文学期刊译介研究》，上海外国语大学博士论文，2011 年。

电影剧本《古怪的女人》、苏联青年作家专辑、特里丰诺夫的"莫斯科市侩小说"、阿斯塔菲耶夫的《鱼王》以及散文等。这些小说有大量反思当代苏联生活与历史的段落，也是苏联文学界讨论与争议的热点。

最后，《外国文艺》杂志比较关注苏联同时期的"回归文学"，阿赫玛托娃、索尔仁尼琴、蒲宁、茨维塔耶娃、曼德尔施塔姆、皮利尼亚克、扎米亚京、普拉东诺夫、左琴科等作者得以陆续出现在中国读者的面前。这与苏联当时的主流杂志大量刊登"回归文学"是同步的①。

与《摘译》相比，《外国文艺》在进行译介时，会注意作家作品所产生的社会效应，以及对当代苏联社会的透视。如《奇怪的女人》对于苏联婚恋问题的展现；阿勃拉莫夫、别洛夫、阿斯塔菲耶夫等人对苏联农村的观察；特里丰诺夫对已经城市化的莫斯科社会问题的揭示。1978年至1979年，作家们和文艺动态中仍将苏联称为"苏修"，但描述已趋向中性，不再引申到对政权的否定；作品仍然被视作观察苏联社会的方式，但已经不再被直接作为读者思想教育的载体。

此时，苏联文学也正在经历复杂的变动。在勃列日涅夫执政时期主张文艺"既不要抹黑又不要粉饰"②的政策引导下，一部分紧跟时事的文学创作开始描写国际军事交流题材、革命战争历史题材以及当代新人等。这也是《摘译》翻译与批判的重点。但《外国文艺》更关注苏联官方主流外的一些描写道德、日常生活，以及反思自然问题的作家。译者称他们为"第四代作家"。

20世纪六七十年代的"第四代作家"是与苏共二十大、二十二大及其思潮直接相关的阿克肖诺夫和叶甫图申科。而20世纪80年代对"第四代"作家的关注却集中于拉斯普京、阿斯塔菲耶夫、艾特玛托夫、阿勃拉莫夫、别洛夫、贝科夫等人。他们最大的区别在于，前者的政治性与对苏联社会的叛逆性更强、更直接③，与"政治解冻"的思潮更为密切，而后者虽然各有自己的政治和社会观，但都与主流政治保持了若即若离的关系。颇有意味的是，上海译文出版社出版的初版本《鱼王》删了整整一章。这一章中有大量对苏联历史、现实的批判言论。这也可以从侧面看到当时外国文学译介中的一些敏感点：可以对苏联社会进行反思和批判，但不能整体否定俄国革命历史④。

除了对外国文学作品的介绍，《外国文艺》杂志所标榜的"打开窗户"还包括有

---

① 1953年后，阿赫玛托娃、蒲宁等作家的作品就在苏联公开出版了。但对于中国来说，几乎到20世纪80年代，他们的作品才和其他的"回归文学"一起进入视野。

② ［苏］诺维科夫：《现阶段的苏联文学》，中国社会科学出版社1981版，第16-17页。

③ 洪子诚：《〈娘子谷〉及其他》，《诗探索》2015第7期。

④ 2017年广西师范大学出版社再版《鱼王》时恢复了被删除的段落。

意识地介绍外国文学近况并汇总各国文学奖项与会议。在《外国文艺》前期的"外国文坛动态"中，有关苏联的信息仍然占据重要位置。1978 年至 1980 年，动态多沿用苏联文学刊物中的报道，但政治色彩被逐渐淡化，苏联文学的地位也越来越被放在与美国文学平行的位置，如在美苏作家会议的报道中，刊物不再持鲜明的态度①。在最早几期的"外国文学资料"栏目中，大量刊登了各国的文学奖项介绍。苏联文学中的列宁奖金、斯大林奖金，以及每年的国家奖金的获奖介绍都被列入。《外国文艺》对这些奖项的介绍都是采取罗列的方式，即将其视为一种纯粹的文学知识，与同时期的其他奖项如戛纳电影节、诺贝尔奖、龚古尔奖、普利策奖等一起，形成一种新的、等质的"世界文学知识"，不同于《摘译》中对奖项的批判性介绍②。

与《外国文艺》杂志配套的"外国文艺丛书"（下文简称"丛书"）是编辑《外国文艺》杂志的副产品③，丛书中比较著名的有《城堡》、《鼠疫》、《斜阳》、《一个分成两半的子爵》、《橡皮》。从整套丛书来看，苏联小说所占的比例很高，如拉斯普京的《活下去，并且要记住》、阿斯塔菲耶夫的《鱼王》、叶甫图申科的《浆果处处》、索尔仁尼琴的《癌病房》、阿纳托利·金的《海的未婚妻》、特里丰诺夫的《老人》，还有茨维塔耶娃的诗集以及上、下两卷本的《苏联当代小说集》。在总共 40 种丛书中，苏联的文学作品有 8 种之多。如果加上 20 世纪俄国文学中的《蒲宁短篇小说集》的话，则有 9 种。美国文学作品也是 9 种。两者远超排名随后的英国文学和法国文学。从"丛书"的篇目安排情况来看，很大一部分来自《外国文艺》杂志中已经刊出的苏联小说，一小部分是杂志中介绍过的作者的其他作品。书籍的出版和杂志高度配合，努力形成自己的"品牌意识"④。

需要进一步探究的是，20 世纪 80 年代大规模的苏联文学引进，在当时造成了什么影响？20 世纪 80 年代的读者是如何阅读苏联小说的，又接受了哪些部分？译介和阅读机制是否有所变化？

三、冷热之间的译介与阅读

译文出版社 20 周年庆时出版的《作家谈译文》一书，集中了作家们对新时期译

---

① 《美苏作家在纽约举行会议》，《外国文艺》1978 年第 3 期。

② 《简讯》，《摘译 外国文艺》1976 第 9 期。

③ 汤永宽：《开辟面向当今世界文学的窗口》，《走过的路 1978.1-1998.1》，上海译文出版社 1998 年版，第 69 页。

④ 品牌意识也包括《外国文艺》标志性的双 W 图案被印在所有丛书上。

文社出版的书籍和杂志的阅读回忆，许多作家都提及《外国文艺》杂志①。其中直接涉及苏联文学的只有沙叶新，他回忆了阿尔布卓夫的《伊尔库茨克的故事》一书。这本书属于"灰皮书"的时代，之后上海译文出版社在 20 世纪 80 年代重新出版了阿尔布卓夫戏剧集，沙叶新在其中读到了"人、人性、人的价值、人的理想、人的尊严"②。对社会主义现实主义经典作品的回忆，只有《钢铁是怎样炼成》被作家们不时提及，但也只作为 20 世纪 80 年代的阅读参照而出现，而非读者们浪漫激情的"革命教科书"。"人"与"人性"几乎是 20 世纪 80 年代作家阅读苏联文学以及 19 至 20 世纪的俄国文学的重要关键词。

《外国文艺》重点介绍的苏联当代作品中，最具影响力的是"丛书"中阿斯塔菲耶夫的《鱼王》。莫言在回忆中提到了《鱼王》：

> 阿斯塔菲耶夫的《鱼王》。我只读了其中的《鱼王》和《鲍加尼耶村的鱼汤》。我认为新时期好多小说是跟《鱼王》学的，其中不乏"名篇"。我也写过一个人与狗对峙的细节，应该承认是受了《鱼王》的影响。后来读了那篇深受列宁称赞的、杰克·伦敦的《热爱生命》，不由得又怀疑杰克·伦敦是阿斯塔菲耶夫的老师。由此可见，文学创作中有许多现象是说不清楚的，究竟是受了谁的影响只有作者自己清楚，但谁又会老老实实承认是受了谁的影响呢③。

莫言在回忆中将《鱼王》当作了可供借鉴的资源。《鱼王》除了作为艺术手法的借鉴外，还给当时的作家提供了一种重新思考人和自然关系的视角，即作家可以不直接描写受社会经济影响的自然，而只专注于人和自然的互动。"自然"可以成为反思人间历史与社会现实的参照。阿斯塔菲耶夫的《落叶》等散文在苏联刊发后引起很大争议，《外国文艺》及时加以译介。文中写道：

> "行善的神父"终日唱着老调，新道德说教阐述的涵义和精神也无非是老调重弹，同样散发着古代兵营和杂耍场那种令人作呕的恶臭，而这一片树叶，绝不去弹唱老调。它馈赠给大地、原始森林、白桦林和它自己的是永恒的新陈代谢的欢欣，它用自身的繁盛和化成灰使自然界绵延不息。它的枯萎不是死亡，不是走

---

① 王蒙、叶辛、冯亦代、刘心武、孙甘露、陈思和、罗洛、梁晓声、蒋丽萍都在回忆中提及《外国文艺》杂志。
② 沙叶新：《你可知道阿尔布卓夫》，《作家谈译文》，上海译文出版社 1997 年版，第 116 页。
③ 莫言：《我与译文》，《作家谈译文》，上海译文出版社 1997 年版，第 239 页。

向灭亡，而不过是延续不断的生命中的一瞬①。

作者的自然观同时建构了一种有别于 20 世纪 50 至 70 年代的历史观。在作家们受到其题材与创作手法影响的同时，这一历史观在张炜等新时期作家的小说中有着悠远的回响。

值得一提的是，苏联社会主义现实主义与苏联当代文学脉络以外的 19 至 20 世纪初的俄国文学经常出现在作家们的回忆中，如普希金、涅克拉索夫、托尔斯泰、契诃夫、蒲宁等。20 世纪 80 年代以来，《外国文艺》及上海译文出版社的读者群对苏联文学的阅读，已与王蒙等视苏联文学为"光明梦"的读者有了很大的差别。有意味的是，王蒙对《外国文艺》的回忆只提到了刊登于 1992 年的约翰·契弗的小说，而与他同时代的李国文则更珍视自己对夏洛蒂·勃朗特姐妹小说的回忆。可见，即便是深受"光明梦"影响的中国作家，在历经 20 世纪 80 年代的译介与阅读后，其当下的文学趣味也有所变化。

张洁在《"我很久没有喝过香槟了"》一文中回忆了对契诃夫和蒲宁的阅读。张洁格外注意到，契诃夫和蒲宁都代表了一个再也回不去的时代，那个注重精神、品位优雅，同时尽力倾听被抛弃者的时代②。张洁关于时代粗鄙的感受既指涉 20 世纪 80 年代前伤害她的革命，也指涉写作这篇文章的市场化时代。而其他作者在对 19 至 20 世纪俄国小说的阅读中同样感受到了"爱情"、"忧郁"以及"生活"，这促使他们重塑了对整个苏联文学的感受，他们重新阅读到了"人"和"人性"。这种阅读方式几乎重塑了一代人的基本阅读方式，他们出于对"理想主义"的失望，"不再为保尔的遭遇而流泪"③。

如果说，在 20 世纪 80 年代早期，阿斯塔菲耶夫、艾特玛托夫的小说还能凭创作手法和主题受到中国读者的关注，但到了 20 世纪 80 年代中后期，即使是《外国文艺》杂志分两期重点介绍，并推出短篇小说单行本阿纳托利·金的《海的未婚妻》，已经无法再获得读者的欢迎。这和"读者"的阅读机制在 20 世纪 80 年代的变化有很大关系。《外国文艺》杂志没有设置读者交流的栏目。北京师范大学苏联文学研究所编辑的杂志《苏联文学》是苏联文学类专刊。在《苏联文学》的发刊词中，杂志对自身的定位是"刊物以宣传、文教部门干部、外国文学教学和科研工作者、文艺工作者，以

---

① ［苏］阿斯塔菲耶夫：《落叶》，《外国文艺》1981 年第 1 期。

② 张洁：《"我很久没喝过香饼了"》，《作家谈译文》，上海译文出版社 1997 年版，第 131—139 页。

③ 默默：《我们这一代人的怕和爱——重温〈金蔷薇〉》，《读书》1988 年第 6 期。

及广大文学爱好者为对象，力求提高和普及两个方面的需要"①。杂志开辟了读者来信和交流的栏目"读者谈"，可以看到普通读者在阅读完作品后的反应②。这些读者来自各行各业，仍然相信苏联文学所代表的社会价值与对个人品格的要求。可见，受苏联文学影响的普通读者群体仍是 20 世纪 80 年代文学环境中的潜流。

20 世纪 50 至 70 年代，读者对苏联文学的阅读，无论是将其正面视为老师还是反面作为批评的对象，背后的观念都是将文学视作"生活的教科书"，在文学阅读的功能上强调发挥思想教育或者政治教育的功能。读者阅读文本后产生的感受，都需要再通过思想政治的检查。而 20 世纪 80 年代，文学阅读是一种不断走向专业化及去政治化的阅读，文学的阅读机制所设定的"读者"也逐渐向欣赏美学差异性的消费者转化③。因此，在这一基础上，需要进一步讨论的是，哪些影响作品接受和阅读方式的因素在 20 世纪 80 年代发生了变化？

四、在"苏联文学"影响式微背后

不论从《外国文艺》及其代表的受"现代主义"深度影响的作家还是从普通读者的反应来看，苏联文学之所以没有产生如其译介力度般的影响，可能是基于如下的原因：

首先，由于文化惯性、欣赏习惯及翻译队伍完整，20 世纪 80 代初"三代学人济济一堂，共同促成了中国俄罗斯文学翻译和研究事业空前繁荣的局面"④。这一出于历史惯性的繁荣背后折射出来的问题，却是中苏两国在外交及文化上的渐行渐远。20 世纪 70 年代末至 80 年代，中苏关系的主轴是国家关系正常化。在外交上，中苏关系也受制于中美关系的接近，到了 20 世纪 80 年代中期，仍"只握手不拥抱"⑤。"新时期"文化、经济交流的恢复与外交、政治上的疏远这两种因素的结合，是苏联文学在中国位置暧昧的大背景。

其次，在引进苏联小说的同时，《外国文艺》这类综合性外国文学期刊对同时期苏联小说的评论以及理论上的探讨较少。这就可以解释为什么 20 世纪 80 年代被普遍

---

① 《编者的话》，《苏联文学（北京师范大学）》1980 年第 1 期。

② 《向读者汇报》，《苏联文学（北京师范大学）》1982 年第 2 期。

③ *The Russian Reading Revolution*（2000，Palgrave Macmillan）一书论及戈尔巴乔夫执政时期苏联"读者"观念的变化。

④ 刘文飞：《俄国文学的有机构成》，东方出版社 2015 年版，第 159 页。

⑤ Thomas-P. Bernstein, *China Learns from the Soviet*（2010，Lexington Books）一书中"Only a Handshake but No Embrace"：Sino-Soviet Normalization in the 1980s 章。

认为是引入苏联文学的热潮期，但用以理解和表述这些作品的知识却是空缺的。相关的"社会主义现实主义开放体系论"问题，《外国文艺》杂志也只刊登了两篇文章，分别是关于如何理解"现代主义"以及"社会主义现实主义开放体系论"①。前者与"新时期"如何引入和理解"现代主义"配合，后者则持反对"开放体系论"的论调。

造成这一现象也有苏联文学方面的原因。此时苏联文学界自身的论争也较为混乱，创作与理论发展脱节。而中国文学对苏联文学的理解也在这种混乱之中无所适从。20世纪80年代，我国文艺理论界关于苏联文艺理论的热点在于重新理解革命民主主义作家的文论作品（别、车、杜）并留意与论述文学特殊性密切相关的论文，如"文艺心理学"的引入。这些著作中少有对当代苏联文学的讨论，它们的引入往往和20世纪80年代中国文学界对"文学主体性"的建设配合。相反，《外国文艺》对于"现代主义"思潮的介绍，几乎是在引入作品的同时就同步介绍理论与批评文章②。可想而知，苏联文学在没有同步的理论与阐释的情况下，读者也不会有具阐释能力的理解方式。

最后，20世纪80年代的中国"人道主义"思潮重新建构了对俄罗斯文化的理解。在将社会主义现实主义文学视为历史遗憾这一认识下，在20世纪80年代中国作家的心中逐渐形成了一幅19世纪俄罗斯文学—白银时代—回归作家这样的俄苏文学的历史图景。这一历史图景符合20世纪80年代的历史认知，因为中国作家们意识到"我们对俄罗斯文化根本谈不上了解。我们得知的大都是与俄罗斯文化精神相悖的东西，是产生于十九世纪下半叶虚无主义思潮的惑人货"③。但当他们如此理解俄苏文学的时候，自然不会注意到白银时代的代表作家几乎都不喜欢契诃夫，这也包括张洁及其默默推崇的蒲宁④；也不会注意到普希金在俄国文学史上的地位是经过列宁和高尔基的阐述才确立的⑤；更不会注意到"回归作家"中也有很多是布尔什维克革命的积极参与者，他们的问题意识也是革命逻辑内部非常重要的一部分⑥。正如肖斯塔科维奇所言：

---

① ［苏］塔·莫蒂辽娃：《从生活中的新事物到艺术中的新事物》，《外国文艺》1984第3期；［苏］И·Ф·沃尔科夫：《社会主义现实主义文学的形式多样性》，《外国文艺》1984第5期。

② 如刊发了萨特的剧本后，马上刊发《存在主义是一种人道主义》；在介绍了福克纳的小说后，刊发如何看待"约纳帕塌法"的文章；在介绍了罗伯·格里耶后，马上翻译萨洛特的论文《怀疑的时代》等。这些文章中既有作家自己的阐释，也有外国学者的学术论文。

③ 默默：《我们这一代人的怕和爱——重温〈金蔷薇〉》，《读书》1988年第6期。

④ 徐乐：《白银时代俄国的"反契诃夫学"》，《外国文学研究》2017年第3期。

⑤ 吴晓都：《布尔什维克革命与普希金崇高地位之确立——纪念普希金诞辰220周年》，《文艺理论与批评》2019第3期。

⑥ Slavoj Zizek，"Nomadic//Proletarians"，The Philosophical Salon，http：//thephilosophicalsalon.com/nomadic-proletarians/.

革命决定了我这一代人的生活。也决定了创作的实质。决定了创作的题材，创作的语言，风格。而主要是革命造成了这样一种精神状态、这样一种高涨的感情力量、这样一种特殊的精神"温度"，能使创作始终高出庸庸碌碌的纷扰，高出日常事务和烦恼①。

综合类的欧美文学翻译杂志往往带有自己的意识形态背景，这些杂志跨国出版，塑造以"现代主义"为中心的、排他性的"世界文学"图景——

作家规律性的出现同时建立文化资本与文化的合法性……通过发表他们关于某些主题而不是其他主题的作品以维持一种新的对他们的支配地位②。

作为"新时期"的综合类文学翻译杂志，《外国文艺》并非只是一份以"现代主义"为中心的冷战跨国文学类刊物。更为复杂的是，杂志作者既有西欧国家的，也有苏联等社会主义国家的，同时也有拉美、中东等国家的。译者对西方现代文学进行批判性的介绍并不仅是译介的安全通行证，也是他们真实的历史认识③。或者是由于读者之前对欧美国家的文学排斥太久的缘故，现代主义、欧美文学长期被当成了一种禁忌，作家们在回忆的时候，常常会把欧美文学的出现当作重点来突出，有意无意间遮蔽了苏联文学这一重要资源。而在冷战尚未结束，中国急于融入"世界"的大背景下，这种强调社会性、思想性与大众性的文学资源被边缘化的命运将是必然的。

结　语

如果不能从作家们的回忆中直观地看到 20 世纪 80 年代中苏文学的关系的话，那么，或许只能通过作品的细读或"阅读史"回顾迂回地进入这些话题。一些研究者很早就意识到 20 世纪 80 年代中国作家和苏联文学的深层关系④，也有学者注意到在直接的影响研究之外，可以采取"相关性"研究的思路，来探究相似社会状况下的社会

---

① 肖斯塔科维奇：《为共产主义理想服务》，《外国文艺》1983 年第 4 期。

② 鲁宾：《帝国权威的档案　帝国、文化与冷战》，商务印书馆 2014 年版，第 88-89 页。

③ 这在《外国文艺》主编汤永宽和马原的对话中可以看到。当马原认为汤永宽是"激进的前辈"的时候，汤永宽说："我是赞成要把眼前看到的现代派甚至后现代派都要介绍出来，这些东西也都是有它生活的根源的。但是价值观念，我还是很纯正的中国观众，这恐怕是一个东方人的感觉。"见马原编：《中国作家梦 上》，长江文艺出版社 1996 年版，第 214 页。

④ 孙郁：《在"欧美文化热"的背后》，《文艺报》1988 年 4 月 9 日。

和文化选择与实践问题①。当我们重新思考 20 世纪 80 年代苏联文学的译介与阅读，可以看到中国如何在外交上主动选择退出冷战，但在文化和知识层面，却以"现代化"的名义，一步步将冷战的知识架构内化到了时代的知识氛围之中。重建两者的联系，也是重建历史叙述的新起点。

（作者单位：上海师范大学上海高水平大学创新团队比较文学与世界文学）

---

① 洪子诚：《读作品记》，北京大学出版社 2017 年版，第 285 页。

遇罗锦"实话文学"
与20世纪80年代初的女性个人化叙事①

孙桂荣

个人化叙事是以写作者个人生活、自我悲欢、日常感受的经验性书写发个人之声，并以此与时代主潮有所偏离、悖逆的写作。与处于权力中心的男性相比，女性由于身处社会文化的边缘地带，个人化感受往往更明显一些，林白、陈染就掀起了20世纪90年代女性个人化叙事的高潮。不过，追溯这种个人化叙事的新时期肇始的话，20世纪80年代初期遇罗锦引发社会轩然大波的"实话文学"——包括《一个冬天的童话》（《当代》1980年第3期）、《春天的童话》（《花城》1982年第1期）、《求索》（《个旧文艺》1983年第4期）——却是绕不开的话题（因其社会影响力主要在前二者，也称为"童话"系列）。当然，由于遇罗锦在中国社会的知名度很大程度上是由其离婚官司引发的法律冲击而来的，事过境迁后有兴趣翻看她旧作的并不多见，也鲜有将其与后来的女性个人化写作思潮联系起来的论述。本文拟做这一尝试。让我们先从梳理遇罗锦研究谈起。

一、遇罗锦研究与"再解读"的必要

遇罗锦在中国是名噪一时又旋即沉寂的人物，遇罗锦研究也经历了"一言难尽"的沉浮历程，笔者认为可以用"前热、中空、后冷静"来形容，共时性分歧与历时性差异都非常明显。遇罗锦自述"共发表了二十篇文学作品，计六十多万字，引起反响

① 本文系国家社科基金后期资助项目"从新时期到新世纪：女性小说叙事形式的社会性别研究"（19FZWB032）的研究成果。

的是两个'童话'和一篇《求索》"①。这种言说是属实的，尽管她也写了《乾坤特重我头轻》等追忆哥哥遇罗克的文章，但引发社会关注的无疑是其描述个人生活的三部自传体"实话文学"。当然，这只是就其作品而言的，她在新时期初引发的热议远远不止针对她这三篇文本的评论，其离婚官司才是"遇罗锦热"的高潮。1980年，复刊不久的《新观察》连续4期组织了23篇文章讨论其离婚问题。1981年至1982年，《民主与法制》组织了6次共25篇文章的大讨论，《人民司法》也有7篇讨论文章，当时这些主流法制刊物可以说期期都有遇罗锦。直到今天，司法界也不时有"从遇罗锦离婚官司谈起"的史料钩沉，甚至有人将遇罗锦对中国社会的影响提升到"一个女人和一个时代"②的高度，而这主要也是就其离婚案对新旧交替时代国人思想的冲击而言的。

对遇罗锦作品的评论，仅其自传中的统计就有100多篇，这在当时的作家作品论中也是一个不小的数字。但这些评论一方面多属于相对简短、浅显的印象批评，发表在报纸上的居多，有专业学理意涵的较少；另一方面，受时代影响的道德化、政治化倾向较为鲜明，像《一个污染"精神文明"的童话——请看〈春天的童话〉究竟是篇什么作品》、《用马克思主义驳邪说驱迷雾》、《一篇污染了人们心灵的作品》、《剖析一篇"自传小说"对恩格斯话的歪曲》、《出名和出丑》等③，这些篇名就鲜明体现了将遇罗锦写作与反对精神污染、防止资产阶级自由化等时政话题相联系的特点，而针对《春天的童话》、《求索》的评论几乎是"一边倒"的拒斥，便与这种政治话语的强悍有关。耐人寻味的是，当时也出现了沿袭政治修辞对遇罗锦大唱赞歌的倾向，主要是在中国港台和海外，像《中共围攻阴私文学——遇罗锦〈春天的童话〉引起风波》、《铁牢里的天窗——轰动大陆的女作家遇罗锦》、《大陆女作家不向压力低头》④等。将遇罗锦作品因受离婚官司招致的社会道德谴责，转换成中国大陆、共产党对她的意识形态打压，这是当时冷战思维的另一种工具论，也打上了鲜明的时代烙印。可以说，不管是因为她本人声誉原因导致了其国内评价的道德化倾向，还是因为政治原因提升了其作品"墙里开花墙外香"的海外知名度，围绕遇罗锦作品的早期评论都有太多时代语境的牵绊，其文本特质还有很多未被关注的地方。

由于遇罗锦1986年1月黯然去国，也由于国内文坛环境的变换，遇罗锦由"热"

---

① 遇罗锦：《在中国一个结过三次婚的女人的自述》，漓江出版社1986年版，第12页。

② 王丽英：《一个女人和一个时代——"遇罗锦离婚案"始末》，《法律与生活》2009年第9期。

③ 遇罗锦：《在中国一个结过三次婚的女人的自述》，漓江出版社1986年版，第4-9页。

④ 遇罗锦：《在中国一个结过三次婚的女人的自述》，漓江出版社1986年版，第5-10页。

变"冷",而且一度销声匿迹。遇罗锦研究从20世纪80年代后期到21世纪初的20来年里寥寥无几,有限的几篇文章,像王晴《从胡娜到遇罗锦》(《体育博览》1987年第2期)、丁谷《我所认识的遇罗锦》(《电影创作》1994年第3期)均是针对其本人个性处世、行踪去向的言说,未涉及作品评论。她在文学研究界的身影基本是一片空白,这是遇罗锦研究的"中空期"。遇罗锦文本被重新"发现"是在21世纪以来"重返80年代"的文学研究中,史料钩沉、文本梳理多了起来。这是笔者所言的"后冷静"期,也是遇罗锦研究最具学理性的部分,主要集中于这样几个层面:(一)对"遇罗锦事件"的社会历史梳理,像《当代》编辑部《关于〈一个冬天的童话〉》,范汉生口述、申霞艳整理《风雨十年花城事·声誉及风波》等披露了遇罗锦两个"童话"发表前后的一些史实和人事纠纷,白亮《80年代初的"遇罗锦风波"》、刘莹《"主流"遮蔽下的"私人"话语——遇罗锦〈一个冬天的童话〉的发表与评价》发掘了一些以往被遮蔽的史料,有利于后人理解其文本生成的历史语境。(二)剥去此前遇罗锦作品评论中的道德化、政治化迷雾,对其作品精神特质的探讨,像杨庆祥《论〈一个冬天的童话〉:"冲突的转换"和"自我"的重建》、白亮《"私人情感"与"道义承担"之间的裂隙——由遇罗锦"童话"看新时期之初作家身份及其功能》与《自我形象的生成与个人经验的建构——论遇罗锦记忆和讲述文革的方法》等,结合历史语境重读遇罗锦,发掘其在新时期之初特立独行的文本个性。(三)从性别立场角度对其作品的女性话语进行评析,像王安忆《女作家的自我》、陈淑梅《新时期女性小说话语权威的建立》、马春花《伤痕文学的创伤记忆与性别政治》等,将遇罗锦放置在新时期女性文学谱系中,探讨其在新时期之初建构女性主体性层面的价值。

总的来说,近年来的研究对此前遇罗锦评价中的道德化、政治化倾向进行了修正和纠偏,使研究回到了文本、学术层面上,而非像此前那样总是受制于作者本人社会形象的制约。但引发笔者思考的是,或许与此前因为离婚官司遇罗锦"声名不佳"累及其作品的过低评价相关,近来研究在重新挖掘其文学价值时似乎出现了过高赞誉之嫌。比如不止一个研究者用了"第一个"这样的语词来界定她:"遇罗锦是在新时期小说中第一个制定'规则'的人"[1];她是"第一个敢于撕破千百年来裹在女性身上的那层虚伪的牛皮而泄露自己隐私的女性"[2];她的"实话文学"是"新时期第一部

---

① 杨庆祥:《论〈一个冬天的童话〉:"冲突的转换"和"自我"的重建》,《文艺争鸣》2008年第4期。

② 白亮:《"私人情感"与"道义承担"之间的裂隙——由遇罗锦的"童话"看新时期之初作家身份及其功能》,《南方文坛》2008年第3期。

勇敢地叙述女性自我情感的故事"① 等。如果说这种将其标举为"第一"的评价只是嘉奖她的勇敢也就罢了，在重写文学史、重新发现边缘作家的研究理念下，它们有时演绎成了张扬其文本价值、甚至另一种"一边倒"的倾向，为遇罗锦作品无法获奖、进入文学史、被经典化而心有不平。但这真是对其文本的品质、格调、叙事、修辞进行细读之后的有感而发吗？恐怕不乏矫枉过正的"翻案"心态。

有感于此，本文提出遇罗锦"实话文学"还有"再解读"的必要。但这并非只是单纯的美学辨析，而是将其置于具体时代语境、文化思潮的"再历史化"解读。本文拟将遇罗锦写作与女性个人化叙事联系起来，主要基于这样几点：一，遇罗锦自曝个人经历的"实话文学"在发表的当时具有卓尔不群的个人化特质；二，其个人化特质与后来女性文坛中的个人化叙事有联系也有一定区别；三，对遇罗锦作品个人化叙事的评价受到了其本人为人处世的影响，但并未妨碍其写作方式在新媒体时代的延续。本文拟对这一系列尚未引起学界必要关注的问题展开论述。

二、私我·私语·私愤：遇罗锦的个人化叙事

"作为一名女性写作者，在主流叙事的覆盖下还有男性叙事的覆盖（这二者有时候是重叠的），这二重的覆盖轻易就能淹没个人……淹没中的人丧失着主体，残缺局限处处可见。个人化写作是一种真正生命的涌动，是个人的感情与智性、记忆与想象、心灵与身体的飞翔与跳跃……"② 林白在 1996 年的这种自觉的个人化叙事立场，对 20 世纪 80 年代初在文坛昙花一现的遇罗锦来说是相对欠缺的，她只是在不同场合重复着"实话文学"理念，像"在生活中，谁都想知道事实和真相，总因周围的虚伪太多而痛苦。可是一旦涉及到自身时，哪怕连个要饭的，大约也要顾全自己的面皮和'威信'……美的决不是事情本身，而正是说实话的勇气"③。不过，考虑到新时期之初伤痕文学几乎绕不开的好人蒙难、苦尽甘来、历尽苦难痴心无悔等时代共名特质，她这种决绝地撕开自身"面皮"和"威信"的实话实说，却在客观上显出了因忠实于个人感受、一己悲欢，而对主流叙事与男性叙事的双重覆盖有所偏离、逃逸的个人化特质。具体来说，遇罗锦的"实话文学"具有私我、私语、私愤的"三私"性质，这是其与同时期主流文学的最大不同。

① 陈淑梅：《声音与姿态——中国女性小说叙事形式演变》，中山大学出版社 2001 年版，第 30 页。
② 林树明：《"个人化叙事"与女性群体意识的拓展》，《中国文化研究》2016 年第 1 期。
③ 遇罗锦：《春天的童话》，《花城》1982 年第 1 期。

"私我"是抛却群体性负载的个人、自我。遇罗锦三部自传体作品均是以"我"开头的（"我写出这篇实话文学"、"我们握了手"、"在爱情面前，我觉得自己……"），不管"我"在文本中叫什么名字（《一个冬天的童话》、《求索》中"我"被直呼为遇罗锦，争议中诞生的《春天的童话》将"我"唤作羽珊），"我"都占据了绝对重心位置。第一人称写作是"我"的人格化叙述，有着与读者直接交流的自然、亲切特质，在当时的文本中并不鲜见。像鲁彦周《天云山传奇》还以性别反串的笔法，将叙述人设置为女性的"我"（宋薇），以期以女性的柔弱敏感传达动荡过后凄楚迷茫的历史伤痛。但遇罗锦笔下的"我"不是宋薇，后者的开场白——"心灵上的琴弦，一旦被拨动了，就难以停止它的颤动。我没有想到，事隔二十年的今天，我这个四十多岁的女人，已经担任了地委组织部副部长的人，生命中的某一根琴弦忽然被拨响了"① 中醒目的社会职务（"地委组织部副部长"）植入，也预示了"我"讲述的不可能是纯然的个人哀伤。男女情缘被政治拨弄并随着秩序的恢复而续接、复位的"受难+恋爱"模式，在《伤痕》、《芙蓉镇》、《天云山传奇》、《灵与肉》等当时大量的小说中盛行。但遇罗锦是个异数，《一个冬天的童话》尽管有着哥哥遇罗克政治受难的追忆，但故事核心是"我"与维盈的婚外恋情。小说以"我"对他一见钟情、夜晚浮想联翩写起，以"我"痛不欲生于"究竟维盈为什么不理我，做出如此决断呢"结束。与哥哥部分的宏大叙事相比，这是一种个人悲欢，而且是无视自身妻母身份、主动追爱的"非道德化"伤感。《冬天的童话》将与维盈恋情的失败归因于维盈母亲的反对，《春天的童话》斥维盈为"一位脾气极好、懦弱无能的知识青年"，均是从个人品行、私人伦理角度出发。尤其是在离婚官司的风口浪尖上诞生的《春天的童话》所涉及的父亲出轨、父母矛盾、返城后生存困境等已失去了哥哥受难书写的悲壮凝重，也无涉"文革结束又如何"的家国情怀，只有一家人一地鸡毛的生活展示与欲望博弈。作为故事主线的"我"与何净的交往亦逐渐由谈诗论文的精神交流转向了审时度势下为求自保的相爱相杀。"再找爱人，决不会再把对方神化了……爱情，就是在对象中找到自我，在他的灵魂里，我找到了我的'自我'吗？没有，只使我迷惑，受害。"② 与时代命题关涉不大的"负心人"怨恨统摄了这个文本，并客观上实现了对主流道德话语与男性权威话语的双重疏离。这使小说呈现了20世纪80年代初较为鲜见的个人化叙事特质。王安忆认为遇罗锦"将文学的个人性推向了极致……'个人'终于上升到'主义'，这才真正唤醒并触怒了一些纯洁的集体主义者"③，就是从这个

---

① 马春花：《伤痕文学的创伤记忆与性别政治》，《南京师范大学文学院学报》2019年第4期。
② 遇罗锦：《春天的童话》，《花城》1982年第1期。
③ 王安忆：《漂泊的语言》，作家出版社1996年版，第414-416页。

层面而言的。

"私语"是遇罗锦作品中对日记、书信等私密性材料的运用，以及对女性私密性情感描写的执着。20世纪90年代的女性个人化叙事被有些研究者指认为"暴露隐私"，这是就其浓墨重彩的女性感官、身体书写而言的。20世纪80年代初遇罗锦的写作尺度固然没有后来的那样大，但与张洁《爱，是不能忘记的》、张辛欣《我在哪儿错过了你》与《在同一地平线上》等同时期基本不涉及肉体欲望的女性小说相比，私密化欲望书写还是明显一些。像在《一个冬天的童话》中，即使除去《当代》编辑部秦兆阳、孟伟哉等的删改，正式刊出的小说在新婚之夜、月夜、抉择等章节中也出现了肢体、感官的描写。而到了1985年人民文学出版社的单行本《冬天的童话》中，更是"应作者要求，对文章作了重要修订和补充，恢复了若干原先删去的章节"①。而在《春天的童话》中，尽管没有性描写，但写了男女主人公的多次拥抱、亲吻。遇罗锦的人性描写也因执着于所秉承的"实话文学"观，而有以"真"压倒主流文学持守的"善"／"美"的一面。如其以自我为本位中心，并不掩饰婚外恋和婚变中以貌取人、权衡算计的一面，未达目的就发出虚无主义、怀疑主义的怨怼之声，其他家庭成员也以出轨、争吵、打架、脱离关系等方式在程度不一地彼此伤害。除了狱中已逝的哥哥，任何人似乎都是"小我"的形象，这种人性恶、审丑的残酷叙事在当时也是十分超前的，强化了其个人化"私小说"性质。而在文体形式上，相对于20世纪90年代女性个人化叙事以记忆连缀的碎片化结构呈现文本颠覆性，遇罗锦则是将私密性的日记、书信大量植入，像《一个冬天的童话》共12章，就有6章的内容是以回忆往事的日记形式表现的；《春天的童话》前后出现了男女主人公的35封书信，占了遇罗锦自述的"何净四十二封情书"②的绝大多数。以"实话文学"之名暴露个人婚爱生活的做法，与20世纪90年代的女性个人化叙事事无巨细地展示身体细节的暴露隐私方式不太一样，却都遭遇了被津津乐道窥视、奇观化消费的"被看"境地。像1982年第1期的《花城》，尽管因为发表了遇罗锦的《春天的童话》差点遭受"灭顶之灾"，但也在市场上成为"奇货可居"的哄抢物，定价1元的杂志在地摊上竟然涨到10元③。在刚刚改革开放的年代，许多人想透过她的作品把玩身体细节、了解她的离婚官司内幕，这与其"私语"体的实话文学写作不无关系。

"私愤"是指遇罗锦将现实生活中的情感纠葛、个人恩怨原封不动，或换汤不换药地稍加调整，挪用到写作中去的影射、比附写法。如果说《一个冬天的童话》因为

---

① 遇罗锦：《冬天的童话·编后记》，人民文学出版社1985年版，第278页。
② 遇罗锦：《在中国一个结过三次婚的女人的自述》，漓江出版社1986年版，第683页。
③ 范汉生口述、申霞艳整理编写：《风雨十年花城事·声誉及风波》，《花城》2009年第2期。

有哥哥遇罗克在"文化大革命"期间遇难与一家人颠沛流离的背景，还有一定社会性、时代性指涉的话，《春天的童话》已在很大程度上沦为应对离婚风波、为己正名之作。人物尽管用了化名，但换汤不换药，从披露"何叔叔"前后 35 封通信到离婚官司的一波三折，从补充以前没写过的父亲婚外情到渲染被主流媒体点名批评后的愤懑与恼怒，均可以视为作者在以写小说的方式爆料，揭露婚外恋对象的虚伪，为离婚官司中声誉受损的自我辩护。遇罗锦自己也在文本和与他人的通信中公开承认了拿《春天的童话》当"起诉书"来写的一面①。而《求索》则像是终于有了名正言顺的第三次婚姻后的高调宣示——"我现在可以毫无障碍地宣布：我所要得到的东西果然得到了……我的第三次婚姻的事……由我自己来加以说明，以正视听"②。将个人化叙事长于自我抒怀的文体便利演绎成影射现实的工具，显然将文学价值的理解功利化，也狭隘化了。《花城》时任主编范汉生认为"她不能够从个人一己的经验中超越出来，不能够从个人的苦难中升华……是个本色作家"③，这是切中肯綮的评价。《春天的童话》发表后舆论几乎"一边倒"的批评，连原来离婚案中对她略有支持的《民主与法制》也改变了立场，与其小说"泄私愤"的意味是相关的。

三、美学失范还是道德修辞的压抑：文本内外的遇罗锦

《一个冬天的童话》是遇罗锦最好的作品，经过《当代》编辑部的润色后，它打破了伤痕文学过分道德化、群体化、同质化的模式，以卓尔不群的感伤、自恋、自怜色彩彰显了 20 世纪 80 年代的女性个人化叙事特质，相对于同时期的伤痕小说是有一定先锋性和超前性的。梳理一下其在文坛昙花一现的接受史，可以看出，对它的评价受到了作者本人"声誉"的影响。

遇罗锦最初是以"遇罗克妹妹"的身份被文坛关注的。1980 年初，孟伟哉读到了介绍遇罗克的文章，并附有其妹遇罗锦的文章，遂向她约稿。遇罗锦提供了关于哥哥和自己个人经历的两部文稿，前者叫《一个冬天的童话》，后者叫《另一个冬天的童话》。编辑室决定刊发第二部，主编秦兆阳建议将第二部改名为《一个冬天的童话》在《当代》刊发。发表后反响强烈，评论众多。因其个人化的私我私语体叙述溢出了

① 遇罗锦《春天的童话》（《花城》1982 年第 1 期）、本刊记者《关于〈一个冬天的童话〉》（《当代》1999 年第 3 期）、丁谷《我所认识的遇罗锦》（《电影创作》1994 年第 3 期）中均有记载。
② 遇罗锦：《为〈求索〉致〈个旧文艺〉编辑部》，《个旧文艺》1983 年第 4 期。
③ 范汉生口述、申霞艳整理编写：《风雨十年花城事·声誉及风波》，《花城》2009 年第 2 期。

主流伤痕文学的边界，这些评论文章中也有批评之声，但总的来说仍属于文学观层面的论争，亦有电影厂与遇罗锦接洽要将《一个冬天的童话》改编成电影。这时的遇罗锦可谓从业余作者到"一文成名"。当然，她性格中张扬、自利、凌厉的一面对作品的传播亦产生了一定影响。如后来《当代》披露，"通常，发表于《当代》的长篇作品都由人文社出单行本，但《一个冬天的童话》却没有。据孟伟哉回忆，遇罗锦认为其单行本如同《毛主席语录》，全国各地都可以出版。人文社实在担心同别的出版社撞车，所以放弃"①。这时的遇罗锦还处于争议中，李春光、黄宗英对《一个冬天的童话》既在1981年全国首届中篇小说和报告文学评奖会上落选，又无缘"《当代》文学奖"，曾深表遗憾②。

离婚案把她推向了风口浪尖的顶端，并波及其作品评价与再发表。因为"文化大革命"中受难颠沛流离、返城后没有工作且居无定所，遇罗锦两次为户口、物质等外在目的结婚，而后又以感情不合、没有共同语言为由两次离婚。《一个冬天的童话》披露的是其第一次离婚前后的情形，遇罗锦与第一个前夫尚算和平分手，但第二次离婚事件因为正值"文化大革命"后的离婚潮与婚姻法修订期，她以"感情破裂"为由提出离婚是中国首例，最终演绎成了全民大讨论的对象。经过朝阳区和北京市两级人民法院的两次审理（第一次审理的法官党春源因此案被降职处理），尽管遇罗锦在1981年7月份拿到了离婚证，但舆论已对她越来越不利。法院事后总结，"重审查明，遇罗锦之所以提出离婚，完全是因为自身条件的变化、喜新厌旧思想的发展，第三者插足的结果。遇罗锦由于作风上的不检点，与第三者的关系失去控制，加深了与蔡忠培感情的破裂"③。《人民日报》、新华社内参等主流媒体对她进行了批评，这都影响了对其作品的评价。《当代》编辑部原想将作品艺术质量与作者为人处世加以区分，给《一个冬天的童话》颁发"当代文学奖"，但接到电话质问"《花城》要发表《春天的童话》，《当代》要给奖，这是不是一个有组织的行动"④后，取消了这一颁奖。

刊发《春天的童话》的台前幕后也是一段文学史"公案"。遇罗锦将这部当作"起诉书"来写的作品先投给了《当代》，《当代》决定不予刊发，后又投给了改革开放前沿的广东文学期刊《花城》。一年多之后，《花城》1982年第1期发表了此文，并

---

① 何启治：《孟伟哉印象——文坛师友录之十五》，《海燕》2014年第1期。

② 见李春光：《给评奖委员会的信》，《争鸣通讯》1981年第1期；《黄宗英将部分奖品转送遇罗锦》，《当代文学研究参考资料》1981年第6期。

③ 北京市朝阳区人民法院：《审理遇罗锦诉蔡忠培离婚案的经验教训》，《人民司法》1981年第12期。这是遇蔡离婚案结束后朝阳区法院以集体名义写就的文章，也为这场离婚大讨论给了"定性"般的结论。

④ 何启治：《孟伟哉印象——文坛师友录之十五》，《海燕》2014年第1期。

在结尾加了一个编者附记，说"本刊 1981 年第 1 期曾预告第二期将发表《今天的童话》，后因作者还要修改，临时抽了下去。现在发表的是第五稿，并改名为《春天的童话》"①。但这简单的附记其实掩盖了延后发表绝非"修改"这么简单，这是离婚官司"尘埃落定"后的"顶风"发表。据《花城》时任主编范汉生追忆，他当时并不同意刊发，并提了六点今天看来仍然非常中肯的意见，兼任广东人民出版社副社长的马冰山副局长甚至说，"你们把这篇稿子发了，《花城》就不能再办了"②。《春天的童话》拖到 1982 年第 1 期发了出来，发表后在全国各大主流媒体对这部作品几乎众口一词的严厉批评声中，《花城》编辑部又将当期刊物紧急收回，以收回的版权页为准计算退款，并在 1983 年第 3 期发表了蔡运桂的批评文章《一部有严重思想错误的作品》，还以集体的名义写了《我们的失误》作为刊发不当的自我检讨。《青春之歌》的作者杨沫去广东出差，编辑部请她在当时的省委书记面前"说好话"，才算最后"保住"了刊物③。

《求索》发表在云南的《个旧文艺》上，不仅刊物级别低，社会反响也颇为冷淡，这与中国社会彼时差不多已对遇罗锦"盖棺定论"相关。1983 年下半年，全国开展"清除精神污染运动"，文化部部长朱穆之在全国文化厅（局）长会议上对遇罗锦进行了不点名批评——"有作品露骨地宣传'性解放'、婚外性关系，并把这说成是对新的爱情关系的'探索'"，"性质严重，危害极大，必须坚决制止"④。尽管《求索》中的遇罗锦已离婚，不像两部"童话"作品中那样是婚外恋，但在寥寥无几的《求索》评论中，亦以批评性文字居多，如"剖析一篇'自传小说'对恩格斯话的歪曲"、"对我国劳动人民相互忠诚的传统婚姻美德一种无可容忍的亵渎"等⑤。这些已成为史料的陈年往事，对理解遇罗锦作品的文学接受是至为关键的。有研究者曾言，"在 80年代初期，并不特别具备适合于女性小说蓬勃发展的条件，一方面，主流意识形态对反映时代的'精神面貌'的强调成为强有力的外在要求……另一方面，爱情婚姻中的伦理道德成为一件不容忽视的、严重的事情"⑥。在知人论世的主流文学研究中，遇罗锦这种复杂的个人经历对她作品的评价起了不小的作用。

---

① 《春天的童话·编者附记》，《花城》1982 年第 1 期。

② 范汉生口述、申霞艳整理编写：《风雨十年花城事·声誉及风波》，《花城》2009 年第 2 期。

③ 关于《春天的童话》发表前后给《花城》带来的各种风波，参见范汉生口述、申霞艳整理编写：《风雨十年花城事·声誉及风波》，《花城》2009 年第 2 期。

④ 白亮：《"私人情感"与"道义承担"之间的裂隙》，《南方文坛》2008 年第 3 期。

⑤ 黎生：《有害的探索，可虑的效果——评自传体小说〈求索〉》，《学习与研究》1984 年第2 期。

⑥ 陈淑梅：《声音与姿态：中国女性小说叙事形式演变》，中山大学出版社 2011 年版，第 52-53 页。

四、"非典型"女性个人化叙事及其后世展开方式

总体而言，遇罗锦是个社会性、事件性大于文学性的作家。有读者一针见血地指出，"遇罗锦的作品，文学价值并不高，说是小说，更像纪实文学，吸引大家注意的，是女主人公的特殊身世和接连婚变，以及她承担婚变的勇气"①。"无过错离婚"、"感情破裂"就是由遇罗锦离婚案开始应用于中国司法实践中的，这是"遇罗锦案"的鲜明社会价值。在一个新旧交替的时代，她的《一个冬天的童话》以前文所述私我、私语的方式对抗了主流话语与男性话语的双重遮蔽，并由此开创了20世纪80年代女性个人化叙事的先河，则是她对文学史的贡献。

当然，遇罗锦的写作是种"非典型"个人化叙事，其并没有像后来大家熟知的20世纪90年代林白、陈染等人那样有着明确而笃定的个人化、边缘化的女性主义价值立场，艺术上也较为粗糙。她在写作中植入了大量的日记、书信、论文、会议发言等现实材料，但与故事叙述间缺乏必要的过渡、衔接，破坏了艺术的整体氛围。其文字也较为直白、简单、生硬，未达到后来女性个人化叙事的诗性化修辞魅力。像《求索》仍被标注为"自传小说"，可除了空洞浮泛的自我辩护，还大段大段地植入吴范军名为《论遇罗锦离婚案》的"读者来信"、邓天纵发表在《社会》杂志上的论文《"消灭了资本主义生产"以后的婚姻基础》，占了总篇幅的47%，哪有什么人物和故事可言？当然，遇罗锦作品最受诟病的还是以文学作为诉讼状的"泄私愤"式功利文学观，三篇"实话文学"与其离婚案、两离三结的婚爱生活过分密切的"互文"关系，背离了文学的超越性这一对于个人化叙事来说同样十分重要的美学原则。从《冬天的童话》到《春天的童话》，再到《求索》，遇罗锦写作从广泛争议到关注者稀，也并不仅仅是受其个人离婚问题影响的结果，还与其自我辩白意味越来越强烈、社会内容越来越稀薄、艺术趣味越来越苍白相关。

1986年1月，遇罗锦赴德并滞留不归，从此在文坛销声匿迹，但这并非意味着其写作方式的黯然出局。21世纪以来，林白、陈染等人以边缘、逃离、诗性、幽闭、自恋、记忆、破碎、阴郁等为特征的女性个人化叙事在"走出自我、走向他者；走出身体、走向社会"的文坛呼吁下沉寂了下来。遇罗锦式以自我为原型、实话实说或虚实相间、将作者本人私密情感经历编织缠绕进文本中的个人化叙事方式，却延续了下来。文坛上出现了一些同样是人与文深度"捆绑"在一起，并同样引发各种猜测、比附、影射、纠纷的争议之作。像虹影《饥饿的女儿》《好儿女花》、张爱玲《小团圆》、林

---

① 毕星星：《书里书外——遇罗锦童话在小城》，《学习博览》2011年第7期。

奕含《房思琪的初恋乐园》等。其中，虹影作品还与遇罗锦一样是基于真名实姓、"对作者、叙述者和人物（主人公）三者名字的同一性加以肯定的"①"自传契约"式写作。不过，个人生活材料在这些作品中已不像遇罗锦那样硬性植入，而是有了艺术的缓冲。如漓江出版社出版的《饥饿的女儿》收入了多幅虹影老家重庆南岸江边的外景插图及虹影本人、家人的照片，以此强化虹影所说的"百分之百真实的自传，沿着书中描述的地址，你会找到我的家"②的"实话"性，但小说正文里却没有大量日记、书信的材料堆积，而是以艺术再创作保证了结构的浑圆性。而《房思琪的初恋乐园》里尽管也植入了房思琪日记，却并非原搬照抄，而是将房思琪写日记的视角、刘怡婷读日记的视角及二人视阈之外伊纹姐姐的视角相杂糅，对现实生活材料做了艺术化加工，还在后记中对究竟是"我"还是"我"的好友被性侵犯做了模糊化处理。另外，这些同样与作者本人生活有一定"互文"性的作品也没有了遇罗锦当年急切的愤怨意味。如《小团圆》中的邵之雍才华横溢且侠肝义胆，与现实中被张爱玲在与友人通信中称为"无赖人"的胡兰成已有一定出入，张爱玲忆旧式的、有距离的美学观照对当年的恩怨情仇有所稀释。《房思琪的初恋乐园》也没有在腹诽李国华个人品性上过多泼墨，而是更多着眼于迷惘、凄楚、抑郁的自我心态剖析。这些都有效规避了直接回应生活纠纷的文学功利性，提升而非降低了写作者在文本中透露出来的艺术人格。

新媒体时代到来后，随着普通人自我、个性、表达欲的全方位激活，"晒"文化流行开来，遇罗锦式不求精致圆熟、只为不吐不快、指名道姓式的"实话文学"，甚至有在互联网上泛滥之势。家长里短、恩怨纠葛、悲欢离合、爱恨情仇……人人都在写，主角都是"我"。因为是小人物的自发写作，一般没有对按图索骥、对号入座式解读的忌惮，个人的欢乐与忧伤统统和盘托出，生活气息浓厚，艺术技巧相对弱一些，与遇罗锦在前媒体时代所写的"实话文学"很接近。而遇罗锦在文本中对现实人物影射比附或直接开怼的"泄私愤"一面，也可以在时下每每引发热议的"'举报'文"中寻得一些蛛丝马迹。如前一阶段常艳12万字的"自传"长文《一朝忽觉惊梦醒，半世浮沉雨打萍》，同样的真名实姓，同样的"爱恨情仇+利益纠葛"，也同样引发社会轩然大波并对当事人生活造成了重大影响。

在理论上，任何年代都大量存在"我"的故事"我"来讲的普通人原生态写作，但在遇罗锦的年代，并非所有的"实话文学"都有公众化的机会，而自媒体时代则为其浮出话语地表提供了条件。这种与作者本人的生平际遇、日常经验进行互证互释的

---

① ［法］菲力浦·勒热讷：《自传契约》，杨国政译，北京大学出版社2003年版，第103页。
② 黄爱：《如何"暴露自我"——从〈饥饿的女儿〉〈好儿女花〉看虹影自传体小说的文体实践》，《中国文学研究》2021年第3期。

个人化叙事方式，被文艺理论家赵毅衡称为"自小说"，"传记留给大人物，自小说留给每个人"①。"自小说"与自拍、自画像、自电影、个人短视频一道，宣告了一个自媒体、"自时代"的到来。在此层面上，遇罗锦20世纪80年代引发轩然大波的"实话文学"更像是一个超前的文本，其文化基因在时过境迁之后才能清晰地显现出来。

结　语

新时期初年是女性作家自我意识、性别意识在长时间沉寂压抑之后逐渐觉醒的年代，但相对于张洁、张辛欣追求两性"在同一地平线上"的公共领域的平等平权，遇罗锦"实话文学"始终是徘徊在结婚、离婚、爱情、性等私生活范畴中的，其以自怜、自恋、自怨的个人化叙事勾连起了20世纪90年代的女性边缘化写作经验，不但有别于同时期伤痕文学的家国情怀，也与当时女性写作更多追求公共领域里的男女平权拉开了一定距离。她的写作，与其推动了"无过错离婚"的司法实践一样，是有文学价值的，但她夹杂了太多泄私愤意味的私语体书写又有太多艺术的瑕疵。因此，当年不无道德意味的贬斥又不能完全逆反为无视中国人传统伦理的"非道德"礼赞。遇罗锦这种与自我生活、情缘纠葛、现实纠纷联系在一起的个人化叙事，是最容易引发是非的文本方式。细细品味今天的某些"爆款文"，或许就能看到其"实话文学"的影子。遗憾的是，目前学界在这方面的研究还很不够②，而这也是本文重提这段文坛公案的缘由之一。

（作者单位：山东师范大学文学院）

---

① 赵毅衡：《论"自小说"》，《江海学刊》2019年第2期。
② 汤林峰、刘松娜对女性文学研究的最新梳理（《新世纪中国女性主义文学批评的问题与展望》，《湘潭大学学报（哲科版）》2021年第5期）就没有提到这一现象。

新世纪"学者小说"界说及创作研究

李 瞳

21 世纪以来，学者身份的小说创作引发了广泛关注，形成了持续的写作与阅读热点。彭定安、张炯、汪应果、王晓玉、肖君和、於可训、格非、郭小东、晓苏、南翔、李洁非、张生、阎真、葛红兵、王宏图、史生荣、徐兆寿、杨剑龙、朱晓琳、阿袁、洪兆惠、祝勇、朱志荣、吴礼权、肖瑞峰、吴亮、李敬泽、朱大可、邹贤尧、张柠、潘向黎、万燕、王尧、傅汝新、梁鸿、李云雷、房伟、叶炜、黄德海、项静、丛治辰、赵依等共同构成了这一队伍。该创作群体涵盖老中青各个代际，以生于 20 世纪 50 至 70 年代的中年学人为主；主要集中于人文社科领域，以中文专业居多。事实上，学者进行小说创作的现象并不鲜见，中国古代就有悠久的"士人小说"传统，现代的鲁迅、钱钟书、苏雪林、冯沅君、杨振声、郁达夫、沈从文，新时期的杨绛、王智量、马瑞芳、李洁非，以及西方的戴维·洛奇、安·苏·拜厄特等都有游走于学术与创作间的经历。

然而，作为一种独特小说类型，学者身份的小说创作虽在一些研究成果中被提及，但在许多方面还有待细致讨论。在社会转型和高校体制改革的背景下，知识分子和学者的社会角色呈现转型趋势，21 世纪的"学者小说"也因此成为一个独立自足的文学现象，需要对"学者小说"的相关概念进行界定，并在此基础上对 21 世纪的"学者小说"创作情况加以梳理和概括。

一、新世纪"学者小说"概念界定与辨析

不同研究者对现代意义上的"学者"有不同界定。费希特将其概括为"那些经由时代的学养，确实认识到理念的，或者至少满怀朝气，孜孜以求认识理念的人"①；在

————————

① ［德］费希特：《费希特哲学读本》，梁志学译，商务印书馆 2008 年版，第 289 页。

喻大翔看来，"学者不仅是高级知识分子中的一员，且是高级知识分子的精英"，他们以气质心理上的独特性、知识领域的精专性、思维方法上的系统性和殊异性、学术成就的创造性和影响性作为必备身份条件，还应向一个"超越性特征"无限靠近，那就是"有服从真理和维护真理甚至不惜牺牲自我的殉道精神"①。可见，"学者"大体是指以学术与理念为志业，有方法论意义上的治学特征，以人与社会的健康发展为终极指向的人。但现代学术研究范式中对术语的运用仅凭以上简单论述是不够的。"学者小说"需要以科学性、整体性眼光为前提加以界定。目前学界对这一研究对象的称名及界定大概可归纳为如下几种：

其一，基于叙事形态和叙事策略的界定。这类以鲁迅为代表。《中国小说史略》始见"才学小说"命名，云"以小说为庋学问文章之具"②，称《镜花缘》"惟于小说又复论学说艺，数典谈经"③。后世学者如钱钟书所论"小说之谈艺"，刘勇强、苗怀明对古代学人小说"选材扬学"传统之关注，及 21 世纪洪治纲、易文翔、金理、王春林、曾攀等所言"智性叙事"等称与之一脉相承。不少研究者将作家的治学经历与文本形态关联，关注到此类小说包孕知识分子思维特性。这类称名准确概括了此类小说的独特表征，但与本文关注范畴存在错位。学者身份并不意味文本智性特征的必然，单纯着眼智性特征也容易一叶障目，将学者身份小说内蕴狭隘化。

其二，基于文本选材的界定。世纪之交出现了一批以大学为主要表现对象，对高等教育持有某种严肃性的小说，作者身份多为大学教授。它们被称作"学界小说"、"学院小说"、"大学叙事"等。一些评论已初步显现出对创作主体的关注，李洪华、王姝等都浅要论及了不同背景和身份的创作主体对学院想象方式和情感态度的分别。此类称名能把握这类小说题材方面的共性，较"智性写作"来说，外延更清晰，但学界及周边题材只是学者作家选题世界的一部分，如果仅为明晰外延，以"学者写学者"为标准限定研究视野，很可能遮蔽、窄化学者群体小说创作的丰富美学内质及多元思想维度。

其三，基于作者身份的界定。如"教授小说"、"学院派小说"、"知识分子写作"等称。鲁迅曾指出"教授小说"因创作主体思维固化形成的某种弊端——"博考文献，言必有据"④。此处"教授"既指作者身份，又指"教授气"，即与主体思维相应的编撰策略及文本风格。郜元宝以《围城》为典范，认为"人情练达、敏锐的思想、

---

① 喻大翔：《用生命拥抱文化——中华 20 世纪学者散文的文化精神》，人民文学出版社 2002年版，第 5 页。

② 鲁迅：《鲁迅全集》（第九卷），人民文学出版社 2005 年版，第 250 页。

③ 鲁迅：《鲁迅全集》（第九卷），人民文学出版社 2005 年版，第 257 页。

④ 鲁迅：《鲁迅全集》（第二卷），人民文学出版社 2005 年版，第 354 页。

充沛的感情"应为"教授小说"的本体性标准①。另一种常见的"知识分子写作"主要指涉知识主体辐射下典章化、规约化的文化范式，关乎道德立场、价值评判、反思批判等知识分子精神传统，1987 年由西川率先提出，陈东东、王家新、格非、曹霞等沿用了这一指称及其所关涉的价值内涵。这种称名有效突出了此类小说的人文特征，但弱化了知识持有者身份的合法性，有混淆学者与一般知识分子之嫌。较之，"教授小说"、"学院派小说"以职业身份为依据，较清晰地框定了创作群体外延而更显客观，但窄化了研究范畴。而"学者"能兼顾创作主体物理属性与精神意涵，"学者小说"称名具备内涵丰富性和外延明确性，是能较准确把握研究对象的内质的称名方式。1996 年，陈平原在书评《学者小说的魅力》中首次提及"学者小说"，丛晓峰、王春荣、李春林、李洪华等沿用此提法，基本默认和沿袭了"学者创作的小说"这一宽泛内涵，但论述内容也偏重知识分子精神传统等常规意涵。

由上述可见，"学者小说"始终不是一个被严格界定的术语，要么作为作者身份或创作题材与小说文体草草附会，要么面目含混地与诸多宽泛或狭窄的命名存在似是而非的交集。尽管学者创作的不少文本受到关注并被划归至各种研究类别，但对创作主体这一共性特征缺乏必要的关注和探讨。究其原因，其一，这类小说兼具社会学与文学双重属性，关涉因素较多，导致评论者在界定时难以顾及周全；其二，界定者往往基于主观想象和价值预判，或多或少带有"应然"预设而有失公允。这既造成学者的知识生产者职能与"精神传统代言人"等陈旧观念的盲目混淆，又使学者小说创作的历史殊异性被遮蔽。学界最早明确界定"学者小说"概念的是王春荣的《论〈离离原上草〉的"学者小说"品格》，文章从作者身份、文化内涵、结构特征、读者定位等方面出发，全面突出了此类小说的主体意涵，但仍有待商榷，原因正是这样的界定脱离了特定历史场域，更多依据想象中的"应然"。那么，如何综合"新世纪"场域，全面准确地把握"学者小说"的特征与内在本质，对其名义问题加以阐释呢？

可以确定的是，"学者小说"是一种以创作主体为主要特征的文学类型。夏夫兹博里曾说，"体裁形式本身不能构成类型，只有'内在形式'与外在形式的统一，某一独立的类型的个别'尺度'唯一比例才能得以说明。而且，根据一种标准是无法把握这种'内在形式'的"②，因此对文学类型的认知不能局限于单一维度，而要从多个方面把握。韦勒克的《文学理论》则作出更具体的阐明，"内在形式"指向文本中

---

① 郜元宝：《方鸿渐的男女关系——兼谈"教授小说"的两重标准》，《小说评论》2019 年第4 期。

② ［德］H·R·姚斯、R·C·霍拉勃：《接受美学与接受理论》，辽宁人民出版社 1987 年版，第 103–104 页。

的态度、情调、目的及题材和读者观众范围等范畴，"外在形式"则指向特殊的格律或结构等①。基于上述文学类型学的相关理论，并结合 21 世纪"学者小说"创作的具体样貌，大致可归纳出如下核心因素：

其一，创作主体特征上，"学者小说"作者应是对学界生活有长期经历、深入体会和强烈文化认同之人。陈寅恪曾称王国维是中国文化理念及精神之"程量俞宏者"，即"为此文化所化之人"②。这同样适用于学者在文学创作中对学界文化的因袭与创造，可将此创作群体概括为"为学界文化所化之人"。这意味着既要关注学者的职业身份，也要强调学者的文化认同。一方面，在职业特征上，创作者应任职于高校、研究院所、学术报刊等科研组织机构，以知识文化的生产、传播、运用为志业，履行教学、科研、社会服务等相关职能，以追求真理和知识为职业素养和精神追求；另一方面，在文化认同上，应彰显学者的心态、立场。以 21 世纪涌现的一批高校题材小说为例，非学者小说惯用荒诞、反讽，情感立场是对学院知识分子的矮化和猎奇化，如阎连科《风雅颂》、张者《桃李》；学者作家则多由心理现实主义开掘，对学院中人有持批判的同情，如阎真《曾在天涯》、史生荣《所谓教授》。这种差异与创作者为学界文化"所化"的程度有重要关联。

其二，表现特征上，凡在一定文体意识指引下，以"想象虚构的方式对人类经验与情感描述"③ 的文本皆应纳入研究范畴。21 世纪投身创作的学者多来自中文专业，具有强烈的文体自觉和文体实验意愿，试图对现代意义的"小说"观念予以突破。很多文本甚至显现出"反小说"的形态，如於可训的"乡村志"记事极类唐宋笔记，吴亮、王宏图、郭小东以大段哲思、手记、史料等内容切断叙事逻辑，李敬泽的《青鸟故事集》则是囊括多种写作方式与多元知识面向的"文体异类"。学者用创作实践充分演绎了"小说从本质上就不可用范式约束"④。本文仅以小说区别于其他叙事文体的虚构性为界定标准，力图增强研究的包容性，以观此类小说内涵之丰富。

其三，思想特征上，严肃的、精神性的文学追求应成为"学者小说"的创作旨归。特殊的思维理路、各异的理论储备、稳定的价值观念是沉潜在学者群体精神世界的"集体无意识"，会不可回避地渗透至创作中。因此，对"学者小说"的定位不能停留于浅表化的"物"和"情"，而应渗透至"意"和"理"。"学者性"不一定通过知识、术语、问题得以表现，更多与理论自觉与问题意识引导下的总体视野与系统思

---

① ［美］韦勒克、沃伦：《文学理论》，江苏教育出版社 2005 年版，第 274 页。
② 陈寅恪：《寒柳堂集·寅恪先生诗存》，上海古籍出版社 1980 年版，第 6 页。
③ 刘晓军：《中国小说文体的古今之变与中西之别》，《中国文学研究》2019 年第 4 期。
④ ［苏］巴赫金：《巴赫金全集》（第三卷），河北教育出版社 1998 年版，第 544 页。

考关联。王尧十分看重世界观对小说家的重要意义，认为"小说家如果没有自己的世界观和方法论，他就不可能创造出一个现实之外的意义和形式世界"①。《民谣》某种意义上即是王尧世界观与方法论的文本转化。"学者小说"需要将深厚的学养、精深的理念与超群的智慧转化为认知世界的独特视野与处理问题的意图与能力，甚至要体现出某种超越公知的独到见地。

需指出，21 世纪纯文学场域内部发生着剧烈的分化重组。就学界与文坛的"跨界"互动而言，情况之复杂已不可简单划分为体制内外。因此，界定"学者小说"有必要综合"新世纪"这一独特历史区间，分情况对创作主体特征进行补充性阐释。情况一，先从事学术职业，后进行小说创作，且至今仍在从事研究，中间无断档的学者；情况二，在治学之余开展小说创作，后脱离学术体制转而成为职业作家，如徐坤、李洱等；情况三，凭作家身份成名在先，后进入科研体制的"学院化作家"，这其中既包括李陀、王蒙、贾平凹、王安忆、刘震云、阎连科等将人事关系调入高校，承担教职或行政职务者，也包括葛亮、林培源等在求学阶段即因创作成名，后来进入学术体制的作家，若再算上高校延请的客座教授、驻校作家等以各种名义兼职于学术体制的作家，此群体将更蔚为大观。上述人群都不同程度涉及知识生产逻辑与文学创作逻辑自洽的问题，都有理论基础与创作实践相长促生的经验，在这种情况下，区分关键在于考察理论和创作谁更大程度、更为优先地指导了谁。以成熟的学理性思维为创作基础、由知识生产领域生发的文学创作多发生于上述第一种情况，另外两种情况一定程度上与之形成参照。情况二中的作家虽有学者履历在先，转入作协后或有评论文章问世，但不仅易因作协一直为人诟病的"行政化"、"衙门化"对创作个性造成无形束缚，且存在学理思维被削弱的可能。情况三中的"学院化作家"大多由创作而理论，虽然王安忆《小说讲稿》、阎连科《发现小说》等著体现了进入学术体系后的理论自觉，但他们的创作实践和心得先于理论建构产生；像作协作家及驻校网络作家、偶像作家都属于职业作家，在市场环境下的写作多少都要以"稻粱谋"作为目的。虽然任何写作都无法自外于市场他律、政府调控、大众传媒合力构成的大的文学场域，但较之情况二、三，情况一的创作人群一方面能最大程度保留创作中的"学者气"，尽量避免市场和主流文学生产体制对学理性思维气质的削弱，另一方面，学者免受职业文学生产体制约束，并能在学术体制内谋得稳定物质保障，反而使文学创作的相对独立获得某种可能。因此，我们将"学者小说"作者身份进一步界定为，学养积累及学术思维养成先于创作实践，学术职业先于小说创作，有长期而连贯学术经历且至今仍以研究为业的学者。

---

① 王尧：《新"小说革命"的必要和可能》，《新华文摘》2021 年第 1 期。

二、新世纪"学者小说"的文化内涵

（一）由精英而平等：学者的文化角色意识嬗变

20 世纪的学者小说整体表现出一种精英与世俗立场的紧张关系。现代时期的《孤独者》、《伤逝》、《棘心》，八九十年代的《饥饿的山村》、马瑞芳"新儒林系列"，乃至 21 世纪初的《沧浪之水》都不同程度地将知识者随顺世俗看作是痛苦且羞耻的，知识分子始终因知识身份与世俗日常存在某种隔膜。这与学者小说家们秉承的"耻利"、"抑商"的精神立场有关。即便是市场对大学的介入已呈合法化①的 20 世纪 90年代，由市场经济衍生出的实用主义和工具理性等意识形态仍难以见容于知识分子思想传统。

这种叙事姿态在 21 世纪悄然发生变化。虽然不少小说依然聚焦于高校及知识分子的严苛批判，但《沙床》、《所谓教授》、《大学之林》等呈现出一种倾向——知识经济时代背景下，"大学与市场逐渐达成了某种和解甚至默契"②。《沙床》以酒吧为商品经济时代的重要消费空间，消费（酒）、性爱（女郎）与知识生产在此共生，彼此依附，互不干扰；诸葛教授用酒色抚慰迷茫与颓唐，也并不耽误在形上层面追索终极意义。精英立场与以市场为表征的世俗文化的紧张关系在这里呈现了一定程度的缓和。《所谓教授》和《大学之林》则塑造了刘安定、薛人杰式的学界"能人"形象，他们年富力强，风流倜傥，专业能力突出又野心勃勃，他们积极在市场与政界发掘资源以获得名利，但他们追求的是合理合法的名利，如刘安定对白明华等堕落者始终鄙视并自动远离，薛人杰热衷权欲，却有行事原则和底线。尽管小说结局依旧是知识分子走向"死亡"，但小说作者对人物的叙述态度复杂而暧昧，不再一味站在道德立场进行激进而武断的否定。这在某种侧面证明学者群体正悄然转换价值理念，逐渐破除以价值理性压制工具理性的思想藩篱，表现出对世俗立场的认同。这种嬗变与时代整体语境脱不了干系。21 世纪以来，从信息技术极速变革到消费文化大面积盛行，从全球化不断推进到城市化进程势不可当，所带来的重要影响就是日常生活呈现出"变动不居的、开放性和包容性不断增强的"③ 的纷繁形态并迅速扩容。而对日常社会物质性、体验性审美维度的关注和发掘也成为置身 21 世纪的学者们的共同表达倾向。这体现了

---

① 1993 年的《中国教育改革和发展纲要》规定教育"自觉地服从和服务于经济建设这个中心"。

② 李洪华：《20 世纪以来中国大学叙事研究》，上海三联书店 2020 年版，第 256 页。

③ 洪治纲：《坐对瑶觞看舞妙——论新世纪小说创作》，《南方文坛》2020 年第 6 期。

学者群体由知识分子精神传统的代言者到现代知识生产机制中的职业者、由庙堂之上的文化精英到日常生活中平等个体的自我认知嬗变。

不过，这并不代表学者群体堕落为丧失价值判断能力的平庸社群，而是在顺应时代的同时表现出有限度的精英意识。晓风的"大学三部曲"中，学院知识分子被还原至知识生产的现实框架，他们行事遵循自我操守，但也适应环境并努力生活，无论是薛鹏举（《回归》）、王畅（《第三种人》）等高校行政领导，还是张有忌（《职称》）、张丹阳（《事故》）等普通学院知识分子皆是如此。他们有世俗追求，却并不庸俗或低俗，在遭遇人情练达时，不愿摆脱知识分子特有的那点清高，因而常处在尴尬的境地。对于事业，他们大部分恪尽职守，有良好的"职业道德"；对于日常生活，他们也会呈现出懦弱或卑琐的一面，但也有反思意识和能力。有限度的精英意识、独特的反思头脑，洞明世事，练达人情，在庸常生活中保持热情憧憬及理想主义情怀，应被看作当下知识分子适应时代的另一种区分特征。

（二）由表象而及物：知识主体身份的确定与强化

知识在写作中始终是一个暧昧不明的构成因素①，这一症候在知识分子形象塑造上体现得颇为具体。当代中国知识分子与政治的密切关联使他们的身份并不纯粹。从伤痕、反思、改革浪潮，到20世纪八九十年代或优越或丑陋的知识分子形象，知识分子身份合法性都勾连着家国意识和忧患情怀，一旦脱离了这个联结点，这一身份便显得语焉不详。而21世纪刘醒龙《蟠虺》、格非《月落荒寺》、李洱《应物兄》等虽涵盖大量知识话语，但依旧延续道德本位写作传统，知识不参与知识分子的主体价值，甚至与价值悖反，知识和信息的堆砌和物质性提取仅是作家对知识群体庸俗化的佐证。可见，作家更多强调知识分子的文化身份，而对"知识的掌握者"这一主体构成缺乏深入的关注。如何突破道德标签及价值立场的"认识论基础"、对知识分子的知识属性作一有效表达？21世纪学者小说作出了一定程度的回应。

《果蝠》（南翔）以缪嘉欣的求救及其引发的关于"是否消灭蝙蝠"的问题为重心，借此实现生态科学常识与科学精神的普及。这主要是通过对生物学学者刘传鑫的形象塑造来实现的。刘传鑫在S县的演讲与答问不仅对抗疫盲动者激进、武断、"乱作为"的行动加以批判与驳斥，也实现了一次有说服力的科学普及："自然界多次给过我们惨痛的教训：任何一种平衡不要轻易去打破，因为我们不知道会带来怎样的遗症……病毒的一大特点就是寻找新的宿主，原本它待在野生动物身上，彼此相安无事，

---

① 徐勇：《学者写作与知识的表象问题——关于晓风和他的知识分子题材小说》，《浙江工业大学学报（社会科学版）》2019年第18期。

一旦你侵占了动物的地盘，病毒很快就会完成从动物向人的迁移……"① 小说借刘传鑫这一人物对科技社会中知识分子的"知识性身份"予以体认与强化——知识代表科学精神和严谨态度，代表了理念人群辩证、多维、全面的思维方式和思想立场。《果蝠》一定程度上传达了学者作家对知识分子知识身份的推崇和倚重。

《才女夏娲》（於可训）和《三城记》（张柠）则从方法论角度探寻知识充当知识主体建构元素的可能性。夏娲和顾明笛都是近似于《白痴》中梅什金公爵般的"微反常"人物。夏娲幽闭于理想的伊甸园中，不仅蒙昧于"无边界"等云遮雾绕的学术概念，在身处与林俊的爱情关系时也浑然不知所爱；顾明笛"推理的热情大于感受的热情"，他能厘清两具肉体激情邂逅与两个灵魂的水乳交融之间微妙而决绝的差异，却缺席于正常的生活，睡袋隐喻着他安逸而封闭的生活与精神境遇，其走出家庭后的言行与社会运行轨辙频生偏差，甚至狂笑着撕碎博士开题报告而被送入精神病院。究其原因，成长的封闭使夏娲、顾明笛们困囿于象牙塔内的理念知识，疏离于现实经验知识。他们信奉启蒙理性和理想主义价值观，习惯对现实作不切实际的简化，并渴望以道德化的个人主义引领实践，但简单化、理念化的信仰却难以应对更为复杂的现实，"过于丰盛的经验和过于理性的个体难以与他人连接成真正意义上的命运共同体……在纷繁复杂的身份变化中难以形成任何根深蒂固的忠诚认同"②。于是，出走成为不同世界交流与贯通的契机。夏、顾的出走与游历串联起多个社会群体，他们既感受到知识话语和道德立场被崇敬、需要、揶揄、工具化，也从不同群体置换来隐形秩序、多元诉求、生存技巧、人情法则等更为繁复鲜活的元素。此间，人物的知识属性是被突显的，中文专业博士和文艺青年形象塑造使小说涉及大量智性话语，它们真正参与了人物的性格构成和精神成长，如夏娲在阿丹启发下重审文学与哲学的关系，继而生下文学与哲学的"宁馨儿"，开启了新异的人生旅途，顾明笛则秉承乌先生的"行动哲学"，游弋于文学沙龙、报社、高校等圈层。知识的求索也浸润于世态人情内，与追寻自我价值的精神成长密切关联。两部小说将知识话语作为现实多维话语中的一维，寻求一种平等意义上的对话，借此思考和呈现了当下社会知识分子形成知识自我确信的途径与可能。

（三）由细部而整体：良史观念的文学呈现

21 世纪历史书写大都延续或发展了新历史小说的精神质素，作家多汲取历史特定

---

① 南翔：《果蝠》，《北京文学》2020 年第 8 期。
② 刘大先：《过剩的经验与过于理性的个体——〈三城记〉与后启蒙时代的精神成长问题》，《南方文坛》2019 年第 4 期。

氛围，淡化甚至模糊具体时代及事件形成的相对固定的思想认知及审美维度。这样的艺术选择涉及一个明显症候，那就是模糊了具体历史的意义，体现了脱实向虚的趋势。究其原因，重要的一点是文、史两途背景下，文学写作中历史意识的缺失。与之相异，21世纪学者小说体现出历史意识的话语自觉，他们不把历史作为背景，也不执着于通过癫狂的想象和荒诞突显令人瞠目的非理性和人性异数，而是着眼于历史的实在细部，正视个体和历史的联系。他们多在虚实间寻找某种有机平衡，将回忆作为重述和反思历史的重要渠道，将自我下沉至历史日常细部，建构与波澜壮阔的宏大历史书写相区别的另一种真实，这使得学者的历史书写有着及物的生命实感。

《民谣》（王尧）中，个体成长史、家族发展史及社会变迁史的细碎往事随着回忆纷至沓来，并牵扯出个体与革命的复杂关系、复杂革命秩序中的自我位置等宏大思想话题。成年的"我"往返于回忆与现实，使散乱无序的"私人往事"有了被阐释和反思的可能。一方面，作者将革命年代中被笼统固化的"我"从群体关联中解放，还原为具备能动性的参与者而非被动承受者，考量个体与历史的复杂互动。例如，聚焦于一代青年世界观的形成理路，以文艺作品为切入点探问革命历史如何与个体精神世界演变形成关联。革命年代的"我"们以《青春之歌》、《野火春风斗古城》、《闪闪的红星》、《老山界》等红色经典及《人民日报》、《新华月报》等主流报纸为读物，这些作品混合着革命性公共话语体系的阐释、宣传意图，以及对读者情感诉求的契合意识，使读者在理解与认同的过程中获得革命意识形态对精神世界的规约与形塑。"我"对地主胡鹤义的报复、勇子和表姐对莫庄阶级斗争形势的分析与实践，都与文艺接受史相互印证，革命意识形态悄然渗入一代人的成长历程的过程也随之呈现。另一方面，作者将回忆中的"我"剥离出特定的历史现场，以"杂篇"与"外篇"的叙述形式为历史作注，重新定义和阐释自我历史文化经验。作者着眼时代文本的生产过程，使晦暗难明的历史碎片获得了被照亮和重审的机会，如正文部分对王二大队长的怀念与杂篇中王二大队长的牺牲相互补充，甚至形成悖反；厚平入团介绍信的撰写过程贯穿着个体对主流话语的揣摩与契合，既体现了革命年代政治话语对个体成长的粗暴介入，又关联当下语境中革命话语元素断裂中的延续。作者用理性眼光重审"我"曾置身的文化意义网络以及受其形塑的"我"，"我"的个体成长与自我重塑钩沉了一个历史阶段和一代人的精神特质。王尧用谱系学研究思路入文，以整体性、逻辑性、动态性的视野使文学的历史书写获得了与历史相匹配的复杂性。

李云雷和项静同样以"近历史"为书写起点。与"60后"王尧不同，作为几乎脱离乡村劳作经验、在改革开放后以城市为中心的教育体制中成长的一代，他们卸下了沉重的伦理负荷，以自我为创作原点，将对故乡往事的关注作为"重建自我，寻找一种历史坐标或完成一种精神疗愈"① 的方式。因此，历史细部给予故乡人们何种经历和情怀，又如何在个体的扬弃、吐纳中化为生命内涵，成为他们的着眼之处。而这些小人物的命运始终被关联在社会历史变迁的网络中——小霞赠予的苏联歌曲磁带将懵懂的我关联进了社会历史变迁的网络当中，年少的情感萌芽，混同着对阔大历史和现实的虚浮想象与真诚情怀，共同渗透进"我"的潜意识（《暗夜行路》）；大伯和堂弟两代人的创业历程异同可看作改革开放以来时代变迁的缩影，时代语境在他们身上有不同的投射，而贯通于不同代际的是他们的失落与挣扎、抉择与追求（《见字如面》）；令箭的"英雄主义"或许正源于重要时间节点 1996 年——那个 80 年代的理想主义尚未完全退却，而实用主义观念刚刚袭来的、晦暗难明的 90 年代（《本地英雄》）。李云雷和项静以时代洪流在场记录者的身份发现和记录历史的尘埃，这些尘埃与细部未必记诸史册，却恰恰构成了文学叙事关联历史真实的纽带，开启了通往历史的整体性与真实面貌的渠道。

通过梳理学界研究现状、借鉴文学类型学相关理论、综合时代场域及创作呈现特征，本文从创作主体、文本呈现、思想特征等方面对 21 世纪"学者小说"名义问题进行了探究，并以此为基础对 21 世纪"学者小说"创作情况加以观察。21 世纪"学者小说"继承了"五四"以来学者的现实关切传统，又在与 21 世纪语境的互动中生长出新质——一方面，21 世纪"学者小说"呈现出与同时代整体一致的轻逸美学范式，一个重要表现即是"从道德精英向知识精英转化，从精神向技术位移，从倔强地与世俗精神相抗争到全面投身于消费社会"② 的知识分子形象塑造嬗变及创作主体文化立场转型；另一方面，21 世纪"学者小说"因精神性、整体性、历史性的书写视角与同时代文学主流、潮流形成间离，尤其表现出对个体及时代精神样态的关注，意图在个体与历史的对话中建构历史与当下的有效关联。这些新质或许关联着学者的某种"心事"——21 世纪以来，社会生活愈加复杂，新兴现象及观念层出不穷，旧问题依旧根深蒂固，这对学者的学养与判断能力形成了极大挑战。出于对现实的清晰认知，一方面，学者们逐渐走出"五四"以来沿革已久的公众启蒙意图和文化英雄心理的虚妄身份想象，将自身置于复杂的世界，探寻弥合理念与现实裂痕的可能，寻找知识分子主体身份的合法性；另一方面，面对普遍性的"生活世界殖民化"和个体心性秩序

---

① 樊迎春：《渐变的底色与动态的机体——新世纪小说二十年初探》，《创作评谭》2021 年第 4 期。

② 谢有顺：《消费时代的暖色幽默——〈桃李〉与当代知识分子形象的转型》，《南方文坛》2002 年第 4 期。

危机①，学者们秉持精神维度反思立场，试图从个体精神世界肌理中找出支配行动的原因和力量，赋予个体行为自主性，这关乎公共维度的意识重构和行为自主性生成，"公共良知要求所有真正的、完整的道德存在都具有这种自主性"②。总之，21 世纪"学者小说"因轻逸的身份立场与厚重的人文之思显现出"轻""重"同构、以"轻"击"重"的文化意涵与审美格调。而在文学场域与知识领域分化重组的今天，小说创作恰为其"重"提供了迂回表达的渠道，"21 世纪的中国是一个'叙事'而非'思想'占据主导位置的时代。在整合性的叙事与区隔化的社会空间之间，小说或许成为知识群体越过学院和市场边界的重要媒介"，成为"知识群体向社会发声的重要渠道"③。这也是 21 世纪"学者小说"的深层价值所在。

（作者单位：吉林大学文学院）

---

① 杨丹丹：《革命遗产、世界观与历史的修补人——〈民谣〉的三个关键词》，《小说评论》2021 年第 5 期。

② ［法］爱米尔·涂尔干：《道德教育》，陈光金、沈杰、朱谐汉译，上海人民出版社 2001 年版，第 118 页。

③ 贺桂梅：《"两个李陀"：当代文学的自我批判与超越》，《民族文学研究》2018 年第 36 期。

"七月"的钩沉与厘定

——对《白色花·序》的一种解读

赵艺阳

1981 年 8 月,《白色花——二十人集》(人民文学出版社)的出版释放出"七月派"在 20 世纪 80 年代集体"归来"的信号,阿垅、鲁藜、孙钿、彭燕郊等 20 位诗人的作品收录在册,绿原(时任人民文学出版社编辑)为其撰序。序为诗眼,这篇序言对这部诗集,乃至对七月派同人来说,显然意义重大。牛汉曾回忆道:"'七月派'的称号,大概是 1940 年前后在重庆出现的,在当时就带有一点贬义,这可能与 30 年代后期左翼文艺运动中的论争有关。"① 事实上,七月派在 20 世纪 40 年代并未自诩过"流派"之名,却因志趣的同一而引发了超出文学本体的悲剧,持续陷入政治风暴的漩涡。对此,序言不得不以"谦卑"的心态面世:"本集的作者们将怀着感激的心情,不揣自己在文学史上几近湮灭的存在,期待年轻的月旦家们的评骘。"② 受众与检验对象的变更投射出诗人们视野的变化与思维模式的转型,而"向前看"的发展意识,更需要诗人们在妥善处理基于创作身份、创作内容、成果评定等一些历史性追问之后方能生效。《白色花》的序言则是对此时代气息的敏锐反应。它既背负沉甸甸的历史遗产,披露诗集出版的外在缘由与内在理路;又试图靠拢 20 世纪 80 年代初的感觉结构,传递诗集的出版目的与出版需求。敏感于新时期的"时与势"③,诗集的序言一方面力

---

① 牛汉:《我仍在苦苦跋涉——牛汉自述》,三联书店 2008 年版,第 213 页。

② 绿原、牛汉编:《白色花——二十人集·序》,人民文学出版社 1981 年版,第 1 页。

③ 参看程光炜《三人行——对舒芜和绿原、牛汉关系的探讨》:"这个'时',就是贯穿于七十年代末到至今的改革开放运动,它改变了几代人的观念和生活;而这个'势',就是人们须在'思想解放'的背景中考虑自己的言与行,这一定程度上也影响到人们对人与事在态度上的取舍。"程光炜:《三人行——对舒芜和绿原、牛汉关系的探讨》,《中国当代文学研究》2022 年第 3 期。

求在"拨乱反正"的大潮中顺势而为，助力诗集的出版与流派的集体出场，另一方面也谨慎于其历史性发言的话语分寸与表达限度。但在字里行间，我们似乎发现"故事"的讲法值得考究。它在尝试解决一些问题的同时，也不免忽视、遮蔽了问题的另一面，暴露出文本的不确定性和著者立场的暧昧性，其中不乏某种诡辩色彩，有些论断其后也引起过争议。所有这些共同塑构了七月派之于20世纪80年代以来的诸多面向，也直接或间接地影响了流派的命运走势。

一、《白色花·序》的"生产"机制

"代言性"与"自辩性"应当是《白色花·序》这篇诗序的显著特征。对此，执笔者绿原的叙述很值得考量："里面有些看法未必完全属于我，又不能说完全不属于我。从前一方面看，我既不宜把一些精辟的见解据为己有，也不愿把一些自己并不十分同意的说法挂在自己的名下。从后一方面看，里面又确有一些我个人的看法，本来就不宜用复数主词写出来。"① 出于不同的表达欲望和价值诉求，即便同人们目标一致、意气相投，也很难众口一词。如此诚恳而无奈的辩驳似乎是为了申明"我"与"序言"之间微妙的距离，尤其当绿原置身于20世纪80年代初的政治文化场，明确这份序言被寄寓的特别意义之时，他既不想只身揽功，也不愿独自承过。这一看似稳健顺畅的文本，其实是一个杂糅了多种角力的化合品、磨合物，争论的核心集中在七月派的历史情况、理解诗人自己与流派之间的关系上，其中既包括如何认识的问题，也包括怎样阐释的问题。这不仅在文本内部构筑了某种矛盾张力，也暴露出序言并非"写"出来的，而是在观点的交互、碰撞中"生产"出来的。

集齐稿件后，出版社要求牛汉、绿原二位编辑加一篇序言，说明编选这本诗集的缘由、用意，以便向读者介绍相关情况。任务已定，谁来执笔？囿于一些敏感的历史问题与人际关系的纠缠，出版社的编辑不方便出面，写作的任务落在了流派内部成员的肩上。倘若按照位置、声望的权重衡量，首先考虑的人选莫过于胡风，但"胡风先生当时在重病中，对这个合集根本未曾与闻；同时就当时的形势来说，胡风先生即使没有病，他也未必愿意写"②。其次应是阿垅，但彼时他已逝世13个年头。牛汉和绿原二人对此进行商讨，希望能有一位"既有理论素养而笔锋又带感情的作者来执笔"，恰逢曾卓的《悬崖边的树》引起热烈反响，似乎曾卓来写较为妥当，但"这位作者在外地工作，当时出差来京，平日开会访友忙不过来，动不了笔，回外地再写又来不及，

---

① 绿原：《关于〈白色花〉及其序》，《绿原文集》（第四卷），武汉出版社2007年版，第89页。
② 刘若琴：《零落成泥，其香如故——〈白色花〉出版轶事》，《随笔》2015年第6期。

出版社需要按时交稿"①，并且可能因在流派中的尴尬位置"会招来不同的意见"②。最后，由绿原挑此重任。他曾谦虚地表示，担心因时间的延宕而耽搁出版的计划，才"只得就地拉差"。但客观来讲，绿原着实符合预定的筛选条件：既有良好的理论修养与创作经验，又因胡风案中"骨干分子"的罪名级别标识而在 20 世纪 80 年代初被安置了显著的在场性，由他执笔也确在情理之中。

人选的逐步"滑落"，实际上折射了七月派之于 20 世纪 80 年代初的原始景象。由绿原撰序似乎表现出流派在经历漫长的浩劫后逐渐走向凋零和衰败，而他们又不得不尤为谨慎，唯恐错失当下的出场良机。于是，绿原将写好的初稿交给一些同人共同研究——"序文的初稿写出来，先请牛汉同志和北京几位有关同志看过，后来还请当时出差来京的 Z 同志和 L 同志看过"③。据考证，Z 同志是曾卓，L 同志是罗洛。其他与绿原交换过意见的包括在北京的牛汉、徐放、鲁煤，以及在上海的何满子、耿庸、王元化，还包括身患重病的胡风④。他们与《白色花》诗集的关系可大致分为三个层次：一是入选的诗作者，拥有修改稿件的自然权利；二是陷入胡风案的相关理论家，名义上不参与诗集的出版工作；三是七月派的盟主胡风，与诗集的关系自然无需多言。他们的参与看似有随机的成分，人数亦不算多，却在客观上共同构成了一个饶有意味的策划组织，且在关键的部分均有"岗位"的涉猎：既有基础性的支撑力量，也有理论家的出谋划策，又不乏盟主的掌舵把关。三方均可启动对序言的审查机制，促使序言在整体上感情丰沛、理论扎实、思路清晰、通晓顺畅。由此，文本在组合力量的支配下，收纳了群体性的意志、情感与心理倾向，在"生产"这个组织化过程中，首先完成了信息（观点）的集纳。

如果说"集纳"是观点可能在文本内的铺展，那么从集纳到产出，还需经过适当的过滤、收缩。原因除却篇幅有限，无法容纳过多的观点陈述之外，观点与观点之间对立、抵抗、无法共存的现实情况也不容忽视。因而，执笔者绿原又仔细琢磨、反复考量，最终实施的解决方案是：针对"点缀性"观点，如牛汉、徐放、鲁煤、曾卓、罗洛等人在局部细节提出了补充意见，对全文未做原则性改动，绿原基本上采取全盘吸收接受的态度；针对"改换性"观点，如王元化指出"当时不可能同工农群众有密切联系，故题材狭，知识分子味浓，这是从文艺工农兵方向去评骘。我觉得今天还是

---

① 刘若琴：《零落成泥，其香如故——〈白色花〉出版轶事》，《随笔》2015 年第 6 期。

② 事实上，曾卓自己也曾表示："我算'七月'，总像有点勉强。"参见刘若琴：《零落成泥，其香如故——〈白色花〉出版轶事》，《随笔》2015 年第 6 期。

③ 刘若琴：《零落成泥，其香如故——〈白色花〉出版轶事》，《随笔》2015 年第 6 期。

④ 1980 年 12 月 28 日，绿原与徐放、鲁煤一同前去看望胡风，也在交谈中吸收了些许胡风本人的意见。

强调马恩文艺观重要"①，绿原并未直接采纳，仍将七月派的写作置于革命文艺的路向上考察。而何满子在同意王元化观点的基础上，认为"序文应增加对于诗派所受限制的外在条件（历史条件等）的阐述，例如拉普思想的干扰，当时浮躁的文风等等，认为这对现实和未来都有教育作用"②，绿原虽有所吸收，但对外部条件、历史条件的干扰做出了相对模糊的处理——"作者们不但继续面临民族的大敌，而且在生活周围的各个角落，都遭遇到空前发动的、反共反人民的黑暗势力"③，既没有规避诗人们曾存在的"不健康的"、消极写作的现象，也无意于自我粉饰并进而消解序言的反思意识。

自此，序言完成了集纳—过滤—统合—产出的生产程序。众多松散的思绪片影，经由执笔者在文本架构、行文逻辑、表达侧重等方面的把握、判断后，进行了一定统合或舍弃，最后交付出版社。序言发表后，文化界的反应迅速并逐渐升温，有此起彼伏的不同意见传散开来。"那些意见有的来自当时在外地没有看过原稿的作者，他们的宝贵意见事先没有办法纳入序文中。"甚至一些看过、修改过原稿的作者由于"没有来得及'知无不言，言无不尽'，因而没有从根本上改变这篇序文的写法，同样是令人遗憾的"④。横切面上的意见已经难以覆盖，众口难调的尴尬又不仅仅体现在"看过"与"没看过"之中。倘若每一个意见都构成了对现有文本的颠覆，那么后者将始终处于不断的"生成中"，难以化成切实的可行性。更何况写作行为本身被挟持在特定的历史时空里，无法根据同人们反应神经的跳跃而动态地做出改变。这些均构成了序言的驳杂，抑或说兼具歧义、模糊、漏隙的不完整性。然而，也正因这种复杂性，才使序言有了进一步解读的空间。尤其以"后设"的视角回放序言生产的慢动作，当初使用的一些表达、论调，无不具有强烈的政治文化和身份认同的诉求。它尝试解决一些历史遗留问题，如清理身份与立场、复认流派的历史传统、明晰流派文艺思想的具体内涵，也期待通过合理的、有倾向性的阐释，以一个恰当的身份、面目回归公众视野，走进新时期的文化场域中。

二、真实性与人民性："七月" 的价值重估

在序言"生产"的过程中，绿原等人去医院拜访胡风这一历史细节值得考究：

---

① 笔者认为，他之所以主张谈后者，一是出于风险规避的角度考虑，因反思的内面恰恰是问题的暴露，而"马恩"作为人民结构的理论来源更具阐释的普适性；二是针对 20 世纪 80 年代初的开放政策所招致的思想涌动，强调马恩文艺理论对当下的文化生态可起到某种推介的作用。

② 刘若琴：《零落成泥，其香如故——〈白色花〉出版轶事》，《随笔》2015 年第 6 期。

③ 绿原、牛汉编：《白色花——二十人集·序》，人民文学出版社 1981 年版，第 6 页。

④ 绿原：《关于〈白色花〉及其序》，《绿原文集》（第四卷），武汉出版社 2007 年版，第 92页。

谈了两个小时，病人（指胡风先生）哭了三次。就便谈到诗集（指《白色花》）事，问他如何看待"流派"创作的特点，他断断续续地说："时代的真实，加上诗人自己对于时代真实的立场和态度的真实，才能产生艺术的真实。"①

绿原将这句颇有提纲挈领意味的"看法"原封不动地摘抄进序言里，将对"真实"的正确理解视为诗歌产生的前提，由此规划一条七月派诗人创作"真正的诗"的"唯一"路径，并且郑重表态："这种创作态度应当说是他们（一般称之为"七月派"）的最基本的特色之一。"② 无论是行文架构、字里行间，三个"真实"的叙述逻辑隐藏着七月派创作轨迹的关键密码。它旨在复原 20 世纪 40 年代社会语境挤压下的递进式、推导式创作结构，也试图构成 20 世纪 80 年代可被认识、理解和追问的阐释结构。按照绿原的表述，他似乎有意将两个结构叠套起来，将序言抛出的观点归结为历史上七月派的实际情况。但事实上，二者之间横亘着巨大、动荡的历史变迁，尤其当序言渴望通过 20 世纪 80 年代"再阐释"完成系列的平反任务，它所使用的话语多渗透出矫正、修复的表述倾向，从而造成两种结构难以、甚至无法形成整饬的对合状态。如此悖论在三个"真实"的具体内涵中均有显在的反应，过程中又不乏互相的影响与联动，这构成了序言复杂性呈现的一个极为重要的面向。

囿于诗集选取的诗歌大部分为作者在 20 世纪 40 年代所作，出于对诗集的整理与推介，序言锚定的时代为 20 世纪 40 年代的抗战文艺。它是这样勾勒"时代的真实"的："严酷的形势不能不对他们产生极大的影响；他们当时大都是二十岁上下的青年，没有也不可能经受正式的专门的文学陶冶，现实生活才是他们的创作的唯一源泉。"③ "文学陶冶"的欠缺或是谦词，绿原因邹荻帆的推荐而到内迁至重庆北碚的复旦大学读书，由此和曾卓、冯白鲁等人相识，共同组合成了"诗垦地"复旦交友圈；方然、芦甸则就读于重庆金陵大学中文系，活动于成都的平原诗社。另外，如杜谷于郭沫若主持的文化工作委员会下属的文艺组工作、胡征在延安鲁迅艺术学院普通部学习等等，诸多"七月"青年不乏文学方面的相关经验，甚至部分在校风传导、课程接受、刊物编辑与频繁的日常交流探讨中逐渐构成一种趋近的阅读与情感结构，从而极易产生相似的文学观念。而序言却用一种"挤压—反弹"的结构介绍一代文学青年的成长：挤压动作的发出者是现实条件，即"中国共产党肩起了抗日救国的大旗，给人民指出了

---

① 转引自刘若琴：《零落成泥，其香如故——〈白色花〉出版轶事》，《随笔》2015 年第 6 期。
② 绿原、牛汉编：《白色花——二十人集·序》，人民文学出版社 1981 年版，第 5 页。
③ 绿原、牛汉编：《白色花——二十人集·序》，人民文学出版社 1981 年版，第 1 页。

前进的方向"①，这不免会造成一种简单化处理的阅读观感。相较于宽广、多面、纵深的历史原貌，序言所表述的"现实"基本收缩、编码在中国共产党领导的体系之内，而遮蔽了"七月"同人们拿起笔杆、走向创作中更加具体化、个性化的文艺观形成路径。这表示当序言出于20世纪80年代的时势、制度、社会互动状态而重新规制20世纪40年代"现实"的主题，不免会从历史成果收验者的角度回溯情景之发生，从而在叙述上构成了"时代的真实"的政治倾向性。序言的作用不仅有党性明志之意，更重要的是，它通过复认创作背景的"区间"规划，能够自然、通顺地导向其"人民性"立场。

序言以"人民性"切入诗歌的阐释轨道，显在地影响着读者（尤其是年轻一代）对诗歌的解读方式。1948年，胡风于《论现实主义的路》中谈到"现实之所以成为现实，正是由于流贯着人民的负担、觉醒、潜力、愿望和夺取生路这个火热的、甚至是痛苦的历史内容"②，不仅将现实和人民阐释成一种"互释"关系，并且在区分了"人民性"与"全民性"这一组辩证概念基础上，建立起文艺与人民大众相结合的认识模式。《白色花·序》复认了七月派的人民性立场——（他们）"通过严格的自我审查，争取同人民大众的思想感情相通"，又间接地具化了人民的指涉对象，制造了"人民"与"工农群众"所指同一的话语表述："尽管他们主观上要求在自己的艺术中体现人民大众的解放愿望，但限于生活环境和工作岗位，他们当时大都还难于甚至不可能同工农群众有更直接、更广泛、更密切的联系。"③ 依赖于《延安文艺座谈会上的讲话》对"人民"概念的设计，即一种围绕人民大众、工农兵群众的特殊理解而建立起来的理论结构和秩序建构，人民理论旨在推进、完成抗战时期的文化与文艺任务。序言对人民的理解之一即是利用人民理论偏于概念化、本质化的表达，抵达顺应历史发展方向的自我安置。它的性状呈现出向概念核心靠近的思想倾向、观念意识，实质是以外部（知识分子）的视角向核心探照、分析、理解并发出情感投递。

然而，序言又辩证地强调了七月派诗人的群众身份——"他们多数是共产党员，同时又是普通人民的一分子"④。身份属性的归纳带有总结性意味，但这样的表述显然不符合20世纪40年代的历史事实。拉长视距来看，七月派（知识分子）进入人民阵

---

① 绿原、牛汉编：《白色花——二十人集·序》，人民文学出版社1981年版，第1页。
② 胡风：《论现实主义的路》，《胡风全集》（第3卷），湖北人民出版社1999年版，第501页。
③ 绿原、牛汉编：《白色花——二十人集·序》，人民文学出版社1981年版，第6页。
④ 绿原、牛汉编：《白色花——二十人集·序》，人民文学出版社1981年版，第2页。

营的历史轨迹较为复杂，既不乏主观奔赴的历史动机，也有政策方面的客观支撑①。而"普通人民"的判断必须符合与之相匹配的历史进程和话语结构，这意味着绿原于20世纪80年代对流派诗人的身份发起了一次再确认，目的是利用"人民"内涵新规制表达一种复杂、多面的心理需求，其中自然不乏情感上的真挚与诚恳，它伴随着一代革命老人千帆过尽、沧海桑田的有感而发，是"七月"同人"衣带渐宽终不悔"的肺腑之言。此外，这里的"人民"又内置了两个基本的面向：一是面朝未来，联系到可能招致的出版风险而采取的"因时制宜"的防护；一是面朝过去，针对20世纪50至70年代流派诗人被驱逐到"人民"之外的历史境遇而渴求的申辩与澄清。双面的夹击使"人民"话语充斥着一种内在的反抗，而无论是显在的不被肯定，还是潜在的欲加之"罪"，它的底层逻辑均为拒绝（洗刷）误判的自我辩驳。也正因为此，何剑熏称序言为一篇可贵的"翻案宣言"。

可见，序言为"人民"内置了两种历史话语结构。其一表现在20世纪40年代，以知识分子为"人民文艺"的主题导向为叙述脉络，复原诗人们靠近人民、书写人民的历史真实；其二停留在20世纪80年代，通过回溯、追问乃至重构自己的历史身份，抵达诗人们进入人民、成为人民的立场真实。两条线索的双向推进潜在地说明了诗人的主观意志、情感是怎样一步一步与客观现实相结合，构成了对七月派"人民性"立场阐释的内在张力。这是在一种"颠倒的逻辑"下进行的阐释行为：当记忆以事件化的形式呈现，记忆本身的片段化、零碎感会因事件的因果需要而被赋予连续性，乃至完整性。在此影响下的诗歌创作也被纳入这个整饬的回忆结构中。基于鲜明的政治倾向与阶级意识，序言重释了以下三个问题：一是诗本源。诗蕴藏在客观世界，诗的生命源于生活的本然。诗人的使命则是从生活中寻找、捕捉、把握蕴藏在其中的"诗"。二是诗人与诗的关系。虽然诗的存在是客观的，但诗之所以能最终呈现出不同的样式，激起人们的审美兴奋感，在于诗人赋予诗以坚贞的"劳动"，给予诗以"现身"的条件。三是诗的内容与形式。七月派诗人虽创作的是自由诗，主张口语化，却同样重视诗的形式建构，将内容与形式视作"灵"与"肉"的关系。归纳可知，诗歌的第一性是客观性，诗人自身的主观性则建立在前者之上，由此反射出以唯物主义为哲学基础的、主客观相结合的文艺理论逻辑。

但序言始终坚持"诗绝不是非诗"的论断。所谓"诗"的生成，在于诗人对诗施

---

① "周恩来在广州会议上所作的《论知识分子问题》的报告，同他1956年所作的《关于知识分子问题的报告》和1951年所作的《关于知识分子的改造问题》的报告一脉相承，是建国以后代表党对知识分子的正确政策的三篇历史文献。"胡绳主编：《中国共产党的七十年》（平装本），中国党史出版社1991年版，第377页。

加的某种推力。所谓"非诗",即是对此种复合样态的否定、抵制、破坏。"绝不是"三个字则内涵了一种对抗力。于是,"诗绝不是非诗"这个双重否定的句式,可转化为"诗"对"非诗"发起的抗争。"它应该是外界事物经过诗人的情感内化,经过过滤,升华的美感认识,是诗人真情的自然流露,是自我意识的独特外化。"① 其中可见七月派在美学上的斗争热情与凸显"主观战斗精神"的现实主义精神。在追求"主客观"平衡的动态轨迹中,诗人仍然在"主观"方面有所倾重,表露出他们矢志不移的创作特质与诗性品格。

总之,"时代的真实"、"立场和态度的真实"和"艺术的真实"层层递进、一脉相承,是序言追求主客观相统一的结果。由此推导出,在特殊的历史时空下,创作路径有迹可循、秩序井然,可被理解为流派的文艺思想、文学创作在生成意义上具备合法性、正义性。但倘若以"客观现实"为参考依据,七月派在此达成的"真实"之共识,似乎是在一种个性化理解基础之上的、高度个人化的现实和历史阐释。这种"个性"形成和表现在他们20世纪40年代的文艺观念上。而为了达成和20世纪80年代话语结构的对接,序言在进入20世纪40年代的历史记忆时,难免会在某种程度上遮蔽乃至部分消解原初的个性样态,而促成一种新的时代"个性"。当历史难以重现,身处20世纪80年代的"七月"同人们难以直面丰富张扬的七月派理论体系和创作景象,尤其在对"人民"的认识态度上,单一的文学观覆盖了对人民主体复杂、感性的前瞻与想象,人民性的权威驱除了其内在的"精神奴役创伤",而诗人们洞察其感性、苦难、复杂的眼光也被历史深埋,这也在某种程度上加深了这篇序言、乃至于这本诗集的悲剧感。

三、重厘"七月"的位置与方向

梳理大致的创作流程后,为得到主流意识形态以及文化界的认可,序言需要在"诗歌史"的脉络上,直面并重新厘定流派的历史位置。绿原是这样勾勒"五四"以来诗歌发展流变的:

> 中国的自由诗从"五四"发源,经历了曲折的探索过程,到三十年代才由诗人艾青等人开拓成为一条壮阔的河流②。

---

① 刘扬烈:《诗神·炼狱·白色花——七月派诗论稿》,北京师范学院出版社1991年版,第253页。

② 绿原、牛汉编:《白色花——二十人集·序》,人民文学出版社1981年版,第2页。

值得注意的是，绿原在此谈及的是"自由诗"而非"新诗"。"自由诗"是中国在"五四"以来的新诗运动中，向西方转借、移植、再运用的一种现代诗体。相较于传统句法规则之下的韵律，自由诗作者可以"转而使用破格的句法，并致力于表现日常生活的语调"①。陈良运曾指出："自由体诗，是指诗无定节、节无定句、句无定字，有韵或无韵的新诗，除此之外的新诗，我把它们归入格律、半格律体。"② 冯文炳则谈道："我们写的是诗，我们用的文字是散文的文字，就是所谓自由诗。"③ 中国自由诗的诞生不乏精神与形式上的浪漫主义根源（王光明语），起初与"新诗"、"白话诗"的概念也并无太大区分。告别了"五四"初期的自由松散，新诗群体逐渐分离出了一支崇尚格律化、纯诗化的队伍，是为回归"诗"本体之属；其余一支仍坚持"破律"，并以此迎向 20 世纪 30 年代的战时语境，开启了自由诗的战斗路向④。

总体来说，中国的自由诗是广义新诗体系中"去格律化"、语言呈散文化特征的一个重要支脉。《白色花·序》将艾青视为 20 世纪 30 年代自由诗的开创者一类，并宣称 40 年代是新诗发展的丰产季节：

> 在新文学史中，四十年代不论从什么角度来看，都应当说是一块巨大的里程碑。单就新诗而论，随着抗战对于人民精神的涤荡和振奋，四十年代也应当说是它的一个成熟期⑤。

这里的"自由诗"表述被置换成了"新诗"，目的是突出 20 世纪 40 年代自由诗创作对中国新诗发展的重要影响。它既是一种"向诗本源"进发的、追本溯源的劳动；也是一种"向人民"靠近的、克服以"流"为"源"的异化现象的斗争⑥。何为异化现象？绿原随后阐释道："它的发展过程也必然是同当时诗歌领域里一些固有的封建性思想感情、以及一些外来的现代派的颓废思想感情相排斥、相斗争的过程。"⑦ 如

---

① ［英］罗吉·福勒：《现代西方文学批评术语词典》，袁德成译，朱通伯校，四川人民出版社 1987 年版，第 113-114 页。

② 陈良运：《论自由体诗》，《文学评论》1984 年第 2 期。

③ 冯文炳：《谈新诗》，人民文学出版社 1984 年版，第 24-26 页。此书是作者 20 世纪 30 年代在北京大学中文系开设现代文艺课时的讲义。

④ 对此，朱自清谈道："抗战以来的新诗的一个趋势，似乎是散文化。抗战以前新诗的发展可以说是从散文化逐渐走向纯诗化的道路……从格律诗以后，诗以抒情为主，回到了它的老家。从象征诗以后，诗只是抒情、纯粹的抒情，可说钻进了它的老家。可是这个时代是个散文的时代，中国如此，世界也如此。"朱自清：《抗战与诗》，《论雅俗共赏》，四川人民出版社 2017 年版，第 34 页。

⑤ 绿原、牛汉编：《白色花——二十人集·序》，人民文学出版社 1981 年版，第 7 页。

⑥ 绿原、牛汉编：《白色花——二十人集·序》，人民文学出版社 1981 年版，第 8 页。

⑦ 绿原、牛汉编：《白色花——二十人集·序》，人民文学出版社 1981 年版，第 8 页。

果说否定"封建思想感情"是站在了"五四"新诗传统的检视点上,对抗与"新质"相对立的"旧物",系中国新诗发展的核心诉求,那么,反对"现代派的颓废思想感情"则有明显的排他意图。它的指摘对象不仅包括新月派、现代派、甚至包括20世纪40年代业已成型的中国新诗派,这是想抑制革命现实主义诗歌传统以外的思想倾向,来保证自由诗战斗传统的纯洁性与正统性。

显然,绿原的阐释完成了一个逐步递推的过程。他首先打好由自由诗铺垫的"地基",在此之上找出其中的引领者艾青并明确自由诗的属性——战斗传统①,接着再说明,它的发展高峰处于20世纪40年代,"其深度与广度是二十年代与三十年代所无法企及的"②。这样做的目的不仅是为了反驳中华人民共和国成立以来文艺界普遍对20世纪40年代国统区文学发展的有限性接纳。袁可嘉在同一时期出版的《九叶集·序》中也有相似观点:"在我国现代文学史上,对四十年代国统区的诗创作缺少较全面完整的评价。"③ 更为重要的是,只有明确了20世纪40年代自由诗的重要性,并郑重表态——本集的20位作者正是顺沿着这个传统,对自由诗运动的兴起和发展起到了一点"促进作用",才能依此确立七月派自身的历史地位。

值得注意的是,序言对20世纪40年代自由诗特征与意义的阐释,与上文提到的七月派文艺思想之间形成了某种暗合④,甚至似乎有重申、订正胡风文艺思想的隐含意图。倘若七月派的创作属于正统,那么其背后的胡风文艺思想也应该被重审。但序言却并未直接承认他们的文艺观形成于胡风文艺思想。对于胡风的作用,绿原是这样解释的:

> 胡风先生作为文艺理论家,他对于诗的敏感和卓识,以及他作为刊物(《七月》《希望》)编者所表现的热忱和组织能力,对于这个流派的形成和壮大起过了不容抹煞的诱导作用,这一点也是可以由四十年代的文学史料来作证的⑤。

"诱导"一语证实了胡风对流派形成的引领和推动作用,但绿原却另选了艾青作

---

① "把诗从沉寂的书斋里,从肃穆的讲台上呼唤出来,让它在人民的苦难和斗争中接受磨练,用朴素、自然、明朗的真诚的声音为人民的今天和明天歌唱。"绿原、牛汉编:《白色花——二十人集·序》,人民文学出版社1981年版,第2页。
② 绿原、牛汉编:《白色花——二十人集·序》,人民文学出版社1981年版,第7页。
③ 辛笛、袁可嘉、穆旦等:《九叶集·序》,江苏人民出版社1981年版,第3页。
④ 笔者以为,序言阐释的"诗的客观性",直接来源于胡风的"艺术是发源于实际的社会生活"理论;所强调的诗人必须劳动、创造、忘我地奉献,明显系胡风"主观战斗精神"的文艺实践;所秉持的"主客观"统一、"内容与形式"的辩证互动,正是胡风唯物主义反映论与实践论的核心观点。
⑤ 绿原、牛汉编:《白色花——二十人集·序》,人民文学出版社1981年版,第3页。

为"七月"诗人的引路人——"本集的作者们作为这个传统的自觉的追随者，始终欣然承认，他们大多数人是在艾青的影响下成长起来的"①。艾青经历了具有左倾特征的自由诗人到党的文艺工作者的身份转换，在自由诗革命传统的脉络中有较高的地位。尤其当他于1978年携《红旗》② 归来，在政治上破除了缠绕于身的"右派"罪名，再次以领航者的姿态掌握诗坛的话语权，"艾青方向"则成了一把保护伞。他用"沉郁的笔调"（茅盾语），"熟练和有力"的技巧（邵荃麟语），引导着新诗的斗争传统的延续——"努力把诗和人联系起来，把诗所体现的美学上的斗争和人的社会职责和战斗任务联系起来，以及因此而来的对于中国自由诗传统的肯定和继承"③。

"艾青方向"上溯自由诗传统，下接"人民"话语系统，属于革命现实主义诗学体系的重要环节。因此，"艾青方向"的确认，不仅关乎着创作手法上的学习与模仿，更决定了七月派是否具有"纯正"的创作血脉与文学传统。对此，胡风曾在1983年12月8日致周良沛的信④中反驳道："艾青，是对读者影响较大的一位。但对七月派诗人们本身，有的有影响，大多数没影响。《白色花》的断语是欠慎的。"⑤ 胡征在回忆延安文学界的相关情况时，也曾谈到，文学系学生无形中形成了"拥何派"与"反何派"两个阵营，前者指拥护何其芳且在其主编刊物《草叶》上刊发文章一类，后者指斥前者，转而投奔于艾青门下一类，而自己则"既不走进何其芳，又不走进艾青"⑥。

以上表述的差异似乎造成了一种视听的混淆，暴露出艾青的影响问题并非简单的对历史真实的回想与判定，而关乎一种极为关键的价值选择。胡征的回忆录写于1988年，彼时胡风已经逝世三年。胡风其实在《白色花》出版前就已经看过序言的原稿，不可能不注意到有关艾青的论述，当时的"忽视"或许侧证了他对择选"艾青方向"的某种默许。胡风信中所言是在1983年，彼时《白色花》已经出版，且个人也已获得了政治平反。以"后设"的视角看，他此时的发言已没有太多顾虑，可以直接表达内心所想，但绿原却担负着七月派在新时期冲出重围的责任与使命。相比于历史负担过重的胡风，艾青确实更适合做这个"带头人"，学理考量之外也可以一种权宜之计论。在艾青的影响下，一些年轻的诗人"由于气质和风格相近，逐渐形成了一个相互吸引、相互感染、相互激励前进的流派，这倒是他们始料所未及的"⑦。"始料未及"传递出

---

① 绿原、牛汉编：《白色花——二十人集·序》，人民文学出版社1981年版，第2页。
② 艾青：《红旗》，《文汇报》1978年4月30日。
③ 绿原、牛汉编：《白色花——二十人集·序》，人民文学出版社1981年版，第2页。
④ 该信的主要内容是胡风对周良沛彼时所作的《七月诗选》提出了几点建议。
⑤ 胡风：《胡风致周良沛》，《绿原文集》（第四卷），武汉出版社2007年版，第95页。
⑥ 胡征：《如是我云》，《我与胡风（上）》，宁夏人民出版社2003年版，第245页。
⑦ 绿原、牛汉编：《白色花——二十人集·序》，人民文学出版社1981年版，第2-3页。

流派结合的偶然性，意在淡化胡风对流派的思想引领作用。当他们受到艾青的感召，选择了诗的人生，他们的文学观念已基本形成，诗风也初步确立。胡风仅仅是对这些具有审美相似性的诗歌作者，起到了吸引与聚合作用。这其实隐含着“先”与“后”的问题，即先有艾青的艺术影响以及同人对革命现实主义自由诗的自觉追求，后有胡风的组织招引和流派的发展壮大。这样一来，序言论证出了一条相对合理的逻辑链条：七月派在战斗诗人艾青的引领下，自觉选择自由诗的战斗传统，坚守革命现实主义的创作手法与斗争美学，围绕胡风主办的《七月》、《希望》刊物，形成了创作各异、风格趋同的同人流派。

如此说法也引来一些人的反感——“胡风派想把艾青拉入他们一伙，不过为了给自己脸上贴金，因此是对这位大诗人的极大的不恭”①。20世纪三四十年代，艾青倾向作为左翼诗坛中的一股劲风，诸多文学青年（不仅限于七月派内部）受其影响已是一个普遍的事实，因而不能就此认为艾青可以代替胡风而成为“七月诗派”的引领者。事实上，序言“漏掉”了一个重要的阐释环节，即处理艾青与七月派的关系考察，尤其是胡风与艾青之间的历史关联。二人间的文学交往已毋庸多言，更重要的是其文学与创作观念的接洽程度。首先是对待主客观问题的异同，二人均注重主客观相统一的协调性，区别在于：胡风明显侧重主观情绪的抒发，至于对最后作为“艺术”被呈现时的样态没有过多求索②；艾青将主体视为艺术“合成”的步骤之一，在整个创作的环节中担任感觉的驱动、思想的赋予以及感情的填充等功能，目的是配合艺术最终的完成性，即主客观统一的“效果”③。其次是对内容与形式辩证关系的理解：在达成“形式随内容的发展而变换”的基本一致之外，胡风重“思想”而轻“技巧”④，甚至对“诗的形象化”理论嗤之以鼻，认为“这用语本身含有毒素”⑤；艾青则相反，不仅将“形象”与“形象化”视为构成诗歌生命力的关键要素，并在此之上注重“技

---

① 绿原：《温故而知新——关于〈七月诗派〉的几点记忆和认识》，《绿原文集》（第3卷），武汉出版社2007年版，第333-334页。

② “诗是作者在客观生活中接触到了客观的形象，得到了心底跳动，于是，通过这客观的形象来表现作者自己的情绪体验。”胡风：《略观战争以来的诗》，《胡风评论集（中）》，人民文学出版社1984年版，第53页。

③ “诗是诗人对外界所引起的感觉，注入了思想感情，而凝结为形象，终于被表现出来的一种‘完成’的艺术。”艾青：《诗论》，《艾青全集》（第3卷），花山文艺出版社1991年版，第3页。

④ “我诅咒‘技巧’这个词语，我害怕‘学习技巧’这一类说法，以至我觉得一些‘技巧论’的诗论家势必非毒害了诗以及诞生诗、拥抱诗的人生不止的。”胡风：《关于题材，关于“技巧”，关于接受遗产》，《胡风评论集》（中），人民文学出版社1984年版，第365页。

⑤ 胡风：《关于“诗的形象化”》，《胡风评论集》（中），人民文学出版社1984年版，第21页。

术"的生产力，充分将技术纳入形象建构的体系中，由此驶向文学艺术的"开端"①。

胡风文艺思想特色鲜明却也不乏偏执之处，相比之下，艾青在诗歌实践的过程中较好地规避或修缮了前者的相关问题，努力实现诗性与诗品的自洽与圆融。由此辨析，胡、艾二人虽有核心观点的趋同之处，却在方法论的意义上沿着各自的理论结构而内生出不同的实践轨迹。这是在 20 世纪三四十年代就已经出现的左翼文艺理论的内在差异，尤其针对艺术家主体性问题，胡风的恣意张扬与艾青的不甚尖锐不仅属于文艺内部的问题，后来演绎为政治立场在文艺观点上的投射，由此加强了胡、艾二人的根本性分歧，也因此成为艾青无法入"派"的深层动因。执笔者绿原在 1989 年作的《胡风和我》中也更改了此前的论述，肯定了胡风在七月派的绝对盟主地位：

> "七月派"也罢，"胡风集团"也罢，流派也罢，"宗派"也罢，这一群普普通通的文化人是围绕胡风一人结合起来的；他们之间并没有天然的共同性，有些人彼此甚至并不相识，因此他们的结合只能证明胡风本人是一个精神上的多面体；以这个多面体为主焦点，这个流派的基本成员各自发出缤纷的光彩，在中国新文学史上形成一个罕见的，可一不可再的，真正体现集合概念的群体；虽然如此，离开了胡风及其主观战斗精神，这个群体又将不复存在，只能保留它的历史形态供后人研究，而其成员今后的个别成就都不足以产生流派的影响②。

"没有天然的共同性"有意绕开了《白色花·序》对艾青方向的指认，而将流派引领者的身份"返还"给胡风。言下之意是，同人们彼此之间思想各异、关系不一，流派的最终生成有赖于胡风本人的思想复杂性。胡风起到的不仅是人员聚拢的"外力"作用，更是思想传导的"内力"作用。基于此，绿原认为存在于历史上的七月派"真正体现集合概念"。这与《白色花·序》透露出流派形成的偶然性之间，有明显的表述出入。此外，胡风及其主观战斗精神作为流派的核心思想与精神旗帜，是支撑流派存在、发展的前提，一旦胡风本人从中撤离，流派就不再具备再生的条件与前景。20 世纪 80 年代初胡风案的走向晦暗不明的时候，胡风"不便于"（绿原语）与七月派站在一起，导致"七月派"的出场呈现出某种历史悬置状态。这也体现出序言在构塑流派的形成路径、追溯流派的文学传统时的某种策略意图。

---

① "我们必须重视技术，有如一切生产部门里技术之被重视一样；为了完成我们一个情感思想的建造，我们必须很丰裕地运用我们的技术，更应该无限地提高和推广我们的技术。"艾青：《诗论》，《艾青全集》（第 3 卷），花山文艺出版社 1991 年版，第 6 页。
② 绿原：《胡风和我》，《新文学史料》1989 年第 3 期。

结　语

《白色花·序》呈示出革命话语退潮、多种话语交织而成"真空"状态的历史转折时期，"绿原们"在对七月派的自证与追认过程中暴露出的话语缝隙，及其试图弥合的努力。但序言仅仅钩沉出七月派的部分投影，即其中分流出的"七月诗派"①。随着平反进程的推进、平反格局的打开，"绿原们"也在不断调适其认识装置与观念结构，在对未来情势的预判之下，重新"回应"认识背后的问题索引，并深觉已有条件重识、有能力追问胡风集团的罪名问题。尤其当他们以《白色花》为载体实现了"归来"、奠定了新时期的在场基础，并且初步解决了流派的历史问题，在 20 世纪 80 年代中后期，他们的发言题旨在"我与七月派"的基础上，逐渐转轨为"我与胡风"，完成了递推式的历史清理与理论阐释②。

历史语境影响着历史心态，历史心态打造着历史任务，历史任务牵制着历史表达。政治文化心态的翻转难免造成历史断裂的观感，但"平反"作为内里结构的延续，使他们在话语转向的过程中仍然在试图寻找一种平衡，一种站在当代与历史的连接处，试图沟通、对话并达成两者的平衡。无论是 20 世纪 80 年代初，还是胡风三次平反后的"进程更新"，"绿原们"虽是面向过去的历史复位，但出于对当下文学—文化的再认识与深度体验，仍想通过完成平反任务，为自己以及同人们谋求后续发展的合法性，即由流派群体的平反，实现个体意义上的再生。但历史予以的回复似乎并不尽如"绿原们"之意。当与"七月"共时存在的"九叶"诗人经由重评《九叶集》后先行成为新时期的"弄潮儿"，成为朦胧诗派的"导师"团队，"七月"诗人们却没能同样及时地与新时期碰撞出新的火花。这背后关涉到左翼文艺内部问题的披露，以及与思想界正在讨论的真实性问题、反映论问题、社会生活本质等问题之间的话语接榫状况。他们渴望利用历史身份、历史位置与历史的正义性实现政治平反，却也恰恰受限、困足于短期利益中，造成了与新时期文学的对接失效，这是七月派这些老诗人在新时期所面对的"新问题"。

（作者单位：西北大学文学院）

---

① 事实上，"七月诗派"这一概念是自《白色花》出版后才广为流传的，绿原在刘扬烈所著《诗神·炼狱·白色花——七月派诗论稿》的序言中才对其进行正式、详细的阐释。

② 绿原陆续撰写了《悼念为真理而献身的胡风同志》（1985 年 6 月 12 日）、《雨过天晴云破处》（1988 年 7 月 10 日）、《读〈胡风遗稿〉（代序）》（1996 年 7 月 1 日）、《胡风和我》（1989 年 4 月 5 日）、《关于胡风的编辑活动和编辑思想——答韩国鲁真银女士问》（1995 年 7 月 5 日）、《试扣命运之门——关于"三十万言"的回忆与思考》（2002 年 4 月）等。

现代散文史中的言志派及其思想谱系①

——评黄开发新著《言志文学思潮研究》

何亦聪

1932年，周作人在辅仁大学讲《中国新文学的源流》，将"言志"与"载道"对举，以为中国文学史上有言志、载道两派，二者的抗衡、交替构成了文学史发展的一种内在动力。他又特别标榜晚明的公安派与竟陵派，用"新文学运动"一语形容这两派文人的反复古观念。更为重要的是，他从"五四"文学的趋势与主张中看到了公安、竟陵的影子——胡适、冰心文风的清新透明近于公安派，俞平伯、废名文风的"涩如青果"则近于竟陵派。周作人讲新文学源流，虽未必有开宗立派的野心，但其中隐含的敌意是清晰可辨的，如果说现代文学中仍存在所谓"载道派"的话，那么在他看来，这必是左翼作家无疑。随后，林语堂受到周氏言志说的启发，又从晚明小品中获得了写作的灵感，一方面引发了晚明小品热，另一方面也更进一步推动了言志文学思潮的发展。

以上所说，是现代散文史中"言志派"的由来。目前学界对周作人、林语堂、废名等言志派人物的研究已相当充分，但有关言志派的讨论并不甚多，归根结底，大概是因为言志派能否被视为一"派"，仍是个悬而未决的难题。我们尤其无法忽视周作人与林语堂之间的巨大差异：周作人是京派的精神领袖，林语堂却更具海派气质。周作人标榜言志文学，其中自然蕴含着对"五四"启蒙文学观念的反思，但若细审其对载道论的批评，又会发现他的思想根底终归难脱启蒙色彩——他认为文学源出宗教，而"文以载道"的观念是宗教思维的遗留，这是典型的启蒙史观；林语堂却是一个纯

---

① 本文为教育部人文社会科学青年项目"桐选之争与中国现代散文文体秩序的建立"（17YJC751012）的阶段性成果。

粹的浪漫主义者，他既无启蒙思想的包袱，又深受克罗齐的影响，因此，在姿态上反较周作人更鲜明、更少犹疑……周、林差异的背后，更隐含着京派与论语派的分歧。诚如吕若涵所言，"对论语派的小品文创作进行了剧烈批评的不仅是左翼作家，也包括京派的沈从文和后期京派的理论家朱光潜。或许可以作这样一个类比，当年的语丝派与现代评论派个性上的分野有多大，后来的论语派与京派文人的分野也就有多大"①。既然如此，"言志派"的概念究竟能否成立呢？假如成立，其范围又该怎么界定？应如何立足文学史视野衡量其价值？对于这些问题，黄开发教授的新著《言志文学思潮研究》（以下简称"《思潮研究》"）给出了准确、详尽的解答。

粗略地看，《思潮研究》的内容可分作三个部分：第一、二章旨在确立言志派的范围、核心观念及其与晚明小品热的关系；第三、四章旨在从身份政治、话语政治的角度分析论语派作家及其小品文观念（以林语堂为主）；其余部分则是就言志派小品文的日常生活书写及梁遇春、废名、张爱玲、苏青等作家的小品文创作进行评鉴。这本书的主要价值也分别与上述的三部分内容有关：首先，作者将言志派进一步细分为"苦雨斋派"和"论语派"，且明确指出"两派有着明显不同的审美理想、审美趣味和文学风格"②，这就解决了言志派的义界问题，尤其是"苦雨斋派"概念的提出，使我们讨论言志文学思潮时不必再过多纠缠于京派与论语派的分歧；其次，与以往研究者对论语派的"中间性"或"疏远政治"的认知不同，作者反而更强调论语派的政治性，且认为论语派所标榜的小品文概念本身就是高度政治性的，这将有助于我们重新思考 20 世纪 30 年代的小品文热；再次，作者从"日常生活书写"的角度出发，将梁遇春、梁实秋、张爱玲、苏青等作家视作言志派或言志派外围的成员，这是对言志文学思潮的拓宽理解。

一

在《思潮研究》之前，有三本相关的专著值得注意，分别是吕若涵的《"论语派"论》、杨剑龙的《论语派的文化情致与小品文创作》、高恒文的《周作人与周门弟子》。正如书名所显示的，吕若涵、杨剑龙的专著主要论述的是论语派，其中，吕著更强调从周作人到论语派作家之间的延续性；杨著则重在论述论语派自身的复杂性，他并不认为论语派纯然受到周作人言志文学观念的支配。高恒文的专著原定题目为《京派中的京派——周作人与他的弟子的思想和创作》，涉及周作人、俞平伯、废名、沈启无、

---

① 吕若涵：《"论语派"论》，上海三联书店 2002 年版，第 32 页。
② 黄开发：《言志文学思潮研究》，人民文学出版社 2021 年版，第 4 页。

江绍原、任访秋等人物。"京派中的京派"之说十分巧妙，一方面昭示出周作人及其弟子在京派的核心地位——这种核心地位在近几十年来关于京派的研究中往往被淡化处理了；另一方面，书中虽未明言，却似乎隐约提示我们，作为京派核心人物的周作人，与论语派文人并非同道。作者注意到晚明小品热甚嚣尘上的那几年，朱光潜、朱自清等京派人物均对林语堂所标榜的幽默、小品、公安派等感到厌倦并提出批评，但是他们却有意识地将周、林切割开来，这是很重要的观察。要而言之，如何处理周作人及其弟子与论语派文人之间的关系，以及凭"言志"观念能不能将南、北两个作家群体合为一派，是言志派能否成立的关键。对于这个问题，前人或重在研究论语派，或重在讨论京派，一直没有做出针对性的解答。

前文已经提到，黄开发在《思潮研究》中将言志派进一步细分为苦雨斋派和论语派，他认为二者虽有截然不同的审美趣味，但在言志的文学观念上却是一致的——"正是在言志论文学纲领的感召下，南北言志派——论语派与苦雨斋派联合了起来，以林语堂主编的《人间世》等杂志为阵地，提倡闲适笔调的小品文，引起了与左翼作家之间激烈的小品文论争"①。问题在于，该如何从现代文学思潮的现实语境出发理解"言志"？我们应注意到，在周作人提出"载道—言志"二元文学史观之后，朱自清、朱光潜、钱基博、钱钟书、金克木等人皆曾直接或间接地表示异议。朱自清以为言志的本意并非今人所理解的抒情或趣味主义，而是与政治、教化的严肃目的相关；钱基博、朱光潜、金克木、顾随都认为言志即是载道，二者并无本质区别，重要的是如何解释此处的"志"和"道"；钱钟书则指出道志之辨的背后是文类功能的区分，周氏的史观近于强制阐释。要而言之，从学术的眼光看，周作人、林语堂将古代的言志说与现代的个性主义文学观对接，十分不妥。当然，周、林的本意都不是"以复古为革新"，斤斤于此亦大可不必。黄开发意识到周作人提出言志说既非一时兴会，也不是纯粹出于对抗左翼文学思潮的需要，而是更多地基于对"五四"新文学观念的深刻反思——"可以说五四新文学的功利主义从一开始就承续着儒家'文以载道'观念的基因。这又与强调文学独立性的现代性观念和个人主义的思想原则冲突，构成了周作人所说的新一轮'言志'与'载道'的起伏"②。也就是说，言志与载道的背后是"两个五四"，这一区分基本照应着张灏所说的"五四思想的两歧性"③——个人主义与群体意识的分歧；怀疑精神与"新宗教"的分歧。唯有从"两个五四"的角度出发，我们才有可能理解周作人标榜言志的深意所在——他以现代的言志派自居，反抗载道

---

① 黄开发：《言志文学思潮研究》，人民文学出版社 2021 年版，第 41 页。
② 黄开发：《言志文学思潮研究》，人民文学出版社 2021 年版，第 40 页。
③ 张灏：《重访五四——论五四思想的两歧性》，《开放时代》1999 年第 2 期。

论和正统论，其实质是反对时人对"五四"思想正朔的指认。

在《思潮研究》中，黄开发细致地勾勒出了周作人言志文学观念形成的过程。他认为周早在1920年就已开始反思"五四"主流文学观念，其标志是一篇题为《新文学的要求》的讲演。在讲演中，周谈到文学上人生派与艺术派的分歧，虽对艺术派的"重技工而轻情思"感到不满，却更忧虑人生派的"容易讲到功利里边去"①。随后，周作人一直试图摆脱"五四"文学的工具论思维。在此基础上，他从"以个人主义为基础的人间本位主义"出发，接受了厨川白村、托尔斯泰、蔼理斯的影响，进而选择了"自己表现"的文艺主张。1927年之后，革命文学风潮涌起，周作人感到前所未有的压力，一方面他要用曲折的方式回应左翼作家的挑战，另一方面，经此波澜，他对"五四"文学的反思也有所加深，机缘凑泊之下，终于系统提出了言志、载道起伏对立的文学史观。

《思潮研究》认为，论语派文人对言志文学观念的接受，与发生在1932年至1935年间的晚明小品热关系至深，而沈启无编选的《近代散文抄》，则是其中最重要的媒介。在周作人的弟子中，沈启无的才华并不突出。诚如书中所言，"他过于依傍周作人的门户，始终缺乏自己的风格"②。然而，废名、俞平伯虽被周作人比作现代的竟陵派，却对晚明小品并不十分热衷③。尤其值得注意的是，废名、俞平伯都极少按周作人的意思使用"言志"概念。查阅北京大学出版社2009年出版的六卷本《废名集》，其中使用"言志"一词计7次，皆与古人所谓"诗言志"有关，而非与载道相对的"言志"。因此，在苦雨斋派与论语派的联合过程中，沈启无的作用不可忽视。林语堂等论语派文人正是通过《近代散文抄》才得以将晚明小品倚为重要的文学资源。《思潮研究》的第五章即以"沈启无与言志文学选本"为中心，披露了大量在此前不为大众所知的第一手材料，这里不再详述。以沈启无的才识，本不足以深刻理解周作人的思考，但他标榜言志、追慕晚明，处处规拟乃师。《近代散文抄》在当时文坛所发生的影响，竟浸浸然在《中国新文学的源流》之上。这就产生了两个问题：其一，论语派文人大都是通过沈启无和《近代散文抄》去理解周作人的言志文学观，其间不可避免会伴随着思想的折损与扁平化；其二，周作人标榜公安、竟陵，本是一时权宜，同

① 周作人：《新文学的要求》，《艺术与生活》，北京十月文艺出版社2011年版，第21页。

② 黄开发：《言志文学思潮研究》，人民文学出版社2021年版，第185页。

③ 废名在其自传性小说《莫须有先生坐飞机以后》里曾借主人公之口戏谑地自称竟陵派，这大约是对乃师的一种回应。此外，在1932年为《周作人散文钞》所作的序中，废名对周作人将新文学源流追溯至晚明的观点表示认同。但是，后来林语堂誉周为"今日之公安"，废名就颇为不满，他认为周不是"辞章一派"，没有"兴酣笔落的情形"，"恰好与陶渊明可以相提并论"。在废名看来，六朝文章与晚明小品、陶渊明与袁宏道，显然有着高下之分。

是晚明人物，显然李贽、傅山、徐渭、张岱、王思任都比袁宏道更合他口味，但林语堂通过《近代散文抄》而接触到袁宏道的文章，却仿佛在中国的古典文化语境中发现了另一个自己，也由此建立起成熟的散文风格。

基于上述的两个问题，黄开发认为言志派的得与失都很突出：一方面，中国的新文学虽主要因外国文学、文化的刺激而起，但就散文而言，除却英国的 Essay、日本的随笔之外，并无多少可资借鉴的外来资源，"而今通过找出传统中的异质因素，拆除了这种对立，正为现代散文汲取传统的营养创造了心理条件。……为新文学下一个十年小品文在梁实秋、钱锺书、张爱玲、王了一（王力）等人手中走向成熟打下了基础"①。另一方面，如前面所说，言志文学观念在传播的过程中伴随着思想的折损，论语派文人虽同样面对来自左翼文学思潮的压力，但他们似乎并不能进一步理解周作人对"五四"文学的深切反思，而晚明小品热虽喧噪一时，却也不可避免地走向扁平化、商业化——"沈启无、林语堂、刘大杰等对晚明小品与其代表的文学倾向的叙述都整齐划一，忽视了这一文学思潮内部的矛盾性和复杂性"②。周作人认为文学源出宗教，"文以载道"的思想恰是宗教思维未能涤除的表现，这说明他所追求的是另一种启蒙③。到了林语堂这里，言志文学观念与克罗齐的表现论结合，启蒙的内核遂被剥离，浪漫主义的自我意识开始凸显。

二

闲适、性灵、幽默是论语派作家的标签，也是其招致诟病的主要原因。左翼作家对论语派的激烈批判自不必说，即使是朱光潜、沈从文这样极看重文学独立性的知识分子，也对论语派作家所提倡的性灵小品不以为然。1936 年年初，朱光潜以公开信的形式发表了一篇题为《论小品文》的文章，文末言及晚明小品热余焰未熄的状况："北平仍在罢课期中，闲时气闷得很，我到东安市场书摊上闲逛，看见'八折九扣'的书中《袁中郎全集》和《秋水轩尺牍》、《鸿雪因缘》之类的书籍摆在一块，招邀许

---

① 黄开发：《言志文学思潮研究》，人民文学出版社 2021 年版，第 65 页。
② 黄开发：《言志文学思潮研究》，人民文学出版社 2021 年版，第 66 页。
③ 文学源出宗教之说在西方学术史上早已是老生常谈，不足为奇，惟以"文以载道"为宗教思维遗留，则是周作人的发明。日本学者藤野岩友所著《巫系文学论》，即对周氏的这一观点表示出强烈兴趣，且在此基础上另有发挥，说先民宗教文学的功能不外乎两种，或通神以诚意，或传人以神意，后来前者演变为言志派文学，后者演变为载道派文学，"载道派并非在文学自宗教独立出来以后出现的，而是作为宗教文学的性格，从一开始就具有载道性质。所谓'道'，不外乎是从伦理上规定神的东西"。

多青年男女的好奇的视线。"① 随后，他又写道："我回头听到未来大难中的神号鬼哭，猛然深深地觉到我们的文学和我们的时代环境间的离奇的隔阂。"② 这段话令人动容。脱离时代、疏远政治，是今人对论语派作家及其创作的主流看法。从积极的方面说，这里面隐含着对个体自由、文学独立的追求；从消极的方面说，在那样的时代主张闲适幽默，恐怕很难摆脱"帮闲文学"的标签。但是，非政治也是一种政治，关键在于如何定义"政治"概念。伊格尔顿认为政治是"我们把自己的社会生活组织在一起的方式，及其所涉及的种种权力关系"③，《思潮研究》即是从这个意义上对论语派作家的政治身份及其小品文话语的政治意味展开分析。

黄开发敏锐地观察到林语堂与周作人之间的一个差异："周作人由于对社会现实的深度失望，像住在圆塔里关心人类命运的蒙田一样，与现实保持距离，在很大程度上放弃了对现实问题直接发言，转而从思想文化的角度来观察和关联；林语堂则积极地在安全的范围内抨击现实，在一系列文章里仍然保持对现实政治的高度关注，并且积极、勇敢地参加了一些影响较大的政治活动。"④ 上述差异在一定程度上决定了二者文风的不同。周作人的文风是曲折、晦涩、充满多义性的，他往往会在遣词造句、谋篇布局上刻意地削弱其交流与传递的作用，这不仅仅是出于对现实、政治的逃避，从根本上看，更因为深度失望的情绪使得他对读者缺乏足够的耐心和信任而宁愿与故纸堆中的古人遥相唱和。这也是"抄书体"产生的深层原因。林语堂却是个乐观的人，他既无法体会周作人的失望情绪，亦不能理解"抄书体"背后的心理因素与文化意蕴。如书中所述，他有朴素的正义感和常识感，关心政治，有批判的勇气，是天生的专栏作家。他的文风明快、直接，即使后来受到晚明小品的影响，修辞上多了几分古意，也仍时时在字里行间流露出一丝轻俏，并能准确地把握住期刊读者的口味——换句话说，林语堂始终是"个中人"，他一直生活在"期刊政治"的角斗场中。这一特点当然极大地影响了围绕在他身边的其他论语派作家以及《论语》、《人间世》、《宇宙风》的办刊风格。

《思潮研究》用相当的篇幅探讨了论语派作家的政治身份，其中不乏令人耳目一新的重要见解。以下主要择取两点加以申说：

---

① 朱光潜：《论小品文（一封公开信）——给〈天地人〉编辑徐先生》，《朱光潜全集》（卷三），安徽教育出版社 1987 年版，第 430 页。

② 朱光潜：《论小品文（一封公开信）——给〈天地人〉编辑徐先生》，《朱光潜全集》（卷三），安徽教育出版社 1987 年版，第 430 页。

③ ［英］伊格尔顿：《二十世纪西方文学理论》，伍晓月译，北京大学出版社 2015 年版，第 170 页。

④ 黄开发：《言志文学思潮研究》，人民文学出版社 2021 年版，第 75、76 页。

首先，《思潮研究》引入了广义的文化政治概念："文化政治的核心问题是社会文化领域里到处存在的权力关系，这种权力关系也不可避免地渗透到了文学作品的形式中。"① 通过这一概念，作者将 20 世纪 30 年代的中国文坛视作一个复杂、微妙的权力场，身处其中的几乎每个知识分子都不得不在多股力量的拉锯、平衡中去思考和表达。论语派的影响力主要建立在办刊的成功上，《论语》、《人间世》、《宇宙风》一方面团结了一批思想相近的自由主义作家，另一方面，也使幽默、小品等原本小众的名词深入人心，并迎合了城市新兴中产阶级文化消费的需要。书中征引了种种材料证明《论语》等杂志的逆势畅销及其受众之广。另外，查阅季羡林 1933 年 11 月至 1934 年 5 月间日记可知，他也曾立志成为一名小品文家，并拟在一年内出版一本小品文集，且对公安、竟陵派的小品文兴趣极大，打算写一本《中国小品文史》。彼时的季羡林还是清华大学西洋文学系的一名学生。据其日记所说，其同学中对小品文有兴趣者亦甚多（如李长之），由此可见《论语》等杂志及小品文热入人之深、流播之远。如此巨大的影响力，势不免引起广泛的关注和批评，尤其是来自左翼作家的激烈批评。作者注意到，论语派作家本欲保持中立，走中间路线，但随着其自身影响力的增大，这种中立的姿态渐不能久持，林语堂等人遂与左翼作家发生论争。林语堂接受周作人的言志文学观念，推动晚明小品热，部分意义上也是出于寻找盟友的需要。

重要的是，我们唯有从场、权力、结构、政治、制衡等词语出发，将论语派及其创作、主张放置在一个如空气般流动的状态当中去观察，才能真正建立文学史的理解。《思潮研究》的第三、四章中，处处显示出此种还原现场的努力。比如作者注意到论语派作家也在根据对手的批评不断地进行自我调适："从《论语》到《人间世》、《宇宙风》，总体上趋于严肃，这与所受到批评的压力是分不开的。"② 此外，论语派的核心主张如性灵、幽默、自由题材、闲适笔调等，也都不是自洽的概念。从某种意义上说，林语堂恰恰是在复杂的政治文化场域中，在不断地接受与对抗中逐渐建构了自我。也就是说，他的"自我"并非如他所塑造的那样纯粹与坚固。此处所说的接受主要指的是对周作人的言志文学观念及晚明小品等古典文学资源的接受，对抗则更为复杂，它包含与左翼作家的对抗，与朱光潜、沈从文等京派作家的对抗，也包含与梅光迪、吴宓、梁实秋等"古典派"的对抗——比如林语堂性灵说的提出就与此密不可分。

其次，《思潮研究》指出，"小品文"这一概念本身就是充满政治意味的："从理论到文本，从内容到形式，小品文都隐含着一种自由主义的政治意图和思想印痕。"③

① 黄开发：《言志文学思潮研究》，人民文学出版社 2021 年版，第 69 页。
② 黄开发：《言志文学思潮研究》，人民文学出版社 2021 年版，第 105 页。
③ 黄开发：《言志文学思潮研究》，人民文学出版社 2021 年版，第 107 页。

这一见解尤为重要，因为长期以来，我们对"小品文"的认知都局限在一种狭小的、缺乏历史感的格局当中，似乎小品文就一定是远离政治的，其实并非如此，"论语派的去政治化反而显露出审美与政治的高度关联，其'小品文'话语正是表达了一种否定性政治"①。《思潮研究》的第三章梳理了小品文概念在中国现代的流变：它最初对应的概念是英国文学中的 Essay，后来被广泛地使用，义界不一，至 1932 年小品文热之后，乃始掺入政治意味。我们通常所说的小品文可分两种，一种是朱自清、叶圣陶所说的"美的散文"，另一种则是论语派所提倡的夹叙夹议的偏重议论的散文。在林语堂看来，小品文的特点不在议论或抒情，亦不在所谓的"文学性"，而在于"个人笔调"，因此，正如书中所说，"'小品文'正是这样的一个饱含着'社会—象征的信息'的文类概念，不管是从中国本土还是外部的渊源上来看，它都积淀了个性解放的文化基因"②。

《思潮研究》还注意到，由于强烈的对抗性与政治意味，林语堂所塑造的意识形态与其实际的小品文创作不免发生一定程度的撕裂，比如他以提倡幽默著称，但是文章中却"少有'温柔敦厚恬淡清远'的佳作，可以说提倡有心，创作乏力"③。即使是在标榜性灵的时期，林语堂仍写有一些讽刺时局的尖锐杂文，这些杂文显然与他期许的那种闲适小品背道而驰。作者的这条思路也启发我们进一步思考林语堂的内在矛盾。比如，当他将克罗齐的表现论与中国的言志说、晚明小品对接的时候，由于没有能力呈现一个真实、丰富、恰如其分的"文化自我"，只好反复地使用一些流于表面的符号，以烟斗喻闲适，以裸体主义或衣着随性喻自由，以方巾气、冷猪肉讥刺左翼作家严厉的道德感。在彼时中国的文化语境中，这些符号不唯没有生命力，更易给人造成游戏、作态的印象。朱光潜就曾激烈地批评林语堂式的幽默小品："滥调的小品文和低级的幽默合在一起，你想世间有比这更坏的东西么？"④ 而且，沿着林语堂反拟古、尚真醇的文学观念，朱光潜更在其小品文创作中发现了一个无法解决的问题：究其根本，现代人模仿晚明文风，与明朝文人所谓的"文必秦汉，诗必盛唐"又有什么区别呢？它有多少真诚可言？

---

① 黄开发：《言志文学思潮研究》，人民文学出版社 2021 年版，第 108 页。
② 黄开发：《言志文学思潮研究》，人民文学出版社 2021 年版，第 101 页。
③ 黄开发：《言志文学思潮研究》，人民文学出版社 2021 年版，第 151 页。
④ 朱光潜：《论小品文（一封公开信）——给〈天地人〉编辑徐先生》，《朱光潜全集》（卷三），安徽教育出版社 1987 年版，第 429 页。

三

因为共同的言志观念以及对抗左翼作家的现实需要，苦雨斋派与论语派达成了一致，但是，由于审美趣味、精神气质的不同，他们又注定要走向不同的文学道路。在当下的研究中，所谓"周作人传统"是清晰可辨的，周作人的弟子俞平伯、废名、江绍原、沈启无等自不必说，其他如张中行、邓云乡、钟叔河、舒芜、止庵等，也都在这条脉络之中①。那么，有没有一个论语派的传统或林语堂的传统存在呢？吕若涵在其《"论语派"论》中观察到中国现代散文有三种主要的样态：其一是大处着手，抛开生活细节而重在把握时代潮流（如左翼作家）；其二是渴望回到诗性的乡土中国，宁静致远（如京派作家）；其三是像张爱玲所说"对于物质生活，生命的本身，能够多一点明了与爱悦"②（如20世纪30年代的论语派作家与20世纪40年代的张爱玲等作家）。此处已点明论语派与40年代海派作家之间的关系。黄开发则进一步将目光投注到"日常生活书写"上：首先，书写日常本就是言志文学观念的题中应有之义，"中国传统散文长期为政治教化的非日常生活话语所支配……宏大话语压抑或遮蔽了日常生活的经验表达"③。其次，在现代散文发展史中，日常生活书写的繁盛是极突出的现象，影响深远，"在现代文学第三个十年的张爱玲、梁实秋等小品文作家那里取得了更大的文学成就"④。再次，同样是谈论"生活的艺术"，周作人与林语堂的想法不同；同样是在日常生活中发现审美价值，废名、俞平伯所理解的美，与张爱玲、苏青所理解的美，也不尽相同；苦雨斋派与论语派、海派的趣味与风格仍存在很大区别。

《思潮研究》指出了日常生活书写背后的复杂性：

一方面，现代散文史中的日常生活书写关联着由"五四"新文化运动所开启的个性解放思潮，往深处看，要不要将散文的重心放在书写日常上面，仍可溯源至"两个五四"的分歧。对于这个问题，左翼作家与言志派作家自是对立的两端，不必赘言。此外，在笔者看来，朱自清的态度值得特别注意，他的散文也多写日常生活，然而每论及写"身边琐事"，却总是态度犹疑。在1934年为《欧游杂记》所写的序中，朱自清谈及为何只是"记述景物"而极少"说到自己"："一则自己外行，何必放言高论；

---

① 参见孙郁：《当代文学中的周作人传统》，《当代作家评论》2001年第4期。
② 张爱玲：《我看苏青》，《张爱玲散文全编》，浙江文艺出版社1992年版，第260页。
③ 黄开发：《言志文学思潮研究》，人民文学出版社2021年版，第191页。
④ 黄开发：《言志文学思潮研究》，人民文学出版社2021年版，第139页。

二则这个时代，'身边琐事'说来到底无谓。"① 对于 20 世纪 30 年代的小品文热以及言志文学观念，他也以时代变易为由予以批评："然而礼教渐渐垮了，自我在第一次世界大战带给中国的暂时的繁荣里越来越大了，于是乎知识分子讲究生活的趣味，讲究个人的好恶，讲究身边琐事，文坛上就出现了'言志派'，其实是玩世派。"② 显然，朱自清所理解的个性解放仅仅是一项时代的任务，一旦任务完成，时过境迁，启蒙的激情转为日常的生活艺术，其正面价值即不复存在。而周作人、林语堂所看到的却是另一问题，正如书中所说，"摆脱了载道主义的重负，个体的日常生活才显出其丰盈、恣肆的一面。……日常生活书写是与个人身份认同联系在一起的，它通过象征的方式证明了个人生活的权利和价值"③。别有意味的是，朱自清虽批评言志文学观念与小品文热，却仍以为二者的渊源亦在"五四"——所谓"以自我为中心"是来自"五四"时期的个性解放潮流，《论语》杂志的幽默与《新青年》上"随感录"的讽刺也只相去一间。

另一方面，从周作人到林语堂再到张爱玲、苏青，日常生活书写中所承载的那种源于"五四"的意识形态逐渐剥离，来自传统士大夫雅文化的影响也已淡去。从某种程度上说，张爱玲、苏青的散文所写的才是更为真实的现代人的日常。《思潮研究》的第七、八、九章分别讨论了废名、梁遇春、张爱玲、苏青的小品文创作，其中当以关于张爱玲、苏青的部分最为精彩。作者认为"张爱玲、苏青的小品文在现代散文史上是异数，长期以来没有得到应有的评价，这与她们对现代汉语散文的实际贡献和影响是十分不相称的"④。第九章从欢悦世俗、感觉与语象、女性生存状态、女性主义话语等方面谈论张爱玲、苏青的小品文，对于二者的不同也有深刻的辨析——"苏青不像张爱玲那样有意疏远和撇清与新文学传统的关系，她是认同的"⑤。但是，作者又注意到张、苏二人皆有意逆反"五四"以来的感伤主义文学传统——"张爱玲把这种浪漫抒情的感伤主义称作'新文艺腔''新文艺滥调'。……在张爱玲和苏青散文的背后，都有着清明的理性的调配"⑥。从某种程度上说，"新文艺腔"的背后是启蒙主义的意识形态，作为晚辈，张爱玲、苏青不可能像周作人那样深刻地反思"五四"，也不似林语堂那般时时感受到来自左翼作家的压力，她们对"新文艺腔"及其背后意识

---

① 朱自清：《欧游杂记序》，《朱自清全集》（第一卷），江苏教育出版社 1988 年版，第 290 页。

② 朱自清：《论严肃》，《朱自清全集》（第三卷），江苏教育出版社 1988 年版，第 140 页。

③ 黄开发：《言志文学思潮研究》，人民文学出版社 2021 年版，第 138 页。

④ 黄开发：《言志文学思潮研究》，人民文学出版社 2021 年版，第 233 页。

⑤ 黄开发：《言志文学思潮研究》，人民文学出版社 2021 年版，第 251 页。

⑥ 黄开发：《言志文学思潮研究》，人民文学出版社 2021 年版，第 262 页。

形态的反感，更多是从世俗生活的日常性中产生。惟其如此，张、苏的小品文话语才对"载道派"构成了更彻底的消解，并延续了20世纪30年代的言志文学观念。

如作者所说，《思潮研究》的主要目的是还原20世纪30年代文学的整体面貌——"1930年代言志文学思潮与左翼文学思潮代表着新文学的两个主要传统。如果言志文学思潮的面貌不清晰，那么1930年代文学的整体面貌就不会十分清晰"①。通观全书，从概念、现象、身份、话语到文本，从苦雨斋派、言志派到20世纪40年代的海派，言志文学思潮的全貌确已得到清晰的呈现。此外，《思潮研究》虽是一本以文学思潮为主要研究对象的专著，但在散文的批评赏鉴方面，也时时表现出特见别识。如论及废名散文，作者认为其最好的作品是发表在《明珠》上的21篇读书笔记体小品，这些作品文情俱胜，是由乃师周作人的抄书体散文脱胎而来，虽不似周文广博，却更为专深。书中谈到废名的散文语言更是妙论迭出："作者多用文言虚词，特别是'亦''之''也''矣'之类的语气词和助词，有时也穿插一些文言实词。加上一些文言的成分，那感觉就像经过自然发酵够年头的普洱生茶，退减了新茶的粗青气，陈香悠长，却又新鲜自然。"② 又如论及梁遇春散文，作者认为梁是一个高度内省型的人，擅长从特别的观察点出发展开议论，进而于司空见惯的事物中发掘出"奇"和"怪"，其语言笔墨酣畅，多用铺排句式，意象丰富，有六朝文气象，只是稍嫌杂芜，遣词造句不尽妥帖。再比如谈到苏青散文的缺陷，作者认为其根源是在才情之不足，故虽结实硬朗而缺乏张爱玲散文那种绰约的风姿，堪称一针见血之论……似此种种，其实也都为我们当下的散文批评提供了极好的范例。

（作者单位：山西大学文学院）

---

① 黄开发：《言志文学思潮研究》，人民文学出版社2021年版，第300页。

② 黄开发：《言志文学思潮研究》，人民文学出版社2021年版，第217页。

编后语

周维东

编刊就是学习的过程、精神交流的过程。琳琅满目的论稿背后，有的是熟悉的朋友，有的是只闻其名未见其人的朋友，有的是新涌现在学界的朋友。他们针对不同的问题思考、写作，他们的生活状态仿佛浮现在眼前。

读这一期的文稿，一个油然的感觉是"老"的魅力。这里的"老"既指学术"老人"，也指学术"老题"。在学界不断呼唤转型、变化、创新的潮流中，"老"所体现的老辣、稳定和豁达，让人莫名地感动。

自然要提到骆寒超先生的《李金发系列论（四）：李金发诗的意象象征体系》。在论文的首句，他这样问道："李金发的诗写得并不那么精致，艺术上的晦涩与粗疏为世人所诟病，却能给人新鲜感，有余味可品，这靠的是什么魔法？"这个问题并不深奥，甚至有些朴素，但如果看到之后骆先生对一首首诗歌的分析，在不急不躁中谈语言变革、意象实呈、意境延伸、象征升华，就能够很明显地感受到，新诗的历史、李金发的诗歌早已在他的内心"发酵"过多次，这些内容不是"写"出来的，而是自然"流淌"而出的。对于"系列论"这样的文体，我想到王富仁先生关于鲁迅、新国学、左翼作家、现代性的系列论述，其可贵之处是对于复杂事物的整体处理，这需要作者对于一个研究对象有长期的把握和沉思，进而体现出绵长的老辣。

这种老辣在蔡震先生《郭沫若的几篇序诗》、黄健先生《闻一多与中国"士"文化精神》中也能感到。相较于骆寒超先生近九十高龄，这两位先生年纪并不算老，但也都荣休了。他们的研究工作是长期工作的"惯性"使然。看他们文章的题目，也是朴素的，但如果看文章的内容，都直奔问题的"要害"，没有暮气，反而有一种生龙活虎的朝气和生动。这种在文章中散发的精神气质，值得像我这样的"年轻人"学习和反思。

一些老的题目，譬如刊物创办以来坚持多年的"民国文学研究"、"大文学视野"、

"文学档案"等栏目，因为扎实地回到"地方"，也出现了很多之前没有注意到的问题和细节。譬如《底层转型：晚清民国川西县域文人的兴起及其活动》、《迟滞的现代性：抗战时期康定文艺社成立始末考述》、《结满"乡愁"的"世外桃源"——西南联大作家的蒙自体验及蒙自形象建构》等文章，都让我们看到现代文化与文学深入到地方"毛细血管"的细节。这么说，并不是认为研究只要进入微观就好，但他们抛弃在中心城市看现代文学的眼光，无疑会对现有的研究格局形成挑战，假以时日，可能会形成具有整体视野的研究成果。

期刊越来越厚，让人感慨今日学术界之现状。即便如此，还有很多刻苦努力的学人的文章没有排上，正如我今天的"编后记"挂一漏万。对此，我心怀歉意。

2022 年 12 月于成都

投稿须知

《现代中国文化与文学》为四川大学文学与新闻学院主办的学术辑刊，现为南京大学2021-2022年度中文社会科学引文索引（CSSCI）来源集刊，每年4辑。现对投稿的有关问题作以下说明与约定：

1. 栏目说明。本刊欢迎中国现当代文学与文化的相关研究文章，常设栏目有特稿、大文学视野、文学档案、民国文学研究、共和国文学研究、港澳台文学研究、学人·著述等，并不定期推出各类专题研究栏目。

其中，"特稿"为本刊向业内资深专家的约稿；"大文学视野"主要指从广阔的社会文化范畴来研讨文学现象；"文学档案"主要针对新发现的文学史料，并强调对所列史料要有所分析和阐述；"民国文学研究"指晚清民初至中华人民共和国成立之前的的相关文学研究；"共和国文学研究"指中华人民共和国成立后至今的相关文学研究；"港澳台文学"包括对中国香港、澳门、台湾三地相关文学的研究；"学人·著述"则是对学界相关学者与专著的评介，也包括一些重要的会议综述。

2. 论文规范说明。文章必须未曾在其他正式刊物上发表过。每篇字数为7000—10000字，重要选题或史料可适当增加字数。来稿凡引必注，注释统一采用脚注形式（体例详后），引文、注释请务必核对无误。来稿需另提供英文标题，并在文末注明作者简介、作者单位、电子邮箱、联系电话、通信地址等必要信息。

3. 投稿规定。本刊目前只接受邮箱投稿，投稿邮箱为：xdzgww@126.com。请在邮件主题中注明"作者单位+姓名+文章名"。作者须确保投稿文章内容无任何违法、违纪内容，无知识产权争议。严禁剽窃、抄袭，反对一稿多投。

4. 编审说明。本刊采用同行专家匿名审稿制，审稿期限为6个月。6个月内未收到用稿通知，可自行处理。本刊编辑有权删改所用稿件，不同意者请在来稿时予以说明。稿件一经采用，寄送样刊两册。

5. 版权说明。本刊官方微信公众号为"大文学研究"，所刊稿件将在此平台上择优予以推送；且本刊已许可中国知网以数字化方式复制、汇编、发行、信息网络传播本刊全文。所有署名作者向本刊提交文章发表之行为视为同意上述声明。

6. 费用说明。本刊不以任何形式收取版面费。

《现代中国文化与文学》编辑部

脚注格式：

①徐杰：《论乡村小说的写作》，《王西彦研究资料》，知识产权出版社2009年版，第368-369页。

②郭志刚、孙中田：《中国现代文学史》（上册），高等教育出版社1999年版，第235页。

③［美］爱德华·W. 萨义德：《东方学》，王宇根译，生活·读书·新知三联书店2007年版，第426-427页。

④陈荒煤：《向赵树理方向迈进》，《人民日报》1947年8月10日。

⑤丁帆：《新世纪中国文学应该如何表现"风景"》，《徐州师范大学学报》（哲学社会科学版）2012年第3期。